東洋古典國譯叢書 23

懸 吐 完 譯

古文眞寶 後集

附 文章軌範

成 百 曉 譯註

傳統文化硏究會

譯註者 略歷

忠南 禮山 出生
家庭에서 父親 月山公으로부터 漢文 修學
月谷 黃璟淵, 瑞巖 金熙鎭 先生 師事
民族文化推進會 國譯研修院 修了
高麗大學校 敎育大學院 漢文敎育科 修了
한국고전번역원 부설 고전번역교육원 名譽漢學敎授(現)
傳統文化研究會 副會長(現) 해동경사연구소 소장(現)
古典國譯賞 受賞

論文 및 譯書

〈艮齋의 性理說小考〉〈燕岩의 學問思想研究〉
四書集註 ≪詩經集傳≫ ≪書經集傳≫ ≪周易傳義≫
≪古文眞寶≫ ≪牛溪集≫ 등 數十種 國譯
≪宣祖實錄≫ ≪宋子大全≫ ≪茶山集≫ ≪退溪集≫ 등 共譯

東洋古典國譯叢書 刊行辭

어느 서구의 동양학자는 '儒敎 르네상스'라는 觀點을 취하면서 "나는 유교는 舊社會의 원리 그 자체이므로 死滅하였다고 생각하고 있다. 復活은 있을 수 없다고 생각한다. 그러나 그 精神만은 살아 있는데 그것은 죽은 유교의 靈安室에 보존되고 있다. 이 영안실이란, 이미지를 풍부하게 포함하고 있는 미디어인 '漢字의 體系'라고 생각한다."라고 말하고 있다.

서구사회의 개인주의 사상이 지금 인간을 산산히 조각내어 사회를 崩壞에로까지 몰아넣고 있다고 하는 危機意識을 강하게 품고 있고, 따라서 유교의 정신을 共同體主義나 儀禮主義(禮)라는 反個人主義의 觀點에서 파악하려 하고 있는 것으로 알려지고 있는 이 학자는 또한 이렇게도 말한다. "유교가 결정적으로 死滅하여 버렸기 때문에 近代化와 모순되지 않으면서 새로운 思惟樣式 속에 그 정신을 再投資할 수 있다. 유럽에서도 기독교가 쇠약해졌지만 福音主義의 정신이 남아 있는 것과 같다."라고 하고 있다.

'영안실에서 뽑아낸 에스프리의 재투자'라는 생각에 문제점이 없는 것도 아니다. 儒敎는 과연 죽었는가? 儒敎資本主義다 儒敎社會主義 또는 심지어 儒敎共産主義다라는 造語가 과연 죽은 뒤의 정신의 再投資 속에서 생긴 말인가. 아니면 완전히 사멸하지 않았기 때문에 이같은 말들이 생겨날 수 있도록 영향력을 행사한 것인가? 유교가 근대화와 모순되지 않기 위해서는 일단 결정적 死滅의 경로를 통과하여야만 한다는 한 길〔一途〕 밖에 없는 것인가? 유교사상의 새로운 體系構成을 통해 死滅없이, 산 채로 정신의 재투자는 불가능한 것인가? 산 채로의 투자는, 그러나 民主는 무슨 민주인가, 오로지 동양적 專制만이 倫理秩序 維持의 유일한 길이 아니냐고 하면서 시대착오적 착각에서 헤어나지 못하는 保守의 잔당들이 꼬리표처럼 붙어다녀 영영 이것을 털어낼 수가 없기 때문에 불가능하다는 것인가? 무가치한 瓦礫은 버리고 珠玉만을 걸러 취해 새롭게 再構成할 수는 없는 것인가?

그러나 어느 길을 택하든 '儒敎르네상스'의 觀點을 취하고 있는 학자의 수는 늘고 있고, 유교를 비롯한 동양의 전통문화에 대한 새로운 관심도는 날로 높아져 가고 있다.

그런데 현대에 살아 숨쉬고 있는 것으로 생각하든 영안실 안에서 잠자고 있는 것으로 생각하든 漢字의 文字體系로 이루어진 東洋古典은 그것의 讀解를 專業으로 하는 전문학자를 제외한 모든 사람에게는 國譯書 없이는 접근하기가 쉽지 않다. 또한 우리 전통문화의 究明에 있어서는, 그것이 韓國經濟史가 되든 法制史가 되든, 혹은 精神史, 音樂史, 繪畫史, 服飾史, 交通史, 戰爭史 등등이 되든, 그 모든 연구를 위한 一次資料가 漢文으로 되어 있는데다, 유교의 고전인 四書·五經을 모두 마땅히 알고 있으려니 하는 暗默의 前提 아래 그 成句를 출전을 밝히지 않은 채 인용해 쓰고 있는 例가 허다하여, 四書·五經을 중심으로 한 동양고전은 그 어느 분야의 전공자를 막론하고 필독의 것이 되지 않을 수 없다. 誤譯 없는 동양고전 국역서의 출현을 기다리는 마음은 이에 더욱 절실하다 하겠다.

번역에 있어서는 현대어로의 완전한 번역이 國譯의 최종 목표가 됨은 말할 것도 없으나 誤譯 없는 逐字譯의 실력이 없이는 불가능하다. 멀리 新羅 때의 薛聰이나 麗末鮮初의 權陽村에 의한 經書의 口訣을 거쳐 조선조 세종대왕의 한글 창제 이후의 국역서〔諺解本〕의 蓄積은 참으로 완전한 번역을 위한 귀중한 참고자료가 아닐 수 없다. 先儒들의 훌륭한 先行業績의 토대 위에 비로소 최상의 현대어 번역은 가능해진다.

우리 전통문화연구회에서는 정성들인 번역서의 출간을 기다리는 輿望에 부응하기 위해 誤譯 없는 번역에 力點을 두어 斯界의 실력자로 번역진을 구성, 공부하는 사람들의 머리말에 사전처럼 두고 볼 수 있는 번역서의 간행을 기획하여, 이제 그 東洋古典國譯叢書 중 四書集註와 詩經集傳 및 五書의 마지막인 小學集註를 이어서 古文眞寶를 成百曉 本會 理事가 譯註하여 刊行하게 되었다.

오랜 역사 위에 축적된 先儒들의 先行業績과 현대어 사이에 튼튼한 架橋가 구축되리라 스스로 자부하여 본다. 江湖諸賢의 鞭撻이 있기를 바란다.

1996年 9月 日

社團法人 傳 統 文 化 硏 究 會

會長 李啓晃

이 책에 대하여

本書는 「詳說古文眞寶大全」 後集 10篇과 「文章軌範」 7篇 및 각 文章의 앞뒤에 있는 小序와 批評을 譯註한 것이다.

「古文眞寶」는 文字 그대로 가장 보배로운 글만을 精選한 것이다. 이 때문에 우리 先人들이 四書·三經 이외에 이 「古文眞寶」를 가장 많이 읽었던 것이다. 「文章軌範」 또한 宋나라 謝疊山(謝枋得)이 엮고 評을 加한 것으로 文章의 올바른 법식을 배울 수 있는 좋은 책의 하나이다.

「古文眞寶」는 원래 前集과 後集으로 나누어져 있는 바, 前集은 古詩, 後集은 古文으로 엮어져 있으며, 前集은 일반적인 律詩나 絶句가 아닌 古體詩(古風)로 편집되어 있다. 그러나 이 「古文眞寶」는 編者가 분명치 않으며 版本이 각기 달라 統一性이 없는 것이 사실이다. 또한 原本이 모두 中國에서 만들어졌음에도 불구하고 淸代 이후 中國에는 별로 流行되지 않은 반면, 우리나라와 日本에서 크게 유행하였다.

현재 가장 오래된 것으로 알려진 版本은 元나라 至正 26년(1366)에 鄭本(字 士文)의 서문이 붙은 것으로, 이 서문에 의하면 「古文眞寶」가 오래 전부터 있었으며 林楨(字 以正)이 주석과 교정을 가하였음을 밝히고 있다. 그리고 明나라 弘治 15년(1502)에 靑藜齋가 쓴 「重刊古文眞寶」 跋文에는 이 책을 宋나라 黃堅이 지었다고 밝힌 바 있다. 하지만 黃堅의 인물에 대해서는 일체 알려진 것이 없다. 이외에도 여러 本이 있으며, '古文大全'이란 이름의 版本도 있는 것으로 알려져 있다.

그러나 위에서 소개한 本은 대부분 前集과 後集이 각각 10권씩으로 엮어진 것으로 中國이나 日本에서 유행한 것들이며, 우리나라는 이와 별도의 版本이 있었으니, 바로 이 책의 臺本인 「詳說古文眞寶大全」이 그것이다. 이 책은 前集이 12권으로 엮어져 있으며, 後集은 他本과 같이 10권으로 되어 있으나 文體別로 되어 있지 않고 著者의 時代別로 엮어져 있으며, 분량이 他本에 비하여 거의 배나 많은 것이 특징이다.

이 版本은 序文이나 跋文이 없어 어느 시기에 들어와 어떻게 간행되었는지 자세히 알 수 없으나 宋伯貞이 音釋하고 劉剡이 校訂하였다는 기록이 있으며, 高麗 말기 田祿生의 「埜隱逸稿」에 "그가 中國에서 「古文眞寶」를 구입, 删削을 가하여 合浦에서 처음 간행하였다"는 기록이 있는바, 이 臺本의 原本인 것으로 추측된다. 왜냐하면 우리나라에는 이 「詳說古文眞寶大全」만이 現存하기 때문이다. ('大全'이란 표시가 있으므로 明나라 成祖 때 만들어진 '永樂大全本'이라 하기도 하나 확실치 않다.) 그리고 특히 注目할 것은 本書 10권 '太極圖說' 뒤에 붙인 新安 陳櫟의 글이다.

이제 古文을 뽑으면서 '太極圖說'과 '西銘' 두 편으로써 끝을 맺음이 어찌 뜻이 없겠는가? 文章과 道理는 실로 두 가지가 아니니, 배우는 자가 韓·柳·歐·蘇의 詞章의 글을 말미암아 나아가 周·程·張·朱의 理學의 글로써 순수하게 하고자 해서이다. 道理로써 淵源을 깊게 하고 詞章으로써 氣骨을 건장하게 한다면 文章이 이에 병폐가 없을 것이니, 이는 내가 이 책을 차례로 엮은 깊은 뜻이다. …… 新安 陳櫟은 삼가 쓰다.

〔今選古文而終之以太極西銘二篇 豈無意者 盖文章道理 實非二致 欲學者由韓柳歐蘇詞章之文 進而粹之以周程張朱理學之文也 以道理深其淵源 以詞章壯其氣骨 文於是乎無弊矣 此愚詮次之深意也 …… 新安陳櫟 謹書〕

跋文 성격의 이 글은 陳櫟이 직접 이 책을 편집하고 비평을 加하였음을 立證하는 귀중한 자료라고 보아진다. 陳櫟은 休寧 사람으로 字가 壽翁이고 號가 定宇이며 晩年에는 東皐老人이라 칭하였다. 그는 朱子學派로 宋나라가 멸망하자, 隱居하며 後學을 양성하고 著述에 힘써 「尙書集傳纂錄」·「歷朝通略」·「定宇集」 등의 저서를 남긴 人物이다.

이상을 종합해 볼 때 「古文眞寶」의 原著者는 黃堅이거나 또는 다른 人物일 것이며, 陳櫟 등 여러 사람에 의하여 補完 改造됨으로써 각기 體裁와 編次가 다른 版本이 流行하게 되었으며, 朱子學을 信奉한 우리나라에서는 田祿生이 이 版本을 구입, 刊行한 이후 그대로 사용해 오지 않았나 추측된다.

이 「詳說古文眞寶大全」 後集은 前集과 달리 文體別로 엮지 않아 前·後集의 體裁가 맞지 않을 뿐만 아니라, 간혹 잘못된 주석이 보이며 小序에 보이는 陳靜觀이나 郎등이 과연 어떤 인물인지 밝혀져 있지 않다. 또한 맨앞에 실려 있는 '離騷經'이나 '漁父辭'·'弔屈原賦' 등의 辭賦는 일반 散文과 다르므로 後集에 混入한 것은 體裁上 문제가 있다는 비판이 없지 않다. 그러나 이 책은 文獻的 價値를 떠나 秦·漢 이후 宋代에 이르기까지 역대의 名文이 총망라되었으며, 특히 그 분량이 他本에 비하여 월등히 많다는 점에서 큰 意義가 있다 하겠다.

「文章軌範」의 편자인 謝疊山 역시 朱子學派로 宋나라가 망하자, 절의를 지켜 순절한 인물이다. 이 「文章軌範」은 원래 「詳說古文眞寶大全」에 附錄되었던 것을 이번에 함께 譯刊한 것으로, 臺本에 이것을 부록하게 된 내력을 다음과 같이 밝히고 있다.

「古文眞寶」와 「文章軌範」은 세상에 함께 유행하는 글이다. 「文章軌範」은 모두 일곱 편이니, '侯·王·將·相·有·種·乎'라는 일곱 글자를 가지고 篇名을 삼았다. 그 글이 모두 69篇인데 42篇은 「古文眞寶」 안에 이미 수록되어 있으므로 그 나머지 27篇을 이제 「古文眞寶」의 끝에 붙여 간행하였다.
〔眞寶軌範 世間竝行之書也 軌範凡七篇 以侯王將相有種乎七字爲號 其文共六十九篇而四十二則眞寶中已錄 故其餘二十七篇 今附刊於眞寶之末〕

다만 여기에 부록된 「文章軌範」은 原題目이 '疊山先生批點文章軌範大全'인 바, 내용을 축약한 것이 많으므로 本書는 原本을 대조하여 최대한 原典대로 수록하였음을 밝혀둔다.

다시 말하거니와 여기에서 말한 古文은 단순히 옛글이란 뜻이 아니라, 唐·宋代에 크게 성행했던 先秦이나 漢代의 文體로 쓴 고문체의 글을 이른다. 즉 이 고문은 魏·晉, 南北朝時代에 홍행하던 四六騈儷文과 대칭되는 것으로, 韓愈를 비롯한 唐·宋八大家의 文章이 이에 해당한다. (물론 「古文眞寶」 중에 騈儷文이 전혀 없는 것은 아니다.) 이러한 뜻으로 미루어 볼 때 「古文眞寶」는 엄격한 의미에서 古文을 수록한 後集만이 명실상부한 「古文眞寶」이며, 前集은 古詩라는 명칭이 타당하리라고 본다. 또한 실제에 있어서도 「古文眞寶」는 일반적으로 이 後集을 일컫는 것으로 보편화되어 있다.

本人은 17세 때에 처음 「古文眞寶」를 읽고 그 아름다운 文章에 심취했었다. 하지만 워낙 文體가 다양하고 내용이 어려워 뜻을 제대로 알지 못하였다. 특히 '離騷經'은 하도 난삽하여 읽을 염두조차 내지 못하였다. 그러다가 1980년, 民族文化推進會 國譯研修院에서 講義를 맡으면서 본격적으로 공부하게 되었다. 사실 당시에는 번역본도 별로 없었고 참고할 만한 註釋書도 없어 무척 애를 태웠다. 本人은 물론이요 '어떤 책을 참고해야 하느냐?'고 묻는 學生들의 질문에 대답할 길이 없었다. 그리하여 국역연수원에서 강의하시는 몇몇 先生님들과 本書를 飜譯하기로 계획하고, 本人은 서둘러 번역에 착수하여 2백 매 정도의 원고를 작성하였으나 그후 번역에 自信이 없어 中斷한 채 10여년 동안 그대로 방치되어 있었다. 그 동안 「古文眞寶」 강의도 여러 차례 하였고 기회가 있을 때마다 先生님들께 질문도 하였다. 이에 힘을 얻어 지난번 四書集註가 완역됨에 따라 다시 작업을 계속하여 修正에 修正을 거듭한 끝에 이제 비로소 결실을 보게 되었다.

처음에는 臺本의 小註도 함께 번역할 계획이었으나 내용에 오류도 많을 뿐더러 체재를 맞추기 어려워 포기하였으며, 최대한 주석을 상세히 하려 하였으나 산만하다는 지적에 따라 되도록 간단명료하게 하였다. 그러나 본래 菲才淺學한 자라서 誤譯이 많을 것으로 짐작되며, 진작에 先生님들께 좀 더 열심히 배우지 못한 것이 못내 한스럽다. 다만 주어진 여건하에서 最善을 다했노라고 自慰할 뿐이며, 최대한 原典(本集)을 대조하여 校勘하고 '離騷經'에 朱子의 集註를 함께 붙여 理解를 돕게 하였으며, 「文章軌範」을 附錄하고, 각 篇의 앞뒤에 있는 小序와 批評을 함께 실어 讀者들이 참고하도록 한 점이 本書의 특징이라면 특징일 것이다. 이 책이 初學者들에게 다소나마 도움이 된다면 더이상 바랄 것이 없겠으며, 先後輩 諸賢의 기탄없는 叱正과 鞭撻을 기대해 마지 않는다. 先生님들 중 이미 故人이 되신 于人 曺圭喆 선생님, 雨田 辛鎬烈 선생님, 東樵 李鎭泳 선생님께 고개 숙여 敬意를 표하고 冥福을 빈다.

끝으로 本書가 나오기까지 始終 協力해 주신 여러분께 感謝의 뜻을 표한다. 특히 原文의 懸吐를 檢討해 주신 吳圭根 先生과 원고를 수정하는 등의 全作業을 도맡아준 朴勝珠研究員 및 원고정리를 도와준 洪元杓孃, 교정을 도와준 明惺(白玉秀) 승려에게 다시 한번 感謝를 드린다.

西曆 一九九四年 歲在甲戌 仲秋에 後學 成百曉는 寒松堂에서 삼가 쓰다.

凡　　例

1. 本書는 東洋古典國譯叢書의 한 책이다.
2. 本書는 「詳說古文眞寶大全」의 後集 10篇과 「文章軌範」 7篇(「古文眞寶」에 중복 수록된 작품은 제외하였음) 및 各篇의 앞뒤에 붙어 있는 小序와 批評을 譯註한 것이다.
3. 「古文眞寶」 중 '離騷經'은 內容이 워낙 難解하므로 朱子의 「楚辭集註」에서 이에 대한 부분을 뽑아 함께 실어 理解를 돕게 하였다.
4. 本書를 譯註함에는 臺本 이외에 漢文大系本 「古文眞寶」와 「文章軌範」 및 「唐宋八家文」·「韓昌黎集」·「柳柳州集」·「蘇東坡集」·「古文辭類纂」·「諺解 古文眞寶」·「古文觀止」 등을 참고하여 校勘을 加하였다. 단, 各本에 異同이 있거나 뜻이 크게 다르지 않을 경우에는 臺本을 따르는 것을 원칙으로 하였다.
5. 著者諸家 略傳을 앞에 붙여 참고하도록 하였다.
6. 臺本인 「古文眞寶」에는 著者의 이름을 名·字로 혼용하였으나 本書에서는 모두 名(字)으로 통일하고 各篇마다 著者名을 표기하였으며, 「文章軌範」은 이미 위에 보이므로 臺本을 그대로 따르되, 단 새로 보이는 胡銓·辛棄疾은 ( )에 이름을 넣었다.
7. 原文 理解의 도움을 위하여 懸吐하였다.
8. 飜譯은 原義에 充實하게 하여 原典講讀에 도움이 되도록 하고, 一般人의 敎養에도 便宜하게 하였다.
9. 譯註는 重要出典이나 理解하기 어려운 文脈을 위주로 하고, 原文의 難解字는 字義를 下段에 실었다.
10. 本文의 誤字, 假借字 등은 다음 부호를 使用하였다.

    誤字의 例 : 臨不測之(淵)〔谿〕

    假借字의 例 : 却客而不內(納)
11. 原文中 本文 및 小序와 批評은 活字의 大小로 區分하고 飜譯文도 이에 따랐다.
12. 本書의 使用 符號는 다음과 같다.

〈 〉	: 補充譯	( )	: 間註 및 參考事項
「 」	: 書名	〔 〕	: 參考原語 및 漢字
《 》	: 篇名	,	: 原文에서는 同格羅列

古文眞寶(後集) 著者諸家 略傳

＊ 臺本에는 '諸賢姓氏事略'으로 되어 있으며 詩·文(前·後集)의 著者가 함께 실려 있는 것을 文(後集)의 著者만 뽑았다. 또한 仲長統·石介·蘇轍·李格非 등은 본래 없던 것을 보충하였으며, 또한 「文章軌範」의 著者中 새로 보이는 胡銓·辛棄疾 등을 함께 붙였다.

七國(戰國時代)

屈平(B. C. 343～B. C. 277?) : 字는 原이며 楚나라의 三閭大夫였다. 懷王이 讒言을 믿고 소원히 하자, 屈原은 '離騷經'을 지어 군주를 사랑하고 나라를 걱정하는 뜻을 기술하였다. 襄王이 즉위한 다음 다시 참언을 믿고 江湘으로 추방하자, 스스로 汨羅水에 빠져 죽었다.

李斯(B. C. 284?～B. C. 208) : 楚나라 사람으로 荀卿의 제자이며 秦나라 丞相에 이르렀다.

漢

賈誼(B. C. 201～B. C. 169) : 洛陽 사람으로, 文帝 때에 河南尹 吳公이 천거하여 博士가 되었으나 絳侯 周勃과 灌嬰 등이 훼방하므로 마침내 長沙王 太傅로 좌천되었다.

王褒(?～B. C. 61) : 字는 子淵이다. 益州刺史가 王褒가 뛰어난 재주가 있다고 上奏하였으므로 황제가 그를 불렀는데, 이때 王褒는 '聖主得賢臣頌'을 지어 바쳤다. 황제는 益州에 가서 金馬碧雞의 神에게 제사하게 하였으나, 도중에 병들어 죽었다. 王褒는 宣帝 때에 諫議大夫가 되었다.

仲長統(179～219) : 字는 公理이며 後漢의 山陽 사람이다. 어려서부터 학문을 좋아하였으며 文辭가 뛰어났다.

諸葛亮(181～234) : 字는 孔明이며 襄陽의 隆中에 우거하였는데, 蜀漢의 先主(劉備)가 三顧草廬하므로 마침내 나와 蜀漢의 정승이 되어 名臣이 되었다. 諡號는 忠武侯이다.

魏

劉伶(?～300?) : 字는 伯倫이며 沛國 사람이다. 마음과 뜻에 내키는대로 하고 嵇康·阮籍 등과 竹林之交를 맺었다.

晉

王羲之(321～379) : 字는 逸少로 右軍(右將軍)과 會稽內史가 되었는데, 書法이 古今에 제일로 알려져 있다.

李密(?～285?) : 字는 令伯이며 蜀땅 사람이다.

陶淵明(365～427) : 字는 元亮이다. 혹은 淵明이 字라 하며, 혹은 이름이 元亮이고 字가 深明이라 한다. 長沙桓公 陶侃의 曾孫인데 晉나라 말기 彭澤令이 되었다가 벼슬을 버리고 돌아오면서 '歸去來辭'를 지었다. 劉裕가 晉나라를 찬탈하자, 마침내 벼슬하지 않고 이름을 潛이라 고쳤다. 宋나라 元嘉 연간에 죽으니, 諡號를 靖節先生이라 하였다.

齊

孔稚圭(447～501) : 字는 德璋인데 벼슬하여 都官尙書가 되었다.

唐

王勃(650～676) : 字는 子安으로 絳州 龍門 사람이다. 高宗 때에 對策으로 급제하고 인하여 沛王의 '鬪雞檄文'을 지었다가 배척을 받아 朝散郎으로 마쳤다. 아버지를 문안하러 가다가 南海에 빠져 죽었다.

李白(701～762) : 字는 太白으로 隴西 成紀 사람이다. 天寶 초년에 賀知章이 玄宗에게 말하여 金鑾殿에서 불러보고 음식을 하사하였으며, 조칙으로 翰林에 供奉하게 하였으나 뒤에 永王 李璘의 사건에 연좌되어 夜郎으로 유배되었다.

張蘊古(?～631) : 唐太宗 때의 사람으로 貞觀 2년 中書省에 있으면서 '大寶箴'을 지어 바쳤다.

元結(723～772) : 字는 次山이며 江夏 사람으로 벼슬이 容管經略使에 이르러 綏州·定州 등 8개주를 관할하였다.

韓愈(768～824) : 字는 退之이며 昌黎 사람이다. 六經의 문장을 지을 것을 선비들에게 제창하였으며 벼슬이 吏部侍郎에 이르렀고 諡號는 文公이며 昌黎伯에 봉해졌다.

李漢(?～?) : 字는 南紀이며 韓文公의 사위이다.

柳宗元(773～819) : 字는 子厚이며 본래 河東 사람인데 吳지방으로 이사하였다. 元和 연간에 柳州刺史가 되어 號를 柳州라 하였다.

白居易(772～846) : 字는 樂天이며 원래는 太原 출신인데 下邽로 이사하였다. 元和 연간에 對策文으로 乙科에 급제하여 左拾遺가 되었으며, 江州司馬로 좌천되었다가 오랜 뒤에 들어와 知制誥를 맡았으며 會昌 초년에 刑部尚書에 올랐다.

杜牧(803～852) : 字는 牧之이며 京兆 사람이다. 太和 초년에 進士에 급제하고 會昌 연간에 中書舍人에 오르니, 당시에 杜紫微라고 칭하였다.

李華(?～676) : 字는 遐叔이며 趙州 사람이다.

宋

王禹偁(954～1001) : 字는 元之이며 濟州 鉅野 사람이다. 眞宗 때에 知制誥를 맡았다.

范仲淹(989～1052) : 字는 希文이며 慶曆 연간에 參知政事에 올랐고 諡號는 文正公이다.

石介(1005～1045) : 字는 守道이며 魯나라 사람으로 號를 徂徠先生이라 하였다.

司馬光(1019～1045) : 字는 君實이며 涑水 사람인데 溫國公에 봉해졌으므로 溫公이라 칭하였다. 宋나라 元祐 연간의 어진 재상이며 諡號는 文正公이다.

王安石(1021～1086) : 字는 介甫이며 臨川 사람이다. 熙寧 연간에 정승에 임명되어 新法을 만들었다. 號를 半山이라 하였으며 荊國公에 봉해졌다.

歐陽脩(1007～1072) : 字는 永叔이며 廬陵 永豊 사람이다. 滁州를 맡았을 때에 號를 醉翁이라 하였으며 만년에는 穎水가에 거주하고 號를 六一居士라 하였다. 嘉祐 연간에 參知政事가 되었으며 諡號는 文忠公이다.

蘇洵(1009～1066) : 字는 明允이며 號는 老泉으로 東坡의 아버지이다.

蘇軾(1036～1101) : 字는 子瞻이며 眉山 사람으로 號를 東坡라 하였으며, 蘇長公이라 칭하기도 한다. 嘉祐 연간에 甲科에 급제하였으며 元豊 2年에 黃州로 유배되었다가 元祐 초년에 翰林院으로 들어와 内翰에 임명되고 紹聖 원년에 남쪽으로 귀양갔다.

蘇轍(1039～1112) : 字는 子由이며 蘇軾의 아우이다.

李覯(1009～1059) : 字는 泰伯이며 盱江 사람이다.

張耒(1054～1114) : 字는 文潛이며 宛丘 사람으로 蘇門 四學士의 하나이다.

曾鞏 : 字는 子固이며 盱江 사람으로 南豊先生이라 號하였다. 元豊 연간에 中書舍人이 되었다.

陳師道(1053～1101) : 字는 無己이며 號는 後山인데 元祐 연간에 추천으로 徐州教授에 임명되었다.

馬存(?～1096) : 字는 子才이며 扶風 사람이다.

唐庚(1071～1121) : 字는 子西이며 瀘州 사람이다. 紹興 연간에 提擧常平이 되었으며 號를 魯國先生이라 하였다.

李格非 : 字는 文叔이며 濟南 사람이다.

周惇(敦)頤(1017～1073) : 字는 茂叔이며 舂陵 사람이다. 程明道와 程伊川의 스승으로 학자들은 濂溪先生이라 칭하였다.

程頤(1033～1107) : 字는 正叔이며 河南 사람으로 학자들이 伊川先生이라 칭하였다.

張載(1020～1077) : 字는 子厚이며 關西 사람으로 학자들이 横渠先生이라 칭하였다.

呂大臨 : 字는 與叔이며 横渠先生의 유명한 제자이다. 元祐 초년에 講書에 임명되었다.

胡銓 : 字는 邦衡이며 號는 澹菴, 또는 澹齋老人이라 하였다. 廬陵 사람으로 諡號는 忠簡이다.

辛棄疾 : 字는 幼安이며 號는 稼軒居士·六一上人이라 하였으며 諡號는 忠敏이다. 長短句를 잘하여 蘇東坡와 함께 大家로 알려져 '蘇·辛'으로 칭해졌으며 朱子와도 친하였다.

目　次

卷 一

卷 二

卷 三

卷 四

卷 五

卷 六

卷 七

卷 八

卷 九

卷 十

文章軌範 目次

卷 一 (侯字集)

卷 二 (王字集)

卷 三 (將字集)

卷 四 (相字集)

卷 五 (有字集)

卷 六 (種字集)

卷 七 (乎字集)

古文眞寶後集 卷之一

*離騷經 屈平(原)

＊ 離는 걸림(빠짐)이고 騷는 憂思의 뜻으로 곧 걱정에 빠져 지은 글을 의미하며, 經은 後人들이 높여 붙인 것이다. 후세에는 詩賦의 作者들이 대부분 憂國衷情이나 자신의 불우한 환경을 읊는다 하여, 詩人을 騷人·騷客으로 부르기도 한다. 離騷經은 詞賦의 元祖로 높이 평가받고 있으나 내용이 워낙 難解하므로 이제 朱子의 「楚辭集註」中 이에 대한 註說을 그대로 실어 독자들의 이해를 돕게 하였다.

朱文公曰 原은 名平이니 與楚同姓이라 仕於懷王하여 [1]爲三閭大夫러니 上官大夫와 及靳尚이 妬毁之하니 王疏原이라 原被讒憂煩하여 乃作離騷호되 上述唐虞三后之制하고 下序桀紂羿澆之敗하여 冀君覺悟하여 反於正道而還己也하니라 時에 秦使張儀로 詐懷王하여 誘與會武關이어늘 諫王勿行호되 弗聽而往이라가 爲所脅歸하여 卒以客死하고 襄王立에 復用讒하여 遷原江南하니 原이 復作九歌, 天問, 九章, 遠遊, 卜居, 漁父等篇하여 冀伸己志하여 以悟君心이로되 終不見省하니 不忍見宗國將亡하여 遂自沈汨羅淵死하니라 淮南王安曰 [2]國風은 好色而不淫하고 小雅는 怨誹而不亂하니 若離騷者는 可謂兼之矣라 蟬蛻於濁穢之中하여 以浮游塵埃之外하니 推此志也인댄 雖與日月爭光이라도 可也니라 宋景文公曰 離騷는 爲詞賦之祖니 後人爲之면 如至方에 不能加矩요 至圓에 不能過規矣니라

朱文公(朱熹)이 말씀하였다.

"屈原은 이름이 平이니, 楚나라와 同姓이었다. 懷王에게 벼슬하여 三閭大夫가 되었었는데, 上官大夫와 靳尚이 질투하여 훼방하자, 懷王이 屈原을 소원히 하였다. 屈原은 참소를 받고는 근심하고 번민하여 마침내 離騷를 지었는데, 위로는 唐(堯), 虞(舜)와 夏, 商, 周 三代 임금의 훌륭한 제도를 서술하고, 아래로는 桀王과 紂王, 羿와 澆의 실패한 사실을 서술하여, 군주가 깨달아 正道로 돌아와 자신을 다시 써주기를 기대하였다. 이때 秦나라에서는 張儀로 하여금 懷王을 속여 함께 武關에서 맹약을 맺자고 유인하였는데, 屈原은 懷王에게 가지 말라고 諫하였으나 懷王은 듣지 않고 갔다가 강제로 秦나라로 잡혀가서 끝내 客死하였고, 襄王이 卽位함에 또 다시 간신들의 참소하는 말을 듣고 屈原을 江南지방으로 귀양보내었다. 이에 屈原은 다시 九歌, 天問, 九章, 遠遊, 卜居, 漁夫 등의 글을 지어 자신의 뜻을 펴 군주의

離：걸릴 리 騷：근심 소 靳：아낄 근 讒：참소할 참 羿：사람이름 예 澆：흐릴 요
襄：오를 양 汨：물이름 멱 誹：비방할 비 蟬：매미 선 蛻：허물벗을 세(태)
埃：티끌 애

마음을 깨우치기를 바랐으나 襄王이 끝내 살펴주지 않자, 宗國(祖國)이 장차 망하는 것을 차마 보지 못하여 마침내 스스로 汨羅의 못에 빠져 죽었다.

淮南王 劉安은 말하기를 '國風은 女色을 좋아하였으나 음탕하지 않고, 小雅는 원망하고 비방하였으나 어지럽지 않은데, 離騷로 말하면 이 두 가지를 겸했다고 이를 만하다. 매미가 껍질을 벗듯이 혼탁하고 더러운 가운데에서 벗어나 塵世의 밖을 떠돌아다녔으니, 이러한 뜻을 미루어 본다면 비록 日月과 빛을 다툰다고 평하더라도 괜찮을 것이다.' 하였다. 宋景文公(宋祁)은 말하기를 '離騷는 詞賦의 祖宗이니, 後人들이 詞賦를 함에 있어 비유하면 지극히 方正하여 矩(曲尺)를 가할 것이 없고, 지극히 둥글어 規(그림쇠)를 벗어나지 않는 것과 같다.' 하였다."

譯註 1. 三閭大夫 : 戰國時代 楚나라의 官名으로, 王族인 昭氏·屈氏·景氏의 세 집안의 系譜와 人材登用을 맡았다.

2. 國風 : 「詩經」 文體의 하나. 당시 各國의 민요 따위를 모은 것으로 周南·召南과 十三列國風을 합하여 모두 15개 國으로 되어 있다. 「詩經」은 文章의 내용과 체재에 따라 六義로 구분하는데, 六義란 風·雅·頌의 三經과 興·賦·比의 三緯를 이르는 바, 風·雅·頌은 詩의 內容과 性質을 말하고, 興·賦·比는 詩의 體裁와 叙述方式을 말한다. 또한 風·小雅·大雅를 正·變으로 구분하여, 周南·召南을 正風, 邶風 以下 十三列國風을 變風이라 하며, 小雅는 《鹿鳴》에서부터 《菁菁者莪》까지를 正小雅, 《六月》에서부터 《何草不黃》까지를 變小雅라 하고, 大雅는 《文王》에서부터 《卷阿》까지를 正大雅, 《民勞》에서부터 《召旻》까지를 變大雅라 한다.

*楚辭集註 原序

離騷經者는 屈原之所作也라 屈原은 名平이니 與楚同姓이라 仕於懷王하여 爲三閭大夫하니 三閭之職은 掌王族三姓하니 曰昭, 屈, 景이라 屈原이 序其譜屬하고 率其賢良하여 以厲國士라 入則與王圖議政事하여 決定嫌疑하고 出則監察群下하며 應對諸侯하여 謀行職修하니 王甚珍之러니 同列上官大夫와 及用事臣靳尚이 妬害其能하여 共妬毁之하니 王疏屈原이라 屈原이 被讒하고 憂心煩亂하여 不知所愬하여 乃作離騷호되 上述唐虞三后之制하고 下序桀紂羿澆之敗하여 冀君覺悟하여 反於正道而還己也하니라 是時에 秦使張儀로 譎詐懷王하여 令絶齊交하고 又誘與俱會武關이어늘 原이 諫懷王勿行하되 不聽而往이라가 遂爲所脅하여 與之俱歸하여 拘留不遣하여 卒客死於秦하고 而襄王立에 復用讒言하여 遷屈原於江南하니 屈原이 復作九歌, 天問, 九章, 遠遊, 卜居, 漁父等篇하여 冀伸己志하여 以悟君心이로되 而終不見省하니 不忍見其宗國將遂危亡하여 遂赴汨羅之淵하여

譜 : 족보 보 厲 : 권장할 려 妬 : 투기할 투 愬 : 하소연할 소 譎 : 속일 휼

自沈而死하니라 淮南王安日 國風은 好色而不淫하고 小雅는 怨誹而不亂하니 若離騷者는 可謂兼之矣로다 又日 蟬蛻於濁穢之中하여 以浮游塵埃之外하여 不獲世之滋垢하여 皭然泥而不滓하니 推此志也인댄 雖與日月爭光이라도 可也니라 宋景文公日 離騷는 爲詞賦之祖니 後人爲之면 如至方에 不能加矩요 至圓에 不能過規矣니라

* 위의 내용은 朱子의 《楚辭集註》에 실려 있는 原序인 바 讀者들의 참고를 위해 붙였으며, 위에 이를 축약한 글이 실려 있으므로 譯文은 싣지 않았음을 밝혀둔다.

朱子日 原之爲人은 其志行이 雖或過於中庸하여 而不可以爲法이나 然皆出於忠君愛國之誠하고 原之爲書는 其辭旨雖或流於跌宕怪神怨懟激發하여 而不可以爲訓이나 然皆生於繾綣惻怛不能自已之至意하며 雖其不知學於北方以求周公仲尼之道하고 而獨馳騁於變風變雅之末流라 以故로 醇儒莊士 或羞稱之나 然使世之放臣, 屛子, 怨妻, 去婦로 抆淚謳吟於下而所天者幸而聽之면 則於彼此之間에 天性民彜之善이 豈不足以交有所發하여 而增夫三綱五常之重이리오 此予所以每有味於其言하여 而不敢直以詞人之賦視之也로라 然原著此詞에 說者多失其趣하여 使原之所爲壹鬱而不得伸於當年者로 又晦昧而不見白於後世하니 予於是에 定其集註하니 庶幾讀者得見古人於千載之上이요 而死者可作이면 又足以知千載之下有知我者하여 而不恨於來者之不聞也리라 嗚呼悕矣라 是豈易與俗人言哉아

○ 又日 原之詞 其寓情草木하고 託意男女하여 以極遊觀之適者는 變風之流也요 其叙事陳情하고 感今懷古하여 以不忘乎君臣之義者는 變雅之類也며 至語宴婚而越禮하고 攄怨憤而失中하여는 則又風雅之再變矣요 其語祀神歌舞之盛은 則幾乎頌而其變이 又有甚焉이라 其爲賦則如騷經首章之云也요 比則香草惡物之類也요 興則託物興詞하여 初不取義하니 如沅芷澧蘭으로 以興思公子而未敢言之屬也라 然詩는 興多而比賦少하고 騷則興少而比賦多하니 必辨此而後에 詞義可尋也니라

朱子가 말씀하였다.

"屈原의 사람됨은 그 뜻과 행실이 비록 中庸에 지나쳐 법이 될 수 없으나 모두 君主에게 충성하고 나라를 사랑하는 정성에서 나왔고, 屈原이 지은 책은 그 말한 내용이 비록 질탕하고 怪秘하며 원망하고 격발함에 흘러 가르침이 될 수 없으나 모두 연연하고 惻怛하여 스스로 그만 둘 수 없는 지극한 뜻에서 나왔다. 그는 北方에서 배워 周公과 仲尼의 道를 구할 줄 모르고, 홀로 變風과 變雅의 末流에 치달렸다. 이 때문에 순수한 儒者와 엄격한 선비들은 혹 말하기를 부끄러워하였다. 그러나 세상에 추방 당한 신하와 버림받은 자식, 원망하는 아내와 쫓겨난 부인으로 하여금 아래에서 눈물을 닦고 슬피 읊게 하여,

---

滋 : 더할 자　皭 : 깨끗할 작　滓 : 찌끼 재　跌 : 방종할 질　宕 : 방탕할 탕　懟 : 원망할 대
繾 : 곡진할 견　綣 : 곡진할 권　怛 : 슬플 달　醇 : 순수할 순　抆 : 닦을 문
悕 : 슬퍼할 희　攄 : 펼 터　沅 : 물이름 원　澧 : 물이름 례

하늘로 섬기는 분이 다행히 들어주면 피차의 사이에 天性과 民彝의 善함이 서로 발하는 바가 있어 三綱과 五常의 중함을 더하지 않겠는가? 나는 이 때문에 매양 그의 말(글)에 맛을 두고, 단지 文人의 賦로만 보지 않는 것이다. 그러나 屈原이 詞賦를 지었는데, 말하는 자들은 대부분 그 뜻을 잃어 屈原의 소행이 壹鬱하여 당년(당시)에 펴지 못한 것으로 하여금 또 숨겨지고 어두워져 후세에 드러나지 못하게 하니, 나는 이 때문에 集註를 정하여 만들어서 행여 讀者들이 古人을 천년 위에서 얻어 보고, 죽은 자가 나올 수 있다면 또 족히 천년의 아래에 자신을 알아주는 자가 있음을 알아서 來者(후세)에 알려지지 않음을 한하지 않게 하려는 것이다. 아! 슬프다. 이 어찌 俗人들과 쉽게 말할 수 있겠는가?"

◯ 또 말씀하였다.

"屈原의 글에 草木에 情을 붙이고 男女에 뜻을 가탁하여 놀고 구경함의 좋음을 지극히 한 것은 變風의 흐름이요, 일을 서술하고 情을 말하여 지금에 감동하고 옛것을 그리워하여 君臣의 義를 잊지 않는 것은 變雅의 무리이며, 혼인을 말하면서 禮를 넘고 원망과 울분을 품어 中道를 잃은 것으로 말하면 風, 雅가 다시 변한 것이요, 神에게 제사하고 歌舞의 盛大함을 말한 것은 頌에 가까운데 그 變함은 더욱 심한 감이 있다. 그리고 賦는 「離騷經」의 首章에 말한 내용과 같은 것이요, 比는 향초와 나쁜 물건 따위이며, 興은 물건에 가탁하여 말을 일으킨 것으로 애당초 뜻을 취하지 않았으니, 예컨대《九歌》에 沅水의 芷草와 澧水의 난초로써 公子를 그리워하되 감히 말하지 못한다는 내용을 興한 따위이다. 그러나 「詩經」은 興이 많고 比와 賦가 적은 반면, 騷는 興이 적고 比와 賦가 많으니, 반드시 이것을 구분한 뒤에야 말의 뜻을 살필 수 있을 것이다."

帝高陽之苗裔兮여	高陽帝의 苗裔(후손)여!
朕皇考曰伯庸이라	나의 皇考(先親)는 字가 伯庸이시네.
攝提貞于孟陬兮여	攝提(寅年)의 孟陬(正月)
惟庚寅吾以降이라	庚寅日에 나는 誕降하였네.

此章은 賦也라 德合天地를 稱帝라 高陽은 顓頊有天下之號也라 顓頊之後에 有熊繹者事周成王하여 封爲楚子하여 居於丹陽이러니 傳國至熊通하여 始僭稱王하고 徙都於郢하니 是爲武王이라 生子瑕하니 受屈爲卿하고 因以爲氏하니라 苗裔는 遠孫也라 苗者는 草之莖葉根所生也요 裔者는 衣裾之末이니 衣之餘也라 故以爲遠末子孫之稱也라 朕은 我也니 古者에 上下通稱之하니라 皇은 美也라 父死稱考라 伯庸은 字也라 屈原自道호되 本與君共祖하고 世有令名하여 以至於己하니 是恩深而義厚也라 攝提는 星名이니 隨斗柄以指十二辰者也라 貞은 正也라 孟은 始也요 陬는 隅也니 正月爲陬라 蓋是月孟春에 昏時斗柄

裔 : 후손 예　陬 : 정월 추　顓 : 어리석을 전　頊 : 별이름 욱　繹 : 실마리 역
郢 : 땅이름 영　瑕 : 옥티 하　莖 : 줄기 경　裾 : 옷깃 거

持寅하여 在東北隅라 故以爲名也라 降은 下也라 原又自言호되 此月庚寅之日에 己始下母體而生也라

이 章은 賦이다. 德이 天地에 합함을 帝라 한다. 高陽은 顓頊이 천하를 소유한 칭호이다. 顓頊의 후손에 熊繹이라는 자가 周나라 成王을 섬겨 楚子로 봉해져서 丹陽에 거주하였는데 나라를 전하여 熊通에 이르러 비로소 王을 참칭하고 郢으로 도읍을 옮기니, 이가 武王이다. 武王이 아들 瑕를 낳았는데 屈땅을 받아 卿이 되고 인하여 氏로 삼았다. 苗裔는 먼 후손이다. 苗는 풀의 줄기와 잎과 뿌리가 난 것이요 裔는 옷깃의 끝이니 옷의 나머지이다. 그러므로 먼 자손의 칭호로 삼은 것이다. 朕은 나이니, 옛날에는 상하가 통칭하였다. 皇은 아름다움이다. 아버지가 죽으면 考라 칭한다. 伯庸은 字이다. 屈原이 스스로 말하기를 "본래 군주와 조상이 같고 대대로 훌륭한 명성이 있어 자기에게 이르렀으니, 이는 은혜가 깊고 義가 厚한 것이다." 하였다. 攝提는 별 이름이니, 북두성 자루를 따라 12辰을 가리키는 것이다. 貞은 바로이다. 孟은 처음이요, 陬는 귀퉁이니, 正月을 陬라 한다. 이달 孟春 날이 어둘 때에 북두성자루가 寅方을 가리켜 동북쪽 귀퉁이에 있으므로 이름한 것이다. 降은 내려옴이다. 屈原이 스스로 말하기를 "이달 庚寅日에 자기가 비로소 어머니 몸에서 내려와 탄생했다." 하였다.

皇覽揆余于初度兮여	皇考는 나를 初度(初期)에 헤아리시고
肇錫予以嘉名이라	비로소 나에게 아름다운 이름 주셨네.
名余日正則兮여	이름을 正則이라 하고
字余日靈均이라	字를 靈均이라 하셨네.

賦也라 皇은 皇考也라 覽은 觀也요 揆는 度(탁)也라 初度之度는 猶言時節也라 肇는 始也요 錫은 賜也요 嘉는 善也요 正은 平也요 則은 法也요 靈은 神也요 均은 調也라 高平日原이라 故名平而字原也라 正則, 靈均은 各釋其義하여 以爲美稱耳라 禮日 子生三月이면 父親名之하고 二十則使賓友冠而字之라 故字雖朋友之職이나 亦父命也라

賦이다. 皇은 皇考이다. 覽은 봄이요, 揆는 헤아림이다. 初度의 度는 시절이라는 말과 같다. 肇는 비로소요, 錫은 줌이요, 嘉는 아름다움이요, 正은 평함이요, 則은 법이요, 靈은 神이요, 均은 고름이다. 높고 평평한 것을 原이라 한다. 그러므로 이름을 平이라 하고 字를 原이라 한 것이다. 正則과 靈均은 각각 그 뜻을 해석하여 아름다운 칭호로 삼은 것이다. 「禮記」《曲禮》에 이르기를 "아들이 태어난 지 3개월이 되면 아버지가 직접 이름을 지어주고, 스무살이 되면 賓과 朋友로 하여금 冠을 씌우고 字를 지어주게 한다." 하였다. 그러므로 字는 비록 붕우의 직분에 지어주는 것이나 또한 아버지의 명령인 것이다.

肇 : 비로소 조　錫 : 줄 석

紛吾旣有此內美兮여　　내 이미 안에 아름다움 간직하였고
又重之以脩能이라　　또다시 뛰어난 재능 겸하였네.
扈江離與辟芷兮여　　江離와 辟芷 몸에 두르고
紉秋蘭以爲佩라　　가을 난초 엮어 허리에 찼다오.

賦而比也라 紛은 盛貌라 生得日月之良은 是天賦我美質於內也라 重은 再也니 非輕重之重이라 修는 長也요 能은 才也라 能은 獸名이니 熊屬多力이라 故有絶人之才者를 謂之能이라 扈는 被也라 離는 香草니 生於江中이라 故曰江離라 說文曰 蘼蕪也라하고 郭璞曰似水薺라하니라 辟은 幽也라 芷亦香草니 生於幽僻之處라 紉은 續也라 蘭亦香草니 至秋乃芳이라 本草云 蘭은 與澤蘭相似하니 生水傍하며 紫莖赤節이요 高四五尺이라 綠葉光潤하고 尖長有岐하며 陰小紫하고 花紅白色而香하며 五六月盛이라 佩는 飾也라 記曰 佩帨茝蘭이라하니 則蘭芷之類를 古人蓋以爲佩也라

賦而比이다. 紛은 성한 모양이다. 태어날 때에 日月의 좋음을 얻음은 이는 하늘이 나에게 아름다운 자질을 안에 부여한 것이다. 重은 두번(거듭)이니, 輕重의 重字가 아니다. 修는 긴 것이요, 能은 재주이다. 能은 짐승의 이름이니, 곰의 등속으로 힘이 세므로 남보다 뛰어난 재주가 있는 자를 能이라 이른다. 扈는 입음이다. 離는 향초이니, 강 가운데서 자라므로 江離라 한다. 「說文」에는 蘼蕪라 하였고, 郭璞은 '水薺와 비슷하다' 하였다. 辟은 그윽함이다. 芷는 또한 향초이니, 그윽하고 궁벽한 곳에서 자란다. 紉은 이음이다. 蘭은 또한 향초이니, 가을에 이르러 꽃이 피어 향기롭다. 「本草」에 이르기를 "蘭은 澤蘭과 유사하니, 물가에 자라며 줄기가 紫色이고 마디가 붉으며 높이가 4~5척이다. 푸른 잎이 빛나고 윤택하며 뾰족하고 길고 갈라져 있으며 엷은 자주색이고 꽃은 홍백색인데 향기로우며 5~6월에 성하다." 하였다. 佩는 꾸밈이다. 「禮記」에 이르기를 "佩帨와 茝蘭이다." 하였으니, 蘭과 芷의 종류를 옛사람들은 모두 패물로 삼았다.

汨余若將不及兮여　　내 장차 미치지 못할듯이 여김이여!
恐年歲之不吾與라　　年歲(세월)가 나를 기다려주지 않을까 두려워하였네.
朝搴阰之木蘭兮여　　아침에는 阰山의 木蘭을 캐오고
[1] 夕攬洲之宿莽이라　　저녁에는 물가의 묵은 풀을 뜯노라.

譯註 1. 夕擥洲之宿莽 : 擥字가 他本에는 대부분 攬으로 되어 있으며 擥으로 표기된 것도 있으나 세 字가 同字이므로 朱子의 集註本을 그대로 따랐음을 밝혀둔다.

紛 : 성할 분　重 : 거듭할 중　修 : 길 수, 착할 수　扈 : 입을 호　辟 : 궁벽할 벽
芷 : 향풀 지　紉 : 꿰맬 닌　蘼 : 향초 미　蕪 : 순무 무　薺 : 냉이 제　茝 : 향초 채
汨 : 흐를 골　搴 : 뽑을 건　阰 : 산이름 비, 언덕 피　擥 : 잡을 람　莽 : 풀 망

賦而比也라 汨은 水流去疾之貌라 言己之汲汲自修 常若不及者는 恐年歲不待我而過去也일새라 搴은 拔取也라 阰는 山名이라 木蘭은 木名이니 本草云 皮似桂而香하고 狀如楠하며 樹高數仞이요 去皮不死라하니라 攬은 采也라 水中可居者曰洲라 草冬生不死者를 楚人名曰宿莽이라 言所采取 皆芳香久固之物이니 以比所行者 皆忠善長久之道也라

賦而比이다. 汨은 물이 흘러 빨리 가는 모양이다. 자기가 급급히 스스로 수행하기를 항상 미치지 못할듯이 여김은 年歲가 나를 기다리지 않고 지나갈까 두려워하기 때문임을 말한 것이다. 搴은 뽑아 취함이다. 阰는 산 이름이다. 木蘭은 나무 이름이니, 「本草」에 이르기를 "껍질은 계수나무와 같은데 향기롭고 모양은 楠나무와 같으며, 나무 높이가 몇 길이요 껍질을 벗겨도 죽지 않는다."하였다. 攬은 채취함이다. 물 가운데 居할 수 있는 곳을 洲라 한다. 풀이 겨울에도 자라고 죽지 않는 것을 楚나라 사람들은 宿莽이라 이름한다. 채취한 바가 다 향기롭고 오래가는 물건임을 말하였으니, 이것으로써 행하는 바가 모두 忠善하고 장구한 道임을 비유한 것이다.

日月忽其不淹兮여	세월이 흘러가 머물지 않음이여!
春與秋其代序라	봄과 가을 節序가 바뀌네.
惟草木之零落兮여	草木의 잎이 모두 떨어지니,
恐美人之遲暮라	美人(君主)을 늦게 만날까 두려워하네.

賦而比也라 淹은 久也요 代는 更也요 序는 次也라 零落은 皆墜也니 草曰零이요 木曰落이라 美人은 謂美好之婦人이니 蓋託詞而寄意於君也라 遲는 晩也라 此承上章하여 言己但知朝夕修潔而不知歲月之不留러니 至此에 乃念草木之零落而恐美人之遲暮하여 將不得及其盛年而遇之하니 以比臣子之心이 唯恐其君之遲暮하여 將不得及其盛時而事之也라

賦而比이다. 淹은 오램이요, 代는 바꿈이요, 序는 차례이다. 零과 落은 모두 떨어짐이니, 풀이 떨어지는 것을 零이라 하고 나무가 떨어지는 것을 落이라 한다. 미인은 아름다운 부인을 이르니, 가탁하는 말로 임금에게 뜻을 붙인 것이다. 遲는 늦음이다. 이는 上章을 이어 말하기를 "자기는 다만 조석으로 몸을 닦고 결백하게 할 줄만 알고 세월이 머물지 않음을 알지 못하였는데, 이에 이르러 초목이 영락함을 생각하고 미인이 늦어서 장차 그 성년에 미쳐 만나지 못할까 두려워한다."고 하였으니, 이것으로써 臣子의 마음이 행여 그 군주를 늦게 만나 장차 그 성할 때에 미쳐 섬기지 못할까 두려워함을 비유한 것이다.

不撫壯而棄穢兮여	장성할 때에 미쳐 더러움을 버리지 않음이여
何不改乎此度오	어찌하여 이 버릇 고치지 않는가.

楠 : 녹나무 남　仞 : 길 인　淹 : 오랠 엄　零 : 떨어질 령　更 : 바꿀 경

乘騏驥以馳騁兮여 騏驥(준마)를 타고 길을 달림이여!
來吾道夫先路호리라 오시면 내 앞장서서 길을 인도하리라.

賦而比也라 三十日壯이라 棄는 去也라 草荒日穢니 以比惡行이라 騏驥는 駿馬니 以比賢智라 言君何不及此年德壯盛之時하여 棄去惡行하여 改此惑誤之度하고 而乘駿馬以來隨我오 則我當爲君前導하여 以入聖王之道也라 自汨余至此三章은 同用一韻하고 意亦相承이라

賦而比이다. 30세를 壯이라 한다. 棄는 버림이다. 풀이 황폐해짐을 穢라 하니, 악행을 비유한 것이다. 騏驥는 준마이니, 賢智를 비유한 것이다. 군주가 어찌 이 나이와 德이 장성할 때에 악행을 버려 迷惑되고 잘못된 일을 고치고, 준마를 타고 와서 나를 따르지 않는가. 〈만일 악행을 고치고 나를 따른다면〉 내 마땅히 군주의 前導가 되어 聖王의 道에 들어가겠다고 말한 것이다. 汨余로부터 여기까지의 3章은 똑같이 한 韻字를 사용하였고, 의미 또한 서로 이어진다.

昔三后之純粹兮여 옛날 三后(三王)의 純粹하심이여!
固衆芳之所在로다 진실로 뭇 향기로움 간직하고 계셨네.
雜申椒與菌桂兮여 申椒와 菌桂가 섞여 있으니
豈維紉夫蕙茝리오 어찌 혜초와 채초만 찼겠는가.

賦而比也라 后는 君也니 三后는 謂禹, 湯, 文王也라 至美日純이요 齊同日粹라 衆芳은 喩群賢이라 言三王所以有純美之德은 以衆賢輔之也라 雜은 非一也라 椒는 木實之香者라 申은 或地名, 或其美名耳라 桂는 木名이니 本草云 花白葉黃이요 正圓如竹이라하니라 蕙는 草名이라 本草云 薰草也니 生下濕地하니 麻葉而芳莖이요 赤花而黑實이며 氣如蘼蕪하니 可以已癘라하고 陳藏器云 卽苓陵香也라하니라 言雜用衆賢以致治요 非獨專任一二人而已也라

賦而比이다. 后는 君主이니, 三后는 禹王·湯王·文王을 이른다. 지극히 아름다움을 純이라 하고, 똑같음을 粹라 한다. 衆芳은 뭇 賢者를 비유한 것이다. 三王이 순수하고 아름다운 德을 소유한 까닭은 여러 賢者들이 보필했기 때문임을 말한 것이다. 雜은 하나가 아닌 것이다. 椒는 나무 열매 중에 향기로운 것이다. 申은 혹은 지명이거나, 혹은 그 아름다움의 명칭일 것이다. 桂는 나무 이름이니, 「本草」에 "꽃은 희고 잎은 누르며 둥글어 대나무와 같다." 하였다. 蕙는 풀 이름이다. 「本草」에 "향기나는 풀이니, 하습한 땅에 자라는 바, 삼 잎에 줄기가 향기롭고 붉은 꽃에 검은 열매가 달렸으며 향기가 蘼蕪와

騏: 얼룩말 기 驥: 준마 기 騁: 달릴 빙 道: 인도할 도 后: 임금 후 椒: 산초 초
菌: 버섯 균 蕙: 난초 혜 薰: 향내 훈 癘: 염병 려 苓: 도꼬마리 령

같으니, 염병을 고칠 수 있다." 하였고, 陳藏器는 "바로 苓陵香이다." 하였다. 여러 賢者를 섞어 등용하여 훌륭한 정치를 이룩할 것이요, 오로지 한두 사람에게 맡길 뿐만이 아님을 말한 것이다.

彼堯舜之耿介兮여	저 堯舜의 밝고 훌륭하심이여!
旣遵道而得路라	이미 道를 따라 바른 길 얻으셨는데.
何桀紂之昌披兮여	어찌하여 桀紂는 허리띠도 매지 않고
夫唯捷徑以窘步로다	좁은 길로 황급히 걸어가나.

賦而比也라 耿은 光也요 介는 大也요 遵은 循也라 昌披는 衣不帶之貌라 捷은 邪出也요 徑은 小路也라 窘은 急也라 桀紂之亂이 若被衣不帶者는 獨以不由正道하여 而所行蹙迫耳라

賦而比이다. 耿은 빛남이요, 介는 큼이요, 遵은 따름이다. 昌披는 옷에 띠를 매지 않은 모양이다. 捷은 샛길로 나감이요, 徑은 작은 길이다. 窘은 급함이다. 桀紂의 혼란함이 마치 옷을 입고 띠를 매지 않음과 같은 것은 홀로 正道를 따르지 않아 행하는 바가 위축되고 급박하기 때문이다.

惟黨人之偸樂兮여	黨人(小人)은 구차히 즐거워함 생각하니
路幽昧以險隘라	길이 어둡고 험난하여라.
豈余身之憚殃兮여	어찌 내 한 몸의 재앙을 꺼리겠는가.
恐皇輿之敗績이라	皇輿(大駕)가 敗績(실패)할까 두려워라.

賦而比也라 惟는 思念也라 黨은 朋也라 偸는 苟且也라 幽昧는 不明也라 險은 臨危也요 隘는 履狹也라 憚은 難也요 殃은 咎也요 皇은 君也요 績은 功也라 君車宜安行於大中至正之道니 而當幽昧險隘之地면 則敗績矣라 故我欲諫爭者는 非難身之被殃咎也요 但恐君國傾危하여 以敗先王之功耳라

賦而比이다. 惟는 사념함이다. 黨은 벗이다. 偸는 구차함이다. 幽昧는 밝지 못함이다. 險은 위험에 임함이요, 隘는 좁은 길을 밟는 것이다. 憚은 어려움이요, 殃은 허물이요, 皇은 君主요, 績은 공적이다. 군주의 수레는 마땅히 大中至正한 길을 편안히 행해야 하니, 어둡고 험하고 좁은 땅을 당하면 실패한다. 그러므로 내가 간쟁하고자 하는 까닭은 몸이 재앙을 입음을 어렵게 여겨서가 아니요, 다만 군주와 나라가 기울고 위태로워서 先王의 功을 패할까 염려해서이다.

耿 : 밝을 경　介 : 클 개　披 : 헤칠 피　捷 : 지름길 첩　窘 : 군색할 군　偸 : 구차할 투
隘 : 좁을 애　績 : 공 적　狹 : 좁을 협

忽奔走以先後兮여	분주히 앞뒤로 달려
及前王之踵武라	옛 聖王의 발자취 따르려 하였는데
荃不揆余之中情兮여	荃草(王)는 내 마음 헤아리지 않으시고
反信讒而齌怒라	도리어 참소 믿고 급히 노여워하시네.

比而賦也라 踵은 足跟也요 武는 迹也니 追前人者는 但見其跟之跡耳라 言所以奔走以趨君之所鄕(向)하여 而或出其前하고 或追其後하여 以相道之者는 欲其有以躡先王之遺迹也라 荃은 與蓀同이라 陶隱居云 冬間溪側에 有名溪蓀者하니 根形氣色이 極似石上菖蒲而葉無脊이라하니 蓋亦香草라 故時人이 以爲彼此相謂之通稱하니 此又借以寓意於君也라 齌는 炊餔疾也라

賦而比이다. 踵은 발 뒤꿈치요, 武는 자취이니, 앞사람을 따라가는 자는 다만 그 뒤꿈치의 발자국을 볼 뿐이다. 군주의 향하는 바를 따라가서 혹 그 앞으로 나가기도 하고 혹 그 뒤를 따라가기도 하여 서로 인도하는 까닭은 先王의 遺跡을 따름이 있고자 해서임을 말한 것이다. 荃은 蓀과 같다. 陶隱居가 이르기를 "겨울철 시냇가에 溪蓀이라는 것이 있는데 뿌리 모양과 향기와 색깔이 돌 위에 자라는 창포와 매우 비슷하나 잎에 등마루가 없다." 하였으니, 이것도 또한 향초이다. 그러므로 당시 사람들이 피차를 서로 이르는 통칭으로 삼았으니, 여기에서는 또 빌려서 군주에게 뜻을 붙인 것이다. 齌는 밥을 지어먹기를 빨리 하는 것이다.

余固知謇謇之爲患兮나	내 진실로 忠言이 화가 될 줄 알지만
忍而不能舍也로다	차마 그만둘 수 없노라.
指九天以爲正兮여	九天을 가리켜 질정하노니,
夫唯靈脩(修)之故也라	오직 靈脩 때문이라오.

賦而比也라 謇謇은 難於言也니 直詞進諫은 己所難言이요 而君亦難聽이라 故其言之出에 有不易者하여 如謇吃然也라 舍는 止也라 言己知忠言謇謇하여 必爲身患이나 然中心不能自止而不言也라 九天은 天有九重也라 正은 平也라 靈脩는 言其有明智而善脩飾이니 蓋婦悅其夫之稱이니 亦託詞以寓意於君也라 此는 又上指九天하고 告語神明하여 使平正之호되 明非爲身謀及爲他人之計요 但以君之恩深而義重이라 是以不能自已耳라

賦而比이다. 謇謇은 말하기를 어려워하는 것이니, 곧은 말로 諫言을 올림은 자기도 말하기 어려운 것이요 군주 또한 들어주기가 어렵다. 그러므로 그 말을 낼 적에 쉽게 하지

踵 : 따를 종　武 : 발자취 무　荃 : 향풀 전, 임금 전　齌 : 빠를 제　跟 : 발꿈치 근
躡 : 밟을 섭　蓀 : 창포 손　菖 : 창포 창　蒲 : 창포 포　脊 : 등마루 척　餔 : 먹을 포
謇 : 곧을 건　吃 : 어눌할 흘　寓 : 붙일 우

않음이 있어서 마치 더듬는 것과 같은 것이다. 舍는 그침이다. 내 忠言이 말하기 어려워 반드시 몸의 화가 될 줄을 알고 있으나 중심에 스스로 그만두고 말하지 않을 수 없음을 말한 것이다. 九天은 하늘에 아홉 겹이 있다 한다. 正은 평함이다. 靈脩는 밝은 지혜가 있고 수식을 잘함을 말하는 바, 부인이 그 남편을 좋아하는 칭호이니, 또한 가탁하여 말해서 군주에게 뜻을 붙인 것이다. 이는 또 위로는 九天을 가리키고 神明에게 말하여 平正(질정)하되 자신을 위한 계책이나 또는 타인을 위한 계책이 아니요, 다만 군주의 은혜가 깊고 義가 중한 까닭에 스스로 그칠 수 없어서임을 밝힌 것이다.

曰黃昏以爲期兮여	黃昏에 만나자고 기약하였건만
羌中道而改路라	中道에 길을 바꾸었네.

比也라 曰者는 敍其始約之言也라 黃昏者는 古人親迎之期니 儀禮所謂初昏也라 羌은 楚人發語端之詞니 猶言卿何爲也라 中道而改路면 則女將行而見棄니 正君臣之契已合而復離之比也라 [1]洪說이 雖有據나 然安知非王逸以前此下已脫兩句邪아 更詳之니라

比이다. 曰은 그 처음 약속한 말을 서술한 것이다. 黃昏은 옛사람들이 親迎하는 시기이니, 「儀禮」에 이른바 初昏이라는 것이다. 羌은 楚나라 사람들이 발어할 때의 말이니, 卿何爲라는 말과 같은 것이다. 中道에 길을 바꾸면 여자가 장차 시집을 가려다가 버림을 받은 것이니, 이는 바로 君臣의 교분이 합하였다가 다시 헤어짐의 비유이다. 洪氏(洪興祖)의 말이 비록 근거가 있으나 王逸 이전에 이 아래에 이미 두 글귀가 빠져 있던 것이 아님을 어찌 장담하겠는가? 다시 살펴보아야 할 것이다.

譯註 1. 洪說雖有據 : 洪說은 「楚辭補註」를 지은 洪興祖의 말을 가리킨다. 一本에는 위의 '曰黃昏以爲期兮 羌中道而改路' 두 句가 빠져 있는 바, 洪興祖는 王逸의 註에 羌字를 여기에서 풀이하지 않고 다음의 '羌內恕己以量人兮'에서 풀이하였음을 들어 이 두 句는 後人들이 붙여 넣은 것이라고 주장하였다.

初旣與余成言兮여	처음에 이미 약속을 이루었건만
後悔遁而有他라	뒤에는 뉘우치고 떠나 딴마음 품으셨네.
余旣不難夫離別兮여	내 이별하긴 어렵지 않지만
傷靈脩之數(삭)化라	靈脩께서 자주 변하심 서글프네.

比也라 成은 言謂成其要約之言也라 悔는 改也요 遁은 移也라 近曰離요 遠曰別이라 言我非難與君離別也요 但傷君志數變易하여 無常操也라

比이다. 成은 그 要約(약속)한 말을 이룸을 말한다. 悔는 고침이요 遁은 옮김이다.

羌 : 어조사 강 契 : 합할 계 數 : 자주 삭

가까운 곳으로 떠남을 離라 하고 먼 곳으로 작별함을 別이라 한다. 내 군주와 떠나고 작별함을 어렵게 여기는 것이 아니요, 다만 임금의 뜻이 자주 바뀌어 일정한 지조가 없음을 서글퍼할 뿐이다.

余旣滋蘭之九畹兮여	내 이미 蘭草를 九畹에 심었고
又樹蕙之百畝라	또다시 혜초를 百畝에 심었노라.
畦留夷與揭車兮여	留夷와 揭車의 香草를 두둑에 심고
雜杜衡(蘅)與芳芷라	杜蘅과 향기로운 芷草도 섞어 심었노라.

比也라 滋는 蒔也라 畹은 十二畝니 或曰 三十畝也라 樹는 種也라 六尺爲步요 步百爲畝라 畦는 隴種也라 留夷, 揭車는 皆芳草라 杜蘅은 似葵而香하고 葉似馬蹄라 故俗云馬蹄香也라 言己種蒔衆香하고 修行仁義以自潔飾하여 朝夕不倦也라

比이다. 滋는 심음이다. 畹은 12畝니, 혹자는 30畝라 한다. 樹는 심음이다. 6척을 步라 하고 百步를 畝라 한다. 畦는 두둑에 심는 것이다. 留夷와 揭車는 다 향초이다. 杜蘅은 해바라기와 비슷한데 향기롭고 잎은 馬蹄와 같다. 그러므로 세속에서는 馬蹄香이라 부른다. 자기가 여러 향초들을 심고 仁義를 수행하여 스스로 깨끗이 꾸며서 아침저녁으로 게을리 하지 않음을 말한 것이다.

冀枝葉之峻茂兮여	가지와 잎이 무성하기 바라며
願竢時乎吾將刈라	때 되면 장차 베어들이려 하였네.
雖萎絶其亦何傷兮여	비록 시들어 버린들 어찌 해로울까마는
哀衆芳之蕪穢라	뭇 香草들 버려짐 서글퍼라.

比也라 冀는 幸也요 峻은 長也요 刈는 穫也요 萎는 病也요 絶은 落也라 言此衆芳雖病而落이나 何能傷於我乎아 但傷善道不行하여 如香草之蕪穢耳라

比이다. 冀는 바람이요, 峻은 긴 것이요, 刈는 수확함이요, 萎는 병듦이요, 絶은 떨어짐이다. 이는 여러 향초가 비록 병들어 떨어졌으나 어찌 나에게 해로울 것이 있겠는가? 다만 善道가 행해지지 못하여 향초가 황폐해짐과 같음을 서글퍼할 뿐임을 말한 것이다.

衆皆競進以貪婪兮여	사람들은 모두 다투어 재물을 탐하여
憑不厭乎求索이라	가득히 구함을 싫어하지 않네.
羌內恕己以量人兮여	안으로 자기 마음 미루어 남을 헤아리며

滋：심을 자 畹：밭두둑 완 畦：밭두둑 휴 揭：들 게 蘅：족두리풀 형 蒔：심을 시
隴：밭두둑 롱 葵：해바라기 규 蹄：발굽 제 峻：클 준 竢：기다릴 사 刈：벨 예
萎：시들 위 婪：탐할 람 憑：가득할 빙

各興心而嫉妬라　　　각기 마음을 일으켜 질투하네.

賦也라 並逐曰競이라 愛財曰貪이요 愛食曰婪이라 憑은 滿也니 楚人謂滿曰憑이라 以心揆心爲恕라 量은 度(탁)也요 興은 生也라 害賢爲嫉이요 害色爲妬라 言在位之人이 心皆貪婪하여 內以其志로 量度他人하여 謂與己不同이면 則各生嫉妬之心也라

賦이다. 아울러 좇는 것을 競이라 한다. 재물을 아낌을 貪이라 하고, 음식을 아낌을 婪이라 한다. 憑은 가득함이니, 楚나라 사람들은 가득함을 憑이라 한다. 내 마음으로 남의 마음을 헤아림을 恕라 한다. 量은 헤아림이요, 興은 나옴이다. 賢者를 해침을 嫉이라 하고, 여색을 해침을 妬라 한다. 지위에 있는 사람들이 마음이 모두 탐욕스러워 안으로 그 뜻으로써 다른 사람을 헤아려 자기와 같지 않으면 각기 질투하는 마음을 냄을 말한 것이다.

忽馳騖以追逐兮여　　　갑자기 말달려 좇고 있으나
非余心之所急이라　　　내 마음에는 절실한 것 아니네.
老冉冉其將至兮여　　　늙음이 점점 이르려 하니
恐修名之不立이라　　　훌륭한 명성 세우지 못할까 두렵네.

賦也라 騖는 亂馳也라 冉冉은 漸也라 修名은 長名이니 或曰 修潔之名也라

賦이다. 騖는 어지럽게 달리는 것이다. 冉冉은 점점이다. 修名은 장구한 이름이니, 혹자는 닦고 깨끗이 한 이름이라 한다.

朝飮木蘭之墜露兮여　　　아침에는 木蘭에서 떨어지는 이슬 마시고
夕餐秋菊之落英이라　　　저녁에는 秋菊에서 떨어지는 꽃잎 먹네.
苟余情其信姱以練要兮여　　　진실로 내 마음 성실하고 정결하다면
長顑頷亦何傷가　　　오랫동안 굶주린들 어찌 나쁘겠는가.

比也라 英은 華也라 飮露餐華는 言動以香潔自潤澤也라 苟는 誠也요 信은 實也라 練要는 言所修精練하고 所守要約也라 顑頷은 食不飽而面黃之貌라

比이다. 英은 꽃이다. 이슬을 마시고 꽃을 먹음은 언제나 향기와 깨끗함으로써 스스로 윤택하게 함을 말한 것이다. 苟는 진실로요, 信은 성실함이다. 練要는 수양하는 바가 정련하고 지키는 바가 요약됨을 말한 것이다. 顑頷은 음식을 배불리 먹지 못하여 얼굴이 누래진 모양이다.

擥木根以結茝兮여　　　나무 뿌리를 캐어 茝草를 묶고

騖 : 달릴 무　冉 : 점점 염　餐 : 먹을 찬　姱 : 아름다울 과　顑 : 주릴 함　頷 : 주릴 함

貫薜荔之落蘂라	벽려에서 떨어진 꽃술을 꿰차며
矯菌桂以紉蕙兮여	菌桂를 들어 蕙草를 묶고
索胡繩之纚纚라	胡繩(香草)으로 새끼꼬아 늘어뜨리네.

比也라 薜荔는 香草也니 緣木而生이라 蘂는 花萼이니 鬚粉蘂蘂然者也라 矯는 擧也라 胡繩亦香草니 有莖葉하여 可作繩索이라 纚纚는 索好貌라

比이다. 薜荔는 향초이니, 나무에 붙어 자란다. 蘂는 꽃술이니, 꽃수염과 꽃가루가 예예(늘어짐)한 것이다. 矯는 듦이다. 胡繩 또한 향초이니, 줄기와 잎이 있어 노끈과 새끼줄을 만들 수 있다. 纚纚는 새끼줄이 좋은 모양이다.

謇吾法夫前修兮여	아! 내 前修(先賢)들을 본받으려 함이여
非世俗之所服이라	세속 사람들이 행하는 바 아니네.
雖不周於今之人兮나	비록 지금 사람들과는 합하지 않지만
願依彭咸之遺則하리라	원컨대 彭咸의 남긴 법칙 따르리라.

賦也라 謇은 難詞也라 前修는 謂前代修德之人이라 周는 合也라 彭咸은 殷賢大夫니 諫其君이라가 不聽에 自投水而死하니라 遺는 餘也요 則은 法也라

賦이다. 謇은 어려워하는 말이다. 前修는 前代에 德을 닦은 사람이다. 周는 합함이다. 彭咸은 殷나라의 어진 대부이니, 군주에게 간하였으나 듣지 않자 스스로 물에 투신하여 죽었다. 遺는 남음이요, 則은 법이다.

長太息以掩涕兮여	장탄식하고 눈물을 닦으며
哀民生之多艱이라	민생들의 어려움 많음을 서글퍼하네.
余雖好修姱以鞿羈兮여	내 수행과 아름다움 좋아하여 방종하지 않으나
謇朝誶而夕替라	아침에 忠言을 하였다가 저녁에 쫓겨났네.

賦也라 掩涕는 猶抆淚也니 哀此民生遭亂世而多難也라 修姱는 謂修潔而美好라 鞿羈는 以馬自喩니 韁在口曰鞿요 革絡頭曰羈니 言自繩束하여 不放縱也라 誶는 諫也니 詩曰 誶予不顧라하니 今詩作訊이요 註에 告也라하니라 替는 廢也라

賦이다. 掩涕는 抆淚(눈물을 씻음)와 같으니, 이 민생이 난세를 만나 다난함을 서글퍼한 것이다. 修姱는 닦고 깨끗하며 아름다움을 이른다. 鞿羈는 말로써 스스로를 비유한 것이니, 고삐가 입에 있는 것을 鞿라 하고 가죽끈으로 머리를 묶은 것을 羈라 하니, 스

薜 : 줄사철나무 벽　荔 : 향풀 려　蘂 : 꽃술 예　矯 : 들 교　纚 : 연이을 사　萼 : 꽃받침 악
鞿 : 고삐 기　羈 : 얽맬 기　誶 : 간할 수　韁 : 고삐 강　絡 : 묶을 락　訊 : 물을 신

스로 속박하여 방종하지 않음을 말한 것이다. 誶는 간함이니, 「詩經」에 "간하여도 돌아보지 않는다." 하였는데, 지금 「詩經」《墓門》에는 '訊'으로 되어 있고 註에는 '고함이다' 하였다. 替는 폐함이다.

旣替余以蕙纕兮여	이미 나를 버리면서 혜초띠를 주고
又申之以攬茝라	또 채초를 취하여 거듭 주시네.
亦余心之所善兮여	그래도 내 마음에 좋아하는 바이니
雖九死其猶未悔라	비록 아홉번 죽어도 후회하지 않으리라.

賦而比也라 纕은 佩帶也라 申은 重也라 此는 言君之廢我에 以蕙茝爲賜而遣之하여 如待放之臣을 予之以玦然後去也라 然二物芬芳하니 乃余心之所善이니 幸而得之면 則雖九死而不悔라 況但廢替而已乎아

賦而比이나. 纕은 차는 띠이다. 申은 거듭함이다. 이는 군주가 나를 폐할 적에 蕙草와 茝草를 주어 보내어 마치 추방하는 신하를 대하기를 玦을 준 뒤에 떠나게 함과 같이 함을 말한 것이다. 그러나 두 물건이 향기로워 바로 내 마음에 좋게 여기는 바이니, 다행히 이것을 얻으면 비록 아홉번 죽더라도 후회하지 않을 것이다. 하물며 단지 폐출을 당할 뿐임에 있어서랴.

怨靈脩之浩蕩兮여	靈脩가 思慮 없음을 한하노니
終不察夫民心이라	끝내 사람의 마음 살펴주지 못하누나.
衆女嫉余之蛾眉兮여	뭇 여인들은 나의 아름다움 질투하여
謠諑謂余以善淫이라	내가 음란한 짓을 잘한다고 험담하네.

比也라 浩蕩은 無思慮貌라 民은 謂衆人也라 蛾眉는 謂眉之美好如蠶蛾之眉也라 爾雅云 徒歌를 謂之謠라하니라 方言云 楚南謂愬爲諑이라하니라

比이다. 浩蕩은 사려가 없는 모양이다. 民은 중인을 이른다. 蛾眉는 눈썹의 아름다움이 누에나방의 눈썹과 같음을 말한다. 「爾雅」에 이르기를 "단지 노래만을 부르는 것을 謠라 한다" 하였다. 方言에 "楚나라 남쪽 지방에서는 하소연함을 諑이라 한다." 하였다.

固時俗之工巧兮여	실로 세속의 사람들은 교묘하기도 해
偭規矩而改錯(조)라	바른 법을 어기고 다시 만드네.
背繩墨以追曲兮여	먹줄(곧은 것)을 버리고 굽은 것을 따르며
競周容以爲度라	다투어 남의 뜻 맞추면서 법도라 하네.

纕 : 패옥띠 양　申 : 거듭 신　玦 : 패옥 결　蛾 : 나비 아　諑 : 참소할 착　偭 : 등질 면

比也라 偭은 背也라 規는 所運以爲圓之器也요 矩는 所擬以爲方之器니 今曲尺也라 錯는 置也라 繩墨은 引繩彈墨以取直者니 今墨斗繩이 是也라 追는 猶隨也니 言舍直而隨曲也라 競은 爭也요 周는 合也요 度는 法也니 言爭以苟合求容爲常法也라 洪曰 偭規矩而改錯者는 反常而妄作이요 背繩墨以追曲者는 枉道以從時라하니라

比이다. 偭은 위배함이다. 規는 움직여 원형을 만드는 기구요, 矩는 대고서 네모진 것을 만드는 기구이니, 지금의 曲尺이다. 錯는 만들어 놓음이다. 繩墨은 노끈을 끌고 먹을 튕겨서 곧게 하는 것이니, 지금의 墨斗繩(먹통줄)이 이것이다. 追는 隨와 같으니, 곧음을 버리고 굽음을 따름을 말한 것이다. 競은 다툼이요, 周는 합함이요, 度는 법이니, 다투어 구차히 영합하여 용납함을 구함을 떳떳한 법으로 삼음을 말한 것이다. 洪氏가 말하기를 "規矩를 저버리고 고쳐 어긋나는 것은 常道에 위배되어 함부로 행동함이요, 繩墨을 버리고 굽은 것을 따른다는 것은 道를 굽혀 시속을 따르는 것이다." 하였다.

忳鬱邑余侘傺兮여	시름겨워 내 멍청히 서 있으니
吾獨窮困乎此時也라	나 홀로 이 시대에 곤궁을 겪고 있네.
寧溘死以流亡兮여	차라리 문득 죽어 없어져 버릴지언정
余不忍爲此態也라	내 차마 이런 짓은 하지 않으리라.

賦也라 忳은 憂貌라 侘傺는 失志貌라 侘는 猶堂堂也요 又立也며 傺는 住也니 楚人語也라 溘은 奄也니 言我寧奄然而死언정 不忍爲此邪淫之態也라

賦이다. 忳은 근심하는 모양이다. 侘傺는 실의한 모양이다. 侘는 당당과 같고 또 서 있는 것이며 傺는 머무름이니, 楚나라 사람의 말이다. 溘은 문득이니, 내 차라리 문득 죽을지언정 이 간사하고 음탕한 태도를 할 수 없음을 말한 것이다.

鷙鳥之不群兮여	사나운 새는 떼지어 다니지 않는 법
自前世而固然이라	예부터 실로 그러하였다네.
何方圜之能周兮여	어찌 모난 것과 둥근 것이 합해지겠는가.
夫孰異道而相安가	그 누가 道를 달리하고 서로 편안할까?

比也라 鷙는 執也니 謂鳥之能執伏衆鳥者니 鷹鸇之類也라 不群은 言其執志剛厲하고 居常特處하여 不與衆鳥爲群也라 周는 合也라 員(圓)鑿方枘不能相合은 以其異道라 故不能相安이니 賢者之居亂世에 亦猶是也라

比이다. 鷙는 잡음이니 새 중에 여러 새들을 잡아 굴복시키는 자를 이르니, 매와 새매

擬 : 비길 의　彈 : 튕길 탄　忳 : 근심할 돈　侘 : 실심할 차　傺 : 실심할 제
溘 : 문득 합　鷙 : 사나울 지　鸇 : 새매 전　鑿 : 둥근구멍 조　枘 : 모진자루 예

따위이다. 不群은 그 뜻을 잡음이 강하고 엄하며 居常(평상시)에 홀로 처하여 뭇새와 떼를 짓지 않음을 말한 것이다. 圜는 합함이다. 둥근 끌구멍과 네모진 나무가 서로 합하지 않음은 道가 다르기 때문이다. 그러므로 서로 편안하지 못하니, 賢者가 난세에 居함도 이와 같다.

屈心而抑志兮여	마음을 굽히고 뜻을 억제하여
忍尤而攘詬라	허물을 참으며 치욕을 물리치네.
伏清白以死直兮여	청백함을 지니고 곧게 죽음은
固前聖之所厚라	실로 옛 성현들이 좋게 여기던 바이네.

賦也라 抑은 按也요 尤는 過也요 攘은 除也요 詬는 恥也라 言與世已不同矣면 則可屈心而抑志하여 雖或見尤於人이라도 亦當一切隱忍而不與之校요 雖所遭者 或有恥辱이라도 亦當以理解遣하여 若攘却之而不受於懷라 蓋寧伏清白而死於直道라도 尚足爲前聖之所厚니 如比干諫死로되 而武王封其墓하고 孔子稱其仁也라 自怨靈脩以下로 至此五章이 一意니 爲下章回車復路起하니라

賦이다. 抑은 누름이요, 尤는 허물이요, 攘은 제거함이요, 詬는 수치이다. 세상과 더불어 이미 같지 않으면 마음을 굽히고 뜻을 억제하여 비록 혹 남에게 허물을 당하더라도 또한 마땅히 일체 숨고 참아 더불어 따지지 말 것이요, 비록 만나는 바에 혹 치욕이 있더라도 또한 마땅히 이치로써 마음을 풀어 보내어서 마치 물리치듯 하여 가슴속에 받아들이지 말아야 함을 말한 것이다. 차라리 청백함에 엎드려 정직한 道에 죽더라도 오히려 前聖의 후하게 여긴 바가 되니, 마치 比干이 간하다 죽었으나 武王이 그 묘를 봉해주고 孔子가 그 仁을 칭찬함과 같은 것이다. 怨靈脩 이하로부터 여기까지의 다섯 章은 똑같은 뜻이니, 아랫 章에 수레를 돌려 옛길로 돌아간다는 글의 起頭를 삼은 것이다.

悔相道之不察兮여	길을 잘 살피지 못한 것을 후회하며
延佇乎吾將反호리라	오랫동안 기다리다가 이제 돌아가리라.
回朕車以復路兮여	나의 수레 돌려 길을 되찾음이여
及行迷之未遠이라	길을 잃음이 멀지 않아라.

比也라 悔는 追恨也요 察은 明審也라 延은 引頸也요 佇는 跂立也라 回는 旋轉也요 迷는 惑誤也라 言既至於此矣에야 乃始追悔前日相視道路未能明審하여 而輕犯世患하고 遂引頸跂立而將旋轉吾車하여 以復於昔來之路하니 庶幾猶得及此惑誤未遠之時하여 覺悟而還歸也라

攘 : 물리칠 양　詬 : 꾸짖을 구　按 : 누를 안　校 : 따질 교　佇 : 기다릴 저　頸 : 목 경
跂 : 발돋움할 기　旋 : 돌 선

比이다. 悔는 뒤늦게 한함이요, 察은 밝게 살핌이다. 延은 목을 늘임이요, 佇는 발돋움하고 서는 것이다. 回는 돌림이요, 迷는 미혹되고 그릇됨이다. 이미 여기에 이르러서야 비로소 지난날 도로를 봄에 밝게 살피지 못하여 세상의 화를 가벼이 범한 것을 追悔하고, 마침내 목을 늘이고 발돋움하고 서서 장차 내 수레를 돌려 옛날 왔던 길로 돌아가려 하니, 행여 이 미혹되고 그릇됨이 멀지 않은 때에 미쳐서 깨우쳐 돌아갔으면 한 것이다.

步余馬於蘭皐兮여	난초 핀 언덕에 내 말을 거닐게 하고
馳椒丘且焉止息이라	山椒 언덕을 달리며 또 여기에서 쉬리라.
進不入以離尤兮여	나아갔으나 들어가지 못하고 허물만 입었으니
退將復修吾初服호리라	물러나 다시 나의 처음 옷(행실)을 닦으리라.

比也라 步는 徐行也라 澤曲曰皐니 其中有蘭이라 故曰蘭皐요 丘上有椒라 故曰椒丘라 徐步馳走而遂止息호되 必依椒蘭하여 不忘芳香以自淸潔하니 所謂回朕車以復路也라 進旣不入以離尤면 則亦退而復修吾初服耳라

比이다. 步는 서서히 감이다. 물의 구비를 皐라 하니, 그 가운데 난초가 있으므로 蘭皐라 한 것이요, 언덕 위에 山椒가 있으므로 椒丘라 한 것이다. 서서히 걷고 말을 달려 마침내 멈추되 반드시 山椒와 蘭草에 의지하여 향기롭게 하여 스스로 청결히 할 것을 잊지 않았으니, 이른바 내 수레를 돌려 옛길로 돌아간다는 것이다. 나아갔으나 이미 들어가지 못하고서 허물을 입었다면 또한 물러가서 내 처음의 옷(행실)을 닦을 뿐이다.

製芰荷以爲衣兮여	마름과 연잎을 마름질해 저고리 만들고
集芙蓉以爲裳이라	연꽃을 모아 치마를 만들리라.
不吾知其亦已兮여	나를 알아주지 않아도 그만이니
苟余情其信芳이라	실로 내 마음 꽃다우네.

比也라 製는 裁也라 芰는 蔆也니 生水中하니 葉浮水上하고 花黃白色이며 實紫色이요 兩頭銳者也라 荷는 蓮葉也요 芙蓉은 蓮花也라 本草云 蓮은 其葉名荷요 其花未發爲菡萏이요 已發爲芙蓉이라하니라 上曰衣요 下曰裳이니 言被服益潔하고 修善益明也니 此與下章은 卽所謂修吾初服也라

比이다. 製는 마름질함이다. 芰는 연꽃이니 물 가운데 자라니, 잎이 물 위에 떠있고 꽃이 황백색이며 열매는 자주색이요, 양끝이 뾰족하다. 荷는 연꽃잎이요, 芙蓉은 연꽃이다. 「本草」에 이르기를 "蓮은 그 이름을 荷라 하고, 그 꽃이 아직 피지 않은 것을 菡萏이라 하고, 이미 꽃이 핀 것을 芙蓉이라 한다."하였다. 윗옷을 衣라 하고 아래옷을 裳이

皐 : 언덕 고　芰 : 새발마름 기　荷 : 연꽃 하　芙 : 연꽃 부　蓉 : 연꽃 용　蔆 : 연꽃 릉
菡 : 연꽃 함　萏 : 연꽃 담

라 하니, 옷을 입기를 더욱 깨끗이 하고 善을 닦기를 더욱 밝게 함을 말하였다. 이 章과 下章은 곧 이른바 나의 처음 옷을 닦는다는 것이다.

高余冠之岌岌兮여	높다란 내 冠 더욱 높게 쓰고
長余佩之陸離라	늘어진 내 패물 더욱 늘어뜨리네.
芳與澤其雜糅兮여	향기와 윤택이 함께 섞여 있으니
唯昭質其猶未虧라	오직 그 밝은 바탕 이지러짐 없으리라.

賦也라 岌岌은 高貌라 佩는 玉佩也라 陸離는 美好分散之貌라 芳은 謂以香物爲衣裳이요 澤은 謂玉佩有潤澤也라 糅亦雜也라 唯는 獨也요 照는 明也니 言獨此光明之質이 有退藏而無虧缺하니 所謂道行則兼善天下하고 不用則獨善其身也라

賦이다. 岌岌은 높은 모양이다. 佩는 패옥이다. 陸離는 아름답고 분산된 모양이다. 芳은 향기나는 물건으로 의상을 만든 것이요, 澤은 패옥에 윤택이 있음을 이른다. 糅 또한 섞임이다. 唯는 홀로요, 照는 밝음이니, 홀로 이 광명한 자질이 물러가 감춤이 있고 이지러짐이 없으니, 이른바 '道가 행해지면 겸하여 천하를 선하게 하고 쓰여지지 않으면 홀로 그 몸을 선하게 한다'는 것이다.

忽反顧以遊目兮여	갑자기 뒤돌아 사방을 휘둘러보고는
將往觀乎四荒호리라	장차 사방의 끝까지 구경하려 하네.
佩繽紛其繁飾兮여	패물은 성하게 꾸며져 있고
芳菲菲其彌章이라	향기는 물씬물씬 더욱 풍기누나.

比也라 荒은 遠也라 繽紛은 盛貌라 繁은 衆也라 菲菲는 猶勃勃이라 芳은 香貌也라 章은 明也라 言雖已回車反服이나 而猶未能頓忘此世라 故復反顧而將往觀乎四方絕遠之國하여 庶幾一遇賢君하여 以行其道하여 佩服愈盛而明하고 志意愈修而潔이라

比이다. 荒은 먼 것이다. 繽紛은 성한 모양이다. 繁은 많음이다. 菲菲는 勃勃과 같다. 芳은 향내나는 모양이다. 章은 밝음이다. 비록 이미 수레를 돌리고 옷을 되입었으나 아직도 이 세상을 잊지 못한다. 그러므로 다시 뒤돌아보고 사방 아득히 먼 나라로 가보아 행여 한번 賢君을 만나서 그 道를 행할까 하여 佩服이 더욱 성하여 밝고 의지가 더욱 닦여 깨끗해진 것이다.

民生各有所樂兮여	사람은 저마다 즐기는 바 있는데
余獨好修以爲常이라	나만이 청백함 좋아하여 常道로 여기네.

岌 : 높을 급　糅 : 섞일 유　虧 : 이지러질 휴　繽 : 성할 빈　菲 : 성할 비　彌 : 더욱 미
勃 : 일어날 발　頓 : 급할 돈

雖體解吾猶未變兮여	비록 몸이 찢겨져도 나는 변치 않으리니
豈余心之可懲가	어찌 내 마음 고치겠는가.

賦也라 言人生이 各隨氣習하여 有所好樂(요)하여 或邪, 或正, 或淸, 或濁하여 種種不同이나 而我獨好修潔以爲常하니 雖以此獲罪於世하여 至於屠戮支(肢)解라도 終不懲創而悔改也라 自悔相道로 至此五章은 又承上文淸白以死直之意하여 而下爲女嬃詈予起也라

賦이다. 인생이 각기 氣習에 따라 좋아하는 바가 있어 혹 사악하고, 혹 바르며, 혹 맑고, 혹 탁하여 종종 같지 않으나 내 홀로 닦고 깨끗이 함을 좋아하여 常道로 삼으니, 비록 이 때문에 세상에 죄를 얻어 도륙을 당하여 사지가 찢김에 이르더라도 끝내 이것을 징계하여 뉘우치거나 고치지 않을 것임을 말한 것이다. 悔相道로부터 여기까지의 다섯 章은 또 윗글의 '청백히 하여 정직함에 죽는다'는 뜻을 이어서 아래의 女嬃가 자기를 꾸짖는다는 글의 起頭를 삼은 것이다.

女嬃之嬋媛兮여	女嬃는 나를 붙잡으며
申申其詈予라	서서히 나를 타이르네.
曰鯀婞直以亡身兮여	鯀은 강직함으로써 몸을 망쳐
終然殀乎羽之野라	끝내 羽山의 들판에서 요절하였는데,

賦也라 女嬃는 屈原姊也라 嬋媛은 眷戀牽持之意요 申申은 舒緩貌也라 曰은 記女嬃之詞也라 鯀은 堯臣也라 帝繫曰 顓頊後五世而生鯀이라하니라 婞은 狠也라 蚤死曰殀라 言堯使鯀治洪水어늘 婞狠自用하고 不順堯命하니 乃殛之羽山하여 死於中野라 女嬃以屈原剛直太過하여 恐亦將如鯀之遇禍也라

賦이다. 女嬃는 屈原의 누이이다. 嬋媛은 연연하고 붙잡는 뜻이요, 申申은 늘어져 있는 모양이다. 曰은 女嬃의 말을 기록한 것이다. 鯀은 堯임금의 신하이다. 《帝繫》에 이르기를 "顓頊의 뒤 5世에 鯀을 낳았다." 하였다. 婞은 사나움이다. 일찍 죽음을 殀라 한다. 堯가 鯀으로 하여금 홍수를 다스리게 하였는데, 鯀이 고집세고 사나워 자기 의견을 쓰고 堯임금의 명령에 순종하지 않으니, 舜임금이 마침내 그를 羽山에 귀양 보내어 들 가운데서 죽게 함을 말한 것이다. 女嬃는 屈原이 강직함이 너무 지나쳐서 또한 장차 鯀처럼 화를 당할까 두려워한 것이다.

汝何博謇而好修兮여	네 어이 박학 충직하고 수행을 좋아해

懲 : 징계할 징 屠 : 죽일 도 戮 : 죽일 륙 嬃 : 시녀 수 詈 : 꾸짖을 리 嬋 : 예쁠 선
鯀 : 이름 곤 婞 : 괴팍할 행 殀 : 일찍죽을 요 眷 : 사랑할 권 狠 : 사나울 한
殛 : 귀양갈 극

紛獨有此姱節고　　　　홀로 이 아름다운 정절 지녔는가?
薋菉葹以盈室兮여　　　　납가새, 조개풀, 도꼬마리가 집안에 가득한데
判獨離而不服이라　　　　구별하여 멀리하고 더불지 않는구나.

賦而比也라 此亦女嬃言也라 博謇은 謂廣博而忠直이라 紛은 盛貌요 姱節은 姱美之節也라 薋는 蒺藜也요 菉은 王芻也요 葹는 枲耳也니 三物皆惡草니 以比讒佞이라 盈室은 喩滿朝也라 判은 別也라 言衆人皆佩此惡草어늘 汝何獨判然離別하여 不與衆同也오하니라

賦而比이다. 이 또한 女嬃의 말이다. 博謇은 넓고 충직함을 말한다. 紛은 성한 모양이요, 姱節은 아름다운 지절이다. 薋는 蒺藜요, 菉은 王芻요, 葹는 枲耳니, 세 물건은 모두 나쁜 풀이니, 참소하고 간사한 자를 비유한 것이다. 盈室은 조정에 가득함을 비유한 것이다. 判은 구별됨이다. '衆人들은 다 惡草를 차고 있는데 네 어찌 홀로 판연히 그들과 떨어져서 무리와 더불어 함께 하지 않는가?' 하고 말한 것이다.

衆不可戶說(세)兮여　　　　사람들 집집마다 찾아가 설명해 줄 수 없으니
孰云察余之中情고　　　　누가 내 속마음 살펴 주겠는가?
世竝擧而好朋兮여　　　　세상 사람들은 서로 무리짓기 좋아하니
夫何煢獨而不余聽고　　　　어찌하여 홀로 내 말을 듣지 않는가?

賦也라 朋은 黨也요 煢은 孤也라 屈原이 外困群佞하고 內被姊詈라 故言衆人不可戶戶而說니 必不能察己之中情이라 況世人又方並爲朋黨하니 何能哀我煢獨而見聽乎아하니 爲下章就舜陳辭起라

賦이다. 朋은 黨이요, 煢은 외로움이다. 屈原이 밖으로는 여러 간신들에게 곤욕을 당하고 안으로는 누이의 꾸짖음을 입었다. 그러므로 衆人들을 집집마다 찾아가서 설득할 수가 없으니, 반드시 자기의 中情(中心)을 헤아리지 못할 것이라고 말한 것이다. 더구나 세상 사람들은 또 막 아울러 朋黨을 하고 있으니, 어찌 나의 외로움을 가엾게 여겨서 내 말을 들어주겠는가 하였으니, 이는 下章에 舜임금에게 나아가 말을 올린다는 글의 起頭를 삼은 것이다.

依前聖以節中兮여　　　　옛 聖人을 따라 衷(中道)을 지키다가
喟憑心而歷茲라　　　　괴로움 겪음을 탄식하며 노여워하네.
濟沅湘以南征兮여　　　　沅水와 湘水 건너 남쪽으로 가서
就重華而敶(陳)詞라　　　　重華(舜帝)께 나아가 말씀을 사뢰네.

姱 : 아름다울 과　薋 : 납가새 자　菉 : 녹죽 록　葹 : 도꼬마리 시　蒺 : 납가새 질
枲 : 모시 시　說 : 달랠 세　煢 : 외로울 경　喟 : 한숨쉴 위

賦而比也라 節은 度也요 喟는 歎也라 憑은 滿也니 恚盛貌라 左傳, 列子天問에 皆云憑怒是也라 歷은 經歷之意라 沅, 湘은 皆水名이니 沅水는 出象郡鐔城西하여 東注江하여 合洞庭中하며 湘水는 出帝舜葬東하여 入洞庭下라 重華는 舜號也라 帝繫曰 瞽叟生重華하니 是爲帝舜이라 葬於九疑山하니 在沅湘之南이라하니라 洪曰 天下明德이 皆自虞帝始하니 其於君臣之際에 詳矣라 屈原이 以世莫能察己之志라 故欲就之而陳詞하니 如下文所云也라

賦而比이다. 節은 법도요 喟는 탄식함이다. 憑은 〈분노가〉 가득함이니, 크게 노여워하는 모양이다. 「左傳」과 「列子」《天問》에 모두 憑怒라 한 것이 이것이다. 歷은 경력의 뜻이다. 沅과 湘은 모두 물 이름이니, 沅水는 象郡 鐔城 서쪽에서 나와 동쪽 양자강으로 주입하여 洞庭湖 가운데에 합류하며, 湘水는 帝舜을 장사지낸 동쪽에서 나와 洞庭湖 아래로 들어간다. 重華는 舜임금의 호이다. 《帝繫》에 이르기를 "瞽叟가 重華를 낳으니, 이가 帝舜이다. 九疑山에 장사지냈으니 沅水와 湘水의 남쪽에 있다."하였다. 洪氏는 말하기를 "천하의 明德이 모두 虞帝로부터 시작되었으니, 그 君臣의 즈음에 상세히 나타난다."하였다. 屈原은 세상에서 자신의 뜻을 살펴주는 이가 없으므로 舜임금에게 나아가서 말을 아뢰고자 하였으니, 아랫 글에 말한 바와 같은 것이다.

啓九辯與九歌兮여	啓는 九辯과 九歌를 지었는데
夏康娛以自縱이라	夏나라 太康은 스스로 방종했습니다.
不顧難以圖後兮여	환난을 돌아보아 후일을 도모하지 않았으므로
五子用失乎家衖(巷)이라	다섯 형제 그 때문에 집을 잃었습니다.

自此以下는 皆比而賦也라 啓는 禹子也라 九辯, 九歌는 禹樂也라 言禹平治水土하여 以有天下어시늘 啓能承先志하여 纘敍其業이라 故九州之物이 皆有辯數하고 [1]九功之德이 皆有次序하여 而可歌也라 夏康은 啓子太康也라 娛는 樂也요 縱은 放也요 圖는 謀也라 五子는 太康昆弟五人也라 家衖은 宮中之道니 所謂永巷也라 太康이 以逸豫滅厥德하여 盤游無度하여 田於洛南하여 十旬弗反이어늘 有窮后 距之於河하니 而五子用此하여 亦失其家衖하니 言國破而家亡也라 事見尚書大禹謨及五子之歌하니라 此는 爲舜言之라 故所言이 皆舜以後事也라

이로부터 이하는 모두 比而賦이다. 啓는 禹王의 아들이다. 九辯과 九歌는 禹임금의 음악이다. 禹王이 水土를 평하게 다스려서 천하를 소유하였는데 啓가 능히 先親의 뜻을 받들어서 그 업을 이어 폈다. 그러므로 九州의 사물이 다 분별할 수가 있고 九功의 德이

憑 : 성낼 빙 沅 : 물이름 원 湘 : 물이름 상 敶 : 베풀 진 恚 : 성낼 에 鐔 : 칼 심
縱 : 방종할 종 衖 : 시골 항 纘 : 이을 찬 昆 : 형 곤 豫 : 즐길 예 盤 : 즐길 반
距 : 막을 거

다 차서가 있어 노래할 만함을 말한 것이다. 夏康은 啓의 아들 太康이다. 娛는 즐김이요, 縱은 방종이요, 圖는 도모이다. 五子는 太康의 형제 5인이다. 家衖은 궁중의 길이니 이른바 永巷이라는 것이다. 太康은 안일과 즐김으로써 그 德을 멸하여 편안히 놀고 법도가 없어서 洛水 남쪽에 사냥하여 10旬 동안이나 돌아오지 않았다. 이에 有窮의 임금인 羿가 그를 黃河에서 막으니, 五子가 이 때문에 그 家衖을 잃게 되었으니, 국가가 파하고 집안이 망함을 말한 것이다. 이 사실이 「尙書」《大禹謨》와 《五子之歌》에 보인다. 이는 모두 舜임금에게 말한 것이므로 말한 내용이 모두 舜임금 이후의 일이다.

譯註 1. 九功之德：九功은 水·火·金·木·土·穀의 六府와 正德·利用·厚生의 세 가지 일이 잘 이루어짐을 뜻한다. 「書經」《大禹謨》에 '水火金木土穀惟修 正德利用厚生惟和 九功惟叙 九叙惟歌 戒之用休 董之用威 勸之以九歌 俾勿壞'라고 보인다.

羿淫遊以佚畋兮여	羿는 방탕하게 놀며 사냥에 빠져
又好射夫封狐라	큰 여우 쏘아 잡기를 즐겼습니다.
固亂流其鮮終兮여	실로 어지러운 무리들은 좋은 종말 드물다더니
浞又貪夫厥家라	浞은 또 羿의 室家(아내) 넘보았습니다.

羿는 有窮之君이니 夏時諸侯也라 封은 大也라 浞은 寒浞이니 羿相也라 婦를 謂之家라 言羿因夏衰亂하여 代之爲政할새 娛樂畋獵하여 不恤民事하고 信任寒浞하여 使爲國相이러니 羿畋將歸어늘 浞使家臣逄蒙으로 射而殺之하고 貪取其家하여 以爲己妻라 羿以亂得政하여 身卽滅亡이라 故曰亂流鮮終也라하니라

羿는 有窮國의 군주이니, 夏나라 때의 제후이다. 封은 큼이다. 浞은 寒浞이니 羿의 재상이다. 부인을 家라 한다. 羿는 夏나라의 쇠란함을 틈타 대신 정사하면서 즐기고 사냥하여 백성의 일은 근심하지 않고 寒浞을 신임하여 國相을 삼았다. 羿가 사냥하다가 장차 돌아오려 하자, 寒浞은 家臣 逄蒙으로 하여금 그를 쏘아 죽이고는 그 부인을 탐하여 취해서 자기의 아내로 삼았다. 羿는 난리로써 정사를 얻어 몸이 곧 멸망을 당하였다. 그러므로 어지러운 무리들은 좋은 종말이 드물다고 말한 것이다.

澆身被服強圉兮여	澆는 몸에 굳센 힘 간직하고는
縱欲而不忍이라	욕심대로 하고 참을 줄을 몰랐습니다.
日康娛而自忘兮여	날마다 편히 즐기고 스스로를 잊어
厥首用夫顚隕이라	그의 목은 이 때문에 잘려졌습니다.

佚：편안 일 畋：사냥 전 封：클 봉 狐：여우 호 浞：이름 착 逄：성 방
澆：흐릴 요 圉：강할 어 隕：떨어질 운

澆는 寒浞子也라 強圉는 多力也라 言浞取羿妻而生澆러니 強梁多力하고 縱放其慾하여 不能自忍也라 康은 安也라 自上而下曰顚이요 隕은 墜也라 言澆旣滅殺夏后相하고 安居無憂하여 日作淫樂하여 忘其過惡이라가 卒爲相子少康所誅하니라 此二章事는 並見左傳 襄公四年, 哀公五年하니라

澆는 寒浞의 아들이다. 強圉는 힘이 많은 것이다. 寒浞은 羿의 아내를 취하여 澆를 낳았는데 강하고 억세어 힘이 많고 욕심을 방종히 하여 스스로 참지 못하였음을 말한 것이다. 康은 편안함이다. 위에서부터 아래로 뒹구는 것을 顚이라 하며, 隕은 떨어짐이다. 澆가 이미 夏后 相을 멸하여 죽이고 편안히 거하면서 걱정이 없어 날마다 음탕한 풍악을 일으켜서 그 잘못과 악행을 잊고 있다가 끝내 相의 아들 少康에게 죽임을 당하였다. 이 두 章의 일은 모두 「左傳」 襄公 4년과 哀公 5년에 보인다.

夏桀之常違兮여	夏나라 桀王은 常道를 어기더니
乃遂焉而逢殃이라	끝내는 재앙을 만났고,
后辛之菹醢兮여	后辛(紂王)은 충신을 죽여 젓을 담았는데
殷宗用之不長이라	殷나라는 그 때문에 오래가지 못했습니다.

違는 背也니 言背道也라 逢殃은 爲湯所放也라 后辛은 卽紂也라 藏菜曰菹요 肉醬曰醢라 紂爲無道하여 殺比干하고 醢梅伯이어늘 武王誅之하니 殷宗遂絕하여 不得長久也라

違는 위배이니 道를 위배함을 말한다. 逢殃은 湯임금에게 추방을 당한 것이다. 后辛은 곧 紂이다. 채소를 담근 것을 菹라 하고, 육장을 醢라 한다. 紂가 무도한 짓을 하여 比干을 살해하고 梅伯을 죽여 젓담자, 武王이 주벌하였다. 이 때문에 殷나라 宗祀가 마침내 끊어져서 장구하지 못하였다.

湯禹儼而祗敬兮여	湯王과 禹王은 근엄하고 공경하였고
周論道而莫差라	周나라는 道를 논하여 어그러짐이 없었습니다.
擧賢才而授能兮여	賢才를 등용하고 유능한 자에게 직책을 주었으며
循繩墨而不頗라	법도를 따라 치우침이 없었습니다.

儼은 畏也라 祗亦敬也라 周는 周家也라 差는 過也라 言殷湯, 夏禹, 周之文王受命之君이 皆畏天敬賢하고 講論道義하여 無有過差하며 又擧賢才하여 遵法度而無偏頗라 故能獲神人之助하여 子孫蒙其福祐하니 如下章也라

儼은 두려워함이다. 祗 또한 공경함이다. 周는 周나라 王家이다. 差는 허물이다. 殷나라의 湯王과 夏나라의 禹王과 周나라의 文王 등 명을 받은 군주가 모두 하늘을 두려워

菹 : 김치 저　醢 : 젓 해　紂 : 고삐 주　祗 : 공경할 지　頗 : 편벽될 파　祐 : 도울 우

하고 賢者를 존경하였으며 道義를 강론하여 過差가 없었으며, 또 현자를 등용하여 법도를 따르고 편벽됨이 없었다. 그러므로 능히 神과 사람의 도움을 얻어 자손들이 그 복과 도움을 얻었으니, 아랫 章에 말한 바와 같은 것이다.

皇天無私阿兮여	하늘은 사사로움 없이
覽民德焉錯輔라	사람의 德을 살펴 도움을 내리십니다.
夫維聖哲之茂行兮여	聖哲한 분은 덕행을 많이 쌓았기에
苟得用此下土라	실로 천하를 얻어 다스렸던 것입니다.

竊愛爲私요 所私爲阿라 錯는 置也라 輔는 佐也니 猶言惟德是輔也라 言皇天神明하여 無所私阿하사 觀民之德하여 有聖賢者면 則置其輔助之力하여 而立以爲君也라 哲은 智也요 茂는 盛也요 苟는 誠也라 下土는 謂天下也라 言聖哲之人이 有甚盛之行이라 故能有此下土而用之也라

몰래 사랑함을 私라 하고 사사로이 두둔함을 阿라 한다. 錯는 둠이다. 輔는 도움이니, 惟德是輔〔德있는 사람을 이 돕는다〕라는 말과 같다. 皇天이 神明스러워 사사로이 하고 아첨하는 바가 없어, 백성의 德을 관찰하여 聖賢인 자가 있으면 그 보조하는 힘을 두어서 군주로 삼음을 말한 것이다. 哲은 지혜요, 茂는 성함이요, 苟는 진실로이다. 下土는 천하를 이른다. 聖哲한 사람이 심히 훌륭한 행실이 있으므로 능히 下土를 소유하여 운용함을 말한 것이다.

瞻前而顧後兮여	앞시대를 살펴보고 뒷시대를 돌아보면
相觀民之計極하니	사람들의 계책 궁극함을 볼 수 있습니다.
夫孰非義而可用兮며	그 누가 義 아니고서 쓰며
孰非善而可服가	그 누가 善 아니고서 행하였습니까?

瞻은 臨視也요 顧는 還視也라 相觀은 重言之也라 計는 謀也요 極은 窮也라 前은 謂往昔之是非요 後는 謂將來之成敗라 服은 事也라 言瞻前顧後하면 則人事之變이 盡矣라 故見民之計謀가 於是爲極하니 而知唯義爲可用이요 唯善爲可行也라

瞻은 임하여 봄이요, 顧는 돌아봄이다. 相觀은 거듭 말함이다. 計는 꾀함이요, 極은 궁함이다. 前은 옛날의 是非를 이르고 後는 장래의 성패를 이른다. 服은 일함이다. 앞을 살펴보고 뒤를 돌아보면 人事의 변을 다 안다. 그러므로 백성들의 計謀가 이에 궁극함을 볼 수 있으니, 오직 義만이 쓸 수 있고 오직 善만이 행할 수 있음을 알게 된다.

阽余身而危死兮여	내 몸 위태로워 죽게 된다 해도

阿 : 아첨할 아　錯 : 둘 조　瞻 : 볼 첨　服 : 행할 복　阽 : 위태할 점

覽余初其猶未悔라	내 처음 뜻 지키며 후회하지 않으렵니다.
不量鑿而正枘兮여	구멍을 살펴보지 않고 쐐기를 바로잡으려다가
固前修以菹醢라	前修(先賢)들은 젓담겨졌던 것입니다.

阽은 臨危也니 言近邊而欲墮也라 危死는 言幾死也라 鑿는 穿孔也요 枘는 刻木端이니 所以入鑿者也라 正은 謂審其正而納之也라 此承上章言호되 惟善爲可行이로되 而前修乃有以此而至於菹醢하여 若龍逢梅伯者나 然亦不敢以爲悔也라

阽은 위태로움에 임한 것이니, 가에 가까워 떨어지려고 함을 말한다. 危死는 거의 죽게 됨을 말한다. 鑿는 구멍을 팜이요, 枘는 나무 끝에 새긴 것이니, 끌 구멍속에 들어가는 것이다. 正은 그 바름을 살피어 넣는 것이다. 이는 上章을 이어 말하기를 '오직 善만이 행할 수 있으나 前修(前賢)들이 마침내 이 때문에 김치 담겨지고 젓 담겨짐에 이르러 龍逢과 梅伯 같은 자가 있으나 또한 감히 후회하지 않겠다'고 한 것이다.

曾歔欷余鬱邑兮여	거듭 울며 흐느껴도 내 마음 답답하여
哀朕時之不當이라	시대를 잘못 만났음을 애석해 하네.
攬茹蕙以掩涕兮여	부드러운 혜초 취해 눈물 닦으니
霑余襟之浪浪이라	눈물은 주르르 내 옷깃을 적시네.

曾는 累也라 歔欷는 哀泣之聲也라 鬱邑은 憂也라 哀時不當者는 自哀生不當擧賢之時하여 而値菹醢之世也라 茹는 柔耎也라 霑은 濡也라 衣를 皆謂之襟이라 浪浪은 流貌라 言心悲泣下로되 而猶引取柔耎香草하여 以自掩拭이요 不以悲故로 失仁義之則也라

曾은 여러번이다. 歔欷는 슬피 우는 소리이다. 鬱邑은 근심이다. 때가 마땅하지 않음을 슬퍼한다는 것은 스스로 태어남이 현자를 들어 쓰는 때를 당하지 못하여 김치 담겨지고 젓 담겨지는 세상을 만났음을 서글퍼한 것이다. 茹는 유연함이다. 霑은 젖음이다. 옷을 모두 襟이라 한다. 浪浪은 흐르는 모양이다. 마음이 슬퍼져 눈물이 흘러내리나 오히려 유연한 향초를 끌어 취하여 스스로 가리우고 눈물을 닦으며 슬픈 연유로 하여 仁義의 법을 잃지 않음을 말한 것이다.

跪敷衽以陳辭兮여	옷자락 펼치고 꿇어앉아 말씀 올리니
耿吾旣得此中正이라	내 이미 正道를 얻었네.
駟玉虯以乘鷖兮여	네 마리 玉虯가 끄는 수레 타고 봉황에 올라타

鑿 : 구멍 조　枘 : 자루 예　穿 : 뚫을 천　歔 : 한숨쉴 허　欷 : 한숨쉴 희
茹 : 부드러울 여　霑 : 젖을 점　耎 : 부드러울 연　濡 : 젖을 유　拭 : 닦을 식　敷 : 펼 부
虯 : 뿔없는용 규　鷖 : 봉황 예

溘埃風余上征이라　　　　홀연히 먼지 바람 일으키며 내 하늘로 올라가리.

敷는 布也요 衽은 裳際也라 耿은 明也라 有角曰龍이요 無角曰虯라 鷖는 鳳類니 身有五采라 溘은 奄忽也요 埃는 塵也라 征은 行也라 此는 言跪而敷衽하여 以陳如上之詞於舜而耿然自覺하니 吾心이 已得此中正之道하여 上與天通하여 無所間隔이라 所以埃風忽起어늘 而余遂乘龍跨鳳하여 以上征也라 然此以下는 多假託之詞요 非實有是物與是事也라

敷는 폄이요, 衽은 치맛단이다. 耿은 밝음이다. 뿔이 있는 것을 龍이라 하고, 뿔이 없는 것을 虯라 한다. 鷖는 봉황의 종류이니 몸에 오색 빛이 있다. 溘은 갑자기요, 埃는 먼지이다. 征은 감이다. 이는 무릎꿇고 옷자락을 펼치고서 위와 같은 말을 舜임금에게 아뢰고 경연히 스스로 깨달으니, 내 마음이 이미 이 中正한 도를 얻어서 위로 하늘과 통하여 간격이 없었다. 이 때문에 먼지와 바람이 갑자기 일어나자, 내 마침내 용을 타고 봉황을 타고서 위로 올라감을 말한 것이다. 그러나 이 이하는 가탁한 말이 많고 실제로 이러한 물건과 이러한 일이 있는 것은 아니다.

朝發軔於蒼梧兮여　　　　아침에 蒼梧에서 수레를 출발시켜
夕余至乎縣圃라　　　　저녁에 縣圃에 이르렀네.
欲少留此靈瑣兮여　　　　신령 문에 잠시 머물고자 하나
日忽忽其將暮라　　　　해는 어느새 저물려 하네.

軔은 榰車木也니 將行則發之라 蒼梧는 舜所葬也라 縣圃는 在崑崙之上이라 靈은 神也라 瑣는 門鏤也니 文如連瑣하니 以靑畫之일새 則曰靑瑣라

軔은 수레에 거는 나무이니, 장차 길을 가게 되면 열어 놓는다. 蒼梧는 舜임금을 장례한 곳이다. 縣圃는 곤륜산 위에 있다. 靈은 신령스러움이다. 瑣는 문의 鏤金으로 무늬가 연결한 자물쇠와 같으니, 청색으로 그렸기 때문에 靑瑣라 한다.

吾令羲和弭節兮여　　　　羲和에게 명하여 해지는 속도 늦추게 하고
望崦嵫而勿迫이라　　　　崦嵫山 바라보며 가까이 가지 못하게 하네.
路曼曼其脩遠兮여　　　　길은 아득히 멀지만
吾將上下而求索호리라　　　　내 장차 오르내리며 賢君 찾아보리라.

羲, 和는 堯時主四時之官이니 賓日, 餞日者也라 弭는 按也, 止也니 按節은 徐步也라 崦嵫는 日所入之山也라 迫은 附近也라 曼曼은 遠貌라 脩는 長也라 求索은 求賢君也라 言欲令羲和按節徐行하여 望日所入之山하고 且勿附近이니 冀及日之未莫(暮)하여 而遇

跨 : 걸터앉을 고(과)　軔 : 바퀴고임나무 인　瑣 : 자물쇠 쇄　榰 : 버틸 지　鏤 : 새길 루
弭 : 그칠 미　崦 : 해지는산이름 엄　嵫: 해지는산이름 자　曼 : 멀 만

賢君也라

羲氏·和氏는 堯임금 때 四時를 주관하던 관원이니, 해를 맞이하고 해를 전송하는 자였다. 弭는 누름이요 그침이니, 按節은 서서히 걷는 것이다. 崦嵫는 해가 들어가는 산이다. 迫은 가까이함이다. 曼曼은 먼 모양이다. 脩는 긴 것이다. 求索은 賢君을 구함이다. 羲·和로 하여금 節을 늦추게 하고 서서히 걸어서 해가 들어가는 산을 바라보고 또 가까이 붙지 말게 하고자 하니, 해가 저물기 전에 賢君을 만나기를 바람을 말한 것이다.

飮余馬於咸池兮여	내 말 咸池에서 물 먹이고
摠余轡乎扶桑이라	내 말 扶桑에다 고삐 매어 두네.
折若木以拂日兮여	若木을 꺾어 해가 지지 못하게 하며
聊逍遙以相羊(徜徉)이라	우선 한가로이 소요하며 노노라.

咸池는 日浴處也라 摠은 結也라 扶桑은 木名이니 日出其下也라 若木은 亦木名이니 在崑崙西極하니 其華光照下地라 拂은 擊也라 聊은 且也라 逍遙, 相羊은 皆遊也라

咸池는 해가 목욕하는 곳이다. 摠은 맺음이다. 扶桑은 나무 이름이니, 해가 그 아래에서 나온다. 若木 또한 나무 이름이니, 곤륜산 서쪽 끝에 있는 바, 햇빛이 그 아래 땅을 비춘다. 拂은 침이다. 聊는 우선이다. 逍遙와 相羊은 다 노는 것이다.

前望舒使先驅兮여	앞에는 望舒로 길잡이를 삼고
後飛廉使奔屬이라	뒤에는 飛廉을 따라오게 하네.
鸞皇(凰)爲余先戒兮여	난새와 봉황은 날 위해 앞에서 경계하고
雷師告余以未具라	雷師는 나에게 미비한 점 일러주네.

望舒는 月御也요 飛廉은 風伯也라 屬은 連也라 鸞은 鳳之佐也요 皇은 雌鳳也라 雷師는 豐隆也라

望舒는 달을 모시는 자요, 飛廉은 風伯(風神)이다. 屬은 연함이다. 鸞은 봉황의 보좌요, 皇은 암 봉황이다. 雷師는 豐隆(雷神)이다.

吾令鳳鳥飛騰兮여	봉황새로 하여금 날아오르게 하여
繼之以日夜라	밤낮으로 계속하게 하네.
飄風屯其相離兮여	회오리바람 모였다 흩어지더니
帥(솔)雲霓而來御라	구름과 무지개 몰고 와 맞이하네.

轡 : 고삐 비　徜 : 노닐 상　鸞 : 난새 란　騰 : 오를 등　屯 : 모일 둔　帥 : 거느릴 솔
霓 : 무지개 예

鳳은 靈鳥也니 山海經云 丹穴之山에 有鳥焉하니 其狀如鷄요 五彩而文하니 日鳳鳥라 是鳥也 飮食則自歌自舞하니 見則天下太康寧이라하니라 飄風은 回風也라 屯은 聚也라 霓는 虹屬이니 陰陽交會之氣也라 郭璞云 雄曰虹이니 謂明盛者요 雌曰蜺니 謂暗微者라하니 雲薄漏日하여 日照雨點이면 則生也라 御는 迎也라

鳳은 신령스런 새이니 「山海經」에 이르기를 "丹穴의 산에 새가 있는데 그 모양은 닭과 같고 오채의 무늬가 있으니, 鳳鳥라 한다. 이 새는 음식을 먹게 되면 스스로 노래하고 스스로 춤추는데 이 새가 나타나면 천하가 크게 康寧하다."하였다. 飄風은 회오리바람이다. 屯은 모임이다. 霓는 무지개의 등속이니, 음양이 서로 사귀는 기운이다. 郭璞은 이르기를 "수컷을 虹이라 하니 밝고 성한 것이요, 암컷을 蜺라 하니 어둡고 작은 것을 이른다." 하였으니, 구름이 얇아져 햇빛이 새어 비가 내리는 곳에 해가 비추면 이것이 생긴다. 御는 맞이함이다.

紛總總其離合兮여　　총총히 흩어졌다 모여들곤 하며
斑陸離其上下라　　어지러이 갈라지고 오르락 내리락하네.
吾令帝閽開關兮여　　天帝의 문지기에게 문 열라 하였으나
依閶闔而望予라　　天門에 기대어 나를 바라보기만 할 뿐이네.

紛은 盛多貌라 總總은 聚貌요 斑은 亂貌라 帝는 謂天帝也라 閽은 謂主以昏閉門之隷也라 閶闔은 天門也라 令帝閽開關하여 將入見帝하여 更陳己志러니 而閽不肯開하고 反倚其門하여 望而拒我하여 使不得入하니 蓋求大君而不遇之比也라

紛은 성하고 많은 모양이다. 總總은 모인 모양이요, 斑은 어지러운 모양이다. 帝는 天帝를 이른다. 閽은 어두울 때에 문을 닫는 것을 맡은 관리를 이른다. 閶闔은 하늘의 문이다. 上帝의 문지기로 하여금 關門을 열게 하여 장차 들어가 上帝를 뵙고 다시 자기의 뜻을 아뢰려 하였는데, 문지기는 문을 열어주려 하지 않고 도리어 그 문에 기대어 나를 바라보면서 거절하여 들어오지 못하게 한다. 이는 大君을 구하되 만나지 못함의 비유이다.

時曖曖其將罷兮여　　때는 어둑어둑 날이 지려 하는데
結幽蘭而延佇로다　　그윽한 난초 묶어놓고 우두커니 서 있네.
世溷濁而不分兮여　　세상은 혼탁하고 분별 없어
好蔽美而嫉妒로다　　아름다움 은폐하고 질투하기 좋아하네.

虹 : 무지개 홍　璞 : 옥덩이 박　蜺 : 무지개 예　斑 : 아롱질 반　閽 : 문지기 혼
閶 : 하늘문 창　闔 : 문지방 합　隷 : 종 례　曖 : 희미할 애　罷 : 파할 파　溷 : 흐릴 혼

曖曖는 昏昧貌라 罷는 極也라 結幽蘭而延佇는 言以芳香自潔而無所趨向也라 溷은 亂也라 旣不得入天門以見上帝일새 於是에 歎息世之溷濁而嫉妬하니 蓋其意若曰不意天門之下亦復如此라 於是에 去而他適也라

曖曖는 어두운 모양이다. 罷는 다함이다. 幽蘭을 매고 우두커니 기다린다는 것은 芳香으로써 스스로 깨끗이 하고 〈딴데로〉 추향하는 바가 없음을 말한 것이다. 溷은 어지러움이다. 이미 天門에 들어가서 上帝를 뵈올 수 없으므로 이에 세상이 혼탁하여 서로 질투함을 탄식하였으니, 그 뜻은 대략 天門의 아래도 다시 이와 같을 줄을 알지 못했다 한 것이다. 이에 떠나서 다른 곳으로 가려 한 것이다.

朝吾將濟於白水兮여	나는 아침에 白水를 건너려고
登閬風而緤馬라	閬風에 올라 말을 매었네.
忽反顧以流涕兮여	문득 뒤돌아보며 눈물 흘리니
哀高丘之無女라	높은 언덕에 여인 없음 슬퍼하네.

淮南子言白水는 出崐崙之山이라하니라 閬風은 山上也라 女는 神女니 蓋以比賢君也라 於此에 又無所遇라 故下章에 欲遊春宮求虙妃하여 見佚女, 留二姚하니 皆求賢君之意也라

「淮南子」에 이르기를 "白水는 곤륜산에서 나온다."하였다. 閬風은 산 위이다. 女는 神女이니 賢君을 비유한 것이다. 이에 또 만난 바가 없었다. 그러므로 下章에 春宮에 놀아 虙妃를 찾아서 佚女를 만나보고 두 姚氏를 머무르게 하고자 하였으니, 이는 모두 賢君을 구하는 뜻이다.

溘吾遊此春宮兮여	어느새 나는 春宮에서 노닐며
折瓊枝以繼佩라	瓊枝 꺾어 패물로 삼았네.
及榮華之未落兮여	꽃잎이 시들기 전에
相下女之可詒라	이것을 선사할 下女 찾아야겠네.

溘은 奄也라 春宮은 東方青帝舍也라 繼는 續也라 榮華는 喩顏色也라 落은 墮也요 相은 視也라 下女는 謂神女之侍女也라 詒는 遺也라 遊春宮, 折瓊枝는 正欲及榮華之未落하여 而因下女하여 以通意於神妃也라

溘은 문득이다. 春宮은 東方青帝의 집이다. 繼는 이음이다. 榮華는 안색의 아름다움을 비유한 것이다. 落은 떨어짐이요, 相은 봄이다. 下女는 神女의 시녀를 이른다. 詒는

閬 : 산이름 랑 緤 : 맬 설 溘 : 문득 합 瓊 : 붉은옥 경 詒 : 줄 이 奄 : 문득 엄

줌이다. 春宮에 놀면서 瓊枝(옥처럼 아름다운 가지)를 꺾음은 바로 꽃이 아직 시들지 않았을 때에 미쳐서 하녀를 인하여 神妃에게 뜻을 통하고자 해서이다.

吾令豐隆乘雲兮여　　豐隆으로 하여금 구름 타고 가서
求虙妃之所在라　　虙妃가 있는 곳 찾게 하였네.
解佩纕以結言兮여　　패물의 띠 풀어 약속으로 삼고
吾令蹇脩以爲理라　　蹇脩로 하여금 중매를 서게 하네.

豐隆은 雷師라 虙妃는 伏羲氏女니 溺洛水而死하여 遂爲河神하니라 纕은 佩帶也라 蹇脩는 人名이라 理는 爲媒以通詞理也라 蓋雷迅疾而威震하여 求無不獲이라 故欲使之求神女之所在하고 而令蹇脩로 致佩纕以爲理하니 則蹇脩는 似是下女之能爲媒者나 然亦未有考也라

豐隆은 雷師이다. 虙妃는 伏羲氏의 딸이니, 洛水에 빠져 죽어서 마침내 河神이 되었다. 纕은 차는 띠이다. 蹇脩는 사람 이름이다. 理는 중매가 되어서 말의 조리를 통하는 것이다. 우레는 빠르고 위엄스러워서 구하면 얻지 못함이 없다. 그러므로 우레로 하여금 神女의 소재를 찾게 하고 蹇脩로 하여금 佩纕을 주어 말하게 하고자 하였으니, 蹇脩는 이 하녀 중에 중매를 잘하는 자인 듯하나 근거가 있지 않다.

紛總總其離合兮여　　총총히 흩어졌다 합하였다 하더니
忽緯繣其難遷이라　　갑자기 어긋나니 뜻 바꾸기 어렵네.
夕歸次於窮石兮여　　저녁에 돌아와 窮石山에 머물고
朝濯髮乎洧盤이라　　아침에 洧盤江에서 머리를 감네.

緯繣는 乖戾也라 遷은 移也라 言蹇脩既持其佩帶以通言이러니 而讒人이 復毁敗之하여 令其意一合一離하여 遂以乖戾而見距絶하여 其意難移也라 次는 舍也라 窮石은 山名이니 在張掖하니 卽后羿之國也라 洧盤은 水名이라

緯繣는 괴려이다. 遷은 옮김이다. 蹇脩가 이미 그 차는 띠를 잡아 말을 통하였는데 참소하는 사람이 다시 훼방하고 실패하게 하여 그 뜻이 한번 합하고 한번 갈라져 마침내 괴려되어서 거절을 당하여 그 뜻이 옮기기 어려움을 말한 것이다. 次는 머무름이다. 窮石은 산 이름이니 張掖에 있으니, 곧 后羿의 나라이다. 洧盤은 물 이름이다.

保厥美以驕傲兮여　　그 아름다움 믿고는 교만하여

虙 : 복희씨 복　纕 : 띠 양　蹇 : 절룩거릴 건　溺 : 빠질 닉　迅 : 빠를 신　緯 : 어긋날 위
繣 : 어그러질 홰　次 : 머무를 차　濯 : 씻을 탁　洧 : 물이름 유　距 : 막을 거　掖 : 낄 액

日康娛以淫遊라	날마다 편히 놀며 지나치게 즐기네.
雖信美而無禮兮여	실로 아름답기는 해도 예의가 없으니
來違棄而改求라	버려두고 다시 찾아보리라.

倨簡曰驕요 侮慢曰傲라 康은 安也요 違는 去也라 言虙妃驕傲淫遊하여 雖美而不循禮法이라 故棄去而改求也라

거만하고 간략함을 驕라 하고, 업신여기고 태만함을 傲라 한다. 康은 편안함이요, 違는 떠남이다. 虙妃가 교만하고 오만하며 지나치게 즐겨서 비록 아름답기는 하나 예법을 따르지 않으므로 그를 버리고 다시 찾음을 말한 것이다.

覽相觀於四極兮여	사방을 끝까지 다 둘러 본 다음
周流乎天余乃下라	내 하늘을 周流하고 땅으로 내려왔네.
望瑤臺之偃蹇兮여	높다란 瑤臺를 바라보니
見有娀之佚女라	有娀氏의 미녀가 보이네.

四極은 四方極遠之地라 瑤는 玉之美者라 偃蹇은 高貌라 有娀은 國名이요 佚은 美也니 謂帝嚳之妃契(설)母簡狄也니 事見商頌하니라 呂氏春秋曰 有娀氏有美女일새 爲建高臺而飮食(임사)之라하니라

四極은 사방의 지극히 먼 지역이다. 瑤는 아름다운 옥이다. 偃蹇은 높은 모양이다. 有娀은 나라의 이름이요, 佚은 아름다움이니, 帝嚳氏의 妃이며 契의 어머니인 簡狄을 이르니, 이 사실은 「詩經」 商頌에 보인다. 「呂氏春秋」에 이르기를 "有娀氏가 아름다운 딸이 있으므로 높은 누대를 만들고 음식을 먹였다." 하였다.

吾令鴆爲媒兮여	짐새에게 중매를 부탁하였으나
鴆告余以不好라	짐새는 나를 좋지 않다고 얘기하였네.
雄鳩之鳴逝兮여	雄鳩가 울며 날아가지만
余猶惡其佻巧라	나는 그 경박한 말주변 싫어하네.

鴆은 惡鳥也라 羽有毒하여 可殺人하니 以喩讒佞賊害人也라 告予以不好者는 其性讒賊하여 不肯爲媒하고 而反間我也라 雄鳩는 鶻鳩也니 似山鵲而小하고 短尾青黑色이요 多聲이라 佻는 輕也요 巧는 利也라 又使雄鳩銜命而往이나 然其性輕佻巧利하고 多語言而無要實하여 復不可信用也라

瑤 : 구슬 요　娀 : 나라이름 융　佚 : 예쁠 일　嚳 : 사람이름 곡　鴆 : 짐새 짐
鳩 : 비둘기 구　佻 : 경박할 조　鶻 : 송골매 골　鵲 : 까치 작　銜 : 받들 함

鴆은 나쁜 새이다. 깃에 독이 있어서 사람을 죽일 수 있으니, 참소하고 간사하여 남을 해침을 비유한 것이다. 나를 좋지 않다고 告한다는 것은 그 성질이 참소하고 해쳐서 나를 위해 중매를 하려 하지 않고 도리어 나를 이간질함이다. 雄鳩는 鶻鳩이니, 산까치와 비슷한데 작고 꼬리가 짧으며 청흑색이고 소리를 많이 지른다. 佻는 경박함이요, 巧는 날램이다. 또 雄鳩로 하여금 명을 가지고 가게 하였으나 그 성질이 경박하고 날래며 말을 많이 하고 실제가 없어서 다시 신용할 수 없는 것이다.

心猶豫而狐疑兮여	마음에 머뭇머뭇 狐疑에 빠지니
欲自適而不可라	직접 가려 해도 할 수가 없네.
鳳皇旣受詒兮여	봉황새가 이미 예물을 받아갔다 하니
恐高辛之先我라	高辛氏가 나보다 먼저할까 두려워라.

猶는 犬子也니 人將犬行에 犬好豫하여 在人前이라가 待人不得하면 又來迎候라 故謂不決曰猶豫라 狐多疑而善聽하여 河冰始合이면 狐聽其下하여 不聞水聲이라야 乃敢過라 故人過河冰者는 要須狐行然後敢渡하니 因謂多疑者爲狐疑라 高辛은 帝嚳有天下之號也라 言以鴆鳩皆不可使라 故中心疑惑하여 意欲自往이나 而於禮有不可者요 鳳皇이 又已受高辛之詒而來求之라 故恐簡狄先爲嚳所得也라

猶는 개의 새끼이니, 사람이 개를 데리고 갈 때에 개는 미리 가기를 좋아하여 사람의 앞에 있다가 사람을 기다려도 오지 않으면 또다시 와서 사람을 맞이해 간다. 그러므로 결단하지 않음을 일러 猶豫라 한다. 여우는 의심이 많고 듣기를 잘하여 河水에 얼음이 처음 얼면 여우가 그 밑에서 물소리를 들어보아 물소리가 들리지 않아야 지나간다. 그러므로 사람이 河水의 얼음을 지나갈 경우에는 여우가 지나가기를 기다린 뒤에 감히 건너가니, 이 때문에 의심이 많은 자를 일러 狐疑라 한다. 高辛은 帝嚳이 천하를 소유한 칭호이다. 鴆새와 雄鳩를 다 부릴 수 없다. 그러므로 中心에 의혹하여 마음속에 스스로 가고자 하나 禮에 불가하고, 鳳皇이 또 이미 高辛氏의 선물을 받고 와서 구하였다. 그러므로 簡狄이 먼저 帝嚳에게 얻은 바가 될까 두려워함을 말한 것이다.

欲遠集而無所止兮여	멀리 떠나가려 해도 갈 곳이 없으니
聊浮游以逍遙라	애오라지 떠돌며 노닐 뿐.
及少康之未家兮여	少康이 아직 장가들기 전에
留有虞之二姚라	有虞의 두 姚氏를 붙잡아 보리.

少康은 夏后相之子也라 有虞는 國名이니 姚姓이요 舜後也라 以二女妻少康하니 事見左

適 : 갈 적　詒 : 줄 이　候 : 기다릴 후　聊 : 애오라지 료　逍 : 거닐 소　遙 : 거닐 요
姚 : 성 요

傳하니라 言旣失簡狄일새 欲適遠方이로되 又無所向이라 故願及少康未娶於有虞之時하여 留此二姚也라

少康은 夏后相의 아들이다. 有虞는 나라 이름이니 姚姓이요 舜임금의 후손이다. 두 딸을 小康에게 시집보내니, 이 사실이 「左傳」에 보인다. 이미 簡狄을 잃었으므로 먼 지방으로 가고자 하나 또 향할 곳이 없었다. 그러므로 小康이 有虞에게 장가들지 않았을 때에 미쳐서 이 두 姚氏를 붙잡아 두기를 원한 것이다.

理弱而媒拙兮여	논리가 약하고 중매가 재주없어
恐導言之不固라	말함이 확실하지 못할까 두렵네.
世溷濁而嫉賢兮여	세상은 혼탁하여 賢人을 질투해
好蔽美而稱惡이라	아름다움 가리고 추악함 말하길 좋아하네.

弱은 劣也요 拙은 鈍也라 恐道理弱於少康而媒又無巧辭也니 蓋不待其不合而已自知其必無所成矣라 故再言世之溷濁而嫉賢蔽美하니 蓋以爲雖四方之遠이나 而其風俗之不美가 無以異於中州也라

弱은 부족함이요, 拙은 둔함이다. 道理가 小康보다 약하며 중매가 또 말을 잘하지 못할까 두려워하였으니, 그 합하지 않음을 기다리지 않고서도 이미 스스로 그 반드시 이루어지지 못할 줄을 안 것이다. 그러므로 다시 세상이 혼탁하여 賢者를 미워하고 아름다움을 은폐한다고 말하였으니, 비록 사방의 먼 곳이라 하더라도 그 풍속의 아름답지 않음이 中州와 다를 바가 없는 것이다.

閨中旣以邃遠兮여	규중은 깊고도 머니
哲王又不寤라	명철한 왕 또한 깨닫지 못하시네.
懷朕情而不發兮여	나의 진정 속에 품어두고 말하지 못하니
余焉能忍而與此終古리오	내 어찌 끝내 참고 지낼 수 있을까?

小門을 謂之閨라 邃는 深也요 哲은 智也요 寤는 覺也라 終古者는 古之所終이니 謂來日之無窮也라 閨中深遠은 蓋言虙妃之屬을 不可求也요 哲王不寤는 蓋言上帝不能察司閽壅蔽之罪也라 言此하여 以比上無明王하고 下無賢伯하여 使我懷忠信之情하고 不得發用하니 安能久與此闇亂嫉妬之俗으로 終古而居乎아 意欲復去也라

작은 문을 閨라 이른다. 邃는 깊음이요, 哲은 지혜요, 寤는 깨달음이다. 終古는 옛날이 마치는 바이니, 내일의 무궁함을 말한다. 閨中이 심원함은 虙妃의 등속을 구할 수 없

媒 : 중매 매　拙 : 졸할 졸　溷 : 흐릴 혼　劣 : 용렬할 렬　鈍 : 둔할 둔　邃 : 깊을 수
寤 : 잠깰 오　壅 : 막을 옹

음을 말한 것이요, 哲王이 깨닫지 못함은 上帝가 司閽의 옹폐하는 죄를 살피지 못함을 말한 것이다. 이것을 말하여 위에 明王이 없고 아래에 賢伯이 없어 나로 하여금 忠信의 정을 품고 발용하지 못하게 하니, 어찌 오랫동안 이 혼란하고 질투하는 풍속과 더불어 終古토록 거하겠는가? 마음에 다시 떠나가고자 한 것이다.

索藑茅以筳篿兮여	藑茅草와 가는 대나무로 점가지를 삼아
命靈氛爲余占之라	靈氛에게 명하여 날 위해 점치게 하네.
曰兩美其必合兮여	두 아름다운 사람 반드시 합해질 것이니
孰信修而慕之리오	그 누가 나의 수행 믿고 사모하겠는가.

索은 取也라 藑茅는 靈草也라 筳은 小折竹也라 楚人名結草折竹以卜曰篿이라 靈氛은 古明占吉凶者라 兩美는 蓋以男女俱美로 比君臣俱賢也라 言兩美終雖必合이나 然楚國孰有能信汝之修潔而慕之者아 宜以時去也라

索은 취함이다. 藑茅는 靈草이다. 筳은 작게 잘라놓은 대이다. 楚나라 사람들은 풀을 묶고 대나무를 잘라 점치는 것을 이름하여 篿이라 한다. 靈氛은 옛날에 길흉을 밝게 점친 자이다. 兩美는 남녀가 모두 아름다움으로써 君臣이 모두 어짊을 비유한 것이다. 두 아름다운 사람은 마침내 반드시 합할 것이나 楚나라에 누가 능히 너의 닦고 깨끗함을 믿어서 사모할 자가 있겠는가? 마땅히 때를 보아 떠나가야 한다고 한 것이다.

思九州之博大兮여	九州가 광대함을 생각하니
豈惟是其有女리오	어찌 이 곳에만 美女가 있겠는가
曰勉遠逝而無狐疑兮여	또 이르기를 힘써 멀리 가고 의심치 말 것이니
孰求美而釋女리오	아름다움을 구한다면 어찌 당신을 버리겠는가?

此亦靈氛之詞라 美女以比賢君하고 求美以比求賢夫라 言天下之大하니 非獨楚有美女라 但當遠逝而無疑니 豈有美女求賢夫而舍汝者乎아

이 또한 靈氛의 말이다. 미녀로써 賢君을 비유하고 아름다운 사람을 구함으로써 어진 남편을 구함을 비유한 것이다. 천하가 매우 크니, 홀로 楚나라에만 미녀가 있는 것이 아니다. 다만 멀리 떠나고 의심하지 말지니, 어찌 미녀가 賢夫를 구하면서 그대를 버리는 자가 있겠는가 라고 한 것이다.

何所獨無芳草兮여	세상 어느 곳인들 향초가 없으리오만
爾何懷乎故宇오	당신은 어찌 옛 살던 곳만 그리워하나.

藑 : 경모풀 경　茅 : 띠 모　筳 : 점대 정　篿 : 점대 전　氛 : 재앙 분　釋 : 버릴 석

世幽昧以眩曜兮여	세상이 어둡고 현혹되니
孰云察余之善惡고	뉘라서 나의 옳고 그름 살펴줄까.

何所獨無芳草는 卽上章豈惟是其有女之意라 又申言之而勉其行하니 亦靈氛之言也라 眩은 目無主也라 世幽昧而莫能察己以下는 乃原自念之詞니 言雖往而亦將無所合也라

何所獨無芳草는 곧 上章에 "어찌 이 곳에만 美女가 있겠는가." 라는 뜻이다. 또 거듭 말하고 그 떠나갈 것을 권면하였으니, 또한 靈氛의 말이다. 眩은 눈에 주장이 없는 것이다. 세상이 어두워서 자신을 살펴주지 못한다는 이하는 바로 屈原이 스스로 思念한 말이니, 비록 떠나가더라도 또한 장차 합할 곳이 없음을 말한 것이다.

民好惡其不同兮여	사람마다 좋아하고 싫어함 같지 않지만
惟此黨人其獨異라	黨人들은 유독 특별하다네.
戶服艾以盈要(腰)兮여	집집마다 쑥을 허리에 가득 차고는
謂幽蘭其不可佩라	그윽한 난초는 찰 수 없다고 말하네.

黨은 朋也라 言人性固有不同이나 而黨人爲尤甚也라 艾는 白蒿니 非芳草也어늘 服之滿腰하고 而反謂蘭爲臭惡而不可佩라하니 言其親愛讒人而憎遠忠直也라

黨은 벗이다. 사람의 성품은 진실로 같지 않음이 있으나 黨人들은 더욱 심함을 말한 것이다. 艾는 흰쑥이니 향기나는 풀이 아닌데 이것을 차서 허리에 가득하고 도리어 난초를 냄새가 나쁘다 하여 찰 수가 없다고 하니, 참소하는 간신을 친애하고 충직한 이를 미워하여 멀리함을 말한 것이다.

覽察草木其猶未得兮여	초목을 살펴도 올바름을 얻지 못하거늘
豈珵美之能當고	어찌 珵玉의 아름다움 분별하겠는가.
蘇糞壤以充幃兮여	분뇨로 향주머니 가득 채우고는
謂申椒其不芳이로다	申椒는 향기롭지 못하다고 말하네.

珵은 美玉也니 相玉書에 言珵大六寸이요 其耀自照라하니라 言時人觀草木에도 尙不能別其香臭하니 豈能知玉之美惡所當乎아 蘇는 取也라 史記에 樵蘇後爨이라하니 謂取草也라 幃를 謂之縢이니, 卽香囊也니 亦言其近小人而遠君子也라 自念之詞止此하니라

珵은 아름다운 옥이니, 옥을 보는 글에 "珵은 크기가 6촌이요 그 빛이 스스로 환하게

眩 : 현혹할 현　曜 : 빛날 요　艾 : 쑥 애　要 : 허리 요　蒿 : 쑥 호　憎 : 미워할 증
珵 : 아름다운옥 정　蘇 : 나무할 소　幃 : 향주머니 위　樵 : 나무할 초　爨 : 밥지을 찬
縢 : 향주머니 등　囊 : 주머니 낭

비춘다."하였다. 당시 사람들이 초목을 봄에도 오히려 그 향내가 나는 것과 악취가 나는 것을 구별하지 못하니, 어찌 옥의 아름다운 것과 나쁜 것의 마땅한 바를 알겠는가? 蘇는 취함이다. 「史記」에 "나무하고 풀을 벤 뒤에 밥을 짓는다."하였으니, 풀을 베옴을 이른다. 幃를 縢이라 이르는 바, 곧 향낭이니, 또한 소인을 가까이 하고 군자를 멀리함을 말한 것이다. 스스로 思念하는 말은 여기에서 끝났다.

欲從靈氛之吉占兮여	靈氛의 吉占을 따르고자 하나
心猶豫而狐疑라	마음에 망설여 狐疑를 하네.
巫咸將夕降兮여	巫咸이 저녁에 내려오니
懷椒糈而要之라	山椒와 精米 품고 가 맞이하여 점치게 하네.

巫咸은 古神巫也니 當殷中宗之世하니라 降은 下也라 椒는 香物이니 所以降神이요 糈는 精米니 所以享神이라 又敍其事하여 言巫咸將以日夕從天而下하리니 願懷椒糈而要之하여 使占此吉凶也라

巫咸은 옛날의 神巫이니, 殷나라 中宗의 세대에 해당된다. 降은 내림이다. 椒는 향물이니 神을 내려오게 하는 것이요, 糈는 깨끗한 쌀이니 神에게 제향하는 것이다. 또 그 일을 서술하여 巫咸이 장차 날이 저물 때 하늘로부터 내려올 것이니, 원컨대 山椒와 깨끗한 쌀을 품고 가 맞이하여 이 길흉을 점치게 하려 한다고 말한 것이다.

百神翳其備降兮여	百神을 거느리고 햇빛 가리우며 내려오니
九疑繽其並迎이라	九疑山의 신령들 함께 나와 맞이하네.
皇剡剡其揚靈兮여	百神들 번쩍번쩍 신령스러움 발하여
告余以吉故라	나에게 길한 점괘 말해주네.

翳는 蔽也라 繽은 盛貌라 九疑는 在零陵蒼梧之間하니라 疑는 似也니 山有九峯하여 其形相似하여 遊者疑焉이라 故曰九疑也라 言巫咸旣將百神하고 蔽日來下어늘 舜又使九疑之神으로 紛然來迎己也라 皇은 謂百神이라 剡剡은 光也요 揚靈은 發其光靈也라

翳는 가리움이다. 繽은 성한 모양이다. 九疑는 零陵郡과 蒼梧의 사이에 있다. 疑는 유사함이니, 산에 아홉 개의 봉우리가 있어서 그 모양이 서로 비슷하여 유람하는 자들이 의심하므로 九疑라 하였다. 巫咸이 장차 百神을 거느리고 해를 가리고 아래로 오려 하였는데, 舜임금은 또 九疑山의 神으로 하여금 분분히 와서 자기를 맞이하게 함을 말한 것이다. 皇은 百神을 이른다. 剡剡은 빛남이요, 揚靈은 그 光靈을 발함이나.

曰勉陞降以上下兮여	이르기를 열심히 위아래를 오르내리며

糈 : 양식 서　翳 : 가릴 예　繽 : 성할 빈　剡 : 번쩍할 염　陞 : 오를 승

求榘矱之所同이라	법도가 같은 이를 찾으시오.
湯禹儼而求合兮여	湯王과 禹王 공경히 법도에 맞는 자를 찾아
摯咎繇而能調라	摯와 咎繇가 조화를 이루었네.

曰은 記巫咸語也라 陞降上下는 陞而上天하고 下而至地也라 榘는 與矩同하니 所以爲方之器也요 矱은 度也니 所以度長短者也라 摯는 伊尹名이요 咎繇는 舜士師라 言陞降上下하여 而求賢君與我皆能合乎此法者하여 如湯之得伊尹, 禹之得咎繇라야 始能調和而必合也라

曰은 巫咸의 말을 기록한 것이다. 陞降上下는 올라가서 하늘에 오르고 내려가서 땅에 이름이다. 榘는 規와 같으니 네모진 것을 만드는 기구요, 矱은 度〔자〕이니 長短을 재는 것이다. 摯는 伊尹의 이름이요, 咎繇(皐陶)는 舜의 士師이다. 上下로 陞降하여 賢君으로서 나와 더불어 모두 이 법도에 합하는 자를 구하여 湯임금이 伊尹을 얻듯이 하고 禹임금이 咎繇를 얻듯이 하여야 비로소 조화를 이루어 반드시 합함을 말한 것이다.

苟中情其好修兮여	진실로 마음속에 수행을 좋아한다면
又何必用夫行媒아	또 어찌 반드시 중매를 쓰겠는가.
說操築於傅巖兮여	傅說은 傅巖에서 담을 쌓고 있었는데
武丁用而不疑라	武丁은 그를 쓰고 의심하지 않았다오.

行媒는 喩左右之先容也라 言誠心好善이면 則精感神明하여 賢君이 自當擧而用之리니 不必須左右薦達也라 說은 傅說也라 傅巖은 地名이라 武丁은 殷之高宗也라 言傅說이 抱道懷德하고 而遭遇刑罰하여 操築作於傅巖이러니 武丁이 思相賢者하여 夢得聖人하고 以其形像求之하여 因得傅說하고 登以爲公하니 道用大興하여 爲殷高宗也라 孔安國曰 傅氏之巖은 在虞虢之界하니 通道所經에 有澗水壞道하여 常使胥靡刑人으로 築護此道하니 說이 賢而隱하여 代胥靡築之하여 以供食也라

行媒는 左右가 먼저 용납하게 함을 비유한 것이다. 성심으로 善을 좋아하면 정성이 神明을 감동하여 賢君이 스스로 마땅히 나를 들어 쓸 것이니, 굳이 좌우가 추천하여 줄 것이 없음을 말한 것이다. 說은 傅說이다. 傅巖은 지명이다. 武丁은 殷나라의 高宗이다. 傅說이 道를 안고 德을 품고서 형벌을 만나 築板을 잡고 傅巖에서 일하였는데, 武丁이 어진 자를 정승으로 삼을 것을 생각하여 꿈에 聖人을 얻고 그 형상을 가지고 구하여 傅說을 얻고는 등용하여 公으로 삼으니, 道가 이 때문에 크게 일어나서 殷나라의 高宗이 되었다. 孔安國은 말하기를 "傅氏의 바위는 虞나라와 虢나라의 경계에 있었으니, 큰 길

榘 : 곡척 구　矱 : 법도 확　摯 : 도타울 지　繇 : 말미암을 유(요)　虢 : 나라이름 괵
澗 : 시내 간　胥 : 서로 서　靡 : 쓰러질 미

이 경유하는 곳에 시냇물이 있어 길을 파괴해서 항상 胥靡(죄수)와 형벌을 받은 사람으로 하여금 이 길을 쌓고 보호하게 하였는 바, 傅說이 어질면서 은둔하여 胥靡를 대신해서 이것을 쌓아 양식을 공급한 것이다.

呂望之鼓刀兮여	呂望은 칼을 두드리는 백정이었지만
遭周文而得擧라	周나라 文王을 만나 薦擧되었고,
寗戚之謳謌兮여	寗戚은 노래를 부르다가
齊桓聞以該輔라	齊나라 桓公이 듣고는 輔弼로 삼았다오.

呂望은 太公也라 亦姓姜氏니 從其封姓이라 故曰呂也라 鼓는 鳴也라 太公避紂하여 居東海之濱이러니 聞文王作하고 興而往歸之할새 至於朝歌하여 道窮困하니 因自鼓刀而屠하고 遂西釣於渭濱이러니 文王이 夢得聖人하고 於是出獵而遇之하여 遂載以歸하여 用以爲師하고 言吾先公이 望子久矣라하여 因號爲太公望하니라 該는 備也라 寗戚은 衛人이니 修德不用일새 退而商賈하여 宿齊東門外러니 桓公夜出에 寗戚方飯牛라가 叩角而商歌曰 南山粲하고 白石爛이로다 生不遭堯與舜禪하여 短布單衣適至骭이로다 從昏飯牛薄(迫)夜半하니 長夜漫漫何時旦고하니 桓公聞之하고 曰 異哉라 歌者여 非常人也라하고 命後車載之하여 用爲客卿하여 備輔佐也라

呂望은 太公이다. 또한 姓이 姜氏이니, 그의 封한 姓을 따랐으므로 呂라 한 것이다. 鼓는 울림이다. 太公이 紂를 피해 동해의 가에 살고 있었는데 文王이 일어났다는 말을 듣고 흥기하여 가서 돌아가려 할 적에 朝歌에 이르러 도중에 곤궁하니, 인하여 스스로 칼을 두드리면서 짐승을 잡고 마침내 서쪽 渭水가에서 낚시질을 하였다. 이때 文王은 꿈에 聖人을 얻고 이에 사냥하러 나갔다가 그를 만나고서 마침내 수레에 태우고 돌아와서 등용하여 스승을 삼고 말하기를 "우리 先君께서 그대를 바란 지가 오래이다" 하여, 인하여 太公望이라 號하였다. 該는 구비함이다. 寗戚은 衛나라 사람이니 덕을 닦았으나 등용되지 않으므로 물러나 장사를 하여 齊나라 동문 밖에서 자고 있었는데, 桓公이 밤에 나가자 寗戚이 소에게 여물을 먹이다가 소의 뿔을 두드리며 商聲으로 노래하기를 "남산이 빛나고 백석이 찬란하도다. 내 태어나기를 堯임금과 舜임금이 禪位할 때를 만나지 못하여 짧은 삼베 홑옷이 정강이에 이르도다. 어두울 때부터 소에게 여물을 먹여 한밤중에 이르니, 긴 밤 길고 길어 언제나 새벽이 될까?" 하였다. 桓公은 그 말을 듣고 말하기를 "이상하다. 저 노래하는 자여! 보통 사람이 아니다." 하고, 뒷수레에 태우도록 명하여 客卿으로 등용하여 보좌하는 재상으로 구비하였다.

及年歲之未晏兮여	아직 나이가 늦지 않았고

寗 : 편안 녕　謌 : 노래 가　該 : 갖출 해　濱 : 물가 빈　粲 : 빛날 찬　爛 : 빛날 란
骭 : 정강이뼈 한　漫 : 길 만　晏 : 늦을 안

時亦猶其未央이라	시기 또한 다하지 않았소.
恐鵜鴂之先鳴兮여	접동새들이 먼저 울어
使夫百草爲之不芳이라	온갖 풀들 꽃답지 못할까 두렵소.

晏은 晩也라 央은 盡也라 鵜鴂은 鳥名이니 卽詩所謂七月鳴鵙者니 蓋鴂鵙聲相近이요 又其聲惡하여 陰氛至則先鳴而草死也라 巫咸之言은 止此하니 亦勉原使及此身未老時未過而速行之意라 鵜鴂先鳴으로 以比時一過則事愈變而愈不可爲也라

晏은 늦음이다. 央은 다함이다. 鵜鴂은 새 이름이니, 「詩經」에 이른바 '7월에 왜가리가 운다'는 것이니 鴂과 鵙은 음이 서로 비슷하고 또 그 우는 소리가 나빠서 음기가 이르면 먼저 우는데, 풀이 죽는다. 巫咸의 말은 여기에서 끝났으니, 또한 屈原을 권면하여 이 몸이 늙지 않고 때가 지나가기 전에 미쳐 빨리 가라는 뜻이다. 鵜鴂이 먼저 울음으로써 때가 한번 지나가면 일이 더욱 변해서 더욱 할 수 없음을 비유한 것이다.

何瓊佩之偃蹇兮여	瓊玉으로 된 내 패물 얼마나 훌륭한가.
衆薆然而蔽之라	그런데도 뭇사람들은 깊이 가리우고 있네.
惟此黨人之不諒兮여	이 黨人들은 믿을 수 없으니
恐嫉妒而折之라	질투하여 그것을 꺾어버릴까 두렵네.

此下至終篇은 又原自序之詞라 偃蹇은 衆盛貌라 言我所佩瓊玉德美之盛하니 蓋以自況也라 薆亦蔽之盛也라 諒은 信也요 折은 毁敗也라

이 이하로 종편까지는 또 屈原이 스스로 서술한 말이다. 偃蹇은 많고 성한 모양이다. 내 차고 있는 瓊玉이 德이 아름다움이 성함을 말하였으니, 이로써 자신을 비유한 것이다. 薆 또한 가리우기를 많이 한 것이다. 諒은 믿음이요, 折은 毁敗이다.

時繽紛以變易兮여	시절이 혼란하게 바뀌니
又何可以淹留오	또 어찌 오래도록 머물 수 있으랴.
蘭芷變而不芳兮여	蘭草와 芷草는 변하여 향기를 잃고
荃蕙化而爲茅라	荃草와 蕙草는 변하여 띠풀이 되었네.

繽紛은 亂也라 不可淹留는 宜速去也라 茅는 惡草니 以喩不肖라 補曰 上云謂幽蘭其不可佩는 以幽蘭之別於艾也요 謂申椒其不芳은 以申椒之別於糞壤也러니 今曰蘭芷不芳, 荃蕙爲茅라하니 則更與之俱化矣라 當是時也하여 守死而不變者는 楚國에 一人而已니

央 : 다할 앙 鵜 : 두견새 제 鴂 : 백로 결 鵙 : 왜가리 격 氛 : 재앙 분 愈 : 더할 유
薆 : 우거질 애 諒 : 믿을 량 況 : 비유할 황 繽 : 어지러울 빈 淹 : 오랠 엄
荃 : 향풀 전 肖 : 어질 초

屈子是也라

繽紛은 어지러움이다. 淹留할 수 없다는 것은 마땅히 빨리 떠나가라는 것이다. 茅는 나쁜 풀이니 不肖함을 비유한 것이다. 〈洪興祖의〉 補註에 이르기를 "위에 幽蘭을 찰 수 없다고 말한 것은 幽蘭이 쑥과 구별되기 때문이요, 申椒를 향기롭지 않다고 이른 것은 申椒가 糞壤과 구별되기 때문이었는데, 이제 蘭·芷가 향기롭지 않고 荃·蕙가 띠풀이 되었다 하였으니, 이들도 또 더불어 함께 변한 것이다." 하였다. 이 때를 당하여 죽음을 지키고 변치 않는 자는 楚나라에 한 사람뿐이었으니, 屈子가 바로 그 사람이다.

何昔日之芳草兮여	어찌하여 옛날엔 향기롭던 풀들이
今直爲此蕭艾也오	지금은 다만 이처럼 쑥덤불이 되었는가.
豈其有他故兮리오	그 어찌 다른 까닭이 있어서이겠는가?
莫好修之害也로다	수행을 좋아한 害보다 더함이 없네.

蕭艾는 賤草니 亦以喩不肖라 世亂俗薄하여 士無常守하여 乃小人害之어늘 而以爲莫如好修之害者는 何哉오 蓋由君子好修而小人嫉之하여 使不容於當世라 故中材以下莫不變化而從俗하니 則是其所以致此者는 反無有如好脩之爲害也라 東漢之亡에 議者以爲黨錮諸賢之罪라하니 蓋反其詞以深悲之니 正屈原之意也라

蕭艾는 천한 풀이니 또한 불초함을 비유한 것이다. 세상이 어지럽고 풍속이 박해져서 선비가 떳떳이 지킴이 없어 小人들이 해치는데, 수행을 좋아한 害보다 더함이 없다고 말함은 어째서인가? 군자가 수행을 좋아하는데 소인들이 질시하여 당세에 용납되지 못하게 한다. 그러므로 中材 이하는 모두 변화하여 세속을 따르니, 그 이렇게 된 까닭은 도리어 수행을 좋아함의 해로움만한 것이 없다는 것이다. 東漢이 망할 때에 의논하는 자들은 이르기를 '黨錮의 여러 賢者들의 죄'라 하였으니, 그 말을 뒤집어서 깊이 슬퍼한 것이니, 이는 바로 屈原의 뜻이다.

余以蘭爲可恃兮여	나는 난초가 믿을 만하다고 여겼는데
羌無實而容長이라	실제가 없고 모양만 아름답네.
委厥美以從俗兮여	그 아름다움 버리고 세속을 따라
苟得列乎衆芳이라	구차스럽게 뭇꽃들 사이에 끼어 있네.

此는 卽上章蘭芷變而不芳之意라 容長은 謂徒有外好耳라 委는 棄也니 詳見下章하니라

이는 바로 上章에 蘭芷가 변하여 향기롭지 않다는 뜻이다. 容長은 다만 외모의 아름다움이 있을 뿐임을 이른 것이다. 委는 버림이니, 자세한 내용은 下章에 보인다.

直 : 다만 직 蕭 : 쑥 소 艾 : 쑥 애 錮 : 막을 고 恃 : 믿을 시

椒專佞以慢慆兮여　　山椒는 오로지 아첨하고 오만하며
榝又欲充夫佩幃라　　茱萸 또 향주머니에 가득 채워지려 하네.
旣干進而務入兮여　　이미 나아감을 구하여 들어감을 힘쓰니
又何芳之能祗오　　또 어찌 향기로움 잘 지키겠는가.

慆는 淫也니 書曰 無卽慆淫이라하니라 榝은 茱萸也라 幃는 盛香之囊也라 椒亦芳烈之物이어늘 而今亦變爲邪佞하고 茱萸는 固爲臭物而今又欲滿於香囊하니 蓋但知求進而務入於君이면 則又何能復敬守其芬芳之節乎아

慆는 음탕함이니, 「書經」에 이르기를 "慆淫에 나가지 말라."하였다. 榝은 茱萸이다. 幃는 향료를 담는 주머니이다. 椒 또한 향기로운 물건인데 이제 또한 변하여 邪佞이 되었고, 茱萸는 진실로 악취가 나는 물건인데 이제 또 향낭에 가득 채워지려 하니, 다만 등용됨을 구할 줄만 알아 임금에게 들어가기를 힘쓰면 또 어찌 그 분방한 절개를 공경히 지키겠는가?

固時俗之流從兮여　　실로 시속 따라 흐르다 보면
又孰能無變化오　　또 뉘라서 변치 않을손가.
覽椒蘭其若玆兮여　　산초와 난초를 보아도 이와 같으니
又況揭車與江離아　　하물며 揭車와 江離는 어떠하겠는가.

流從은 言隨從上化를 如水之流也라 揭車, 江離는 雖亦香草나 然不若椒蘭之盛이어늘 今椒蘭旣如此면 則二者는 從可知矣라

流從은 윗사람을 따라 교화되기를 물의 흐름과 같이 함을 말한 것이다. 揭車와 江離는 비록 향초이나 椒, 蘭처럼 성하지는 못한데 이제 椒, 蘭이 이미 이와 같다면 두 가지는 따라서 알 수 있는 것이다.

惟玆佩之可貴兮여　　오직 내 瓊珮만이 귀하건만
委厥美而歷玆라　　그 아름다움 버림받아 이에 이르렀네.
芳菲菲而難虧兮여　　향기 가득하여 이지러지기 어려우니
芬至今猶未沬이라　　향내음 지금도 그침이 없다네.

委, 歷은 皆已見上하니라 虧는 損減也요 沬은 昏暗也라 言瓊有可貴之質而能不挾其美하여 以取世資하여 委而棄之하여 以至於此나 然其芬芳은 實不可得而減損昏暗이니 此는

慢 : 거만할 만　慆 : 방자할 도　榝 : 산앵도 살　幃 : 향주머니 위　祗 : 공경할 지
茱 : 산수유 수　萸 : 산수유 유　揭 : 들 게　委 : 버릴 위　菲 : 성할 비
虧 : 이지러질 휴　芬 : 향기 분　沬 : 그칠 말

原之自況也라 然上章에 譏蘭既有委厥美之文矣요 此美瓊佩하여 又以爲言者는 蓋彼는 眞棄其美之實하여 以從俗이요 此則棄其美之利하여 以徇道니 其事固不同也라 故彼雖苟得一時之勢나 而惡名不滅이요 此雖失其一時之利나 而芬芳久存하니 二者之間은 正有志者所當明辨而勇決也니라

委와 歷은 다 이미 위에 보인다. 虧는 損減함이요, 沫은 어두움이다. 瓊珮는 귀하게 여길 만한 자질이 있으나 그 아름다움을 자랑하여 세상에 이용되기를 취하지 않아서 버림을 당하여 이에 이른 것이다. 그러나 그 향기로움은 실로 감손되거나 어두워질 수 없으니, 이는 屈原이 자신을 비유한 것이다. 그러나 上章에는 난초가 이미 그 아름다움을 버렸다고 비판한 글이 있고, 여기에서는 다시 瓊珮를 찬미하여 또 말한 것은, 저것은 그 아름다움의 실재를 참으로 버려서 세속을 따른 것이요, 이것은 그 아름다움의 이로움을 버려서 道를 따른 것이니, 그 일이 진실로 똑같지 않다. 그러므로 저는 비록 진실로 한 때의 세력을 얻었으나 악명이 없어지지 않고, 이는 비록 그 한 때의 이로움을 잃었으나 향기로움이 오래 남아 있는 것이니, 두 가지의 사이는 바로 뜻이 있는 자가 마땅히 밝게 분변하고 용맹히 결단해야 할 바이다.

和調度以自娛兮여	격조와 법도에 맞춰 스스로 즐기면서
聊浮游而求女라	잠시 떠돌며 美女를 구하리라.
及余飾之方壯兮여	나의 장식물이 한창 아름다울 때에
周流觀乎上下라	두루 돌아다니며 위아래를 살펴보리라.

調는 猶今人言格調之調라 度는 法度也라 言我和此調度以自娛하고 而遂浮游以求女하니 如前所言虙妃佚女二姚之屬이니 意猶在於求君也라 余飾은 謂瓊珮及前章冠服之盛이라 方壯은 亦巫咸所謂年未晏, 時未央之意라 周流上下는 卽靈氛所謂遠逝요 巫咸所謂陞降上下也라

調는 지금 사람들이 말하는 格調라는 調와 같다. 度는 법도이다. 내 이 調度를 조화하여 스스로 즐기고 마침내 浮游하여 美女를 구하니, 이는 앞에서 말한 虙妃와 佚女와 두 姚氏 따위와 같은 것이니, 뜻이 아직도 군주를 구함에 있는 것이다. 余飾은 瓊珮 및 앞 章에서 말한 冠服의 성함을 말한다. 方壯은 또한 巫咸이 이른바 '나이가 늦지 않고 때가 다하지 않았다'는 뜻이다. 上下에 주류한다는 것은 바로 靈氛이 이른바 '멀리 떠나가라'는 것이요, 巫咸이 이른바 '上下에 陞降한다'는 것이다.

靈氛既告余以吉占兮여	靈氛이 이미 나에게 길섬을 알렸으니
歷吉日乎吾將行호리라	吉日을 택하여 내 장차 길을 떠나리라.

聊 : 애오라지 료 姚 : 성 요

折瓊枝以爲羞兮여　　瓊玉 나무가지를 꺾어 음식을 만들고
精瓊爢以爲粻이라　　瓊玉 가루를 빻아 양식을 만들리라.

歷은 遍數而實選也라 精은 細米也라 瓊枝, 瓊爢는 皆謂物之珍者라 羞는 進也니 以牲及禽獸之肉으로 致滋味而進之也라 粻은 糧也라

歷은 두루 세어보고 실제로 뽑는 것이다. 精은 가늘게 대낀 쌀이다. 瓊枝와 瓊爢는 다 물건의 진귀한 것을 이른다. 羞는 올림이니, 희생 및 금수의 고기를 가지고 자미를 지극히 하여 올리는 것이다. 粻은 양식이다.

爲余駕飛龍兮여　　날 위해 飛龍에게 수레를 끌라 하고
雜瑤象以爲車라　　옥돌과 상아를 섞어 수레를 꾸미네.
何離心之可同兮여　　어찌 갈라진 마음 하나가 될까
吾將遠逝以自疏호리라　　내 장차 멀리 떠나 스스로 멀어지리라.

象은 象牙也니 雜用象玉하여 以飾其車也라 離心은 謂上下無與己同心者也라 自疏則禍害不能相及矣리라

象은 상아이니, 상아와 옥을 섞어 사용하여 그 수레를 꾸민 것이다. 離心은 상하가 자기와 마음을 함께 하는 자가 없음을 이른다. 스스로 소원히 하면 禍患이 서로 미치지 않으리라

邅吾道夫崑崙兮여　　길을 돌려 곤륜산으로 향하는데
路脩遠以周流라　　길이 멀고 멀어 두루 돌아가네.
揚雲霓之晻藹兮여　　구름과 무지개 그린 깃발 해를 가리고
鳴玉鸞之啾啾라　　옥난새 방울 딸랑딸랑 울리네.

邅은 轉也라 後漢書注云 崑崙은 在肅州酒泉縣西南地之中也라하니라 雲霓는 蓋以爲旌旗也라 藹는 陰貌라 鸞은 鈴之著(착)於衡者라 啾啾는 鳴聲也라

邅은 도는 것이다. 「後漢書」의 注에 이르기를 "곤륜산은 肅州 酒泉縣 서남 지역 가운데 있다." 하였다. 雲霓는 구름과 무지개를 그려 旌旗를 만든 것이다. 藹는 그늘진 모양이다. 鸞은 방울을 衡에 매단 것이다. 啾啾는 울리는 소리이다.

羞 : 음식 수　爢 : 가루 미　粻 : 양식 창　糧 : 양식 량　駕 : 멍에할 가
邅 : 굴릴 전, 좇을 전　脩 : 길 수　晻 : 어두울 암　藹 : 흐릴 애　啾 : 두런거릴 추
旌 : 깃발 정　鈴 : 방울 령　著 : 붙을 착

朝發軔於天津兮여　　아침에 은하수 나루터를 출발하여
夕余至乎西極이라　　저녁에 서쪽 끝에 이르렀네.
鳳皇翼其承旂兮여　　봉황새 공손히 깃발을 받들고
高翺翔之翼翼이라　　높이 날며 가지런히 따라오네.

天津은 析木之津이니 謂箕宿斗星之間이니 漢津也라 蓋箕北斗南은 天河所經이요 而日月五星이 於此往來라 故謂之津이라 又有天津九星하니 在虛危北하여 橫河中하니 卽津梁所渡也라 翼은 敬也라 周禮에 交龍爲旂라하니 凡旂屬을 皆建於車後也라 一上一下曰翺요 直刺不動曰翔이라 翼翼은 和也라

天津은 析木(별 이름)의 나루이니, 箕宿와 斗星의 사이를 이르니, 漢津(은하수의 나루터)이다. 箕宿의 북쪽, 斗星의 남쪽은 하늘의 은하수가 지나가는 곳이요, 日月과 五星이 여기에 왕래한다. 그러므로 나루라 이른 것이다. 또 天津의 九星이 있는데 虛宿와 危宿 북쪽에 있어서 은하수 가운데를 가로지르니, 바로 나루에 교량을 놓아 건너가는 곳이다. 翼은 공경함이다. 「周禮」에 "용 두 마리를 그린 것을 旂라 한다." 하였으니, 무릇 旂의 등속을 다 수레의 뒤에 꽂는다. 한번 올라가고 한번 내려감을 翺라 하고, 곧바로 올라가고 동하지 않는 것을 翔이라 한다. 翼翼은 화함이다.

忽吾行此流沙兮여　　순식간에 나는 이 사막을 지나가고
遵赤水而容與라　　赤水 따라 천천히 노니네.
麾蛟龍以梁津兮여　　蛟龍을 지휘하여 나루터에 다리를 놓고
詔西皇使涉予호리라　　西皇에게 고하여 나를 건너게 하네.

流沙는 見禹貢하니 今西海居延澤이 是也라 沈括云 嘗過無定河活沙하니 履之에 百步皆動하여 如行幕上이요 或陷則人馬車駝以百千數無孑遺者하니 或謂此卽流沙也라하니라 遵은 循也라 赤水는 出崐崙東南陬하여 入南海라 容與는 遊戲貌라 以手麾曰麾라 以蛟龍爲橋於津上하여 而乘之以渡하니 猶言比鼉黿以爲梁也라 詔는 告也라 西皇은 帝少皞也니 少皞以金德王하니 白精之君이라 故曰西皇이라

流沙는 「書經」《禹貢》에 보이니, 서해의 居延澤이 이곳이다. 沈括이 이르기를 "일찍이 無定河의 活沙를 지나가 보니, 밟으면 백보 이내가 모두 움직여 마치 천막 위를 지나가는 것과 같고, 혹 빠지면 사람과 말과 수레와 낙타가 백마리든 천마리든 모두 남김없이 빠져 들어가니, 혹자는 이것을 바로 流沙라 한다." 하였다. 遵은 따름이다. 赤水는 곤륜산 동남쪽에서 나와 남해로 들어간다. 容與는 유희하는 모양이다. 손으로 직접 가리키는

軔 : 바퀴고임나무 인　旂 : 용그린기 기　翺 : 날 고　麾 : 지휘할 휘　梁 : 다리 량
駝 : 낙타 타　孑 : 반쪽 혈　鼉 : 악어 타　黿 : 자라 원　皞 : 휠 호

것을 鼉라 한다. 蛟龍으로 나루 위에 다리를 놓아 타고서 건너가니, 자라를 나란히 하여 교량을 만들었다는 말과 같은 것이다. 詔는 아룀이다. 西皇은 帝少皞이니, 少皞는 金德으로 왕노릇 하였으니, 白精의 군주이다. 그러므로 西皇이라 한 것이다.

路脩遠以多艱兮여	길이 멀고멀어 어려움 많으니
[1]騰衆車使徑路待라	수레들 앞세워 지름길에서 기다리게 하네.
不周以左轉兮여	不周山으로 가 왼쪽으로 돌고
指西海以爲期라	西海를 가리키며 만나자고 기약하네.

譯註 1. 騰衆車使徑路待 : 他本에는 路字가 待字 밑에 있으며, 句讀 역시 路字를 下句로 연결하여 '騰衆車使徑待 路不周以左轉兮'로 읽는다. 臺本 역시 他本과 같이 句讀가 표시되어 있으나, 여기서는 朱子의 集註本을 그대로 따랐음을 밝혀둔다.

不周는 山名이니 山海經에 西北海之外에 有山而不合하니 名曰不周라하니라 指는 語也요 期는 會也라 言已使語衆車하여 使由徑路하여 先過而相待하니 我當自不周山而左行하여 俱會西海之上也라

不周는 산 이름이니, 「山海經」에 "서북해의 밖에 산이 있는데 하도 넓어서 합하지 못하니 이름을 不周라 한다." 하였다. 指는 말함이요, 期는 모임이다. 이미 여러 수레에 말하여 徑路를 따라 먼저 지나가 서로 기다리게 하였으니, 내 마땅히 不周山으로부터 왼쪽으로 행하여 서해의 위에서 함께 만나겠다 한 것이다.

屯余車其千乘兮여	나의 수레 천대나 되는데
齊玉軑而並馳라	옥 수레바퀴 나란히 하고 달리네.
[1]駕八龍之蜿蜿兮여	꿈틀대는 여덟 마리 용을 몰고
載雲旗之委蛇(이)라	펄럭이는 구름 깃발 꽂고 가네.

譯註 1. 駕八龍之蜿蜿兮 : 王逸의 註에 "여덟 마리의 龍을 탔다는 것은 자기의 德이 용과 같아 八方을 제어할 수 있음을 말한 것이요, 구름 모양의 깃발을 꽂고 간다는 것은 자기의 德이 雲雨와 같아 萬物을 적셔줌을 말한 것이다." 하였다.

屯은 聚也라 軑는 輨也니 轂內之金也니 一云轄也라 蜿蜿은 龍貌라 雲旗는 以雲爲旗也라

艱 : 어려울 간　徑 : 지름길 경　軑 : 바퀴통감김쇠 대　蜿 : 꿈틀거릴 원　蛇 : 늘어질 이
輨 : 바퀴통끝휘갑쇠 관　轂 : 바퀴통 곡　轄 : 결쇠 할

屯은 모임이다. 軑는 輨이니 轂 안의 쇠인 바, 一說에는 걸쇠라 한다. 蜿蜿은 龍의 모양이다. 雲旗는 구름 모양을 그려 旗를 만든 것이다.

抑志而弭節兮여	뜻을 누르고 천천히 가려 해도
神高馳之邈邈이라	정신이 높이 치달려 아득해지네.
奏九歌而舞韶兮여	九歌를 연주하고 韶舞를 추며
聊假日以媮樂이라	잠시 틈을 내어 즐겁게 놀아보세.

言雖按節徐行이나 然神猶高馳하여 邈邈然而逾遠하여 不可得而制也라 九歌는 [1]九德之歌니 禹樂也요 韶는 [2]九韶之舞니 舜樂也라 假는 借也라 顏師古云 此는 言遭遇幽厄에 中心愁悶하니 假延日月하여 苟爲娛樂耳라

비록 節을 멈추고 서행하나 精神이 오히려 높이 달려 아득하게 멀어서 제어할 수 없음을 말한 것이다. 九歌는 九德의 노래이니 禹임금의 음악이요, 韶는 九韶의 춤이니 舜임금의 음악이다. 假는 빌림이다. 顏師古는 말하기를 "이는 幽厄을 만남에 中心이 근심하고 고민하니, 日月(세월)을 빌리고 연장하여 구차히 오락할 뿐임을 말한 것이다." 하였다.

譯註 1. 九德之歌 : 九德은 九功의 德으로 水·火·金·木·土·穀의 六府와 正德·利用·厚生의 三事가 잘 이루어지는 것을 가리키는 바, 자세한 내용은 위의 '九功之德' 역주에 보인다.

2. 九韶之舞 : 舜帝의 음악에 따라 춤을 추는 것으로 九韶는 九招로 쓰기도 하는 바, 「書經」《舜典》에 "簫韶가 아홉 번 끝났다.〔簫韶九成〕" 하였으므로 九韶라 이름했다 한다.

陟陞皇之赫戲兮여	눈부시게 빛나는 하늘에 올라보니
忽臨睨夫舊鄉이라	문득 옛 고향이 저 아래 보이네.
僕夫悲余馬懷兮여	마부는 슬퍼하고 내 말은 그리워하여
蜷局顧而不行이라	머뭇머뭇 뒤돌아보며 나아가지 않네.

皇은 皇天也라 赫戲는 光明貌라 睨는 旁視也라 舊鄉은 楚國也라 僕은 御也요 懷는 思也라 蜷局은 詰曲不行貌라 屈原이 託爲此行而終無所詣하여 周流上下而反於楚焉하니 亦仁之至而義之盡也라

皇은 皇天이다. 赫戲는 광명한 모양이다. 睨는 옆으로 봄이다. 舊鄉은 楚나라이다.

邈 : 멀 막 媮 : 즐길 유 厄 : 재앙 액 睨 : 흘겨볼 예 蜷 : 굽을 권 局 : 굽힐 국
旁 : 곁 방 詰 : 굽을 힐

僕은 馬夫요, 懷는 생각함이다. 蜷局은 굽어서 가지 못하는 모양이다. 屈原이 가탁하여 가고자 하나 끝내 이른 바가 없어서 상하를 周流하다가 끝내 楚나라로 돌아왔으니, 또한 仁이 지극하고 義를 다한 것이다.

亂曰　　　亂辭에 이르기를

亂者는 樂節之名이니 國語云 其輯之亂이라하니 輯은 成也라 凡作篇章에 既成이면 撮其大要하여 以爲亂辭也라 史記曰 [1]關雎之亂이 以爲風始라하고 禮曰 既奏以文하고 又亂以武라하니라

亂은 樂節의 이름이니 「國語」에 "그 모아 끝마친다." 하였으니, 輯은 이룸이다. 무릇 篇章을 만들 때에 이미 완성되면 그 대요를 뽑아 亂辭(結語)를 만든다. 「史記」에 이르기를 "關雎의 亂이 風의 시작이 된다." 하였고, 「禮記」에는 "이미 文으로 연주하고 武로써 끝낸다." 하였다.

譯註 1. 關雎之亂 以爲風始：關雎는 「詩經」 周南의 首篇이며 風은 六義의 하나이다. 風·雅·頌을 三經이라 하고 興·賦·比를 三緯라 하며 이를 합하여 六義라 하는 바, 風·雅·頌은 詩의 내용과 성질을 말하고 興·賦·比는 詩의 체재와 서술 방식을 이른다. 특히 風은 男女間의 애정을 읊는 따위의 民謠가 주류를 이루고 있는데 《關雎篇》은 國風 周南의 첫번째에 있으므로 '風의 시작이 된다'고 말한 것이다.

已矣哉라　　　아서라!
國無人莫我知兮여　　　나라에 사람 없어 날 알아주는 이 없으니
又何懷乎故都오　　　또 어찌 고향을 그리워하는가?
既莫足與爲美政兮여　　　이미 아름다운 政事를 펼 수 없다면
吾將從彭咸之所居호리라　　　나는 장차 彭咸의 사는 곳으로 가리라.

賦也라 已矣는 絶望之詞라 無人은 謂無賢人也라 故都는 楚國也라 言時君不足與共行美政이라 故我將自沈하여 以從彭咸之所居也라

賦이다. 已矣는 절망하는 말이다. 無人은 賢人이 없음을 말한다. 故都는 楚나라이다. 당시 군주가 더불어 아름다운 정사를 행할 수 없었다. 그러므로 내 장차 스스로 물에 빠져서 彭咸의 사는 바를 따르겠다고 말한 것이다.

亂：결론지을 란　輯：모을 집　撮：뽑을 촬　雎：증경이 저　已：그칠 이　彭：성 팽
咸：모두 함

漁 父 辭 屈 平

此篇은 乃屈原所作이라 漁父는 蓋亦當時隱遁之士니 或曰 亦原之設詞耳라
○ 迂齋云 漁父는 蓋古[1]巢由之流요 [2]荷蕢丈人之屬이라 或曰 亦原託之也라

이 篇은 바로 屈原이 지은 것이다. 漁父는 또한 당시에 은둔한 선비일 것이다. 혹자는 이르기를 이 또한 屈原이 가설한 말이라 한다.

○迂齋가 말하였다. "漁父는 옛날 巢父와 許由의 무리이며 荷蕢丈人의 등속이다." 하였다. 혹자는 이르기를 또한 屈原이 가탁하여 말한 것이라 한다.

譯註 1. 巢由之流：巢는 巢父 由는 許由이니, 古代의 隱士로 堯임금이 이들에게 天下를 주려 하였으나 모두 받지 않았다 한다.

2. 荷蕢丈人：곡식 따위를 담는 삼태기를 멘 丈人(老人)이란 뜻으로 春秋時代의 隱者이나 姓名은 전하지 않는다. 「論語」《微子》에 "子路가 孔子를 수행하다가 뒤에 떨어져 있었는데, 지팡이로 삼태기를 메고 가는 丈人을 만났다."고 보인다.

屈原이 旣放에 游於江潭하여 行吟澤畔할새 顔色憔悴하고 形容枯槁러니 漁父見而問之曰 子非三閭大夫與아 何故至於斯오 屈原曰 [1]擧世皆濁이어늘 我獨淸하고 衆人皆醉어늘 我獨醒이라 是以見放이로라 漁父曰 聖人은 不凝滯於物하여 而能與世推移하나니 世人皆濁이어든 何不淈其泥而揚其波하며 衆人皆醉어든 何不餔其糟而歠其醨하고 何故深思高擧하여 自令放爲오 屈原曰 吾聞之하니 新沐者는 必彈冠이요 新浴者는 必振衣라하니 安能以身之察察로 受物之汶汶者乎아 寧赴湘流하여 葬於江魚之腹中이언정 安能以皓皓之白으로 而蒙世俗之塵埃乎아 漁父莞爾而笑하고 鼓枻而去하여 乃歌曰 滄浪之水淸兮어든 可以濯吾纓이요 滄浪之水濁兮어든 可以濯吾足이로다 遂去하여 不復與言하니라

屈原이 쫓겨나 江潭에서 노닐어 못가를 거닐면서 詩를 읊조릴 적에 안색이 초췌하고 形容이 생기가 없었다. 漁父가 그를 보고 묻기를 "그대는 三閭大夫가 아닌가? 어쩌다가 이 지경에 이르렀는가?" 하자, 굴원이 대답하기를 "온 세상이 모두 흐린데 나만이 홀로 깨끗하고, 온 세상이 모두 취하였는데 나만이 홀로 깨어 있으니, 이 때문에 추방을 당했노라." 하였다.

荷：멜 하 蕢：삼태기 궤 潭：못 담 憔：파리할 초 悴：파리할 췌 槁：마를 고
醒：깰 성 淈：흐릴 굴 餔：먹을 보 糟：지게미 조 歠：마실 철 醨：묽은술 리
汶：더러울 문 皓：흴 호 莞：웃을 완 枻：노 예

어부가 이렇게 말하였다.

"聖人은 사물에 막히거나 얽매이지 않고 세상을 따라 변하여 옮겨가니, 세상 사람들이 모두 탁하거든 어찌하여 그 진흙을 휘젓고 그 흙탕물을 일으키지 않으며, 여러 사람들이 모두 취하였거든 어찌하여 술지게미를 먹고 薄酒를 마시지 않고, 무슨 연고로 깊이 생각하고 고상하게 행동하여 스스로 추방을 당하게 한단 말인가."

이에 굴원이 대답하였다.

"내가 들으니, '새로 머리를 감은 자는 반드시 갓을 털어서 쓰고, 새로 목욕한 자는 반드시 옷을 털어서 입는다' 한다. 어찌 깨끗한 몸으로 남의 더러운 것을 받는단 말인가. 내 차라리 瀟湘江 강물에 달려들어서 강 고기의 뱃속에 장사지낼지언정 어찌 희디흰 결백한 몸으로 세속의 먼지를 뒤집어 쓴단 말인가."

이에 어부는 빙그레 웃고는 돛대를 두드리고 떠나가면서 다음과 같이 노래하였다.

"滄浪의 물이 맑으면 내 갓끈을 씻고 창랑의 물이 흐리면 내 발을 씻으리라."

그는 마침내 떠나가서 다시는 더불어 말하지 못하였다.

譯註 1. 擧世皆濁我獨清 衆人皆醉我獨醒 : 一本에는 擧世가 '世人'으로, 皆濁이 '混濁'으로 되어 있으며, 我字 위에 각각 而字가 들어 있다.

上秦皇逐客書 李 斯

(秦始皇에게 客(外國人)을 축출함을 諫하여 올린 글)

迂齋云 此는 先秦古書也라 中間兩三節이 一反一覆하고 一起一伏하여 略加轉換數介字로되 而精神愈出하고 意思愈明하여 無限曲折變態하니 誰謂文章之妙不在虛字助詞乎아

○秦始皇十年에 宗室大臣이 議曰 諸侯人來仕者皆爲其主遊間耳니 宜一切逐之하소서하니 客卿楚人李斯亦在逐中이라 行且上此書어늘 乃召斯하여 復其官하고 除逐客之令하다 此篇은 反覆言客之有功於秦하니 援秦旣往之明効하여 以爲事實하되 而擧輕明重하여 卽珍寶服玩聲色之事以證之하니 文亦奇矣라 斯謂客何負於秦이나 然秦卒相斯어늘 斯乃附趙高하여 殺扶蘇하고 立胡亥하여 卒使秦喪天下하니 是秦無負於客而客眞有負於秦이 大矣라 且韓非亦客于秦耳라 秦王이 悅之未用이러니 斯乃譖之하여 以爲非終於爲韓計요 不爲秦也라하니 已以客逐이면 則以書爭之하고 非以客來면 則以讒殺之하니 斯眞傾險不忠之人哉인저 或曰 今選古文에 卽以此篇으로 次於楚辭하니 其文雖美나 如其人何오 曰 不可以其人廢其文也라 且以離騷壓卷하여 以忠臣爲萬世勸也

逐 : 쫓을 축 援 : 당길 원 玩 : 완미할 완 傾 : 기울 경 壓 : 누를 압

하고 以此書次之하여 以姦臣爲萬世戒也니 勸戒昭然이라 讀古文而首明此 豈無小補云이리오

迂齋가 말하였다. "이는 先秦의 옛 글이다. 중간의 두세 節은 한번은 뒤치고 한번은 되치며 한번은 높이고 한번은 낮추어, 대략 몇 글자를 바꾸어 놓았을 뿐인데도 精神이 더욱 새롭고 意思가 더욱 분명하며 무한한 曲折과 變態가 있으니, 文章의 妙가 虛字와 助詞에 있지 않다고 그 누가 말하겠는가?"

○秦始皇 10년에 宗室의 大臣들이 의논하기를 "제후국의 사람으로서 秦나라에 와서 벼슬하는 자들은 다 자기 나라의 군주를 위하여 遊說하며 이간질할 뿐이니, 마땅히 일체 축출하여야 합니다." 하였는데, 이때 客卿인 楚나라 사람 李斯도 또한 쫓겨나는 사람 속에 들어 있었다. 그는 길을 떠나면서 한편으로 이 글을 올렸는데, 始皇은 마침내 李斯를 불러 그의 관직을 복직시키고 客卿을 축출하는 명령을 철회하였다.

이 篇은 반복하여 客이 秦나라에 功이 있음을 말하였는데, 秦나라의 이미 지나간 분명한 효험을 援用하여 사실로 삼았는 바, 가벼운 것을 들어 중한 것을 밝혀 珍寶와 服玩·聲色의 일을 가지고 증명하였으니, 글이 또한 기이하다.

李斯는 "客이 어찌 秦나라를 저버렸습니까?" 하고 말하였다. 그러나 秦나라는 끝내 李斯를 정승으로 삼았는데, 李斯는 마침내 趙高에게 붙어 長子인 扶蘇를 죽이고 胡亥를 세워 끝내 秦나라로 하여금 천하를 잃게 하였으니, 이는 秦나라는 客을 저버림이 없었으나 客은 진실로 秦나라를 저버림이 큰 것이다. 또 韓非도 秦나라에 客이었는데, 秦王이 그를 좋아하였으나 아직 등용하지 않았는데, 李斯는 그를 참소하여 "韓非는 끝내 韓나라를 위해 계책을 세울 것이요 秦나라를 위하지 않을 것이다." 하였다. 자신이 客卿으로서 쫓겨나게 되면 글로써 간쟁을 하고, 韓非가 客으로 오면 참소하는 말로 죽였으니, 李斯는 참으로 기울고 험하며 不忠한 사람일 것이다.

혹자는 말하기를 "이제 古文을 뽑으면서 이 편을 '楚辭' 다음에 차례하였으니, 그 문장은 비록 아름다우나 사람이 악함에 어쩌겠는가?" 하기에 나는 다음과 같이 대답하였다. "그 사람이 악하다 하여 그 글까지 버려서는 안된다. 또 '離騷經'으로 壓卷(책머리에 있는 좋은 글)을 하여 忠臣으로써 만대의 勸勉을 삼고, 이 편을 다음에 놓아 姦臣으로써 만대의 경계를 삼았으니, 권면과 경계가 분명하다. 古文을 읽으면서 먼저 이것을 안다면 어찌 작은 도움이 없겠는가."

臣聞吏議逐客이라하니 竊以爲過矣라하노이다 昔者에 繆(穆)公은 求士하여 西取由余於戎하고 東得百里奚於宛하고 迎蹇叔於宋하고 來邳豹公孫支(枝)於晉하니 此五子者는 不產於秦이로되 而繆公用之하여 并國二十하여 遂霸西戎하니이다 孝公은 用商

竊 : 저으기 절　繆 : 화목할 목　宛 : 굽을 완　蹇 : 절룩거릴 건　邳 : 클 비　豹 : 표범 표
霸 : 으뜸갈 패

鞅之法하여 移風易俗하여 民以殷盛하고 國以富強하며 百姓樂用하고 諸侯親服하며 獲楚魏之師하고 擧地千里하여 至今治強하니이다 惠王은 用張儀之計하여 [1]拔三川之地하고 西并巴蜀하고 北收上郡하고 南取漢中하며 包九夷하고 制鄢郢하며 東據成皐之險하고 割膏腴之壤하여 [2]遂散六國之從하여 使之西面事秦하여 功施(이)到今하니이다 昭王은 得范雎하여 廢穰侯, 逐華陽하여 彊公室, 杜私門하며 蠶食諸侯하여 使秦成帝業하시니 此四君者는 皆以客之功하니 由此觀之컨대 客何負於秦哉잇가 向使四君이 却客而不内(納)하고 踈士而不用이런들 是는 使國無富利之實이요 而秦無彊大之名也리이다

臣은 듣자옵건대, 관리들이 客을 축출할 것을 의논한다 하오니, 저는 그것을 잘못이라고 여깁니다. 옛적에 繆公은 인재를 구하여 서쪽으로 由余를 戎에서 취하고, 동쪽으로 百里奚를 宛에서 얻었으며, 蹇叔을 宋에서 맞이하고, 邳豹와 公孫支를 晉에서 오게 하였으니, 이 다섯 사람은 秦나라에서 출생하지 않았으나 繆公이 이들을 등용하여 20개국을 兼并함으로써 마침내 西戎에서 霸者가 되었습니다.

孝公은 商鞅(公孫鞅)의 법을 써서 풍속을 변혁시켜 백성들이 그 때문에 번성하고 나라가 그 때문에 부강해졌으며, 백성들이 〈국가를 위해〉 쓰여지기를 좋아하고 諸侯들이 가까이 하고 복종하였습니다. 그리하여 楚·魏의 군사를 사로잡고 땅을 천 리나 점령하여 지금까지도 나라가 잘 다스려지고 강성합니다.

惠王은 張儀의 계책을 사용하여 三川의 땅을 점령하고 서쪽으로는 巴蜀의 땅을 겸병하였으며, 북쪽으로는 上郡을 거두어들이고, 남쪽으로는 漢中을 취하였으며, 九夷(수많은 夷族)를 포괄하고 鄢·郢을 제압하였으며, 동쪽으로는 成皐의 험한 지형을 점거하고 기름진 땅을 할양받아 마침내 6국의 從約을 해산시켜 그들로 하여금 서쪽을 향해 秦나라를 섬기게 하여 功이 지금까지 뻗어오고 있습니다.

昭王은 范雎를 얻어 穰侯(魏冉)를 廢하고 華陽(芊戎)을 축출하여 公室을 강하게 하고 私門을 막았으며 諸侯들을 蠶食하여 秦으로 하여금 皇帝의 基業을 이룩하게 하였습니다. 이 네 군주는 모두 객들의 功으로 성공하였으니, 이로써 본다면 객들이 秦나라에 무엇을 저버렸습니까. 그때에 가령 네 군주가 객을 물리치고 받아들이지 않으며 인재를 물리치고 쓰지 않았더라면 이는 국가로 하여금 부강해지고 이로워지는 실상이 없었을 것이요, 秦나라로 하여금 強大하다는 명성이 없게 하였을 것입니다.

譯註 1. 三川 : 현재 河南省 黃河 兩岸에 있었던 地名으로 黃河와 伊水·洛水 세 물이 있어 三川이라 칭하였다.

2. 六國 : 戰國時代 強大한 7개 제후국 중에서 秦을 제외한 나머지 6개 국으로 곧

殷 : 성할 은　鄢 : 땅이름 언　郢 : 초나라서울 영　腴 : 기름질 유　施 : 미칠 이

范 : 성 범　雎 : 흘겨볼 수　穰 : 풍년 양　向 : 지난번 향　却 : 물리칠 각

楚·燕·齊·韓·魏·趙를 가리킨다.

今陛下致昆山之玉하고 有隨和之寶하고 垂明月之珠하고 服太阿之劍하고 乘纖離之馬하고 建翠鳳之旗하고 樹靈鼉之鼓하시니 此數寶者는 秦不生一焉이어늘 而陛下說(悅)之는 何也잇고 必秦國之所生然後可인댄 則是는 夜光之璧이 不飾朝廷이요 犀象之器 不爲玩好요 鄭衛之女 不充後宮이요 而駿良駃騠가 不實外廐요 江南金錫이 不爲用이요 西蜀丹靑이 不爲采며 所以飾後宮, 充下陳하고 娛心意, 說耳目者가 必出於秦然後可인댄 則是는 宛珠之簪과 傅璣之珥와 阿縞之衣와 錦繡之飾이 不進於前이요 而隨俗雅化하여 佳冶窈窕趙女가 不立於側也리이다

지금 폐하께서 昆山(崐崙山)의 玉을 가져오시고 隨侯의 구슬과 和氏(卞和)의 보배를 소유하시며, 明月珠를 드리우고 太阿라는 칼을 차시며, 纖離라는 말을 타시고 翠鳳으로 만든 旗를 꽂으시며, 靈鼉의 북을 세워놓고 계십니다. 이 몇 가지 보물은 秦나라에서는 하나도 생산되지 않는데도 폐하께서 좋아하시는 것은 어째서입니까. 반드시 秦나라에서 생산된 것이어야 한다면 夜光珠가 조정에 꾸며지지 못할 것이요, 犀角과 象牙로 만든 器物이 玩好品이 되지 못할 것이며, 鄭·衛의 미녀들이 下陳(後列：侍妾)과 後宮에 채워지지 못할 것이요, 駿馬와 名馬들이 外廐에 채워지지 못할 것이며, 江南지방에서 나오는 金錫이 쓰여지지 못하고 西蜀에서 나오는 丹靑이 채색으로 쓰이지 못할 것입니다. 후궁을 꾸미고 下陳을 채워 마음과 뜻을 즐겁게 하고 耳目을 기쁘게 하는 것이 반드시 秦나라에서 나온 것이어야 한다면 宛땅에서 나는 구슬로 만든 비녀와 傅璣로 만든 귀고리와 阿땅에서 생산되는 흰비단으로 만든 옷과 수놓은 비단으로 만든 장식이 앞에 나오지 못할 것이며, 풍속을 따라 우아하게 변화하고 곱게 단장한 예쁜 趙지방의 미녀가 곁에 서있지 못할 것입니다.

夫擊甕叩缶하고 彈箏搏髀而歌呼嗚嗚하여 快耳目者는 眞秦之聲也요 [1]鄭衛桑間, 昭(韶)虞象武者는 異國之樂也니이다 今棄擊甕叩缶而就鄭衛하며 退彈箏而取昭虞하니 若是者는 何也오 快意當前하여 適觀而已矣니이다 今取人則不然하여 不問可否하며 不論曲直하고 非秦者去하며 爲客者逐하니 然則是所重者는 在乎色樂珠玉이요 而所輕者는 在乎人民也니 此非所以跨海內, 制諸侯之術也니이다

동이를 치고 질장구를 두드리며 箏을 타고 넓적다리를 치면서 嗚嗚를 불러서 이목을 쾌하게 하는 것은 참으로 秦나라의 음악이요, 鄭·衛의 桑間과 韶虞와 象武는 다른 나라의 음악입니다. 지금 동이를 치고 질장구를 두드리는 것을 버리고 鄭·衛의 음악으로 나아가며, 箏을 타는 것을 물리치고 韶虞를 취하니, 이와 같이 하는 것은 어째서

纖：고울 섬　鼉：악어 타　駃：준마 결　騠：준마 제　簪：비녀 잠　璣：구슬 기
珥：귀고리 이　縞：명주 호　窈：얌전할 요　甕：동이 옹　叩：두드릴 고

입니까? 뜻에 쾌하고 앞에 마땅하여 보기에 적합하게 할 뿐입니다.

그런데 이제 인재를 취하는 것은 그렇지 않아 可否를 묻지 않고 曲直을 논하지 않고, 秦나라 태생이 아닌 자는 제거하며 객이 된 자는 축출하니, 그렇다면 이 소중히 여기는 것은 色과 音樂과 珠玉에 있고, 가벼이 여기는 것은 人民에 있는 것이니, 이는 海內를 차지하고 제후를 제어할 수 있는 방법이 아닙니다.

譯註 1. 鄭衛桑間 昭虞象武：桑間은 衛나라의 地名인데 鄭·衛 두 나라는 풍속이 음란하여 음악 역시 男女間의 애정을 읊은 것이 많으며, 昭는 韶와 같은 바, 虞帝인 舜의 음악이고 象은 周武王의 음악인데 이 두 음악은 雅樂의 대표로 알려져 있다.

臣聞地廣者粟多하고 國大者人衆하고 兵強則士勇이라하니 是以로 泰山은 [1]不讓土壤이라 故로 能成其大하고 河海는 不擇細流라 故로 能就其深하고 王者는 不卻衆庶라 故로 能明其德이니이다 是以로 地無四方하고 民無異國하여 四時充美하고 鬼神降福하나니 [2]此五帝三王之所以無敵也니이다 今乃棄黔首以資敵國하고 卻賓客以業諸侯하여 使天下之士로 退而不敢西向하여 裹足不入秦하니 此所謂藉寇兵而齎盜糧者也니이다 夫物不産於秦이로되 可寶者多하고 士不産於秦이로되 願忠者衆이어늘 今逐客以資敵國하고 損民以益讐하여 內自虛而外樹怨於諸侯하니 求國無危라도 不可得也리이다

臣은 듣자옵건대, 땅이 넓으면 생산되는 곡식이 많고, 나라가 크면 인민이 많고, 병력이 강하면 군사가 용감하다 하였습니다. 그러므로 泰山은 작은 흙덩이도 사양하지 않기 때문에 그 큼을 이루고, 河海는 작은 물도 가리지 않기 때문에 그 깊음을 이루고, 王者는 백성들을 물리치지 않기 때문에 그 德을 밝힐 수 있는 것입니다. 이 때문에 〈사방이 모두 왕의 땅이므로〉 땅은 四方에 한계가 없고 〈온 천하가 왕의 나라이므로〉 백성들은 異國이 없어서 四時에 아름다운 물건을 채우고 귀신이 복을 내리는 것이니, 이것이 五帝와 三王이 천하에 대적할 자가 없었던 이유입니다. 그런데 이제 〈왕께서는〉 마침내 黔首(백성)를 버려 적국에 도와주고, 賓客을 물리쳐서 제후들에게 功業을 이루게 하여, 천하의 선비들로 하여금 뒤로 물러나 감히 서쪽을 향하지 못하여 발을 싸매고 秦나라로 들어오지 못하게 하시니, 이는 이른바 적에게 병기를 빌려주고 도적에게 양식을 갖다준다는 것입니다.

물건이 秦나라에서 생산되지 않으나 보물로 여길 만한 것이 많고, 선비가 秦나라에서 태어나지 않았으나 충성하기를 원하는 자가 많습니다. 그런데 이제 객을 축출하여 적국에 도와주고 백성을 버려 원수의 나라에 보태주어, 안으로는 스스로 비게 하고 밖

缶：질장구 부　箏：피리 쟁　搏：칠 박　髀：넓적다리 비　韶：풍류이름 소
粟：곡식 속　黔：검을 검　卻：물리칠 각　裹：쌀 과　藉：빌릴 자　齎：보낼 재

으로는 제후들에게 원망을 심으니, 나라가 위태로움이 없기를 바라나 될 수 없을 것입니다.

譯註 1. 不讓土壤 : 臺本인 「詳說古文眞寶」에는 '不辭土壤'으로 되어 있으나 他本이 대부분 이렇게 되어 있으므로 고쳤음을 밝혀둔다.
2. 五帝三王 : 五帝는 少昊·顓頊·帝嚳·帝堯·帝舜의 다섯 임금을 가리키는 바, 少昊 대신 黃帝를 넣기도 하며, 三王은 夏의 禹王, 商의 湯王, 周의 文王·武王을 가리킨다.

秋 風 辭 漢武帝(劉徹)

休齋云 詩變而爲騷하고 騷變而爲辭하니 皆可歌也라 辭則兼詩騷之聲而尤簡邃焉者라 漢武帝因祠后土於汾陰하고 作秋風辭一章하니 凡三易韻하여 其節短하고 其聲哀하니 此辭之權輿乎인저

休齋(陳知柔)가 말하였다. "詩(詩經)가 변하여 離騷가 되고 離騷가 변하여 辭가 되었으니, 이들은 모두 노래로 부를 수 있다. 辭는 詩와 離騷의 소리를 겸하였는데 더욱 간결하고 깊다."

漢武帝는 汾陰에서 后土에게 제사하고 秋風辭 한 章을 지었는데, 무릇 세 번 韻을 바꾸어 節(리듬)이 짧고 소리가 애처로우니, 이는 辭의 權輿(시초)이다."

上이 行幸河東하여 祠后土러니 顧視帝京하고 欣然하여 中流에 與群臣飮燕할새 上歡甚하여 乃自作秋風辭하니

上(황제)이 河東에 행차하여 后土에 제사하였는데, 帝京(서울)을 돌아보고는 흔쾌하여, 中流에 배를 띄워놓고 여러 신하들과 술을 마시고 잔치하였다. 이때 上은 몹시 기뻐서 마침내 스스로 秋風辭를 지으니, 그 내용은 다음과 같다.

曰 秋風起兮白雲飛하니 草木黃落兮雁南歸로다 蘭有秀兮菊有芳하니 懷佳人兮不能忘이로다 泛樓船兮濟汾河하니 橫中流兮揚素波로다 簫鼓鳴兮發棹歌하니 歡樂極兮哀情多로다 少壯幾時兮奈老何오

秋風이 일고 白雲이 나니, 草木은 누렇게 시들어 떨어지고 기러기는 남쪽으로 돌아가도다.

邃 : 깊을 수 祠 : 제사 사 汾 : 물이름 분 輿 : 車箱 여 幸 : 거동 행 欣 : 기쁠 흔
燕 : 잔치 연 泛 : 뜰 범 樓 : 다락 루 簫 : 퉁소 소 棹 : 노 도

난초는 빼어나고 국화는 향기로우니, 아름다운 분을 그리워함이여! 잊을 수 없도다.

樓船(누대가 있는 큰 배)을 띄워 汾河를 건너가니, 中流를 가로지르며 흰 물결 날리도다.

퉁소소리와 북소리 울리고 뱃노래 부르니, 환락이 지극함에 슬픈 마음 많도다.

젊을 때가 얼마나 되는가? 늙음을 어이하리.

過秦論 賈誼

(秦나라의 잘못을 논함)

全篇皆陳靜觀批라

○此篇은 論秦能取天下在據關中하고 失天下在恃關中하니 此是一篇大意라 文如百萬之軍이 鼓譟赴敵에 而行陣部曲整然하니 前日據關中엔 便有取天下之勢러니 後來恃關中하여 乃不思守天下之道하니라

全篇은 모두 陳靜觀의 비평이다.

○이 篇은 秦나라가 천하를 취한 것은 關中을 점거함에 있었고 천하를 잃은 것은 關中을 믿음에 있음을 논하였으니, 이는 이 한 篇의 大意이다. 文章이 마치 백만 군대가 북을 치고 함성을 지르며 적에게 달려드는데 行陣과 部曲(隊伍)이 질서정연한 것과 같다. 지난날 關中을 점거하였을 때는 곧 천하를 취할 형세가 있었는데, 후래에는 關中을 믿고서 마침내 천하를 지킬 道를 생각하지 않았다.

秦孝公이 據殽函之固하고 擁雍州之地하여 君臣固守而窺周室하여 有席卷(捲)天下, 包擧宇内, 囊括四海, 并呑八荒之心이라 當是時也하여 商君佐之하여 内立法度하여 務耕織하고 修守戰之備하며 外連衡(橫)而鬪諸侯라 於是에 秦人拱手而取西河之外러니 孝公旣沒에 惠文武昭襄이 蒙故業, 因遺策하여 南取漢中하고 西擧巴蜀하고 東割膏腴之地하고 北收要害之郡하니 諸侯恐懼하여 會盟而謀弱秦하여 不愛珍器重寶肥饒之地하고 以致天下之士하여 合從締交하여 相與爲一이라

秦나라 孝公은 殽·函(殽山과 函谷關)의 험고한 요새를 점거하고 雍州의 땅을 차지하여 君臣이 굳게 지키면서 周나라 왕실을 엿보아 天下를 席捲하고 宇宙 안을 온통 차지하며 四海를 주머니속에 넣고 八荒(八方)을 并呑하려는 마음을 가지고 있었다. 이 때를 당하여 商君(商鞅：公孫鞅)이 보좌하여 안으로 법도를 세워 밭갈이와 길쌈을

批：비평할 비 譟：시끄러울 조 殽：안주 효 函：상자 함 擁：낄 옹 捲：말 권
囊：주머니 낭 括：묶을 괄 荒：멀 황 巴：땅이름 파 饒：비옥할 요 締：맺을 체

힘쓰고 수비와 전투의 대비를 닦으며, 밖으로는 連衡하여 諸侯들끼리 싸우게 하였다. 이에 秦나라 사람들은 팔짱을 끼고서 西河 밖의 땅을 취하였다.

孝公이 별세한 다음 惠文王·武王·昭襄王은 선대의 기업을 힘입고 물려받은 계책을 이용하여 남쪽으로 漢中을 취하고 서쪽으로 巴蜀을 점령하였으며 동쪽으로 기름진 땅을 할양받고 북쪽으로 요충지의 고을을 거둬들이니, 諸侯들이 두려워하고 會盟하여 秦나라를 弱化시킬 것을 도모하였다. 그리하여 진귀한 기물과 소중한 보배와 비옥한 땅을 아끼지 않고 천하의 선비들을 招致하여 合從을 체결하여 서로 더불어 하나가 되었다.

當此之時하여 齊有孟嘗하고 趙有平原하고 楚有春申하고 魏有信陵하니 此四君者는 皆明智而忠信하고 寬厚而愛人하며 尊賢重士하여 約從(縱)離衡하여 兼韓魏燕趙〈齊楚〉宋衛中山之衆이라 於是에 六國之士에 有甯越, 徐尙, 蘇秦, 杜赫之屬이 爲之謀하고 齊明, 周最, 陳軫, 召(昭)滑, 樓緩, 翟景, 蘇厲, 樂毅之徒가 通其意하고 吳起, 孫臏, 帶佗, 兒(倪)良, 王廖, 田忌, 廉頗, 趙奢之朋이 制其兵이라 嘗以什倍之地와 百萬之(軍)〔衆〕으로 仰關而攻秦호되 秦人이 開關延敵이어든 九國之師 逎逃而不敢進하니 秦無亡矢遺鏃之費요 而天下諸侯已困矣라 於是에 從散約敗하여 爭割地而賂秦하니 秦有餘力而制其弊하여 追亡逐北(배)하여 伏尸百萬하고 流血漂鹵(櫓)하여 因利乘便하여 宰制天下하여 分裂河山하니 彊國은 請伏하고 弱國은 入朝라

이 때를 당하여 齊나라에는 孟嘗君(田文)이 있었고, 趙나라에는 平原君(趙勝)이 있었고, 楚나라에는 春申君(黃歇)이 있었고, 魏나라에는 信陵君(魏無忌)이 있었으니, 이 네 君들은 모두 밝고 지혜로우며 충성스럽고 성실하며 관후하고 사람을 사랑하며 賢人을 높이고 선비들을 중히 여겨 合縱을 약속하고 連衡을 와해시켜 韓·魏·燕·趙·齊·楚·宋·衛·中山의 병력을 합쳤다.

이에 六國의 선비 중에 甯越·徐尙·蘇秦·杜赫 등이 계책을 세우고, 齊明·周最·陳軫·召滑·樓緩·翟景·蘇厲·樂毅의 무리가 그 뜻을 통하고, 吳起·孫臏·帶佗·兒良·王廖·田忌·廉頗·趙奢의 무리가 그 군대를 통제하였다. 일찍이 10배나 되는 땅과 백만의 대군으로 函谷關을 올려다보고 秦나라를 공격하였으나 秦나라 사람들이 관문을 열고 적을 맞아 싸우면 9개국의 군사가 도망하고 감히 전진하지 못하니, 秦나라는 화살을 잃고 화살촉을 유실하는 낭비가 없고 천하의 제후들은 이미 곤궁해졌다.

이에 合從이 와해되고 약속이 무너져 다투어 땅을 떼어 秦나라에게 뇌물을 바치니,

軫 : 수레뒤턱나무 진　滑 : 미끄러울 활　翟 : 성 책　毅 : 굳셀 의　臏 : 정강이뼈 빈
佗 : 다를 타　兒 : 성 예　廖 : 사람이름 료　鏃 : 살촉 촉　北 : 달아날 배　鹵 : 방패 로

秦나라는 여력이 있어 그 피폐함을 제압하여 도망하는 제후국의 군대를 추격하고 패배하는 제후국의 군대를 추격하여, 엎어진 시체가 백만이나 되고 피가 흘러 방패를 표류시켜 편리함을 타고서 천하를 요리하여 山河를 이리저리 찢어 나누니, 〈제후국 중에〉 강한 나라는 복종하기를 청하고 약한 나라는 들어와 朝會하였다.

施(이)及孝文王, 莊襄王하여는 享國日淺하고 國家亡(무)事러니 及至始皇하여 奮六世之餘烈하여 振長策而馭宇内하여 呑二周而亡諸侯하고 履至尊而制六合하여 執敲扑以鞭笞天下하니 威振四海라 南取百粤(越)之地하여 以爲桂林象郡하니 百粤之君이 俛首係頸하여 委命下吏라 迺使蒙恬으로 北築長城而守藩籬하여 却匈奴七百餘里하니 胡人이 不敢南下而牧馬하며 士不敢彎弓而報怨이라 於是에 廢先王之道하고 焚百家之言하여 以愚黔首하며 隳(隳)名城, 殺豪俊하고 收天下之兵하여 聚之咸陽하여 銷鋒鍉하여 鑄以爲金人十二하여 以弱天下之民하고 然後에 踐華爲城하고 因河爲池하여 據億丈之城하고 臨不測之(淵)〔谿〕하여 以爲固하며 良將勁弩 守要害之處하고 信臣精卒이 陳利兵而誰何하니 天下已定이라 始皇之心이 自以爲關中之固는 金城千里니 子孫帝王萬世之業也러니라

孝文王과 莊襄王에 미쳐서는 나라를 누린 날짜가 짧고 국가에 아무 일이 없었다. 그러다가 始皇帝에 미쳐서는 六代가 남긴 功烈을 떨쳐 긴 채찍을 휘둘러 우주 안을 제어하여 二周(東周·西周)를 병呑하고 제후들을 멸망시키며 至尊의 자리에 올라 六合(온천하)을 제어하여 채찍을 잡고서 천하를 종아리치고 볼기치니, 위엄이 四海에 떨쳐졌다. 남쪽으로는 百越의 땅을 취하여 桂林郡과 象郡을 만드니, 百越의 군주들이 머리를 숙이고 목에 끈을 매고서 낮은 관리에게 목숨을 맡겼다. 이에 蒙恬으로 하여금 북쪽으로 萬里長城을 쌓아 국경을 지키게 하여 匈奴를 7백여 리나 퇴각시키니, 오랑캐들이 감히 남쪽으로 내려와 말을 먹이지 못하였고, 오랑캐 군사들은 감히 활을 당겨 원수를 갚지 못하였다.

이에 선왕의 법도를 폐하고 百家의 글을 불태워 백성들을 어리석게 만들며, 유명한 城을 허물고 豪傑들을 죽이며 천하의 병기를 거두어다가 咸陽에 모아 칼날을 녹여서 金人 12개를 주조하여 천하의 백성을 약하게 만들었다. 그런 뒤에 華山을 밟아 城을 만들고 河水를 따라 못을 만들어 억 길의 높은 성을 점거하고 헤아릴 수 없는 깊은 계곡에 임하여 이로써 견고함을 삼으며, 훌륭한 장수와 강한 쇠뇌로 要害處를 지키고 신임하는 신하와 精銳兵들이 예리한 병기를 들고 誰何(통행인을 검문)하였다. 천하가 이미 평정되자, 始皇은 마음속에 스스로 생각하기를 關中의 견고함은 金城(철옹성) 千里이니 자손들이 제왕의 지위를 만세토록 누릴 수 있는 基業이라고 여겼다.

馭 : 제어할 어　敲 : 매 고　扑 : 칠 복　鞭 : 채찍 편　俛 : 숙일 면　迺 : 이에 내
彎 : 당길 만　隳 : 무너질 휴　銷 : 녹일 소　鍉 : 살촉 적　勁 : 굳셀 경　弩 : 쇠뇌 노

始皇既沒에 餘威震于殊俗이라 然而陳涉은 甕牖繩樞之子요 甿隷之人而遷徙之徒也라 材能不及中庸이요 非有仲尼墨翟之賢과 陶朱猗頓之富로되 躡足行伍之間하고 [1]俛起阡陌之中하여 率疲散之卒하고 將數百之衆하여 轉而攻秦할새 斬木爲兵하고 揭竿爲旗하니 天下雲會而響應하고 贏粮而景(影)從하여 山東豪傑이 遂並起而亡秦族矣라

始皇이 별세한 뒤에도 남은 위엄이 풍속이 다른 오랑캐에게 떨쳤다. 그러나 陳涉(陳勝)은 깨진 옹기로 창문을 내고 노끈으로 문지도리를 만든 가난한 집안의 자식이요, 남의 집 종살이하는 천한 사람으로 이리저리 옮겨다니는 무리였다. 그의 재능은 中庸(中等)에 미치지 못하였고 仲尼와 墨翟의 어짊과 陶朱公(范蠡)이나 猗頓의 부유한 재산도 없었으나 行伍(兵卒)의 사이에서 출발하고 阡陌(밭두둑)의 가운데에서 俛起하여 피폐하고 흩어진 군사들을 이끌고 수백 명의 무리를 거느리고서 전전하며 秦나라를 공격할 적에 나무를 베어 병기를 만들고 대나무를 들어 깃발을 삼으니, 천하가 구름처럼 모여들고 메아리처럼 호응하여, 양식을 싸 짊어지고 그림자처럼 따라 山東지방의 호걸들이 마침내 모두 일어나 秦나라 一族을 멸망시켰다.

譯註 1. 俛起 : 몸을 숙이기도 하고 일으키기도 하는 것으로 사람이 그 사이에 생활함을 뜻한다.

且〈夫〉天下非小弱也요 雍州之地와 崤函之固 自若也며 陳涉之位不尊於齊楚燕趙韓魏宋衛中山之君이요 鉏耰棘矜이 不敵於鉤戟長鎩이요 適(謫)戍之衆이 不亢(抗)於九國之師요 深謀遠慮, 行軍用兵之道 非及曩時之士也언마는 然而成敗異變하고 功業相反은 何也오 試使山東之國이 與陳涉으로 度(탁)長絜大하고 比權量力이면 則不可同年而語矣라 然이나 秦以區區之地로 致萬乘之權하여 [1]招(교)八州而朝同列이 百有餘年矣라 然後에 以六合爲家하고 崤函爲宮이러니 一夫作難에 [2]而七廟墮(隳)하고 身死人手하여 爲天下笑者는 何也오 仁誼(義)不施하고 而攻守之勢異也일새니라

또 秦나라의 천하가 작아지고 약해진 것이 아니요, 雍州 땅과 殽·函의 견고함이 옛 그대로였으며, 陳涉의 지위가 齊·楚·燕·趙·韓·魏·宋·衛·中山의 군주보다 높지 못하였고, 호미와 괭이, 나무자루로 만든 창이 갈고리창과 긴창을 대적할 수가 없었고, 귀양가서 수자리 살던 무리들이 9국의 군대를 대항할 수 없었으며, 깊은 계책과 원대한 생각과 행군하고 用兵하는 방법이 그 당시의 인재에 미치지 못하였건만 그런데도 성패에 이변이 생기고 功業이 상반됨은 어째서인가? 가령 山東의 나라들이

甕 : 항아리 옹　牖 : 들창 유　甿 : 백성 맹　猗 : 어조사 의　躡 : 밟을 섭　阡 : 밭두둑 천
陌 : 밭두둑 맥　竿 : 장대 간　贏 : 쌀 영　崤 : 산이름 효　鉏 : 호미 서　耰 : 괭이 우

陳涉과 함께 長短을 헤아리고 大小를 재며 권세를 견주고 힘을 헤아린다면 同年으로 말할 수 없을 것이다.

그러나 秦나라는 구구한 雍州 땅을 가지고 萬乘의 권세를 이룩하여 8州를 점령하고 同列들에게 조회받은 지가 백여 년이나 되었다. 그런 뒤에 六合을 집으로 삼고 殽·函을 宮闕로 삼았는데, 한 匹夫가 난을 일으킴에 七廟가 무너지고 몸이 남의 손에 죽어서 천하의 웃음거리가 된 것은 어째서인가? 仁義를 베풀지 않아서였고, 공격과 수비의 형세가 다르기 때문이었다.

譯註 1. 招八州而朝同列：八州는 中國은 옛날 雍州·兗州·冀州·靑州·徐州·豫州·幽州·揚州·荊州의 九州로 되어 있었는 바, 이중에 秦나라의 雍州 지역을 제외한 나머지 州를 가리킨 것이며, 同列은 당시 六國이 秦나라와 함께 모두 제후국이었으므로 말한 것이다.
2. 七廟：옛날 天子는 三昭·三穆에 始祖의 사당을 합하여 모두 7개의 사당을 모셨으므로, 天子의 宗廟를 가리킨 것이다.

弔屈原賦 賈誼

(屈原을 弔慰한 賦)

迂齋云 誼謫長沙하여 不得意일새 投書弔屈原而因以自諭라 然譏議時人이 太分明하니 其才甚高하고 其志甚大나 而量亦狹矣라

○誼弔屈原而惜其不早去하니 善矣라 然已之傅長沙傅梁은 可以遠讒毁而安之以俟矣어늘 未幾에 自傷以死하니 曷不以其所以惜屈原者로 自廣哉아 然誼之文은 當爲西漢第一이니라

迂齋가 말하였다. "賈誼가 長沙(長沙王太傅)로 좌천되어 뜻을 얻지 못하자, 〈汨羅水에〉 글을 던져 屈原을 조문하고 인하여 자신을 비유하였다. 그러나 당시 사람들을 기롱하고 비평함이 너무 분명하니, 그는 재주가 심히 높고 뜻이 심히 컸으나 국량은 또한 좁았다."

○賈誼는 屈原을 조문하면서 일찍 떠나가지 않았음을 애석히 여겼으니, 매우 좋다. 그러나 자신이 長沙王의 스승이 되고 梁王의 스승이 되었으면 〈조정의〉 참소와 비방을 멀리할 수 있으니, 편안히 여기고 기다렸어야 할 터인데 얼마 안있다가 스스로 서글퍼하여 그만 죽고 말았다. 어찌 그 스스로 屈原을 애석히 여긴 것으로써 스스로 마음을 넓히지 않았는가? 그러나 賈誼의 문장은 마땅히 西漢의 제일일 것이다.

棘：창 극 矜：자루 긍 鉤：칼 구 戟：창 극 鎩：창 쇄(살) 囊：지난번 낭
絜：잴 혈 招：들 교 謫：귀양갈 적

恭承嘉惠兮여 [1]竢罪長沙러니 仄(側)聞屈原兮여 自湛汨羅로다 造托湘流兮여 敬弔先生이라 遭世罔極兮여 迺殞厥身하니 烏虖(嗚呼)哀哉兮여 逢時不祥이로다 鸞鳳伏竄兮여 鴟鴞翱翔이요 闒茸尊顯兮여 讒諛得志하며 賢聖逆曳兮여 方正倒植(치)로다 謂隨夷溷兮여 [2]謂跖蹻廉이요 莫邪(야)爲鈍兮여 鉛刀爲銛이로다 于嗟默默生之亡(無)故兮여 斡(간)棄周鼎하고 寶康瓠兮로다 騰駕罷牛하고 驂蹇驢兮여 驥垂兩耳하고 服鹽車兮로다 章甫薦屨하니 漸不可久兮로다 嗟苦先生이여 獨離此咎兮로다

아름다운 은혜 공손히 받들어 長沙에 죄를 기다리고 있었는데, 전해 듣건대 屈原이 스스로 汨羅水에 빠져죽었다 하였다. 나아가 흐르는 소상강에 의탁하여 공경히 先生을 조문하노라. 罔極한 세상을 만나 마침내 그 몸을 잃었으니, 아! 애처로워라 상서롭지 못한 시대 만났도다. 난새와 봉황새는 몸을 숨기고 올빼미는 활개를 치며, 못난 자들이 존귀해지고 아첨하는 자들이 뜻을 얻으며, 聖賢이 거꾸로 끌려다니고 方正한 자가 倒置되었도다. 卞隨와 伯夷를 混濁하다 이르며, 盜跖과 莊蹻를 청렴하다 이르도다. 名劍인 莫邪를 무디다 하고 납칼을 날카롭다 하도다. 아! 뜻을 얻지 못하고 선생이 무고히 화를 당함이여! 周나라의 寶鼎을 굴려 버리고 康瓠를 보배로 삼도다. 파리한 소를 멍에하여 타고 절름거리는 나귀를 驂馬로 삼으니, 驥馬는 두 귀를 늘어뜨리고 소금 수레를 끌도다. 章甫冠을 신에 깔았으니, 이 나쁜 세상 오래 있지 못하리로다. 아! 先生이여. 홀로 이 허물에 걸렸도다.

譯註 1. 竢罪長沙 : 竢罪는 待罪와 같은 말로 자신이 어느 官職에 奉職함을 겸칭하는 말인데, 이때 賈誼가 長沙王太傅로 있었기 때문에 이렇게 말한 것이다.

2. 隨夷…跖蹻 : 隨는 卞隨로 湯王이 천하를 물려주려 하였으나 받지 않은 인물이고 夷은 伯夷이며, 跖은 盜跖으로 魯나라의 명재상인 柳下惠의 아우이고 莊蹻는 楚나라의 大盜이다.

誶曰 已矣라 國其莫吾知兮여 子獨壹鬱其誰語오 鳳縹縹其高逝兮여 夫固自引而遠去며 [1]襲九淵之神龍兮여 沕淵潛以自珍이라 偭蟂獺以隱處兮여 夫豈從蝦與蛭螾이리오 所貴聖之神德兮여 遠濁世而自臧이라 使麒麟可係而羈兮인댄 豈云異夫犬羊가 般紛紛其離此郵(尤)兮여 亦夫子之故也로다 歷九州而相其君兮여 何必懷此都也오 鳳凰翔于千仞兮여 覽德輝而下之로다 見細德之險微兮여 遙增擊而去之로

仄 : 기울 측　湛 : 빠질 침　殞 : 죽을 운　鴟 : 올빼미 치　鴞 : 올빼미 효　闒 : 용렬할 탑
茸 : 용렬할 용　植 : 세울 치　跖 : 사람이름 척　蹻 : 이름 교　銛 : 날카로울 섬
斡 : 굴릴 간　瓠 : 박 호　罷 : 고달플 피　驢 : 나귀 려　誶 : 고할 쇄　縹 : 휘날릴 표
沕 : 아득할 물　偭 : 등질 면　蟂 : 교달벌레 교　獺 : 수달 달　蛭 : 거머리 질
螾 : 지렁이 인　羈 : 굴레 기

다 [2]彼尋常之汙瀆兮여 豈容呑舟之魚리오 橫江湖之鱣鯨兮여 固將制於螻蟻로다

다음과 같이 결론지어 말한다.

어쩔 수 없다. 나라에 나를 알아주는 이가 없음이여! 내 홀로 답답하니 그 누구에게 말할까. 봉황새가 훨훨 높이 날아감이여! 진실로 스스로 몸을 이끌어 멀리 떠나가도다. 九淵에 깊이 숨어있는 神龍이여! 못 속에 잠겨 스스로 珍重히 하도다. 교달과 수달을 피해 숨어 삶이여! 어찌 새우와 거머리와 지렁이를 따르리오.

聖人의 神德을 귀중히 여김은 濁世를 멀리하여 스스로 선하게 해서이니, 가령 麒麟을 옭아매어 묶어놓을진댄 어찌 犬羊과 다르겠는가. 紛紛히 이런 허물에 걸림이여! 또한 夫子의 탓이로다. 九州를 지나 그 군주를 살펴볼 것이니, 하필 이 도읍을 그리워하겠는가? 봉황이 천 길 높이 날음이여! 德이 빛나는 곳을 보아 내려앉도다. 細德(不德)의 험하고 미미함을 보고는 멀리 나래를 쳐 떠나도다. 저 심상한 도랑이야 어찌 배를 삼킬만한 고기를 용납하겠는가. 江湖를 가로지르는 鱣魚와 고래도 진실로 장차 땅강아지와 개미에게 제재를 당하리로다.

譯註 1. 襲九淵之神龍 : 襲은 重襲으로 겹겹이 싸여 있음을 뜻하며 九淵은 물이 아홉번 도는 깊은 못인 바, 九는 매우 많음을 의미한다. 神龍은 변화가 무궁무진한 神妙한 龍을 가리킨다.

2. 尋常 : 尋은 8尺이며 常은 이의 곱절인 16尺인바, 길이가 그리 길지 않으므로 별로 대단치 않은 물건이나 일을 가리킨다.

聖主得賢臣頌 王 褒(子淵)

(聖君이 賢臣을 얻어야 함을 칭송한 글)

此篇起句有策體라 盖前漢王褒는 字子淵이니 本蜀人이라 爲漢宣帝徵召하여 詔爲此頌하니 起四句는 設譬自叙요 第一節은 且謙辭叙應詔之意요 第二節은 勉宣帝審己正統이요 第三節은 方論賢者國家之器用이요 第四節은 論聖主得賢臣之功이요 第五節은 論人臣之遭遇요 第六節은 總論臣主相得之美라 時에 上頗好神仙이라 故로 末段에 不取彭祖喬松之事하니라

이 편 起頭의 句는 策文의 體裁가 있다. 前漢 王褒의 字는 子淵인데 본래 蜀지방 사람으로 漢宣帝의 부름을 받고 詔命에 따라 이 頌을 지었다. 起頭의 네 句는 비유를 하여 자신을 서술하였고, 제1절은 또 謙辭로 詔命에 응한 뜻을 서술하였으며, 제2절은 宣帝에게 몸을 살피고 統率(통치)을 바로잡을 것을 권면하였고, 제3절은 바야흐로 賢者는 국가의 器用임을 논하였고, 제4절은 聖主가 賢臣을 얻은 功(효

汙 : 웅덩이 오 鱣 : 전어 전 鯨 : 고래 경 螻 : 땅강아지 루 蟻 : 개미 의

험)을 논하였고, 제5절은 人臣의 遭遇를 논하였고, 제6절은 신하와 군주가 서로 만난 아름다움을 총론하였다. 이때 主上이 자못 神仙術을 좋아하였으므로 말단에 神仙인 彭祖와 王子喬·赤松子의 일을 취하지 않은 것이다.

夫荷旃被毳者는 難與道純綿之麗密이요 羹藜含糗者는 [1]不足與論太牢之滋味라 今臣이 僻在西蜀하여 生於窮巷之中하고 長於蓬茨之下하여 無有游觀廣覽之知(智)하고 顧有至愚極陋之累하오니 不足以塞(색)厚望應明旨로이다 雖然이나 敢不略陳其愚心하여 而抒情素리잇가

거친 모포를 걸치고 털옷을 입는 자와는 함께 비단과 솜의 곱고 치밀함을 말하기 어렵고, 콩잎국을 먹고 미숫가루를 먹는 자와는 함께 太牢의 滋味를 논할 수 없습니다. 이제 臣은 窮僻하게 西蜀에 있어 궁한 마을 가운데에서 태어나고 쑥대 지붕 밑에서 자라나, 세상을 두루 돌아다녀 구경하거나 책을 널리 읽어 얻은 지혜가 없사옵고, 도리어 지극히 어리석고 지극히 비루한 累만 있사오니, 폐하의 두터운 기대를 채우고 밝은 뜻에 부응하기에 부족합니다. 그러나 감히 어리석은 마음을 대략 아뢰어 평소에 먹었던 마음을 펴지 않을 수 있겠습니까.

譯註 1. 太牢 : 소와 양·돼지의 희생으로 가장 성대한 祭品인데, 여기서는 특히 소를 가리킨 것이다.

記曰 恭惟春秋法에 [1]五始之要는 在乎審己正統而已라 夫賢者는 國家之器用也니 所任賢則趨舍(捨)省(생)而功施普하고 器用利則用力少而就效衆이라 故로 工人之用鈍器也엔 勞筋苦骨하여 終日矻矻이라가 及至巧冶鑄干將之樸하여 淸水淬其鋒하고 越砥斂其鍔하여는 水斷蛟龍하고 陸剸犀革하여 忽若篲泛塵塗하나니 [2]如此則使離婁督繩하고 公輸削墨이면 雖崇臺五層이 延袤百丈이라도 而不溷者는 工用相得也일새라 庸人之御駑馬엔 亦傷吻敝策而不進於行하여 胸喘膚汗하여 人極馬倦이라가 及至駕齧膝, [3]參(驂)乘旦하여 王良執靶하고 韓哀附輿하여는 縱騁馳騖를 忽如景(影)靡하고 過都越國을 蹶如歷塊하여 追奔電하고 逐遺風하여 周流八極하여 萬里一息하나니 何其遼哉오 人馬相得也일새라 故로 服絺綌之涼者는 不苦盛暑之鬱燠하고 襲狐貉之暖者는 不憂至寒之淒愴하나니 何則고 有其具者는 易其備일새라

다음과 같이 기록합니다.

旃 : 모직물 전 毳 : 모직물 취 藜 : 명아주 려 糗 : 마른밥 후 蓬 : 쑥 봉 茨 : 띠 자
矻 : 힘써일할 굴 淬 : 담글 쉬 鍔 : 칼날 악 剸 : 끊을 단 篲 : 비 수 袤 : 길이 무
吻 : 입술 문 齧 : 깨물 설 靶 : 고삐 파 騖 : 달릴 무 蹶 : 달릴 궐 絺 : 고운갈포 치
綌 : 굵은갈포 격 燠 : 따뜻할 욱 貉 : 담비 학

공손히 생각하옵건대, 「春秋」의 法에 五始라는 것이 있으니, 五始의 요점은 자기 몸을 살피고 統率을 바로잡음에 있습니다. 賢者는 국가의 器用이니, 등용한 사람이 어질면 趨捨(인재의 취사선택)가 생략되면서도 功의 베풀어짐이 넓어지고, 연장이 날카로우면 힘씀이 적으면서도 이루어진 효과가 많습니다. 그러므로 工人들이 무딘 연장을 쓸 때에는 筋骨을 수고롭게 하여 종일토록 애를 쓰다가 솜씨 좋은 대장장이가 名劍인 干將의 원형을 주조하여 맑은 물로 칼날을 담금질하고 越나라의 숫돌로 그 칼날을 거두게 되면 水中에서는 蛟龍을 베고 육지에서는 무소가죽을 자를 수 있어 마치 빗자루로 먼지나는 길을 쓰는 것과 같이 합니다. 이와 같을 경우 離婁로 하여금 먹줄을 감독하게 하고 公輸子로 하여금 먹줄에 따라 나무를 깎게 하면 비록 높은 누대가 5층이 되고 너비와 길이가 백 길에 뻗쳐 있더라도 規矩가 어지럽지 않으니, 이는 목수와 연장이 서로 맞기 때문입니다.

용렬한 사람이 노둔한 말을 부릴 때에는 또한 말의 입술을 부르트게 하고 채찍을 헤지도록 하여도 앞으로 나아가지 못하여 가슴이 헐떡거리고 살에는 땀이 흘러 사람도 피로가 극에 달하고 말도 지치다가 名馬인 齧膝을 멍에하고 乘旦을 驂馬로 삼고는 〈이름난 마부인〉 王良이 고삐를 잡고 韓哀(韓나라 哀侯)가 수레에 붙어 있으면 마음대로 달려 빠르기가 마치 그림자가 지나가는 것과 같으며 도읍을 지나고 서울을 지나감에 빠름이 흙덩이를 지나가는 것과 같아서 달리는 번개를 쫓고 스쳐가는 바람을 쫓아 八極(八方의 끝)을 주류하여 萬里를 순식간에 갈 수 있으니, 어찌면 그리도 멀리 갈 수 있는가? 사람과 말이 서로 만났기 때문입니다.

그러므로 시원한 갈포옷을 입은 자는 여름의 찌는 듯한 무더위를 괴로워하지 않고, 여우와 담비의 따뜻한 갖옷을 껴입은 자는 한겨울의 추위를 근심하지 않습니다. 어째서인가? 그 도구가 있는 자는 대비하기가 쉽기 때문입니다.

譯註 1. 五始 : 다섯 가지의 시작. 「春秋經」에 '元年春王正月公卽位'라고 보이는데, 元은 氣의 시초이고 春은 四時의 시초이며, 王은 天命을 받는 시초이고 正月은 명령을 바루는 시초이며 公卽位는 一國 國統의 시작이라 하여 붙인 이름이다.

2. 離婁督繩 公輸削墨 : 離婁는 옛날 눈이 밝은 사람이라 하며 公輸는 이름이 般으로 춘추시대 솜씨가 뛰어난 匠人이다.

3. 驂乘旦 : 乘旦은 名馬의 이름이며, 驂은 곁말로 옛날 수레 하나에 4필의 말을 멍에하였는 바, 가운데에 있는 두 말을 服馬라 하고 양쪽가에 있는 말을 驂馬라 하였다.

賢人君子는 亦聖王之所以易海內라 是以로 嘔喩受之하여 開寬裕之路하여 以延天下之英俊하나니 夫竭智附賢者는 必建仁策하고 索遠求士者는 必樹伯(霸)迹이라 昔周公이 [1]躬吐握之勞라 故로 有圄空之隆하고 齊桓이 [2]設庭燎之禮라 故로 有匡

嘔 : 기뻐할 후 圄 : 감옥 어 燎 : 화톳불 료

合之功하니 由此觀之면 君人者는 勤於求賢이요 而逸於得人이라

賢人·君子는 또한 聖王이 海內를 다스리는 것입니다. 이 때문에 聖主는 다정하게 받아주어 너그러운 길을 열어주어 천하의 英才와 俊傑스러운 사람을 맞이하니, 지혜를 다하여 어진이를 따르는 자는 반드시 훌륭한 계책을 세우고, 먼 곳까지 찾아다니며 선비를 구하는 자는 반드시 覇者의 자취를 세웁니다. 옛날에 周公은 吐哺握髮의 수고를 몸소하였기 때문에 감옥이 비는 융성한 정치를 이룩하였고, 齊桓公은 庭燎의 禮를 베풀었기 때문에 天下를 바로잡고 諸侯들을 규합하는 공을 세웠으니, 이로 말미암아 보건대, 人君은 어진이를 구하는데 수고롭고 사람을 얻고나면 편안하게 됩니다.

譯註 1. 吐握之勞 : 吐握은 吐哺握髮의 줄임말로, 周公은 賢士들을 만나기에 급급하여 한번 밥을 먹을 때에도 세 번이나 먹던 밥을 뱉고 한번 머리를 감을 때에도 세 번이나 풀어뜨린 머리를 그대로 쥐고 나와 接見했다 한다.
2. 庭燎之禮…匡合之功 : 庭燎는 뜰에 촛불을 밝혀놓고 賢士들을 접견하는 것이며, 匡合은 '一匡天下 九合諸侯'의 줄임말이다.

人臣亦然하니 昔賢者之未遭遇也엔 圖事揆策則君不用其謀하고 陳見悃誠則上不然其信하여 進仕不得施效하고 斥逐又非其愆이라 是故로 伊尹이 勤於鼎俎하고 太公이 困於鼓刀하고 百里自鬻하고 甯子飯牛는 離此患也러니 及至遇明君遭聖主也하여는 運籌合上意하고 諫諍則見聽하여 進退에 得關其忠하고 任職에 得行其術하여 去卑辱奧渫而升本朝하고 離蔬釋蹻而享膏粱하며 剖符錫壤而光祖考하고 傳之子孫하여 以資說士라 故로 世必有聖知之君而後에 有賢明之臣이라 故로 虎嘯而風冽하고 龍興而致雲하며 蟋蟀俟秋吟하고 蜉蝣出以陰이니이다

신하도 또한 그러하니, 옛날에 賢者가 聖君을 만나지 못할 때에는 일을 도모하고 계책을 헤아리면 군주가 그 계책을 써주지 않고, 진실한 정성을 아뢰어 보이면 윗사람이 그 信(말)을 믿지 않아, 나아가 벼슬함에 功效를 베풀지 못하고, 배척과 축출을 당하는 것이 또 그의 잘못이 아닙니다. 그러므로 伊尹은 솥과 도마(요리)에 수고롭고, 姜太公(呂望)은 백정과 대장쟁이노릇을 하는데 곤궁하였으며, 百里奚는 스스로 팔려갔고, 甯子(甯戚)는 소를 먹였으니, 이것은 이런 患에 걸렸기 때문입니다.

그러다가 明君을 만나고 聖主를 만나게 되어서는 계책을 세우면 윗사람의 뜻에 합하고 諫諍하면 들어줌을 받아 나아가거나 물러남에 그 충성을 임금에게 통하고 직책을 맡음에 그 계책을 시행하여 卑辱과 어둠과 더러움을 버리고 本朝(조정)로 올라가며,

---

悃 : 정성 곤　鬻 : 팔 육　渫 : 더러울 설　蹻 : 짚신 갹　嘯 : 휘파람불 소　冽 : 세찰 렬
蟋 : 귀뚜라미 실　蟀 : 귀뚜라미 솔　蜉 : 하루살이 부　蝣 : 하루살이 유

거친 음식을 버리고 짚신을 벗고서 膏粱珍味를 누리며, 印符를 쪼개받고 봉토를 하사받아 祖考를 빛내고 자손에게 물려주어 遊說하는 선비의 자료(이야기꺼리)가 됩니다.

그러므로 세상에 반드시 성스럽고 지혜로운 군주가 있은 뒤에야 현명한 신하가 있는 것입니다. 이 때문에 범이 포효하면 바람이 거세지고 용이 일어나면 구름이 일며, 귀뚜라미는 가을을 기다려 울고 하루살이는 날이 흐릴 때에 나오는 것입니다.

易曰 飛龍在天에 利見大人이라하고 詩曰 思皇多士 生此王國이라하니 故로 世平主聖이면 俊乂將自至라 若堯, 舜, 禹, 湯, 文·武之君이 獲稷, 契(설), 皐陶, 伊尹, 呂望之臣하여 明明在朝하고 穆穆布列하여 聚精會神하여 相得益章하니 [1)]雖伯牙操遞鍾하고 逢門子彎烏號라도 猶未足以喩其意也라 故로 聖主는 必待賢臣而弘功業하고 俊士는 亦俟明主以顯其德이라 上下俱欲하여 歡然交欣하여 千載一會하여 論說無疑하면 翼乎如鴻毛遇順風하고 沛乎若巨魚縱大壑하리니 其得意如此면 則胡禁不止며 曷令不行이리오 化溢四表하고 橫被無窮하여 遐夷貢獻하고 萬祥必臻이라

「周易」에 이르기를 "나는 龍이 하늘에 있음에 大人을 만나봄이 이롭다." 하였고, 「詩經」《文王》에 이르기를 "훌륭한 많은 선비가 이 王國에 태어났다." 하였습니다. 그러므로 세상이 태평하고 군주가 성스러우면 俊乂(준걸)가 장차 스스로 이르는 것입니다. 堯·舜·禹·湯·文王·武王과 같은 군주가 稷·契·皐陶·伊尹·呂望(姜太公)과 같은 신하를 얻어서 〈임금이〉 밝고 밝게 조정에 있고, 〈신하들이〉 穆穆하게 조정에 늘어서서 정신을 모아 서로 뜻이 맞음이 더욱 드러나니, 비록 伯牙가 遞鍾琴을 잡고 逢門子가 烏號弓을 당기더라도 오히려 그 뜻을 다 비유할 수 없습니다.

그러므로 聖主는 반드시 賢臣을 기다려 공업이 커지고, 俊士는 또 明主를 기다려 그 덕이 드러나는 것입니다. 上下가 모두 원하여 歡然히 서로 기뻐하여 千年에 한번 만나 임금과 신하가 논설함에 의심이 없으면 마치 기러기털이 순풍을 만나 나는 듯하고 큰 고기가 큰 강물에 노는 듯하리니, 뜻을 얻음이 이와 같다면 무엇을 금한들 그쳐지지 않겠으며, 무엇을 명령한들 행해지지 않겠습니까. 교화가 四方에 넘치고 무궁한 곳에까지 널리 입혀져 먼 오랑캐가 조공을 바치며 온갖 祥瑞가 반드시 이를 것입니다.

譯註 1. 伯牙操遞鍾 逢門子彎烏號 : 伯牙는 古代에 거문고를 잘 탄 사람이고 遞鍾은 유명한 거문고의 이름이며, 逢門子는 활을 잘 쏜 사람이고 烏號는 名弓의 이름인데, 이는 聖君이 賢臣을 만남을 비유한 것이다.

是以로 聖主는 不偏窺望而視已明하고 不殫傾耳而聽已聰하여 恩從祥風翺하고 德與和氣游하여 太平之責이 塞하고 優游之望이 得이니 遵遊自然之勢하고 恬淡無爲

乂 : 준걸 예　遞 : 번갈아 체　逢 : 성 방　沛 : 성할 패　臻 : 이를 진　殫 : 다할 탄
恬 : 편안할 염

之場하여 休徵自至하고 壽考無疆하여 雍容垂拱하여 永永萬年이니 [1]何必偃仰屈伸을 若彭祖하고 呴噓呼吸을 如喬松하여 眇然絶俗離世哉리잇가 詩曰 濟濟多士여 文王以寧이라하니 蓋信乎以寧也니이다

그러므로 聖主는 두루 窺望을 하지 않아도 보는 것이 이미 밝으며, 다 귀를 기울이지 않아도 듣는 것이 이미 밝아서 은혜가 상서로운 바람을 따라 높이 날고 德이 화한 기운과 더불어 노닐어, 세상을 태평하게 다스려야 할 책임이 완수되고 한가로이 노닐려는 바램이 얻어질 것이니, 자연의 세를 따라 노닐고 無爲의 경지에 淡泊하여 아름다운 징조가 저절로 이르고 만수무강하여, 온화하게 옷을 드리우고 팔짱을 끼고서 만년토록 오래오래 살 것입니다. 어찌 반드시 偃仰하고 屈伸함을 彭祖와 같이 하며 呴噓와 呼吸을 王子喬와 赤松子처럼 하여 아득히 속세를 떠나야만 하겠습니까. 「詩經」에 이르기를 "濟濟한 많은 선비여! 文王이 이 때문에 편안하다." 하였으니, 〈임금은〉 진실로 이들 때문에 편안한 것입니다.

譯註 1. 偃仰屈伸…呴噓呼吸 : 몸을 굽혔다 폈다 하고 숨을 들이마시고 내뿜는 것으로, 健康을 위한 導引術을 이른다.

樂 志 論

仲長統(公理)

後漢仲長統은 字公理니 少好學하고 性俶儻敢言하며 不矜小節이라 每州郡命召에 輒稱疾不就하고 常以爲凡遊帝王者는 欲以立身揚名耳나 而名不常存하고 人生易滅하니 優游偃仰하여 固以自娛其志라 故爲之著論云이라

後漢의 仲長統은 字가 公理인데 어려서부터 학문을 좋아하였고 성품이 드높아 과감히 말하였으며 작은 예절을 따지지 않았다. 매양 州郡에서 命하여 부르면 그때마다 병을 칭탁하고 나아가지 않았으며, 항상 말하기를 "무릇 帝王을 따라 노는 자들은 立身揚名하고자 해서이나, 이름은 항상 보존되는 것이 아니요 인생은 죽기 쉬우니, 한가히 놀며 자유롭게 起居하여 진실로 그 뜻을 스스로 즐길 뿐이다." 하였다. 그러므로 이 論을 지은 것이다.

使居有良田廣宅이 背山臨流하여 溝池環帀하고 竹木周布하며 場圃築前하고 果園樹後라 舟車足以代步涉之難하고 使令足以息四體之役하며 養親에 有兼珍之膳하고 妻孥無苦身之勞하며 良朋萃止면 則陳酒肴以娛之하고 嘉時吉日이면 則烹羔豚以

休 : 아름다울 휴 疆 : 끝 강 呴 : 불 후 噓 : 내불 허 眇 : 아득할 묘
俶 : 기개있을 척 儻 : 기개있을 당 帀 : 두를 잡 孥 : 처자 노

奉之라 躕躇畦苑하고 遊戲平林하며 濯清水, 追涼風하고 釣游鯉, 弋高鴻하며 [1]風於舞雩之下하고 詠歸高堂之上이라 安神閨房하여 思老氏之玄虛하고 呼吸精和하여 求至人之彷彿이라 與達者數子로 論道講書하여 俯仰二儀하고 錯綜人物하며 [2]彈南風之雅操하고 [3]發清商之妙曲이라 逍遙一世之上하고 睥睨天地之間하여 不受當時之責하고 永保性命之期하니 如是면 則可以凌霄漢하여 出宇宙之外矣니 豈羨夫入帝王之門哉아

거주하는 곳에 좋은 토지와 넓은 집이 산을 등지고 물가에 임하여 도랑과 연못이 빙 둘러 있고 대나무와 나무들이 두루 벌려 있으며 場圃(菜田)가 앞에 마련되어 있고 果園이 뒤에 심겨져 있으며, 배와 수레가 길을 걷고 물을 건너는 어려움을 대신하고 使令들이 四肢의 노역을 쉬게 하며, 부모를 봉양함에 珍味를 겸한 반찬이 있고 처자들은 몸을 괴롭게 하는 수고로움이 없으며, 좋은 벗이 모이면 술과 안주를 베풀어 즐기고, 좋은 때나 길한 날이면 염소와 돼지를 삶아 받들어 올린다. 밭두둑과 동산을 거닐고 숲속에서 遊戲하며 맑은 물에 씻고 시원한 바람을 좇으며 물속에서 노는 잉어를 낚시질하고 하늘높이 나는 기러기를 쏘아 잡으며, 舞雩의 아래에서 바람쐬고 高堂의 위로 시를 읊으며 돌아온다.

閨房에서 정신을 편안히 하여 老氏(老子)의 玄虛한 道를 생각하고, 精和(맑은 기운)를 호흡하여 至人과 방불하기를 구한다. 이치를 통달한 자 몇 사람과 道를 논하고 책을 강하여 二儀(天地)를 俯仰하고 古今의 인물들을 모아놓고 평가하며, 南風의 고상한 곡조를 타고 清商의 묘한 曲을 발한다. 그리하여 한 세상 위에 逍遙하고 천지간을 하찮게 보아 당시의 책임을 받지 않고 性命(생명)의 기한을 길이 보존한다. 이와 같다면 雲漢을 능가하여 우주의 밖에 초탈할 수 있을 것이니, 어찌 帝王의 문에 듦을 부러워하겠는가.

譯註 1. 舞雩 : 하늘에 제사하고 기우제를 지내는 名所로 춘추시대 魯나라에 있었는 바, 「論語」《先進》에 '浴乎沂 風乎舞雩 詠而歸'라고 보인다.
2. 彈南風之雅操 : 南風은 훈훈한 바람인 바, 옛날 舜임금이 五絃琴으로 천하가 태평하고 백성들이 부유함을 노래하였는데, 여기에 '南風之薰兮 可以解吾民之慍兮 南風之時兮 可以阜吾民之財兮'라고 하였다. 이 때문에 천하가 태평함을 謳歌하는 詩나 곡조를 가리키게 되었다.
3. 清商 : 宮 · 商 · 角 · 徵 · 羽의 五聲中에 商聲이 가장 맑으므로 말한 것이다.

躕 : 머뭇거릴 주 躇 : 머뭇거릴 저 弋 : 주살 익 雩 : 기우제 우 彷 : 비슷할 방
彿 : 비슷할 불 睥 : 엿볼 비 睨 : 엿볼 예 凌 : 능멸할 릉 霄 : 하늘 소
羨 : 부러워할 선

出 師 表 諸葛亮(孔明)

陳靜觀云 前段起處는 便提先帝中道崩殂하고 後面은 又繼以深追先帝遺詔하며 後段은 提起先帝臨崩에 寄臣以大事하고 後面은 又繼以不効어든 告先帝之靈하니 此最是感激痛苦懇切處라 盖縁先帝臨崩에 祗分付後主孔明兩人하니 今日에 如何忘得이리오
◯ 大概後主此時에 自有危急存亡之懼하여 付天下於無復可爲者矣라 故로 孔明此篇이 專謂事勢固是如此나 然坐待其斃면 如先帝付託何오 故로 前一段은 專是提撕後主精神하여 使盡興隆漢室之道하고 後一段은 專是感激하여 自任以興復漢室之功이라 大概終篇之意는 歸重後主身上意重하니 若後主裏面에 不自振刷면 孔明獨力在外나 亦理會不得이니 此意良可哀也니라
◯ 段段提先帝兩字하니 盖謂臣惟念及先帝면 所以不敢辭興復之責이니 後主倘念及先帝면 亦如何不自念興隆之道리오 前輩謂讀此表에 不隕涙者는 是眞無人心이라하니 仔細看來면 孔明之志 眞可隕英雄之涙於千載之下者라 盖此時事勢 以孔明之(志)〔智〕로 豈不知其不可爲리오마는 獨以草廬驅馳之許를 難食言也요 臨崩大事之屬이 尙在耳也하니 務北伐以報先帝는 孔明惟盡吾心而已라 雖然이나 孔明之師出矣로되 亦必後主能追先帝遺詔하여 事事振刷否乎아 若孔明旣行之後에 宮府之事 不能必後主施行之審이요 臣下賢否 不能必後主用舍之精이면 則孔明外焉興復之志雖勤이나 後主內焉興隆之志全靡하니 天下事亦終付之無可奈何而已라 故로 臨行一疏 述吾今日所以不敢不北伐之由하여 勉後主今日所以不可自菲薄之意하니 務使後主專以興隆漢室爲心하고 孔明專以興復漢室爲責하여 求相與以濟危急存亡之會로되 而實有所不能必者라 故終之日 願陛下託臣以討賊之效라하고 而又繼之日 不效어든 告先帝之靈이라하고 又日 陛下亦宜自謀라하고 繼之日 追先帝之遺詔라하니 孔明此謀는 亦是〔不〕負先帝之遺詔하여 其責을 皆有所不可逃者라 幾行斷簡에 萬古凄凉하니 此吾所以有感於不隕涙無人心之說也로라

陳靜觀이 말하였다. "前段의 첫 부분은 곧 先帝가 중도에 崩殂(승하)함을 제기하였고 후면에는 또 先帝의 遺詔를 깊이 추념하라는 것으로 이었으며, 後段에는 先帝가 崩殂할 때에 臣에게 大事를 부탁하였음을 제기하였고 후면에는 또 효험이 없거든 先帝의 英靈에게 告하라는 것으로 이었으니, 이것이 가장 감격스럽고 고통(애통)스러우며 간절한 부분이다. 先帝가 崩殂할 때에 後主와 孔明 두 사람에게 엄숙히 분부하였으니, 두 사람이 오늘날 어찌 이것을 잊을 수 있겠는가?"

崩 : 죽을 붕 殂 : 죽을 조 祗 : 공경할 지 撕 : 끌 시 刷 : 씻을 쇄(솰) 段 : 조각 단
倘 : 혹시 당 隕 : 떨어질 운 涙 : 눈물 루 仔 : 자세할 자 廬 : 집 려

◯ 대개 後主가 이때 스스로 危急存亡之秋로 여기는 두려움이 있어 천하를 다시 어쩔 수 없는 데에 부치고 있었다. 그러므로 孔明의 이 篇은 "오로지 事勢가 진실로 이와 같으나 가만히 앉아서 피폐하기를 기다린다면 先帝의 부탁을 어쩌겠습니까?" 한 것이다. 그러므로 앞의 一段은 오로지 後主의 정신을 일깨워 漢室을 興隆하는 도리를 다하게 하였고; 뒤의 一段은 오로지 감격하여 漢室을 興復하는 공효로써 자임한 것이다. 대개 끝 편의 뜻은 後主의 신상에 중함을 돌린 뜻이 많으니, 만약 後主가 내면에 스스로 진작하고 쇄신하지 않는다면 孔明이 홀로 힘쓰며 밖에 있으나 또한 理會(성공)할 수가 없는 것이다. 이 뜻이 진실로 애처로울 만하다.

◯ 단락마다 '先帝'라는 두 글자를 끌어내었으니, "臣이 先帝를 생각하면 감히 興復의 책임을 사양할 수 없는 바, 後主께서도 만일 先帝를 생각하신다면 또한 어찌 興隆할 방법을 스스로 생각하지 않겠습니까?" 한 것이다. 선배들은 이르기를 "이 表를 읽으면서 눈물을 흘리지 않는 자는 이는 참으로 人心이 없는 자이다." 하였으니, 자세히 읽어보면 孔明의 뜻은 참으로 영웅의 눈물을 천 년 뒤에도 떨구게 한다. 이때 事勢는, 孔明의 지혜로 어떻게 할 수 없다는 것을 어찌 몰랐겠는가마는 다만 草廬에서 〈先帝에게〉 말을 몰고 달리기를 허락한 것을 食言하기 어려웠고, 先帝가 崩殂할 때에 대사를 부탁한 것이 아직도 귀에 남아있기 때문이었으니, 北伐을 힘써서 先帝에게 보답함은 孔明이 오직 이 마음을 다할 뿐이었다. 그러나 孔明의 군대가 출동한다 하더라도 後主가 반드시 先帝의 遺詔를 추념하여 일마다 진작하고 쇄신할 것인지 의문이었다. 만일 孔明이 이미 출동한 뒤에 宮中과 府中의 일을 後主가 시행하기를 살펴하지 못하고, 신하의 어질고 어질지 못함을 後主가 쓰고 버림에 정밀하게 하지 못한다면 孔明이 밖에서 興復하려는 뜻이 비록 부지런하나 後主가 안에서 興隆하려는 뜻이 전혀 없으니, 천하의 일은 또한 끝내 어쩔 수 없는 지경에 부치게 될 뿐이다. 그러므로 출동에 앞서 올린 이 글에 자신이 오늘날 北伐하지 않을 수 없는 이유를 말하고, 後主가 금일에 菲薄해서는 안되는 뜻을 권면한 것이다. 그리하여 힘써서 後主로 하여금 오로지 漢室을 興隆하는 것으로 마음을 삼게 하고, 孔明은 오로지 漢室을 興復하는 것을 책임으로 삼아, 서로 더불어 危急存亡의 기회를 구제할 것을 바랐으나 실로 기필할 수 없는 점이 있었다. 그러므로 맨 끝에 말하기를 "폐하께서는 臣에게 역적을 토벌하는 功効를 맡기라." 하였고, 다시 뒤이어 말하기를 "효험이 없거든 先帝의 英靈에 고하라." 하였고, 또 말하기를 "폐하께서도 마땅히 스스로 도모하라." 하였고, 뒤이어 "先帝의 遺詔를 추념하라." 하였으니, 孔明의 이 계책은 또한 先帝의 遺詔를 저버리지 못하여 그 책임을 모두 도피할 수 없는 바가 있었기 때문이었다. 몇 줄 안되는 끊긴 簡篇에 萬古가 처량하니, 이는 내가 〈이 表를 읽으면서〉 눈물을 흘리지 않으면 人心이 없다는 말에 큰 느낌이 있는 바이다.

[1]先帝創業未半而中道崩殂하시고 今天下三分에 益州疲弊하니 此誠危急存亡之秋也니이다 然이나 侍衛之臣이 不懈於內하고 忠志之士 忘身於外者는 蓋追先帝之殊

遇하여 欲報之於陛下也니이다 誠宜開張聖聽하사 以光先帝遺德하여 恢弘志士之氣요 不宜妄自菲薄하여 引喩失義하여 以塞忠諫之路也니이다 宮中府中이 俱爲一體니 陟罰臧否를 不宜異同이라 若有作奸犯科와 及爲忠善者어든 宜付有司하여 論其刑賞하여 以昭陛下平明之理요 不宜偏私하여 使內外異法也니이다

先帝께서 창업을 반도 이루기 전에 중도에 崩殂(승하)하시고, 이제 천하가 셋으로 나뉘어져 있는데 우리 益州가 피폐하니, 이는 진실로 국가가 위급하여 존재하느냐 멸망하느냐 하는 시기입니다. 그러나 侍衛하는 신하들이 안(조정)에서 게을리하지 않고, 충성스럽고 뜻있는 군사들이 밖(외지)에서 몸을 잊고 있는 것은 先帝의 특별한 대우를 추모하여 폐하에게 보답하고자 해서입니다. 폐하께서는 진실로 聖聽을 열고 펴시어 先帝의 遺德을 빛내어 志士들의 사기를 키우실 것이요, 망령되이 스스로 菲薄(자신을 하찮게 여김)하여 비유함에 本義를 잃어 忠諫하는 길을 막아서는 안될 것입니다.

宮中과 府中이 모두 일체가 되어야 하니, 잘하는 사람을 승진시키고 잘못하는 사람을 벌주는 것을 달리해서는 안됩니다. 만일 부정한 일을 저질러 죄과를 범한 자와 忠善한 일을 한 자가 있거든 마땅히 有司(담당관)에게 맡겨서 형벌과 상을 논하여 폐하의 공평하고 분명하신 다스림을 밝혀야 할 것이요, 편벽되고 사사로이 하여 內(宮中), 外(府中)로 하여금 법을 달리해서는 안될 것입니다.

譯註 1. 先帝 : 돌아가신 황제란 뜻으로, 蜀漢을 건국한 昭烈帝 劉備를 가리킨다.

侍中侍郎郭攸之, 費褘, 董允等은 此皆良實하여 志慮忠純이라 是以로 先帝簡拔하사 以遺陛下하시니 愚以爲宮中之事는 事無大小히 悉以咨之然後施行하시면 必能裨補闕漏하여 有所廣益하리이다 將軍向(상)寵은 性行淑均하고 曉暢軍事하여 試用於昔日에 先帝稱之曰能이라하사 是以로 衆議擧寵爲督하니 愚以爲營中之事는 事無大小히 悉以咨之하시면 必能使行陣和睦하고 優劣得所也리이다 親賢臣, 遠小人은 此先漢所以興隆也요 親小人, 遠賢臣은 此後漢所以傾頹也라 先帝在時에 每與臣論此事에 未嘗不歎息痛恨於桓靈也니이다 侍中尙書, 長史, 參軍은 此悉貞亮死節之臣이니 願陛下親之信之하시면 則漢室之隆을 可計日而待也리이다

侍中과 侍郎인 郭攸之·費褘·董允 등은 모두 어질고 성실하여 志慮가 충성스럽고 순수합니다. 이 때문에 先帝께서 선발하시어 폐하에게 물려주셨으니, 어리석은 臣은 생각하옵건대 궁중의 일은 대소를 막론하고 모두 그들에게 자문하신 연후에 시행하시면 반드시 폐하의 闕漏(부족한 점)를 보충하여 넓히고 유익하게 하는 바가 있을 것입

恢 : 넓을 회　菲 : 엷을 비　喩 : 비유할 유　陟 : 올릴 척　臧 : 착할 장　奸 : 죄 간
攸 : 바 유　褘 : 제복이름 위　董 : 성 동　裨 : 도울 비　向 : 성 상　曉 : 밝을 효
暢 : 통할 창　頹 : 무너질 퇴　亮 : 신실할 량

니다. 將軍 向寵은 性行이 착하고 공평하며 軍事를 잘 알아, 옛날 시험삼아 등용함에 先帝께서 그를 "능하다."고 칭찬하셨습니다. 이 때문에 衆議로 向寵을 천거하여 都督으로 삼았으니, 어리석은 臣은 생각하옵건대 營中의 일은 대소를 막론하고 모두 그에게 자문하신다면 반드시 行陣이 화목하고 人物의 優劣이 제자리를 얻을 것입니다.

賢臣을 가까이 하고 小人을 멀리함은 이는 先漢(漢의 先代)이 융성했던 이유요, 小人을 가까이 하고 賢臣을 멀리함은 이는 後漢(漢의 後代)이 기울고 패망한 원인입니다. 先帝께서 생존해 계실 때에 매양 臣과 이 일을 논할 적마다 일찍이 桓帝와 靈帝에 대하여 탄식하고 통한으로 여기지 않으신 적이 없었습니다.

侍中尚書인 陳震과 長史인 張裔와 參軍인 蔣琬은 모두 곧고 성실하여 忠節에 죽을 수 있는 신하들이오니, 원컨대 폐하께서 이들을 가까이 하시고 신임하시면 漢나라 왕실의 융성을 날짜를 꼽아 기다릴 수 있을 것입니다.

臣本布衣로 躬耕南陽하여 苟全性命於亂世하고 不求聞達於諸侯러니 先帝不以臣卑鄙하시고 猥自枉屈하사 三顧臣於草廬之中하시고 咨臣以當世之事하시니 由是感激하여 遂許先帝以驅馳러니 後値傾覆하여 受任於敗軍之際하고 奉命於危難之間이 爾來二十有一年矣니이다

臣은 본래 布衣(평민)로서 몸소 南陽 땅에서 농사를 지어 난세에 구차하게 性命(생명)을 보존하려 하였고 제후들에게 알려지거나 영달하기를 구하지 않았습니다. 先帝께서는 臣을 비루하다고 여기지 않으시고 외람되이 직접 왕림하시어 草廬 가운데로 세 번이나 臣을 찾아주시고 臣에게 當世의 일을 자문하시니, 臣은 이 때문에 감격하여 마침내 先帝께 驅馳(國事에 분주함)할 것을 허락했습니다. 그후 傾覆을 만나 敗軍한 즈음에 임무를 맡고 危亂한 때에 명령을 받든 지가 21년이 되었습니다.

先帝知臣謹愼이라 故로 臨崩에 寄臣以大事也하시니 受命以來로 夙夜憂嘆하여 恐託付不効하여 以傷先帝之明이라 故로 五月渡瀘하여 深入不毛러니 今南方已定하고 兵甲已足하니 當奬率三軍하고 北定中原하여 庶竭駑鈍하여 攘除姦兇하고 興復漢室하여 還于舊都가 此臣所以報先帝而忠陛下之職分也니이다 至於斟酌損益하여 進盡忠言은 則攸之, 褘, 允之任也니 願陛下託臣以討賊興復之効하사 不効則治臣之罪하여 以告先帝之靈하시고 〈若無興德之言則〉 責攸之, 褘, 允等之咎하사 以彰其慢하시며 陛下亦宜自謀하사 以諮諏善道하고 察納雅言하여 深追先帝遺詔하소서 臣不勝受恩感激하오니 今當遠離에 臨表涕泣하여 不知所云이로소이다

猥 : 외람될 외　瀘 : 물이름 로　駑 : 둔할 노　鈍 : 둔할 둔　攘 : 물리칠 양
斟 : 잔질할 짐(침)　酌 : 잔질할 작　諮 : 물을 자　諏 : 물을 추　雅 : 바를 아
涕 : 눈물 체

先帝께서는 臣의 謹愼함을 아셨기 때문에 崩殂할 때에 임하여 臣에게 大事를 맡기시니, 臣은 명령을 받은 이래로 밤낮으로 걱정하고 탄식하여, 부탁하신 것을 이루지 못해서 先帝의 밝음을 손상시킬까 두려워하였습니다. 그러므로 5월에 瀘水를 건너 깊이 불모지에 쳐들어갔습니다. 이제 南方(南蠻)이 이미 평정되었고 무기와 갑옷도 이미 풍족하니, 마땅히 三軍을 거느리고 북쪽으로 中原을 평정해야 합니다. 그리하여 거의 저의 노둔한 재주를 다하여, 姦兇을 제거하고 漢室을 부흥시켜 옛 도읍으로 돌아가는 것이 臣이 先帝에게 보답하고 폐하에게 충성하는 직분입니다. 참작하여 損益(加減)해서 忠言을 다 아뢰는 것으로 말하면 郭攸之 · 費禕 · 董允 등의 책임이오니, 원컨대 폐하께서는 臣에게 역적을 토벌하여 漢室을 興復하는 일을 맡기시어, 臣이 일을 이루지 못하거든 臣의 죄를 다스려 先帝의 英靈에게 고하시고, 〈만일 덕을 일으키는 말을 아뢰지 않거든〉 郭攸之 · 費禕 · 董允 등의 허물을 책하시어 그들의 태만함을 드러내시며, 폐하께서도 또한 스스로 꾀하시어 善道를 자문하시고 바른 말을 받아들이시어 깊이 先帝의 遺詔를 추념하소서.

臣은 은혜를 받자와 감격함을 감당하지 못했습니다. 이제 멀리 떠나야 하오니, 表文에 임하여 눈물이 흘러 아뢸 바를 알지 못하겠습니다.

右는 蜀漢丞相諸葛武侯亮孔明이 臨出師伐魏時에 所上後主之表也라 孔明이 初隱南陽하여 無意斯世러니 昭烈이 以帝室之冑로 三顧之하여 有成湯待伊尹意度라 孔明感激하여 起而輔之러니 不幸昭烈崩殂에 託孔明以輔後主興漢室이나 而後主之才 庸弱殊甚하니 孔明이 不敢負昭烈之託하여 盡忠竭力하여 慷慨出師하여 以興復之責自任而以興復之本으로 責之後主라 故로 臨行拜表에 忠愛激切하여 有不可以言語形容盡者하니 陳靜觀之批 盡之矣라 而猶有當提掇者하니 宮府一體是也니 宮은 謂天子宮中이요 府는 謂丞相府라 周公이 作周禮에 以冢宰統宮寺하시니 宮府一體也니 前漢에 此意猶有存者라 鄧通은 文帝弄臣이로되 丞相申屠嘉 得召而欲斬之러니 宣帝以後엔 體統浸壞하여 近習之權이 重於宰相하고 後漢은 卒以宮寺亡하니 宮府不一體故也라 孔明이 深識治體라 故로 慮及此러니 其後孔明既沒에 所薦忠賢蔣琬, 費禕, 董允이 相繼秉政하여 皆能確守此意하여 後主猶賴以存이러니 諸賢皆沒에 陳祇進而嬖倖黃皓用事하여 後主遂亡하니 惟不能遵宮府一體之戒하여 以至於此니 哀哉라 蘇東坡曰 孔明은 不以文章自名이로되 而出師一表 [1]與伊訓說(열)命으로 相爲表裡라하고 朱文公曰 胡致堂이 議論英發하고 人物偉然이라 向嘗侍之坐하니 見其數杯後에 每歌孔明出師表라하시니 前輩於此篇에 尊尙如此하니 豈苟然哉아

이상은 蜀漢의 丞相인 諸葛武侯 亮 孔明이 군대를 출동하여 魏나라를 정벌할 때

冑 : 맏아들 주　慨 : 슬퍼할 개　掇 : 주울 철　冢 : 맏 총　鄧 : 나라이름 등　浸 : 점점 침
蔣 : 성 장　琬 : 옥 완　嬖 : 사랑할 폐　皓 : 흴 호

를 임해서 後主에게 올린 表文이다. 孔明은 처음에 南陽에 은둔하여 이 세상에 뜻이 없었는데 昭烈이 漢나라 황실의 후손으로 三顧草廬를 하여, 成湯이 伊尹을 대하는 뜻과 법도가 있었다. 孔明은 이에 감동하여 일어나 보필하였는데, 불행히 昭烈이 일찍 승하하면서 孔明에게 後主를 보필하여 漢室을 興復할 것을 부탁하였다. 그러나 後主의 재주는 용렬하고 나약함이 너무 심하였다. 孔明은 감히 昭烈의 부탁을 저버리지 못하여 충성을 다하고 힘을 다하여, 강개하여 군대를 출동시켜 興復의 책임을 自任하면서 興復의 근본을 後主에게 책하였다. 그러므로 출발에 임하여 表文을 올림에 忠愛가 激切하여 言語로써 다 형용할 수 없었던 것이니, 陳靜觀의 비평에 이를 다 말하였다. 그러나 아직도 마땅히 제기해야 할 점이 있으니, '宮府一體'가 그것이다. 宮은 천자의 궁중을 이르고 府는 丞相府를 이른다. 周公이 「周禮」를 지을 적에 冢宰로써 宮寺(궁중의 내시)를 통솔하게 하였으니, 이것이 바로 '宮府一體'이다. 前漢시대에도 이 뜻이 아직 남아 있었다. 그리하여 鄧通은 文帝의 총애하는 신하였는데 丞相인 申屠嘉가 불러다가 목을 베려 하였었다. 그런데 宣帝 이후로는 體統이 점점 무너져 近習(가까이 모시는 내시)의 권세가 재상보다 중하였고, 後漢은 마침내 宮寺 때문에 나라를 망하였으니, 이는 宮府一體가 되지 못한 때문이었다. 孔明은 정치의 체통을 깊이 알았다. 그러므로 생각이 이에 미쳤던 것이다. 그후 孔明이 이미 죽고 추천한 바의 忠賢인 蔣琬·費禕·董允이 서로 이어 정권을 잡았는데, 이들은 모두 이 뜻을 굳게 지켰으므로 後主는 그래도 이들을 의뢰하여 보존하였었다. 그러다가 諸賢들이 다 별세하고 陳祗가 등용됨에 宦官으로 총애받던 黃皓가 用事하여 後主가 마침내 망했으니, 이는 宮府一體의 경계를 따르지 못하여 이에 이른 것이다. 아! 슬프다.

蘇東坡가 말하기를 "孔明은 文章으로 스스로 이름나지 않았으나 出師表 하나는 「書經」의 《伊訓》·《說命》과 서로 表裏가 된다." 하였으며, 朱文公은 말씀하기를 "胡致堂(胡寅)은 의론이 英發하고 인물이 위대하였는데, 지난번에 일찍이 모시고 앉았을 때에 보니, 술 몇 잔을 드신 뒤에는 매양 孔明의 '出師表'를 노래했다." 하였다. 선배들이 이 篇을 높이고 숭상함이 이와 같았으니, 어찌 苟然(이유가 없음)히 그러하였겠는가?

譯註 1. 伊訓說命 : 伊訓은 伊尹이 商王 太甲에게 훈계한 내용이며, 說命은 傅說이 高宗인 武丁과 治道를 논한 내용이다.

後出師表 諸葛亮

先帝慮漢賊不兩立하고 王業不偏安이라 故로 託臣以討賊也하시니 以先帝之明으로

慮 : 염려할 려　偏 : 치우칠 편

量臣之才에 固知臣伐賊이 才弱敵強也나 然不伐賊이면 王業亦亡하리니 惟坐而待亡으론 孰與伐之리오 是故로 託臣而弗疑也시니이다 臣受命之日에 寢不安席하고 食不甘味하여 思惟北征이면 宜先入南이라 故로 五月渡瀘하여 深入不毛하여 并日而食하니 臣非不自惜也로되 顧王業不可得偏安於蜀都라 故로 冒危難하여 以奉先帝之遺意어늘 而議者謂爲非計라하니이다 今賊이 適疲於西하고 又務於東하니 兵法에 乘勞라하니 此進趨之時也라 謹陳其事如左하노이다

先帝께서는 漢나라와 賊(曹操)은 양립할 수 없고 王業을 한쪽 구석인 蜀都에서 편안히 할 수 없음을 염려하셨습니다. 이 때문에 臣에게 적을 칠 것을 부탁하셨으니, 先帝의 밝으신 지혜로 臣의 재주를 헤아리심에 진실로 臣이 적을 치는 것이 신의 재주가 약하고 적이 강하다는 것을 아셨습니다. 그러나 적을 치지 않으면 왕업이 또한 망할 것이니, 앉아서 망하기를 기다리는 것보다는 차라리 적을 치는 것이 낫기 때문에 신에게 부탁하고 의심하지 않으신 것입니다.

臣은 명을 받은 날부터 잠자리에 누워도 자리가 편안하지 않고 밥을 먹어도 맛이 달지 않았습니다. 생각하기에 북쪽으로 정벌하려면 마땅히 먼저 남쪽 지방을 쳐들어가야 한다고 여겨졌습니다. 그러므로 5월에 瀘水를 건너 깊이 불모지에 쳐들어가 〈일이 많아 끼니를 굶어서〉 하루 걸러 밥을 먹었으니, 臣이 제자신을 아끼지 않는 것은 아닙니다. 다만 왕업을 한쪽 구석인 蜀都에서 편안히 할 수 없기 때문에 危難을 무릅쓰고 先帝의 遺意를 받든 것인데, 議論하는 자들은 이르기를 좋은 계책이 아니라고 합니다. 지금 적이 마침 서쪽에서 피폐하였고, 또 동쪽에서 일(전쟁)을 벌이고 있습니다. 兵法에 '적의 피로한 틈을 타라' 하였으니, 지금이야말로 진격할 시기입니다. 삼가 그 일을 아래와 같이 아뢰니다.

高帝明竝日月하시고 謀臣淵深이나 然涉險被創하여 危然後安이러니 今陛下未及高帝하시고 謀臣不如良平이어늘 而欲以長策取勝하여 坐定天下하시니 此는 臣之未解一也니이다 劉繇, 王朗은 各據州郡하여 論安言計에 動引聖人이로되 群疑滿腹하고 衆難塞胸하여 今歲不戰하고 明年不征이라가 使孫策坐大하여 遂并江東하니 此는 臣之未解二也니이다

高帝(劉邦)는 밝음이 日月과 같으셨고 謀臣들은 지혜가 못과 같이 깊었으나 위험을 겪고 상처를 입어 위태로운 뒤에야 편안하였습니다. 그런데 지금 폐하께서는 〈밝음이〉 高帝에 미치지 못하시고 모신들의 지혜도 張良과 陳平만 못하면서 장구한 계책으로 승리를 취하여 앉아서 천하를 평정하고자 하시니, 이것은 臣이 이해할 수 없는 점의

瀘 : 물이름 로　冒 : 무릅쓸 모　適 : 마침 적　疲 : 피폐할 피　竝 : 아우를 병
淵 : 못 연　創 : 상처 창　繇 : 말미암을 유　朗 : 밝을 랑　胸 : 가슴 흉

첫 번째입니다.

劉繇와 王朗은 각각 州郡을 차지하고는 〈하루 빨리 정벌하지 않고〉 安危를 논하고 계책을 말함에 걸핏하면 聖人의 일을 인용하였으나 많은 의심이 뱃속에 가득하고 많은 어려움이 가슴에 꽉차서 올해도 싸우지 않고 내년에도 정벌하지 않고 있다가 孫策으로 하여금 가만히 앉아서 강대함을 이루어 마침내 江東을 겸병하게 하였으니, 이것은 臣이 이해할 수 없는 점의 두 번째입니다.

曹操智計殊絶於人하여 其用兵也 髣髴孫吳나 然困於南陽하고 險於烏巢하고 危於祁連하고 偪於黎陽하고 幾敗北山하고 殆死潼關하여 然後僞定一時爾어늘 況臣才弱而欲以不危而定之하니 此는 臣之未解三也니이다 曹操五攻昌覇不下하고 四越巢湖不成하고 任用李服而李服圖之하고 委任夏侯而夏侯敗亡하니 先帝每稱操爲能이나 猶有此失이어든 況臣駑下가 何能必勝이리오 此는 臣之未解四也니이다

曹操는 智計가 보통사람보다 크게 뛰어나 用兵하는 것이 孫武·吳起와 방불하였습니다. 그러나 南陽에서 곤궁을 당하고, 烏巢에서 위험을 겪고, 祁連에서 위태롭고, 黎陽에서 핍박을 당하고, 北山에서 패할 뻔하고, 潼關에서 죽을 뻔한 뒤에야 임시로 한 때나마 천하를 평정할 수 있었는데, 하물며 臣은 재주도 약하면서 위태롭지 않고 천하를 평정하려 하니, 이것은 臣이 이해할 수 없는 점의 세 번째입니다.

曹操는 다섯 번 昌覇를 공격하였으나 항복받지 못하였고, 네 번 巢湖를 넘으려 했으나 성공하지 못하였으며, 李服을 임용하였는데 李服이 〈曹操를 칠 것을〉 도모하였고, 夏侯淵에게 위임하였는데 夏侯淵이 패망하였으니, 先帝께서 매양 曹操를 '능하다'고 칭찬하셨는데도, 오히려 이러한 실수가 있었습니다. 하물며 臣은 재주가 노둔하고 낮으니, 어찌 필승을 기약할 수 있겠습니까. 이것은 臣이 이해할 수 없는 점의 네 번째입니다.

自臣到漢中으로 中間朞年耳나 然喪趙雲, 陽群, 馬玉, 閻芝, 丁立, 白壽, 劉郃, 鄧銅等과 [1]及曲長屯將七十餘人과 突將, 無前, 賨叟, 青羌, 散騎, 武騎一千餘人하니 此皆數十年之內의 所糾合四方之精銳요 非一州之所有니 若復數年이면 則損三分之二也리니 當何以圖敵이리오 此는 臣之未解五也니이다 今民窮兵疲라도 而事不可息이니 事不可息이면 則住與行이 勞費正等이어늘 而不及蚤(早)圖之하고 欲以一州之地로 與賊持久하니 此는 臣之未解六也니이다

臣이 漢中에 도착한 이후로 그간 1주년이 되었습니다. 그러나 趙雲·陽群·馬玉·

髣 : 비슷할 방 髴 : 비슷할 불 祁 : 성할 기 偪 : 핍박할 핍 潼 : 물이름 동 朞 : 돐 기
閻 : 마을 염 芝 : 영지 지 郃 : 고을이름 합 賨 : 공물 종 羌 : 오랑캐 강 蚤 : 일찍 조

閻芝・丁立・白壽・劉郃・鄧銅 등과 曲長・屯將 70여 명과 突擊將・無前・賨叟・靑羌・散騎・武騎 1천여 명을 상실하였습니다. 이들은 모두 수십 년 동안 사방에서 끌어모은 정예들이요, 益州 한 고을의 소유가 아닙니다. 만일 다시 數年이 지나면 3분의 2를 손실할 것이니, 마땅히 무엇으로써 적을 도모하겠습니까? 이것은 臣이 이해할 수 없는 점의 다섯 번째입니다.

지금 백성들은 곤궁하고 군사들은 지쳐 있으나 魏나라를 정벌하는 일은 중지할 수가 없으니, 이 일이 중지할 수 없는 것이라면 군대를 주둔시키는 것과 군대를 출동하여 행군하는 것은 노력과 비용이 서로 맞먹습니다. 〈이럴 바에는 차라리 적을 빨리 도모해야 하는데도〉 빨리 적을 도모하지 않고 한 州의 땅을 가지고 적과 지구전을 벌이고자 하니, 이것은 臣이 이해할 수 없는 점의 여섯 번째입니다.

譯註 1. 曲長…武騎 : 曲長은 部曲 즉 行伍(卒兵)의 長이고 屯將은 주둔군의 장수이며, 突將은 돌격부대의 장수이고 無前은 앞을 가로막는 자가 없다는 뜻으로 부대의 명칭인 바, 역시 그 장수를 가리킨 것이며, 賨叟는 南蠻 출신의 長이고 靑羌은 西羌 출신의 長이다. 散騎와 武騎는 기병부대의 명칭으로 역시 그 지휘관을 가리킨 것이다.

夫難平者는 事也라 昔에 先帝敗軍於楚하시니 當此時하여 曹操拊手하여 謂天下已定이러니 然이나 後에 先帝東連吳越하고 西取巴蜀하며 擧兵北征에 夏侯授首하니 此操之失計요 而漢事將成也라 然이나 後에 吳更(갱)違盟하여 關羽毁敗하고 秭歸蹉跌하며 曹丕稱帝하니 凡事如是하여 難可逆見이니이다 臣鞠躬盡瘁하여 死而後已니 至於成敗利鈍하여는 非臣之明所能逆覩也로소이다

미리 定하기 어려운 것은 일입니다. 옛날에 先帝께서 楚땅에서 패전하시니, 이 때를 당하여 曹操는 손뼉을 치면서 천하를 이미 평정했다고 생각했습니다. 그러나 뒤에 先帝께서는 동쪽으로 吳・越과 연합하고 서쪽으로 巴・蜀을 취하였으며, 군대를 동원하여 북쪽으로 정벌함에 夏侯淵이 목을 내놓았으니, 이는 曹操의 실책이요 우리 漢나라의 일이 장차 이루어질 계기였습니다. 그러나 뒤에 吳나라가 맹약을 위반하여 關羽가 패하여 죽고 秭歸縣을 적에게 빼앗겨 차질이 생겼으며, 曹丕가 皇帝를 칭하였으니, 모든 일은 이와 같아 예측하기가 어렵습니다.

臣은 몸을 굽히고 수고로움을 다하여 죽은 뒤에야 그만둘 것이요, 성공과 실패, 유리함과 불리함에 대하여는 臣의 지혜로 미리 예측할 수 있는 바가 아닙니다.

拊 : 어루만질 부　秭 : 만억 자　蹉 : 넘어질 차　跌 : 넘어질 질　逆 : 미리 역
鞠 : 굽힐 국　瘁 : 수고로울 췌　覩 : 볼 도

酒德頌 劉 伶(伯倫)

劉伶은 字伯倫이니 沛國人이라 貌甚醜悴로되 而志氣放曠하여 以宇宙爲狹이라 性好酒하여 常携酒自隨하며 使人荷鍤從之하고 云死便埋我라 故著此頌하니 頌酒德之美也라

劉伶은 字가 伯倫으로, 沛國 사람이다. 그는 모양이 심히 추악하고 초췌하였으나 志氣가 호방하여 우주를 좁게 여겼다. 천성이 술을 좋아하여 항상 술병을 차고 스스로 따르게 하며 사람들로 하여금 삽을 메고 따라오게 하고 이르기를 "죽으면 곧 그 자리에 나를 묻어 달라." 하였다. 그러므로 이 頌을 지었으니, 酒德의 아름다움을 칭송한 것이다.

有大人先生하니 以天地爲一朝하고 萬期爲須臾하며 日月爲扃牖하고 八荒爲庭衢하여 行無轍跡하고 居無室廬하여 幕天席地하여 縱意所如하며 止則操巵執觚하고 動則挈榼提壺하여 唯酒是務하니 焉知其餘리오 有貴介公子와 搢紳處士 聞吾風聲하고 議其所以하여 乃奮袂攘衿하고 怒目切齒하여 陳說禮法하여 是非鋒(蜂)起어늘 先生於是에 方捧甖承(糟)〔槽〕하여 銜盃漱醪하며 奮髥箕踞하고 枕麴藉糟하여 無思無慮하여 其樂陶陶라 兀然而醉하고 恍爾而醒하여 靜聽에 不聞雷霆之聲하고 熟視에 不見泰山之形이라 不覺寒暑之切肌와 嗜慾之感情하여 俯觀萬物擾擾焉을 如江漢之浮萍이요 二豪侍側焉을 如蜾蠃之與螟蛉이러라

大人先生이 있으니, 天地를 하루 아침으로 여기고, 만 년을 須臾(잠시)로 여기며, 해와 달을 문과 창문으로 삼고, 八荒(八方)을 뜰과 거리로 삼아 다님에 일정한 수레바퀴 자국이 없고 거처함에 일정한 집이 없어, 하늘을 장막으로 삼고 땅을 자리로 삼아서 마음 가는대로 하며 앉으면 술잔을 잡고 잔을 잡으며 출동하면 술통을 끌어당기고 술병을 차고서 오직 술먹는 것을 일삼으니, 어찌 그 나머지 일을 알겠는가.

존귀하고 위대한 公子와 搢紳處士들이 나의 風聲(名聲)을 듣고는 행동하는 바를 비난하여 소매를 걷어붙이고 옷깃을 풀어헤치며 눈을 부라리고 이를 갈면서 예법을 말하여 시비가 벌떼처럼 일어났으나 선생은 이때 막 술단지를 받들고 술통을 잡고서 술을 마셔 술로 탕구질을 하며 수염을 쓰다듬고 두 다리를 뻗고 걸터앉아서 누룩을 베고 술

伶 : 영리할 령 曠 : 넓을 광 鍤 : 삽 삽 臾 : 잠깐 유 扃 : 문호 경 巵 : 술잔 치
觚 : 술잔 고 挈 : 끌 설 榼 : 통 합 搢 : 꽂을 진 袂 : 소매 메 甖 : 술단지 앵
槽 : 술통 조 漱 : 양치질할 수 醪 : 막걸리 료 髥 : 구렛나루 염 踞 : 걸터앉을 거
麴 : 누룩 국 糟 : 술지게미 조 陶 : 즐거울 요 兀 : 우뚝할 올 恍 : 황홀할 황
萍 : 부평초 평 蜾 : 나나니벌 과 蠃 : 나나니벌 라 螟 : 명충나방 명 蛉 : 명충나방 령

지게미를 깔고 앉으니, 아무런 思慮도 없어 그 즐거움이 도도하였다. 兀然(취하여 가만히 있는 모양)히 취하고 황홀하게 깨어나서 조용히 들어도 우레소리를 듣지 못하고 익숙히 보아도 泰山의 형상을 보지 못한다. 추위와 더위가 피부에 절실함과 嗜慾이 情을 감동함을 깨닫지 못하여, 만물이 어지러운 것을 굽어보기를 江漢의 浮萍草와 같이 여기고, 두 호걸이 옆에서 모시고 있는 것을 나나니벌과 螟蛉처럼 여겼다.

蘭 亭 記　　王羲之(逸少)

永和九年歲在癸丑暮春之初에 會于會稽山陰之蘭亭하니 [1]修禊事也라 群賢畢至하고 少長咸集이라 此地에 有崇山峻嶺과 茂林脩竹하고 又有淸流激湍이 映帶左右어늘 [2]引以爲流觴曲水하고 列坐其次하니 雖無絲竹管絃之盛이나 一觴一詠이 亦足以暢敍幽情이라 是日也에 天朗氣淸하고 惠風和暢이라 仰觀宇宙之大하고 俯察品類之盛하니 所以遊目騁懷하여 足以極視聽之娛하니 信可樂也로다

永和 9년 歲在 癸丑年 暮春 초순에 會稽 山陰縣의 蘭亭(정자의 이름)에서 모이니, 禊를 닦는 일이었다. 여러 賢人이 모두 이르고 젊은이와 어른이 모두 모이니, 이곳에는 높은 산, 큰 고개와 무성한 숲, 긴 대나무가 있고, 또 맑은 물과 격류하는 여울물이 좌우에 비추며 띠처럼 둘러 있으므로, 이것을 끌어다 流觴曲水를 만들고 차례대로 벌려 앉으니, 비록 絲·竹으로 만든 관악기와 현악기의 성대함은 없으나 술 한 잔을 들고 詩 한 수를 읊는 것이 또한 그윽한 정을 펴기에 충분하였다.

이날 天氣가 맑고 惠風(온화한 바람)이 화창하였다. 우주의 큼을 우러러보고 品類(삼라만상)의 성함을 굽어살피니, 〈사방으로〉 눈을 놀리고 懷抱를 멋대로 달려 눈과 귀의 즐거움을 지극히 할 수 있어 참으로 즐거울 만하였다.

譯註 1. 修禊事 : 禊는 옛날 3월 上巳日(첫번째 드는 巳日)에 냇가에 가서 몸을 씻고 노는 것으로, 이렇게 하면 그 해의 厄運을 면한다고 한다.
2. 流觴曲水 : 曲水는 이리저리 굽게 흐르는 물로, 여기에 술잔을 띄워놓고 차례로 앉아 술을 마셨다.

夫人之相與俯仰一世에 或取諸懷抱하여 悟(晤)言一室之內하고 或因寄所託하여 放浪形骸之外하나니 雖趣舍萬殊하고 靜躁不同이나 當其欣於所遇하여 暫得於己하여는 快然自得하여 曾不知老之將至라가 及其所之旣倦하여 情隨事遷이면 感慨係之

禊 : 계제사 계　湍 : 여울 단　晤 : 만날 오　骸 : 해골 해

矣라 向之所欣이 俛仰之間에 (以)〔已〕爲陳迹하니 尤不能不以之興懷로다 況脩短隨化하여 終期於盡하나니 [1]古人云死生亦大矣라하니 豈不痛哉아 每攬昔人興感之由하면 若合一契하니 未嘗不臨文嗟悼하여 不能喩之於懷라 固知一死生爲虛誕이요 齊彭殤爲妄作이라 後之視今이 亦猶今之視昔이리니 悲夫라 故로 列敍時人하고 錄其所述하니 雖世殊事異나 所以興懷는 其致一也라 後之覽者 亦將有感於斯文이리라

사람이 서로 더불며 세상을 살아감에 혹은 자신의 회포에서 취하여 한 방 안에서 서로 이야기하고, 혹은 마음에 의탁한 바를 따라 形骸(육체)의 밖에 방랑하기도 하니, 비록 나아가고 버림이 만 가지로 다르고, 고요함과 시끄러움이 똑같지 않으나 그 만나는 바에 기뻐하여 잠시 자기 마음에 흡족함을 당해서는 快然히 自得하여 일찍이 늙음이 장차 이르는 줄을 모르다가 가는 바의 흥취가 이미 권태를 느껴 情이 일에 따라 옮겨가면 感慨가 뒤따른다. 그리하여 조금 전에 기뻐하던 것이 고개를 숙였다 드는 사이에 이미 옛 자취가 되어버리니, 더더욱 이 때문에 감회를 일으키지 않을 수 없다. 더구나 〈사람은〉 장수하거나 단명하거나 간에 조화에 따라 끝내는 다 없어지고 마니, 옛 사람이 이르기를 '死生이 또한 크다.' 하였으니, 어찌 애통하지 않겠는가.

매양 옛 사람들이 감회를 일으킨 이유를 보면 마치 한 文書를 맞추는 듯이 부합하니, 일찍이 옛 사람의 글을 대하고서 서글퍼하고 한탄하지 않은 적이 없으나 이것을 마음속에 깨달을 수가 없다. 진실로 死生이 하나라고 한 것은 虛誕한 말이요, 70살을 산 彭祖와 殤(어릴 적에 요절한 사람)을 똑같다 한 것은 망령된 일임을 알겠다. 후세에 지금을 봄이 또한 지금에 옛날을 보는 것과 같을 것이니, 슬프다. 그러므로 당시 사람들을 차례로 쓰고, 그들이 지은 글을 기록하니, 비록 세대가 다르고 일이 다르나 감회를 일으킨 이유는 그 이치가 마찬가지이다. 후세에서 이것을 보는 자 또한 이 글에 장차 감회가 있을 것이다.

譯註 1. 古人云死生亦大矣 : 古人은 莊周를 가리킨 것으로, 이 말은 「莊子」《德充符》에 보인다.

王羲之는 字逸少니 東晉人이니 才之傑出者也라 一時宗尚老莊하여 淸談無實호되 右軍은 獨論建識時務하고 且嘗沮桓溫請遷都之議하니 斯人不多見也라 此篇은 以一死生, 齊彭殤으로 爲誕妄하니 蓋闢莊周, 矯流俗이요 不但文字之工而已라 且其字畫之妙 流聲萬世하여 與文章相爲不朽焉이라 蘭亭眞帖이 初入唐太宗陵이러니 至唐末하여 盜發諸陵하여 始復行世나 世所摹刻은 多非眞本이라 余嘗得二本하니 一本은 差古健이나 亦未知出於眞本否耳로라

陳 : 묵을 진 攬 : 잡을 람 殤 : 일찍죽을 상 沮 : 막을 저 矯 : 바로잡을 교
帖 : 문서 첩 摹 : 본뜰 모 刻 : 새길 각

○晉束晳傳에 武帝問曲水之義한대 晳曰 昔에 周公成洛邑하고 因流水泛酒하니 詩曰 羽觴隨波라하니이다

王羲之는 字가 逸少이니, 東晉 사람으로 재주가 걸출한 자였다. 당시에 老莊學을 숭상하여 淸談을 즐기고 실제가 없었는데, 右軍(右將軍인 王羲之)은 홀로 時務를 알아야 함을 주장하였으며, 또 일찍이 遷都하자는 桓溫의 의론을 저지하였으니, 이러한 인물은 많이 볼 수가 없다. 이 篇은 死生을 하나로 여기고 彭殤을 똑같이 여기는 것을 허망하다 하였으니, 이는 莊周를 배척하고 流俗을 바로잡은 것이요, 단지 문자가 공교할 뿐만이 아니다. 또 그 字畫(筆法)의 묘함이 만세에 명성을 남겨 문장과 함께 서로 불후의 명작이 되었다. 蘭亭의 眞帖은 처음에 唐太宗의 陵 속에 넣어졌었는데 당나라 말기에 도둑이 능을 발굴하여 비로소 다시 세상에 행해지게 되었으나 세상에 摹刻한 것은 대부분 眞本이 아니며, 내 일찍이 두 本을 얻었는데 그 중에 한 本은 다소 古健하나 이것도 眞本에서 나온 것인지는 알 수 없다.

○「晉書」束晳傳에 武帝가 曲水의 뜻을 묻자, 束晳은 대답하기를 "옛날 周公이 洛邑을 이루고 인하여 물을 흘려보내어 술잔을 띄웠으며, 그 詩(逸詩)에 '羽觴이 물결을 따른다' 하였습니다." 하였다.

陳 情 表　　李 密(令伯)

蜀志에 李密父早亡하고 母何氏更適人하니 密見養於祖母라 以孝聞하여 侍疾에 日夜未嘗解帶러니 蜀平에 晉帝徵爲太子洗馬한대 密上表하니 帝嘉其誠款하여 賜奴婢二人하고 使郡縣供祖母하여 奉膳服하며 遷漢中太守하니라

「三國志」蜀志에 다음과 같이 기록되어 있다.

"李密은 아버지가 일찍 죽고 어머니 何氏가 다른 사람에게 개가하였다. 그리하여 李密은 祖母에게 양육을 받았는데, 孝誠으로 알려져 조모를 병석에서 모심에 밤낮으로 일찍이 옷의 띠를 풀지 않았다. 蜀漢이 평정된 다음, 晉나라 武帝가 불러 太子洗馬를 삼으려 하자, 李密이 表文을 올리니, 武帝는 그의 정성을 가상히 여겨 노비 두 사람을 하사하고 郡縣으로 하여금 조모를 공양하여 음식과 의복을 받들게 하였으며, 漢中太守로 옮겨주었다.

臣以險釁으로 夙遭愍凶하여 生孩六月에 慈父見背하고 行年四歲에 [1]舅奪母志어늘 祖母劉閔臣孤弱하여 躬親撫養하니 臣少多疾病하여 九歲不行하고 零丁孤苦하여 至

晳 : 흴 석　泛 : 뜰 범　款 : 정성 관　膳 : 음식 선　釁 : 허물 흔　愍 : 근심할 민
閔 : 불쌍할 민　零 : 떨어질 령　丁 : 외로울 정

于成立이라 旣無叔伯하고 終鮮兄弟하며 門衰祚薄하여 晩有兒息하니 2)外無朞功強近之親이요 內無應門五尺之童이라 煢煢孑立하여 形影相弔어늘 而劉夙嬰疾病하여 常在牀褥하니 臣侍湯藥하여 未嘗廢離로소이다

臣은 기구한 운명으로 일찍이 딱하고 흉한 일을 당하여 태어난 지 6개월 만에 慈父가 별세하였고, 나이 네 살에 외삼촌이 어머니의 뜻을 빼앗았습니다. 祖母 劉氏께서 臣의 외롭고 약함을 가엽게 여겨 몸소 친히 어루만져 길러 주셨습니다. 臣은 어려서 질병이 많아 아홉 살이 되어도 걷지 못하였으며, 외롭고 고달프게 살며 성년이 됨에 이르렀습니다. 그리하여 이미 叔父와 伯父가 없사옵고 끝내 형제도 적으며, 가문이 쇠하고 복이 박하여 늦게야 자식을 두니, 밖으로는 朞年服과 大功服·小功服을 입을 가까운 친척이 없고, 안으로는 문에서 객을 응대할 5척의 동자도 없사옵니다. 쓸쓸히 홀로 서서 형체와 그림자만이 서로 위로하며 지냈사온데 劉氏는 일찍이 질병에 걸려 항상 병석에 계시니, 臣이 모시고 湯藥하기를 일찍이 그만두거나 곁을 떠난 적이 없사옵니다.

譯註 1. 舅奪母志 : 外叔이 守節하려던 어머니의 뜻을 빼앗아 改嫁시켰음을 말한 것이다.

2. 朞功強近之親 : 朞는 期年服이고 功은 大功 九月服과 小功 五月服을 가리키며 強近之親은 強盛하고 가까운 친척을 이른다.

逮奉聖朝에 沐浴淸化하여 前太守臣逵 察臣孝廉하고 後刺史臣榮이 擧臣秀才어늘 臣以供養無主로 辭不赴〈命〉이러니 會詔書特下하사 拜臣郎中하시고 尋蒙國恩하여 除臣洗馬하시니 猥以微賤으로 當侍東宮이라 非臣隕首所能上報니이다 臣具以表聞하여 辭不就職이러니 詔書切峻하사 責臣逋慢하시고 郡縣逼迫하여 催臣上道하니 州司臨門이 急於星火라 臣欲奉詔奔馳인댄 則以劉病日篤이요 欲苟順私情인댄 則告訴不許하니 臣之進退 實爲狼狽로소이다

聖朝를 받듦에 미쳐 맑은 교화에 沐浴하여 전에는 太守인 臣 逵가 신의 孝廉함을 관찰하여 천거하였고, 뒤에는 刺史인 臣 榮이 신을 秀才로 천거하였사오나, 臣은 공양을 맡을 사람이 없으므로 사양하고 명령에 따르지 않았습니다. 마침 조서를 특별히 내리시어 臣을 郎中으로 임명하시고, 얼마 후에는 國恩을 입사와 臣을 太子洗馬로 임명하시니, 외람되이 미천한 몸으로 東宮(太子)을 모시게 되었습니다. 이는 臣이 목숨을 바쳐 위로 보답할 수 있는 것이 아닙니다. 이에 臣은 자세히 表文으로 아뢰어 사양

祚 : 복 조 煢 : 외로울 경 孑 : 반쪽 혈 嬰 : 걸릴 영 褥 : 요 욕 逮 : 미칠 체
逵 : 한길 규 尋 : 조금있을 심 猥 : 외람될 외 隕 : 떨어질 운 逋 : 달아날 포

하고 직무에 나아가지 않았습니다. 그런데 조서가 간절하고 준엄하여 臣의 逋慢(게으름)함을 책하시고 郡縣의 수령들이 독촉하여 臣에게 길에 오를 것을 재촉하니, 州司에서 신의 문에 와서 재촉함이 星火보다 급합니다.

臣이 조서를 받들어 달려가고자 할진댄 劉氏의 병이 날로 위독해질 것이요, 구차히 사사로운 정을 따르고자 할진댄 하소연을 허락해주지 않으시니, 臣의 進退가 실로 낭패이옵니다.

伏惟聖朝以孝治天下하사 凡在故老에도 猶蒙矜育이어든 況臣孤苦特爲尤甚하니이다 [1]且臣少事僞朝하여 歷職郎署하니 本圖宦達이요 不矜名節이라 今臣은 亡國賤俘라 至微至陋어늘 過蒙拔擢하니 豈敢盤桓하여 有所希冀릿가 但以劉日薄(迫)西山하여 氣息奄奄하니 人命危淺하여 朝不慮夕이라 臣無祖母면 無以至今日이요 祖母無臣이면 無以終餘年이니 母孫二人이 更(경)相爲命일새 是以區區不能廢遠이로소이다

엎드려 생각하옵건대, 聖朝에서는 孝道로써 천하를 다스리시어 모든 故老에 있어서도 오히려 불쌍히 여겨 길러줌을 입고 있사온데, 더구나 臣은 외롭고 고달픔이 특히 심합니다. 또 臣은 젊어서 僞朝(蜀)를 섬겨 郎署의 직책을 지냈사오니, 본래 벼슬길에 영달함을 도모하였고, 名節을 아끼지 않았습니다. 이제 臣은 망한 나라의 천한 포로로서 지극히 미천하고 지극히 누추하온데 지나친 발탁을 입사오니, 어찌 감히 머뭇거려 바라는 바가 있겠습니까. 다만 조모 劉氏의 병이 해가 西山에 이른 듯하여 氣息(숨)이 거의 끊어질 듯하오니, 사람의 목숨이 위태롭고 얕아서 아침에도 저녁 일을 생각할 수 없사옵니다. 臣은 조모가 없었으면 오늘날에 이를 수가 없고, 조모도 臣이 없으면 餘年을 마칠 수가 없사오니, 조모와 손자 두 사람이 교대로 서로 생명을 돌보아 주기에 구구히 그만두고 멀리 떠나갈 수가 없는 것이옵니다.

譯註 1. 僞朝 : 傀儡王朝란 뜻으로, 이미 멸망한 蜀漢을 가리킨 것이다.

臣密은 今年四十有四요 祖母劉는 今年九十有六이니 是臣盡節於陛下之日은 長하고 報劉之日은 短也라 [1]烏鳥私情이 願乞終養하오니 臣之辛苦는 非獨蜀之人士와 及二州牧伯所見明知라 皇天后土實所共鑑이오니 願陛下는 矜憫愚誠하시고 聽臣微志하사 庶劉僥倖하여 卒保餘年이시면 臣은 生當隕首요 死當結草리이다 臣不勝怖懼之情하여 謹拜表以聞하노이다

臣 密은 이제 나이 44세요, 조모 유씨는 이제 나이 96세이니, 이는 臣이 폐하에게

矜 : 불쌍할 긍　俘 : 사로잡힐 부　盤 : 돌 반　桓 : 머뭇거릴 환　乞 : 빌 걸　鑑 : 볼 감
僥 : 요행 요　倖 : 요행 행　怖 : 두려울 포　聞 : 아뢸 문

충절을 다할 날은 길고, 유씨에게 보답할 날은 짧은 것입니다.

烏鳥(까마귀)의 사사로운 정이 끝까지 봉양하옵기를 원하오니, 臣의 辛苦함은 다만 蜀지방의 人士와 두 고을 州牧이 보고 밝게 알 뿐만이 아니라, 皇天과 后土가 실로 함께 보시는 바입니다. 폐하께서는 臣의 어리석은 정성을 가엾게 여기시어 臣의 하찮은 뜻을 허락해 주시어 거의 劉氏가 요행으로 끝내 여년을 보존할 수 있게 하소서. 이렇게 하면 臣은 살아서는 마땅히 목숨을 바칠 것이요, 죽어서는 마땅히 結草報恩하겠습니다. 臣은 두려운 마음을 이기지 못하와 삼가 표문을 올려 아뢰옵니다.

譯註 1. 烏鳥私情 : 烏鳥는 까마귀인 바, 까마귀 새끼는 자란 다음 어미에게 먹이를 먹여 주어 은혜를 갚는다 하므로, 효도하려는 마음을 비유하여 말한 것이다.

歸去來辭 陶淵明(元亮)

朱文公曰 歸去來辭者는 晉處士陶潛淵明之所作也라 潛有高志遠識하여 不能俯仰時俗이라 嘗爲彭澤令이러니 督郵行縣且至어늘 吏白當束帶見之한대 潛歎曰 吾安能爲五斗米하여 折腰向鄕里小兒邪아하고 卽日解印綬去할새 作此詞하여 以見志하니라 後以劉裕將移晉祚라하여 恥事二姓하여 遂不復仕하고 宋文帝時에 特徵不至러니 卒에 謚靖節徵士라 歐陽公言 兩晉에 無文章이요 幸獨有此篇耳라 然其詞義夷曠蕭散하여 雖託楚聲이나 而無其尤怨切蹙之病云이라

○ 淵明元序曰 余家貧하여 幼稚盈室호되 甁無儲粟하니 親故多勸余爲長(史)〔吏〕일새 脫然有懷라 家叔이 以余貧苦라하여 遂見用爲小邑이라 于時에 風波未靜하니 心憚遠役일새 彭澤은 去家百里요 公田之利 足以爲(酒)〔潤〕이러니 及少日에 眷然有歸歟之情하니 何則고 質性自然이요 非矯勵所得이며 飢凍雖切이나 違己交病이라 於是에 悵然慷慨하여 深愧平生之志로되 猶望一稔하여 當斂裳宵逝러니 尋程氏妹喪于武昌이라 情在駿奔하여 自免去職하니 仲秋至冬에 在官八十餘日이라 因事順心하여 命之曰歸去來兮라하니 乙巳歲十一月也라

○ 淵明時年이 四十一歲러라

朱文公이 말씀하였다.

"歸去來辭는 晉나라 處士인 陶潛 淵明이 지은 것이다. 陶潛은 높은 뜻과 원대한 식견이 있어 時俗을 따라 俯仰(부침)하지 못하였다. 일찍이 彭澤令이 되었었는데, 督郵가 縣을 순행하러 장차 이르게 되었다. 아전이 '마땅히 띠를 묶고 나가 뵈어야

郵 : 역말 우　綬 : 인끈 수　徵 : 부를 징　蕭 : 쓸쓸할 소　儲 : 쌓을 저　矯 : 바로잡을 교
凍 : 얼 동　悵 : 슬플 창　慷 : 강개할 강　慨 : 분개할 개　稔 : 해 임　宵 : 밤 소

합니다' 하고 아뢰자, 陶潛은 탄식하기를 '내 어찌 다섯 말의 쌀을 위하여 향리의 소아에게 허리를 굽히겠는가?' 하고, 즉일로 印綬를 풀고 떠나가면서 이 글을 지어 뜻을 보였다. 뒤에 劉裕가 장차 晉나라의 국통을 바꾸려 하자, 두 姓의 군주를 섬기는 것을 부끄러워하여 마침내 다시 벼슬하지 않았으며, 宋文帝(劉裕) 때에 특별히 불렀으나 가지 않았다. 죽은 후에 靖節徵士라 諡號하였다. 歐陽公(歐陽脩)은 "兩晉(西晉과 東晉)시대에는 문장이 없고 다행히 홀로 이 篇이 있을 뿐이다. 그러나 그 말뜻이 평화롭고 호방하며 蕭散(깨끗하고 한가로움)하여 비록 「楚辭」의 소리에 가탁하였으나 원망하고 간절한 병통이 없다." 하였다.

○ 淵明의 元序에 다음과 같이 말하였다.

"나는 집이 가난하여 어린 아이들이 방에 가득하였으나 瓶(그릇)에 쌓인 곡식이 없었다. 이에 친척과 친구들이 나에게 長吏가 되라고 권하는 자가 많았으므로 나는 脫然히 생각을 바꾸었다. 家叔은 내가 빈한하고 고생한다 하여, 마침내 나를 등용하여 작은 고을을 다스리게 하였다. 그러나 이때 풍파가 진정되지 않았으므로 마음에 멀리 가는 것을 꺼려하였는데, 彭澤은 집에서 거리가 100리에 불과하였고 公田(녹봉)의 이로움이 족히 집을 윤택하게 할 수 있었다. 그러나 부임한 지 얼마 안되어 眷然히 돌아가려는 마음이 있었으니, 왜냐하면 성질의 자연함이요 억지로 힘써서 될 수 있는 바가 아니며 飢寒이 비록 간절하나 자기의 뜻과 어긋나 서로 해롭기 때문이었다. 이에 悵然히 慷慨하여 평소의 뜻에 깊이 부끄러웠으나 그래도 1년이 지나기를 기다려 마땅히 치마를 거두어 밤에 가려고 했었는데, 얼마후 程氏에게 시집간 누이가 武昌에서 죽으니, 마음이 초상에 달려가고자 하여 스스로 면직하고 떠나갔다. 仲秋로부터 겨울에 이르기까지 관직에 있은 지가 80여 日이었다. 일을 따라 마음을 순히 하였으므로 명명하기를 '歸去來兮'라 하니, 乙巳年 11월이었다."

○ 淵明의 이때 나이가 41세였다.

*歸去來辭 原序

余家貧하여 耕植이 不足以自給이요 幼稚盈室호되 瓶無儲粟하여 生生所資 未見其術이라 親故多勸余爲長吏일새 脫然有懷하되 求之靡途러니 會有四方之事하여 諸侯以惠愛爲德하니 家叔이 以余貧苦라하여 遂見用於小邑이라 於時에 風波未靜하니 心憚遠役일새 彭澤은 去家百里요 公田之利 足以爲潤이라 故로 便求之라 少日에 眷然有歸與之情하니 何則고 質性自然이요 非矯勵所得이며 飢凍雖切이나 違己交病하니 嘗從人事가 皆口腹自役이라 於是에 悵然慷慨하여 深愧平生之志로되 猶望一稔하여 當斂裳宵逝러니 尋程氏妹喪於武昌이라 情在駿奔하여 自免去職하니 仲秋至冬에 在官八十餘日이라 因事順心하여 命篇曰歸去來兮라하니 乙巳歲十一月也라

* 위의 내용은 「陶淵明集」의 原序인 바, 讀者들의 참고를 위하여 붙였으며, 위에 이를 축약한 글이 실려 있으므로 譯文은 싣지 않았다.

歸去來兮여 田園將蕪하니 胡不歸오 旣自以心爲形役하니 奚惆悵而獨悲오 悟已往之不諫하고 知來者之可追라 實迷塗其未遠하니 覺今是而昨非로다 舟搖搖以輕颺이요 風飄飄而吹衣로다 問征夫以前路하니 恨晨光之熹微로다 乃瞻衡宇하고 載欣載奔하니 僮僕歡迎하고 稚子候門이라 [1]三徑은 就荒이나 松菊은 猶存이라 携幼入室하니 有酒盈樽일새 引壺觴以自酌하고 眄庭柯以怡顔이라 倚南窓以寄傲하니 審容膝之易安이라 園日涉以成趣하고 門雖設而常關이라 策扶老以流憩라가 時矯首而遐觀하니 雲無心以出岫하고 鳥倦飛而知還이라 景翳翳以將入하니 撫孤松而盤桓이로다

돌아가자! 田園이 장차 황폐하려 하니, 어찌 돌아가지 않겠는가. 이미 스스로 마음을 形體의 使役으로 삼았으니, 어찌 실심하여 홀로 슬퍼하기만 하겠는가. 이미 지나간 날은 따질 수 없음을 깨닫고 앞으로 올 것은 바른 길을 따를 수 있음을 알았노라. 실로 길을 잃었으나 아직 멀리 가지 않았으니, 지금이 옳고 어제는 잘못이었음을 알았노라. 배는 흔들흔들 가벼이 날리고 바람은 살랑살랑 옷자락에 불도다. 길가는 나그네에게 앞 길을 물으니, 새벽빛이 희미함을 한하도다.

마침내 조그마한 집을 바라보고 기뻐 달려가니, 僮僕들은 환영하고 어린아이는 문에서 기다린다. 세 오솔길은 황폐해졌으나 소나무와 국화는 그대로 남아있다. 어린아이 손을 잡고 방에 들어가니, 술이 술동이에 가득히 있기에 술병과 술잔을 이끌어 스스로 따라 마시고 뜰의 나뭇가지를 보면서 얼굴을 펴노라. 남쪽 창가에 기대어 오만함(자유스러움)을 부치니, 무릎을 용납할 만한 곳이 편안하기 쉬움을 알았노라. 전원을 날마다 거닐어 趣味를 이루고, 문은 비록 설치되어 있으나 항상 닫혀 있다. 扶老(지팡이)를 짚고서 가며 쉬며 하다가 때로는 머리를 들어 멀리 바라보니, 구름은 무심히 산골짝에서 나오고 새는 날기에 지쳐서 돌아올 줄 아누나. 햇볕이 뉘엿뉘엿 장차 지려 하는데, 외로운 소나무를 어루만지며 서성대도다.

譯註 1. 三徑 : 세 오솔길로 옛날 隱者인 蔣詡가 집의 대나무 숲 사이에 세 오솔길을 만들어 놓고 오직 羊仲·裘仲을 찾아다니며 놀았다 한다.

歸去來兮여 請息交以絶遊라 世與我而相違하니 復駕言兮焉求리오 悅親戚之情話하고 樂琴書以消憂로다 農人이 告余以春及하니 將有事于西疇로다 或命巾車하고 或棹孤舟하여 旣窈窕以尋壑하고 亦崎嶇而經丘하니 木欣欣以向榮하고 泉涓涓而始流라 羨萬物之得時하고 [1]感吾生之行休로다 已矣乎라 寓形宇内復幾時오 曷不委心任去留하고 胡爲乎遑遑欲何之오 富貴는 非吾願이요 帝鄕은 不可期라 懷良辰以孤

蕪 : 거칠 무　惆 : 슬플 추　颺 : 나부낄 양　飄 : 나부낄 표　熹 : 희미할 희　載 : 곧 재
携 : 끌 휴　眄 : 볼 면　策 : 짚을 책　憩 : 쉴 게　岫 : 산봉우리 수　翳 : 어둑할 예
疇 : 밭두둑 주　棹 : 노 도　崎 : 험할 기　嶇 : 험할 구　涓 : 졸졸흐를 연　行 : 장차 행

往하고 或植(치)杖而耘耔라 登東皐以舒嘯하고 臨淸流而賦詩라 聊乘化以歸盡하니 樂夫天命復奚疑아

돌아가자! 교제를 그만두고 교유를 끊어야겠다. 세상이 나와 서로 맞지 않으니, 다시 수레를 타고 무엇을 구하겠는가. 친척들의 情談을 기뻐하고 거문고와 書册을 즐기며 근심을 잊으리라. 농부가 나에게 봄이 왔음을 알려주니, 장차 서쪽 밭두둑에 농사일이 있게 되었구나! 혹은 巾車(휘장을 친 小車)를 준비하라고 명하고 혹은 외로운 배를 노질하여 이미 깊숙하게 골짝을 찾고 또한 꼬불꼬불 험한 길로 언덕을 지나니, 나무들은 欣欣히 꽃피려 하고 샘물은 졸졸 비로소 흐르누나. 만물이 제 때를 얻음을 부러워하고 우리 인생이 장차 끝남을 느끼노라.

그만두어라! 형체를 우주 안에 붙이고 살기를 다시 얼마를 하겠는가. 어이하여 마음에 맡겨 떠나고 머무름을 임의대로 하지 않고 어찌하여 遑遑히 어디로 가고자 하는가. 富貴는 나의 소원이 아니요, 上帝의 고향은 기약할 수가 없도다. 좋은 철을 생각하여 외로이 가고 혹은 지팡이를 꽂아놓고 김매노라. 동쪽 언덕에 올라 휘파람을 불고 맑은 물가에 임하여 시를 짓노라. 애오라지 造化를 타고 일생을 마치려 하니, 天命을 즐기니, 다시 무엇을 의심하겠는가.

譯註 1. 吾生之行休 : 行休를 행하고 쉬는 것으로 풀이하기도 하나 위의 萬物之得時와 맞지 않으므로 行을 將의 뜻으로 보아 '우리 人生은 장차 늙어 죽어 끝난다.'로 해석하였음을 밝혀둔다.

按 淵明이 以不欲束帶見督郵而去官이로되 而其序, 其辭에 略不及之하여 無怨天尤人之心하고 惟見其有安土樂天之趣하니 可謂賢矣라 自以晉室宰輔陶侃之曾孫으로 恥復屈身하고 後代宋業漸隆에 不肯復仕라가 歿於宋元嘉四年하니 而朱文公綱目에 特筆書之曰 晉徵士陶潛卒이라하니 可謂又賢矣라 且節義之耿介者는 多過於矯激하고 襟懷之和適者는 易流於頹靡어늘 淵明은 以和適之襟懷로 而全耿介之節義하여 不偏不倚하니 蓋兩得之라 此篇은 兩提起歸去來兮而始之曰胡不歸라하고 終之曰乘化歸盡이라하니 胡不歸之歸는 歸歟之歸也요 歸盡之歸는 子全而歸之之歸也라 惟其有前之歸하여 養高全節이라 故能生順死安하여 歸盡無歉하니 使枉己違性, 徇祿忘歸런들 則易姓之際에 不能全節하여 其歸盡也에 抱恨包羞하여 澌盡泯滅하여 草木俱腐而已리니 安能雖死猶生하여 千古流芳을 如此哉아 始末兩歸字는 爲一篇之眼目하니 讀者其毋忽略於此云이라

살펴보건대 陶淵明은 띠를 묶고 督郵를 만나보는 것을 싫어하여 벼슬을 버리고 떠나갔는데, 그 序와 그 辭에는 조금도 이를 언급하지 않아 하늘을 원망하고 사람을 탓하는 마음이 없고, 오직 처한 위치를 편안히 여기고 천명을 즐거워하는 志趣가 있

耔 : 북돋울 자　皐 : 언덕 고　侃 : 강직할 간　歿 : 죽을 몰　歉 : 서운할 겸

음을 볼 뿐이니, 어질다고 이를 만하다. 스스로 晉나라 宰輔인 陶侃의 曾孫으로서 다시 몸을 굽히는 것을 부끄러워하였으며, 뒤에 宋나라 왕업이 점점 높아지자, 다시 벼슬하려 하지 않다가 宋나라 元嘉 4년에 별세하였는데, 朱文公의 「資治通鑑綱目」에는 특별히 쓰기를 "晉나라의 徵士인 陶潛이 별세했다." 하였으니, 또 어질다고 이를 만하다. 또 節義가 耿介(곧고 굳음)한 자는 대부분 너무 과격함에 지나치고, 襟懷가 평화스럽고 맞는 자는 頹靡(무너지고 쓰러짐)에 흐르기 쉬운데, 陶淵明은 和適한 襟懷로써 耿介한 節義를 온전히 하여 편벽되지 않고 치우치지 않았으니, 이 두 가지를 모두 얻었다 할 것이다.

이 篇은 歸去來兮를 두번 제기하였는데, 처음에는 "어찌 돌아가지 않겠는가?" 하였고, 마지막에는 "조화를 타고 돌아가 마친다" 하였다. "어찌 돌아가지 않겠는가?" 한 歸字는 '歸歟(돌아가자)'의 歸字요, "돌아가 마친다."는 歸字는 "〈부모가 온전히 낳아주셨으니〉 자식이 온전히 보존하여 돌아간다.〔父母全而生之 子全而歸之〕"는 歸字이다. 앞에 돌아갈 뜻이 있어 높은 뜻을 기르고 절개를 온전히 하였다. 그러므로 살아서는 이치를 순종하고 죽어서는 편안하여 돌아가 마쳐서 부끄러움이 없었던 것이니, 가령 자기 몸을 굽히고 성품을 어겨 녹을 따라 돌아갈 줄을 몰랐다면 易姓革命하는 즈음에 절개를 온전히 보존하지 못하여, 그 돌아가 마칠 때에 한을 품고 부끄러운 마음을 품어 澌盡하고 泯滅하여 초목과 함께 썩어 없어지고 말았을 것이니, 어찌 죽었어도 산 것과 같아서 千古에 아름다운 향기를 남기기를 이와 같이 하였겠는가? 처음과 끝의 두 歸字는 한 편의 눈알이 되니, 읽는 자는 이것을 소홀히 하지 말아야 할 것이다.

古文眞寶後集 卷之二

五柳先生傳 陶淵明(元亮)

陶淵明이 門栽五柳하고 因自著五柳先生傳하니라

陶淵明이 문 앞에 버드나무 다섯 그루를 심고 인하여 '五柳先生傳'을 지었다.

先生은 不知何許人이요 亦不詳其姓字며 宅邊에 有五柳樹하여 因以爲號焉이라 閑靖少言하고 不慕榮利하며 好讀書하되 不求甚解하고 每有意會면 便欣然忘食이라 性嗜酒하되 家貧하여 不能常得하니 親舊知其如此하고 或置酒而招之면 造飮輒盡하여 期在必醉하고 旣醉而退하여 曾不吝情去留라 [1]環堵蕭然하여 不蔽風日하고 短褐穿結하며 簞瓢屢空하되 晏如也러라 常(嘗)著文章自娛하여 頗示己志하고 忘懷得失하여 以此自終하니라

先生은 어떤 사람인지 알지 못하고 그 姓字도 상세하지 않으며, 집가에 다섯 그루의 버드나무가 있으므로 인하여 五柳先生이라고 號하였다. 한가하고 조용하여 말이 적고 榮華와 財利를 사모하지 않으며, 독서하기를 좋아하나 세세히 해석하려 하지 않고, 매양 뜻에 맞는 곳이 있으면 欣然히 밥먹기를 잊었다. 성품이 술을 좋아하였으나 집이 가난하여 항상 얻지는 못하였다. 친구들이 이와 같은 실정을 알고 혹 술자리를 마련하여 초청하면, 나아가 마시되 그 때마다 번번이 다 마셔서 반드시 취하는 데 기약하였고, 이미 취하고 나면 물러나와 일찍이 떠나고 머무는데 미련을 두지 않았다. 環堵가 쓸쓸하여 바람과 해를 가리지 못하고 짧은 갈옷이 뚫어지고 기웠으며, 도시락의 밥과 표주박의 물이 자주 떨어졌으나 태연하였다. 일찍이 문장을 지어 스스로 좋아하여 자못 자기의 뜻을 보이고 마음에 得失을 잊어 이것으로써 일생을 마쳤다.

譯註 1. 環堵蕭然 : 環은 四方의 둘레이며 堵는 담의 길이와 넓이가 각각 1尺인 것으로 環堵는 매우 작은 집을 뜻한다. 蕭然은 쓸쓸하고 고요함이다.

贊曰 [1]黔婁有言하되 不戚戚於貧賤하며 不汲汲於富貴라하니 極其言인댄 玆若人之儔乎인저 酣觴賦詩하여 以樂其志하니 [2]無懷氏之民歟아 葛天氏之民歟아

다음과 같이 贊한다.

"黔婁가 말하기를 '貧賤에 걱정하지 않고 富貴에 급급해하지 않는다.' 하였으니, 그 말을 미루어 지극히 한다면 이 사람(五柳先生)과 같은 무리일 것이다. 술에 취하여

靖 : 고요할 정 堵 : 담 도 褐 : 毛布 갈 穿 : 뚫을 천 簞 : 대그릇 단 瓢 : 표주박 표
屢 : 자주 루 晏 : 편안 안 婁 : 끌 루 戚 : 근심할 척 儔 : 무리 주 酣 : 즐길 감

詩를 지어 그 뜻을 즐기니, 無懷氏의 백성인가? 葛天氏의 백성인가?"

譯註 1. 黔婁 : 춘추시대 齊나라의 隱士로, 志節을 숭상하여 魯恭公이 곡식 3천鍾을 하사하였으나 받지 않았다.

2. 無懷氏之民歟 葛天氏之民歟 : 無懷氏와 葛天氏는 모두 太古時代의 帝王으로 곧 순박한 太古時代의 백성임을 가리킨 것이다.

北山移文 　孔稚圭(德璋)

孔稚圭는 字德璋이니 會稽人이라 少涉學하여 有美譽하고 仕至太子詹事하니라 鍾山은 在郡北하니 其先에 周彦倫이 隱於北山이러니 後應詔하여 出爲海鹽縣令이라가 欲却適北山한대 孔生이 乃假山靈之意하여 移之하여 使不許再至라 故云北山移文이라 迂齋云 建康蔣山이 是也라

孔稚圭는 字가 德璋이니 會稽 사람이다. 젊어서 학문을 섭렵하여 훌륭한 칭찬이 있었으며 벼슬이 太子詹事에 이르렀다. 鍾山은 郡의 북쪽에 있는바, 이 보다 앞서 周彦倫(周顒)이 北山에 은둔하였는데, 뒤에 詔命에 응하여 나가 海鹽縣令이 되었다가 다시 北山으로 오려 하자, 孔生이 마침내 산신령의 뜻을 빌려 移文(돌려보이는 글)을 지어 다시 오지 못하게 하였다. 그러므로 北山移文이라 이름하였다. 迂齋가 이르기를 "建康의 蔣山이 바로 鍾山이다." 하였다.

鍾山之英과 草堂之靈이 馳煙驛路하여 勒移山庭이라 夫以耿介拔俗之標와 蕭洒出塵之想으로 度(탁)白雪以方潔하고 干青雲而直上을 吾方知之矣라 若其亭亭物表하고 皎皎霞外하여 芥千金而不(眄)〔盼〕하고 屣萬乘其如脫하여 [1]聞鳳吹於洛浦하고 [2]値薪歌於延瀨가 固亦有焉이러니 [3]豈期始終參差(치)하고 蒼黃反(翻)覆하여 [4]淚翟子之悲하고 [5]慟朱公之哭이리오 乍廻迹以心染하고 或先貞而後黷하니 何其謬哉오 嗚呼라 尙生不存하고 仲氏旣往하니 山阿寂寥하여 千載誰賞고

鍾山(北山)의 英靈과 草堂寺의 산신령이 驛路에 煙霞를 달리게 하여 산마루에 〈周顒의 入山을 禁하는〉 移文을 새겨 놓았다. 〈隱者는〉 세속을 벗어난 耿介한 儀標와

璋 : 홀 장　詹 : 이를 첨　勒 : 새길 륵　耿 : 밝을 경　方 : 겨룰 방　干 : 범할 간
皎 : 깨끗할 교　芥 : 티끌 개　盼 : 결눈질할 반　屣 : 짚신 사　瀨 : 여울 뢰
差 : 어긋날 치　翟 : 꿩 적　慟 : 통곡할 통　乍 : 언뜻 사　黷 : 더러울 독　寥 : 쓸쓸할 료
顒 : 클 옹

塵世를 벗어난 蕭洒(고결)한 생각으로 白雪을 헤아려 깨끗함을 겨루고, 青雲을 찌르고 곧바로 올라감을 내 바야흐로 아노라. 사물의 밖에 높이 솟아 우뚝하고 煙霞의 밖에 皎皎(깨끗함)하여, 千金을 지푸라기처럼 여겨 돌아보지 않고, 萬乘天子의 높은 지위를 헌신짝 버리듯이 하여, 鳳凰의 젓대소리를 洛浦에서 듣고 나무꾼의 노래소리를 延瀨에서 만났으니, 진실로 또한 이러한 사람이 있었다. 어찌 始와 終이 어긋나고, 蒼色과 黃色이 번복되어 翟子(墨翟)의 눈물을 흘리게 하며 朱公(楊朱)의 통곡을 자아낼 줄을 기약하였겠는가. 잠깐 자취를 山林에 돌리나 마음은 세속에 물들었으며, 혹은 먼저는 깨끗하였으나 뒤에는 더러웠으니, 어쩌면 그리도 잘못되었는가. 오호라! 〈옛날 隱者인〉 尚生(尚長)이 생존하지 않고 仲氏(仲長統)가 이미 세상을 떠났으니, 山阿가 적막하여 천 년 동안에 누가 감상하겠는가.

譯註 1. 聞鳳吹於洛浦 : 옛날 周靈王의 太子인 晉은 젓대를 잘 불어 봉황의 울음소리를 내며 伊水와 洛水의 사이에 놀고 마침내 神仙이 되었는 바, 「列仙傳」의 王子喬가 바로 그라 한다.

2. 値薪歌於延瀨 : 薪歌는 나무꾼의 노래이며 延瀨는 물 이름. 晉나라의 孫登이 蘇門山에 隱居하였는데, 延瀨에서 한 나무꾼을 만나 '그대는 이 곳에서 이대로 일생을 마칠 것인가?' 하고 묻자, 그는 '聖人은 모든 想念을 버리고 道德을 마음으로 삼는다고 한다. 내 무엇을 괴이하게 여기고 슬퍼하겠는가?'라고 대답한 다음 노래 두 편을 읊고 떠나갔다 한다.

3. 始終參差 蒼黃反覆 : 마음에 변덕이 심하여 初志를 끝까지 지키지 못함을 비유한 것이다.

4. 淚翟子之悲 : 翟子는 戰國時代 兼愛說을 주장한 墨翟으로, 그는 흰 실이 黃色이나 黑色으로 물드는 것을 보고 사람의 心性도 본래는 善하나 惡에 물들면 고치기 어려움을 생각하고 슬퍼하였다.

5. 慟朱公之哭 : 朱公은 爲我說을 주장한 楊朱로, 그는 岐路를 보고는 사람의 마음도 이 길처럼 善·惡으로 갈라지면 다시 돌아오기 어렵다 하여 통곡하였다.

世有周子하니 儁俗之士라 旣文旣博이요 亦玄亦史라 [1]然而學遁東魯하고 習隱南郭하여 [2]竊吹草堂하고 濫巾北岳하여 誘我松桂하며 欺我雲壑하여 雖假容於江皐나 乃纓情於好爵이라 其始至也에 將欲排巢父, 拉許由하고 傲百世, 蔑王侯하여 風情張日하고 霜氣橫秋하여 或歎幽人長往하고 或怨王孫不游하여 談空空於釋部하고 覈玄玄於道流하니 [3]務光何足比며 涓子不能儔러니

세상에 周子(周顒)가 있으니, 속세에 뛰어난 선비이다. 이미 문장을 잘하고 博學하였으며, 또한 玄妙한 이치를 깨닫고 또한 史學을 잘하였다. 그리하여 東魯의 은둔을

纓 : 맬 영　拉 : 꺾을 랍　覈 : 핵실할 핵　涓 : 물방울 연　綦 : 초록빛 기

배우고 南郭子綦의 은둔을 익혀, 草堂에서 몰래 젓대 부는 대열에 끼고 北岳에서 참람하게 幅巾을 쓰고는 우리 소나무와 계수나무를 유혹하고 우리 구름과 골짝을 속여, 비록 겉모양은 강가에서 山林處士의 모양을 빌리나 속마음은 좋은 벼슬에 매여 있었다. 그가 처음 이 곳에 올 때에는 장차 巢父를 능가하고 許由를 꺾고 올라서서 百世를 〈지나도 자신을 능가할 만한 隱者가 없을 것이라고〉 오만하고 王侯를 멸시하여 風流의 情이 햇살처럼 퍼지고 秋霜 같은 기상이 가을 하늘에 비껴, 혹은 幽人이 영원히 가버렸음을 탄식하고 혹은 王孫이 놀지 않음을 원망하였다. 釋部(佛敎)의 空空한 이치를 談論하고 道流(道家)의 玄玄한 이치를 논변하니, 務光이 어찌 비교될 수 있었겠는가. 涓子도 짝할 수가 없었다.

譯註 1. 學遁東魯 習隱南郭：東魯는 春秋時代 魯나라의 賢士인 顔闔이며 南郭은 隱士인 南郭子綦로 「莊子」《讓王》과 《齊物論》에 각각 보인다.

2. 竊吹草堂 濫巾北岳：竊吹는 피리〔竽〕 부는 대열에 몰래 숨어 있는 것. 전국시대 齊宣王이 피리를 좋아하여 피리부는 樂師가 3백 명이었는데, 南郭先生은 피리를 불줄 모르면서 그 사이에 끼여 녹을 먹었다 한다. 濫巾은 참람하게 隱者의 頭巾인 幅巾을 쓰는 것으로, 곧 周顒이 지난날 草堂寺와 北山에서 隱者인 것처럼 행세하였음을 말한 것이다.

3. 務光何足比 涓子不能儔：務光은 夏나라 말기의 賢者로 商의 湯王이 天下를 사양하였으나 받지 않고 도망하였으며, 涓子는 春秋時代 齊나라의 隱者이다.

及其鳴騶入谷하고 [1]鶴書赴隴에 形馳魄散하고 志變神動이라 爾乃眉軒席次하고 袂聳筵上하여 焚芰製而裂荷衣하고 抗塵容而走俗狀하니 風雲悽其帶憤하고 石泉咽(열)而下愴하며 望林巒而有失하고 顧草木而如喪이라 至其紐金章, 綰黑綬하여 跨屬城之雄하고 冠百里之首하여 張英風於海甸하고 馳妙譽於浙右하니 道帙長擯하고 法筵久埋라 敲扑諠囂가 犯其慮하고 牒訴倥傯이 裝其懷하니 琴歌既斷하고 酒賦無續하여 常綢繆於結課하고 每紛綸於折獄이라 [2]籠張趙於往圖하고 [3]架卓魯於前籙하여 [4]希蹤三輔豪하고 馳聲九州牧하여 使其高霞孤映하고 明月獨擧하며 靑松落陰하니 白雲誰侶오 磵戶摧絶無與歸요 石逕荒涼徒延竚로다 至於還飈入幕하고 寫(瀉)霧出楹하니 蕙帳空兮夜鶴怨이요 山人去兮曉猿驚이라 昔聞投簪逸海岸이러니 今見解蘭縛塵纓이로다

그러다가 〈周子를 부르러 오는 使者의〉 우는 騶馬가 골짜기로 들어오고 鶴頭書가

聳：솟을 용 芰：마름 지 咽：목멜 열 紐：맬 뉴 綰：맬 관 扑：칠 복
諠：시끄러울 훤 囂：시끄러울 효 倥：바쁠 공 傯：바쁠 총 綢：얽을 주
繆：얽을 무 架：능가할 가 籙：秘記 록 磵：산골물 간 竚：기다릴 저 飈：바람 표

밭두둑으로 당도하자, 몸이 그리로 달려가고 넋이 흩어지며 뜻이 변하고 정신이 동하였다. 그리하여 마침내 눈썹이 자리에서 치켜 올라가고 소매가 자리 위에 펄럭이며 연꽃으로 만든 處士의 옷을 불태우고 연꽃으로 만든 隱者의 옷을 찢어버리고는 塵世의 얼굴을 들고 세속의 형상을 하고 줄달음치니, 바람과 구름이 悽然히 분한 기운을 띠고 돌과 샘물이 오열하며 흘러가 슬퍼하였다. 숲과 산을 바라보니 실망에 찬 듯하고, 초목을 돌아보니 의기를 상실한 듯하였다. 그러다가 縣令의 金章을 차고 검은 인끈을 차고서 屬城 중에 가장 큰 고을을 차지하고 백리를 맡은 縣令의 으뜸이 되어, 아름다운 명성을 바닷가에 펴고 묘한 명예를 浙右(浙西)에 달리니, 道家의 책이 영원히 배척되고 佛法을 강론하는 자리가 오랫동안 매몰되었다. 죄인을 때리는 시끄러운 소리가 그 생각을 범하고, 문서와 소송의 번잡함이 그 마음을 장식하니, 거문고와 노랫소리가 이미 끊기고 술과 시짓는 것을 계속하지 못하여, 항상 結課(考課)에 마음이 매여 있고 매양 獄事를 판단하느라 어지럽다. 張敞과 趙廣漢의 지난 자취를 능가하려 하고, 卓茂와 魯恭의 옛 기록을 능가하려 하여, 자취는 三輔의 傑出한 官吏들을 따르기 바라고, 명성을 九州의 牧伯에 달리려 한다. 그리하여 높은 노을이 외로이 비치고 밝은 달이 홀로 뜨게 하며, 青松은 쓸쓸히 그늘을 드리우고 있으니, 白雲은 누구와 짝하겠는가. 산골짝의 문은 꺾이고 부서져 돌아오는 이가 없고, 돌길은 황량하여 한갓 목을 늘여 기다린다. 회오리 바람이 장막으로 들어오고 쏟아지는 안개가 기둥에서 나오니, 蕙帳이 텅비어 밤 학이 원망하고 山人이 떠나감에 새벽 원숭이가 놀란다. 옛날에 〈漢나라 疏廣이〉 華簪을 던지고 바닷가로 은둔했다는 말을 들었는데, 지금은 〈周顒이〉 난초옷을 벗고 진세의 갓끈에 매여있는 것을 보겠구나.

譯註 1. 鶴書：一名 鶴頭書로 書體의 하나인데, 옛날 詔書를 鶴頭書體로 썼기 때문에 皇帝의 詔書를 지칭하는 말로 쓰이게 되었다.
2. 籠張趙於往圖：籠은 새장의 덮개로 '뛰어남'을 뜻하며 張趙는 張敞과 趙廣漢으로 모두 前漢의 名官이다.
3. 架卓魯於前籙：卓魯는 卓茂와 魯恭으로 後漢의 훌륭한 循吏(地方官)이다.
4. 三輔豪：三輔는 都城 주위에 있는 큰 고을로 漢代에 京兆·左馮翊·右扶風을 三輔라 하였다. 豪는 地方官中에 傑出한 者를 이른다.

於是에 南嶽獻嘲하고 北隴騰笑하며 列壑爭譏하고 攢峯竦誚하여 慨遊子之我欺하고 悲無人以赴弔라 故로 其林慙無盡하고 澗愧不歇하여 秋桂遺風하고 春蘿擺月하여 [1]騁西山之逸議하고 [2]馳東皐之素謁이러니 今乃促裝下邑하고 浪枻上京하니 雖情投於魏闕이나 或假步於山扃이라 豈可使芳杜厚顏하고 薜荔無恥하며 碧嶺再辱하고 丹

騰：날 등　攢：모을 찬　竦：올릴 송　歇：그칠 헐　擺：흔들 파　枻：노 예
魏：높을 위　扃：문호 경　薜：줄사철나무 벽　荔：향풀 려

崖重滓하여 塵遊躅於蕙路하고 [3)]汚淥池以洗耳리오 宜扃岫幌, 掩雲關하며 斂輕霧, 藏鳴湍하여 截來轅於谷口하고 杜妄轡於郊端이라 於是에 叢條瞋膽하고 疊穎怒魄하여 或飛柯以折輪하며 乍低枝而掃迹하니 請廻俗士駕어다 爲君謝逋客하노라

이에 南嶽이 조소하고 북쪽 산이 비웃음을 날리며 여러 골짝들이 다투어 기롱하고 모든 봉우리들이 신랄하게 꾸짖어, 遊子(周顒을 가리킴)가 우리를 속인 것을 분개하고 달려와 弔問할 사람이 없음을 서글퍼한다. 그러므로 숲의 부끄러움이 다함이 없고 시내의 부끄러움이 그치지 아니하여, 가을의 계수나무는 외로이 바람을 불어보내고 봄철의 松蘿는 달을 헤쳐 西山(首陽山)의 逸議(淸議)를 전달하고 東皐의 청빈한 교분을 전하였다.

그는 이제 마침내 下邑에서 행장을 챙기고 노를 저어 上京하니, 비록 마음은 魏闕(대궐)에 던졌으나 혹 잠시 발걸음을 산 입구에 들여놓을지 모른다. 어찌 꽃다운 杜若(香草名)으로 하여금 후안무치하게 하고 향기로운 薜荔로 하여금 부끄러움을 모르게 하며, 푸른 산마루를 다시 욕되게 하고 깎아지른 벼랑을 다시 더럽히게 하여, 속세의 발자취로 난초 길을 오염시키고, 귀를 씻어 맑은 연못을 더럽히게 하겠는가. 마땅히 산의 창문을 닫고 구름의 관문을 가리우며 가벼운 안개를 걷고 흐르는 여울물을 감추어, 〈周顒이 타고〉 오는 수레를 골짝 어귀에서 끊어버리고 망령된 고삐를 교외 끝에서 막아야 할 것이다.

이에 叢生하는 가지가 눈을 부릅뜨고 첩첩이 포개진 이삭들이 마음에 노하여, 혹은 가지를 날려 수레를 꺾기도 하고 갑자기 가지를 낮게 드리워 더러운 자취를 쓸어버리려 하니, 청컨대 속된 선비의 수레를 돌릴지어다. 그대를 위해 〈이 산에서〉 도망간 객을 사절하노라.

譯註 1. 騁西山之逸議 : 西山은 伯夷·叔齊가 고사리를 캐먹다가 죽었다는 首陽山을 가리키며 逸議는 淸逸한 議論으로 伯夷·叔齊와 같은 깨끗한 의론을 구사함을 이른다.

2. 馳東皐之素謁 : 東皐는 동쪽의 언덕, 또는 동쪽의 水澤으로 은둔하는 자가 사는 곳을 이르며, 素는 청빈을 뜻하고 謁은 '告'의 뜻으로 淸貧하게 서로 사귐을 이른다. 一說에는 素를 平素로 보아 '西山의 淸逸한 의논을 구사하여 周顒의 평소 행위를 남에게 말하는 것'이라 하나 뜻이 분명치 않다.

3. 汚淥池以洗耳 : 옛날 堯임금이 천하를 隱者인 許由에게 사양하자 許由는 추한 소리를 들었다 하여 潁水에 귀를 씻었는데, 이 말을 들은 巢父는 許由 때문에 潁水가 더럽혀졌다 하고 기르는 소에게도 이 물을 먹이지 않은 고사를 인용한 것이다.

滓 : 더러울 재　淥 : 맑을 록　幌 : 휘장 황　轡 : 고삐 비　瞋 : 부릅뜰 진　逋 : 달아날 포

滕王閣序 王 勃(子安)

唐高祖子元嬰이 爲洪州刺史하여 置此閣하니 時封滕王이라 故曰滕王閣이라 咸亨二年에 閻伯嶼爲洪州牧하여 大宴于此할새 宿命其壻하여 爲序以誇客하여 因出紙筆하고 徧請客하니 莫敢當이러니 勃이 在席最少라 受之不辭한대 都督怒하여 遣吏伺其文輒報러니 一再報에 語益奇라 乃矍然曰 天才也라하고 請遂成文하고 極歡而罷하니라 勃은 字子安이니 少有逸才라 高宗이 召爲博士러니 因作鬪鷄檄文한대 高宗怒하여 謂有交構之漸이라하여 乃黜하다 後到父任所하여 省侍할새 道過鍾離라가 九月九日에 會此亭而作此序하니라

唐高祖의 아들 元嬰이 洪州刺史가 되어 이 閣을 건립하였는데 이때 滕王에 봉해졌으므로 滕王閣이라 칭하였다. 咸亨 2년에 閻伯嶼가 洪州牧使가 되어 이 곳에서 큰 잔치를 베풀 적에 미리 그 사위에게 명하여 序文을 지어 놓고 손님들에게 과시하려 하였다. 인하여 紙·筆·墨을 내어놓고 여러 손님들에게 서문을 짓기를 청하였으나 감히 감당하지 못하였다. 王勃은 이 좌석에서 가장 나이가 적었는데 받고 사양하지 않자, 都督(閻伯嶼)이 노하여 관리를 보내어 그의 글을 살펴보고 곧 보고하게 하였다. 관리가 한두 차례 보고하였는데, 말이 더욱 기이하자, 都督은 마침내 눈을 크게 뜨고 말하기를 "천재이다." 하고 드디어 글을 완성하기를 청하여 매우 즐기고 술자리를 파하였다.

王勃은 字가 子安이니, 어려서부터 超逸한 재주가 있으므로 高宗이 불러 博士를 삼고 인하여 鬪雞檄文을 짓게 하였다. 高宗은 〈그 글을 보고〉 노하여 交構(교묘히 꾸며 이간시킴)하는 버릇이 있을 것이라 하여 축출하였다. 뒤에 아버지의 任所로 가서 문안하고 모시려 하였는데, 도중에 鍾離를 지나게 되어 9월 9일 이 정자에 모여 이 序文을 지었다.

[1]南昌은 故郡이요 洪都는 新府라 星分翼軫하고 地接衡廬하며 [2]襟三江而帶五湖하고 控蠻荊而引甌越이라 物華는 天寶라 [3]龍光이 射斗牛之墟하고 人傑은 地靈이라 [4]徐孺下陳蕃之榻이라 雄州霧列하고 俊彩星馳라 臺隍은 枕夷夏之交하고 賓主는 盡東南之美라 都督閻公之雅望은 棨戟遙臨하고 宇文新州之懿範은 襜帷暫駐로다 十旬休暇하니 勝友如雲이요 千里逢迎하니 高朋滿座라 騰蛟起鳳은 [5]孟學士之詞宗이요 紫電淸霜은 王將軍之武庫라 家君作宰하니 路出名區라 童子何知오 躬逢勝

滕：등나라 등 閻：마을 염 嶼：섬 서 壻：사위 서 矍：놀랄 구 檄：격서 격
廬：오두막집 려 控：제어할 강 甌：사발 구 榻：걸상 탑 隍：해자 황 棨：창 계
襜：휘장 첨

餞이라

南昌은 옛 고을의 명칭이요, 洪都는 새로 생긴 都督府의 소재지이다. 별의 分野는 翼宿와 軫宿에 해당하고 땅은 衡山과 廬山에 접해 있다. 三江을 옷깃처럼 전면에 놓고 五湖를 띠처럼 둘렀으며, 蠻荊을 연결하고 甌越에 인접하였다. 물건의 精華는 천연적인 보물이니, 龍泉劍의 劍光이 牛星과 斗星의 자리를 쏘았고, 사람이 걸출함은 지역이 영특해서이니, 徐孺가 陳蕃의 걸상을 내려놓게 하였다. 큰 고을이 안개처럼 나열되어 있고 준걸들의 광채가 별처럼 생동한다. 臺隍은 오랑캐와 중국의 접경에 임해 있고, 손님과 주인은 東南 지방의 훌륭한 인물을 다하였다. 都督 閻公의 고상한 명망은 깃대와 창으로 멀리 임하였고, 新州로 赴任해가는 宇文氏의 아름다운 威儀는 휘장을 드리운 수레를 잠시 멈추었다. 열흘이라서 휴가를 받으니 훌륭한 벗들이 구름처럼 많고, 천리 밖에서 맞이하니 높은 벗이 자리에 가득하다. 날아 오르는 용과 춤추는 봉처럼 훌륭한 문장은 孟學士의 詞宗이요, 맑은 번갯빛과 푸른 서릿발 같은 기개는 王將軍의 武庫이다. 家君이 邑宰가 되니, 〈나는 家君이 계신 곳으로 가던 도중〉 길이 名區를 지나게 되었다. 〈나이 어린〉 동자가 무엇을 알겠는가. 몸소 훌륭한 餞別 자리를 만나게 되었다.

譯註 1. 南昌故郡 : 南昌은 南唐 때에 豫章을 고친 이름으로 「文苑英華」에는 '豫章故郡'으로 되어 있다.

2. 襟三江而帶五湖 : 三江은 荊江 · 松江 · 浙江이며 五湖는 太湖 · 鄱陽湖 · 青草湖 · 丹陽湖 · 洞庭湖이다.

3. 龍光射斗牛之墟 : 龍光은 名劍인 龍泉의 광채를 이르며 斗는 南斗星이고 牛는 牽牛星이다. 「晉書」《張華傳》에 豫章에 항상 자줏빛 광채가 南斗星과 牽牛星 사이를 비추었다. 이에 張華가 유명한 術士 雷煥에게 그 이유를 물으니, 雷煥은 豊城에 寶劍이 묻혀 있어 그 광채가 하늘을 꿰뚫기 때문이라고 하였다. 그리하여 마침내 龍泉과 太阿라는 두 명검을 발굴하게 되었다.

4. 徐孺下陳蕃之榻 : 徐孺는 後漢의 名士인 徐穉로 그의 字가 孺子인데 줄여서 쓴 것인 바, 太守인 陳蕃은 특별히 그를 위하여 걸상을 장만해 두었다가 그가 오면 앉게 하였다.

5. 孟學士之詞宗…王將軍之武庫 : 孟學士는 臺本의 註에 孟浩然(孟郊)이라 하였고 王將軍은 晉나라의 金吾將軍인 王濬이라 하였으나 孟郊는 王勃보다 후세의 인물이므로 맞지 않으며, 孟學士나 王將軍 모두 당시 잔치 자리에 참석했던 인물로 추측된다. 詞宗은 詞伯과 같은 말로 文章의 宗主임을 뜻하며, 武庫는 武才가 풍부함을 이른다.

[1]時維九月이요 序屬三秋라 潦水盡而寒潭清하고 煙光凝而暮山紫라 儼驂騑於上

路하여 訪風景於崇阿하니 臨帝子之長洲하여 得仙人之舊館이라 層巒이 聳翠하니 上出重霄하고 飛閣이 流丹하니 下臨無地로다 鶴汀鳧渚는 窮島嶼之縈廻하고 桂殿蘭宮은 列崗巒之體勢라 披繡闥하고 俯雕甍하니 山原曠其盈視하고 川澤盱其駭矚이라 閭閻撲地하니 鍾鳴鼎食之家요 舸艦迷津하니 青雀黃龍之舳이로다 虹銷雨霽하니 彩徹雲衢라 落霞는 與孤鶩齊飛하고 秋水는 共長天一色이라 漁舟唱晚하니 響窮彭蠡之濱하고 雁陣驚寒하니 聲斷衡陽之浦로다

때는 9월이요, 節序는 三秋에 속한다. 장마물이 다하니 차가운 못의 물이 맑고, 煙光이 엉기니 저녁 山이 노을져 붉다. 수레를 길가에 엄숙히 정돈하여 높은 언덕에서 풍경을 찾으니, 帝子(滕王)가 놀던 긴 모래섬에 임하여 仙人의 옛 館舍를 찾았다.

중첩된 산봉우리가 높이 푸르니 위로 九重의 하늘로 솟아나오고, 나는 듯한 누각이 단청을 흘리니 아래로 땅이 없는 곳에 임하였다. 학이 노는 물가와 오리가 노는 물가는 島嶼를 빙둘러 다하였고, 계수나무 전각과 木蘭 궁궐은 崗巒의 지형에 따라 나열되어 있다. 비단 장막을 헤치고 아로새긴 기와를 굽어보니, 산과 들은 아득히 시야에 가득하고 내와 못은 멀리 보는 눈을 놀라게 한다. 閭閻의 집이 땅에 몰려 있으니 종을 울려 솥을 늘어놓고 먹는 대가집들이요, 큰 배가 나루에 어지러우니 青雀과 黃龍으로 치장한 배이다. 무지개가 사라지고 비가 개니, 햇볕은 雲衢(하늘)에 통한다. 지는 노을은 외로운 따오기와 함께 날고, 가을 물은 푸른 하늘과 한 빛이다. 고깃배에서 저녁에 노래를 부르니 메아리가 彭蠡의 물가에 다하고, 기러기 떼가 추위에 놀라니 울음소리가 衡陽의 포구에서 끊어진다.

譯註 1. 時維九月 序屬三秋 : 三秋는 孟秋(7月)·仲秋(8月)·季秋(9月)인 바, 一説에는 위의 九月과 중복된다 하여 '時維九日'이 타당하다고 한다.

遙吟俯暢하니 逸興遄飛라 爽籟發而清風生하고 纖歌凝而白雲遏이라 [1]睢園綠竹은 氣凌彭澤之樽이요 [2]鄴水朱華는 光照臨川之筆이로다 [3]四美具하고 二難并하니 窮睇眄於中天하고 極娛遊於暇日이라 天高地迥하니 覺宇宙之無窮이요 興盡悲來하니 識盈虛之有數라 望長安於日下하고 [4]指吳會於雲間이라 地勢極而南溟深하고 [5]天柱高而北辰遠이라 關山難越하니 誰悲失路之人고 萍水相逢하니 盡是他鄉之客이로다 懷帝閽而不見하니 [6]奉宣室以何年가

騑 : 곁말 비　霄 : 하늘 소　鳧 : 오리 부　渚 : 물가 저　縈 : 두를 영　繡 : 비단 수
闥 : 문 달　甍 : 기와 맹　盱 : 부릅뜰 우　矚 : 볼 촉　撲 : 모을 박　舸 : 배 가
舳 : 배꼬리 축　霽 : 갤 제　蠡 : 좀먹을 려　籟 : 퉁소 뢰　纖 : 가늘 섬　遏 : 그칠 알
鄴 : 땅이름 업　睇 : 엿볼 제　眄 : 엿볼 면　迥 멀 형

멀리 읊조리고 굽어 노래하니, 고상한 흥취가 빨리 일어난다. 상쾌한 퉁소 소리가 발함에 淸風이 일고, 가냘픈 노래가 모임에 白雲이 멈춘다. 睢園의 綠竹은 기개가 彭澤(陶淵明)의 술잔을 능멸하고, 鄴水의 붉은 연꽃은 광채가 臨川(王羲之)의 붓을 비춘다. 네 가지 아름다움이 갖추어지고 두 가지 어려움도 함께 하였으니, 中天을 아득히 바라보고 한가로운 날에 즐거운 놀이를 지극히 한다. 하늘이 높고 땅이 머니 우주가 무궁함을 깨닫겠고, 興이 다함에 슬픔이 오니 盈虛에 數가 있음을 알겠노라. 長安을 해 아래에서 바라보고, 吳會를 구름 사이에서 가리킨다. 지세가 다하여 南溟이 깊고, 天柱가 높아 北辰(北極星)이 멀리 있다. 關山을 넘기 어려우니 그 누가 길 잃은 사람을 슬퍼할까? 물 위에 부평초처럼 서로 만나니, 모두 타향의 나그네이다. 황제가 계신 궁궐을 그리워하나 보지 못하니, 宣室을 받들 해가 언제인가?

譯註 1. 睢園綠竹 氣凌彭澤之樽：睢園은 漢文帝의 둘째 아들인 梁孝王의 田園으로 대나무를 많이 심었으며, 彭澤은 彭澤令을 지낸 陶淵明을 가리킨 것이다.
2. 鄴水朱華 光照臨川之筆：鄴은 鄴都로 曹操가 興旺한 곳이며 朱華는 연꽃인데 曹操의 아들 曹丕는 아우 曹植 등의 文士들과 함께 연꽃이 만발한 鄴宮에서 자주 詩를 짓고 놀았다. 臨川은 臨川內史를 지낸 王羲之를 가리킨 것이다.
3. 四美具 二難并：四美는 네 가지 아름다운 것으로 좋은 때와 아름다운 경치, 이것을 감상하는 마음과 즐거운 일을 이른다. 二難은 두 가지 만나기 어려운 것으로 훌륭한 주인과 아름다운 손님을 이른다.
4. 吳會：도회지인 吳지방을 이른다. 一說에는 吳와 會稽라고도 한다.
5. 天柱：하늘을 떠받치고 있는 기둥으로, 崑崙山에 있다는 전설을 원용한 것이다.
6. 奉宣室以何年：宣室은 漢나라 未央宮의 正殿이다. 漢文帝가 일찍이 宣室에서 齋戒하던 중 賈誼를 불러 귀신에 대한 일을 묻고 그 말에 탄복하여 밤새도록 토론한 적이 있으므로, '임금의 신임을 받아 가까이 모실 날이 언제인가?' 라는 뜻이다.

嗚呼라 時運不齊하고 命途多舛하여 [1]馮唐이 易老하고 [2]李廣이 難封이라 屈賈誼於長沙는 非無聖主요 竄梁鴻於海曲은 豈乏明時리오 所賴君子安貧하고 達人知命이라 老當益壯하니 寧知白首之心이며 窮且益堅하니 不墜青雲之志라 [3]酌貪泉而覺爽하고 [4]處涸轍以猶懽이라 北海雖賖나 扶搖可接이요 [5]東隅已逝나 桑楡非晩이라 [6]孟嘗高潔하니 空懷報國之心이요 [7]阮籍猖狂하니 豈効窮途之哭가

오호라! 時運이 고르지 않고 命途(운명)가 기구함이 많아, 馮唐이 늙기 쉽고 李廣이 봉해지기 어려웠다. 賈誼를 長沙로 좌천시킨 것은 聖主가 없어서가 아니요, 梁鴻

舛：어그러질 천　馮：성 풍　竄：도망할 찬　寧：어찌 녕　酌：따를 작　涸：마를 학
懽：기쁠 환　賖：멀 사　楡：느릅나무 유　猖：미칠 창

이 海曲으로 도망한 것은 어찌 좋은 때가 아니어서이겠는가. 믿는 것은 君子는 가난을 편안히 여기고, 통달한 사람은 천명을 아는 것이다. 늙어도 더욱 건장하니 어찌 白首의 마음을 알 것이며, 궁해도 더욱 견고하니 靑雲의 뜻을 떨어뜨리지 않는다. 貪泉을 떠마셔도 상쾌함을 느끼고, 涸轍에 처해 있어도 오히려 즐거워 한다. 北海가 비록 아득하나 扶搖(회오리 바람)를 타면 접할 수 있고, 東隅는 이미 지나갔으나 桑楡는 늦지 않다. 孟嘗은 고결하니 부질없이 국가에 보답하려는 마음을 품고, 阮籍은 猖狂하니 어찌 막다른 길의 통곡을 본받겠는가.

譯註 1. 馮唐易老 : 馮唐은 漢文帝 때에 郞官으로 있었는데 오랫동안 승진하지 못하였으며 武帝 때에 賢良으로 천거되었으나 나이가 이미 90이 넘어 다시 벼슬할 수 없었다.

2. 李廣難封 : 李廣은 漢武帝 때의 名將으로 右北平太守가 되어 여러 차례 匈奴族을 물리치고 飛虎將軍으로 일컬어졌으나 운수가 기구하여 侯에 봉해지지 못하였다.

3. 酌貪泉而覺爽 : 貪泉은 廣州의 石門에 있는 샘인데 사람들이 이 물을 마시면 탐욕스러워지므로 붙여진 이름이라 한다. 晉나라의 吳隱之는 일찍이 廣州太守가 되어 貪泉을 두고 읊기를 "옛사람이 이르기를 이 샘물 한번 마시면 천금을 생각한다 하네. 만일 伯夷·叔齊가 마신다면 끝내 마음을 변치 않으리라.〔古人云此水 一歃懷千金 試使夷齊飮 終當不易心〕" 하였다. 이는 마음이 청백하여 貪泉을 마셔도 더욱 깨끗함을 말한 것이다.

4. 處涸轍以猶懽 : 涸轍은 말라가는 수레바퀴 자국의 물에 처해 있는 고기로, 매우 어려운 환경에 빠졌음을 뜻한다.

5. 東隅已逝 桑楡非晩 : 東隅는 동쪽 귀퉁이로 해가 뜨는 곳이고 桑楡는 지는 해가 뽕나무와 느릅나무에 걸린 것으로 서쪽을 가리킨다. 따라서 동쪽은 사람의 初年이나 일의 始作을 의미하고 서쪽은 사람의 晩年이나 일의 終末을 의미하므로, 처음은 비록 잘못하였으나 뒤에 잘할 수 있음을 말한 것이다.

6. 孟嘗 : 後漢 順帝 때 사람으로 성품이 고결하였으며 合浦太守가 되어 善政을 베풀었다.

7. 阮籍 : 晉나라 때 竹林七賢의 한 사람으로 술을 좋아하고 방탕하였으며 일찍이 홀로 수레를 타고 산속에 들어갔다가 길이 다하면 통곡하고 돌아오곤 하였다.

勃은 [1]三尺微命이요 一介書生이라 [2]無路請纓하나 等終軍之弱冠이요 [3]有懷投筆하니 慕宗慤之長風이라 舍簪笏於百齡하고 奉晨昏於萬里하니 [4]非謝家之寶樹나 [5]接孟氏之芳隣이라 [6]他日趨庭에 叨陪鯉對하고 [7]今晨捧袂에 喜託龍門이라 [8]楊意를

纓 : 갓끈 영　慤 : 성실할 각　簪 : 비녀 잠　叨 : 외람될 도　陪 : 모실 배　捧 : 받들 봉

不逢하니 撫凌雲而自惜이요 [9]鍾期를 旣遇하니 奏流水以何慙고 嗚呼라 勝地는 不常이요 盛筵은 難再니 [10]蘭亭已矣요 梓澤丘墟라 臨別贈言하니 幸承恩於偉餞이요 登高作賦하니 是所望於群公이라 敢竭鄙誠하여 恭疏短引이라 [11]一言均賦하니 四韻俱成이라

나(勃)는 三尺의 하찮은 관원이요, 일개 書生이라 끈(밧줄)을 청할 길이 없으나 나이는 終軍의 弱冠과 같고, 붓을 던질 생각이 있으니, 宗慤의 장풍을 사모한다. 簪笏(벼슬)을 백년 동안 버리고, 만리에서 昏定晨省을 받들려 한다. 謝氏 집안의 보배로운 나무는 아니나 孟氏의 좋은 이웃을 접하였다. 他日에 뜰을 지나다가 외람되이 어버이 모시고 鯉처럼 대답하였으며, 오늘 아침 옷깃을 떨쳐 龍門에 의탁함을 기뻐한다. 楊得意를 만나지 못하니 凌雲賦를 어루만지며 스스로 애석해 하고, 鍾子期를 이미 만나니 流水曲을 연주한들 어찌 부끄럽겠는가.

오호라! 좋은 곳은 항상 있는 것이 아니요 성대한 자리는 두번 만나기 어려우니, 蘭亭이 이미 끝났고 梓澤이 빈 터만 남아있다. 작별에 임하여 글을 올리니 이는 다행히 위대한 餞別에 은혜를 받았기 때문이요, 높은 곳에 올라 賦를 지으니 이는 여러 公에게 바라는 바이다. 감히 비루한 정성을 다하여 공손히 짧은 引(서문)을 엮는다. 한 글자로 똑같이 賦하니, 네 韻의 詩가 이루어졌다.

譯註 1. 三尺微命：士의 띠 길이가 三尺이므로 낮은 관직을 뜻한다. 命은 옛날 벼슬의 품계에 一命으로부터 九命까지 있었는 바 王勃이 일찍이 虢州參軍이 되었으므로 말한 것이다.

2. 無路請纓 等終軍之弱冠：弱冠은 20세 미만의 젊은 나이를 이른다. 漢나라의 終軍은 武帝가 南越과 화친하려 하자, 弱冠 시절에 자신에게 긴 밧줄을 주면 南越王의 목을 매어 오겠다고 자청하였다.

3. 有懷投筆 慕宗慤之長風：投筆은 붓을 던지는 것으로 文을 버리고 武에 종사함을 이른다. 後漢의 班超는 일찍이 가난하여 남의 書記가 되었으나 하루는 붓을 던지고 탄식하기를 "국외로 나가 공을 세워 侯에 봉해져야 한다." 하고는 마침내 西域을 정벌하여 定遠侯에 봉해졌다. 宗慤은 南朝의 宋나라 사람으로 그의 숙부가 뜻을 묻자, 長風을 타고 萬里의 물결을 헤치며 振武將軍이 되어 林邑國을 정벌하는 것이라고 하였다. 뒤에 그는 과연 자신의 포부대로 실행하여 洮陽侯에 봉해졌다.

4. 謝家之寶樹：東晉 때의 謝玄은 재주가 뛰어났으므로, 그의 叔父 謝安에게 사랑을 받아 玉과 같은 나무로 여겨졌다. 이 때문에 집안의 훌륭한 자제를 일컫는 말로 쓰이게 되었다.

5. 孟氏之芳隣：孟母三遷之敎를 가리킨 것으로, 芳隣은 다행히 여러 賢者들과 서로 대하게 되었음을 말한 것이다.

6. 他日趨庭 叨陪鯉對：鯉는 孔子의 아들로 字가 伯魚인데 일찍이 뜰에 서 계신 孔子에게 나아가 가르침을 받았다. 여기서는 王勃이 交趾에 있는 아버지에게 찾아가 가르침을 받으려 한다는 뜻이다.
7. 今晨捧袂 喜託龍門：捧袂는 기뻐서 옷소매를 떨치는 것이며 龍門은 龍門瀑布로 黃河의 상류에 있는데 물고기가 이 곳을 올라가면 龍이 된다 하여 붙여진 이름이다. 後漢 때의 李膺은 덕망과 명성이 높아 사람들이 그를 한번 만나면 龍門에 오른다고 하였다. 여기서는 刺史인 閻伯嶼를 李膺에 비유한 것이다.
8. 楊意不逢 撫凌雲而自惜：楊意는 漢나라의 楊得意이며 凌雲은 司馬相如가 지은 賦이다. 楊得意는 司馬相如의 문장을 칭찬하고 武帝에게 천거하였는 바, 여기서는 王勃이 司馬相如와 같은 文才가 있으나 자신을 천거해주는 사람이 없음을 말한 것이다.
9. 鍾期旣遇 奏流水以何慙：鍾期는 春秋時代 거문고를 잘 감상한 鍾子期이며 流水는 곡조의 이름이다. 거문고의 名手인 伯牙가 流水曲을 연주하자 鍾子期만이 이것을 알았다 한다. 여기서는 王勃이 자신을 알아주는 刺史를 만났으므로 그의 文才를 자랑할 수 있음을 말한 것이다.
10. 蘭亭已矣 梓澤丘墟：蘭亭은 會稽의 山陰에 있는 정자로 王羲之가 친구들과 놀던 곳이며, 梓澤은 石崇의 別館이 있었던 河陽의 金谷을 이른다. 이는 옛날 名士들이 놀던 蘭亭이나 梓澤 같은 곳이 모두 황폐하여 빈 터만 남았음을 말한 것이다.
11. 一言均賦 四韻俱成：一言은 一字와 같은 뜻으로 한 글자의 韻通에서 韻字를 골라 七言律詩를 지음을 뜻한다.

滕王高閣臨江渚하니 佩玉鳴鑾罷歌舞라 畵棟朝飛南浦雲이요 朱簾暮捲西山雨라
閑雲潭影日悠悠하니 物換星移度幾秋아 閣中帝子今何在오 檻外長江空自流라

滕王의 높은 누각 강가에 임했으니, 佩玉 소리와 울리는 방울소리에 歌舞가 파한다. 그림 그린 기둥에는 아침에 南浦의 구름이 날고, 붉은 주렴은 저녁에 西山의 비를 거둔다.

한가로운 구름과 못 그림자가 날로 아득하니, 물건이 바뀌고 星霜이 옮긴 것이 몇 해를 지났는가.

누각 가운데의 帝子는 지금 어디에 있는가? 난간 밖의 長江만이 부질없이 절로 흐르누나.

鑾：방울 란 棟：기둥 동 簾：주렴 렴 捲：거둘 권 檻：난간 함

春夜宴桃李園序 李 白(太白)

(봄 밤에 桃李園에서 잔치하며 지은 詩序)

夫天地者는 萬物之逆旅요 光陰者는 百代之過客이라 而浮生若夢하니 爲歡幾何오 古人秉燭夜遊는 良有以也로다 況陽春召我以煙景하고 [1]大塊假我以文章이라 會桃李之芳園하여 序天倫之樂事하니 [2]群季俊秀하여 皆爲惠連이어늘 吾人詠歌獨慚康樂이로다 幽賞未已에 高談轉清이라 開瓊筵以坐花하고 飛羽觴而醉月하니 不有佳作이면 何伸雅懷리오 如詩不成인댄 [3]罰依金谷酒數하리라

天地는 만물의 逆旅(나그네를 맞는 객사)요, 光陰은 百代의 지나가는 길손이다. 부평초 같은 인생이 꿈과 같으니, 기쁨을 즐기는 것이 얼마나 되겠는가. 옛사람이 촛불을 잡고 밤에 논 것은 진실로 이유가 있었도다. 더구나 화창한 봄이 나를 煙景(아지랑이 경치)으로 부르고, 大塊가 나에게 아름다운 문장을 빌려주었다. 복사꽃과 오얏꽃이 핀 아름다운 동산에 모여 天倫의 즐거운 일을 펴니, 준수한 여러 아우들은 모두 謝惠連이 되었는데 나의 읊고 노래함은 홀로 康樂(謝靈運)에 부끄럽다. 그윽한 감상이 그치지 않음에 고상한 담론이 더욱 맑아진다. 아름다운 자리를 펴 꽃 앞에 앉고, 羽觴을 날려 달 아래 취하니, 아름다운 문장이 있지 않다면 어찌 고상한 회포를 펴겠는가. 만일 詩를 짓지 못할진댄 罰酒는 金谷의 술잔 수를 따르리라.

譯註 1. 大塊假我以文章 : 大塊는 天地를 뜻하며 文章은 봄철에 피는 각종 꽃과 푸른 잎들을 가리킨 것이다.

2. 群季俊秀…獨慚康樂 : 群季는 여러 아우이며 康樂은 東晉 때 康樂侯에 봉해진 謝靈運으로, 그는 특히 文才가 뛰어난 族弟 惠連를 사랑하였다. 여기서는 李白이 '여러 아우들은 옛날 謝惠連과 같이 훌륭한데, 자신은 謝靈運과 같지 못하여 부끄럽다'는 뜻이다.

3. 罰依金谷酒數 : 金谷은 晉나라 石崇의 동산으로, 石崇은 여기에서 손님들에게 잔치를 베풀면서 詩賦를 짓지 못하는 자에게는 罰酒 세 말을 먹인 故事가 있으므로 말한 것이다.

與韓荊州書 李 白

(韓荊州(韓朝宗)에게 보낸 편지)

韓朝宗은 元宗時人이니 爲荊州刺史에 人皆景慕之라 李白與此書 膾炙人口하니 學者

逆 : 맞을 역 良 : 진실로 량 轉 : 더욱 전 瓊 : 옥 경 筵 : 자리 연 雅 : 맑을 아

不可不讀이니라

韓朝宗은 元宗 때 사람이다. 荊州刺史가 되었는데, 사람들이 모두 흠모하였다. 李白이 준 이 편지가 사람들의 입에 膾炙되니, 배우는 자들은 읽지 않으면 안된다.

白聞호니 天下談士 相聚而言曰 生不用封萬戶侯요 但願一識韓荊州라하니 何令人之景慕 一至於此오 豈不以周公之風으로 躬吐握之事하여 使海內豪俊으로 奔走而歸之하여 一登龍門이면 則聲價十倍아 所以龍蟠鳳逸之士 皆欲收名定價於君侯라 君侯不以富貴而驕之하고 寒賤而忽之면 [1]則三千之中에 有毛遂하리니 使白得穎脫而出이 卽其人焉이리라

나(白)는 들으니, 천하에 담론하는 선비들이 서로 모여 말하기를 "태어나서 萬戶侯에 봉해지는 것은 필요없고, 다만 한번 韓荊州를 알기 원한다."하니, 어찌면 사람들로 하여금 우러르고 사모하기를 마침내 이 경지에 이르게 하였습니까. 이는 어쩌면 周公의 風度로써 哺吐握髮의 일을 몸소하여 海內의 豪俊으로 하여금 달려와 귀의하여 한번 龍門에 오르면 聲價가 10배나 되게 하기 때문이 아니겠습니까. 이 때문에 용이 서린 듯하고 봉이 나는 듯한 선비들이 모두 君侯에게 이름을 거두어 聲價(인물의 眞價)를 정하고자 하는 것이니, 君侯께서 부귀하다 하여 교만하지 않고, 〈상대가〉 寒賤하다 하여 소홀히 하지 않는다면, 3천 명 가운데 毛遂 같은 인물이 있을 것이니, 나로 하여금 〈송곳 끝만이 아니라〉 송곳 자루째 빠져나오게 할 것이니, 바로 내가 그러한 사람일 것입니다.

譯註 1. 三千之中 有毛遂 : 戰國時代 趙나라의 公子인 平原君 趙勝은 선비를 좋아하여 門客이 3천 명에 이르렀는데, 趙나라가 秦나라의 공격을 받아 위기에 처하자, 文武에 능한 門客 20명을 뽑아 함께 楚나라로 가서 구원을 요청하려 하였으나, 19명만 구하고 나머지 한 명은 선발하지 못하였다. 이때 毛遂가 자신을 데리고 갈 것을 청하자, 平原君은 "선비가 세상에 거처함은 송곳이 주머니 속에 있으면 그 끝이 저절로 나오는 것과 같아 자연 그 명성이 드러나기 마련이오. 그런데 나는 아직까지 당신의 명성을 듣지 못했으니, 이는 당신이 아무런 재능이 없기 때문이 아니겠소." 하였다. 이에 "毛遂는 내 진작 주머니 속에 있었더라면 송곳의 자루가 통째로 나왔을 것이요, 단지 송곳 끝이 나올 뿐만이 아닙니다."라고 대답하여, 그동안 자신이 재능을 발휘할 기회가 없었음을 말하였다. 平原君은 마침내 그를 데리고 楚나라로 갔는데, 毛遂는 과연 楚王을 설득시켜 구원병을 파견하게 하였다. 여기서는 李白도 자신에게 기회가 주어지면 毛遂와 같은 人物이

荊 : 가시나무 형　景 : 우러를 경　膾 : 회 회　炙 : 고기구이 자　握 : 쥘 악　蟠 : 서릴 반
逸 : 뛰어날 일　穎 : 송곳자루 영

될 수 있음을 말한 것이다.

白은 隴西布衣로 流落楚漢이라 十五에 好劍術하여 徧干諸侯하고 三十에 成文章하여 歷抵卿相하니 雖長不滿七尺이나 而心雄萬夫라 皆王公大人이 許與氣義하니 此疇曩心跡이라 安敢不盡於君侯哉아

나는 隴西의 평민으로 楚·漢 지방에 流落하였습니다. 15세에 검술을 좋아하여 두루 諸侯들에게 등용되기를 요구하였고, 30세에 文章을 이루어 차례로 卿相들을 방문하였으니, 비록 신장은 7척이 채 못되오나 마음은 萬夫에 으뜸입니다. 그리하여 王公과 大人들이 모두 기개와 義氣를 허여하오니, 이는 지난날의 心跡입니다. 내 어찌 감히 君侯에게 다 말하지 않을 수 있겠습니까.

君侯制作이 侔神明하고 德行이 動天地하며 筆參造化하고 學究天人하니 幸願開張心顏하여 不以長揖見拒하고 必若接之以高宴하며 縱之以淸談이면 請日試萬言을 倚馬可待리라 今天下以君侯로 [1]爲文章之司命과 人物之權衡하여 一經品題면 便作佳士하니 而今君侯何惜階前盈尺之地하여 不使白揚眉吐氣하여 激昻靑雲耶아

君侯께서는 문장을 저술함이 神明에 비견되고 德行이 천지를 감동시키며, 筆法이 조화에 참여할 만하고 학문이 하늘과 인간의 이치를 궁구하였으니, 바라건대 마음과 얼굴을 활짝 열고 펴서 길게 揖한다 하여 거절하지 마시고, 반드시 성대한 연회로써 접대하며 마음껏 淸談을 할 수 있도록 허락해 주신다면, 청컨대 하루에 만 字의 글을 시험한다 하더라도 말안장에 기대어 기다릴 수 있을 것입니다. 지금 천하에서는 君侯를 문장의 司命과 인물의 저울이라고 여겨, 한번 品題(평가)를 거치면 곧 아름다운 선비가 됩니다. 그런데 이제 君侯께서는 어찌하여 뜰 앞의 한 자 남짓한 땅을 아껴서 나로 하여금 눈썹을 치켜올리고 기운을 토하여 靑雲의 뜻을 펴게 하지 않습니까.

譯註 1. 文章之司命：司命은 文運을 맡은 文昌星으로, 곧 當代의 文衡임을 가리킨 것이다.

昔에 王子師爲豫州하여 未下車에 卽辟荀慈明하고 旣下車에 又辟孔文擧하며 山濤作冀州하여 甄拔三十餘人하여 或爲侍中尙書하니 先代所美요 [1]而君侯亦一薦嚴協律하여 入爲秘書郞하고 中間崔宗之, 房習祖, 黎昕, 許瑩之徒 或以才名見知하고 或以淸白見賞하니 白每觀其銜恩撫躬하여 忠義奮發이라 白以此感激하여 知君侯推

隴：땅이름 롱　徧：두루 편(변)　干：구할 간　抵：이를 저　疇：지난번 주
曩：지난번 낭　侔：짝할 모　揖：읍할 읍　權：저울 권　昻：높을 앙　辟：부를 벽
甄：밝힐 견　黎：많을 려　昕：새벽 흔　瑩：옥돌 영　銜：머금을 함

赤心於諸賢腹中하니 所以不歸他人하고 而願委身國士하노니 儻急難有用이면 敢効微軀하리라

옛날에 王子師(王允)는 豫州刺史가 되어 수레에서 내리기도 전에 즉시 荀慈明(荀爽)을 초빙하였고 이미 수레에서 내려 부임한 다음에는 孔文擧(孔融)를 불렀으며, 山濤는 冀州刺史가 되어 30여 명을 발탁해서 혹은 侍中과 尚書가 되게 하였으니, 이는 선대에 찬미하는 바입니다. 君侯께서도 한번 嚴協律을 천거하여 궁중에 들어가 秘書郎이 되게 하였으며, 중간에 崔宗之·房習祖·黎昕·許瑩 등의 무리들이 혹은 재주와 명망으로 인정을 받고 혹은 清廉潔白함으로써 인정을 받고 있으니, 나는 매양 그들이 君侯의 은혜를 생각하고 몸을 어루만져 충의심이 분발하는 것을 보았습니다. 나는 이 때문에 감격하여 君侯가 赤心(衷心)을 諸賢들의 뱃속에 미루어 넣은 것을 알게 되었습니다. 이 때문에 다른 사람에게 귀의하지 않고 國士에게 몸을 맡기기를 원하오니, 만일 急難하여 씀이 있세 되면 감히 하찮은 몸이나마 바치오리다.

譯註 1. 嚴協律：協律은 官名인 協律郎으로 嚴武라 하나 분명치 않다.

且人非堯舜이면 誰能盡善이리오 白이 謨猷籌畫이 安能自矜이리오마는 至於制作하여는 積成卷軸하니 則欲塵穢視聽이나 [1]恐雕蟲少伎(技) 不合大人이라 若賜觀芻蕘인댄 請給紙筆하고 兼之書人이면 然後退掃閑軒하여 繕寫呈上하리니 [2]庶青萍結綠이 長價於薛卞之門이라 幸推下流하여 大開獎飾을 惟君侯圖之하라

또 사람이 堯·舜이 아니면 누가 다 善하겠습니까. 나는 꾀와 계책이 어찌 스스로 자랑할 만한 것이 있겠습니까마는 문장을 지음에 있어서는 卷과 軸을 쌓아 놓았으니, 君侯께 보여드려 君侯의 視聽을 더럽히고자 하나 雕蟲의 小技라서 大人의 안목에 부합하지 않을까 두렵습니다. 만일 꼴을 베고 나무하는 천한 사람의 글이나마 보아주신다면 나에게 紙·筆을 내려주시고 겸하여 글을 정서할 書士를 주십시오. 그렇게 하신다면 물러가 한가한 집을 깨끗이 청소하고 들어앉아 글을 지어 정서하여 올리겠습니다. 행여 青萍과 結綠이 薛燭과 卞和의 문하에서 〈값을 인정받은 것처럼 저도 당신의 문하에서〉 값이 오르기를 바라옵니다. 부디 下流를 미루어 크게 장려하고 꾸며주는 길을 열어주기를 君侯께서는 도모하시기 바랍니다.

譯註 1. 雕蟲少伎：나무를 갉아먹는 좀벌레와 같은 작은 技藝라는 뜻으로, 文章의 재주를 卑下하여 칭한 것이다.
2. 青萍結綠 長價於薛卞之門：青萍은 越王 句踐의 名劍이고 結綠은 宋나라에 있

委：바칠 위　儻：혹시 당　猷：꾀 유　籌：꾀 주　軸：축 축　雕：아로새길 조
芻：꼴 추　蕘：나무할 요　繕：엮을 선　萍：마름 평　薛：성 설　卞：법 변

었던 寶玉이다. 薛卞은 名劍을 잘 알아본 薛燭과 荊山의 璞玉을 알아본 卞和이다. 臺本 註에는 青萍과 結綠을 모두 劍名이라 하였으나 이는 잘못된 것이다.

大寶箴 張蘊古

聖人之大寶曰位니 此篇은 專箴人主以守位之難이라 蓋自唐太宗初卽位時로 張蘊古直中書省이러니 乃上大寶箴하니 其辭委曲하니 可是鑑戒라

聖人의 大寶를 지위(君位)라 한다. 이 篇은 오로지 人主에게 지위를 지키기 어려움을 경계하였다. 唐太宗이 처음 즉위할 때로부터 張蘊古는 中書省을 맡고 있었는데, 마침내 '大寶箴'을 지어 올리니, 그 말이 委曲하여 鑑戒로 삼을 만하다.

今來古往에 俯察仰觀하니 惟辟作福하나니 爲君實難이로다 主普天之下하고 處王公之上하여 任土貢其所求하고 具寮陳其所唱이라 是故로 恐懼之心이 日弛하고 邪僻之情이 轉放하니 豈知事起乎所忽하고 禍生乎無妄이리오 固以聖人受命하여 拯溺亨屯일새 歸罪於己하고 因心於民이라 大明은 無私照요 至公은 無私親이라 故로 以一人治天下요 不以天下奉一人이라 禮以禁其奢하고 樂以防其佚하며 左言而右事하고 出警而入蹕하여 [1)]四時調其慘舒하고 三光同其得失이라 故로 身爲之度요 而聲爲之律이라

오는 지금과 지나간 옛날을 굽어 살펴보고 우러러 관찰하옵건대 오직 군주만이 복을 내릴 수 있으니, 군주노릇 하기가 실로 어렵습니다. 너른 천하를 주관하고 王公의 위에 처하여 토지에 따라 그 요구하는 바를 공물로 바치고, 백관을 구비하여 군주의 창도하는 바를 폅니다. 이 때문에 두려워하는 마음이 날로 해이해지고 邪僻한 情이 더욱 방탕해지니, 일이 소홀한 데서 일어나고 禍가 뜻하지 않은 데서 생길 줄을 어찌 알겠습니까.

진실로 聖人은 天命을 받아 도탄에 빠진 자들을 구제하고 곤경에 처한 자들을 형통하게 하기에 자신에게 죄를 돌리고 백성들의 마음을 따르는 것입니다. 큰 밝음은 사사로이 비춤이 없고, 지극히 공정함은 사사로이 친함이 없습니다. 그러므로 한 사람으로 천하를 다스리는 것이요, 천하로써 한 사람을 받드는 것이 아닙니다. 禮로써 사치함을

箴 : 경계할 잠 蘊 : 쌓을 온 辟 : 임금 벽 寮 : 관원 료 拯 : 건질 증 溺 : 빠질 닉
屯 : 어려울 둔(준) 佚 : 방탕할 일 蹕 : 벽제할 필

금지하고 樂으로써 방탕함을 방지하며, 왼쪽에는 말을 기록하는 史官이 있고 오른쪽에는 일을 기록하는 史官이 있으며, 나가면 경계하고 들어오면 벽제하여, 四時가 慘舒를 고르고 三光이 정치의 得失을 함께 합니다. 그러므로 군주의 몸은 度(자)가 되고 목소리는 律이 되는 것입니다.

譯註 1. 四時調其慘舒 三光同其得失 : 慘舒는 陰慘陽舒이며 三光은 日·月·星辰으로, 정사가 잘 되어 春夏秋冬의 四時에 陰·陽이 조화를 이루고 日·月·星辰의 운행이 순조로움을 뜻한다. 得失은 政治의 得失(잘잘못)을 말한 것인데, 여기서는 정치의 잘함을 주로 말하였다.

勿謂無知하라 居高聽卑요 勿謂何害하라 積小就大니라 樂不可極이니 樂極生哀요 欲不可縱이니 縱欲成災라 壯九重於內라도 所居는 不過容膝이어늘 彼昏不知하여 瑤其臺而瓊其室하며 羅八珍於前이라도 所食은 不過適口어늘 唯狂罔念하여 丘其糟而池其酒로다 勿內荒於色하고 勿外荒於禽하며 勿貴難得貨하고 勿聽亡國音하라 內荒은 伐人性이요 外荒은 蕩人心이요 難得之貨는 侈요 亡國之音은 淫이니라 勿謂我尊而傲賢慢士하며 勿謂我智而拒諫矜己하라 [1]聞之夏后據饋頻起하고 [2]亦有魏帝牽裾不止라 安彼反側을 如春陽秋露하여 巍巍蕩蕩하여 恢漢高大度하며 撫兹庶事를 如履薄臨深하여 戰戰慄慄하여 用周文小心하라

〈하늘은〉 앎이 없다고 말하지 마소서. 높은 곳에 처해 있으나 낮은 곳의 일을 다 듣습니다. 무엇이 해로우냐고 말하지 마소서. 작은 것이 쌓여 큰 것을 이룹니다. 즐거움을 지극하게 해서는 안되니 즐거움이 지극하면 슬픔이 생기고, 욕망을 방종하게 해서는 안되니 욕망을 방종하게 하면 재앙을 이룹니다. 안에 九重宮闕을 장엄하게 하더라도 거처하는 곳은 무릎을 용납함에 불과하거늘 저 昏愚한 사람은 이것을 알지 못하여 樓臺를 옥으로 꾸미고 방안을 구슬로 장식하였습니다. 앞에 八珍味를 나열하더라도 먹는 것은 입에 맞는 몇 가지에 지나지 않거늘 狂人은 이를 생각하지 못하여 술지게미를 언덕처럼 쌓아놓고 술로 못을 만들었습니다.

안으로는 女色에 빠지지 말고 밖으로는 사냥에 빠지지 말며, 얻기 어려운 보화를 귀히 여기지 말고 亡國의 음악을 듣지 마소서. 안으로 여색에 빠짐은 사람의 性命(생명)을 해치고, 밖으로 사냥에 빠짐은 사람의 마음을 방탕하게 하며, 얻기 어려운 보화는 사치하고 망국의 음악은 음탕합니다. 내가 지위가 높다 하여 어진이에게 오만하게 하거나 선비들을 업신여기지 말며, 내가 지혜롭다 하여 간하는 것을 거절하고 자신을 뽐내지 마소서. 듣자옵건대 夏后(禹王)는 밥상을 받고도 자주 일어났고, 또한 魏나라

瑤 : 옥돌 요 瓊 : 옥돌 경 糟 : 술지게미 조 頻 : 자주 빈 牽 : 끌 견 裾 : 옷자락 거
巍 : 높을 외 蕩 : 클 탕 慄 : 두려울 률

황제는 소매를 잡아당기며 그치지 않았습니다. 저 反側하는 자들을 편안하게 해주기를 봄의 햇볕과 가을의 이슬처럼 하여, 높고 蕩蕩히 하여 漢高祖의 큰 도량을 키우시며, 온갖 일을 어루만지기를 살얼음을 밟듯이 하고 깊은 못에 임한 듯이 하여, 戰戰하고 慄慄하여 周文王의 小心을 쓰소서.

譯註 1. 夏后據饋頻起：夏后는 夏나라의 禹王으로 선비들을 맞이하기 위하여 밥상을 받고도 자주 일어났다 한다.

2. 魏帝牽裾不止：魏帝는 三國時代 魏의 文帝로, 冀州의 백성 10萬戶를 옮기려 하였는데, 辛毗가 이를 강력히 반대하였다. 文帝가 화를 내고 內殿으로 들어가려 하자, 辛毗는 쫓아와 文帝의 소매를 붙잡고 끝까지 간쟁하였다.

詩之不識不知요 書之無偏無黨이니 一彼此於胸臆하고 損好惡於心想하여 衆棄而後加刑하고 衆悅而後行賞하며 弱其強而治其亂하고 伸其屈而直其枉이라 故로 曰如衡如石하여 不定物以限하여 物之懸者 輕重自見(현)이요 如水如鏡하여 不示物以情하여 物之鑑者 姸媸自生이라 勿渾渾而濁하고 勿皎皎而淸하며 勿汶汶而闇하고 勿察察而明하라 雖冕旒蔽目이나 而視於未形이요 雖黈纊塞耳나 而聽於無聲이라 縱心乎湛然之域하고 遊神於至道之精하여 扣之者應洪纖而效響하고 酌之者隨淺深而皆盈이라 故로 曰天之經과 地之寧과 王之貞이라 四時不言而代序하고 萬物無言而化成이니 豈知帝力而天下和平이리오

「詩經」에는 '자기 지혜를 쓰지 말라' 하였고, 「書經」에는 '偏黨을 두지 말라' 하였으니, 가슴 속에 彼此를 똑같이 하고 마음 속에 好惡를 없애어, 여러 사람들이 버린 뒤에 刑을 가하고 여러 사람들이 좋아한 뒤에 賞을 행하며, 강한 자를 약하게 하고 어지러운 자를 다스리며, 굽은 자를 펴주고 부정한 자를 곧게 해야 합니다. 그러므로 저울대와 같고 石(저울추)과 같아 물건을 한계로 정하지 않아, 매달리는 물건의 輕重이 스스로 나타나게 하고, 물과 같고 거울과 같아 물건을 情으로 보여주지 않아, 비춰지는 물건의 곱고 미움이 스스로 나타나게 하여야 합니다. 渾渾하여 탁하지 말고 皎皎하여 너무 맑지 말며, 汶汶하여 너무 어둡지 말고 察察하여 너무 밝게 하지 마소서. 비록 면류관이 눈을 가리우나 나타나지 않았을 때에 보아야 하고, 黈纊이 귀를 막고 있으나 소리가 없을 때에 들어야 합니다. 淡泊한 경지에 마음을 두고 至道의 精함에 정신을 두어, 두드리는 자가 크고 작음에 응하여 소리를 내고, 물을 뜨는 자가 깊고 얕음에 따라 모두 채워주어야 합니다. 그러므로 하늘의 떳떳한 법과 땅의 편안함과 왕의

石：저울 석 姸：고울 연 媸：추할 치 皎：깨끗할 교 汶：더러울 문
旒：면류관늘임끈 류 黈：귀막이솜 주 纊：솜 광 湛：담박할 담 扣：두드릴 구
纖：가늘 섬 響：소리 향

바름이라 한 것입니다. 四時는 말하지 않으나 節序가 교대하고, 만물은 말이 없으나 조화가 이루어지니, 어찌 황제의 힘으로 천하가 화평함을 알겠습니까.

吾王撥亂하여 戡以智力이면 民懼其威나 未懷其德이요 我皇撫運하여 扇以淳風이면 民懷其始나 未保其終이라 爰述金鏡하여 窮神盡聖하노니 使人以心하며 應言以行하여 包括治體하고 抑揚詞令하라 天下爲公에 一人有慶이라 [1]開羅起祝하고 [2]援琴命詩하여 一日二日에 念玆在玆하라 惟人所召니 自天祐之리라 諍臣司直일새 [3]敢告前疑하노라

우리 王께서 난을 바로잡아 지혜와 힘으로써 이기면 백성들이 위엄은 두려워하나 덕은 그리워하지 않고, 우리 임금께서 천운을 어루만져 淳風으로 부채질하면 백성들이 처음은 그리워하나 끝은 보전하지 못합니다. 이에 金鏡(銘言)을 기술하여 神聖의 이치를 다하오니, 사람을 부리되 진심으로써 하며 말을 응하되 행실로써 하여, 정치의 대체를 포괄하고 詞令(응대하는 말)을 抑揚하소서. 천하가 公正히 다스려지면 군주 한 사람이 경사가 있습니다. 그물을 열어 축원하고 거문고를 당겨 詩를 명하여, 하루나 이틀 사이에도 늘 이를 생각하소서. 사람이 부르는 것이니, 하늘로부터 도와줄 것입니다. 간쟁하는 신하가 곧음을 맡았기에 감히 前疑에게 아뢰옵니다.

譯註 1. 開羅起祝 : 그물을 열어주고 축원하는 것으로, 「史記」《殷本紀》에 "湯王은 四面에 그물을 쳐놓고 짐승을 모두 잡는 것은 無道한 일이라 하여 前面과 左·右의 그물을 열어주고 축원하기를 '짐승들은 前面과 左·右 측방으로 모두 도망하라. 다만 나의 명령을 따르지 않는 자만이 그물로 들어오라' 했다." 하였다.

2. 援琴命詩 : 舜임금이 五絃琴으로 南風詩를 읊은 故事를 말한 것이다.

3. 敢告前疑 : 前疑는 임금의 앞에서 모시고 있는 疑라는 官名. 옛날 전·후·좌·우에서 임금을 보필하는 사람이 있었는 바, 앞을 疑, 뒤를 丞, 왼쪽을 輔, 오른쪽을 弼이라 하였다. 여기에서 감히 前疑에게 告한다 함은, 겸사로 직접 군주에게 아뢰지 않고 임금을 모시는 前疑에게 告한다고 한 것이다.

大唐中興頌　　元　結(次山)

(唐나라를 中興한 것을 칭송한 글)

安祿山이 反하니 明皇이 幸蜀이라 肅宗이 時爲太子러니 自卽位於靈武하고 命郭子儀, 李光弼하여 復兩京하여 迎明皇還京師하여 唐業中興이라 元結이 遂於湖南永州祁陽縣

撥 : 다스릴 발　戡 : 이길 감　爰 : 이에 원　括 : 쌀 괄　祐 : 도울 우　祁 : 성할 기

南之浯溪石崖上에 刻此頌하니 顔魯公眞卿이 書之라 後人이 因名磨崖碑하니 詩人文士 論此事者多矣라 黃山谷之題磨崖碑와 楊誠齋之浯溪賦 皆是也而范石湖一詩 尤明言之焉이라 謂頌者는 美盛德之形容이어늘 次山이 乃以魯史筆法으로 婉辭含譏하고 後之詞人이 又從而發明之하니 則是碑는 乃一罪案耳라 其詩曰 [1]三頌遺音和者希나 丰容寧有刺譏辭아 可憐元子春秋筆이 [2]却寓唐家清廟詩라 歌詠但諧琴搏拊요 策書自管璧瑕疵라 紛紛健筆剛題破하니 從此磨崖不是碑라하니 讀者所當知也라 故併錄焉하노라

安祿山이 반란을 일으키니, 明皇(玄宗)이 蜀지방으로 행차(파천)하였다. 肅宗이 이때 太子로 있었는데 스스로 靈武에서 즉위하고 郭子儀와 李光弼을 명하여 兩京(장안과 낙양)을 수복하고 明皇을 맞이해 京師로 돌아오게 하여 唐나라의 기업이 중흥하였다. 元結은 마침내 湖南의 永州 祁陽縣 남쪽 浯溪의 돌벼랑 위에 이 頌文을 새겼는데, 顔魯公 眞卿이 글씨를 쓰니, 후세 사람들은 인하여 磨崖碑라 이름하였는바, 詩人과 文士로서 이 일을 논한 자가 많다. 黃山谷(黃庭堅)의 '題磨崖碑'와 楊誠齋(楊萬里)의 '浯溪賦'가 모두 이것인데, 范石湖(范成大)의 한 詩가 더욱 분명하게 말하였다. 그는 이르기를 "頌은 盛德의 형용을 찬미하는 것인데 元次山은 마침내 魯나라 史體(春秋)의 筆法으로 말을 완곡히 하여 기롱하는 뜻을 품었고, 후세의 詞人(문인)들이 또 따라서 이것을 발명하였으니, 그렇다면 이 碑는 하나의 罪案(唐나라에 대한 罪狀을 기록한 글)이다." 하였다. 그 詩에 이르기를 "三頌의 遺音 화답하는 자 드무나, 아름다움을 형용함에 어찌 기롱하는 말이 있는가? 가련하다. 元子의 春秋筆法 唐나라의 清廟詩에 부쳤구나. 노래하고 읊음은 단지 음악 소리에 맞추었고 策書는 玉의 티에 관계되도다. 분분하게 굳센 筆力으로 강하게 써 설파하니 이로부터 磨崖碑는 이 頌碑가 아니다." 하였으니, 독자들은 이것을 마땅히 알아야 할 것이다. 그러므로 함께 기록하는 바이다.

譯註 1. 三頌:「詩經」의 周頌·魯頌·商頌을 이른다.
2. 清廟詩:「詩經」周頌의 篇名으로, 周公이 洛邑을 완성한 다음 諸侯들을 모아 文王에게 제사하면서 올린 樂章인데 頌詩의 代表로 알려져 있다.

天寶十四年에 安祿山이 陷洛陽하고 明年에 陷長安하니 天子幸蜀하시고 太子卽位於靈武라 明年에 皇帝移軍鳳翔하사 其年에 復兩京하고 上皇이 還京師하시다 於戲(오호)라 前代帝王이 有盛德大業者는 必見(현)於歌頌하나니 若今歌頌大業하여 刻之金石인댄 非老於文學이면 其誰宜爲리오

浯: 물이름 오 崖: 벼랑 애 婉: 완곡할 완 丰: 예쁠 봉 搏: 칠 박 拊: 칠 부
疵: 흠 자 幸: 거동할 행

天寶 14년에 安祿山이 洛陽을 함락하고 明年에 長安을 함락하니, 天子(玄宗)께서 蜀으로 파천하시고 太子(肅宗)가 靈武에서 즉위하였다. 明年에 황제는 鳳翔으로 군대를 옮겨 그 해에 兩京(長安과 洛陽)을 수복하고 上皇(玄宗)이 京師로 돌아오셨다. 아! 前代의 제왕 중에 盛德과 大業이 있는 자는 반드시 歌頌에 나타났으니, 만일 지금에 大業을 노래하고 칭송하여 金石에 새길진댄 문학에 노련한 사람이 아니면 그 누가 하겠는가.

頌曰 噫嘻前朝에 孼臣姦驕하여 爲昏爲妖로다 邊將騁兵하여 毒亂國經하니 群生失寧이로다 大駕南巡하시니 百僚竄身하여 奉賊稱臣이로다 天將昌唐하사 繄睨我皇하시니 匹馬北方이로다 獨立一呼하시니 千麾萬旟로 戎卒前驅로다 我師其東하니 儲皇撫戎하사 蕩攘群兇이로다 復復(부복)指期하여 曾不踰時하니 有國無之로다 事有至難하니 宗廟再安하고 二聖重歡이라 地闢天開하여 蠲除妖災하니 瑞慶大來로다 兇徒逆儔涵濡天休하니 死生堪羞로다 功勞位尊하고 忠烈名存하니 澤流子孫이로다 盛德之興이 山高日昇하니 萬福是膺이라 能令大君으로 聲容沄沄은 不在斯文가 湘江東西에 中直(値)浯溪하니 石崖天齊라 可磨可鐫일새 刊此頌焉하니 何千萬年가

다음과 같이 頌한다.

아! 前朝에 재앙을 만드는 신하가 간사하고 교만하여 어두운 짓을 하고 요망한 짓을 하였네.

변방을 지키던 장수가 군대를 치달려 국가의 기강을 해치고 어지럽히니, 여러 백성들이 안녕을 잃었네.

大駕(황제)가 남쪽으로 순행하시니, 백관들이 몸을 숨기고 적을 받들어 臣이라 칭하였네.

하늘이 장차 唐나라를 창성하려 하사, 우리 황제를 돌보아 匹馬로 북방으로 가게 하셨네.

홀로 서서 한번 소리치시니, 천 깃발과 만 깃발을 펄럭이며 군사들이 앞에서 달려왔네.

우리 군대가 동쪽으로 향하니, 태자께서 군대를 어루만져 群兇들을 소탕하고 제거하셨네.

다시 수복할 시기를 정하여 일찍이 한 철을 넘기지 않았으니, 국가가 있어온 이래로 일찍이 없는 일이었네.

嘻 : 한숨쉴 희　孼 : 서자 얼　繄 : 이 예　睨 : 돌아볼 예　麾 : 대장기 휘　旟 : 기 여
儲 : 쌓을 저　攘 : 제거할 양　踰 : 넘을 유　蠲 : 덜 견　涵 : 적실 함　濡 : 젖을 유
沄 : 깊을 운　鐫 : 새길 전

일에 지극히 어려운 것이 있으니, 宗廟가 다시 편안하고 두 聖人(황제)께서 거듭 즐거워하시네.

하늘과 땅이 개벽되어 요망함과 재앙을 깨끗히 제거하니, 상서로운 경사가 크게 몰려왔네.

흉한 무리와 역적의 무리들이 하늘의 아름다운 은혜에 무젖으니, 죽으나 사나 부끄러울 만하도다.

功勞에 따라 지위가 높아지고 忠烈의 이름 보존되니, 은택이 자손에게까지 전해지네.

성대한 덕의 흥왕함이 태산처럼 높고 태양처럼 떠오르니, 온갖 福祿이 이에 응하였네.

위대한 군주로 하여금 훌륭한 명성과 모습이 길이 전해지게 함은 이 글에 있지 않겠는가.

湘江의 동서쪽 한가운데 浯溪를 당한 곳에 돌벼랑이 하늘과 가지런해.

갈아서 글을 새길 만하기에 이 頌을 새기니, 어찌 천만 년 뿐이겠는가.

*原　　人　　　　韓　愈(退之)

＊原은 근원을 미루어 밝히는 것으로, 韓愈는 原人·原道·原性·原毁·原鬼의 다섯 편을 지었다.

論人者는 夷狄禽獸之主니 聖人一視而同仁이라

사람은 夷賊과 禽獸의 주인이니, 聖人이 똑같이 보고 함께 사랑함을 논하였다.

形於上者를 謂之天이요 形於下者를 謂之地요 命於其兩間者를 謂之人이니 形於上은 日月星辰이 皆天也요 形於下는 草木山川이 皆地也요 命於其兩間은 夷狄禽獸皆人也니라 曰 然則吾謂禽獸曰人이 可乎아 曰 非也라 指山而問焉曰山乎인댄 曰山可也니 山有草木禽獸皆擧之矣어니와 指山之一草而問焉曰山乎인댄 曰山則不可라 故로 天道亂而日月星辰이 不得其行하고 地道亂而草木山川이 不得其平하고 人道亂而夷狄禽獸 不得其情하나니 天者는 日月星辰之主也요 地者는 草木山川之主也요 人者는 夷狄禽獸之主也니 主而暴之면 不得其爲主之道矣라 是故로 聖人은 一視而同仁하고 篤近而擧遠하나니라

辰 : 별 신

위에 형체가 있는 것을 하늘이라 이르고, 아래에 형체가 있는 것을 땅이라 이르고, 그 둘 사이에 命을 받은 것을 사람이라 이르니, 위에 형체가 있는 것은 日月星辰이 모두 하늘이요, 아래에 형체가 있는 것은 草木山川이 모두 땅이요, 그 둘 사이에서 命을 받은 것은 夷狄과 禽獸가 모두 사람이다. "그렇다면 내가 금수를 일러 사람이라 하여도 되겠는가." "아니다. 산을 가리켜 '산인가?'하고 물으면 산이라고 대답하는 것은 可하니, 산에 있는 초목과 금수를 모두 든 것이다. 그러나 산의 풀 한 포기를 가리키면서 '산인가?'하고 물으면 산이라고 대답하는 것은 옳지 않다." 그러므로 天道가 혼란함에 日月星辰이 그 운행을 얻지 못하고 地道가 혼란함에 초목산천이 그 평함을 얻지 못하고, 人道가 혼란함에 夷狄과 禽獸가 그 실정을 얻지 못하니, 하늘은 日月星辰의 주인이요, 땅은 草木山川의 주인이요, 사람은 夷狄과 禽獸의 주인이니, 주인으로서 포악하게 하면 주인된 도리를 못하는 것이다. 이 때문에 聖人은 한결같이 보아 똑같이 사랑하고 가까운 것을 돈독히 하면서도 먼 것을 드는 것이다.

原　道　　　韓　愈

程子曰 韓愈亦近世豪傑之士라 如原道之言은 雖不能無病이나 然自孟子以來로 能知此者 獨愈而已라 其曰 孟氏醇乎醇이라하고 又曰 荀與揚은 擇焉而不精하고 語焉而不詳이라하니 若無所見이면 安能由千載之後하여 判其得失을 若是之明也리오 又曰 退之晚年之文은 所見甚高하니 不可易而讀也라 古之學者는 修德而已니 有德則言可不學而能이라 退之는 乃以學文之故로 日求所未至라 故其所見及此하니 其爲學之序 雖若有戾나 然其言曰 軻之死에 不得其傳이라하니 此非襲前人語요 又非鑿空率然而言이니 是必有所見矣라 若無所見이면 則所謂以是傳之者 果何事耶아 朱子曰 諸賢之論에 唯此二段이 能極其深處라 然臨川王氏安石之詩에 有曰 紛紛易盡百年身이니 擧世何人識道眞가 力去陳言誇末俗하니 可憐無補費精神이라하니 其爲予奪이 乃有大不同者라 嘗折其衷而論之컨대 竊謂程子之言이 固爲得其大端이요 而王氏之言도 亦自不爲無理라 盖韓公於道에 知其用之周於萬事而不知其體具於吾之一心하고 知其可行於天下而不知其本當先於吾之一身也라 是以로 其言이 常詳於外而略於內하고 其志常極於遠大而其行未必謹於細微하며 雖知文與道有內外淺深之殊나 而終未能審其緩急重輕之序하여 以決取舍하며 雖汲汲以行道濟時抑邪與正爲事나 而未免雜乎貪位慕祿之私하니 此其見(현)於文字之中에 信有如王氏所譏者라 但王氏雖能爲此言이나 而其所謂道眞者는 實乃老佛之餘派니 正韓公所深詆니 是楚雖失而齊亦未爲得也라 以是而

醇 : 순수할 순　戾 : 어그러질 려　軻 : 수레 가　襲 : 인습할 습　鑿 : 뚫을 착
誇 : 과장할 과　折 : 꺾을 절　衷 : 알맞을 충　汲 : 서두를 급　詆 : 비방할 저

論하면 韓公之學에 所以爲得失者를 庶幾其有分乎인저 又曰 達摩未入中國時에 如支遁法師之徒 只是談莊老요 後來人亦多以莊老助禪이라 愚按 老子는 與孔子同時요 佛則後漢明帝時에 始入中國이라 然後之譎誕者 往往攘老子莊列之說하여 以佐佛學하니 其本雖異나 而末流一也라 故韓公此篇은 爲闢老佛而作이라 始單擧老氏라가 中搭上佛氏하니 闢老는 卽闢佛也니 竟不復分別云이라

○ 陳靜觀曰 此篇은 雖有未醇이나 然比之揚雄所謂 老氏言道德은 吾有取焉耳요 搥提仁義하고 絶滅禮樂은 吾無取焉耳면 豈不高리오 他旣無禮樂仁義하니 成甚(삼)道德이리오 本意는 是吾儒合仁義言道德하고 老佛去仁義言道德하니 所以吾儒之說은 可爲天下國家요 老佛之說은 皆外了天下國家하니 可以爲天下國家는 便是天下之公言이요 外了天下國家는 所以爲一人之私言이니 吾儒之言은 平常이요 老佛之言은 怪異라

程子가 말씀하였다.

"韓愈는 또한 근세의 호걸스러운 선비이다. 原道와 같은 내용은 비록 병통이 없지 않으나 孟子 이래로 능히 이것을 안 자는 홀로 韓愈 뿐이다. 그는 말하기를 '孟子는 순수하고 순수하다' 하였고, 또 이르기를 '荀子와 揚子는 택하였으나 정하지 못하고, 말하였으나 상세하지 못하다' 하였으니, 만일 본 바가 없다면 어찌 千年의 뒤에서 그 득실을 판별하기를 이와 같이 분명히 했겠는가?"

또 말씀하였다.

"退之의 말년의 문장은 본 바가 매우 높으니, 쉽게 읽을 수가 없다. 옛날 학자들은 德을 닦았을 뿐이니, 德이 있으면 말은 배우지 않아도 능하다. 그런데 退之는 마침내 글을 배운 연고로 날마다 그 이르지 못한 바를 찾았다. 그러므로 그 본 바가 이에 미쳤으니, 학문을 한 순서는 비록 어그러짐이 있는 듯하나 그의 말에 이르기를 '孟子가 죽음에 그 전함을 얻지 못했다' 하였는 바, 이는 옛사람의 말을 답습한 것도 아니요, 또 억지로 穿鑿하여 경솔히 말한 것도 아니니, 이는 반드시 본 바가 있는 것이다. 만일 본 바가 없다면 이른바 '이것으로써 전했다'는 것은 과연 무슨 일이겠는가?"

朱子가 말씀하였다.

"諸賢의 의론 중에 오직 이 두 단락이 그 깊은 내용을 다하였다. 그러나 臨川王氏 安石의 詩에 '분분하게 백 년의 몸 다하기 쉬우니, 온 세상에 어느 누가 道眞을 아는가? 힘써 진부한 말 제거하여 末俗을 과시하니, 가련하다. 도움은 없고 정신만 허비하였네' 하였으니, 그 予奪(칭찬하고 비판함)한 것이 크게 다름이 있다. 내 일찍이 절충하여 논하건대, 程子의 말씀은 진실로 큰 단서를 얻었고, 王氏의 말 또한 스스로 無理한 것이 아니다. 韓公은 道에 대해서 그 用이 萬事에 두루함은 알았으나 그 體가 나의 한 마음에 갖추어진 것은 알지 못하였고, 이것을 천하에 행할 수

摩 : 만질 마　遁 : 숨을 둔　搥 : 던질 퇴　甚 : 무엇 삼

있음은 알았으나 그 근본을 마땅히 내 한 몸에 먼저 해야 함을 알지 못하였다. 이 때문에 그 말이 항상 밖에 상세하고 안에 소략하며, 그 뜻이 항상 원대함에 극진하였으나 그 행실은 반드시 세미함을 삼가지 못하였다. 그리고 비록 文과 道가 內外와 淺深의 다름이 있음을 알았으나 끝내는 緩急과 輕重의 차례를 살펴 取捨를 결단하지 못했으며, 비록 급급히 道를 행하고 세상을 구제함과 邪를 억제하고 正을 돕는 것을 일로 삼았으나 지위를 탐하고 녹을 사모하는 사사로움에 섞임을 면치 못하였으니, 이는 그의 문자 가운데 나타난 내용에 진실로 王氏가 비판한 것과 같은 것이 있다. 다만 王氏는 비록 이러한 말을 하였으나 그가 말한 道眞이란 것은 실로 老·佛의 餘波일 뿐이니, 바로 韓公이 깊이 꾸짖은 것이다. 이는 楚나라가 비록 잘못하였으나 齊나라 또한 잘함이 되지 못하는 것과 같다. 이것을 가지고 논하건대, 韓公의 학문에 得失(잘잘못)을 거의 분별할 수 있을 것이다."

또 말씀하였다.

"達摩가 中國에 들어오지 않았을 때에 支遁法師와 같은 무리들은 다만 老·莊을 말할 뿐이었는데, 후래 사람들은 또한 많이 老莊學으로 禪學을 도왔다. 내 살펴보건대, 老子는 孔子와 동시대요, 佛法인즉 後漢 明帝 때에 비로소 中國에 들어왔다. 그런데 후세에 허탄한 자들은 老子와 莊子·列子의 말을 취하여 佛學을 돕고 있으니, 그 근본은 비록 다르나 말류는 똑같다. 그러므로 韓公의 이 편은 老·佛을 배척하기 위하여 지은 것이다. 처음에는 단지 老氏를 들고 중간에는 佛氏로 올라갔으니, 老子를 배척함이 바로 불교를 배척함이니, 마침내 다시 분별할 것이 없다."

○ 陳靜觀이 말하였다.

"이 篇은 비록 순수하지 못함이 있으나 揚雄이 말한 바 '老氏가 道德을 말함은 내 취할 점이 있고, 仁義를 끌어내리고 禮樂을 滅絶함은 내 취할 점이 없다'는 것에 비하면 어찌 높지 않은가? 저 이미 禮樂과 仁義가 없다면 무슨 道德을 이루겠는가. 이 篇의 本意는 우리 儒學은 仁義를 합하여 道德을 말하고, 老·佛은 仁義를 버리고 道德을 말함에 있다. 이 때문에 우리 儒學의 말은 천하와 국가를 다스릴 수 있고, 老·佛의 말은 모두 천하와 국가를 버린 것이니, 천하와 국가를 다스릴 수 있는 것은 곧 천하의 公言이요, 천하와 국가를 버린 것은 한 사람의 私言이 되는 것이다. 우리 儒家의 말은 平常하고 老佛의 말은 괴이하다."

博愛之謂仁이요 行而宜之之謂義요 由是而之焉之謂道요 足乎己無待於外之謂德이니 仁與義는 爲定名이요 道與德은 爲虛位라 故로 道는 有君子有小人하고 而德은 有凶有吉이니라 老子之小仁義는 非毁之也요 其見者小也니 坐井而觀天曰天小者는 非天小也라 彼以煦煦爲仁하며 孑孑爲義하니 其小之也則宜로다 其所謂道는 道

煦 : 은혜 후　孑 : 고단할 혈

其所道요 非吾所謂道也며 其所謂德은 德其所德이요 非吾所謂德也라 凡吾所謂道德云者는 合仁與義言之也니 天下之公言也요 老子之所謂道德云者는 去仁與義言之也니 一人之私言也니라

널리 사랑함을 仁이라 이르고, 仁을 행하여 마땅하게 함을 義라 이르고, 이것(仁과 義)을 말미암아 가는 것을 道라 이르고, 〈仁과 義의 道를〉 자신에게 충족하여 밖에 기대함이 없음을 德이라 이르니, 仁과 義는 정해진 명칭이요, 道와 德은 빈 자리이다. 그러므로 道는 君子와 小人이 있고, 德은 흉함과 길함이 있는 것이다. 老子가 仁義를 하찮게 여긴 것은 仁義를 헐뜯은 것이 아니요 그가 본 것이 작기 때문이니, 우물에 앉아 하늘을 보고 하늘이 작다고 말하는 자는 하늘이 작은 것이 아니다. 저는 煦煦(작은 은혜)를 仁으로 여기고 孑孑(작은 지조)을 義라고 여겼으니, 그 하찮게 여김이 당연하다. 그들이 말하는 道는 그들이 道라고 여기는 바를 道라 하는 것이요 우리가 말하는 道가 아니며, 그들이 말하는 德은 그들이 德이라고 여기는 바를 德이라 하는 것이요 우리가 말하는 德이 아니다. 무릇 우리가 말하는 道德은 仁과 義를 합하여 말한 것이니, 천하의 公言이요, 老子가 말한 道德이라는 것은 仁과 義를 버리고 말한 것이니, 한 개인의 私言이다.

周道衰하고 孔子没하시니 火于秦하고 [1]黃老于漢하며 佛于晉宋齊梁魏隋之間하여 其言道德仁義者 不入于楊이면 則入于墨하고 不入于老면 則入于佛하여 入于彼則出于此라 入者를 主之하고 出者를 奴之하며 入者를 附之하고 出者를 汚之하니 噫라 後之人이 其欲聞仁義道德之說인들 孰從而聽之리오 老者曰 孔子는 吾師之弟子也라하고 佛者曰 孔子는 吾師之弟子也라하니 爲孔子者 習聞其說하고 樂其誕而自小也하여 亦曰吾師亦嘗〈師之〉云爾라하여 不惟擧之於其口라 而又筆之於其書하니 噫라 後之人이 雖欲聞仁義道德之說인들 其孰從而求之리오 甚矣라 人之好怪也여 不求其端하며 不訊其末이요 惟怪之欲聞이온여

周나라 道(政治)가 쇠하고 孔子가 별세함에 秦나라 때에 經籍이 불탔고 漢代에는 黃老學이 성하였으며 晉·宋·齊·梁·魏·隋의 사이에는 불교가 흥행하여, 道德과 仁義를 말하는 자가 楊朱에 들어가지 않으면 墨翟에게 들어가고 老子에게 들어가지 않으면 佛家에 들어가서 저기로 들어가면 여기에서 나오게 되었다. 들어가는 자를 주인으로 여기고 나가는 자를 노예로 여기며, 들어가는 자를 따르고 나가는 자를 더럽게 여기니, 아! 후세의 사람들이 仁義와 道德의 말을 듣고자 한들 누구를 따라 듣겠는가. 노자의 도를 하는 자들이 말하기를 "孔子는 우리 스승의 제자이다." 하며, 불교를 믿는 자들도 말하기를 "孔子는 우리 스승의 제자이다." 하며, 孔子의 학문을 하는 자

没 : 죽을 몰 汚 : 더러울 오 誕 : 허탄할 탄 噫 : 슬플 희 訊 : 물을 신

들도 그 말을 익숙히 듣고는 허황된 것을 즐거워하고 스스로 격하하여 또한 말하기를 "우리 스승도 일찍이 노자와 부처를 스승으로 삼은 적이 있다." 하여, 이것을 입에 거론할 뿐만 아니라 또 책에다 쓰고 있으니, 아! 후세 사람이 비록 仁義와 道德의 말을 듣고자 한들 그 누구를 따라 찾겠는가. 심하다! 사람들이 괴이함을 좋아함이여. 그 단서를 찾지 않으며 그 끝을 묻지 않고 오직 괴이한 것만을 듣고자 하는구나.

譯註 1. 黃老：黃帝와 老子의 淸淨無爲를 주장하는 學說을 이른다.

古之爲民者는 四러니 今之爲民者는 六이요 古之敎者는 處其一이러니 今之敎者는 處其三이로다 農之家一而食粟之家六이요 工之家一而用器之家六이요 賈之家一而資焉之家六이니 奈之何民不窮且盜也리오

옛날의 백성들은 네 종류였는데 지금의 백성들은 여섯 종류이며, 옛날의 가르침은 그 하나에 해당되었는데, 지금의 가르침은 셋에 해당되도다. 농사짓는 집은 하나인데 곡식을 먹는 집은 여섯이며, 기물을 만드는 집은 하나인데 기물을 사용하는 집은 여섯이며, 장사하는 집은 하나인데 이용하는 집은 여섯이니, 어찌하여 백성들이 곤궁하고 또 도둑질하지 않겠는가.

古之時에 人之害多矣러니 有聖人者立然後에 敎之以相生養之道하여 爲之君, 爲之師하며 驅其蟲蛇禽獸하고 而處其中土하며 寒然後爲之衣하고 飢然後爲之食하며 木處而顚하고 土處而病也일새 然後爲之宮室하며 爲之工하여 以贍其器用하고 爲之賈하여 以通其有無하며 爲之醫藥하여 以濟其夭死하고 爲之葬埋祭祀하여 以長其恩愛하며 爲之禮하여 以次其先後하고 爲之樂하여 以宣其湮鬱하며 爲之政하여 以率其怠倦하고 爲之刑하여 以鋤其強梗하며 相欺也일새 爲之符璽斗斛權衡以信之하고 相奪也일새 爲之城郭甲兵以守之하여 害至而爲之備하고 患生而爲之防이어늘 今其言曰 聖人不死면 大盜不止니 剖斗折衡이라야 而民不爭이라하니 嗚呼라 其亦不思而已矣로다

옛날에는 사람을 해치는 것이 많았었는데, 聖人이 나오신 연후에 서로 살려주고 길러주는 방법을 가르쳐 人君이 되고 스승이 되셨으며, 벌레와 뱀과 금수를 몰아내어 中土(중국)에 살게 하며 추운 연후에 옷을 만들어 주고 굶주린 연후에 밥을 만들어 주며, 나무 위에서 살다가 떨어지고 땅굴에서 살다가 병들므로 그런 뒤에 宮室을 지었으

粟：곡식 속 顚：떨어질 전 贍：넉넉할 섬 夭：일찍죽을 요 埋：묻을 매
湮：막힐 인 鋤：제거할 서 梗：딱딱할 경 符：부절 부 璽：옥새 새 斛：휘 곡
剖：쪼갤 부

며, 공장이를 만들어 器用을 넉넉하게 하고 장사를 만들어 有無(있고 없음)를 통하게 하며, 醫藥을 만들어 夭死함을 구제하고 장례와 제사를 만들어 은혜와 사랑을 조장하였으며, 禮를 만들어 先後를 차례하고 음악을 만들어 답답함을 펴게 하였으며, 政事를 만들어 게으른 자들을 이끌고 형벌을 만들어 強梗한 자들을 제거하였으며, 서로 속이기 때문에 兵符와 玉璽와 말과 섬과 저울을 만들어 믿게 하였으며, 서로 빼앗기 때문에 성곽과 갑옷과 병기를 만들어 지키게 하여, 害가 이름에 이에 대비하고 禍가 생김에 이에 방비하였다.

그런데 지금 저들(道家)의 말에 이르기를 "聖人이 죽지 않으면 큰 도둑이 그치지 않으니, 말〔斗〕을 쪼개버리고 저울대를 꺾어버려야 백성들이 다투지 않는다." 하니, 아! 그 또한 깊이 생각하지 않아서일 뿐이다.

如古之無聖人이런들 人之類滅이 久矣리라 何也오 無羽毛鱗介以居寒熱也요 無爪牙以爭食也일새라 是故로 君者는 出令者也요 臣者는 行君之令하여 而致之民者也요 民者는 出粟米麻絲하고 作器皿, 通貨財하여 以事其上者也라 君不出令이면 則失其所以爲君이요 臣不行君之令而致之民이면 則失其所以爲臣이요 民不出粟米麻絲, 作器皿, 通貨財하여 以事其上이면 則誅하나니 今其法曰 必棄而君臣하고 去而父子하며 禁而相生相養之道하여 以求其所謂清淨寂滅者라하니 嗚呼라 其亦幸而出於三代之後하여 而不見黜於禹湯文武周公孔子也요 其亦不幸而不出於三代之前하여 不見正於禹湯文武周公孔子也로다

만일 옛날에 聖人이 없었다면 인류가 멸망한 지가 오래되었을 것이다. 어째서인가 하면, 〈인간은 다른 동물과 달라〉 깃과 털과 비늘과 껍질로써 추위와 더위에 대처할 수가 없으며, 발톱과 이빨로써 먹을 것을 다툴 수가 없기 때문이다. 그러므로 군주는 명령을 내는 자이고, 신하는 군주의 명령을 행하여 백성에게 시행하는 자이며, 백성은 곡식과 쌀과 삼과 실을 내고 器皿을 만들고 財貨를 유통하여 윗사람을 섬기는 자이다. 군주가 명령을 내지 않으면 군주가 된 所以를 잃는 것이요, 신하가 군주의 명령을 행하여 백성에게 시행하지 않으면 신하가 된 所以를 잃는 것이요, 백성이 곡식과 쌀과 삼과 실을 내고 器皿을 만들고 財貨를 유통하여 윗사람을 섬기지 않으면 처벌을 받는다.

그런데 지금 그들의 法(佛法)에 말하기를 "반드시 너의 君臣을 버리고 너의 父子를 버리며 너의 서로 살게 하고 서로 길러주는 도를 금하여 그들이 말하는 清淨과 寂滅을 구하여야 한다."고 주장하니, 아! 그 또한 다행히 三代의 이후에 태어나서 禹王·湯王·文王·武王·周公·孔子에게 축출을 당하지 않았고, 그 또한 불행히 三代의 이

鱗:비늘 린　介:껍질 개　爪:손톱 조　皿:그릇 명　淨:깨끗할 정　寂:고요할 적
黜:내칠 출

전에 나오지 못하여 禹王·湯王·文王·武王·周公·孔子에게 바로잡음을 받지 못하였다.

帝之與王이 其號(名)〔各〕殊나 其所以爲聖은 一也요 夏葛而冬裘하며 渴飮而飢食이 其事雖殊나 其所以爲智는 一也어늘 今其言曰 曷不爲太古之無事오하니 是亦責冬之裘者曰曷不爲葛之之易也며 責飢之食者曰曷不爲飮之之易也로다

帝와 王이 명칭은 각각 다르나 그 聖이 되는 것은 똑같고, 여름에는 갈포를 입고 겨울에는 갖옷을 입으며, 목마르면 물을 마시고 굶주리면 밥을 먹는 것이 일은 비록 다르나 그 지혜가 되는 것은 똑같다. 그런데 지금 그들(道家)의 말에 이르기를 "어찌하여 太古의 무사함을 하지 않는가." 하니, 이는 또한 겨울에 갖옷을 입는 자를 꾸짖어 말하기를 "어찌하여 갈포 옷을 입는 간편함을 하지 않는가." 하는 것과 같으며, 이는 또한 굶주린 자가 먹는 것을 꾸짖어 말하기를 "어찌하여 물을 마시는 간단함을 하지 않는가."라고 질책하는 것과 같다.

傳曰 古之欲明明德於天下者는 先治其國하고 欲治其國者는 先齊其家하고 欲齊其家者는 先修其身하고 欲修其身者는 先正其心하고 欲正其心者는 先誠其意라하니 然則古之所謂正心而誠意者는 將以有爲也러니 今也엔 欲治其心而外天下國家하여 滅其天常하여 子焉而不父其父하며 臣焉而不君其君하며 民焉而不事其事로다 孔子之作春秋也에 諸侯用夷禮則夷之하고 〈夷而〉進於中國則中國之하시며 經曰[1]夷狄之有君이 不如諸夏之亡(무)라하고 詩曰 戎狄是膺하니 荊舒是懲이라하니 今也에 擧夷狄之法하여 而加之先王之教之上하니 幾何其不胥而爲夷也리오

傳(大學)에 이르기를 "옛날 明德을 천하에 밝히고자 하는 자는 먼저 그 나라를 다스리고, 그 나라를 다스리고자 하는 자는 먼저 그 집안을 가지런히 하고, 그 집안을 가지런히 하고자 하는 자는 먼저 그 몸을 닦고, 그 몸을 닦고자 하는 자는 먼저 그 마음을 바루고, 그 마음을 바루고자 하는 자는 먼저 그 뜻을 성실히 한다."고 하였다. 그렇다면 옛날에 이른바 마음을 바르고 뜻을 성실히 하는 것은 장차 위하는 바(목적하는 바)가 있었기 때문이었다. 그런데 지금에는 그 마음을 다스리고자 하여 천하와 국가를 도외시하고 하늘의 떳떳한 도리를 없애버려, 자식으로서 그 아버지를 아버지로 여기지 않으며, 신하로서 그 군주를 군주로 여기지 않으며, 백성으로 그 일을 일삼지 않는다.

孔子가 「春秋」를 지으실 적에 諸侯들이 오랑캐의 禮를 사용하면 오랑캐로 취급하

葛：베옷 갈 裘：갖옷 구 亡：없을 무 膺：칠 응 荊：땅이름 형 舒：펼 서
懲：징계할 징 胥：서로 서

고, 오랑캐가 中國으로 진전하면 중국으로 취급하셨으며, 經(論語)에 이르기를 "夷狄에 君主가 있는 것이 諸夏(여러 中華)에 없는 것만 못하다." 하였고, 「詩經」에 이르기를 "戎狄을 이에 다스리니 荊나라와 舒나라가 이에 징계된다." 하였다. 그런데 이제 夷狄의 법을 들어 천하의 가르침 위에 놓으니, 어찌 서로 오랑캐가 되지 않을 수 있겠는가.

譯註 1. 夷狄之有君 不如諸夏之亡 : 「論語」《八佾》에 보이는 내용으로, 원래는 '오랑캐들도 군주가 있으니, 中國의 여러 나라에 군주가 없는 것과는 같지 않다'는 뜻인데, 여기서는 佛敎가 오랑캐의 가르침이라 하여 原意를 취하지 않고 '오랑캐들은 군주가 있다 하여도 中國에 없는 것만도 못하다'고 본 것이다.

夫所謂先王之敎者는 何也오 博愛之謂仁이요 行而宜之之謂義요 由是而之焉之謂道요 足乎己無待於外之謂德이라 其文은 詩書易春秋요 其法은 禮樂刑政이요 其民은 士農工賈요 其位는 君臣父子師友賓主昆弟夫婦요 其服은 麻絲요 其居는 宮室이요 其食은 粟米蔬果魚肉이라 其爲道易明이요 而其爲敎易行也라 是故로 以之爲己則順而(從)〔祥〕하고 以之爲人則愛而公하고 以之爲心則和而平하고 以之爲天下國家에 無所處而不當이라 是故로 生則得其情하고 死則盡其常하며 郊焉而天神假(格)하고 廟焉而人鬼饗이니라

이른바 先王의 가르침이란 무엇인가? 널리 사랑함을 仁이라 이르고, 仁을 행하여 마땅하게 함을 義라 이르고, 이 仁과 義를 따라 감을 道라 이르고, 〈仁과 義의 道를〉 자신에게 충족하여 밖에 기대함이 없음을 德이라 이르는 것이니, 그 글은 詩·書·易·春秋요, 그 법은 禮·樂·刑·政이요, 그 백성은 士·農·工·賈(商)요, 그 지위는 君臣·父子·師友·賓主·昆弟·夫婦요, 그 의복은 베와 실로 짠 것이요, 그 거처는 宮室이요, 그 음식은 곡식과 채소와 과일과 魚肉이니, 그 道가 알기 쉽고 그 가르침이 행하기 쉽다. 그러므로 이것으로써 자기 몸을 위하면 順하여 상서롭고 이것으로써 남을 위하면 사랑하여 공정하며, 이것으로써 자기 마음을 삼으면 和하여 平하고, 이것으로써 천하와 국가를 다스리면 처하는 곳마다 마땅하지 않음이 없는 것이다. 이 때문에 살아서는 그 實情을 얻고 죽어서는 그 떳떳한 도리를 다하며, 郊祭를 지내면 天神이 이르고 사당에서 제사하면 人鬼가 흠향하는 것이다.

曰 斯道也는 何道也오 曰 斯吾所謂道也요 非向所謂老與佛之道也라 堯以是傳之舜하시고 舜以是傳之禹하시고 禹以是傳之湯하시고 湯以是傳之文武周公하시고 文武周公傳之孔子하시고 孔子傳之孟軻러시니 軻之死에 不得其傳焉이라 荀與揚也는

昆 : 맏 곤 蔬 : 푸성귀 소 祥 : 길할 상 郊 : 천제지낼 교 假 : 이를 격 饗 : 흠향할 향 向 : 지난번 향

擇焉而不精하고 語焉而不詳이니라 由周公而上은 上而爲君이라 故로 其事行하고 由周公而下는 下而爲臣이라 故로 其說長이니라 然則如之何而可也오 日不塞이면 不流요 不止면 不行이니 人其人하고 火其書하고 廬其居하고 明先王之道以道之면 鰥寡孤獨廢疾者有養也리니 其亦庶乎其可也니라

이 道는 어떤 道인가? 이는 우리가 말하는 道요, 앞에서 말한 老子와 佛家의 道가 아니다. 堯는 이것을 舜에게 전하시고, 舜은 이것을 禹에게 전하시고, 禹는 이것을 湯에게 전하시고, 湯은 이것을 文王·武王·周公에게 전하시고, 文王·武王·周公은 이것을 孔子에게 전하시고, 孔子는 孟軻에게 전하시니, 孟軻가 별세함에 그 전함을 얻지 못하였다. 荀子와 揚雄은 선택을 하였으나 精하지 못하고, 말을 하였으나 상세하지 못하다. 周公으로부터 이상은 위로 군주가 되었기 때문에 그 일이 행해졌고, 周公으로부터 이하는 아래로 신하가 되었기 때문에 〈직접 천하에 시행하지 못하고 후세에 전하기 위하여〉 그 말이 길어진 것이다. 그렇다면 어찌해야 좋은가? 佛·老를 막지 않으면 우리의 道가 유행하지 못하고, 佛·老를 저지하지 않으면 우리의 道가 행해지지 못하니, 그 사람들(佛·老를 信奉하는 道士와 僧侶)을 일반인으로 만들고, 佛·老에 관한 책을 불태우고, 그들이 거처하는 寺院을 집으로 만들고서 선왕의 道를 밝혀 그들을 인도한다면, 홀아비와 과부, 孤兒와 獨身者, 폐질이 있는 자들이 봉양을 받게 될 것이니, 이렇게 하면 또한 거의 可할 것이다.

重答張籍書 韓 愈

(張籍에게 다시 答한 편지)

張司業籍은 韓公門人也라 時初與公遊할새 貽公書하여 言排釋老事러니 公前一書答之云 吾子所論 排釋老不如著書니 囂囂多言은 徒相爲訾라하니 若僕所見則異乎此라 化當世는 莫若口요 傳來世는 莫若書니 請待五六十然後爲之라하고 又云 吾子又譏吾與人爲無實駁雜之說이라하니 此吾所以戲耳라 若商論에 不能下氣는 當更思而悔之라하니 此書는 再答之니 不過申前書之意而加慷慨耳라 按 公是時에 年未四十이니 蓋未著原道以前文字也라 衛道之勇也 若是러니 至著原道時하여는 所見이 又進一格矣라 只觀己之道乃夫子孟軻揚雄所傳之道一句하면 便可見이니 此以揚雄與軻並稱하고 彼謂軻死無傳하니 荀揚은 擇不精, 語不詳이라하니 其得失之判이 何如耶아 以其與原道相關이라 故選以次之하노라

塞 : 막을 색　鰥 : 홀아비 환　貽 : 줄 이　囂 : 시끄러울 효　訾 : 비방할 자　駁 : 섞일 박
慷 : 강개할 강　慨 : 분개할 개

司業 張籍은 韓公의 門人이다. 이때 처음 公과 교유하였는데, 公에게 편지를 보내어 釋·老를 배척하는 일을 말하였다. 公이 앞서 한 답장을 보내어 말하기를 "吾子가 논하기를 '釋·老를 배척함이 책을 저술하는 것만 못하니, 시끄럽게 말을 많이 하는 것은 한갓 서로 비방이 될 뿐이다' 하였는데 나의 소견은 이와 다르다. 당세를 교화함은 말보다 나은 것이 없고 來世에 전함은 책보다 나은 것이 없으니, 나는 50~60세가 되기를 기다린 뒤에 책을 지으려 한다." 하였다. 또 "吾子가 이르기를 '내가 남과 더불어 실상이 없는 잡박한 말을 한다'고 또 비판하였는데, 이는 내가 농담을 한 것일 뿐이다. 그리고 '남과 商論(논의)할 때에 기운을 내리지 못한다'는 것은 내 마땅히 다시 생각하고 뉘우친다." 고 하였다.

이 글은 두 번째의 답장으로 지난번 편지의 뜻을 거듭함에 불과한데, 뜻이 더욱 慷慨할 뿐이다. 살펴보건대 公은 이때 나이가 40이 못되었으니, '原道'를 짓기 이전의 문자에는 道를 호위함의 용맹함이 이와 같았는데, '原道'를 지을 때에 이르러는 본 바가 또 한 格을 진전하였다. 다만 '자기의 道는 바로 夫子, 孟子, 揚雄이 전한 바의 道'라는 한 句를 보면 이것을 볼 수 있으니, 여기서는 揚雄과 孟子를 함께 칭하였으나, 저 ''原道'에는 孟子가 죽음에 전함이 없었다' 하였고, '荀子와 揚子는 택하였으나 精하지 못하고 말하였으나 상세하지 못하다' 하였으니, 그 得失의 판별이 어떠한가? 이는 '原道'와 서로 상관이 있으므로 뽑아서 그 다음에 놓은 것이다.

吾子不以愈無似하여 (意)欲推而納諸聖賢之域하여 拂其邪心하여 增其所未高하며 謂愈之質이 有可以至於道者라하여 浚其源하여 導其所歸하고 漑其根하여 將食其實하니 此는 盛德者之所辭讓이어든 況於愈者哉아 抑其中에 有宜復者일새 故不可遂已로라 昔者聖人之作春秋也에 旣深其文辭矣로되 然猶不敢公傳道之요 口授弟子하여 至於後世然後에 其書出焉하니 其所以慮患之道微矣라

그대가 나를 無似(不肖)하다 여기지 않고 나를 聖賢의 경지에 미루어 넣고자 하여 나쁜 마음을 제거하여 아직 높지 못한 바를 더하게 하며, 나의 자질이 道에 이를 만하다 하여 그 근원을 깊이 파서 돌아갈 곳을 인도하고, 뿌리에 물을 주어 장차 그 열매를 먹게 하려 하니, 이는 盛德이 있는 자도 사양하는 바인데, 하물며 나 같은 자에 있어서랴. 다만 그 가운데 다시 말할 것이 있으므로 마침내 그만 두지 못하고 이 글을 쓰노라. 옛날에 聖人이 「春秋」를 지으실 적에 이미 그 文辭를 심오하게 하였으나 오히려 공공연히 전하여 말하지 못하시고 제자에게 口頭로 전수하여 후세에 이르러서야 그 책이 나왔으니, 그 화를 염려한 道(방법)가 치밀하였다.

今夫二氏之所宗而事之者 下及公卿輔相하니 吾豈敢昌言排之哉아 擇其可語者하

拂 : 칠 불　浚 : 깊을 준　漑 : 물댈 개　抑 : 또한 억　復 : 아뢸 복

여 誨之라도 猶時與吾悖하여 其聲이 譊譊하니 若遂成其書면 則見而怒之者必多矣라 必且以我爲狂爲惑하리니 其身之不能恤이어니 書於吾何有리오 夫子는 聖人也로되 且曰 自吾得子路而惡聲不入於耳라하시고 其餘輔而相者周天下로되 猶且絕糧於陳하고 畏於匡하며 毁於叔孫하고 奔走於齊魯宋衛之郊하시니 其道雖尊이나 其窮也亦甚矣라 賴其徒相與守之하여 卒有立於天下하시니 向使獨言而獨書之런들 其存也를 可冀乎아

이제 二氏(佛·老)를 宗主로 삼아 섬기는 자들이 〈위로 천자로부터〉 아래로 公卿과 輔相에 미치니, 내 어찌 감히 큰 소리로 배척할 수가 있겠는가. 말할 만한 것을 가려서 가르쳐 주어도 오히려 당시 사람들과 어그러져서 떠드는 소리가 요란하니, 내가 만일 老·佛을 배척하는 책을 짓는다면 이것을 보고 노여워하는 자들이 반드시 많을 것이다. 반드시 장차 나를 미쳤다 하고 惑하였다 할 것이니, 내 몸도 주체하지 못할 터인데 책이 나에게 무슨 소용이 있겠는가. 夫子(孔子)는 聖人이셨는데도 말씀하시기를 "내가 子路를 얻은 뒤로부터 나쁜 소리가 귀에 들어오지 않았다." 하셨으며, 그 나머지 도운 자들이 천하에 두루하였으나, 오히려 陳나라에서 식량이 떨어지고 匡땅에서 경계하는 마음을 품었으며, 叔孫氏에게 훼방을 받았고 齊·魯·宋·衛의 교외에 분주하셨으니, 그 道가 비록 높았으나 그 곤궁함이 또한 심하였다. 그 무리들이 서로 더불어 지켜줌에 힘입어 끝내 천하에 성립함이 있으셨으니, 그때에 가령 홀로 말하고 홀로 쓰셨더라면 그 보존됨을 기대할 수 있었겠는가.

今夫二氏之行乎中土也 蓋六百餘年矣라 其植根固하고 其流波漫하니 非可以朝令而夕禁也라 自文王沒로 武王周公成康이 相與守之하여 禮樂皆在하니 至乎夫子未久也요 自夫子而至乎孟子未久也요 自孟子而至乎揚雄이 亦未久也로되 然猶其勤若此하고 其困若此而後에 能有所立하니 吾其可易而爲之哉아 其爲也易則其傳也不遠이라 故로 余所以不敢也로라

이제 佛·老 二氏가 중국에 행해진 지가 6백여 년이 되었다. 그리하여 심겨진 뿌리가 견고하고 흐르는 줄기가 넓으니, 아침에 명령해서 저녁에 금지시킬 수 있는 것이 아니다. 文王이 별세함으로부터 武王·周公·成王·康王이 서로 지켜와서 禮樂이 모두 남아 있었으니, 夫子에 이르기까지 시대가 오래지 않았고, 夫子로부터 孟子에 이르기까지 오래지 않았고, 孟子로부터 揚雄에 이르기까지 또한 오래지 않았다. 그런데도 오히려 그 수고로움이 이와 같고 그 곤궁함이 이와 같은 뒤에야 성립한 바가 있었으니, 내 어찌 이것을 쉽게 할 수 있겠는가. 하기를 쉽게 하면 그 전해짐이 영원하지 못

誨 : 가르칠 회 悖 : 어그러질 패 譊 : 시끄러울 요 恤 : 근심할 휼 冀 : 바랄 기
漫 : 넓을 만

하다. 그러므로 내 감히 하지 못하는 것이다.

然이나 觀古人컨대 得其時, 行其道면 則無所爲書하니 爲書者는 皆所爲不得行乎今而行乎後者也라 今吾之得吾志, 失吾志를 未可知니 俟五六十爲之라도 未失也라 天不欲使玆人有知乎인댄 則吾之命을 不可期어니와 如使玆人有知乎인댄 非我요 其誰哉리오 其行道, 其爲書와 其化今, 其傳後가 必有在矣리니 吾子其何遽戚戚於吾所爲哉오

그러나 옛 사람을 보건대 좋은 때를 만나 그 도를 행하면 책을 지은 것이 없었으니, 책을 만드는 자들은 다 당시에 道를 행하지 못하여 후세에 행하려고 한 것이었다. 이제 나는 내 뜻을 펼 수 있을지 펼 수 없을지 알 수 없으니, 50, 60세가 되기를 기다렸다가 책을 만들더라도 기회를 잃지 않을 것이다. 하늘이 이 백성들로 하여금 앎이 있게 하려 하지 않는다면 나의 수명을 기약할 수 없거니와 만일 이 백성들로 하여금 앎이 있게 하려고 하신다면 내가 아니고 그 누가 하겠는가. 道를 행할 것인지, 책을 만들 것인지, 지금 세상을 교화할 것인지, 후세에 전할 것인지, 이것이 반드시 있는 데가 있을 것이니, 그대는 어찌 대번에 나의 하는 바에 걱정할 것이 있겠는가.

前書에 謂吾與人商論에 不能下氣하여 若好己勝者然이라하니 雖誠有之나 抑非好己勝也라 好己之道勝也니 己之道는 乃夫子孟軻揚雄所傳之道也라 若不勝이면 則無以爲道니 吾豈敢避是名哉리오 夫子之言曰 吾與回言에 終日不違如愚라하시니 則其與衆人辯也有矣라 駁雜之譏는 前書盡之하니 吾子其復之하라 昔者에 [1]夫子猶有所戲하시니 詩不云乎아 善戲謔兮하니 不爲謔兮라하고 [2]記曰 張而不弛면 文武不爲也라하니 豈害於道哉아 吾子其未之思乎인저 孟君이 將有所適일새 思與吾子別하니 庶幾一來어다 愈再拜하노라

지난번 편지에 이르기를 "내가 남과 더불어 商論함에 기운을 낮추지 못하여 자기가 이기는 것을 좋아하는 자와 같다." 하였으니, 비록 진실로 이러한 점이 있으나 이는 내가 이기기를 좋아하는 것이 아니요, 나의 道가 이기기를 좋아하는 것이니, 나의 道는 바로 夫子(孔子)·孟軻·揚雄이 전한 바의 道이다. 만일 이기지 못하면 道가 될 수 없으니, 내 어찌 감히 〈이기기를 좋아한다는〉 이 이름을 피하겠는가. 夫子의 말씀에 이르기를 "내 顏回와 더불어 말함에 종일토록 어기지 않아 어리석은 자와 같다." 하셨으니, 聖人도 衆人과 더불어 辯論함이 있는 것이다.

박잡하다는 비판은 지난번 편지에 다 말하였으니, 그대는 다시 살펴보라. 옛날 夫子

俟 : 기다릴 사 遽 : 갑자기 거 戚 : 근심할 척 商 : 헤아릴 상 謔 : 농담할 학
張 : 활시위얹을 장 弛 : 풀어놓을 이 適 : 갈 적

께서도 오히려 기롱한 바가 있으셨으니, 「詩經」에 말하지 않았는가. "戱謔을 잘하니 지나침이 되지 않는다." 하였고. 「禮記」에 이르기를 "활을 당기기만 하고 풀어놓지 않으면 文王·武王도 하지 못한다." 하였으니, 희롱하는 것이 어찌 도에 해가 되겠는가. 그대는 이것을 생각하지 못했나보다. 孟君(孟郊)이 장차 떠나가려고 하므로 그대와 작별할 것을 생각하고 있으니, 부디 한 번 울지어다. 韓愈는 再拜하고 올리노라.

譯註 1. 夫子猶有所戱 : 夫子는 孔子로 「論語」《陽貨》에 제자인 子游가 武城의 邑宰가 되어 禮樂으로 고을을 다스리자, 孔子는 "닭을 잡는데 어찌 소를 잡는 큰 칼을 쓰는가." 하여 농담한 적이 있으므로 말한 것이다.

2. 張而不弛 文武不爲 : 張은 활을 당기는 것으로 엄함을 비유하고 弛는 활을 풀어놓는 것으로 온화함을 비유하는 바, 「禮記」《雜記下》에 "張而不弛 文武不能也 弛而不張 文武不爲也 一張一弛 文武之道也"라 한 것을 축약한 것으로, 너무 엄하지도 않고 너무 유순하지도 않아야 함을 강조하였다.

*上張僕射書 韓 愈

(張僕射에게 올린 편지)

* 僕射(복야)는 官名으로, 당시 節度推官으로 있던 張封建을 가리킨 것이다.

九月一日에 愈再拜하노라 受牒之明日에 在使院中이러니 有小吏持院中故事節目十餘事하여 來示愈하니 其中不可者有하니 自九月至明年二月之終토록 皆晨入夜歸하여 非有疾病事故어든 輒不許出이라하니 當時에 以初受命으로 不敢言이로라 古人有言曰 人各有能有不能이라하니 若此者는 非愈之所能也라 抑而行之면 必發狂疾하여 上無以承事于公하여 將忘其所以報德者요 下無以自立하여 喪失其所以爲心이리니 夫如是면 則安得而不言이리오

9월 1일에 저(愈)는 재배합니다. 牒(임명장)을 받은 다음날 使院 안에 있었는데, 下級 관리가 院中의 故事 節目 10여 가지 일을 가지고 와서 저에게 보여주었습니다. 그 가운데 불가한 것이 있으니, "9월부터 明年 2월이 끝날 때까지는 모두 새벽에 들어와 밤에 돌아가되 질병과 사고가 있는 경우가 아니면 외출을 허락하지 않는다."는 내용입니다. 당시엔 처음 명령을 받았으므로 감히 말하지 못하였습니다.

射 : 벼슬이름 야 牒 : 사령 첩 輒 : 곧 첩

옛사람의 말에 이르기를 '사람은 각기 능함과 능하지 못함이 있다' 하였으니, 이와 같은 것은 제가 능히 할 수 있는 바가 아닙니다. 이를 억지로 행하면 반드시 狂病이 발작하여 위로는 公(국가)을 받들어 섬길 수가 없어 장차 은덕에 보답함을 잊게 될 것이요, 아래로는 자립할 수가 없어 평소에 먹은 마음을 상실하게 될 것이니, 이와 같다면 어찌 말씀을 드리지 않을 수 있겠습니까.

凡執事之擇於愈者는 非謂其能晨入夜歸也요 必將有以取之니 苟有以取之인댄 雖不晨入夜歸라도 其所取者猶在也리라 下之事上이 不一其事요 上之使下가 不一其事로되 量力而任之하고 度(탁)才而處之하여 其所不能을 不彊使爲라 是故로 爲下者不獲罪於上하고 爲上者不得怨於下矣라 孟子有云 今之諸侯無大相過者는 以其皆好臣其所敎요 而不好臣其所受敎라하시니 今之時與孟子之時로 又加遠矣라 皆好其聞命而奔走者요 不好其直己而行道者하나니 聞命而奔走者는 好利者也요 直己而行道者는 好義者也니 未有好利而愛其君者요 未有好義而忘其君者라 今之王公大人에 惟執事可以聞此言이요 惟愈於執事也에 可以此言進이라

무릇 執事가 저를 선발한 것은 새벽에 들어와 밤에 돌아가는 것을 잘한다고 해서가 아니요, 반드시 장차 취할 만한 점이 있어서일 것이니, 만일 취할 만한 점이 있다면 새벽에 들어와 밤에 돌아가지 않더라도 그 취할 점이 그대로 있는 것입니다. 아랫사람이 윗사람을 섬김에 그 일이 한 가지가 아니며, 윗사람이 아랫사람을 부림에 그 일이 한 가지가 아닌데, 역량을 헤아려 일을 맡기고 재능을 헤아려 자리에 처하게 하여, 능하지 못한 것을 억지로 하게 하지 않습니다. 그러므로 아랫사람은 윗사람에게 죄를 얻지 않고, 윗사람은 아랫사람에게 원망을 얻지 않습니다.

「孟子」에 이르기를 "지금의 제후들이 크게 서로 나은 자가 없는 것은 모두 자기가 가르칠 사람을 신하로 삼기를 좋아하고, 자기가 가르침을 받을 사람을 신하로 삼기를 좋아하지 않기 때문이다."라고 하였으니, 지금의 때는 孟子의 때와 더욱더 거리가 멉니다. 그리하여 모두 명령을 듣고 분주히 달려가는 사람을 좋아하고, 자기 몸을 곧게 하여 道를 행하는 자를 좋아하지 않습니다. 명령을 듣고 분주히 달려가는 자는 利를 좋아하는 자이고, 자기 몸을 곧게 하여 道를 행하는 자는 義를 좋아하는 자이니, 利를 좋아하고서 그 군주를 사랑하는 자는 있지 않으며, 義를 좋아하고서 그 군주를 잊는 자는 있지 않습니다. 지금의 王公 大人 중에 오직 執事만이 이 말씀을 들어주실 수 있고, 오직 저만이 執事께 이 말씀을 올릴 수 있습니다.

愈蒙幸於執事하여 其所從이 舊矣라 若寬假之하여 使不失其性하고 加待之하여 使足以爲名이면 寅而入하여 盡辰而退하고 申而入하여 終酉而退하여 率以爲常이라도

彊 : 억지로 강　獲 : 얻을 획　直 : 펼 직　幸 : 총애할 행　率 : 대강 솔

亦不廢事리라 天下之人이 聞執事之於愈如是也하면 必皆曰 執事之好士也如此하고 執事之待士以禮如此하고 執事之使人不枉其性而能有容如此하고 執事之欲成人之名如此하고 執事之厚於故舊如此라하며 又將曰 韓愈之識其所依歸也如此하고 韓愈之不諂屈於富貴之人如此하고 韓愈之賢이 能使其主待之以禮如此라하리니 則死於執事之門이라도 無悔也라

제가 執事에게 총애를 받아 從遊한 지가 오래되었습니다. 만일 너그러이 용납해 주시어 天性을 잃지 않게 하고, 더 우대하여 족히 훌륭한 이름을 세울 수 있게 해주신다면, 寅時(오전 3시)에 들어와 辰時(오전 8시)가 다하면 물러가고, 申時(오후 4시)에 들어와 酉時(오후 6시)가 다하면 물러가게 하여, 이로써 일상적인 규칙을 삼게 하더라도 일을 폐하지 않을 것입니다. 천하 사람들이 執事께서 저를 이와 같이 대우한다는 말을 들으면, 반드시 모두 말하기를 "執事가 선비를 좋아하심이 이와 같고, 또 執事가 선비를 禮로써 대우함이 이와 같고, 執事가 사람으로 하여금 천성을 굽히게 하지 않고 능히 용납해 줌이 이와 같고, 執事가 사람의 명성을 이루어주고자 함이 이와 같고, 執事가 故舊를 후대함이 이와 같다."고 말할 것이며, 또 장차 말하기를 "韓愈가 依託할 상대를 앎이 이와 같고, 韓愈가 부귀한 사람에게 아첨하지 않음이 이와 같고, 韓愈의 어짊이 그 주인으로 하여금 禮로써 대우하게 함이 이와 같다."고 말할 것이니, 이렇게 된다면 저는 執事의 門下에서 죽더라도 후회가 없겠습니다.

若使隨行而入하고 逐隊而趨하여 言不敢盡其誠하고 道有所屈於己면 天下之人이 聞執事之於愈如此하고 皆曰 執事之用韓愈는 哀其窮하여 收之而已耳요 韓愈之事執事는 不以道라 利之而已耳라하리니 苟如是면 雖日受千金之賜하고 一歲九遷其官이라도 感恩則有之矣어니와 將以稱於天下曰知己則未也라 伏惟哀其所不足하고 矜其愚하여 不錄其罪하고 察其辭而垂仁採納焉하라 愈는 恐懼再拜하노라

만일 행렬을 따라 들어가고 대오를 따라 나아가서, 말함에 그 진심을 다하지 못하고 道가 자신에게 굽히는 바가 있게 된다면, 천하 사람들은 執事께서 韓愈에게 이와 같이 한다는 말을 듣고는, 모두 말하기를 "執事가 韓愈를 등용함은 그의 곤궁함을 가엾게 여겨 거두어 준 것일 뿐이요, 韓愈가 執事를 섬김은 道로써 한 것이 아니라, 이롭게 여겨서일 뿐이다."라고 말할 것입니다. 만일 이와 같다면 비록 날마다 千金의 하사를 받고, 1년에 아홉 번 승진하게 되더라도 은혜에 감사함은 있겠으나 장차 천하에 칭하여 知己라고 말하는 것은 불가할 것입니다. 엎드려 생각하옵건대, 저의 부족함을 가엾게 여기고 어리석음을 긍휼히 여기시어 저의 죄를 기록하지 말고 저의 말을 살펴 仁을 베풀어 받아 주소서. 韓愈는 두려워하며 삼가 재배합니다.

諂 : 아첨할 첨 逐 : 쫓을 축 隊 : 대오 대 矜 : 불쌍할 긍

爲人求薦書 韓 愈

(남을 위하여 추천해 주기를 요구한 편지)

終篇에 以馬遇伯樂之顧면 便增聲價로 比喩人才遇知己者之賞識이면 便至大用이라 起以木與馬對說하니 起亦的切하며 文簡明而意圓活이로다

끝 篇에 말〔馬〕이 伯樂의 돌아봄을 만나면 聲價를 더한다는 내용으로 인재가 자기를 알아주는 자의 賞識을 만나면 곧 크게 쓰여지게 됨을 비유하였다. 起頭에는 나무와 말로 상대하여 말했으니, 기두도 적절하며 문체가 간명하고 뜻이 원활하다.

〈某聞〉木在山하고 馬在肆에 過之而不顧者 雖日累千萬人이라도 未爲不材與下乘也로되 及至匠石過之而不睨하고 伯樂遇之而不顧然後에 知其非棟梁之材와 超逸之足也라 以某在公之宇下 非一日이요 而又辱居姻婭之後하니 是는 生于匠石之園이요 長于伯樂之廐者也라 於是而不得知면 假有見知者千萬人이라도 亦何足云耳리오 今幸賴天子每歲詔公卿大夫貢士하여 若某等比도 咸得以薦聞이라 是以로 冒進其說하여 以累於執事하니 亦不自量已라 然이나 執事其知某何如哉오 昔人이 有鬻馬不售於市者러니 知伯樂之善相也하고 從而求之하여 伯樂一顧에 價增三倍하니 某與其事로 頗相類라 是故로 始終言之耳로라

저는 듣자오니, 나무가 산에 있고 말이 마구간에 있을 적에 그 앞을 지나가면서 돌아보지 않는 자가 비록 하루에 수천만 명이라 해도 쓸모 없는 재목이나 또는 下乘(나쁜말)이 되는 것이 아닙니다. 그러나 〈천하에 제일가는 목수인〉 匠石이 나무 앞을 지나면서도 돌아보지 않고, 〈천하에 제일 말을 잘 알아보는〉 伯樂이 말 앞을 지나면서도 돌아보지 않음에 이른 뒤에야 棟梁의 재목과 超逸의 駿足이 아님을 알 수 있습니다. 제가 公의 宇下(門下)에 있은 지가 하루이틀이 아니요, 또 욕되게 姻戚의 말석에 처해 있으니, 이는 〈나무가〉 匠石의 동산에서 생장하고 〈말이〉 伯樂의 마구간에서 자란 것과 같습니다. 이런데도 알아줌(인정)을 받지 못한다면, 가령 인정해 주는 자가 천만 명이 있은들 또한 어찌 말할 만하겠습니까.

이제 다행히 天子께서 매년 公卿大夫들에게 詔書를 내려 선비들을 추천해 올리라 하시어 아무개 등과 같은 무리들도 모두 薦擧되어 보고되었습니다. 이 때문에 저는 무릅쓰고 이 말을 올려 執事에게 누를 끼치오니, 또한 자신의 재주를 스스로 헤아리지 않은 것입니다. 그러나 執事께서 저를 아심이 어떻습니까. 옛사람 중에 시장에 말을

的：적실할 적 肆：마구간 사 匠：장인 장 睨：볼 예 婭：인척 아 廐：마구간 구
假：가령 가 詔：조서 조 冒：무릅쓸 모 鬻：팔 육 售：팔 수

팔려 하였으나 〈말이〉 팔리지 않는 자가 있었는데, 伯樂이 말의 相을 잘 본다는 말을 듣고 찾아가 〈말을 보아주기를〉 요구하여, 伯樂이 한번 돌아보자 값이 3배가 올랐다 합니다. 저의 경우가 이 일과 유사하므로 이 때문에 始終 말하는 것입니다.

答陳商書 韓 愈

(陳商에게 답한 편지)

以明理之文으로 而求仕於當世면 不投時好니 如操瑟而立於齊門하여 不能投合齊王之好竽라 然君子之所守는 不隨時而爲之遷就니라

도리를 밝히는 글을 가지고 당세에 벼슬을 구한다면 세상의 좋아함에 부합하지 못하니, 이는 마치 비파를 잡고서 齊나라 궁문에 서서 젓대를 좋아하는 齊王에 투합하지 못함과 같다. 그러나 君子의 지키는 바는 때에 따라 옮기거나 나아가지 않는다.

愈白하노라 辱惠書하니 語高而旨深하여 三四讀에 尙不能通曉하니 茫然增愧赧이로라 又不以其淺弊無過人智識하여 且喩以所守하니 幸甚이라 愈敢不吐露情實이리오 然自識其不足補吾子所須也로라 齊王이 好竽러니 有求仕於齊者 操瑟而往하여 立王之門三年에 不得入이라 叱曰 吾瑟鼓之면 能使鬼神上下하며 吾鼓瑟이 合軒轅氏之律呂라한대 客罵之曰 王好竽어시늘 而子鼓瑟하니 瑟雖工이나 如王之不好何오하니 是所謂工於瑟而不工於求齊也라 今擧進士於此世하여 求祿利行道於此世호되 而爲文에 必使一世人不好면 得無與操瑟立齊門者比歟아 文誠工이나 不利於求요 求不得이면 則怒且怨하리니 不知君子必爾爲不(否)也로라 故로 區區之心이 每有來訪者면 皆有意於不肖者也라 略不辭讓하고 遂盡言하노니 惟吾子諒察하라

韓愈는 아뢰니다. 惠書를 받아보니, 말이 고상하고 뜻이 깊어서 서너 번 읽어도 오히려 통달할 수가 없으니, 망연히 부끄러움과 무안함만 더할 뿐입니다. 또 〈저를〉 천박하고 용렬하여 남보다 뛰어난 지혜와 식견이 없다고 여기지 않으시고 또 지킬 바를 깨우쳐주시니, 매우 다행입니다. 제가 감히 실정을 토로하지 않을 수 있겠습니까. 그러나 吾子가 필요로 하는 바에 보탬이 되지 못함을 스스로 알고 있습니다.

齊나라 王이 젓대 소리를 좋아하였는데, 齊나라에서 벼슬을 구하는 자가 비파를 가지고 가서 齊王의 문에 서 있기를 3년 동안이나 하였으나 들어가지 못하였습니다. 그는 꾸짖기를 "내가 비파를 타면 귀신으로 하여금 오르내리게 할 수 있으며, 내가 비파

操 : 잡을 조 竽 : 젓대 우 白 : 아뢸 백 茫 : 아득할 망 赧 : 붉힐 란 露 : 드러낼 로
轅 : 끌채 원 罵 : 꾸짖을 매 工 : 공교할 공 諒 : 살펴알 량

를 타는 것은 軒轅氏(黃帝)의 律呂에 맞는다."하였습니다. 이에 객이 꾸짖기를 "왕은 젓대를 좋아하는데 그대는 비파를 타니, 비파는 비록 잘 타나 왕이 좋아하지 않음을 어찌하겠는가."하였습니다. 이것이 이른바 비파는 비록 잘 타나 齊나라에서 벼슬을 구하는 데는 잘하지 못한다는 것입니다.

이제 이 세상에서 進士에 천거되어 祿利를 구하고 이 세상에 道를 행하려 하면서 문장을 지을 때에 반드시 한 세상의 사람들로 하여금 좋아하지 않게 한다면, 비파를 잡고 齊나라 문에 서 있는 자와 똑같지 않겠습니까. 문장은 비록 잘하나 벼슬을 구하는 데는 이롭지 못하며, 벼슬을 구하여도 얻지 못하면 노하고 또 원망할 것이니, 君子가 반드시 이렇게 하는지 나는 모르겠습니다. 그러므로 區區한 마음이 매양 와서 묻는 자가 있으면 모두 不肖한 저에게 관심이 있는 것이라고 여깁니다. 이에 조금도 사양하지 않고 마침내 말을 다하오니, 그대는 諒察하기 바랍니다.

與孟簡尚書書 韓 愈

(尙書 孟簡에게 보낸 편지)

唐憲宗이 自鳳翔으로 迎佛骨入宮한대 韓公上表하여 乞以此骨投之水火라가 因此得罪하고 貶守潮州하다 州有僧하니 號太顚이라 公召與之遊하더니 及自潮移袁州에 又留衣贈別이라 故로 人傳公因攻佛遭貶하여 信奉釋氏라하니 孟簡者는 孟郊之從叔也니 以書問此事라 故로 公答書에 力辨之하니라 [1]朱文公考異中에 有一段議論하니 甚妙일새 今載于後하노라

○ 樓迂齋曰 出脫孟子도 是自出脫이요 推尊孟子도 亦是自推尊이니 文字抑揚을 此篇須看大開闔이라

○ 愚謂攘斥佛老는 乃公平生大節이니 公文字及此者는 答張籍書最先이요 原道次之요 佛骨表又次之요 此書最後作者也라

唐憲宗이 鳳翔에서 佛骨(舍利)을 맞이하여 궁중으로 들여오려 하자, 韓公이 表文을 올려 이 佛骨을 물과 불 속에 던질 것을 청하였다가 이 때문에 죄를 얻고 좌천되어 潮州를 맡게 되었다. 潮州에는 승려가 있었는데 號를 太顚이라 하였다. 公은 그를 불러 함께 교유하였으며, 潮州로부터 袁州로 옮겨갈 때에는 또 옷을 남겨 그에게 선물하고 작별하였다. 그러므로 사람들은 전하기를 "韓公이 佛法을 배척하다가 좌천을 당함으로 인하여 釋氏를 신봉한다."고 말하였다. 孟簡은 孟郊의 從叔이었는데 편지를 보내어 이 일을 물었으므로, 公이 답서에 강력히 변명한 것이다. 朱文公

與 : 줄 여　乞 : 빌 걸　貶 : 좌천할 폄　潮 : 고을이름 조　袁 : 옷길 원　闔 : 닫을 합
攘 : 물리칠 양　斥 : 배척할 척

의 考異 중에 이에 대한 한 의논이 매우 묘하므로 이제 뒤에 싣는다.

○ 樓迂齋(樓昉)가 말하였다. "孟子를 탈출함도 이 스스로 탈출함이요, 孟子를 추존함도 이 스스로 추존함이니, 文字의 抑揚을, 이 편에서 모름지기 큰 開闔(열고 닫음)을 보아야 할 것이다."

○ 내 생각컨대, 佛·老를 배척함은 公의 평생의 大節(큰일)인데, 公의 문자 중에 이에 언급한 것은 張籍에 대한 답서가 가장 먼저이고, '原道'가 그 다음이고 '佛骨表'가 또 그 다음이고 이 글이 가장 최후에 지은 것이다.

譯註 1. 朱文公의 考異에 평한 내용은 臺本에 실려 있으나 여기서는 삭제하였음을 밝혀둔다.

蒙惠書하니 云 有人傳愈近少〈信〉奉釋氏라하니 〈此傳之者〉妄也라 潮州時에 有一老僧號太顚하니 頗聰明識道理요 遠地에 無所可與語者라 故로 自山召至州郭하여 留十數日하니 實能外形骸하고 以理自勝하여 不爲事物侵亂이요 與之語에 雖不盡解나 要自胸中에 無滯礙일새 以爲難得이라하여 因與往來하고 及祭神至海上에 遂造其廬하고 及來袁州에 留衣服爲別하니 乃人之情이요 非崇信其法하여 [1]求福田利益也라

惠書를 받아보니, 말하기를 "내가 근간에 釋氏(佛敎)를 신봉한다고 전하는 자가 있다."하오니, 이는 터무니 없는 말입니다. 潮州에 있을 때에 號가 太顚인 한 老僧이 있었는데, 자못 총명하여 도리를 알았으며, 먼 곳에 더불어 말할 만한 자가 없었습니다. 그러므로 山寺로부터 불러 州郭에 이르게 하여 십수 일을 유숙하게 하였습니다. 그는 실로 形骸(肉身)를 도외시하고 도리로 스스로를 이겨 사물에게 侵亂을 받지 않았으며, 더불어 말함에 비록 모두 이해되지는 않았으나 요컨대 흉중에 막힘이 없기에 얻기 어려운 인물이라 생각하여 인하여 더불어 왕래하였습니다. 그러다가 南海의 神에게 제사하기 위해 海上에 이르렀을 적에 마침내 그의 집으로 찾아 갔었고, 袁州로 오게 되자 의복을 남겨 작별을 하였으니, 이는 바로 인정으로 한 것이요, 佛法을 높이고 신봉하여 福田과 이익을 구하려는 것은 아니었습니다.

譯註 1. 福田 : 佛家의 말로 佛法을 믿고 供養하면 마치 土地에서 곡식을 생산하듯 福을 만들어낸다 하여 붙인 이름이다.

孔子云 丘之禱久矣리하시니 凡君子行己立身이 自有法度하고 聖賢事業이 具在方冊하여 可效可師라 仰不愧天하며 俯不愧人하며 内不愧心이요 積善積惡에 殃慶이

蒙 : 받을 몽 外 : 벗어날 외 骸 : 해골 해 滯 : 막힐 체 礙 : 막힐 애 禱 : 빌 도
俯 : 숙일 부

自各以其類至하나니 何有去聖人之道하며 捨先王之法하고 而從夷狄之敎하여 以求福利也리오 詩不云乎아 愷悌君子여 求福不回라하고 傳又曰 不爲威惕하며 不爲利疚라하니 假如釋氏能與人爲禍福이라도 非守道君子之所懼也어든 況萬萬無此理아 且彼佛者는 果何人哉오 其行事類君子邪아 小人邪아 若君子也인댄 必不妄加禍於守道之人이요 如小人也인댄 其身已死하고 其鬼不靈이라 天地神祇 昭布森列하시니 非可誣也라 又肯令其鬼行胸臆하여 作威福於其間哉아 進退無所據어늘 而信奉之면 亦且惑矣로다

孔子께서 말씀하시기를 "내가 기도한 지가 오래되었다."하셨으니, 君子는 몸을 행하고 몸을 세움에 자연히 법도가 있으며, 聖賢의 사업이 모두 方冊에 나와 있어 본받을 만하고 스승삼을 만합니다. 우러름에 하늘에 부끄럽지 않으며 굽어봄에 인간에게 부끄럽지 않으며 안으로는 마음에 부끄럽지 않고, 善을 쌓고 惡을 쌓음에 殃禍와 경사가 각기 종류에 따라 이르나니, 어찌 聖人의 道를 버리고 先王의 法을 버리고서 夷狄의 가르침을 따라 福利를 구하겠습니까.

「詩經」에 말하지 않았습니까. "愷悌한 君子여! 福을 구함이 사악하지 않다."하였고, 傳(左傳)에 또 이르기를 "위엄에 두려워하지 않고 이익에 병들지 않는다."하였으니, 가령 釋氏가 능히 사람에게 禍와 福을 만들어 준다 하더라도 道를 지키는 君子가 두려워할 바가 아닌데, 더구나 만만번 이럴 리가 없지 않습니까.

또 저 부처는 과연 어떠한 사람입니까? 그의 행한 일이 君子와 같습니까? 小人과 같습니까? 만약 君子라면 반드시 道를 지키는 사람에게 함부로 화를 가하지 않을 것이요, 만일 小人이라면 그 몸이 이미 죽었고 그 귀신도 신령스럽지 못할 것입니다. 천지신명이 밝게 펴 계시고 나열되어 있으니, 속일 수 있는 것이 아닙니다. 그런데 또 그 귀신으로 하여금 胸臆(자기마음)대로 행하여 그 사이에 위엄과 복을 만들어 주게 하겠습니까. 앞으로 보나 뒤로 보나 근거할 바가 없는데, 그 말을 신봉한다면 또한 미혹된 것입니다.

且愈不助釋氏而排之者는 其亦有說이라 孟子云 今天下不之楊則之墨이라하시니 楊墨交亂而聖賢之道不明이요 聖賢之道不明이면 [1]則三綱淪而九法斁(두)하고 禮樂崩而夷狄橫하리니 幾何其不爲禽獸也리오 故로 曰能言距楊墨者는 聖人之徒也라하시니라

또 내가 釋氏를 돕지 않고 배척하는 것은 이 또한 할 말(이유)이 있습니다. 孟子께서 말씀하시기를 "지금 천하는 楊朱에게로 가지 않으면 墨翟에게로 간다."하셨으니,

---

愷：화락할 개 回：간사할 회 惕：두려울 척 疚：병들 구 祇：땅귀신 기
森：늘어설 삼 臆：가슴 억 淪：빠질 륜 斁：무너질 두

楊朱와 墨翟이 서로 어지럽힘에 聖賢의 道가 밝아지지 못하며, 聖賢의 道가 밝지 못하면 三綱이 매몰되고 九法이 무너지며 禮樂이 무너지고 夷賊이 횡행할 것이니, 어찌 금수가 되지 않을 수 있겠습니까. 그러므로 〈孟子께서는〉 "楊朱와 墨翟의 道를 막을 것을 말하는 자는 聖人의 무리이다."라고 말씀하신 것입니다.

譯註 1. 三綱淪而九法斁 : 三綱은 父子 · 君臣 · 夫婦의 倫理이며 九法은 나라를 다스리는데 필요한 아홉 가지 원리인 洪範九疇를 가리킨다. 九疇는 1. 五行, 2. 五事, 3. 八政, 4. 五紀, 5. 皇極, 6. 三德, 7. 稽疑, 8. 庶徵, 9. 五福 · 六極인 바, 「書經」《洪範》에 자세히 보인다.

揚子雲曰 古者에 楊墨塞路어늘 孟子辭而闢之廓如也라하니 夫楊墨行에 正道廢하여 且將數百年에 以至於秦하여 卒滅先王之法하며 燒除經書하고 坑殺學士하여 天下遂大亂이라 及秦滅漢興에도 且百年에 尙未知修明先王之道러니 其後에 始除挾書之律하고 稍求亡書, 招學士하니 經雖少得이나 尙皆殘缺하여 十亡(無)二三이라 故로 學士는 多老死하고 新者는 不見全經하여 不能盡知先王之事하고 各以所見爲守하여 分離乖隔하여 不合不公하니 二帝三王群聖人之道 於是大壞라 後之學者無所尋逐하여 以至于今泯泯也하니 其禍出於楊墨肆行而莫之禁故也라 孟子雖聖賢이나 不得位하여 空言無施하니 雖切何補리오 然이나 賴其言하여 而今學者尙知宗孔氏, 崇仁義, 貴王賤霸而已요 其大經大法은 皆亡滅而不救하고 壞爛而不收하니 所謂存十一於千百이니 安在其能廓如也오 然이나 向無孟氏면 則皆服左衽而言侏離矣리라 故로 愈常推尊孟氏하여 以爲功不在禹下者 爲此也니라

揚子雲(揚雄)이 말하기를 "옛날에 楊朱와 墨翟이 正道를 막으므로 孟子께서 말씀하여 물리쳐서 환하게 터놓았다."하셨습니다. 楊朱와 墨翟의 道가 행해짐에 王道가 폐지되어, 장차 수백 년에 秦나라에 이르러 마침내 선왕의 법을 멸하며 經書들을 불태워 없애고 學士들을 묻어죽여 천하가 마침내 크게 혼란해졌습니다. 秦나라가 망하고 漢나라가 일어났는데도 백 년이 되도록 아직도 선왕의 道를 닦아 밝힐 줄을 몰랐는데, 그 후에 비로소 '책을 끼고 다니는 자를 처벌하던 刑律'을 제거하고, 차츰 없어진 책을 찾고 학사들을 초청하니, 경서는 비록 다소 얻었으나 오히려 모두 殘缺되어 열에 두셋 밖에 남지 않았습니다. 그리하여 학사들은 늙어 죽은 자가 많고 새로운 자들은 全經을 보지 못하여 先王의 일을 다 알지 못하고 각자 자기가 본 것만을 지켜(고집하여), 분리하고 乖隔하여 부합하지 못하고 공정하지 못하니, 二帝 · 三王과 여러 聖人의 道가 이에 크게 파괴되었습니다. 후세의 학자들은 찾고 따를 곳이 없어 지금에 이

廓 : 넓힐 확 燒 : 불사를 소 坑 : 묻을 갱 挾 : 낄 협 稍 : 점점 초 乖 : 어그러질 괴
尋 : 찾을 심 泯 : 없어질 민 爛 : 문드러질 란 衽 : 옷깃 임 侏 : 난장이 주

르도록 민멸되었으니, 그 화는 楊朱와 墨翟의 학설이 멋대로 행하는데도 이를 금지하는 이가 없었던 데서 나온 것입니다.

孟子께서 비록 聖賢이셨으나 지위를 얻지 못하여 빈 말일 뿐, 시행하지 못하셨으니, 비록 간절한들 무슨 보탬이 있었겠습니까. 그러나 그 말씀을 힘입어 지금의 배우는 자들이 아직도 孔氏를 높이고 仁義를 높이며 王道를 귀히 여기고 覇道를 천히 여길 줄을 알고 있습니다. 그러나 이 뿐이요, 그 大經·大法은 모두 없어져 구원할 수 없고, 파괴되고 혼란하여 수습할 수 없으니, 이른바 천에 열, 백에 하나가 남았다는 것입니다. '환하게 터놓았다'는 것이 어디에 있습니까. 그러나 그때 孟氏가 없었다면 우리는 모두 오랑캐들처럼 옷깃을 왼쪽으로 만든 옷을 입고 侏離(오랑캐의 말)를 말하고 있을 것입니다. 그러므로 내가 항상 孟氏를 추존하여 공로가 禹임금의 아래에 있지 않다고 하는 것은 이 때문입니다.

漢氏以來로 群儒區區修補나 百孔千瘡이 隨亂隨失하여 其危如一髮引千鈞하여 綿綿延延하여 寖以微滅이어늘 於是時也에 而唱釋老於其間하여 鼓天下之衆而從之하니 嗚呼라 其亦不仁이 甚矣로다 釋老之害는 過於楊墨하고 韓愈之賢은 不及孟子라 孟子不能救之於未亡之前이어늘 而韓愈乃欲全之於已壞之後하니 嗚呼라 其亦不量其力이라 且見其身之危 莫之救以死也로다 雖然이나 使其道由愈而粗傳이면 雖滅死나 萬萬無恨이라 天地鬼神이 臨之在上하고 質之在傍하니 又安得因一摧折하여 自毁其道而從於邪也리오 籍湜輩는 雖屢指敎나 不知果能不叛去否아 辱吾兄眷厚로되 而不獲承命하니 唯增慚懼라 死罪死罪로라

漢氏(漢나라) 이래로 여러 儒者들이 區區히 보수하였으나 백 개의 구멍과 천 군데의 상처가 亂에 따라 亡失되어 그 위태로움이 한 가닥 머리털로 千鈞의 무게를 끌어당기는 것과 같아 면면히 이어와서 점점 미약해지고 없어졌습니다. 이런 때에 그 사이에서 釋·老를 제창하여 천하의 무리들을 고무시켜 따르게 하니, 아! 不仁함이 또한 심합니다. 釋·老의 해는 楊·墨보다 심하고, 나(韓愈)의 어짊은 孟子에 미치지 못합니다. 孟子도 아직 완전히 없어지기 전에 구원하지 못하였는데, 〈孟子에게 미치지 못하는〉 내가 이미 없어진 뒤에 보전하려 하니, 아! 그 또한 자신의 힘을 헤아리지 못한 것입니다. 장차 그 몸이 위태로워 道를 구원하지 못하고 죽음을 당할 것입니다. 그러나 그 道가 나로 말미암아 다소라도 전해지게 된다면, 비록 멸하여 죽어도 만만번 여한이 없겠습니다. 天地神明이 위에서 굽어보시고 옆에서 質正하시니, 또 어찌 한번 좌절함으로 인하여 스스로 그 道를 훼손하고 부정한 길을 따르겠습니까.

張籍과 皇甫湜 등은 비록 여러번 지시하고 가르쳤으나 과연 배반하고 떠나가지 않

瘡 : 상처 창　鈞 : 서른근 균　延 : 늘일 연　寖 : 점점 침　粗 : 거칠 추(조)
摧 : 꺾을 최　湜 : 맑을 식　眷 : 정성스러울 권　慚 : 부끄러울 참

을는지 모르겠습니다. 吾兄(兄)의 돌보심과 厚德을 입었으나 명령을 받들 수 없으니, 오직 부끄러움과 두려움이 더할 뿐입니다. 죽을 죄를 짓고 죽을 죄를 지었습니다.

送浮屠文暢師序　　韓 愈

(浮屠(僧侶)인 文暢大師를 전송한 序)

洪容齋曰 韓公送文暢云 文暢은 浮屠也니 欲聞浮屠之說인댄 當自就其師而問之리니 何故謁吾徒而來請也리오하고 元微之永福寺石壁記云 佛書之妙奧는 僧當爲予言이요 予不當爲僧言이라하니 二公之語 可謂至當이로다

○ 此篇은 告以吾聖人之道하여 而欲拔之浮屠之中하니 略與原道之說로 相表裏라

洪容齋(洪邁)가 말하였다. "韓公이 文暢을 전송한 序에 이르기를 '文暢은 浮屠이니 浮屠의 말을 듣고자 하였다면 마땅히 스스로 그 스승에게 찾아가서 물을 것이니, 무슨 연고로 우리 무리들을 뵙고서 청하였겠는가' 하였고, 元微之(元稹)의 永福寺 石壁記에는 이르기를 '佛書의 오묘함은 승려들이 마땅히 나에게 말해 주어야 할 것이요 내가 승려들을 위해 말해 줄 수는 없다' 하였으니, 두 公의 말씀은 지당하다고 이를 만하다."

○ 이 篇은 우리 聖人의 道를 말해주어 그를 浮屠의 가운데서 뽑아내려 하였으니, 대략 '原道'의 내용과 서로 표리가 된다.

人固有儒名而墨行者하니 問其名則是요 校其行則非인댄 可以與之遊乎아 如有墨名而儒行者하여 問其名則非요 校其行則是인댄 可以與之遊乎아 揚子雲이 稱在門墻則揮之하고 在夷狄則進之라하니 吾取以爲法焉하노라

사람 중에는 진실로 명색은 儒者이면서 墨者의 행실을 하는 자가 있으니, 그 이름을 물으면 옳고 그 행실을 따져보면 그를 경우, 그와 더불어 교유할 수 있겠는가. 만일 명색은 墨者이면서 儒者의 행실을 하는 자가 있어 그 이름을 물으면 그르고 그 행실을 따져보면 옳을 경우, 그와 더불어 교유할 수 있겠는가. 揚子雲(揚雄)이 말하기를 "〈그러한 자가〉 우리집 문과 담장 안에 있으면 손을 저어 내쫓고 夷狄에 있으면 끌어들여야 한다." 하였으니, 나는 이것을 취하여 법으로 삼으려 한다.

〈浮屠師〉文暢이 喜爲文章하여 其周遊天下에 凡有行이면 必請於搢紳先生하여 以求詠謌(歌)其所志라 貞元十九年春에 將行東南할새 柳君宗元이 爲之請이어늘 解

屠 : 죽일 도　奧 : 깊을 오　非 : 그를 비　校 : 헤아릴 교　揮 : 손저을 휘　搢 : 꽂을 진
紳 : 큰띠 신　謌 : 노래 가

其裝하여 得所得敍詩累百餘篇하니 非至篤好면 其何能致多如是邪아 惜其無以聖人之道告之者요 而徒擧浮屠之說하여 贈焉이로라

浮屠(佛敎)의 스승인 文暢이 文章 짓기를 좋아하여 천하를 周遊할 적에 무릇 길을 떠나게 되면 반드시 搢紳先生(士大夫)에게 요청하여 그의 뜻한 바를 읊어 노래해 주기를 요구하였다. 貞元 19년 봄, 그가 장차 동남쪽으로 길을 떠나려 할 적에 柳君 宗元은 그를 위해 詩를 지어줄 것을 나에게 청하였다. 그리하여 그의 행장을 풀어 그동안 얻은 序文과 詩 수백여 편을 얻었으니, 지극히 좋아함이 아니라면 어찌 많음을 이룸이 이와 같겠는가. 聖人의 道를 가지고 그에게 고해준 자가 없고, 다만 浮屠의 말을 들어 말해 준 것이 애석하다.

夫文暢은 浮屠也니 如欲聞浮屠之說인댄 當自就其師而問之니 何故로 謁吾徒而來請也리오 彼見吾君臣父子之懿와 文物禮樂之盛하고 其心이 必有慕焉이로되 拘其法而未能入이라 故로 樂聞其說而請之니 如吾徒者 宜當告之以二帝三王之道와 日月星辰之所以行과 天地之所以著와 鬼神之所以幽와 人物之所以蕃과 江河之所以流而語之요 不當又爲浮屠之說而瀆告之也라

文暢은 浮屠이니, 만일 浮屠의 말을 듣고자 하였다면 마땅히 스스로 그 스승을 찾아가 물었을 것이니, 무슨 연고로 우리 무리를 찾아와 청하겠는가. 저사람은 우리의 君臣·父子間의 아름다움과 文物·禮樂의 盛함을 보고는 그 마음에 반드시 사모함이 있으나 佛法에 얽매여 들어올 수가 없으므로 그 말을 듣기를 좋아하여 청한 것이니, 우리들은 마땅히 二帝·三王의 道와 日月星辰이 운행하는 까닭과 天地가 드러난 까닭과 鬼神이 그윽한 까닭과 사람과 물건이 번성하는 까닭과 江河의 흐르는 까닭을 고하여 말해줄 것이요, 또다시 浮屠의 말을 하여 번거롭게 고해서는 안될 것이다.

民之初生에 固若禽獸〈夷狄〉然이러니 聖人者立然後에 知宮居而粒食하며 親親而尊尊하며 生者養而死者藏이라 是故로 道莫大乎仁義하고 敎莫正乎禮樂刑政하니 施之於天下면 萬物得其宜하고 措之於其躬이면 體安而氣平이라 堯以是傳之舜하시고 舜以是傳之禹하시고 禹以是傳之湯하시고 湯以是傳之文武하시고 文武以是傳之周公孔子하사 書之於冊하여 中國之人이 世守之하나니 今浮屠者는 孰爲而孰傳之邪아

백성들이 처음 태어났을 때에는 진실로 禽獸와 夷狄과 같았었다. 그런데 聖人이 나오신 뒤에 宮室에서 살고 곡식을 먹으며 친척을 친히 여기고 높은 분을 높이며 산 자

惜 : 애석할 석 徒 : 한갓 도 贈 : 줄 증 謁 : 뵐 알 懿 : 아름다울 의 瀆 : 번거로울 독
措 : 둘 조

를 봉양하고 죽은 자를 매장할 줄을 알게 되었다. 그러므로 道는 仁義보다 큰 것이 없고, 가르침은 禮樂·刑政보다 바른 것이 없으니, 이것을 천하에 시행하면 만물이 그 마땅함을 얻고, 이것을 자신에게 두면 몸이 편안하고 氣가 화평해진다. 堯는 이것을 舜에게 전하시고, 舜은 이것을 禹에게 전하시고, 禹는 이것을 湯에게 전하시고, 湯은 이것을 文王·武王에게 전하시고, 文王·武王은 이것을 周公·孔子에게 전하사, 이것을 책에 써서 중국 사람들이 대대로 지켜오고 있으니, 지금 浮屠라는 것은 누가 만들어 누가 전한 것인가.

夫鳥俛而啄하고 仰而四顧하며 夫獸深居而簡出은 懼物之爲己害也로되 猶且不脫焉하여 弱之肉을 強之食하나니 今吾與文暢이 安居而暇食하고 優游以生死하여 與禽獸異者를 寧可不知其所自邪아 夫不知者는 非其人之罪也어니와 知而不爲之者는 惑也요 悅乎故하여 不能卽乎新者는 弱也요 知而不以告之者는 不仁也요 告而不以實者는 不信也라 余既重柳請하고 又嘉浮屠能喜文辭하여 於是乎言하노라

새가 머리를 숙여 쪼아먹고 머리를 들어 사방을 두리번거리며, 짐승들이 깊이 숨어 살고 때를 골라 나오는 것은 다른 물건이 자기를 해칠까 두려워해서이다. 그런데도 화에서 벗어나지 못하여 약한 것의 고기를 강한 것이 잡아 먹는다. 지금 나와 文暢이 편안히 살면서 한가로이 먹고 여유 있게 살다가 죽어, 禽獸와 다른 것을 어찌 그 유래한 바를 모르겠는가. 알지 못하는 것은 그 사람의 죄가 아니거니와 알면서도 하지 않는 것은 미혹됨이요, 옛날 버릇을 좋아하여 새로운 것으로 나아가지 못하는 것은 나약함이요, 알면서도 고해주지 않는 것은 仁하지 못함이요, 말해주되 진실로써 하지 않는 것은 진실치 못함이다. 나는 이미 柳君의 요청을 중히 여기고, 또 浮屠가 文辭를 좋아하는 것을 가상히 여겨 이에 말하는 것이다.

俛 : 숙일 면　啄 : 쪼을 탁　優 : 한가할 우　寧 : 어찌 녕　邪 : 어조사 야　卽 : 나아갈 즉
嘉 : 아름다울 가

古文眞寶後集 卷之三

平淮西碑　　韓　愈(退之)

(淮西를 평정한 기념비)

迂齋曰 布置回護하고 叙事有法이라 又云 看他抑揚起伏鋪張回護布置收拾之法하면 1)當與元和聖德詩並看이니라

○ 唐自安史亂後로 藩鎭跋扈어늘 累代姑息하여 養成叛逆하여 父死子繼하고 否則偏裨繼하여 匪由朝命하고 要求節鉞하며 一纔不從이면 反叛繼之러니 憲宗立에 發憤欲張已墜之綱하여 亦既平夏蜀澤潞諸鎭矣라 淮蔡節度吳少誠이 死에 子元濟自立하여 請不許한대 遂反하니 朝臣中에 惟武元衡, 裵度 請討之러니 兵連未捷에 元衡死於刺客하고 度傷이나 幸不死하니 俱請罷兵호되 惟度贊上하여 終討之하니라 度除淮西節度使한대 奏請韓公하여 爲行軍司馬러니 卒平蔡還朝하여 詔公撰碑하니 公以蔡平은 由度固上意라하여 多歸功焉하고 度功所以成은 又由上意之明且斷이라하니 當矣라 李愬自恃奇兵入蔡擒吳하여 功高하니 其妻는 唐安公主女也라 遣入宮하여 泣訴碑不實한대 上命斷碑하고 更詔段文昌爲之하니 文昌之碑 今雖見唐文粹나 然委弱猥冗하니 人誰目者리오 東坡錄臨江驛一絶云 淮西功業冠吾唐하니 吏部文章日月光이라 千載斷碑人膾炙하니 不知世有段文昌이라하니 良可一快라 孫莘老喜論文하여 謂此碑序如書하고 銘如詩라하니 的論也라 李商隱一詩 論此碑極佳하니 已有此說矣라 警語曰 2)點竄堯典舜典字하고 3)塗改清廟生民詩라하니 熟讀深味하면 始信李孫爲知言云이라

迂齋(樓昉)가 말하였다. "布置함(글을 펴놓음)이 回護하고 일을 서술함이 법도가 있다." 또 말하였다. "저 抑揚起伏과 鋪張回護와 布置收拾한 법을 보면 마땅히 元和聖德詩와 나란히 보아야 할 것이다."

○ 唐나라는 安祿山과 史思明의 亂 이후로 藩鎭(節度使)이 발호하였는데, 여러 대에 姑息하여 叛逆을 양성하였다. 그리하여 아비가 죽으면 자식이 계승하고 그렇지 않으면 偏裨(부장)가 계승하여 조정의 명령을 따르지 않고 節鉞을 내려 줄 것을 요구하였으며, 한 번이라도 이에 따르지 않으면 반란과 반역이 계속되었다. 憲宗은 즉위한 다음 분발하여 이미 실추된 기강을 떨치고자 하여 이미 夏州와 蜀, 澤潞의 여러 鎭을 평정했었다. 淮蔡節度使 吳少誠이 죽자, 아들 元濟는 스스로 즉위하고 세습할 것을 청했으나 허락하지 않았다. 吳元濟가 마침내 반란을 일으키니, 朝臣 가운데 오직 武元衡과 裵度만이 토벌할 것을 청하였다. 토벌전이 계속되고 승리하기 전에 武元衡은 자객에게 살해당하고 裵度는 부상을 당했으나 다행히 죽지 않았다. 이에 조정에서는 모두 罷兵할 것을 청하였으나 오직 裵度만이 上을 도와 끝내 토벌하

鋪 : 펼 포　跋 : 밟을 발　扈 : 통발 호　鉞 : 도끼 월　纔 : 겨우 재　潞 : 물이름 로
擒 : 사로잡을 금　猥 : 뒤섞일 외　冗 : 번거로울 용　莘 : 많을 신　竄 : 고칠 찬

였다.

裵度는 淮西節度使에 제수되자, 황제에게 주청하여 韓公(韓愈)을 行軍司馬로 임명하였는데, 마침내 蔡州(淮蔡節度使의 治所)를 평정하고 조정으로 돌아와 韓公에게 명하여 碑를 짓도록 하였다. 公은 채주가 평정된 것은 裵度가 上의 뜻을 견고히 하였기 때문이라 하여 그에게 功을 돌린 것이 많으며, 裵度가 성공한 까닭은 또 上의 뜻이 분명하고 결단성이 있었기 때문이라 하였으니, 그의 말이 매우 옳다. 李愬는 스스로 奇兵을 이끌고 蔡州로 들어가 吳元濟를 사로잡아 공로가 높음을 믿고 있었는데, 그의 아내는 唐安公主의 딸이었다. 그가 자기 아내를 궁중으로 들여보내어 비문이 진실하지 못함을 울며 하소연하자, 上은 그 碑를 부러뜨리도록 명하고 다시 段文昌에게 짓도록 하였다.

段文昌의 비문은 이제 비록 「唐文粹」에 보이나 나약하고 잡되니, 사람들이 누가 눈을 붙여 보겠는가? 東坡가 臨江驛에 기록한 한 절구에 "淮西의 공업은 唐나라에 으뜸이니 吏部(韓愈)의 문장은 日月처럼 빛나네. 千載에 부러진 비문 사람들은 膾炙하고 있으니 세상에 段文昌의 비문 있음은 알지 못하네." 하였으니, 참으로 한번 상쾌하다 하겠다. 孫莘老는 문장을 논하기 좋아하였는데, 이르기를 "이 碑는 序는 「書經」과 같고 銘은 「詩經」과 같다." 하였으니, 정확한 의론이다. 李商隱의 한 詩가 이 碑를 논함이 매우 아름다운 바, 여기에 이미 이러한 말이 있다. 그의 警句에 이르기를 "《堯典》과 《舜典》의 글자를 점철하고 淸廟와 生民의 詩를 고쳐 만들었다." 하였으니, 익숙히 읽고 깊이 음미해 보면 비로소 李商隱과 孫莘老가 진리를 안 말임을 믿을 것이다.

譯註 1. 元和聖德詩 : 元和는 唐憲宗의 年號인 바, 韓愈가 憲宗 2년 國子博士로 있으면서 지어 올린 詩인데, 「韓昌黎詩繫年集釋」 卷六에 보인다.

2. 堯典과 舜典 : 모두 「書經」의 篇名으로 堯帝와 舜帝가 신하들에게 명령한 말씀과 문답한 내용이 수록되어 있다.

3. 淸廟와 生民 : 모두 「詩經」의 篇名으로, 淸廟는 周頌에, 生民은 大雅에 들어 있는 바, 周나라의 始祖인 后稷과 文王의 德을 읊은 詩이다.

天以唐이 克肖其德하사 聖子神孫이 繼繼承承하여 於(오)千萬年에 敬戒不怠라하여 全付所覆(부)하시니 四海九州가 罔有內外히 悉主悉臣이라 高祖太宗이 旣除旣治하시고 高宗中睿가 休養生息하사 至于玄宗하여 受報收功하시니 極熾而豊이라 物衆地大에 蘖牙(芽)其間이어늘 肅宗代宗과 德祖順考가 以勤以容하사 大慝適去나 稂莠不薅하니 相臣將臣이 文恬武嬉하여 習熟見聞하여 以爲當然이라 睿聖文武皇帝 旣受群臣朝하시고 乃考圖數貢하사 曰 嗚呼라 天旣全付予有家하사 今傳次在予하니

於 : 감탄할 오　覆 : 덮을 부　睿 : 밝을 예　熾 : 성할 치　蘖 : 움 얼　慝 : 간사할 특
稂 : 가라지 랑　莠 : 가라지 유　薅 : 김맬 누　恬 : 편안할 염　嬉 : 놀 희

予不能事事면 其何以見于郊廟리오 群臣震懾하여 犇(奔)走率職이라 明年平夏하고 又明年平蜀하고 又明年平江東하고 又明年平澤潞하고 [1]遂定易定하고 [2]致魏博貝衛澶相하여 無不從志라 皇帝曰 不可究武니 予其少息하리라

하늘은 唐나라가 그 덕을 잘 계승하여 聖子와 神孫이 대대로 계승하여 아! 천만년토록 공경하고 경계해서 태만하지 않는다 하시어, 하늘이 덮고 있는 천하를 완전히 맡겨주시니, 四海와 九州가 내외에 관계없이 모두 군주로 받들고 모두 신하 노릇을 하였다. 高祖와 太宗이 이미 제거하고 이미 다스렸으며, 高宗과 中宗·睿宗은 백성들을 쉬게 하고 길러주었고, 玄宗에 이르러는 보답을 받아 공을 거두시니, 지극히 번창하고 풍성하였다. 물건이 많고 땅이 큼에 나쁜 싹이 그 사이에 움트거늘, 肅宗과 代宗, 德祖(德宗)와 順考(順宗)가 부지런히 노력하고 용납하시어 큰 惡은 마침 제거하였으나 잡초와 같은 殘賊들은 완전히 제거하지 못하였다. 相臣(宰相)과 將臣(將帥)들은 文臣은 편안히 지내고 武臣은 즐겁게 놀아 보고 듣는 일에 익숙해서 당연한 것으로 여기게 되었다.

睿聖文武皇帝께서는 이미 신하들의 조회를 받으시고 地圖를 상고하여 공물을 헤아려보시면서 말씀하시기를 "아! 하늘이 이미 완전히 나에게 맡겨 집(천하)을 소유하게 하셨으니, 지금 황제의 자리를 전하는 차례가 내 몸에 있다. 내가 맡은 일을 제대로 처리하지 못하면 어떻게 郊廟에서 뵈올 수 있겠는가." 하시었다. 이에 群臣들이 떨고 두려워하여 분주히 직책을 수행하였다. 그리하여 明年에 夏州(楊惠琳)를 평정하고 또 그 다음해에 蜀(劉闢)을 평정하고, 또 그 다음해에 江東(李錡)을 평정하고, 또 그 다음해에 澤州·潞州(盧從史)를 평정하고 마침내 定州·易州를 평정하고 魏州·博州·貝州·衛州·澶州·相州를 복종해 오게 하여 뜻을 따르지 않는 자가 없었다. 이에 황제께서는 "무력을 끝까지 주장해서는 안되니, 내 조금 쉬어야 하겠다." 하셨다.

譯註 1. 遂定易定 : 張茂昭가 易州와 定州를 가지고 歸屬한 일을 가리킨다.
2. 致魏博貝衛澶相 : 田弘正이 魏州 등 6州를 가지고 歸屬한 일을 가리킨다.

九年에 蔡將死하니 蔡人이 立其子元濟以請이어늘 不許한대 遂燒舞陽하고 犯葉(섭)襄城하여 以動東都하고 放兵四劫이라 皇帝歷問于朝하시니 一二臣外에 皆曰 蔡帥之不庭授가 于今五十年이라 傳三姓四將하여 其樹本이 堅하고 兵利卒頑하여 不與他等하니 因撫而有라야 順且無事리이다 大官이 臆決唱聲하니 萬口和附하여 并爲一談하여 牢不可破라

9년에 蔡州의 장수 吳少誠이 죽으니, 蔡州 사람들이 그의 아들 元濟를 세울 것을

懾 : 두려울 섭　澶 : 땅이름 전　蔡 : 나라이름 채　葉 : 고을이름 섭　襄 : 오를 양
劫 : 위협할 겁　頑 : 완악할 완　臆 : 억측할 억　牢 : 굳을 뢰

청하였으나 허락하지 않자, 마침내 舞陽을 불태우고 葉城과 襄城을 침략하여 東都(洛陽)를 동요하게 하였으며, 군사들을 풀어놓아 사방을 약탈하였다. 황제가 조정에서 일일이 물으시니, 한두 신하 외에는 모두 말하기를 "채주의 장수를 조정에서 임명하지 않은 지가 지금 50년이 되었습니다. 세 姓氏와 네 명의 將帥에게 전해져 심어진 뿌리가 견고하며, 병기가 예리하고 군사들이 완악하여 다른 곳과 같지 않사오니, 그대로 어루만져 놓아 두어야만 순종하고 또 무사할 것입니다." 하였다. 大官이 억측으로 결단하여 先唱을 하자, 모든 사람의 입이 附和雷同하여 함께 똑같은 말을 하니, 그들의 주장이 하도 견고하여 깨뜨릴 수가 없었다.

皇帝曰 惟天惟祖宗이 所以付任予者는 庶其在此하니 予何敢不力이리오 況一二臣同하니 不爲無助니라 曰 光顔아 汝爲陳許帥(수)니 維是河東魏博郃陽三軍之在行者를 汝皆將之하라 曰 重胤아 汝故有河陽懷라 今益以汝하노니 維是朔方義成陝益鳳翔延慶七軍之在行者를 汝皆將之하라 曰 弘이 汝以卒萬二千으로 屬而子公武하여 往討之하라 曰 文通아 汝守壽하니 維是宣武淮南宣歙浙西四軍之行于壽者를 汝皆將之하라 曰 道古아 汝其觀察鄂岳하라 曰 愬아 汝帥(率)唐鄧隨하여 各以其兵으로 進戰하라 曰度아 汝長御史니 其往視師하라 曰 度아 惟汝予同하니 汝遂相予하여 以賞罰用命不用命하라 曰 弘아 汝其以節度로 都統諸軍하라 曰 守謙아 汝出入左右하니 汝惟近臣이라 其往撫師하라 曰 度아 汝其往하여 衣服飮食予士하여 無寒無飢하여 以旣厥事하여 遂生蔡人하라 [1]賜汝節斧와 通天御帶와 衛卒三百하노니 凡玆廷臣을 汝擇自從하되 惟其賢能이요 無憚大吏하라 庚申에 予其臨門送汝하리라 曰 御史아 予閔士大夫戰甚苦하노니 自今以往으로 非郊廟祭祀어든 其無用樂하라

황제께서 말씀하였다.

"하늘과 祖宗이 나에게 맡겨주신 까닭은 아마도 여기에 있는 듯하니, 내 어찌 감히 힘쓰지 않겠는가. 더구나 한두 명의 신하가 찬동하고 있으니, 돕는 이가 없지 않다.

李光顔아! 너를 陳州와 許州의 장수로 삼노니, 河東의 魏州·博州·郃陽 3軍의 진영에 있는 자들을 네가 모두 통솔하라.

烏重胤아! 너는 예로부터 河陽과 懷州를 소유하였는데, 이제 汝州를 더 주노니, 朔方의 義州·成州·陝州·益州·鳳翔·延州·慶州 7軍의 진영에 있는 자들을 모두 네가 통솔하라.

韓弘아! 너는 1만 2천 명의 병력으로 너의 아들 公武를 데리고 가서 토벌하라.

李文通아! 너는 壽州를 지키고 있으니, 宣武·淮南·宣歙·浙西 4軍의 壽州에

郃 : 고을이름 합 將 : 거느릴 장 胤 : 자손 윤 陝 : 고을이름 섬 歙 : 들이쉴 흡
浙 : 땅이름 절 鄂 : 고을이름 악 鄧 : 고을이름 등 旣 : 마칠 기 憚 : 꺼릴 탄

있는 자들을 네가 모두 통솔하라.

李道古야! 너는 鄂州와 岳州를 관찰하라.

李愬야! 너는 唐州·鄧州·隨州의 군대를 거느려 각기 그 병력을 인솔하고 나가 싸워라.

裵度야! 너는 御史이니, 가서 군대를 순시하라. 裵度야! 너는 나와 뜻이 같으니, 너는 마침내 나를 도와 명령을 잘 따르는 자는 상을 주고 명령을 잘 따르지 않는 자는 처벌하라.

韓弘아! 너는 節度使로서 여러 군대를 도통하라.

梁守謙아! 너는 나의 좌우를 출입하니, 너는 가까운 신하이다. 가서 군사를 위무하라.

裵度야! 너는 가서 군사들에게 의복과 음식을 주어 추움이 없고 굶주림이 없게 하여 이 일을 잘 마치고는 마침내 蔡州 백성들을 살려 주어라. 너에게 節斧와 通天御帶와 호위병 3백 명을 내려주노니, 이 조정의 신하들을 네가 선택하여 스스로 따르게 하되, 어질고 능력 있는 자를 택할 것이요, 고관이라 하여 꺼리지 말라. 庚申日에 軍門에 임하여 내 너를 전송하리라.

御史야! 나는 士大夫들이 전쟁에 심히 고생함을 민망히 여기노니, 이제부터 이후로는 郊廟의 제사가 아니거든 음악을 사용하지 말도록 하라."

譯註 1. 節斧通天御帶 : 節은 깃발이고 斧는 斧鉞이며 通天御帶는 犀角帶로, 모두 황제의 권한을 대행할 수 있는 상징물들이다.

顔, 胤, 武는 合攻其北하여 大戰十六하여 得柵城縣二十三하고 降人卒四萬하며 道古는 攻其東南하여 八戰에 降卒萬三千하고 再入申하여 破其外城하며 文通은 戰其東하여 十餘遇에 降萬二千하며 愬는 入其西하여 得賊將하여 輒釋不殺하고 用其策하여 戰比有功하니라 十二年八月에 丞相度至師하니 都統弘이 責戰益急하고 顔胤武合戰益用命하니 元濟盡并其衆洄曲以備라 十月壬申에 愬用所得賊將하여 自文城으로 因天大雪하여 疾馳百二十里하여 用夜半到蔡하여 破其門하고 取元濟以獻하고 盡得其屬人卒하다 辛巳에 丞相度入蔡하여 以皇帝命으로 赦其人하니 淮西平이라 大饗賚功하고 師還(旋)之日에 因以其食으로 賜蔡人하니 凡蔡卒三萬五千에 其不樂爲兵하고 願歸爲農者十九라 悉縱之하고 斬元濟於京師하다

李光顔과 烏重胤과 韓公武는 병력을 합하여 북쪽지역을 공격하였는 바, 큰 싸움을 16차례 벌여 柵·城·縣 23개를 점령하고 백성과 군졸 4만 명을 항복시켰으며, 李道

柵 : 성채 책　比 : 이를 비　丞 : 도울 승　洄 : 돌아흐를 회　疾 : 빠를 질　赦 : 놓을 사
賚 : 줄 뢰

古는 동남지역을 공격하였는 바 8차례 전투를 벌여 군사 1만3천 명을 항복시키고, 다시 申州로 들어가 外城을 격파하였으며, 李文通은 동쪽에서 싸움을 벌였는 바 10여 차례 교전하여 1만2천 명을 항복시켰으며, 李愬는 서쪽으로 들어가 적장을 사로잡은 다음 그를 죽이지 않고 곧 풀어주어 그 계책을 이용하여 싸움에 功이 있게 하였다.

12년 8월에 丞相 裵度가 군영에 도착하니, 都統 韓弘은 싸움을 독려하기를 더욱 급히 하였으며, 李光顔과 烏重胤·韓公武는 병력을 합하여 싸우며 더욱 명령을 잘 따랐다. 이때 吳元濟는 그 무리들을 모두 모아 洄曲에서 막았다. 10월 壬申日, 李愬는 사로잡은 적장을 이용하여 文城으로부터 큰 눈이 내리는 것을 이용해서 1백20리를 급히 달려 한밤중에 蔡州에 이르러 성문을 격파하고 吳元濟를 사로잡아 바쳤으며, 그 관속과 인민을 모두 사로잡았다. 辛巳日에 승상 裵度가 蔡州로 들어가 皇帝의 명령으로 백성들을 赦免하니, 淮西가 평정되었다. 크게 연향을 베풀어 공로가 있는 자들을 치하하고, 군대가 개선하는 날에 인하여 그 먹던 것을 蔡州 백성들에게 하사하니, 蔡州의 군사 3만5천 명 중에 군졸이 되기를 즐거워하지 않고 돌아가 농사 짓기를 원하는 자가 열 중에 아홉이나 되었다. 이에 이들을 모두 풀어주고 吳元濟를 京師에서 목베었다.

冊功할새 弘은 加侍中하고 愬는 爲左僕射(야)하여 帥(솔)山南東道하고 顔, 胤은 皆加司空하고 公武는 以散騎常侍로 帥鄜坊丹延하고 道古는 進大夫하고 文通은 加散騎常侍하다 丞相度朝京師하니 進封晉國公하고 進階金紫光祿大夫하여 以舊官相하고 而以其副摠으로 爲工部尙書하여 領蔡任하다 其還奏에 群臣이 請紀聖功하여 被之金石이라 皇帝以命臣愈하시니 臣愈再拜稽首而獻文하다

功을 冊錄할 때에 韓弘은 侍中을 加하고, 李愬는 左僕射가 되어 山南東道를 통솔하고, 李光顔과 烏重胤은 모두 司空을 가하고, 李公武는 散騎常侍로서 鄜坊·丹延을 통솔하고, 李道古는 大夫로 승진하고, 李文通은 散騎常侍를 加하였다. 丞相 裵度가 京師로 와서 조회하자, 晉國公에 進封되고 金紫光祿大夫로 品階가 올라갔으며 옛 관직인 재상을 그대로 맡았고, 그 副官인 馬摠을 工部尙書로 임명하여 채주의 임무를 맡게 하였다. 돌아와 아뢰자, 여러 신하들은 성스러운 功을 기록하여 金石에 입힐 것을 청하였다. 황제께서는 臣 韓愈에게 명하시니, 臣 韓愈는 再拜하고 머리를 조아리며 글을 바친다.

曰 唐承天命하여 遂臣萬方하니 孰居近土하여 襲盜以狂고 往在玄宗에 崇極而圮라 河北悍驕하고 河南附起어늘 四聖不宥하사 屢興師征일새 有不能克이면 益戍以兵이라 夫耕不食하며 婦織不裳하고 輸之以車하여 爲卒賜糧이라 外多失朝하고 曠不嶽狩

射 : 벼슬이름 야　鄜 : 땅이름 부　坊 : 마을 방　摠 : 거느릴 총　圮 : 무너질 비
悍 : 사나울 한　宥 : 용서할 유　屢 : 여러 루　曠 : 오랠 광　狩 : 순행할 수

하니 百隷怠官하여 事亡(무)其舊러라 帝時繼位하사 顧瞻咨嗟하시되 惟汝文武여 孰恤予家오 旣斬吳蜀하고 旋取山東하니 [1)]魏將首義에 六州降從이라 淮蔡不順하여 自以爲彊이라 提兵叫讙하여 欲事故常이어늘 始命討之하시니 [2)]遂連姦鄰하여 陰遣刺客하여 來賊相臣이라 方戰未利에 內驚京師하니 群公上言하되 莫若惠來니이다

唐나라가 天命을 받들어 萬方을 신하로 삼으니, 누가 가까운 지방에 살면서 몰래 도둑질하여 미친 짓을 하겠는가. 지난 玄宗 때에 극도로 성하였다가 무너졌다. 河北 지방의 장수가 사나워 교만하고 河南 지방이 따라 일어나니, 네 聖人(肅宗·代宗·德宗·順宗)께서 용서하지 않으사 여러번 군대를 일으켜 정벌하셨는데, 이기지 못할 경우에는 군대를 더 보내어 지키게 하였다. 이 때문에 지아비는 농사를 지었으나 먹지 못하고 지어미는 길쌈을 하였으나 치마를 만들어 입지 못하고는 수레로 수송하여 군사들을 위해 식량을 공급하였다. 밖으로는 조회를 오지 않는 이가 많고, 四嶽을 巡狩하는 것을 오랫동안 하지 않으니, 백관들이 맡은 일을 태만히 하여 일이 옛날 것을 잃게 되었다. 황제께서 이때 왕위를 계승하시어 돌아보고 슬퍼하며 말씀하시되 너희 문무관들이여! 누가 우리 왕가를 구원해 주겠는가? 이미 吳지방과 蜀지방의 반란자들을 목 베시고 곧바로 山東지방을 취하니, 魏州 장수가 맨먼저 義를 따름에 6州가 항복하여 복종하였다. 淮西의 蔡州가 순종하지 않으며 스스로 강하다고 여기고는 군대를 이끌고 시끄럽게 떠들며 옛 버릇을 일삼고자 하였다. 황제는 비로소 명하여 토벌하게 하시니, 마침내 간사한 이웃들과 연합하여 은밀히 자객을 보내어 相臣을 살해하였다. 싸움이 불리하여 안으로 京師를 놀라게 하니, 여러 公들은 上言하기를 "순히 하여 오게 하는 것만 못합니다" 하였다.

譯註 1. 魏將首義 六州降從 : 魏博節度使 田弘正이 魏州 등 6州를 가지고 歸屬한 일을 가리킨다.

2. 姦鄰 : 平盧節度使 李師古의 뒤를 이은 李師道와 成德節度使 王承宗을 가리킨 것으로, 특히 李師道는 刺客을 밀파하여 吳元濟 등 발호하는 藩鎭들을 토벌할 것을 주장하는 武元衡을 살해하고 裵度를 크게 부상시켰다.

帝爲不聞하시고 與神爲謀하사 乃相同德하여 以訖天誅라 乃勅顔胤과 愬武古通하여 咸統於弘하여 各奏汝功하라 三方分攻하니 五萬其師요 大軍北乘하니 厥數倍之라 嘗兵(洄)〔時〕曲하니 軍士蠢蠢이라 旣翦陵雲하니 蔡卒大窘이요 勝之邵陵하니 郾城來降이라 自夏及秋에 複屯相望하니 兵頓不勵하여 告功不時어늘 帝哀征夫하사 命相往釐하시니 士飽而歌하고 馬騰於槽라 試之新城하니 賊遇敗逃러라 盡抽其有하여 聚

叫 : 부르짖을 규 讙 : 시끄러울 훤 惠 : 순할 혜 訖 : 마칠 흘 蠢 : 움직일 준
翦 : 벨 전 窘 : 궁색할 군 郾 : 고을이름 언 釐 : 다스릴 리 槽 : 말구유 조

以防我어늘 西師躍入하니 道無留者라 頟頟蔡城이 其疆千里로되 旣入而有하니 莫不順俟라 帝有恩言하사 相度來宣하니 誅止其魁하고 釋其下人이라

황제께서는 그 말을 듣지 않으시고 神과 도모하사 德이 같은 사람을 재상으로 임명하시어 하늘의 토벌을 마치셨다. 이에 李光顔과 烏重胤, 李愬와 韓公武, 李道古와 李文通에게 명하사 모두 韓弘에게 통솔되어 각기 너희들의 功을 아뢰라 하셨다. 삼면으로 나누어 공격하니 군대가 5만이었으며, 대군은 북쪽으로 쳐들어가니 그 수는 배나 되었다. 吳元濟가 일찍이 時曲(地名)에 군대를 주둔하니 군사들이 두려워하였는데, 陵雲에서 무찌르니 蔡州의 군사들이 크게 곤경에 빠졌으며, 邵陵에서 승리하니 郾城도 항복해 왔다. 여름부터 가을에 이르도록 여러 주둔군이 서로 이어지니, 병기가 둔하여 날카롭지 못해 공을 제때에 아뢰지 못하였다. 이에 황제께서는 출정한 군사들을 가엾게 여기시어 정승을 명해 가서 물건을 하사하게 하시니, 군사들은 배불리 먹고 노래하며 말은 말구유에서 뛰어 놀았다. 新城에서 군대를 시험하니, 적이 패하여 도망하였다. 적은 보유한 병력을 모두 뽑아 모아서 우리 관군을 막았는데, 서쪽 군대가 뛰어들어가니 길에 남아 있는 자가 없었다. 높고 높은 채주성은 그 경내가 千里였는데, 이미 들어가 점령하니, 순히 따르지 않는 자가 없었다. 황제께서 은혜로운 말씀을 내리사 정승인 裵度가 와서 宣諭하니, 誅伐은 그 괴수에게만 그치고 그 아랫사람들은 석방한다 하였다.

蔡之卒夫는 投甲呼舞하고 蔡之婦女는 迎門笑語라 蔡人告飢어늘 船粟往哺하고 蔡人告寒이어늘 賜以繒布라 始時蔡人이 禁不往來러니 今相從戲하여 里門夜開하며 始時蔡人이 進戰退戮이러니 今旰而起하여 左餐右粥이라 爲之擇人하여 以收餘憊라 選吏賜牛하고 敎而不稅라 蔡人有言하되 始迷不知러니 今乃大覺하여 羞前之爲로다 蔡人有言하되 天子明聖하시니 不順族誅요 順保性命이니라 汝不吾信인댄 視此蔡方하라 孰爲不順고 往斧其吭하리라 凡叛有數하니 聲勢相倚라 吾彊不支어든 汝弱奚恃리오 其告而長과 而父而兄하여 奔走偕來하여 同我太平하라 淮蔡爲亂이어늘 天子伐之요 旣伐而飢어늘 天子活之라 始議伐蔡에 卿士莫隨하고 旣伐四年에 小大竝疑하니 不赦不疑는 由天子明이라 凡此蔡功은 惟斷乃成이니라 旣定淮蔡하니 四夷畢來라 遂開明堂하여 坐以治之로다

蔡州의 군사들은 갑옷을 던지고 환호하며 춤을 추었고, 蔡州의 부녀자들은 문에서 맞이하며 웃고 말하였다. 蔡州 백성들이 굶주림을 말하거늘 배에 곡식을 싣고 가서 먹여주고, 蔡州 백성들이 추움을 말하거늘 비단과 삼베를 내려주었다. 처음엔 蔡州 백성

抽：뽑을 추　頟：이어질 액　魁：우두머리 괴　哺：먹을 포　繒：비단 증　戮：죽일 륙
旰：늦을 간　餐：밥 손(찬)　粥：죽 죽　憊：고달플 비　吭：목 항　恃：믿을 시

들을 금지하여 왕래하지 못하게 했었는데 이제 서로 어울리고 희롱하여 마을의 里門을 밤에 열어 놓았으며, 처음엔 蔡州 사람들이 나가면 싸우고 후퇴하면 죽었는데 이제는 느지막히 일어나 왼쪽에서 밥을 먹고 오른쪽에서 죽을 먹었다. 蔡州 백성들을 위해 훌륭한 사람을 뽑아 남은 피폐한 자들을 거두어 주었다. 관리를 뽑아 소를 나누어 주고, 백성들을 가르치고 세금을 내지 않게 하였다.

蔡州 백성들이 말하기를 처음엔 혼미하여 알지 못하였는데, 이제야 크게 깨우쳐 옛날의 소행을 부끄러워 한다. 蔡州 사람들은 말하기를 천자께서 밝고 聖스러우시니, 순종하지 않으면 三族이 베임을 당할 것이요, 순종하면 性命을 보존할 것이다. 너희들이 내 말을 믿지 못하거든 이 蔡州 지방을 보라. 누가 순종하지 않는가. 내가 가서 그 목을 도끼로 베리라. 반란자는 모두 몇 명이 있었으니, 聲勢를 믿고 서로 의지하였다. 그러나 강한 우리도 지탱하지 못했는데 약한 너희들이 무엇을 믿겠는가. 너희 장관과 너희 아버지와 너희 형에게 아뢰어, 분주히 함께 와서 우리와 태평을 누리도록 하라.

淮西의 蔡州가 난을 일으키거늘 天子께서 정벌하셨고, 이미 정벌한 뒤에 굶주리거늘 천자께서 살려주셨도다. 처음에 蔡州를 정벌할 것을 의논할 때에 卿士들이 따르지 않았고, 이미 정벌한 지 4년에도 대소의 관원들이 모두 의심하였으니, 蔡州의 죄를 용서하지 않고 토벌을 의심하지 않은 것은 천자의 현명함에 말미암은 것이다. 무릇 蔡州의 功은 오직 과단성이 있어 이루어진 것이다. 이미 淮西의 蔡州를 평정하니 사방의 오랑캐가 모두 오리라. 마침내 明堂을 열어 편안히 앉아서 다스리리라.

南海神廟碑　　韓 愈

叙事狀物之妙라

일을 서술하고 물건을 형상함이 묘하다.

海於天地間에 爲物最鉅하니 自三代聖王으로 莫不祀事라 考於傳記에 而南海神次最貴하여 在北東西三神河伯之上하니 號爲祝融이라 天寶中에 天子以爲古爵이 莫貴於公侯라 故로 海嶽之祀에 犧幣之數를 放而依之하니 所以致崇極於大神이라 今王亦爵也어늘 而禮海岳에 尙循公侯之事하여 虛王儀而不用하니 非致崇極之意也라하여 由是로 册尊南海神하여 爲廣利王하니 祝號祭式이 與次俱升이라 因其故廟하여 易而新之하니 在今廣州治之東南海道八十里扶胥之口, 黃木之灣이라

바다는 천지 사이에서 물건됨이 가장 크니, 三代 聖王으로부터 제사하여 섬기지 않

鉅：클 거　犧：희생 희　幣：폐백 폐　循：따를 순　升：오를 승　灣：물굽이 만

은 적이 없었다. 傳記를 상고해 보면 南海神의 位次가 가장 귀하여 북해·동해·서해 세 神과 河伯(河神)의 위에 있으니, 호를 祝融이라 하였다. 天寶年間에 天子께서는 생각하시기를 "옛날 관작은 公侯보다 더 귀함이 없었다. 그러므로 海嶽의 제사에 희생과 폐백의 수를 公侯의 禮에 따라 依用하였으니, 큰 神에게 崇極함을 지극히 한 것이었다. 지금은 王도 또한 작위인데, 海嶽을 예우함에 있어 아직도 公侯의 일을 따라 王의 의식을 비워 두고 쓰지 않으니, 崇極을 지극히 하는 뜻이 아니다."하셨다. 이로 말미암아 南海神을 책봉하여 높여서 廣利王으로 삼으니, 祝號와 제사 의식이 차례로 모두 승격되었다. 옛 사당터를 그대로 이용하여 바꾸어 새로 만드니, 지금 廣州의 治所가 있는 동남쪽 海路로 80리 지점인 扶胥의 어귀, 黃木의 灣曲에 있었다.

常以立夏氣至에 命廣州刺史하여 行事祠下하고 事訖에 驛聞하니 [1]而刺史常節度五嶺諸軍하고 仍觀察其郡邑하여 於南方事에 無所不統이요 地大以遠이라 故로 常選用重人하니 旣貴而富하고 且不習海事하며 又當祀時하여 海常多大風이라 將往에 皆憂戚하고 旣進에 覲顧怖悸라 故로 常以疾爲辭하고 而委事於其副하여 其來已久라 故로 明宮齋廬가 上雨旁風하여 無所蓋障하며 牲酒瘠酸하고 取具臨時하니 水陸之品이 狼藉籩豆하고 薦祼興俯가 不中儀式이라 吏滋不(恭)〔供〕하여 神不顧享하니 盲風怪雨가 發作無節하여 人蒙其害러라

항상 立夏의 절기가 이를 때에 廣州刺史에게 명하여 사당 아래에서 제사를 거행하게 하고, 제사를 마치면 驛馬를 달려 보고하게 하였다. 廣州刺史는 항상 五嶺의 여러 군대를 統率하고, 또 인하여 郡邑을 관찰하여 남방의 일에 있어 통솔하지 않음이 없으며, 땅이 넓고 거리가 멀었다. 그러므로 항상 중요 인물을 선용하니, 신분이 이미 귀하고 부하며, 또 바다 일에 익숙하지 못하였다. 또 제사할 때를 당하면 바다에는 항상 큰 바람이 부는 경우가 많았다. 이 때문에 바다에 제사지내러 갈 때에 祭官이 모두 근심하였고, 이미 바다에 나아간 뒤에는 되돌아보고 두려워하였다. 그러므로 항상 병을 핑계대고 제사를 副官에게 위임하여, 이렇게 해온 지가 이미 오래였다.

이 때문에 神明이 있는 사당과 齋戒하는 집이 위는 비가 새고 옆은 바람이 불어와 덮고 막는 바가 없으며, 희생은 말라빠지고 술은 시며 祭需를 임시로 가져다가 진열해 놓으니, 수산물과 육산물이 籩豆에 어지러이 널려 있으며, 제수를 올리고 降神하며 일어나고 구부리는 것이 의식에 맞지 못하였다. 관리들은 더욱 제물을 바치지 않아 神이 돌아보고 흠향하지 않으니, 때없이 부는 바람과 괴이한 비가 절도없이 발작하여 백성들이 그 폐해를 입고 있었다.

譯註 1. 五嶺 : 중국 남부지방에 있는 大庾·始安·臨賀·桂陽·揭陽의 다섯 산을 이르

祠 : 사당 사　怖 : 두려울 포　悸 : 두려울 계　旁 : 곁 방　瘠 : 수척할 척　酸 : 실 산
狼 : 어지러울 랑　藉 : 깔 자　籩 : 대나무그릇 변　祼 : 강신제지낼 관　盲 : 빠를 맹

며 이들 산 남쪽 지역을 嶺南·嶺外라 칭한다.

元和十二年에 始詔用前尚書右丞國子祭酒魯國孔公하여 爲廣州刺史兼御史大夫하여 以殿南服이라 公이 正直方嚴하고 中心樂易(이)하여 祗愼所職하니 治人以明하고 事神以誠하여 內外殫盡하고 不爲表襮이라 至州之明年將夏에 祝册이 自京師至어늘 吏以時告하니 公乃齋祓視册하고 誓群有司曰 册有皇帝名하니 乃上所自署라 其文曰 嗣天子某 謹遣某官某敬祭라하니 其恭且嚴이 如是어늘 敢有不承이리오 明日에 吾將宿廟下하여 以供晨事하리라

元和 12년에 처음으로 詔書를 내려 전 尚書右丞이며 國子祭酒였던 魯國公 孔公(孔戣)을 廣州刺史 兼御史大夫로 임명하여 남쪽 지방을 진정하게 하였다. 公은 정직하고 方正하고 嚴肅하며 마음속이 즐겁고 화평하여 맡은 임무를 공경히 수행하였다. 백성을 다스리되 밝음으로써 하고, 神을 섬기되 정성으로써 하여, 안밖으로 정성을 다하고 표면으로 겉치레를 하지 않았다. 公이 廣州에 부임한 다음해 여름이 될 무렵, 祝册이 京師로부터 도착하자, 관리가 제사할 때가 되었음을 아뢰었다. 이에 公은 마침내 재계하여 몸을 깨끗이 하고 册文을 보고는 여러 有司들에게 맹세하기를, "册에 황제의 이름이 쓰여 있으니, 바로 上께서 직접 서명하신 것이다. 책문에 이르기를 '뒤를 이은 天子 某가 삼가 某官 某를 보내어 공경히 제사한다.' 하였으니, 그 공손하고 또 엄숙함이 이와 같은데 감히 잘 받들지 않을 수 있겠는가. 明日에 내 장차 사당 아래에 유숙하여 새벽 제사를 올리리라." 하였다.

明日에 吏以風雨白호되 不聽하니 於是에 州府文武吏士凡百數가 交謁更(경)諫이로되 皆揖而退하고 公遂陞舟하니 風雨少弛하여 棹夫奏功하니 雲(除)〔陰〕解駮하여 日光穿漏하고 波伏不興이라 省牲之夕에 載暘載陰이러니 將事之夜에 天地開除하여 月星明概라 五鼓旣作에 牽牛正中이어늘 公乃盛服執笏하여 以入卽事하니 文武賓屬이 俯首聽位하여 各執其職이라

明日에 관리들이 風雨가 거세다고 아뢰었으나, 公은 듣지 않았다. 이에 州府에 있는 문무 관원과 군사 등 모두 백 명이 서로 뵙고 번갈아 간하였으나 公은 모두 읍하고 물리치고는 마침내 배에 오르니, 풍우가 다소 잔잔해져 棹夫(사공)가 功을 아뢰었다. 깜깜하던 구름이 흩어져 햇빛이 뚫고 나와 비추며, 파도가 엎드려 일지 않았다. 희생을 살펴보는 전날 밤에는 날씨가 갰다 흐렸다 하였는데 제사를 올리는 날 밤이 되자, 천지가 깨끗이 열려 달과 별이 밝게 빛났다. 五更을 알리는 북이 울림에 牽牛星이 하

殫 : 다할 탄　襮 : 드러낼 박　祓 : 불제사 불　署 : 쓸 서　戣 : 창 규　更 : 번갈아 경
棹 : 노 도　駮 : 얼룩얼룩할 박　穿 : 뚫을 천　暘 : 밝을 양　概 : 촘촘할 기　笏 : 홀 홀

늘의 한 가운데에 떠있었는데, 公은 마침내 盛服을 입고 笏을 잡고 들어가 제사를 올리니, 문무관과 빈객들도 머리를 숙이고 자기 자리에서 각기 직책을 맡았다.

牲肥酒香하고 樽爵淨潔하며 降登有數하니 神具醉飽라 海之百靈秘怪가 恍惚畢出하여 蜿蜿蜒蜒하여 來享飮食이러라 闔廟旋艫에 祥飇送颿하니 旗纛旄麾가 飛揚晻藹하며 鐃鼓嘲轟하고 高管噭譟하며 武夫奮棹하고 工師唱和하니 穹龜長魚가 踊躍后先하고 乾端坤倪가 軒豁呈露라 祀之之歲에 風災熄滅하여 人厭魚蟹하고 五穀胥熟이러라 明年祀歸에 又廣廟宮而大之하고 治其庭壇하며 改作東西兩序, 齋庖之房하여 百用이 具(備)〔修〕하니라 明年其時에 公又固往하여 不懈益虔하니 歲仍大和하여 耋艾歌詠이러라

희생이 살찌고 술이 향기로우며 술동이와 술잔이 깨끗하고 오르내림에 禮數가 있으니, 神이 모두 취하고 배부르며 바다의 온갖 신령과 귀신들이 황홀하게 모두 나와 꿈틀꿈틀대며 모두 음식을 흠향하는 듯하였다. 사당문을 닫고 배로 돌아올 적에 상서로운 바람이 돛대에 불어 旗와 纛과 깃발들이 펄럭여 해를 가리며 징과 북이 시끄럽게 울리며, 높게 울려 퍼지는 피리소리가 요란하고 武夫들이 노를 저으며 工師(악공)들이 唱和하니, 큰 거북과 긴 고기가 앞뒤에서 뛰어오르고 하늘 끝과 땅 끝이 드넓게 모두 드러났다. 제사지낸 해에는 風災가 깨끗이 없어져 백성들이 고기와 게를 실컷 먹고 오곡이 모두 성숙하였다. 명년에 제사하고 돌아올 때에 또다시 사당을 넓혀 크게 만들고 뜰과 단을 수리하였으며, 東·西 양편의 두 행랑 및 재계하는 방, 푸주간으로 쓰는 방들을 고쳐 지어 모든 用品이 갖춰지고 수리되었다. 明年 그 때에 公은 또 굳이 가서 게을리 하지 않고 더욱 공경히 제사를 올리니, 年事가 크게 和하여 耋艾(노인)들이 태평가를 노래하였다.

始公之至에 盡除他名之稅하고 罷衣食於官之可去者하며 四方之使를 不以資交하고 以身爲帥(率)하며 燕享有時하고 賞與以節하니 公藏私蓄이 上下與足이라 於是에 免屬州負逋之緡錢二十有四萬과 米三萬二千斛하고 賦金之州耗金이 一歲八百이라 困不能償이어늘 皆以丐之하고 加西南守長之俸하고 誅其尤無良不聽令者하니 由是로 皆自重愼法하니라 人士之落南不能歸者와 與流徙之冑百二十八族을 用其才良而廩其無告者하고 其女子可嫁者를 與之錢財하여 令無失時하니 刑德竝流하여 方地數千里에 不識盜賊하여 山行海宿하여 不擇處所하니 事神治人이 可謂備至矣로다 咸願刻廟石하여 以著厥美而繫以詩어늘 乃作詩하니

樽 : 술단지 준　惚 : 황홀할 홀　蜿 : 꿈틀거릴 원　蜒 : 구불구불할 연　艫 : 배 로
飇 : 바람 표　颿 : 돛 범　纛 : 기 독　晻 : 햇빛침침할 엄　藹 : 우거질 애　鐃 : 징 뇨
轟 : 떠들썩할 굉　噭 : 부르짖을 교

처음 公이 부임할 때에 다른 명칭의 稅를 모두 제거하고 官에서 의식을 받아먹는 자들 중에 제거할 만한 자를 모두 혁파하였으며, 사방의 使者들을 재물로 사귀지 않고 몸소 솔선수범하여 燕饗을 제때에 하고 상을 줌을 절도있게 하니, 公(官)의 창고와 사사로운 백성들의 저축이 上下에 모두 풍족하였다. 이에 소속된 州에서 내지 못한 緡錢 24만과 쌀 3만2천 斛을 면제해주고 돈으로 세금을 내는 고을에서 거둬들이는 금이 1년에 8백이었는데, 곤궁하여 상환하지 못하자 모두 탕감하였으며, 서남 지방 守長들의 녹봉을 올려주고, 특히 불량하여 명령을 듣지 않는 자들을 처벌하니, 이로부터 관리들이 모두 자중자애하여 법을 신중히 지켰다.

남쪽지방에 流落하여 돌아가지 못하는 인사와 유배되어 옮겨온 사람의 후손 1백28명 중에 재주 있고 선량한 자들을 등용하였으며 하소연할 곳이 없는 자들에게 곡식을 나누어주고, 시집보내야 할 여자들에게는 돈과 재물을 주어 婚期를 잃지 않게 하였다. 형벌과 덕이 모두 아울러 유행되어 지방 수천 리에 도적을 모르게 되어 산 길을 가거나 바다에서 유숙함에 처소를 가리지 않으니, 神을 섬기고 백성을 다스림이 모두 지극하다고 이를 만하다. 모두 廟庭에 비석을 새겨 그 아름다움을 드러내고 詩를 붙이기를 원하였으므로, 이에 다음과 같이 詩를 지었다.

曰 [1]南海陰墟는 祝融之宅이라 卽祀于旁하니 帝命南伯이라 吏惰不躬이러니 正自今公이라 明用享錫하니 祐我家邦이로다 惟明天子 惟愼厥使라 我公在官하니 神人致喜로다 海嶺之陬가 旣足旣濡하니 胡不均弘하여 俾執事樞오 公行勿遲나 公無遽歸어다 匪我私公이라 神人具依니라

남해의 陰墟는 祝融이 머무는 집이다. 바로 그 옆에 제사하니, 황제께서 南쪽의 方伯(廣州刺史)에게 명하셨네.

관리들이 게을러 몸소 제사하지 않았었는데, 바로 지금 公으로부터 시작하여, 밝게 제향 올려 우리 家邦을 도왔네.

밝으신 天子께서 시킬 만한 사람을 선택하시니, 우리 公이 관청에 계심에 神과 人民이 지극히 기뻐하네.

海嶺의 모퉁이가 이미 풍족하고 이미 은택에 무젖으니, 어찌 均平하고 크게 하여 중요한 政事를 잡게 하지 않을까.

公의 걸음 늦추어서는 안되나 公은 또한 빨리 돌아가지 말지어다. 내 公을 사사로이 좋아해서가 아니라, 神과 人民이 좋아하기 때문이라오.

譯註 1. 陰墟 : 일반적으로 폐허를 이르나 여기서는 海中의 깊은 곳을 가리킨 것으로 보인다.

穹 : 하늘 궁　倪 : 끝 예　蟹 : 게 해　耋 : 늙을 질　艾 : 늙을 애　逋 : 달아날 포
緡 : 돈꿰미 민　斛 : 휘 곡　丐 : 빌 개　冑 : 후손 주　廩 : 구호미 름　墟 : 터 허
陬 : 모퉁이 추　濡 : 젖을 유　匪 : 아닐 비

爭 臣 論 韓 愈

迂齋曰 此篇은 是箴規攻擊體요 是反難文字之格이니 當以范司諫書相兼看이라 歐陽公上范公書에 有云 當退之作論時하여 城爲諫議已五年이라 後又二年에 始庭論陸贄及沮裴延齡作相하니 纔兩事耳라 當德宗時하여 可謂多事하니 豈無可言而需七年耶아 豈無急於沮延齡論陸贄兩事耶아 幸而爲諫官七年에 適遇二事하여 一諫而罷하여 以塞其責하니 向使只五六年而遂遷司業이런들 是終無一言而去也라하니라

○ 按韓公之論, 歐公之書 盡之矣라 然陽城이 終爲唐代賢人하니 不可磨也라 歐公謂當時事豈無急於沮裴論陸은 則恐未然이라 論救賢相하고 沮止姦相은 天下事有大於此者乎아 使城初以細故聒其君이런들 此等大事를 不及言而去 久矣리니 以後補前에 亦可無愧니 讀者不可以韓歐之言으로 而謂陽城眞緘默非賢人也니라

迂齋가 말하였다. "이 편은 곧 箴規(경계)하고 공격하는 文體이며 反難(반문)하는 문자의 格式이니, 마땅히 〈歐陽公이〉 范司諫(范仲淹)에게 올린 편지와 서로 겸해 보아야 할 것이다. 歐陽公이 范公에게 올린 편지에 이르기를 '退之가 爭臣論을 지을 때를 당하여 陽城은 간의대부가 된 지 이미 5년이었다. 그 2년 뒤에 陽城은 비로소 陸贄를 조정에서 논하고 裵延齡이 재상이 됨을 저지하였으니, 겨우 이 두 가지 일 뿐이다. 德宗의 때를 당하여 다사다난하다고 이를 만하니, 어찌 말할 만한 일이 없어서 7년을 기다린단 말인가? 그리고 어찌 裵延齡이 재상이 됨을 저지하고 陸贄를 논하는 두 가지 일보다 더 급한 것이 없었겠는가? 陽城은 다행히 諫官이 된 지 7년 만에 마침 이 두 가지 일을 당하여 한번 간하고서 파직되어 그 책임을 다하였으니, 그때 가령 5~6년만 하고 마침내 司業으로 轉職하였더라면 이는 마침내 한 마디 말도 없이 떠나간 것이 된다.' 하였다."

○ 살펴보건대 韓公의 의논과 歐陽公의 편지는 극진하다고 하겠다. 그러나 陽城은 끝내 唐代의 賢人이 되었으니, 이는 지울 수가 없는 사실이다. 歐陽公이 이르기를 '당시의 일이 어찌 裵延齡을 저지하고 陸贄를 논하는 것보다 급한 일이 없겠는가?' 하였는데, 이는 옳지 않은 듯하다. 어진 재상을 논하여 구제하고 간사스러운 재상을 저지함은 천하의 일이 이보다 큰 것이 있겠는가? 가사 陽城이 애당초 하찮은 일로 그 군주에게 시끄럽게 간했더라면 이러한 大事는 미처 말하지 못하고 떠나간 지가 오래일 것이니, 뒤로써 前日의 부족함을 보충함에 또한 부끄러울 것이 없으니, 讀者는 韓公과 歐陽公의 말 때문에 陽城이 참으로 침묵을 지키기만 하여 賢人이 아니라고 생각해서는 안된다.

或問諫議大夫陽城於愈하되 可以爲有道之士乎哉아 學廣而聞多하되 不求聞於人

贄 : 폐백 지　沮 : 막을 저　齡 : 나이 령　聒 : 떠들 괄　歐 : 성 구　緘 : 봉할 함

也하고 行古人之道하여 居於晉之鄙하니 晉之鄙人이 薰其德而善良者幾千人이라 大臣聞而薦之天子하여 以爲諫議大夫하니 人皆以爲華로되 陽子不〈色〉喜하고 居於位五年矣로되 視其德하니 如在草野라 彼豈以富貴移易其心哉리오

或者가 나에게 諫議大夫 陽城에 대하여 다음과 같이 물었다.

"道가 있는 선비라고 할 수 있겠는가. 학문이 넓고 聞見이 많으나 남에게 알려지기를 구하지 않고 古人의 道를 행하면서 晉州의 들에서 거주하니, 晉州의 野人들이 그 덕에 감화되어 선량해진 자가 몇천 명이었다. 大臣이 듣고 天子에게 천거하여 諫議大夫로 임명하니, 사람들은 모두 영화로 여겼으나 陽子는 얼굴에 기뻐하지 않았으며 諫議大夫의 지위에 거한 지 5년이 되었으나 그 마음가짐을 보면 草野에 있을 때와 같으니, 저가 어찌 富貴로써 그 마음을 바꾸겠는가."

愈應之曰 [1]是易所謂恒其德貞하나 而夫子凶者也니 惡(오)得爲有道之士乎哉아 在易蠱之上九云 不事王侯하고 高尙其事라하며 蹇之六二則曰 [2]王臣蹇蹇이 匪躬之故라하니 夫不以所居之時不一而所蹈之德不同也아 若蠱之上九 居無用之地하여 而致匪躬之節하고 〈以〉蹇之六二在王臣之位하여 而高不事之心이면 則冒進之患生하고 曠官之刺興하리니 志不可則(칙)이요 而尤不終無也니라

나는 다음과 같이 대답하였다.

"이것은 「周易」에 이른바 '그 德을 항상함이니, 바르나 夫子(男子)는 흉하다'는 것이다. 어찌 道가 있는 선비라고 하겠는가. 「周易」의 蠱卦 上九爻辭에 이르기를 '王侯를 섬기지 않고 자기 일을 고상히 한다.' 하였으며, 蹇卦의 六二爻辭에는 '王臣이 〈부지런히 일하여〉 蹇蹇함은 자신을 위한 연고가 아니다.' 하였으니, 처한 바의 때가 똑같지 않고 행하는 바의 德이 같지 않아서가 아니겠는가. 蠱卦의 上九爻가 쓰여지지 않는 위치에 처하여 몸을 돌보지 않는 충절을 바치고, 蹇卦의 六二爻가 신하의 위치에 있으면서 왕후를 섬기지 않는 지조를 고상히 여긴다면 〈禮義廉恥를〉 무릅쓰고 〈함부로 관직에〉 나가는 폐해가 생기고, 관직을 폐한다는 비난이 일어날 것이니, 그 뜻을 본받을 수 없으며, 허물이 끝내 없지 않을 것이다.

譯註 1. 이 내용은 「周易」 恒卦 六五爻에 보이는 바, 원문은 '恒其德貞 婦人吉 夫子凶'으로 되어 있다. '婦人은 吉하다'는 것은 婦人은 順從을 美德으로 삼아 남편이 선창하기를 기다려 화답하기 때문이며, '夫子는 凶하다'는 것은 男子는 剛健과 과단성을 미덕으로 삼는데, 六五爻는 그렇지 못하기 때문이다.

2. 王臣蹇蹇 : 蹇은 어렵다는 뜻인 바, 程伊川은 앞의 蹇字는 動詞로 보고 뒤의

鄙 : 들 비　薰 : 훈자할 훈　蠱 : 좀벌레 고　蹇 : 어려울 건　蹈 : 밟을 도　冒 : 무릅쓸 모
曠 : 비울 광　尤 : 허물 우

蹇字는 어려운 시기로 보아 '王臣이 어려운 시기에 부지런히 일하여 어렵게 여김'으로 해석하였으나, 朱子는 '어렵게 여기고 어렵게 여기다'로 해석하였음을 밝혀둔다.

今陽子는 實一匹夫라 在位不爲不久矣요 聞天下之得失이 不爲不熟矣요 天子待之不爲不加矣어늘 而未嘗一言及於政하여 視政之得失을 [1]若越人視秦人之肥瘠하여 忽焉不加喜戚於其心이라 問其官則曰諫議也요 問其祿則曰下大夫之秩也어늘 問其政則曰我不知也라하니 有道之士 固如是乎哉아

지금 陽子는 실로 일개 보잘것 없는 匹夫였다. 그런데 이제 지위에 있은 지가 오래지 않은 것이 아니요, 천하의 득실을 들은 것이 익숙하지 않은 것이 아니며, 천자께서 그를 대우하심이 특별하지 않은 것도 아닌데, 일찍이 정사에 대해 한 마디도 언급하지 아니하여, 정사의 득실을 보기를 越나라 사람이 秦나라 사람의 살찌고 수척함을 보듯이 하여, 소홀히 해서 자기의 마음에 기쁨과 슬픔을 加하지 않는다. 그의 관직을 물어보면 諫議大夫라 하고, 그의 祿을 물어보면 下大夫의 계급이라 하는데, 그 정사를 물어보면 나는 모른다 하니, 道가 있는 선비가 진실로 이와 같겠는가.

譯註 1. 越人視秦人之肥瘠 : 越은 동남쪽에 위치하고 秦은 서북쪽에 위치하여 거리가 멀므로 서로 무관심하게 봄을 말한다.

且吾聞之하니 有官守者 不得其職則去하고 有言責者 不得其言則去라하니 今陽子以爲得其言乎哉아 得其言而不言과 與不得其言而不去는 無一可者也니라 [1]陽子將爲祿仕乎아 古之人有云 仕不爲貧而有時乎爲貧이라하니 謂祿仕者也라 宜乎辭尊而居卑하고 辭富而居貧이니 若抱關擊柝者可也라 蓋孔子嘗爲委吏矣요 嘗爲乘田矣사되 亦不敢曠其職하사 必曰會計當而已矣요 必曰牛羊遂而已矣라하시니 若陽子之秩祿은 不爲卑且貧이 章章明矣而如此하니 其可乎哉아

또 내 들으니 '관직을 맡음이 있는 자는 그 직책을 수행할 수 없으면 떠나가고, 말할 책임이 있는 자는 그 말을 할 수 없으면 떠나간다.' 하였으니, 이제 陽子는 그 말을 할 수 있다고 여기는가. 말을 할 수 있는데도 말하지 않음과 말을 할 수 없는데도 떠나가지 않는 것은 하나도 가한 것이 없다. 陽子는 장차 祿仕를 하려는 것인가? 옛 사람의 말에 이르기를 '벼슬은 가난 때문에 하는 것이 아니나 때로는 가난 때문에 하는 경우가 있나.' 하였으니, 이는 祿仕를 말한 것이다. 祿仕를 할 때에는 마땅히 높은 지위를 사양하고 낮은 지위에 거하며, 많은 俸祿을 사양하고 적은 俸祿에 거하여야 하니, 관문을 안고(지키고) 목탁을 치는 자와 같이 함이 가하다. 孔子께서도 일찍이 창

瘠 : 여윌 척　戚 : 슬플 척　柝 : 딱다기 탁　委 : 곳집 위　曠 : 폐할 광　章 : 밝을 장

고를 맡은 관리가 되셨고 짐승을 먹이는 乘田이 되셨는데, 또한 감히 그 직책을 폐하지 않으시어, 반드시 말씀하기를 '會計를 마땅하게 할 뿐이다.' 하셨고, 반드시 '소와 양을 잘 키울 뿐이다.' 하셨으니, 陽子의 계급과 녹봉은 낮고 또 가난하지 않음이 章章히 분명한데 이와 같이 하니, 옳다고 하겠는가."

譯註 1. 祿仕 : 집이 가난하므로 녹봉을 받기 위하여 벼슬함을 이른다. 孟子는 '벼슬은 원래 道를 행하기 위한 것이나, 집이 가난하고 부모가 늙으면 때로 祿仕를 할 수 있다.' 하고, 祿仕를 하는 자는 關門을 지키고 목탁을 쳐 시간을 알리거나 순라꾼과 같은 하급관리가 되어야 한다고 말씀하였는 바, 자세한 내용은 「孟子」《萬章下》에 보인다.

或曰 否라 非若此也라 夫陽子는 惡訕上者하며 惡爲人臣하여 招(교)其君之過而以爲名者라 故로 雖諫且議나 使人不得而知焉이라 書曰 爾有嘉謀嘉猷어든 則入告爾后于內하고 爾乃順(訓)之于外曰 斯謀斯猷 惟我后之德이라하니 夫陽子之用心이 亦若此者니라 愈應之曰 若陽子之用心이 如此면 滋所謂惑者矣라 入則諫其君하고 出不使人知者는 大臣宰相者之事니 非陽子之所宜行也니라 夫陽子本以布衣로 隱於蓬蒿之下어늘 主上이 嘉其行誼하여 擢在此位하시니 官以諫爲名인댄 誠宜有以奉其職하여 使四方後代로 [1]知朝廷有直言骨鯁之臣하고 天子有不僭賞從諫如流之美하여 庶巖穴之士가 聞而慕之하여 束帶結髮하고 願進於闕下而伸其辭說하여 致吾君於堯舜하고 熙鴻(弘)號於無窮也라 若書所謂는 則大臣宰相之事니 非陽子之所宜行也니라 且陽子之心이 將使君人者로 惡(오)聞其過乎아 是啓之也니라

혹자는 다음과 같이 말하였다.

"그렇지 않다. 이와 같은 것이 아니다. 陽子는 윗사람을 비방하는 자를 미워하며 남의 신하가 되어 군주의 과오를 들춰내어 자기의 명예를 삼는 자를 미워한다. 그러므로 비록 간하고 의논하나 사람들로 하여금 알지 못하게 하는 것이다. 「書經」에 이르기를 '네 아름다운 꾀와 아름다운 계책이 있거든 안에 들어가 네 인군에게 아뢰고 너는 밖에 가르치기를 이 꾀와 이 계책은 우리 임금님의 덕이라 하라.' 하였으니, 陽子의 마음씀이 이와 같은 것이다."

나는 이에 다음과 같이 대답하였다.

"陽子의 마음씀이 이와 같다면 이른바 의혹이 더욱 불어난다는 것이다. 들어가서는 군주에게 간하고, 나와서는 사람들로 하여금 알지 못하게 하는 것은 大臣과 宰相인 자의 일이니, 陽子가 마땅히 행할 바가 아니다. 陽子는 본래 布衣로서 쑥대의 아래에

訕 : 헐뜯을 산　招 : 들춰낼 교　猷 : 꾀 유　蓬 : 쑥 봉　蒿 : 쑥 호　擢 : 뽑을 탁
鯁 ; 생선뼈 경　僭 : 참람할 참　鴻 : 클 홍

숨어 살았는데, 主上께서 그의 誼를 행함을 가상히 여겨 발탁해서 이 지위에 있게 하셨으니, 관직을 諫議로써 이름을 삼았다면, 진실로 마땅히 그 직책을 받들어 四方과 後代로 하여금 조정에 直言하는 骨鯁의 신하가 있고, 천자께서 賞(벼슬)을 함부로 내리지 않으며 諫言을 따르기를 물 흐르듯이 하는 아름다움이 계심을 알게 하여야 한다. 그리하여 행여 巖穴에 있는 선비들이 이것을 듣고 사모하여 띠를 묶고 상투를 묶고는, 대궐 아래로 나아가 그 말을 펴서 우리 人君을 堯舜으로 만들어 훌륭한 이름을 무궁한 세대에 밝히기를 원하게 하여야 할 것이다. 「書經」에서 말한 것은 대신과 재상의 일이니, 陽子가 행할 바가 아니다. 또 陽子의 마음은 장차 인군으로 하여금 그 과실을 듣기 싫어하게 하려는가. 이는 〈과실을 듣기 싫어하도록〉 啓導하는 것이다."

譯註 1. 直言骨鯁之臣 : 짐승의 뼈와 생선의 가시처럼 억세어 임금의 지시에 무조건 순종하지 않고 완강하게 직언하는 강직한 신하를 이른다.

或曰 陽子之不求聞而人聞之하고 不求用而君用之하여 不得已而起하여 守其道而不變이어늘 何子過之深也오 愈曰 自古聖人賢士가 皆非有心求於聞用也라 閔其時之不平과 人之不乂하여 得其道면 不敢獨善其身이요 而必〈以〉兼濟天下也하여 孜孜矻矻하여 死而後已라 故로 禹過家門不入하시고 [1]孔席不暇暖하시고 而墨突不得黔하니 彼二聖一賢者 豈不知自安逸之爲樂哉리오마는 誠畏天命而悲人窮也라 夫天授人以賢聖才能이 豈使自有餘而已리오 誠欲以補其不足者也라 耳目之於身也에 耳司聞而目司見하여 聽其是非하고 視其險易然後에 身得安焉하나니 聖賢者는 時人之耳目也요 時人者는 賢聖之身也니라 且陽子之不賢인댄 則將役於身하여 以奉其上矣요 若果賢인댄 則固畏天命而閔人窮也니 惡得以自暇逸乎哉아

혹자는 다음과 같이 말하였다.

"陽子는 알려지기를 구하지 않았는데 사람들이 소문을 냈고, 등용되기를 구하지 않았는데 군주가 등용하여, 부득이하여 일어나서 그 道를 지키고 변하지 않는데, 어찌하여 그대는 나무라기를 이렇게 심히 하는가?"

나는 이에 대하여 다음과 같이 대답하였다.

"예로부터 聖人과 賢士가 모두 마음을 두어 알려지고 등용되기를 구한 것은 아니다. 그 세상이 均平하지 못함과 인민이 다스려지지 못함을 민망히 여겨, 그 道를 얻으면 홀로 그 몸을 善하게 하지 않고 반드시 천하를 겸하여 구제하려 해서 부지런히 힘써서 죽은 뒤에야 그만두었다. 그러므로 禹王은 집의 문 앞을 지나면서도 들어가지 못하셨고, 孔子의 자리는 따뜻할 겨를이 없었으며, 墨翟의 굴뚝은 검을 수가 없었던 것

乂 : 다스릴 예　孜 : 부지런할 자　矻 : 힘쓸 굴　突 : 굴뚝 돌　黔 : 검을 검　險 : 험할 험　易 : 평탄할 이

이다. 저 두 聖人과 한 賢人인 자가 어찌 스스로 안일함이 즐거운 줄을 몰랐겠는가마는 진실로 天命을 두려워하고 백성들의 곤궁함을 슬퍼해서였다. 하늘이 사람에게 어질고 성스러운 재능을 준 것은 어찌 자신만 有餘하게 할 뿐이겠는가. 진실로 그 부족한 자들을 도와주게 하고자 해서였다.

귀와 눈은 사람의 몸에 있어, 귀는 듣는 것을 맡고 눈은 보는 것을 맡아 귀로 옳고 그른 것을 듣고 눈으로 험하고 평탄한 것을 본 뒤에야 몸이 편안함을 얻는다. 그러므로 聖賢은 세상 사람의 耳目인 셈이요, 세상 사람은 聖賢의 몸인 것이다. 또 陽子가 어질지 못하다면 장차 자기 몸을 사역하여 윗사람을 받들어야 할 것이요, 만일 과연 어질다면 진실로 天命을 두려워하고 백성들의 곤궁함을 민망히 여겨야 할 것이니, 어찌 스스로 한가하고 편안할 수 있겠는가."

譯註 1. 孔席不暇暖而墨突不得黔 : 가르침을 펴기 위하여 자주 자리를 바꾸고 거처를 옮기므로 자리가 따뜻해질 겨를이 없고 굴뚝이 검어질 수 없다는 뜻이다.

或曰 吾聞君子는 不欲加諸人하며 而惡訐以爲直者라하니 若吾子之論은 直則直矣어니와 無乃傷于德而費於辭乎아 好盡言以招(교)人過는 [1]國武子之所以見殺於齊也니 吾子其亦聞乎아 愈曰 君子居其位則思死其官하고 未得位則思修其辭以明其道하나니 我將以明道也요 非以爲直而加人也니라 且國武子는 不能得善人하고 而好盡言於亂國일새 是以見殺이니라 傳曰 惟善人이야 能受盡言이라하니 謂其聞而能改之也라 子告我曰 陽子可以爲有道之士也라하니 今雖不能及已나 陽子는 將不得爲善人乎〈哉〉아

혹자는 다음과 같이 말하였다.

"나는 들으니 '君子는 남에게 加(능가)하고자 하지 않으며, 고자질하는 것을 곧다고 여기는 자를 미워한다.' 하였으니, 그대의 의논으로 말하면 곧기는 곧거니와 德을 손상하고 말을 너무 많이 하는 것이 아니겠는가. 말을 다하기를 좋아하여 남의 과실을 들춰내는 것은 國武子가 齊나라에서 죽음을 당한 이유이니, 吾子는 또한 이 말을 들었는가?"

나는 다음과 같이 대답하였다.

"君子가 그 지위에 있으면 관직을 수행하다가 죽을 것을 생각하고, 지위를 얻지 못하면 文章을 지어 道를 밝힐 것을 생각하나니, 나는 장차 道를 밝히려는 것이요, 곧다고 하여 남에게 加하려고 하는 것이 아니다. 또 國武子는 善人을 얻지 못하고 어지러운 나라에서 말을 다하기를 좋아하였다. 이 때문에 죽음을 당한 것이다. 傳에 이르기를 '오직 聖人이라야 말을 다하는 것을 받아준다.' 하였으니, 과실을 듣고 고침을 말

訐 : 들춰낼 알　費 : 허비할 비　招 : 들추어낼 교　見 : 당할 견

한 것이다. 그대는 나에게 말하기를 '陽子는 道가 있는 선비라 할 것이다.' 하였으니, 이제 비록 道가 있는 선비에는 미치지 못하나 陽子는 장차 善人도 될 수 없단 말인가."

譯註 1. 國武子 : 武子는 춘추시대 齊나라 大夫인 國佐의 시호인데, 직언을 일삼다가 靈公에게 살해되었다.

送窮文 韓 愈

(窮鬼를 전송하는 글)

迂齋云 前面許多鋪陳布置結裹收拾이 盡在後面하니 看到後面하면 方知前面이 盡是戲言이라 然則退之此文은 非是送窮이요 乃是固窮이니 機軸之妙 熟讀方見이라 進學解는 是設爲師弟子問難之詞요 此是設爲人鬼問難之辭니 可以參觀이니라

○洪曰 予嘗見文宗備問하니 云 顓頊高辛時에 宮中生一子하니 不著完衣일새 宮中號爲窮子러니 其後正月晦死하니 宮人葬之하고 相謂曰 今日送却窮子라하니 自爾相承送之라 又唐四時寶鑑云 高陽氏子 好衣弊食糜러니 正月晦에 巷死하니 世作糜棄弊衣하고 是日祝於巷하고 曰除貧也라 然退之送窮文은 與揚子雲逐貧賦로 大意相類하니 盖古人作文에 皆有所祖述하니라

○按子雲逐貧賦에 始云 惆悵失志하여 呼貧與語호되 今汝去矣하여 勿復久留하라 貧曰 唯唯라하고 終之曰 貧遂不去하여 與我遊息이라하니 其節次調度意脈이 如出一律하니라

迂齋가 말하였다. "前面의 허다한 鋪陳·布置와 싸고 수습함이 모두 後面에 있으니, 後面을 보면 前面이 모두 戲言(농담)임을 알 수 있다. 그렇다면 韓退之의 이 글은 궁함을 보낸 것이 아니요, 바로 궁함을 굳게 지킨 것이니, 機軸(문장)의 묘함을 익숙히 읽어야 비로소 이것을 볼 수 있다. 進學解는 스승과 제자가 묻고 논란하는 말을 가설한 것이요, 이것은 사람과 귀신이 묻고 논란하는 말을 가설한 것이니, 참고하여 볼 만하다.

○洪氏가 말하였다. "내 일찍이 文宗備問을 보니, '顓頊高辛氏 때에 궁중에서 한 아들을 낳았는데 완전한 옷을 입지 않으므로 궁중에서는 그를 窮子라고 칭호하였다. 그후 정월 그믐날 그가 죽자, 궁인들은 그를 장례하고 서로 이르기를 「오늘 窮子를 전송한다.」 하였는 바, 이후로 서로 이어 보냈다' 하였다. 또 唐나라 「四時寶

機 : 베틀 기 軸 : 바디 축 顓 : 오로지 전 頊 : 별이름 욱 糜 : 죽 미 惆 : 실심할 추 悵 : 슬퍼할 창

鑑」에 이르기를 '高陽氏의 아들이 헤진 옷을 입고 죽을 먹기 좋아하였는데 정월 그믐날 길에서 죽으니, 세상에서는 이날 죽을 쑤고 헤진 옷을 버리면서 길에서 축원하고, '가난을 제거하는 것'이라 하였다. 그러나 退之의 送窮文은 揚子雲의 逐貧賦와 대의가 서로 유사하니, 古人들이 문장을 지을 때는 모두 祖述(멀리 그 법을 따름)한 바가 있었다."

○ 살펴보건대, 揚子雲의 逐貧賦에 처음에는 "뜻을 잃음을 서글퍼하여 가난을 불러 더불어 말하기를 '너는 이제 떠나가고 다시는 오래 머물지 말라.' 하니, 가난은 '예! 예!' 하고 대답했다." 하였으며, 끝에는 "가난은 마침내 떠나가지 않아서 나와 놀고 쉰다." 하였으니, 그 절차와 調度와 意脈이 한 법칙에서 나온 듯하다.

元和六年正月乙丑晦에 主人이 使奴星으로 結柳作車하고 縛草爲船하여 載糗輿粻하여 牛繫軛下하고 引帆上檣하여 三揖窮鬼而告之曰 聞子行有日矣라하니 鄙人은 不敢問所途요 躬具船與車하여 備載糗粻하니 日吉辰良하여 利行四方이라 子飯一盂하고 子啜一觴하여 携朋挈儔하고 去故就新하되 駕塵彍風하여 與電爭先이면 子無底滯之尤요 我有資送之恩이니 子等이 有意於行乎아

元和 6년 正月 乙丑日 그믐에 주인은 종인 星으로 하여금 버드나무를 엮어 수레를 만들고 풀을 묶어 배를 만들어서 미싯가루와 양식을 싣고 소를 멍에 아래에 묶어 매었으며, 돛을 달고 삿대를 올려 세 번 窮鬼에게 揖하고 다음과 같이 말하였다.

"내 들으니 '그대들이 떠나갈 날이 정해졌다.'하니, 비루한 이 사람은 감히 어느 길로 갈 것인지는 묻지 못하겠고, 몸소 배와 수레를 마련하여 미싯가루와 양식을 골고루 실어 놓았으니, 날이 길하고 때가 좋아 사방으로 가기가 이롭다. 그대들은 한 그릇 밥을 먹고 한 잔 술을 마시고서 벗을 다 이끌고 무리들을 거느리고는 옛날 살던 집을 버리고 새로운 곳으로 떠나되 빠른 바람을 타고서 번개와 더불어 앞을 다툰다면, 그대는 지체한다는 허물이 없고 나는 물자를 주어 전송하는 은혜가 있게 되니, 그대들은 떠나갈 의향이 있는가?"

屛息潛聽하니 如聞音聲이 若嘯若啼하여 砉欻嚘嚶하니 毛髮盡竪하고 竦肩縮頸하여 疑有而無러니 久乃可明이라 若有言者曰 吾與子居 四十年餘라 子在孩提에 吾不子愚하며 子學子耕하고 求官與名에 惟子是從하여 不變于初라 門神戶靈을 我叱我呵하여 包羞詭隨하여 志不在他호라 子遷南荒에 熱爍濕蒸하니 我非其鄕이요 百鬼欺陵하며 太學四年에 [1]朝虀暮鹽이어늘 惟我保汝하고 人皆汝嫌이라 自初及終에 未始

糗 : 마른밥 후 粻 : 양식 창 軛 : 멍에 액 帆 : 돛 범 檣 : 돛대 장 盂 : 사발 우
啜 : 마실 철 彍 : 달릴 확 啼 : 울 제 砉 : 뼈바르는소리 획 欻 : 희미할 훌
嚘 : 한숨쉴 우 嚶 : 울 앵 頸 : 목 경 爍 : 녹일 삭 虀 : 나물 제

倍(背)汝하여 心無異謀하고 口絕行語어늘 於何聽聞이완대 云我當去오 是必夫子信讒하여 有間於予也로다 我鬼非人이니 安用車船이며 鼻嗅臭香하니 糗粻可捐이라 單獨一身이니 誰爲朋儔오 子苟備知인댄 可數以不(否)아 子能盡言이면 可謂聖智라 情狀旣露하니 敢不廻避리오

숨을 죽이고 조용히 들어보니, 마치 음성이 들리는 듯하였는데, 휘파람을 부는 듯, 우는 듯하여, 획획하고 한숨을 쉬는 듯, 우는 듯하니, 모발이 모두 쭈뼛이 서고 어깨가 올라가며 목이 움츠러들었다. 그리하여 있는 듯, 없는 듯하다가, 오랜 뒤에야 분명하였다. 마치 말하는 자가 있는 듯하여 이르기를 "내가 그대와 거주한 지 40년이 넘었다. 그대가 어릴 때에 나는 그대를 어리석다 여기지 않았으며, 그대가 배우고 그대가 농사를 지으며 관직과 명예를 구할 때에 나는 오직 그대 만을 따라 처음 뜻을 변치 않았으며, 門戶의 神靈을 내가 질타하고 꾸짖어 부정한 길을 따르는 것을 부끄러워해서 뜻이 딴 데에 있지 않았노라. 그대가 남쪽 변방으로 좌천함에 더위가 심하고 습기와 무더위가 찌는 듯하니, 나에게 알맞은 고향이 아니었고, 온갖 귀신들이 업신여기고 능멸하였으며, 태학에 있는 4년 동안, 아침에는 양념을 먹고 저녁에는 소금을 먹었는데, 오직 나만이 그대를 보전하였고 다른 사람들은 모두 그대를 혐의하였다. 처음부터 끝까지 나는 일찍이 그대를 저버리지 않아 마음에 딴 생각이 없었고 입으로 떠나간다는 말을 한 적이 없는데, 어디에서 무슨 말을 듣고는 내가 마땅히 떠나간다고 말하는가? 이는 반드시 夫子가 참언을 믿고서 나에게 틈이 있는 것이리라. 나는 귀신이라 사람이 아니니 어찌 수레와 배를 쓸 것이며, 코로 냄새와 향기를 맡으니 미싯가루와 양식을 버려도 된다. 단독 일신이니, 누가 벗과 짝이 되는가? 그대가 만일 자세히 알진댄 하나하나 셀 수 있겠는가? 그대가 만일 다 말한다면 聖智라고 이를 수 있다. 내 정상이 이미 드러났으니, 감히 회피하지 않겠는가."

譯註 1. 朝虀暮鹽 : 虀는 소금이나 부추 따위의 양념으로, 朝夕의 밥상에 반찬이 없어 소금이나 간장 따위만을 먹는 것을 이른다.

主人應之曰 子以吾爲眞不知也邪아 子之朋儔는 非六非四요 在十去五며 滿七除二라 各有主張하고 私立名字하여 捩手覆羹하고 轉喉觸諱하여 凡所以使吾面目可憎하고 語言無味者 皆子之志也라 其一은 名曰智窮이니 矯矯亢亢하여 惡圓喜方하고 羞爲姦欺하여 不忍害傷하며 其次는 名曰學窮이니 傲數與名하여 摘抉杳微하고 高挹群言하여 執神之機하며 又其次는 曰文窮이니 不專一能하여 怪怪奇奇하니 不可時施요 祇以自嬉며 又其次는 曰命窮이니 影與形殊하고 面醜心妍하여 利居衆後하고

嗅 : 냄새 후　捩 : 비틀 려　矯 : 굳셀 교　亢 : 높을 항　摘 : 들추어낼 적
抉 : 들추어낼 결　挹 : 당길 읍　祇 : 다만 지

責在人先하며 又其次는 曰交窮이니 磨肌戛骨하고 吐出心肝하여 企足以待어늘 置我讐寃이라 凡此五鬼가 爲吾五患하여 飢我寒我하고 興訛造訕하여 能使我迷하여 人莫能間이라 朝悔其行이라가 暮已復然하여 1)蠅營狗苟하여 驅去復還이니라

주인은 다음과 같이 대답하였다.

"그대는 내가 참으로 모른다고 여기는가? 그대의 벗은 여섯도 아니요, 넷도 아니다. 열에서 다섯을 빼며, 일곱에서 둘을 제한 것이니, 이들은 각기 주장을 두고 사사로이 名字를 세워 손을 비틀어 국을 엎게 하고 목청을 울리면 忌諱하는 것을 저촉하게 하여, 나로 하여금 면목을 가증스럽게 하고 언어를 무미하게 하는 것이 모두 그대들의 뜻이다.

그 첫째는 이름을 智窮이라 하니, 矯矯, 亢亢(강하고 높음)하여 둥근 것을 싫어하고 모난 것을 좋아하며, 간사함과 속임수를 부끄러워하여 차마 남을 해치거나 상하지 못하게 한다. 그 다음은 이름을 學窮이라 하니, 禮數(벼슬)와 이름을 傲視(無視)하여 아득하고 미묘한 것을 빼내고 여러 말을 높이 취하여 神의 기틀을 잡게 한다. 또 그 다음은 文窮이니, 한 가지 재능을 전일하게 하지 않아 奇奇怪怪하니, 세상에 베풀 수가 없고 다만 스스로 기쁘게 할 뿐이다. 또 그 다음은 命窮이니, 그림자가 형상과 다르며 낯은 추하나 마음은 고와 利는 남의 뒤에 있고 꾸짖음은 남의 앞에 있게 한다. 또 그 다음은 交窮이니, 살과 뼈를 갈고 깎으며 心肝에 있는 것을 토해내어 발돋움하고 기다리는데도 나를 원수의 위치에 놓이게 한다.

무릇 이 다섯 귀신들이 나의 다섯 가지 폐해가 되어 나를 굶주리게 하고 나를 춥게 하며, 유언비어를 일으키고 비방을 날조하여, 나로 하여금 혼미하게 하여 다른 사람들이 끼지 못하게 한다. 아침에는 그 행실을 뉘우치다가 저녁에는 다시 그렇게 하도록 하여, 파리처럼 營營하고 개처럼 苟且하여 쫓아보내도 다시 돌아온다."

譯註 1. **蠅營** : 營은 營營으로 파리떼가 음식찌꺼기를 찾아 앵앵거리며 날아다니는 것을 이른다.

言未畢에 五鬼相與張眼吐舌하고 跳踉偃仆하며 抵掌頓脚하여 失笑相顧하고 徐謂主人曰 子知我名과 凡我所爲하고 驅我令去하니 小黠大癡로다 人生一世에 其久幾何오 吾立子名하여 百世不磨라 小人君子 其心不同하니 惟乖於時라야 乃與天通하나니 携持琬琰하여 易一羊皮하며 飫於肥甘하여 慕彼糠糜로다 天下知子 誰過於予리오 雖遭斥逐이나 不忍子疎하노니 謂予不信인댄 請質詩書하리라 主人이 於是에 垂頭喪氣하여 上手稱謝하고 燒車與船하여 延之上座하니라

戛 : 칠 알　訛 : 거짓 와　跳 : 뛸 도　踉 : 뛸 량　仆 : 넘어질 부　抵 : 칠 지
頓 : 넘어질 돈　黠 : 약을 힐　琬 : 옥 완　琰 : 옥 염　飫 : 배부를 어　糠 : 겨 강

내가 말을 마치기도 전에 다섯 귀신들이 서로 눈을 휘둥그렇게 뜨고 혀를 빼고 뛰다가 쓰러지며 손바닥을 두드리고 다리를 절며 실소하여 서로 돌아보고 서서히 주인에게 말하였다.

"그대는 우리들의 이름과 우리들의 하는 일을 알고 우리를 몰아 쫓아보내려 하니, 작게는 약으나 크게는 어리석다. 사람이 한 세상을 삶에 얼마나 오랫동안 살겠는가? 우리들은 그대의 이름을 세워 百世가 되도록 없어지지 않게 하려는 것이다. 小人과 君子는 그 마음이 똑같지 않으니, 세상과 괴리되어야 하늘과 통하는 것이다. 좋은 보배를 가지고서 한 양가죽과 바꾸며, 살진 음식과 단 맛에 물려서 저 쭉정이를 사모하는도다. 천하에 그대를 알아주는 것이 누가 우리들보다 더하겠는가. 우리는 비록 배척과 축출을 당하나 차마 그대를 소원히 할 수 없으니, 나더러 거짓말한다고 이를진댄 詩書에 질정하기를 청하노라."

주인은 이에 머리를 떨구고 氣를 상실하여 손을 올려 사례하고는 수레와 배를 불태우고 그들을 上座에 맞이하여 앉혔다.

進學解 韓 愈

(學者들을 나오게 하여 해명한 글)

迂齋曰 設爲師弟子詰難之詞하여 以伸己志하니 機軸自揚雄 解嘲, 班固賓戲來라 ○元和七年에 公復爲國子博士러니 八年年四十六에 自博士로 除尙書比部郎中史館修撰하니라 唐史云 愈數黜官하고 又下遷일새 乃作進學解하여 以自喩하니 執政이 覽其文而奇之하여 以爲有史才라 故除是官이라 時宰相은 乃武元衡, 李吉甫, 李絳也라 按此則此篇이 作於元和七年爲博士之後라 設爲問答하여 以見己意하니 蓋有東方朔雖自責而實自贊之意라 當軸은 幸皆三賢相也니 宜其用之云이라 後段은 借匠氏醫師하여 以喩宰相하니 蓋本之淮南子라 淮南子曰 賢王之用人也 猶巧工之制木也하여 大者以爲舟航梁棟하고 小者以爲楫楔(椄槢)하며 脩者以爲櫩榱하고 短者以爲侏儒枅櫨하여 無小大脩短히 皆得其所宜하고 規矩方圓이 各有所施라 天下之物이 莫凶於鷄(奚)毒烏頭也나 然而良醫橐而藏之는 有所用也라하니 公之論이 蓋取此意라 所謂窺陳編以竊盜者 此亦其一也니 盖自首其實云이라

迂齋가 말하였다. "스승과 제자가 힐난하는 말을 가설하여 자기의 뜻을 폈으니, 機軸은 揚雄의 解嘲와 班固의 賓戲에서 온 것이다."

○元和 7년에 公은 다시 國子博士가 되었었는데, 8년인 46세에 博士로 있다가

椄 : 쐐기 접 槢 : 쐐기 습 櫩 : 처마 염 榱 : 서까래 최 侏 : 난장이 주 儒 : 난장이 유 枅 : 가로보 계(견) 櫨 : 주두 로 橐 : 전대 탁

尙書比部郎中 史館修撰에 제수되었다. 唐史에 이르기를 "韓愈는 여러 차례 관직에서 축출되었고 또 좌천되자, 마침내 '進學解'를 지어 스스로 비유하니, 執政大臣은 그의 글을 보고 기특하게 여기며 史官의 재주가 있다고 하였으므로 이 관직을 제수하였다. 이때 재상은 바로 武元衡, 李吉甫, 李絳이다." 하였다.

이를 살펴보면 이 글은 元和 8년 박사가 된 후에 지은 것인데, 문답하는 내용을 가설하여 자기의 뜻을 나타내었으니, 東方朔이 비록 자책하였으나 실제는 자찬한 것과 같은 뜻이 있다. 이때 집정대신은 다행히 세 어진 재상이었으니, 그를 등용함이 마땅하다 하겠다.

뒷부분은 匠氏(목수)와 醫師를 빌어 재상을 비유하였으니, 이는 「淮南子」에 근본한 것이다. 「淮南子」에 이르기를 "賢王이 인재를 등용함은 훌륭한 목수가 나무를 쓰는 것과 같아 큰 것은 舟航(배)과 梁棟(들보와 기둥)으로 삼고 작은 것은 椄槢(쐐기)로 삼으며, 긴 것은 櫚榱(처마와 서까래)로 삼고 짧은 것은 侏儒(짧은 기둥), 枅櫨(가로보와 柱頭)로 삼아, 작고 큰 것과 길고 짧은 것을 막론하고 모두 그 마땅함을 얻으며 規·矩의 方·圓이 각기 베푸는 바가 있다. 천하의 물건은 鷄毒(附子)과 烏頭보다 더 흉악한 것이 없으나 훌륭한 의원이 이를 주머니에 보관함은 쓸 곳이 있기 때문이다." 하였으니, 公의 의론은 이 뜻을 취한 것이다. 이른바 '묵은 책을 엿보면서 國祿을 훔쳐먹고 있다'는 것이 또한 그 중에 하나이니, 자신의 실상을 스스로 말한 것이다.

國子先生이 晨入太學하여 招諸生하여 立館下하고 誨之曰 業은 精于勤하고 荒于嬉하며 行은 成于思하고 毁于隨하나니 方今에 聖賢相逢하여 治具畢張이라 拔去兇邪하고 登崇俊良하여 占小善者率以錄하고 名一藝者無不庸하여 爬羅剔抉하고 刮垢磨光하니 蓋有幸而獲選이언정 孰云多而不揚고 諸生은 業患不能精이요 無患有司之不明하며 行患不能成이요 無患有司之不公이니라

國子監의 先生이 새벽에 太學에 들어가 諸生을 불러 館 아래에 세우고 다음과 같이 훈계하였다.

"業은 부지런한 데에서 精해지고 노는 데에서 황폐해지며, 행동은 생각하는 데에서 이루어지고 마음대로 하는 데에서 무너진다. 방금에 聖君과 賢相이 서로 만나 다스리는 도구가 모두 베풀어졌다. 그리하여 兇邪들을 뽑아버리고 俊良들을 등용하여, 작은 善을 점유한 자가 모두 기록되고 한 재주로 이름난 자들이 등용되지 않은 이가 없어, 爬羅(널리 수집함)하고 剔抉(도려내어 뽑음)하며 때를 씻고 빛나게 연마하니, 요행으로 뽑힌 자는 있을지언정 어찌 훌륭함이 많고도 드러나지 않는다고 말할 수 있겠는가. 제생들은 업이 정하지 못함을 걱정할 것이요 有司의 밝지 못함을 걱정하지 말며, 행실이 이루어지지 못함을 걱정할 것이요 有司의 공정하지 못함을 걱정하지 말라."

庸 : 등용할 용　爬 : 긁을 파　剔 : 뼈바를 척　抉 : 긁을 결　刮 : 비빌 괄　垢 : 때 구

言未旣에 有笑于列者曰 先生이 欺余哉인저 弟子事先生이 于玆有(時)〔年〕矣라 先生이 口不絶吟於六藝之文하고 手不停披於百家之編하여 記事者는 必提其要하고 纂言者는 必鉤其玄하여 貪多務得하고 細大不捐하여 焚膏油以繼晷하여 恒兀兀以窮年하니 先生之業이 可謂勤矣요 觝排異端하여 攘斥佛老하며 補苴罅漏하고 張皇幽眇하여 尋墜緖之茫茫하여 獨旁搜而遠紹하고 [1]障百川而東之하여 迴狂瀾於旣倒하니 先生之於儒에 可謂〔有〕勞矣라

말을 마치기도 전에 제생 중에 대열에서 웃으며 말하는 자가 있었다.

"선생이 우리들을 속이고 있습니다. 저희 제자들이 선생을 섬겨 온 지가 지금 여러 해가 되었습니다. 선생이 입으로는 六藝(六經)의 글을 읊기를 끊지 않고 손으로는 百家의 책을 披閱하기를 멈추지 아니하여, 일을 기록함에는 반드시 그 요점을 잡고 말을 엮음에는 반드시 깊은 뜻을 찾아, 많음을 탐하고 얻기를 힘쓰며 작은 것이나 큰 것을 버리지 아니하여 기름을 태워 낮을 이으면서 항상 부지런히 부지런히 해를 마치니, 선생의 학업은 부지런하다고 이를 만합니다.

異端을 배척하여 佛·老를 물리치며 틈과 새는 곳을 땜질하고 그윽함과 아득함을 張皇하여, 아득히 실추된 전통을 찾아 홀로 사방으로 수집하고 멀리 계승하며, 百川을 막아 동쪽으로 흐르게 하여 미친 여울물을 이미 거꾸로 흐르는 데서 돌리려 하니, 선생은 儒學에 있어 공로가 있다고 이를 만합니다.

譯註 1. 障百川而東之 : 중국의 河川은 모두 동쪽으로 흘러 바다로 들어가므로, 孔·孟의 儒學을 바다에 佛·老를 狂瀾에 비유하여, 모든 사람들을 孔·孟의 道에 들어가게 하였음을 말한 것이다.

沈浸醲郁하고 含英咀華하여 作爲文章하여 其書滿家호되 [1]上規姚姒의 渾渾無涯와 [2]周誥殷盤의 佶(詰)屈聱牙와 春秋謹嚴과 左氏浮誇와 易奇而法과 詩正而葩하며 下逮莊騷와 太史所錄과 子雲相如의 同工異曲하니 先生之於文에 可謂閎其中而肆(於)〔其〕外矣요 少始知學하여 勇於敢爲하고 長通於方하여 左右具宜하니 先生之於爲人에 可謂成矣라 然而公不見信於人하고 私不見助於友하여 跋前疐後하여 動輒得咎라 暫爲御史라가 遂竄南夷하고 三年博士에 冗不見治하니 命與仇謀하여 取敗幾時오 冬暖而兒號寒하고 年登而妻啼飢하니 頭童齒豁하여 竟死何裨오 不知慮此하고 而反敎人爲아

鉤 : 갈아당길 구 晷 : 햇빛 구 兀 : 우뚝할 올 觝 : 닥뜨릴 저 苴 : 깔 저 罅 : 틈 하
眇 : 아득할 묘 瀾 : 물결 란 醲 : 두터울 농 咀 : 씹을 저 姚 : 성 요 姒 : 성 사
佶 : 바를 길 聱 : 어려울 오 葩 : 꽃다울 파 閎 : 넓을 굉 疐 : 넘어질 치

醲郁에 무젖으며 英華를 삼키고 씹어서 문장을 지어 그 책이 집에 가득한데, 위로는 姚(舜)·姒(禹)의 渾渾하여 끝이 없음과 周誥·殷盤의 문리가 굴곡하고 문장이 난삽함과 「春秋」의 근엄함과 左氏(春秋左傳)의 浮誇함과 「周易」의 기이하면서도 법도에 맞음과 「詩經」의 올바르면서도 화려함을 엿보며, 아래로는 「莊子」와 「離騷」와 太史公(司馬遷)의 기록한 바와 揚子雲(揚雄)과 司馬相如의 공부는 같으나 곡조는 다름에까지 미치니, 선생은 문장에 있어 그 속(내용)을 넓히고 그 겉(형식)을 크게 했다고 이를 만합니다.

젊어서부터 일찍 배움을 알아 과감히 실행함에 용감하였고, 장성해서는 방법에 통달하여 좌우에 모두 마땅하니, 선생은 사람됨에 있어서 완성했다고 이를 만합니다.

그런데도 公的으로는 남에게 신임을 받지 못하고 私的으로는 벗에게 도움을 받지 못하여, 앞으로 가도 넘어지고 뒤로 가도 넘어져 언제나 허물을 얻고 있습니다. 잠깐 御史가 되었다가 마침내 남쪽 오랑캐 지방으로 좌천되었고, 3년 동안 博士로 있을 적에는 閑職이어서 치적을 나타내지 못하였으니, 운명이 원수와 도모하여 패함을 당한 것이 얼마동안이나 됩니까. 겨울이 따뜻한데도 아이들은 춥다고 울부짖고 年事가 풍년이 들었는데도 아내는 배고파 우니, 머리가 벗겨지고 이가 빠져 끝내 죽은들 무슨 도움이 있겠습니까. 이것을 생각할 줄 모르고 도리어 남을 가르친단 말입니까."

譯註 1. 上規姚姒 : 規는 圓形은 만드는 기구이므로 그대로 따름을 뜻하며, 姚는 舜帝가 태어난 곳인데 뒤에 氏로 삼았으며 姒는 禹王의 姓인 바, 여기서는 「書經」의 虞書와 夏書를 가리킨 것이다.

2. 周誥殷盤 佶屈聱牙 : 周誥는 「書經」 周書의 《大誥》·《康誥》·《洛誥》 등을 가리키며 盤庚은 殷王의 이름인데 여기서는 商書의 《盤庚》을 가리킨 것이다. 佶屈은 문리가 屈曲이 많은 것이며 聱牙는 글이 난삽한 것으로 「書經」의 이들 篇은 文勢가 까다롭기로 유명하다.

先生曰 吁라 子來前하라 夫大木爲宋하고 細木爲桷하며 欂櫨侏儒와 椳闑扂楔을 各得其宜하여 以成室屋者는 匠氏之功也요 [1]玉札, 丹砂와 赤箭, 青芝와 牛溲, 馬勃, 敗鼓之皮를 俱收並蓄하여 待用無遺者는 醫師之良也요 登明選公하고 雜進巧拙하여 紆餘爲姸하고 卓犖爲傑이라하여 較短量長하여 惟器是適者는 宰相之方也라

선생은 다음과 같이 말하였다.

"아! 자네는 앞으로 오라. 큰 나무는 대들보를 삼고 작은 나무는 서까래를 삼으며, 欂櫨(斗栱)와 侏儒(짧은 기둥)와 문지도리와 문지방, 빗장과 문설주가 각기 그 마땅

宋 : 들보 망　桷 : 서까래 각　欂 : 두공 박　櫨 : 주두 로　椳 : 문지도리 외
闑 : 문지방 얼　扂 : 빗장 점　楔 : 문설주 설　溲 : 오줌 수　勃 : 똥 발　紆 : 얽힐 우
犖 : 뛰어날 락

함을 얻어 室屋을 이루는 것은 목수의 功이요, 玉札과 丹砂, 赤箭과 青芝, 쇠오줌과 말똥버섯, 망가진 북의 가죽을 모두 거두고 아울러 쌓아놓아 쓰이기를 기다려 버림이 없는 것은 의사의 어짊이요, 밝은 사람을 등용하고 공정한 사람을 선임하며 공교한 자와 졸렬한 자를 모두 등용하여, 〈才學이〉 넉넉한 사람을 곱다 하고 뛰어난 사람을 호걸이라 하여 길고 짧음을 따지고 헤아려서 그 器局에 맞는 직책을 주는 것은 재상의 방법이다.

譯註 1. 玉札丹砂赤箭青芝 : 네 가지 모두 藥材인 바, 丹砂는 일명 朱砂이며, 赤箭은 난초과에 속하는 풀로 그 뿌리는 天麻라 하며, 青芝는 푸른 색깔의 靈芝이다.

昔者에 孟軻好辯하사 孔道以明이로되 轍環天下라가 卒老于行하시고 荀卿守正하여 大論是弘이로되 逃讒于楚하여 廢死蘭陵하니 是二儒者는 吐辭爲經하고 擧足爲法하여 絶類離倫하여 優入聖域이언마는 其遇於世何如也오 今先生이 學雖勤而不繇(由)其統하고 言雖多而不要其中하며 文雖奇而不濟於用하고 行雖修而不顯於衆이어늘 猶且月費俸錢하고 歲靡廩粟하여 子不知耕하고 婦不知織하며 乘馬從徒하여 安坐而食하여 踵常途之役役하며 窺陳編以盜竊이라 然而聖主不加誅하시고 宰臣不見斥하니 玆非幸歟아 動而得謗이나 名亦隨之하니 投閑置散이 乃分之宜라 若夫商財賄之有亡(無)하고 計班資之崇庳(卑)하여 忘己量之所稱하고 指前人之瑕疵면 是所謂詰匠氏之不以杙爲楹이요 [1]而訾醫師以昌陽引年하고 欲進其豨苓也니라

옛날에 孟軻는 변론을 좋아하시어 孔子의 道가 이 때문에 밝아졌으나 수레바퀴 자국이 온 천하를 돌다가 끝내 길에서 늙으셨고, 荀卿은 正道를 지켜 큰 의론을 넓혔으나 楚나라에서 참소를 피하다가 廢黜되어 蘭陵에서 죽었으니, 이 두 儒者들은 말을 뱉으면 經이 되고 발을 들면 法이 되어, 보통사람보다 뛰어나고 무리에서 벗어나 넉넉히 聖人의 경지에 들어갈 수 있었으나, 세상을 만남이 어떠하였는가?

지금 선생은 배우기를 비록 부지런히 하나 그 계통을 말미암지 못하고 말을 비록 많이 하나 中道에 맞지 못하며, 문장이 비록 기특하나 쓰임에 맞지 못하고 행실이 비록 닦아졌으나 사람들 중에서 드러나지 못하는데 오히려 달마다 봉급을 허비하고 해마다 창고의 곡식을 축내어, 아들은 밭갈 줄을 알지 못하고 아내는 길쌈할 줄을 알지 못하면서 말을 타고 하인들을 따르게 하여 편안히 앉아 밥을 먹어 평범한 길의 役役(쉬지 않고 일함)함을 따라 묵은 책편을 엿보면서 國祿을 훔쳐먹고 있다. 그런데도 聖主께서는 誅罰을 가하지 않으시고 대신들은 배척을 하지 않으니, 이는 다행이 아니겠는가. 걸핏하면 비방을 받으나 명예도 또한 따르니, 閑散한 職責에 버려짐은 내 분수에 마땅

繇 : 말미암을 유 靡 : 허비할 미 廩 : 곳집 름 踵 : 이을 종 賄 : 재물 회 庳 : 낮을 비
詰 : 꾸짖을 힐 杙 : 말뚝 익 楹 : 기둥 영 訾 : 비방할 자 豨 : 돼지 희 苓 : 버섯 령

한 것이다. 만일 재물의 있고 없음을 헤아리고 班資(반열)의 높고 낮음을 비교하여, 자기 역량에 걸맞는 바를 망각하고 前人의 瑕疵를 지적한다면, 이는 이른바 목수에게 말뚝을 기둥으로 삼지 않는다고 힐책하고, 의사가 昌陽(菖蒲)으로써 수명을 연장시키는 것을 꾸짖어 豨苓(豬苓)을 올리게 하는 것이라고 할 것이다."

譯註 1. 昌陽引年 : 昌陽은 石菖蒲로 좋은 藥材이며 引年은 延年과 같은 말로 수명을 연장하여 長生함을 이른다. 뒤의 豨苓은 豬苓으로 별로 좋지 못한 藥材이다.

鰐魚文　　　　韓 愈

(鰐魚를 쫓는 글)

迂齋曰 辭嚴義正하니 眞可以感動鰐魚라

○ 公守潮州에 問民疾苦하니 皆曰 惡溪有鰐魚하여 食民畜産且盡이라 民以是窮이라하니 數日에 公自往視할새 令其屬秦濟로 以一羊一豕投溪하여 與魚食而告之以文이러니 是夕에 暴風震雷起溪中하고 數日水盡涸하여 西徙六十里하니 自是潮無鰐魚患하니라

○ 按文集에 公此文之首에 亦述年月日하고 繫銜曰潮州刺史韓愈라하니 待鰐魚에도 尙下姓名하여 盡禮如此하니 他人肯乎아 待以禮하고 喩以義하고 感以誠하니 鰐魚尙可化어든 況潮人乎아 東坡所謂能馴鰐魚之暴, 約束蛟鰐如驅羊者 謂此也라 [1] 中孚之信이 可及豚魚 信然矣라 劉昆之虎 負子渡河와 宋均之虎 相與渡江이 不得專美矣라 宋守臣陳文惠公이 再有逐鰐魚文하니 則是鰐은 特感公之正直誠信而避之요 潮後仍有此患也라

迂齋가 말하였다. "말이 엄하고 義가 바르니 참으로 악어를 감동시킬 수 있다."

○ 公이 潮州를 맡았을 때에 백성들의 고통을 물으니, 모두 말하기를 "惡溪에 악어가 있어서 백성들의 축산을 잡아먹어 장차 다하게 되었다. 백성이 이 때문에 곤궁하다." 하였다. 며칠 후 公이 직접 가서 볼 적에 관속인 秦濟로 하여금 양 한 마리와 돼지 한 마리를 시내에 던져 넣어 악어에게 주어서 먹게 하고 이 글을 고하였다. 이날 밤 폭풍과 천둥벼락이 시내 가운데서 일어나고, 며칠 후 물이 모두 말라 서쪽으로 60리를 옮겨가니, 이후로 潮州에는 악어의 폐해가 없었다.

○ 文集을 살펴보건대, 公이 이 글 머리에 年月日을 서술하고 직함을 달기를 '潮州刺史 韓愈'라 하였으니, 악어를 대함에도 오히려 姓名을 놓아 禮를 다함이 이와 같았으니, 타인이라면 이를 즐겨 하겠는가? 禮로써 대하고 義로써 타이르고 정성으로써 감동시켰으니, 악어도 오히려 감화할 수 있거든 하물며 潮州의 백성들에 있어서랴. 東坡가 이른바 포악한 악어를 길들였다는 것과 교룡과 악어를 묶기를 양을 몰

鰐 : 악어 악　涸 : 마를 학　繫 : 매달 계　銜 : 직함 함　馴 : 길들일 순　蛟 : 교룡 교

듯이 했다는 것은 바로 이를 말한 것이다. 中孚의 믿음이 돼지와 물고기에도 미칠 수 있다는 것이 사실이다. 劉昆의 '범이 새끼를 업고 河水를 건너간 것'과 宋均의 '범이 서로 더불어 강을 건너간 것'이 아름다움을 독차지 할 수 없을 것이다. 宋나라 때 이 곳을 지키던 陳文惠公(陳堯佐)이 다시 악어를 축출하는 글이 있으니, 그렇다면 이 악어는 公의 정직과 誠信에 감동하여 피했을 뿐이요, 潮州는 그대로 뒤에 폐해가 있었던 것이다.

譯註 1. 中孚之信 可及豚魚 : 中孚는 마음이 성실하고 정성이 지극하여 서로 믿는 것인 바, 「周易」 中孚卦辭에 '中孚豚魚吉'이라 하였다. 이는 돼지와 물고기는 가장 미련한 동물이지만 정성이 지극하여 이 微物들까지도 감동시키면 吉하다는 뜻이다.

昔先王이 旣有天下에 列(烈)山澤하고 罔(網)繩擉刃으로 以除蟲蛇惡物의 爲民害者하여 驅而出之四海之外러시니 及後王德薄하여 不能遠有하여는 則江漢之間도 尚皆棄之하여 以與蠻夷楚越이어든 況潮는 嶺海之間으로 去京師萬里哉아 鰐魚之涵淹卵育於此亦固其所라 今天子嗣唐位하사 神聖慈武하사 四海之外와 六合之內를 皆撫而有之하시니 況禹跡所揜揚州之近地의 刺史縣令之所治요 出貢賦以供天地宗廟百神之祀之壤者哉아 鰐魚其不可與刺史로 雜處此土也니라

옛날 先王께서 이미 천하를 소유하시고는 山澤에 불을 놓고 그물과 칼날로 독충이나 뱀과 같이 나쁜 물건으로서 백성의 폐해가 되는 것들을 제거하여 四海의 밖으로 쫓아내셨는데, 後王에 이르러 덕이 부족하여 먼 곳까지 소유하지 못하게 되어서는 江漢의 사이도 오히려 모두 버려 蠻夷인 楚나라와 越나라에게 주었으니, 하물며 潮州는 嶺海의 사이로서 京師와의 거리가 萬里나 됨에 있어서랴. 鰐魚가 이 곳에서 서식하여 알을 까서 생육함은 또한 진실로 알맞는 장소라 할 것이다. 그러나 이제 天子께서는 唐나라의 帝位를 계승하여 神聖하고 인자하며 용맹하시어 四海의 밖과 六合의 안을 모두 어루만져 소유하시니, 하물며 禹임금의 발자국이 닿았던 揚州의 가까운 지역으로서 刺史와 縣令이 다스리는 바요 貢賦를 내어 天地와 宗廟의 온갖 神의 제사를 받드는 땅에 있어서랴. 鰐魚는 刺史와 더불어 이 땅에 섞여 지낼 수 없느니라.

刺史受天子命하여 守此土, 治此民이어늘 而鰐魚睅然不安溪潭하고 據食民畜熊豕鹿麞하여 以肥其身하며 以種其子孫하여 與刺史亢(抗)拒하여 爭爲長雄하니 刺史雖駑弱이나 亦安肯爲鰐魚低首下心하여 伈伈睍睍하여 爲民吏羞하여 以偷活於此邪아 且承天子命하여 以來爲吏하니 固其勢不得不與鰐魚辨이라

擉 : 작살 착　涵 : 담글 함　淹 : 적실 엄　揜 : 가릴 엄　睅 : 눈불거질 한　麞 : 노루 장
駑 : 둔할 노　低 : 숙일 저　伈 : 두려워할 심　睍 : 흘끗볼 현　偷 : 구차할 투

刺史는 天子의 명령을 받들어 이 땅을 지키고 이 백성을 다스리고 있는데, 악어가 눈을 크게 뜨고는 시내와 못 속에 편안히 있지 않고 백성과 가축, 곰과 멧돼지, 사슴과 노루들을 잡아먹어 그 몸을 살찌우며 자손들을 새끼쳐 刺史에게 항거하여 우두머리가 되기를 다투니, 刺史가 비록 노둔하고 약하나 또한 어찌 악어에게 머리를 숙이고 마음을 낮추어 두려워하고 흘금흘금 눈치를 보아 백성과 관리에게 수치를 당하면서 이곳에서 구차히 살려 하겠는가. 또 천자의 명령을 받들고 와서 관리가 되었으니, 진실로 그 형세가 악어와 구별되지 않을 수 없느니라.

鰐魚有知어든 其聽刺史言하라 潮之州는 大海在其南하여 鯨鵬之大와 蝦蟹之細가 無不容歸하여 以生以養하나니 鰐魚朝發而夕至也라 今與鰐魚約하노니 盡三日하여 其率醜類하고 南徙于海하여 以避天子之命吏하되 三日不能이어든 至五日이요 五日不能이어든 至七日이니 七日不能이면 是終不肯徙也라 是는 [1]不有刺史하여 聽從其言也요 不然이면 則是鰐魚冥頑不靈하여 刺史雖有言이나 不聞不知也라 夫傲天子之命吏하여 不聽其言하여 不徙以避之와 與冥頑不靈하여 而爲民物害者는 皆可殺이니 刺史則選材技吏民하여 操強弓毒矢하여 以與鰐魚從事하여 必盡殺乃止하리니 其無悔하라

악어는 지혜가 있으면 刺史의 말을 들어라. 潮州는 큰 바다가 남쪽에 있어, 고래와 붕새와 같이 큰 것과, 새우와 게 같이 작은 것들까지도 용납하여 돌아가지 않음이 없어서 여기에서 낳고 길러지는데, 악어는 아침에 출발하면 저녁에 도착할 수 있다. 내 이제 악어와 더불어 약속하노니, 3일이 다할 때까지 무리들을 거느리고 남쪽으로 바다로 옮겨가서 천자께서 임명한 관리를 피하라. 3일에 불가능하거든 5일까지 할 것이요, 5일에 불가능하거든 7일까지 할 것이니, 7일에도 능히 옮겨가지 못한다면 이는 끝내 옮겨가려 하지 않는 것이다. 이는 刺史를 무시하여 그 말을 들으려 하지 않는 것이요, 그렇지 않다면 이는 악어가 어둡고 미련하여 신령스럽지 못해서 刺史가 비록 말을 하나 듣지 못하고 알지 못하는 것이다. 천자께서 임명한 관리를 무시하여 그 말을 듣지 아니하여 옮겨 피하지 않거나, 또한 어둡고 완악하여 신령스럽지 못해서 백성과 물건에게 폐해를 입히는 것은 모두 죽일 만하니, 刺史는 재주와 기예가 뛰어난 관리와 백성을 뽑아 강한 활과 독이 있는 화살을 잡고서 악어와 더불어 종사하여(싸워서) 반드시 모두 죽이고야 말 것이니, 악어는 후회하지 말라.

譯註 1. 不有刺史 : 不有는 마음속에 없는 것처럼 여기는 것으로 刺史를 無視함을 의미한다.

鯨 : 고래 경　鵬 : 붕새 붕　蝦 : 새우 하　蟹 : 게 해　肯 : 즐길 긍　冥 : 어둘 명
頑 : 완악할 완　操 : 잡을 조

柳州羅池廟碑 韓 愈

迂齋曰 叙事有(論)〔倫〕하고 句法矯健하며 中含譏諷之意라

◯愚謂 碑叙事는 得史法하고 詩命詞는 得騷體라 迂齋謂中含譏諷이라하나 亦未見其然也로라

迂齋가 말하였다. "일을 서술함에 차례가 있고 句法이 굳세며 가운데에 譏諷(풍자)하는 뜻을 머금었다."

◯내 생각컨대 碑에서 일을 서술함은 史策의 법을 얻었고 詩에서 말을 씀은 離騷의 체를 얻었다. 迂齋는 가운데에 譏諷하는 뜻을 포함하였다 하였으나 또한 그러함을 발견하지 못하겠다.

羅池廟者는 故刺史柳侯廟也라 柳侯爲州에 不鄙夷其民하고 動以禮法하니 三年에 民各自矜奮曰 玆土雖遠京師나 吾等亦天氓이라 今天이 幸惠仁侯하시니 若不化服이면 我則非人이라하여 於是에 老少相敎語하여 莫違侯令하고 凡有所爲於其鄕閭及於其家에 皆曰 吾侯聞之면 得無不可於意否아하여 莫不忖度(탁)而後從事하며 凡令之期를 民勸趨之하여 無有後先하여 必以其時라

羅池廟는 옛 刺史인 柳侯(柳宗元)의 사당이다. 柳侯는 고을을 다스릴 적에 그 백성들을 비루하거나 오랑캐라고 여기지 아니하여 모든 것을 禮法으로 하니, 3년 만에 백성들은 각자 긍지를 갖고 분발하여 말하기를 "이 땅은 비록 京師에서 멀리 떨어져 있으나 우리들은 또한 하늘의 백성이다. 이제 하늘이 다행히 어진 侯(刺史)를 내려주셨으니, 만일 교화되어 복종하지 않으면 우리들은 사람이 아니다."라고 하여, 이에 老少들이 서로 가르쳐주고 말하여 侯의 명령을 어기는 이가 없었다. 그리하여 무릇 그 鄕閭와 그 집안에서 무슨 일을 함이 있게 되면 모두 말하기를 "우리 侯께서 이 말을 들으면 뜻에 不可하다고 여기지 않겠는가."라고 하여, 뜻을 헤아린 뒤에 종사하지 않음이 없었으며, 무릇 명령의 시기를 백성들이 권면하여 따라서 뒤늦거나 먼저함이 없어 반드시 제때에 하였다.

於是에 民業有經하고 公無負租하여 流逋四歸하여 樂生興事하여 宅有新屋하고 步有新船하며 池園潔修하고 猪牛鴨鷄 肥大蕃息하며 子嚴父詔하고 婦順夫指하며 嫁娶葬祭 各有條法하고 出相弟長하며 入相慈孝러라 先時民貧하여 以男女相質하여 久不得贖하여 盡没爲隷러니 我侯之至에 按國之故하여 以傭除本하여 悉奪歸之하며 大

矯：굳셀 교 鄙：비루할 비 忖：헤아릴 촌 逋：달아날 포 步：나루 보 鴨：오리 압
蕃：무성할 번 贖：갚을 속 隷：종 례 傭：품삯 용

修孔子廟하고 城郭巷道를 皆治使端正하고 樹以名木하니 柳民이 旣皆悅喜하니라

이에 백성들은 생업에 떳떳함이 있고 公(국가)에는 租稅를 負欠(내지 못함)한 것이 없어서 도망한 유민들이 사방에서 돌아와 생업을 즐기고 일을 일으켜 宅里에는 새로 지은 집이 있고 나루터에서는 새로 만든 배가 있으며, 못과 동산이 깨끗하게 닦여지고 돼지와 소와 오리와 닭이 비대하고 번식하였으며, 자식은 아버지의 가르침을 무서워하고 부인은 남편의 지시를 순종하였으며, 시집보내고 장가들며 장례하고 제사함에 각기 조리가 있고 나가면 서로 어른을 공경하며 들어오면 서로 사랑하고 효도하였다. 이보다 먼저에는 백성들이 가난하여 아들딸을 서로 인질로 삼고 돈을 차용하였으나 오랫동안 돈을 갚지 못하여 모두 籍沒되어 노예가 되었었는데, 우리 侯가 부임해 와서는 나라의 故事를 조사하여 품삯으로 본전을 제하고 인질들을 모두 빼앗아 돌려주었다. 또한 孔子의 廟를 크게 修治하였으며, 성곽과 골목과 길을 모두 다스려 단정하게 하고 유명한 나무들을 심으니, 柳州 백성들이 모두 기뻐하였다.

嘗與其部將魏忠, 謝寧, 歐陽翼으로 飮酒驛亭할새 謂曰 吾棄於時而寄於此하여 與若等好也하니 明年에 吾將死라 死而爲神하리니 後三年에 爲廟祀我하라하더니 及期而死하고 三年孟秋辛卯에 侯降于州之後堂하니 歐陽翼等이 見而拜之러니 其夕에 夢翼而告之曰 館我於羅池하라 [1]其月景(丙)辰에 廟成이라 大祭할새 過客李儀醉酒하여 侮慢堂上이라가 得疾하여 扶出廟門卽死하니라

〈侯는〉 일찍이 部將인 魏忠·謝寧·歐陽翼과 더불어 驛亭에서 술을 마실 적에 이르기를 "나는 세상에서 버려져 이곳에 붙여 있어서 너희들과 좋게 지내고 있는데, 명년에 내가 장차 죽을 것이다. 내가 죽으면 神이 될 것이니, 3년 후에 사당을 지어 나를 제사하라." 하였다. 侯는 그 시기가 되자 죽고, 3년이 되던 孟秋 辛卯日에 州의 後堂에 강림하니, 歐陽翼 등이 보고서 절하였다. 그날 밤, 侯는 歐陽翼의 꿈에 나타나 말하기를 "나를 羅池에 모셔라." 하였다. 그달 景辰(丙辰)日에 사당이 이루어졌다. 크게 제사를 지냈는데, 이때 과객 李儀가 술에 취하여 堂上에서 업신여기고 거만한 짓을 하다가 병을 얻고는 부축하여 사당문을 나와 즉사하였다.

譯註 1. 其月景辰 : 景辰은 丙辰日인 바, 唐나라는 代祖의 諱가 昞이므로 丙字를 諱하여 景으로 바꿔 쓴 것이다.

明年春에 魏忠, 歐陽翼이 使謝寧來京師하여 請書其事于石이라 余謂柳侯 生能澤其民하고 死能驚動禍福之하여 以食其土하니 可謂靈也已로다 作迎享送神詩하여 遺

翼 : 날개 익　驛 : 역말 역　亭 : 정자 정　館 : 머물 관

柳民하여 俾歌以祀焉하고 而并刻之하노라 柳侯는 河東人이니 諱宗元이요 字子厚라 賢而有文章하고 嘗位於朝하여 光顯矣러니 已而오 擯不用하니라

明年 봄에 魏忠과 歐陽翼이 謝寧으로 하여금 京師(長安)로 나를 찾아와 이 일을 비석에 써줄 것을 청하였다. 나는 생각컨대, 柳侯는 살아서는 그 백성들에게 은택을 내리고, 죽어서는 백성들을 驚動시키고 화와 복을 주어 그 땅에서 제사를 받아먹고 있으니, 신령스럽다고 이를 만하다. 맞이하여 제향하고 神을 전송하는 詩를 지어 柳州 백성들에게 주어서 노래하여 제사하게 하고 아울러 이것을 비석에 새기게 하노라.

柳侯는 河東人이니, 諱는 宗元이요, 字는 子厚이다. 어질고 문장이 있었으며, 일찍이 조정에 지위가 있어 빛나고 드러났었는데, 얼마 후 배척을 당하여 등용되지 못하였다.

其辭曰 荔子丹兮蕉黃하니 雜肴蔬兮進侯堂이로다 侯之船兮兩旗하니 度(渡)中流兮風泊之로다 待侯不來兮여 不知我悲로다 侯乘駒兮入廟하니 慰我民兮不嚬以笑로다 鵝之山兮柳之水에 桂樹團團兮白石齒齒로다 侯朝出遊兮暮來歸하니 春與猿吟兮秋鶴與飛로다 北方之人兮爲侯是非하니 千秋萬歲兮侯無我違하여 福我兮壽我하여 驅厲鬼兮山之左하며 下無苦濕兮高無乾하여 秔稌充羡兮蛇蛟結蟠이어다 我民報事兮無怠하니 其始自今兮여 欽于世世로다

그 詩는 다음과 같다.

荔子는 붉고 파초(바나나)는 누르니, 여러 안주와 채소를 섞어 侯의 당에 올리노라. 侯의 배에 두 깃발이 꽂혀 있으니 중류를 건넘에 바람 때문에 정박해 있도다.

侯를 기다려도 오지 않으시니, 우리 슬픔을 모르시도다. 侯가 망아지 타고 사당으로 들어오시니, 우리 백성들을 위로하여 찌푸리지 않고 웃게 하도다.

鵝山과 柳水에 계수나무는 단단하고 흰 돌은 깨끗하도다. 侯가 아침에 나가 놀다가 저녁에 돌아오시니, 봄에는 원숭이와 함께 읊고 가을에는 학과 함께 날도다.

북방 사람들은 侯에 대한 是非를 하니 천추만세토록 侯는 우리 곁을 떠나지 말아, 우리에게 복을 주고 우리에게 壽를 내리며 厲鬼를 몰아 산 왼쪽으로 쫓으며, 낮은 곳에서는 습기 때문에 괴로움이 없게 하고 높은 곳에는 건조함이 없어 벼가 가득차고 뱀과 교룡이 서리고 가만히 있게 할지어다.

우리 백성들 보답하는 제사에 태만히 하지 않으니, 지금부터 시작하여 대대토록 공경히 받들리로다.

俾 : 하여금 비　擯 : 물리칠 빈　荔 : 여지 여　蕉 : 파초 초　泊 : 머무를 박
駒 : 망아지 구　嚬 : 찌푸릴 빈　鵝 : 거위 아　猿 : 원숭이 원　秔 : 메벼 갱
稌 : 찰벼 도　羡 : 남을 연　蟠 : 서릴 반

送孟東野序　　　韓　愈

(孟東野(孟郊)를 전송하는 序)

迂齋曰 曲盡文字變態之妙라

○孟郊는 字東野니 湖州武康人이라 性介하여 少諧合이러니 韓公一見하고 爲忘形交라 年五十에 得進士第하여 調溧陽尉하니 鄭相餘慶이 最知之하여 署爲水陸運判하고 奏爲參謀러니 卒年六十四라 韓公銘其墓하고 張籍謚之曰 貞曜先生이라 郊工苦於詩하여 最爲韓公所稱服하니 公與聯句最多라 李觀亦論其詩호되 高處는 在古無上하고 平處는 下顧二謝云이라

○此篇은 以一鳴字爲主하여 反覆生出無限議論하니 變態妙絕이라 大意憫郊之窮而以詩鳴하여 謂不知天將達之而使鳴國家之盛邪아 抑終窮之而使自鳴其不幸邪아하니 盖以天命으로 開釋安慰之하니 一篇主意實在此라 前面은 引許多古人說하여 已分窮達兩意하고 末又因孟郊하여 引上李翶張籍하니 自今觀之컨대 翶終於節度使하고 籍終於司業이어늘 郊卒止於此하여 一生寒苦하고 且無血胤하니 天之窮之亦甚矣라 韓公爲此文에 其亦預憂其然而深憐之也歟인저 郊長於韓公十有七年이라

迂齋가 말하였다. "文字의 變態하는 묘함을 곡진히 다하였다."

○孟郊는 字가 東野이니 湖州 武康 사람이다. 성품이 곧아서 화합함이 적었는데, 韓公은 한번 보고는 忘形之交를 삼았다. 나이 50세에 進士에 급제하여 溧陽尉에 임용되었는데 정승 鄭餘慶이 가장 그를 알아주어 水陸運判으로 서용하고 황제에게 아뢰어 參謀를 삼았었다. 죽을 때 나이가 64세였는데 韓公은 그의 묘에 銘文을 지었고, 張籍은 諡號하기를 '貞曜先生'이라 하였다. 孟郊는 詩를 잘하여 가장 韓公에게 칭찬과 탄복을 받았으니, 公이 그와 함께 聯句를 지은 것이 가장 많다. 李觀도 그의 詩를 평론하기를 "뛰어난 부분은 옛날에 있어서도 그보다 나은 이가 없고, 평범한 부분도 두 謝氏(謝靈運과 謝朓)를 내려본다." 하였다.

○이 편은 한 鳴字로 주장을 삼아 반복하여 무한한 의론을 내었으니, 변태함이 절묘하다. 대의는 孟郊가 곤궁하여 詩로써 울림을 민망히 여겨 이르기를 "하늘이 장차 영달시켜서 국가의 성함을 울리게 할는지, 아니면 끝내 곤궁하게 하여 스스로 자신의 불행을 울리게 할는지 알 수 없다." 하였으니, 天命으로써 풀어주고 위안하였는 바, 한 편의 주의가 실로 여기에 있다. 전면에는 허다한 옛사람의 말을 인용하여 窮·達의 두 뜻을 나누었고, 끝에는 또다시 孟郊를 인하여 李翶와 張籍을 끌어 올렸으니, 지금 보면 李翶는 節度使로 마쳤고 張籍은 司業으로 마쳤으나 孟郊는 끝내 이에 그쳐 일생동안 빈한하고 고생하였으며 또 血孫이 없으니, 하늘이 그를 곤궁하

溧 : 물이름 률　署 : 임명할 서　曜 : 빛날 요　胤 : 자손 윤　朓 : 그믐달 조

게 함이 또한 심하다. 韓公이 이 글을 지을 적에 또한 그의 그러함을 미리 근심하여 깊이 가엾게 여겼는가보다. 孟郊는 韓公보다 나이가 17세 많다.

大凡物不得其平則鳴하나니 草木之無聲을 風撓之鳴하고 水之無聲을 風蕩之鳴하니 其躍也는 或激之요 其趨也는 或梗之요 其沸也는 或炙之며 金石之無聲을 或擊之鳴이라 人之於言也에 亦然하여 有不得已者而後言이라 其歌也有思하고 其哭也有懷하니 凡出乎口而爲聲者 其皆有弗平者乎인저 樂也者는 鬱於中而泄於外者也라 擇其善鳴者而假之鳴하니 [1]金石絲竹匏土革木八者는 物之善鳴者也라 維天之於時也에 亦然하여 擇其善鳴者而假之鳴이라 是故로 以鳥鳴春하고 以雷鳴夏하며 以蟲鳴秋하고 以風鳴冬하나니 四時之相推奪에 其必有不得其平者乎인저

대체로 물건이 그 화평함을 얻지 못하면 우나니, 초목이 소리가 없는 것을 바람이 흔들어 울게 하고, 물이 소리가 없는 것을 바람이 일렁여 울게 하며, 물이 뛰어오르는 것은 무엇인가가 치기 때문이요, 물이 달려가는 것은 무엇인가가 막기 때문이요, 물이 끓는 것은 혹 불을 때기 때문이며, 金·石이 소리가 없는 것을 혹 쳐서 울리기도 한다. 사람의 말에 있어서도 그러하여 부득이 한 것이 있은 뒤에야 말을 한다. 그 노래함은 생각이 있어서이고 哭함은 그리움이 있어서이니, 무릇 입에서 나와 소리가 됨은 아마도 모두 화평하지 못함이 있어서일 것이다.

음악이라는 것은 마음속이 답답한 것을 밖에 펴는 것이다. 그 중에 잘 우는 것을 골라 빌려 울게 하니, 金·石·絲·竹·匏·土·革·木의 여덟 가지 악기의 재료는 물건 중에 잘 우는 것들이다. 하늘이 四時에 있어서도 또한 그러하여 잘 우는 것을 골라 빌려 울게 한다. 그러므로 새로써 봄을 울리고 우레로써 여름을 울리며, 벌레로써 가을을 울리고 바람으로써 겨울을 울리니, 四時가 서로 〈차례를〉 밀어내고 빼앗음에 그 반드시 화평함을 얻지 못함이 있는가보다.

譯註 1. 金石絲竹匏土革木 : 여덟 가지 樂器를 만드는 재료로, 金은 鍾 따위이고 石은 編磬, 絲는 絃樂器, 竹은 管樂器이며 匏는 笙簧이고 土는 塤이며 革은 북 따위이고 木은 柷이나 목탁 따위이다.

其於人也에 亦然하니 人聲之精者爲言이요 文辭之於言에 又其精者也일새 尤擇其善鳴者而假之鳴하니 其在於唐虞엔 咎(皐)陶, 禹 其善鳴者也라 而假之以鳴하고 夔는 弗能以文辭鳴일새 又自假於韶以鳴하며 夏之時엔 [1]五子以其歌鳴하고 伊尹은 鳴殷하고 周公은 鳴周하시니 凡載於詩書六藝가 皆鳴之善者也라 周之衰에 孔子之徒鳴之하니 其聲이 大而遠이라 傳曰 天將以夫子爲木鐸이라하니 其弗信矣乎아 其

撓 : 흔들 요 蕩 : 움직일 탕 激 : 칠 격 梗 : 막을 경 沸 : 끓을 비 炙 : 구울 자
匏 : 박 포 夔 : 사람이름 기 韶 : 풍류이름 소 鐸 : 방울 탁

末也에 莊周以其荒唐之辭로 鳴於楚하니 楚는 大國也라 其亡也에 以屈原鳴하고 臧孫辰, 孟軻, 荀卿은 以道鳴者也요 楊朱, 墨(翟)〔翟〕, 管夷吾, 晏嬰, 老聃, 申不害, 韓非, 愼到, 田騈, 鄒衍, 尸佼, 孫武, 張儀, 蘇秦之屬이 皆以其術鳴하며 秦之興에 李斯鳴之하고 漢之時에 司馬遷, 相如, 揚雄이 最其善鳴者也라 其下魏晉氏는 鳴者不及於古나 然亦未嘗絶也라 就其善鳴者라도 其聲이 淸以浮하고 其節이 數(삭)以急하며 其辭淫以哀하고 其志弛以肆하며 其爲言也 亂雜而無章하니 將天醜其德하여 莫之顧邪아 何爲乎不鳴其善鳴者也오

사람에 있어서도 또한 그러하니, 사람의 소리 중에 精한 것은 말이 되며, 문장은 말 중에서도 더욱 정한 것이다. 그러기에 더욱 잘 우는 것을 빌려 울리니, 堯·舜시대에 있어서는 咎陶(고요)와 禹가 잘 우는 자였으므로 이들을 빌려 울렸고, 夔는 文章으로 울릴 수가 없었기에 또 스스로 韶를 빌려 울렸으며, 夏나라 때엔 五子가 노래로써 울렸고, 伊尹은 殷나라에 울렸고, 周公은 周나라에 울렸으니, 무릇 詩·書, 六藝에 실려 있는 것은 모두 울기를 잘한 것들이다. 周나라가 쇠함에 孔子의 무리들이 울렸으니, 그 소리가 크고 멀리 퍼졌다. 傳(論語)에 이르기를 "하늘이 장차 夫子로써 木鐸을 삼을 것이다." 하였으니, 어찌 사실이 아니겠는가. 周나라 말기에 莊周는 황당한 말로써 楚나라에 울렸으니, 楚나라는 대국이므로 楚나라가 망할 때에는 屈原으로써 울렸다. 臧孫辰·孟軻·荀卿은 道로써 울린 자요, 楊朱·墨翟·管夷吾·晏嬰·老聃·申不害·韓非·愼到·田騈·鄒衍·尸佼·孫武·張儀·蘇秦의 무리들은 모두 그 학술로 울렸으며, 秦나라가 일어났을 때에는 李斯가 울렸고, 漢나라 때에는 司馬遷·相如·揚雄이 가장 울리기를 잘한 자들이다. 그 이후로 魏나라와 晉나라는 울린 자들이 옛사람에 미치지 못하였으나 또한 일찍이 끊기지 않았다. 그러나 울리기를 잘한 자를 가지고 말하더라도 그 소리가 맑으면서 浮華하고 그 곡절이 너무 빨라 급하며 그 말이 음탕하여 슬프고 그 뜻이 풀어져서 방사하며 그 말이 난잡하여 법도가 없으니, 아마도 하늘이 그 德을 추하게 여겨 돌아보지 않아서인가보다. 어찌하여 울리기를 잘하는 자들을 울리게 하지 않았는가.

譯註 1. 五子 : 夏나라 임금 太康의 다섯 아우로, 太康이 사냥에 빠져 國政을 돌보지 않다가 逆臣 有窮后羿에게 쫓겨나게 되자 나라를 걱정하는 글을 지었는 바, 바로 지금 「書經」의 《五子之歌》가 그것이다.

唐之有天下에 陳子昻, 蘇源明, 元結, 李白, 杜甫, 李觀이 皆以其所能鳴이라 其存而在下者는 孟郊東野가 始以其詩鳴하니 其高出晉魏하여 不懈而及於古하고

聃 : 사람이름 담　騈 : 나란할 변　鄒 : 땅이름 추　衍 : 남을 연　佼 : 예쁠 교
就 : 가령 취　數 : 자주 삭　昻 : 높을 앙

其他는 浸淫乎漢氏矣요 從吾遊者는 李翺, 張籍이 其尤也니 三子者之鳴이 信善鳴矣라 抑不知天將和其聲하여 而使鳴國家之盛邪아 抑將窮餓其身하며 思愁其心腸하여 而使自鳴其不幸邪아 三子者之命則懸乎天矣니 其在上也에 奚以喜며 其在下也에 奚以悲리오 東野之役於江南也에 有若不懌然者라 故로 吾道其命於天者하여 以解之하노라

唐나라가 천하를 소유함에 陳子昂·蘇源明·元結·李白·杜甫·李觀이 모두 자기의 능한 바로써 세상에 울렸다. 생존하여 아래에 있는 자로는 孟郊 東野가 비로소 그 詩로써 울리니, 그 높음이 晉·魏시대를 뛰어넘어 게을리하지 않아 옛날에 미치고, 기타의 文章들은 漢나라 때에 빠져 있으며, 나와 從遊하는 자는 李翺와 張籍이 그 뛰어난 자들이다. 이 세 사람의 울림은 진실로 그 울리기를 잘한다. 하늘이 장차 그 소리를 화하게 하여 국가의 성대함을 울리게 할 것인가? 아니면 그 몸을 곤궁하게 하고 굶주리게 하며 그 마음 속을 그립게 하고 근심스럽게 하여 스스로 자신의 불행함을 울게 할 것인가 알지 못하겠다. 세 사람의 命은 하늘에 달려 있으니, 윗자리에 있은들 어찌 기쁠 것이 있으며 아랫자리에 있은들 어찌 슬플 것이 있겠는가. 東野가 江南으로 사역을 떠남에 기뻐하지 않는 듯한 기색이 있으므로 나는 그 命이 하늘에 있음을 말하여 이를 풀어주노라.

送楊巨源少尹序 韓 愈

(少尹 楊巨源을 전송하는 詩序)

白樂天贈楊秘書巨源云 早聞一箭取遼城하니 相識雖新有故情이라 清白三朝誰是敵고 白頭四海半爲兄이라 許云楊嘗贈盧洛州詩云 三刀夢益州하고 一箭取遼城이라하니 由是知名이라 故公謂其以能詩訓後進也라

白樂天이 秘書 楊巨源에게 준 詩에 이르기를 "내 일찍이 한 화살로 遼東城 취했다는 말 들었으니, 서로 앎 비록 새로우나 옛정이 있었네. 清白함은 세 조정에 어느 누가 필적할 것인가? 白頭에 사해의 반이 형제가 되었네." 하였다. 許氏는 이르기를 楊氏가 일찍이 盧洛州에게 준 詩에 "세 칼은 益州를 꿈꾸고 한 화살로 遼東城을 취했다." 하니, 이 때문에 이름이 알려졌다. 그러므로 公이 詩를 잘하여 後進을 가르쳤다고 말한 것이다.

昔에 疏廣受二子 以年老로 一朝辭位而去하니 于時에 公卿이 [1]設供帳祖道都門

浸: 빠질 침 淫: 빠질 음 翺: 날 고 餓: 굶주릴 아 腸: 창자 장 懸: 매달 현
懌: 기쁠 역 尹: 벼슬 윤 敵: 대등할 적 帳: 휘장 장

外할새 車數百兩(輛)이요 道路觀者 多歎息泣下하여 共言其賢하니 漢史旣傳其事하고 而後世工畫者 又圖其迹하여 至今照人耳目하여 赫赫若前日事하니라

옛날에 疏廣과 疏受 두 분이 나이가 많으므로 하루 아침에 지위를 사양하고 떠나가니, 이 때에 公卿들이 供帳을 설치하여 도성문 밖에서 祖道(路祭)를 지내며 餞別할 적에 수레가 수백 량이었고 도로에서 구경하는 자들이 많이 탄식하고 눈물을 흘려 함께 그 어짊을 말하였다. 漢나라 史官은 이미 그 일을 전하였고, 후세에 그림을 잘 그리는 자들은 그 자취를 그려놓아 지금까지 사람의 耳目에 비추고 있어, 赫赫함이 마치 엊그제 일과 같다.

譯註 1. 祖道：路祭를 지내는 것을 이른다. 옛날 黃帝氏의 아들 纍祖가 멀리 여행하기를 좋아하다가 길에서 죽어 行神(路神)이 되었다 한다. 이 때문에 遠行하는 자들은 반드시 路祭를 지내어 무사히 갔다오기를 기원하였는 바, 이것을 '祖道'라 하였다.

國子司業楊君巨源이 方以能詩로 訓後進이러니 一旦에 以年滿七十으로 亦白丞相하고 去歸其鄕하니 世常說古今人不相及이라하나 今楊與二疏는 其意豈異也리오 予忝在公卿後하여 遇病不能出하니 不知楊侯去時에 城門外送者幾人이며 車幾兩이며 馬幾駟며 道傍觀者亦有歎息知其爲賢與否며 而太史氏又能張大其事爲傳하여 繼二疏蹤跡否아 不落莫(寞)否아 見今世에 無工畫者하니 而畫與不畫는 固不論也니라 然이나 吾聞楊侯之去에 丞相이 有愛而惜之者하여 白以爲其都少尹하여 不絶其祿하고 又爲歌詩以勸之하니 京師之長於詩者 亦屬而和之라하니 又不知當時二疏之去에 有是事否아 古今人同不同을 未可知也로다

國子司業 楊君 巨源은 詩를 잘함으로써 後進(후배)들을 가르치더니, 하루 아침, 나이가 70이 되었다 하여 또한 丞相에게 아뢰고 떠나가 고향으로 돌아가니, 세상에서는 항상 말하기를 "옛 사람과 지금 사람이 서로 미치지 못한다." 하나, 이제 楊巨源과 두 疏氏는 그 뜻이 어찌 다르겠는가. 나는 외람되이 公卿의 뒷자리에 있어 병을 만나 나가지 못하였으니, 楊侯가 떠날 때에 도성문 밖에서 전송한 자가 몇 사람이었으며, 수레가 몇 량이었으며, 말이 몇 필이었으며, 도로에서 구경하는 자가 또한 탄식하면서 그의 어짊을 알았으며, 太史氏(史官)가 또 그 일을 크게 벌려 傳을 만들어서 두 疏氏의 종적을 계승했는지, 아니면 落莫(너무 쓸쓸함)하지 않았는지 알 수가 없다. 지금 세상에는 그림을 잘 그리는 자가 없으니, 그림을 그리고 그리지 않는 것은 진실로 논할 것이 없다. 그러나 내 들으니, 楊侯가 떠날 때에 丞相께서는 사랑하고 애석히 여

輛：수레 량　赫：빛날 혁　丞：도울 승　忝：욕될 첨　駟：사마 사　傍：곁 방
蹤：자취 종　莫：쓸쓸할 막　屬：이을 속

겨, 임금께 아뢰어 그 도읍의 少尹으로 삼아 그 녹봉을 끊지 않게 하고 또 歌詩를 지어 권면하니, 京師에 詩를 잘하는 자들이 또한 연결하여 화답했다 한다. 또 당시 두 疏氏가 떠날 때에도 이러한 일이 있었는지 모르겠다. 옛 사람과 지금 사람의 같고 같지 않음을 알 수가 없다.

中世에 士大夫 以官爲家하여 罷則無所於歸하나니 楊侯始冠에 擧於其鄕하여 [1]歌鹿鳴而來也하고 今之歸에 指其樹曰 某樹는 吾先人之所種也요 某水, 某丘는 吾童子時所釣遊也라하니 鄕人이 莫不加敬하여 誡子孫하여 以楊侯不去其鄕爲法하니 古之所謂鄕先生没而可祭於社者 其在斯人歟인저 其在斯人歟인저

中世에 士大夫는 관청을 집으로 삼아 파직이 되면 돌아갈 곳이 없었다. 楊侯는 처음 冠禮를 했을 때에 그 지방에서 천거되어《鹿鳴章》을 노래하며 왔고 지금 돌아가서는 그 나무를 가리키면서 "아무 나무는 우리 선친께서 심은 것이요, 아무 물과 아무 언덕은 내가 동자였을 때에 낚시질하며 놀던 곳이다."라고 한다. 이에 시골 사람들은 경례를 加하지 않는 이가 없어 자손들에게 '楊侯가 자기 고향을 떠나지 않은 것을 법으로 삼으라'고 경계하니, 옛날에 이른바 '鄕先生으로서 죽으면 그 社에 제사할 만하다'는 것이 그 이 분에게 있을 것이다. 그 이 분에게 있을 것이다.

譯註 1. 歌鹿鳴而來 : 鹿鳴은 「詩經」 小雅의 篇名으로, 원래 天子가 使臣가는 신하를 위로하는 樂歌였으나 뒤에 제후들에게 燕饗을 베풀면서 연주하는 詩로 널리 쓰였다. 여기서는 후세에 과거에 급제한 자들에게 잔치를 베풀어 주고 '鹿鳴宴'이라고 칭했기 때문에 말한 것이다.

送石洪處士序 韓 愈

(處士 石洪을 전송하는 詩序)

洪은 字濬川이니 以處士로 應節度之聘하여 與溫造並稱이러니 其後造爲御史에 李祐爲之膽落이나 洪은 竟事業無聞이요 其所以名傳不朽者는 以有韓公此序耳라 公又嘗銘其墓하니라

石洪은 字가 濬川이니, 處士로 節度使의 초빙에 응하여 溫造와 함께 알려졌었는데, 그후 溫造는 御史가 되어 李祐가 그 때문에 낙담을 하였으나 石洪은 끝내 사업이 알려진 것이 없고, 이름이 전하여 불후하게 된 것은 韓公의 이 서문이 있기 때문

罷 : 파할 파 釣 : 낚시 조 誡 : 경계할 계 歟 : 어조사 여 濬 : 깊을 준 祐 : 도울 우
膽 : 쓸개 담 銘 : 새길 명

일 뿐이다. 公은 또 일찍이 그 묘에 銘文을 지었다.

河陽軍節度使烏公이 爲節度之三月에 求士於從事之賢者한대 有薦石先生者어늘 公曰 先生何如오 曰 先生이 居嵩邙瀍穀之間하여 冬一裘, 夏一葛하며 〈食〉朝夕에 飯一盂, 蔬一盤이라 人與之錢則辭하고 請與出遊면 未嘗以事免하며 勸之仕則不應이라 坐一室하여 左右圖書하고 與之語道理하고 辨古今事當否하며 論人高下, 事後當成敗하면 若河決下流而東注也며 若駟馬駕輕車就熟路而王良造父(보)爲之先後也며 若燭照數計而龜卜也니이다

河陽軍節度使 烏公(烏重胤)이 節度使가 된 지 3개 월만에 從事官의 어진 자에게 선비를 구하니, 石先生을 천거하는 자가 있었다. 烏公이 "선생은 어떤 분인가?" 하고 묻자, 종사관은 다음과 같이 대답하였다.

"선생은 嵩山과 邙山, 瀍水와 穀水의 사이에 거주하여 겨울에는 한 벌 갖옷을 입고 여름에는 한 벌 갈포옷을 입으며 아침과 저녁에 밥 한 그릇과 채소 한 그릇을 먹습니다. 사람이 돈을 주면 사양하고 더불어 나가 놀기를 청하면 일찍이 일이 있다고 하여 피하지 않으며, 벼슬하기를 권하면 응하지 않습니다. 한 방에 앉아 좌우에는 도서가 쌓여 있으며, 더불어 도리를 말하고 古今의 일에 마땅하고 마땅하지 않음을 분변하거나 또는 인품의 高下와 일이 뒤에 성공할 것인가 실패할 것인가를 논하게 되면, 마치 黃河를 하류로 터놓아 동쪽으로 달리게 하는 것과 같으며, 駟馬가 가벼운 수레를 멍에하고 익숙한 길로 달리는데 王良과 造父가 앞뒤에서 말을 모는 것과 같으며, 촛불로 비춰보고 하나하나 계산하며 거북점을 쳐 아는 것과 같습니다."

大夫曰 先生이 有以自老하여 無求於人하니 其肯爲某來邪아 從事曰 大夫文武忠孝하니 求士는 爲國이요 不私於家라 方今에 寇聚於恒하여 師環其疆하여 農不耕收하고 財粟殫亡하니 吾所處地는 歸輸之塗(途)라 治法征謀가 宜有所出이니 先生이 仁且勇하니 若以義請而強委重焉이면 其何說之辭리잇고

大夫(烏公)가 말씀하기를 "선생은 스스로 늙으려 하여 남에게 구함이 없으니, 기꺼이 나를 위하여 와 주시겠는가?" 하자, 종사관은 다음과 같이 말하였다.

"大夫께서는 文武와 忠孝가 겸전하시니, 선비를 구함은 국가를 위해서요, 자기 집을 사사로이 위해서가 아닙니다. 방금에 도둑떼가 恒州에 모여있어 군사들이 그 경내를 포위하여 농부들은 밭을 갈아 수확하지 못하고 재물과 곡식이 모두 탕진되었으니, 우리가 처한 지역은 군량을 공급하고 실어가는 길목입니다. 다스리는 법과 정벌하는

嵩 : 높을 숭　邙 : 산이름 망　瀍 : 물이름 전　裘 : 갖옷 구　盂 : 사발 우　盤 : 쟁반 반
父 : 남자의미칭 보　環 : 두를 환　粟 : 곡식 속　殫 : 다할 탄　強 : 억지로 강

계책이 마땅히 나와야 할 것인데, 선생께서 仁하고 용맹하시니, 만일 의리로써 청하고 억지로 重任을 맡기신다면 무슨 말로 사양하겠습니까."

於是에 譔書詞하고 具馬幣하여 卜日以授使者하여 求先生之廬而請焉하니 先生이 不告於妻子하고 不謀於朋友하고 冠帶出見客하여 拜受書하여 禮於門內하고 宵則沐浴하여 戒行李하고 載書冊하여 問道所由하고 告行於常所來往하니 晨則畢至라 張筵於上東門外하니 酒三行하여 且起에 有執爵而言者曰 大夫眞能以義取人하고 先生眞能以道自任하여 決去就하니 爲先生別하노라 又酌而祝曰 凡去就出處何常이리오 惟義之歸니 遂以爲先生壽하노라 又酌而祝曰 使大夫恒하여 無變其初하여 無務富其家而飢其師하며 無甘受佞人而外敬正士하며 無昧於諂言하고 惟先生是聽하여 以能有成功하여 保天子之寵命이어다 又祝曰 使先生無圖利於大夫而私便其身이어다 先生이 起拜祝辭曰 敢不敬蚤(早)夜하여 以求從祝規리오하니 於是에 東都之人〈士〉 咸知大夫與先生이 果能相與以有成也라 遂各爲歌詩六韻하고 遣愈爲之序云이라

이에 글을 짓고 말과 폐백을 장만하여 날짜를 점쳐(골라) 使者에게 주어서 선생의 집을 찾아 청하였다. 선생은 처자에게 말하지 않고 붕우들과 상의하지 않고는 冠帶를 하고 나와 객을 만나보고 편지를 받아 문 안에서 禮하였다. 그리고 밤이 되자 목욕하여 行李(행장)를 챙기고 서책을 싣고는 길이 경유하는 바를 묻고 평소 왕래하던 자들에게 길을 떠남을 알리니, 〈평소 왕래하던 자들이〉 새벽에 모두 이르렀다. 그리하여 上東門 밖에서 餞別 잔치를 펼쳤는데, 술이 세 순배가 돌아 장차 일어날 때에 술잔을 잡고 말하는 자가 있었다. "大夫께서는 참으로 義로써 사람을 취하고 선생은 참으로 道로써 자임하여 去就를 결단하였으니, 선생을 위하여 작별하노라." 다시 술잔을 들면서 축원하였다. "무릇 출처와 거취는 어찌 일정하겠는가? 오직 義에 돌아갈 뿐이니, 마침내 이것으로써 선생의 장수를 축원하노라." 다시 술잔을 올리고 축원하였다. "大夫로 하여금 마음이 떳떳하여 그 처음을 변치 말아서 자기 집안을 부유하게 하기를 힘써 그 스승을 굶주리게 하지 말며, 아첨하는 사람을 달게 받아들여 외면으로만 正士를 공경하지 말며, 아첨하는 말에 맛을 들이지 말고 오직 선생 말을 들어서 능히 성공을 거두어 천자의 영광스런 명령을 보존할지어다." 또다시 축원하였다. "선생으로 하여금 大夫에게 이익을 도모하여 사사로이 그 몸을 편하게 하지 말지어다."

선생은 일어나 축시에 답하기를 "감히 이른 아침과 밤늦도록 공경하여 축원과 타이름을 따르려고 하지 않겠습니까." 하였다. 이에 東都(洛陽)의 사람들은 모두 大夫와

譔 : 지을 찬 宵 : 밤 소 筵 : 자리 연 爵 : 술잔 작 酌 : 술따를 작 諂 : 아첨할 첨
蚤 : 일찍 조 規 : 타이를 규

선생이 서로 도와서 성공이 있을 줄을 알게 되었다. 마침내 각기 歌詩 여섯 首를 짓고 韓愈를 보내어 序를 짓게 하였다.

送溫造處士〈赴河陽軍〉序　　韓 愈

(河陽軍으로 부임하는 處士 溫造를 전송하는 詩序)

朱文公이 嘗稱此篇하여 謂文章之有典有則者也라하니라

朱文公은 일찍이 이 편을 칭찬하여 문장에 떳떳한 법칙이 있는 것이라 하였다.

伯樂이 一過冀北之野에 而馬群遂空이라 夫冀北은 馬多於天下하니 伯樂이 雖善知馬나 安能空其群邪아 解之者曰 吾所謂空은 非無馬也요 無良馬也라 伯樂知馬하여 遇其良이면 輒取之하여 群無留良焉하니 苟無留其良이면 雖謂無馬라도 不爲虛語矣니라

伯樂(孫陽)이 한번 冀北의 들을 지남에 말떼가 마침내 텅비게 되었다. 冀北은 천하에 말이 가장 많은 곳이니, 伯樂이 비록 말을 잘 알았으나 어찌 그 무리를 비게 할 수 있겠는가. 이것을 해석하는 자는 다음과 같이 말하였다.

"내가 말하는 '말떼가 비었다'는 것은 말이 없다는 것이 아니요, 좋은 말이 없다는 것이다. 伯樂은 말을 잘 알아보아 좋은 말을 만나면 곧 취하여 말떼 중에 좋은 말이 남아 있지 않았으니, 만일 좋은 말이 남아있지 않다면 비록 말이 없다고 이르더라도 虛言이 아닌 것이다."

東都는 固士大夫之冀北也라 恃才能하고 深藏而不市者 洛之北涯曰石生이요 其南涯曰溫生이라 大夫烏公이 以鈇鉞로 鎭河陽之三月에 以石生爲才라하여 以禮爲羅하여 羅而致之幕下하고 未數月也에 以溫生爲才라하여 於是에 以石生爲媒하고 以禮爲羅하여 又羅而致之幕下하니 東都雖信多才士나 朝取一人焉하여 拔其尤하고 暮取一人焉하여 拔其尤하니 自居守河南尹으로 以及百司之執事와 [1]與吾輩二縣之大夫 政有所不通하고 事有所可疑에 奚所咨而取焉이며 士大夫之去位而巷處者 誰與嬉遊며 小子後生이 於何考德而問業焉이며 搢紳之東西行過是都者 無所禮於其廬하니 若是而稱曰 大夫烏公이 一鎭河陽에 而東都處士之廬에 無人焉이 豈不可也리오

赴：다다를 부　涯：물가 애　鈇：도끼 부　鉞：도끼 월　羅：그물질할 라　拔：뽑을 발　嬉：놀 희　搢：꽂을 진　紳：띠 신　廬：집 려

東都(洛陽)는 진실로 士大夫의 冀北인 셈이다. 재능을 자부하고 깊이 은둔하여 재능을 자랑하지 않는 자는 洛水의 北岸에 있는 石生(石洪)이요, 南岸에 있는 溫生(溫造)이었다. 大夫 烏公(烏重胤)이 鈇鉞을 잡고 河陽을 鎭撫한 지 3개 월만에 石生을 인재라 하여 禮로써 그물을 삼아 그물질하여 幕下로 데려갔고, 몇 달이 못되어 溫生을 인재라 하여 이에 石生을 중매로 삼고 禮로써 그물을 삼아 또다시 그물질하여 幕下로 데려가니, 東都가 비록 진실로 才士가 많으나 아침에 한 사람을 취하여 그 뛰어난 자를 뽑아가고 저녁에 한 사람을 취하여 그 뛰어난 자를 뽑아가니, 居守(留守)와 河南尹으로부터 百司의 執事와 우리들 두 고을의 大夫에 이르기까지 政事에 통하지 못하는 바가 있고 일에 의심스러울 만한 것이 있을 경우 어디에 가서 자문하여 처리하며, 士大夫로서 벼슬을 버리고 시골에 거처하는 자들이 누구와 더불어 놀 것이며, 後生小子들이 어디에 가서 德을 상고하고 학업을 물을 것이며, 搢紳(士大夫)으로서 동쪽과 서쪽으로 다니다가 이 도읍을 지나는 자들이 그 마을에 경례할 곳이 없게 되었으니, 이와 같으면서 말하기를 "大夫 烏公이 한번 河陽郡에 진주함에 東都 處士의 마을에 사람이 없다고 말하는 것이 어찌 不可하겠는가.

譯註 1. 二縣之大夫 : 두 縣은 河南과 河陽을 가리키며 大夫는 邑宰로, 당시 韓愈는 河南令이었고 竇牟는 河陽令이었다.

夫南面而聽天下에 其所託重而恃力者는 惟相與將耳라 相爲天子하여 得人於朝廷하고 將爲天子하여 得文武士於幕下면 求內外無治라도 不可得也라 愈縻於玆하여 不能〈自〉引去하고 資二生以待老러니 今皆爲有力者奪之하니 其何能無介然於懷邪아 生旣至하여 拜公於軍門이어든 其爲吾하여 以前所稱으로 爲天下賀하고 以後所稱으로 爲吾致私怨於盡取也하라 留守相公이 首爲四韻詩하여 歌其事하니 愈因推其意而序焉하노라

南面하여 천하를 다스림에 重任을 맡겨 힘을 믿을 수 있는 것은 정승과 將帥 뿐이다. 정승은 천자를 위하여 인물을 조정에 얻고 장수는 천자를 위하여 文武의 人士를 막하에 얻는다면, 내외가 다스려지지 않기를 구하더라도 될 수 없을 것이다. 나는 이곳에 매여 있어 스스로 몸을 이끌어 떠나가지 못하고 石生과 溫生 두 분을 의뢰하여 늙기를 기다리고 있었는데, 이제 모두 힘이 있는 자에게 빼앗김을 당하였으니, 어찌 마음속에 介然함(서운함)이 없겠는가. 生이 이미 도착하여 公을 軍門에서 배알하거든, 나를 위하여 앞에 말한 것으로써 천하를 위해 축하하고, 뒤에서 말한 것으로써 나를 위해 인물을 모두 취해가는 것에 대해 사사로운 원망을 두고 있다고 전하라. 留守相公(鄭餘慶)이 맨먼저 四韻詩를 지어 그 일을 노래하니, 韓愈는 인하여 그 뜻을 미루어 序文을 짓노라.

託 : 맡길 탁 幕 : 장막 막 縻 : 맬 미 玆 : 이 자 介 : 틈 개

古文眞寶後集 卷之四

送李愿歸盤谷序　　韓　愈(退之)

(盤谷으로 돌아가는 李愿을 전송하는 序)

迂齋云 一節은 是形容得意人하고 一節은 是形容閑居人하고 一節은 是形容奔走伺候人이라 終篇은 全擧李愿說話요 自說은 只數語나 其實은 非李愿言이니 此又別是一格이라

○ 東坡云 唐三百年에 無文章이요 惟韓公送李愿序一篇이라하니 愚謂 此好事者 因歐陽公論歸去來之語而爲是說하여 託之坡公耳니 此恐非坡公之言也라 韓公有送李愿序하고 又有送李愿歸盤谷一詩하니 亦甚佳라 學者只讀韓文하면 未必不以李愿爲一隱士也나 [1]殊不知愿乃西平王李晟之子요 愬之兄이니 起家於太子賓客上柱國하고 三爲節度使하여 邇聲色하고 尙侈靡하며 激李臣則之變하여 家死於兵하여 卒以荒侈敗하니 未嘗能踐韓公之言也라 李洪芸庵類藁에 言愿博徒之雄이라하니 然則愿初非隱士니 不足以當此序也라 觀韓公終篇에 只述愿所自言하면 亦可見矣라 此序는 作於貞元十七年하니 公時年三十四라

迂齋가 말하였다. "一節은 得意한 사람을 형용하였고, 一節은 한가히 居하는 사람을 형용하였고, 一節은 분주히 기회를 엿보고 기다리는 사람을 형용하였다. 끝 부분은 오로지 李愿의 말만을 들었고 자신의 말은 다만 몇 마디 뿐이나 실제는 李愿의 말이 아니니, 이 또한 특별한 한 격식이다."

○ 蘇東坡가 "唐나라 3백 년 동안 文章이 없었고, 오직 韓公이 李愿을 전송한 한 편 뿐이다."라고 말했다 하는데, 나는 생각하건대 이는 말을 만들기 좋아하는 자들이 歐陽公이 歸去來辭를 논한 말을 인하여 이러한 말을 만들어내어 坡公(蘇東坡)에게 가탁하였을 뿐이니, 이는 坡公의 말이 아닌 듯하다. 韓公이 李愿을 전송한 서문이 있고, 또 盤谷으로 돌아가는 李愿을 전송한 한 詩가 있으니, 또한 매우 아름답다. 배우는 자가 다만 韓公의 글만을 읽는다면 반드시 李愿을 한 隱士로 여기지 않을 수 없을 것이다. 그러나 李愿은 바로 西平王 李晟의 아들이고 李愬의 兄으로 太子賓客과 上柱國으로 발신하였고 세번 節度使가 되어, 음악과 여색을 가까이 하고 사치와 화려함을 숭상하였으며 李臣則의 반란을 격동시켜 집에서 병사들에게 죽임을 당하여 끝내 荒誕과 사치로 패하였으니, 일찍이 韓公의 말을 실천하지 못하였는바, 사람들은 이러한 사실을 알지 못한다.

李洪의 「芸庵類藁」에 "李愿은 도박꾼의 으뜸이다." 하였으니, 그렇다면 李愿은 애당초 隱士가 아니니, 이 서문을 당할 수 없는 것이다. 韓公이 끝부분에 다만 李

愿 : 삼갈 원　盤 : 돌 반　伺 : 엿볼 사　愬 : 하소연할 소　邇 : 가까울 이　靡 : 화려할 미
荒 : 거칠 황　芸 : 김맬 운　庵 : 암자 암　藁 : 초고 고

愿이 스스로 말한 것을 기술한 것을 보면 또한 알 수 있다. 이 서문은 貞元 17년에 지은 것이니, 이때 公의 나이 34세였다.

譯註 1. 愿乃西平王李晟之子 : 여기서는 「唐書」에 의거하여 이렇게 말하였으나 당시 同名異人으로 隱士인 李愿이 따로 있었다는 주장이 유력함을 밝혀둔다.

太行(항)之陽에 有盤谷하니 盤谷之間이 泉甘而土肥하여 草木이 叢茂하고 居民이 鮮少라 或曰 謂其環兩山之間이라 故曰盤이요 或曰 是谷也 宅幽而勢阻하여 隱者之所盤旋이라하니라 友人李愿이 居之러니 愿之言曰 人之稱大丈夫者를 我知之矣로라 利澤이 施于人하고 名聲이 昭于時하여 坐于廟朝하여 進退百官而佐天子出令하고 其在外則樹旗旄, 羅弓矢하여 武夫前呵하고 從者塞塗(途)하며 供給之人이 各執其物하여 夾道而疾馳하며 喜有賞하고 怒有刑하며 才畯(俊)滿前하여 道古今而譽盛德하여 入耳而不煩하며 曲眉豐頰이 清聲而便體하고 秀外而惠中하여 飄輕裾하고 翳長袖하며 粉白黛綠者 列屋而閑居하여 妬寵而負恃하고 爭姸而取憐은 大丈夫之遇知於天子하여 用力於當世者之〈所〉爲也니 吾非惡(오)此而逃之라 是有命焉하여 不可幸而致也니라

太行山 남쪽에 盤谷이 있으니, 盤谷의 사이는 샘물이 달고 토양이 비옥하여 초목이 무성하고 거주하는 사람이 적었다. 或者는 말하기를 "두 山 사이에 둘러싸여 있기 때문에 盤이라 한다." 하고, 혹자는 말하기를 "터가 그윽하고 산세가 막혀 있어 隱者가 盤旋(逍遙)하는 곳이기 때문이다." 한다.

친구인 李愿이 이 곳에 살았는데, 李愿은 다음과 같이 말하였다. "사람들이 大丈夫라 칭하는 사람을 나는 알고 있다. 이익과 혜택이 백성들에게 베풀어지고 名聲이 세상에 빛나서 廟堂과 朝廷에 앉아 百官들을 진퇴시키며 天子를 보좌하여 명령을 내고, 밖에 있게 되면 旗旄를 꽂고 弓矢를 나열하여 武夫들이 앞에서 꾸짖어 사람들을 물리치고 從者들이 길을 메우며, 공급하는 사람들이 각기 바치는 물건을 잡고서 도로 양쪽을 끼고 빨리 달리며, 기쁘면 상이 있고 노하면 형벌이 있으며, 재주 있는 자와 俊傑들이 앞에 가득하여 古今을 말하고 盛德을 칭찬하여 귀에 들어와도 번거롭지 않으며, 눈썹이 둥글고 볼이 도톰한 女人들이 목소리를 곱게 내고 몸을 날렵하게 움직이며, 외모가 빼어나고 마음이 은혜로워 가벼운 옷자락을 날리고 긴 소매로 얼굴을 가리우며, 흰 분을 바르고 파랗게 눈썹을 그린 美女들이 집을 나열하고 한가로이 살면서 총애를 다투고 美貌를 자부하며, 고움을 다투고 사랑을 취하려 함은 大丈夫가 天子에게 인정을 받아 당세에 힘을 쓰는 자의 행위이니, 나는 이것을 싫어하여 도피하는 것이 아니

阻 : 막힐 조 旄 : 깃발 모 呵 : 소리칠 가 夾 : 낄 협 畯 : 뛰어날 준 頰 : 뺨 협
飄 : 나부낄 표 裾 : 옷깃 거 翳 : 가릴 예 袖 : 소매 수 黛 : 눈썹먹 대 姸 : 고울 연

요, 이는 운명에 달려있어서 요행으로 이룰 수가 없는 것이다.

窮居而野處하고 升高而望遠하며 坐茂樹以終日하고 濯淸泉以自潔하며 採於山에 美可茹요 釣於水에 鮮可食이라 起居無時하여 惟適之安하니 與其〈有〉譽於前으론 孰若無毁於其後며 [1]與其〈有〉樂於身으론 孰若無憂於其心이리오 車服不維하고 刀鋸不加하며 理亂不知하고 黜陟不聞은 大丈夫不遇於時者之所爲也니 我則行之호리라 伺候於公卿之門하고 奔走於形勢之途하여 足將進而趦趄하고 口將言而囁嚅하여 處穢汚而不羞하고 觸刑辟而誅戮하여 僥倖於萬一하여 老死而後止者는 其於爲人賢不肖에 何如也오

곤궁하게 살아 들에 거주하고 높은 곳에 올라 먼 곳을 바라보며, 무성한 나무 아래에 앉아 날을 마치고 맑은 샘물에 씻어 스스로 깨끗이 하며, 산에서 채취함에 아름다운 나물을 먹을 수 있고 물에서 낚시질함에 생선을 먹을 수 있다. 일어나고 앉는 것이 일정한 때가 없어 오직 편한대로 하니, 앞에 칭찬받기보다는 어찌 뒤에 훼방함이 없는 것만 하겠으며, 몸에 즐거움이 있기보다는 마음에 근심이 없는 것만 하겠는가. 수레와 의복에 얽매이지 않고 칼과 톱의 형벌이 가해지지 않으며, 다스려짐과 혼란함을 알지 못하고 축출과 승진을 듣지 않음은 大丈夫로서 당시에 不遇한 자의 행위이니, 나는 이것을 행하겠다. 公卿의 문에서 안부를 살피며 形勢(권세)의 길에서 분주하여 발은 장차 나아가려다가 머뭇거리고 입은 장차 말하려다가 머뭇거려, 더러운 곳에 처하면서도 부끄러워하지 않고, 刑辟(형벌)에 저촉되어 誅戮을 당한다. 그리하여 만에 하나 요행을 바라 늙어 죽은 뒤에야 그치는 자는 그 인품의 어질고 불초함이 어떠한가?"

譯註 1. 與其有譽於身 孰若無毁於其後 : 與其 다음 句의 첫머리에 孰若이나 寧이 있을 경우, 與其는 '…을 하기 보다는'으로 해석한다.

昌黎韓愈 聞其言而壯之하여 與之酒而爲之歌하니 曰 盤之中이여 維子之宮이요 盤之土여 維子之稼로다 盤之泉이여 可濯可沿이요 盤之阻여 誰爭子所오 窈而深하니 廓其有容이요 繚而曲하니 如往而復이로다 嗟盤之樂兮여 樂且無央이로다 虎豹遠跡兮여 蛟龍遁藏이요 鬼神守護兮여 呵禁不祥이로다 飮且食兮여 壽而康하니 無不足兮여 奚所望고 膏吾車兮여 秣吾馬하여 從子于盤兮여 終吾生以徜徉호리라

昌黎 韓愈가 그 말을 듣고 장하게 여겨 그에게 술을 주고 다음과 같이 노래하였다. "盤谷의 가운데여 그대의 집이요, 盤谷의 땅이여 그대가 농사짓는 곳이로다. 盤谷의 샘물이여 씻을 수 있고 거슬러 올라갈 수 있으며, 盤谷의 막힘이여 누가 그대와 이

茹 : 먹을 여　鋸 : 톱 거　趦 : 머뭇거릴 자　趄 : 머뭇거릴 저　囁 : 말머뭇거릴 섭
嚅 : 말머뭇거릴 유　辟 : 형벌 벽　窈 : 그윽할 요　廓 : 넓을 확　繚 : 두를 료

곳을 다투겠는가. 아늑하고 깊으니 넓어 용납할 수 있고, 빙둘러 굽어 있으니 갔다 돌아오는 듯하도다. 아! 盤谷의 즐거움이여 즐거움이 장차 다함이 없으리로다. 호랑이와 표범이 자취를 멀리함이여 蛟龍이 도망하여 숨고, 귀신이 수호함이여 불길한 것을 꾸짖어 금하도다. 마시고 또 먹음이여 壽하고 康寧하니, 부족함이 없음이여 다시 무엇을 바랄까. 내 수레에 기름치고 내 말에 꼴을 먹여 盤谷에서 그대 따라 나의 여생 마치도록 徜徉하리라."

送陸歙州偺詩序 韓 愈

(歙州刺史로 부임하는 陸偺을 전송하는 詩序)

此는 吾州事니 不可不知요 兼文字中에 以此意施之郡守者甚侈라 故選之라 然陸侯雖有此除나 未幾에 卒于道하여 不及到也하니라

이는 우리 고을의 일이니 알지 않을 수 없고, 겸하여 문장 중에 이 뜻을 郡守에게 쓰는 경우가 매우 많기 때문에 뽑았다. 그러나 陸侯는 비록 이러한 제수가 있었으나 얼마 안되어 도중에 죽어서 미처 부임하지 못하였다.

貞元十八年二月十八日에 祠部員外郎陸君이 出刺歙州하니 朝廷夙夜之賢과 都邑游居之良이 齎咨涕洟하여 咸以爲不當去라하니라 歙은 大州也요 刺史는 尊官也라 由郎官而往者 前後相望也요 當今賦出於天下에 江南이 居十九하고 宣使之所察에 歙爲富州라 宰臣之所薦聞이요 天子之所選用이니 其不輕而重也較然矣라 如是而齎咨涕洟하여 以爲不當去者는 陸君之道 行乎朝廷이면 則天下望其賜하고 刺一州면 則專而不能咸하니 先一州而後天下는 豈吾君與吾相之心哉리오

貞元 18년(786) 2월 18일에 祠部員外郎 陸君이 나가 歙州를 맡으니, 조정에서 이른 새벽부터 밤늦도록 봉직하는 어진 분과 도읍에 거주하고 노는 어진이들이 탄식하고 눈물과 콧물을 흘리며 모두 떠나가서는 안된다고 말하였다.

歙州는 큰 고을이요, 刺史는 높은 관원이다. 郎官으로서 刺史로 나가는 자들이 전후에 서로 이어졌고, 當今에 賦稅가 천하에서 나옴에 江南이 10에 9를 차지하며 宣使(觀察使)가 살피는 곳 중에 歙州는 부유한 고을로 알려져 있다. 宰臣들이 천거하여 아뢰는 바요, 天子가 選用하는 바이니, 그 지위가 가볍지 않고 중함이 분명하다. 이와 같은데도 탄식하고 눈물과 콧물을 흘리면서 떠나가서는 안된다고 말하는 것은 陸君의

歙 : 맞을 흡 偺 : 아리따울 참 祠 : 제사 사 刺 : 살필 자 齎 : 탄식할 재
咨 : 탄식할 자 涕 : 눈물 체 洟 : 콧물 이 賦 : 조세 부 較 : 분명할 교

道가 조정에 행해지면 천하가 그 은혜를 바라게 되고, 한 고을을 맡으면 한 고을만 오로지하여 다하지 못하기 때문이다. 한 고을을 먼저 하고 천하를 뒤로 함이 어찌 우리 군주와 우리 재상의 마음이겠는가.

於是에 昌黎韓愈 道願留者之心而泄其思하여 作詩하니 曰 我衣之華兮여 我佩之光이로다 陸君之去兮여 誰與翺翔고 斂此大惠兮여 施于一州로다 今其去矣여 胡不爲留오 我作此詩하여 歌于逵道하니 無疾其驅어다 天子有詔시리라

이에 昌黎 韓愈는 陸君이 머물기를 원하는 자들의 마음을 말하여 그들의 생각을 펴서 다음과 같은 詩를 지었다.

"내 옷의 빛남이여 내 패옥이 빛나도다. 陸君의 떠남이여 누구와 더불어 翺翔할까. 큰 은혜를 거두어 한 고을에 베풀도다. 이제 떠나가니 어찌 만류하지 않을까. 내 이 詩 지어 길거리에서 노래하니, 그 수레 빨리 몰지 말지어다. 天子께서 다시 부르시는 詔書가 계시리라."

師 說 韓 愈

洪曰 柳子厚與韋中立書云 韓愈奮不顧流俗하고 作師說하여 因抗顔而爲師라하고 又報嚴厚輿書云 僕才能勇敢이 不如韓退之라 故不爲人師라하니라 余觀退之師說하니 云 弟子不必不如師요 師不必賢於弟子라하니 其言이 非好爲人師者也라
○唐人은 不知事師하니 此最可怪라 退之云 若世無孔子면 僕不當在弟子之列이라하니 當時에 宜爲師者 非韓公 其誰오 韓門에 如李翺, 張籍, 皇甫湜, 孟郊는 公雖不耳提面命而爲之師나 然誘掖作成하여 宗主之造하니 非師而何오 柳子雖屢謂韓公不合欲爲人師나 然柳在柳州에 士凡經子厚口講指畫하여 皆有師法하니 非師而何오 但惜乎二子之爲人師는 不過詞章之師耳라 雖以道爲說이나 而終非道統淵源之師也니 詳見柳子厚答韋中立書하니라

洪氏(洪邁?)가 말하였다. "柳子厚가 韋中立에게 준 편지에 '韓愈가 분발하여 流俗을 돌아보지 않고 '師說'을 지어 얼굴을 쳐들고 스승이 되었다' 하였으며, 또 嚴厚輿에게 답한 편지에 '나는 재능과 용감함이 韓退之만 못하다. 그러므로 지금 스승이 되지 못하는 것이다' 하였다. 내가 보건대 韓退之의 '師說'에 '제자가 반드시 스승만 못한 것이 아니요, 스승이 반드시 제자보다 나은 것이 아니다' 하였으니, 그 말은 남의 스승이 되기를 좋아한 자가 아니다."

泄 : 말할 설 翺 : 날 고 翔 : 날 상 逵 : 한길 규 湜 : 맑을 식 誘 : 인도할 유
掖 : 부축할 액

○唐나라 사람들은 스승을 섬길 줄 몰랐으니, 이것이 가장 괴이할 만한 일이다. 韓退之가 이르기를 "만약 세상에 孔子가 없었다면 나는 마땅히 弟子의 열에 있지 않았을 것이다." 하였으니, 당시에 스승이 될 만한 자는 韓公이 아니고 그 누구이겠는가? 韓公의 門下에 李翺·張籍·皇甫湜·孟郊와 같은 분은 公이 비록 직접 귀에 대고 일러주고 면전에서 가르쳐주어 스승노릇을 하지는 않았으나 인도하고 作成해 주어 宗主가 되었으니, 스승이 아니고 무엇이겠는가? 柳子는 비록 韓公에게 남의 스승이 되고자 하지 말아야 한다고 여러번 말하였으나 柳子厚가 柳州에 있을 적에 선비들이 무릇 그의 입으로 講하고 손으로 지시해 줌을 거쳐 모두 스승삼고 법받음이 있었으니, 스승이 아니고 무엇인가? 다만 두 분이 남의 스승이 됨은 詞章을 가르침에 불과하니, 애석하다. 비록 道를 말하였으나 끝내 道를 전해주는 淵源의 스승이 아니었으니, 이는 柳子厚가 韋中立에게 보낸 편지에 자세히 보인다.

古之學者는 必有師하니 師者는 所以傳道, 授業, 解惑也라 人非生而知之者면 孰能無惑이리오 惑而不從師면 其爲惑也 終不解矣리라 生乎吾前하여 其聞道也 固先乎吾면 吾從而師之하고 生乎吾後라도 其聞道也 亦先乎吾면 吾從而師之라 吾師道也니 [1]夫庸知其年之先後生於吾乎리오 是故로 無貴無賤하며 無長無少요 道之所存은 師之所存也니라

옛날 배우는 자들은 반드시 스승이 있었으니, 스승이란 道를 전하고 業(학업)을 가르쳐주고 의혹을 풀어주는 것이다. 사람이 生而知之한 자가 아니면 그 누가 의혹이 없겠는가. 의혹이 있으면서 스승을 따라 배우지 않는다면 그 의혹은 끝내 풀리지 않을 것이다. 나보다 앞에 태어나서 道를 들음이 진실로 나보다 먼저라면 내 따라서 그를 스승으로 삼을 것이요, 나보다 뒤에 태어났더라도 道를 들음이 또한 나보다 먼저라면 내 따라서 그를 스승으로 삼을 것이다. 나는 道를 스승으로 삼으니, 그 나이가 나보다 먼저 태어나고 뒤에 태어남을 어찌 따지겠는가. 이렇기 때문에 신분의 貴賤도 없으며 나이의 長少(많고 적음)도 없고 道가 있는 곳은 스승이 있는 곳이다.

譯註 1. 庸知 : 庸詎知의 줄임말로 豈知와 같은 뜻이다.

嗟乎라 師道之不傳也 久矣니 欲人之無惑也나 難矣라 古之聖人은 其出人也 遠矣로되 猶且從師而問焉이어늘 今之衆人은 其下聖人也 亦遠矣로되 而耻學於師라 是故로 聖益聖하고 愚益愚하니 聖人之所以爲聖과 愚人之所以爲愚가 其皆出於此乎인저 愛其子하여는 擇師而敎之로되 於其身也엔 則耻師焉하니 惑矣로다 彼童子之師는 [1]授之書而習其句讀(두)者也니 非吾所謂傳其道解其惑者也라 句讀之不知와

庸 : 어찌 용 讀 : 구두 두

惑之不解에 或師焉하고 或不(否)焉하여 小學而大遺하니 吾未見其明也로라

아! 슬프다. 師道가 전해지지 못한 지 오래되었으니, 사람들이 의혹함이 없게 하고자 하나 어려운 것이다. 옛날에 聖人은 보통사람보다 뛰어남이 월등하였으나 오히려 스승을 좇아 물었는데, 지금의 衆人들은 聖人보다 낮음이 또한 월등하나 스승에게 배우기를 부끄러워한다. 이 때문에 聖人은 더욱 聖스러워지고 어리석은 사람은 더욱 어리석어지니, 聖人이 聖人이 되신 이유와 愚人이 愚人이 된 이유는 그 모두 여기에서 나온 것이다.

그 자식을 사랑함에는 스승을 가려 가르치되 자기 자신에게 있어서는 스승삼기를 부끄러워하니, 이는 미혹된 것이다. 저 童子의 스승은 책을 가르쳐주어 句讀를 익히게 하는 자이니, 내가 말하는 道를 전하고 의혹을 풀어준다는 자는 아니다. 句讀를 알지 못함과 의혹을 풀지 못함에 혹은 스승삼고 혹은 스승삼지 아니하여 작은 것은 배우고 큰 것은 버리니, 나는 그 현명함을 보지 못하겠다.

譯註 1. 句讀 : 句가 끝나는 곳을 句라 하고 중간에 끊는 부분을 讀라 하는 바, 우리나라는 중국에서 入聲音이 사라진 뒤에 받아들여 '구두'로 읽는 것이 특징이다.

巫醫樂師百工之人은 不恥相師어늘 士大夫之族은 曰師, 曰弟子云者를 則群聚而笑之하고 問之則曰 彼與彼年相若也요 道相似也라 位卑則足羞요 官盛則近諛라하나니 嗚呼라 師道之不復을 可知矣로다 巫醫〈樂師〉百工之人은 君子不齒로되 今其智乃反不能及하니 可怪也歟인저 聖人은 無常師라 [1]孔子師郯子, 萇弘, 師襄, 老聃하시니 郯子之徒는 其賢이 不及孔子라 孔子曰 三人行이면 則必有我師라하시니 是故로 弟子不必不如師요 師不必賢於弟子라 聞道有先後하고 術業有專攻이니 如是而已라 李氏子蟠이 年十七에 [2]好古文하여 六藝經傳을 皆通習之러니 不拘於時하고 請學於余어늘 余嘉其能行古道하여 作師說以貽之하노라

무당과 의원, 樂師와 百工의 사람들은 서로 스승삼기를 부끄러워하지 않는데, 士大夫의 집안들은 스승이라 하고 제자라고 말하면 여럿이 모여 비웃는다. 그 이유를 물으면 "저와 저는 나이가 서로 비슷하고 道(학문과 덕망)가 서로 비슷하다. 지위가 낮은데 스승삼으면 부끄러울 만하고, 벼슬이 높은데 스승삼으면 아첨에 가깝다." 하니, 아! 슬프다. 師道를 회복하지 못함을 알 수 있겠다. 무당과 의원, 樂師와 百工의 사람은 君子들이 끼워주지 않으나 지혜가 마침내 도리어 그들에게 미치지 못하니, 괴이한 일이다.

聖人은 일정한 스승이 없다. 孔子께서는 郯子와 萇弘과 師襄과 老聃을 스승삼으셨

遺 : 버릴 유　齒 : 낄 치　郯 : 나라이름 담　萇 : 羊桃 장　襄 : 오를 양　聃 : 사람이름 담
蟠 : 서릴 반　嘉 : 아름다울 가　貽 : 줄 이

으니, 郯子의 무리는 그 어짊이 孔子에 미치지 못하였다. 孔子께서 말씀하시기를 "세 사람이 동행하면 반드시 내 스승이 있다." 하셨으니, 이러므로 제자가 반드시 스승만 못한 것이 아니요, 스승이 반드시 제자보다 나은 것이 아니다. 道를 들음에 先後가 있고 術業(學術)에 專攻이 있어서이니, 이와 같을 뿐이다.

李氏의 아들 蟠이 古文을 좋아하여 六藝(六經)와 經傳을 모두 통달하여 익혔는데, 시속에 구애되지 않고 나에게 배우기를 청하였으므로, 나는 그가 능히 古道를 행함을 가상히 여겨 師說을 지어 주는 것이다.

譯註 1. 孔子師郯子萇弘師襄老聃 : 郯은 國名이고 子는 爵位이며 師襄은 樂師인 襄으로 姓은 전하지 않는다. 老聃은 老子인 바, 「春秋左傳」에는 '孔子가 郯子에게 관직제도를 물었다' 하였으며, 「孔子家語」에는 '孔子가 萇弘에게 樂을 배우고 師襄에게 琴을 배우고 老聃에게 禮를 물었다' 하였다.

2. 古文 : 文體의 하나로, 당시 유행하던 四六騈儷文과 대칭한 것인 바, 원래 先秦 이전의 모든 經傳과 前漢 초기의 史體가 이에 해당한다. 漢代 이후 辭賦가 유행하면서 모든 文體가 騈儷文 一色으로 변하자, 韓愈는 六經과 孟子·莊子·司馬遷 등의 古文體를 쓸 것을 주장하여 文體를 변화하는데 큰 역할을 하였다.

雜 說 韓 愈

疊山云 此篇主意는 謂英雄豪傑이 必遇知己者 尊之以高爵하고 養之以厚祿하고 任之以重權이라야 斯可以展布라

疊山(謝枋得)이 말하였다. "이 편의 主意는 영웅호걸이 반드시 知己를 만나 높은 벼슬로 높여주고 후한 祿으로 길러주고 중요한 권력을 맡겨주어야 자기의 경륜을 펼 수 있음을 말하였다."

世有伯樂然後에 有千里馬하니 千里馬는 常有로되 而伯樂은 不常有라 故로 雖有名馬나 秖辱於奴隷人之手하여 騈死於槽櫪之間하여 不以千里稱也하나니라 馬之千里者는 一食에 或盡粟一石이어늘 食(사)馬者不知其能千里而食也하니 是馬雖有千里之能이나 食不飽하여 力不足하여 才美不外見(현)하니 且欲與常馬等이나 不可得이니 安求其能千里也리오 策之를 不以其道하며 食之를 不能盡其材하며 鳴之不能通其意하고 執策而臨之曰 天下에 無良馬라하니 嗚呼라 其眞無馬耶아 其眞不識馬耶아

疊 : 거듭 첩　展 : 펼 전　秖 : 다만 지　騈 : 나란할 변　槽 : 말구유 조　櫪 : 말구유 력
粟 : 곡식 속　石 : 섬 석　食 : 먹일 사

세상에 〈말을 잘 알아보는〉 伯樂이 있은 연후에 千里馬가 있는 것이니, 千里馬는 항상 있으나 伯樂은 항상 있지 않다. 그러므로 비록 名馬가 있더라도 다만 노예의 손에 욕을 당하여 말뚝과 말구유의 사이에서 보통 말과 함께 나란히 죽어가 千里馬로 알려지지 못하는 것이다. 말이 천리를 가는 놈은 한 번 먹을 때에 혹 곡식 한 섬을 다 먹어치우는데, 말을 먹이는 자가 그 말이 능히 천리를 갈 수 있다는 것을 알지 못하고 먹이니, 이 말이 비록 천리를 갈 수 있는 재능이 있으나 먹는 것이 배부르지 못해서 힘이 부족하여 재주의 아름다움이 바깥으로 드러나지 못하니 우선 보통 말과 동등하기를 바라나 될 수가 없으니, 어찌 능히 千里를 가기를 바라겠는가.

채찍질하기를 그 道로써 하지 않고 먹이기를 그 재능을 다하게 하지 못하며 울어도 그 뜻을 통하지 못하고는 채찍을 잡고 임하여 말하기를 "천하에 良馬가 없다." 하니, 아! 참으로 良馬가 없는 것인가? 참으로 말을 알아보지 못하는 것인가?

獲麟解　　　韓 愈

(「春秋」에서 기린을 잡은 것을 해명한 글)

春秋魯哀公十四年에 魯叔孫氏西狩獲麟하니 此篇名獲麟解는 只當以春秋獲麟論이라 麟爲聖王之瑞하니 本祥也나 然春秋之末에 聖王不作하여 孔子雖大聖이나 而戹窮在下어늘 麟不當出而出하니 反所以爲不祥也라 此篇은 以一祥字로 反覆言之하여 始以爲祥하고 繼疑其不祥하고 未幾에 又以爲不爲不祥하고 末明斷之以爲不祥하니 與柳文復乳穴記에 反覆以祥字議論으로 同一機軸이니 宜參看이라 或謂元和七年에 麟見東川하니 疑公因此而作이라하나 文公考異에 謂此文有激而託意之辭니 非必爲元和獲麟而作也라하니라

○ 又角者吾知其爲牛一節은 東萊批云 蘇文樂論이 學此下句라하니 非也라 退之, 老蘇皆是學孔子語耳라 莊子에 載夫子稱老聃曰 鳥는 吾知其能飛요 魚는 吾知其能游요 獸는 吾知其能走니 走者는 可以爲網이요 游者는 可以爲綸이요 飛者는 可以爲矰이어니와 至於龍하여는 吾不能知其乘風雲而上天이러니 吾今見老子하니 其猶龍耶인저 老蘇樂論에 則曰 雨는 吾見其所以濕萬物이요 日은 吾見其所以燥萬物이요 風은 吾見其所以動萬物也어니와 隱隱谹谹而謂之雷니 彼何用也오 陰凝而不散하고 物蹙而不遂하여 雨之所不能濕이요 日之所不能燥요 風之所不能動이라가 雷一震焉이면 而凝者散하고 蹙者遂라하니 以此見好文法이 未始無所本也라 但退之는 用牛馬麋鹿等實字하여 置之句終하고 老蘇는 直用風雨等字하여 揭之句端하니 此微不同耳라

獲 : 잡을 획　戹 : 곤액 액　萊 : 쑥 래　綸 : 낚시줄 륜　矰 : 주살 증　濕 : 젖을 습
燥 : 마를 조　谹 : 울릴 횡　震 : 떨칠 진　麋 : 고라니 미　揭 : 걸 게

「春秋」에 "魯哀公 14년에 魯나라 叔孫氏가 서쪽으로 사냥을 나갔다가 기린을 잡았다." 하였으니, 이 篇을 獲麟解라 이름함은 다만 마땅히 「春秋」에 기린을 잡은 것을 가지고 논해야 한다.

기린은 聖王의 상서이니, 본래 상서로운 물건이다. 그러나 春秋의 말기에 聖王이 나오지 않아, 孔子는 비록 大聖人이었으나 곤궁하게 아래에 있었는데 기린이 나와서는 안될 때에 나왔으니, 도리어 상서롭지 못함이 되는 것이다. 이 편은 한 祥字를 가지고 반복하여 말해서 처음에는 상서로운 것이라 하고, 뒤에는 상서롭지 못한 것이라고 의심하고, 얼마 안되어 또 상서롭지 않은 것이 아니라고 말하고, 끝에는 분명히 상서롭지 않은 것이라고 결단하였으니, 柳子厚의 글인 '復乳穴記'에서 祥字를 가지고 반복하여 의논한 것과 똑같은 機軸이니, 마땅히 참고하여 보아야 할 것이다. 혹자는 이르기를 "元和 7년에 기린이 東川에 나타났으니, 의심컨대 公이 이 때문에 지은 것이다." 하나, 朱文公의 考異에 "이 문장은 격동시킴이 있어 뜻을 가탁한 말이니, 반드시 元和 연간에 기린을 잡은 것 때문에 지은 것은 아니다." 하였다.

○또 '뿔이 난 것은 내 그 소임을 안다'는 一節을 東萊의 비평에 "蘇洵의 문장인 '樂論'은 이 句를 배운 것이다." 하였으니, 이는 잘못이다. 韓退之와 老蘇(蘇洵)는 모두 孔子의 말을 배웠을 뿐이다. 「莊子」에 夫子(孔子)가 老聃을 칭한 글을 실었는데, 여기에 이르기를 "새는 내 날 수 있음을 알고 물고기는 내 물속에서 헤엄칠 수 있음을 알고 짐승은 내 달릴 수 있음을 아니, 달리는 것은 그물로 잡을 수 있고 물속에 헤엄치는 것은 낚시질 할 수 있고 나는 새는 주살로 잡을 수 있지만, 龍에 이르러서는 〈어떻게〉 바람과 구름을 타고 하늘에 오르는지를 알지 못한다. 내 이제 老子를 보니, 그 龍과 같다." 하였다. 老蘇의 '樂論'에는 "비는 내 만물을 적셔줌을 보고, 해는 내 만물을 건조시킴을 보고, 바람은 내 만물을 움직이게 함을 볼 수 있으나, 은은하면서도 크게 울림을 우레라 하는 바 저것은 어디에 쓰는 것인가? 陰氣가 엉겨 흩어지지 못하고 물건이 위축되어 이루어지지 못하여, 비도 적시지 못하고 해도 건조시키지 못하고 바람도 동요시키지 못하다가 우레가 한번 진동하면 엉겼던 것이 흩어지고 위축되었던 것이 이루어진다." 하였으니, 이로써 좋은 문장은 일찍이 근본한 바가 없지 않음을 볼 수 있다. 다만 韓退之는 牛馬, 麋鹿 등의 實字를 사용하여 句의 끝에 놓은 반면 老蘇는 다만 風雨 등의 글자를 사용하여 句의 끝에 놓았으니, 이것이 조금 같지 않을 뿐이다.

麟之爲靈이 昭昭也라 [1]詠於詩하고 書於春秋하며 雜出於傳記百家之書하니 雖婦人小子라도 皆知其爲祥也라 然이나 麟之爲物이 不畜於家하고 不恒有於天下하며 其爲形也不類하여 非若牛馬犬豕豺狼麋鹿然하니 然則雖有麟이나 不可知其爲麟也라 角者는 吾知其爲牛요 鬣者는 吾知其爲馬요 犬豕豺狼麋鹿은 吾知其爲犬豕

昭：밝을 소 畜：기를 휵 類：닮을 류 豺：승냥이 시 狼：이리 랑 鬣：갈기 렵

豺狼麋鹿이로되 惟麟也는 不可知하니 不可知면 則其謂之不祥也亦宜로다 雖然이나 麟之出에 必有聖人在乎位하니 麟은 爲聖人出也라 聖人者는 必知麟이니 麟之果不爲不祥也로다 又曰 麟之所以爲麟者는 以德이요 不以形이니 若麟之出이 不待聖人이면 則謂之不祥也亦宜哉인저

麒麟은 靈物임이 분명하다. 「詩」에 읊어지고 「春秋」에 기록되었으며 傳記와 百家의 책에 섞여 나오니, 비록 婦人과 小子들이라도 모두 그 상서로운 물건임을 안다. 그러나 기린이란 물건은 집에서 기르지 않고 천하에 항상 있지 않으며, 그 생김새가 보통 것들과 같지 않아, 소와 말, 개와 돼지, 豺狼과 麋鹿(사슴)과 같지 않으니, 그렇다면 비록 기린이 있다 하더라도 그것이 기린임을 알 수 없는 것이다.

뿔이 난 것은 내 그 소임을 알고, 갈기가 있는 것은 내 그 말임을 알고, 개와 돼지와 豺狼과 麋鹿은 내 그 개와 돼지와 豺狼과 麋鹿임을 아나 오직 기린은 알 수 없으니, 알 수 없다면 이것을 상서롭지 못한 것이라고 이르는 것도 당연하다. 그러나 기린이 나올 때에는 聖人이 반드시 지위에 계시니, 기린은 聖人을 위하여 나오는 것이다. 聖人은 반드시 기린을 아니, 기린은 결국 상서롭지 못한 물건이 아닌 것이다.

또 말하기를 "기린이 기린이 된 이유(기린이 기린으로 추앙받는 이유)는 德 때문이요, 형체 때문이 아니니, 만일 기린의 나옴이 聖人을 기다리지 않았다면 이것을 상서롭지 못하다고 이르는 것도 또한 당연하겠구나!" 하였다.

譯註 1. 詠於詩 : 「詩經」 國風 周南의 《麟之趾》에 '麟之趾 振振公子 于嗟麟兮'라 하여 기린의 발과 이마, 뿔 등을 찬양한 글이 있으므로 말한 것이다.

*諱 辨 韓 愈

* 諱는 先祖나 군주의 이름을 피하는 것으로, 李賀의 아버지 이름이 晉肅이어서 중국음으로 進士와 유사하기 때문에 李賀는 進士試에 응시해서는 안된다는 당시의 주장을 논변한 것이다.

洪曰 李賀父晉肅이 邊上從事러니 賀年七歲에 以長短之製로 名動京華라 時愈與皇甫湜으로 覽賀所業하고 奇之러니 會有以晉肅行上言者어늘 二公이 聯騎造門하여 請見其子한대 旣而總角荷衣而出이어늘 面試一篇하니 承命欣然하여 傍若無人하고 仍目日高軒過라하니 二公大驚하여 命聯鑣而還所居하여 親爲束髮하다 年未弱冠에 丁內艱이러니

諱 : 휘할 휘　會 : 마침 회　荷 : 연꽃 하　鑣 : 말재갈 표　丁 : 당할 정　艱 : 어려울 간

它日擧進士한대 或謗賀不避家諱라하니 文公이 時著諱辨一篇이라 張昭論舊君諱云 周穆王諱滿이어늘 至定王時하여 有王孫滿者하고 厲王諱胡어늘 至莊王之子하여 名胡하여 其比衆多라하니 退之諱辨은 取此意라

洪氏(洪邁?)가 말하였다.

"李賀의 아버지인 晉肅이 변방에서 종사하고 있었는데 李賀는 나이 7세에 長短句를 잘 지어 이름이 長安에 진동하였다. 이때 韓愈는 皇甫湜과 함께 李賀가 공부하는 것을 보고는 기특하게 여겼는데, 마침 晉肅의 행실을 上言한 자가 있었다. 이에 두 公은 나란히 말을 타고 문에 이르러 그 아들을 만나볼 것을 청하였다. 얼마후 한 동자가 總角을 하고 연꽃옷을 입고 나오므로 면전에서 한 편의 글을 짓게 하자, 그는 명령을 받고서 흔연히 곁에 사람이 없는 듯이 여기며 글을 짓고 인하여 글 제목을 '高軒過'라 하니, 두 公은 크게 놀라 함께 말을 타고 거처하는 곳으로 돌아와서 친히 상투를 틀어 주었다. 李賀는 나이가 弱冠이 되기 전에 모친상을 당하였는데 후일 進士에 응시하자, 혹자는 李賀가 집안의 諱를 피하지 않았다고 비방하니, 文公은 이에 '諱辨' 한 편을 지었다. 張昭는 옛 군주의 諱가 논하여 이르기를 '周穆王의 諱가 滿이었는데 定王 때에 이르러 王孫滿이라는 자가 있었고, 厲王의 諱가 胡였는데 莊王에 이르러 아들을 胡라 이름하였으니, 이러한 비례가 많다' 하였으니, 韓退之의 '諱辨'은 이 뜻을 취한 것이다."

愈與進士李賀書하여 勸賀擧進士러니 賀擧進士有名이라 與賀爭名者毁之曰 賀父名晉肅이니 賀不擧進士爲是요 勸之擧者爲非라하니 聽者不察하고 和而唱之하여 同然一辭라 皇甫湜曰 子與賀且得罪하리라 愈曰 然하다 [1]律曰 二名은 不偏諱라하여늘 釋之者曰 謂若言徵不稱在하고 言在不稱徵이 是也라하며 律曰 不諱嫌名이라하여늘 釋之者曰 謂若禹與雨, 丘與蓲之類가 是也라하니라 今賀父名晉肅이어늘 賀擧進士하니 爲犯二名律乎아 爲犯嫌名律乎아 父名晉肅이어늘 子不得擧進士인댄 若父名仁이면 子不得爲人乎아

내가 進士 李賀에게 편지를 보내어 李賀에게 進士에 응시하도록 권하였는데, 李賀가 進士試에 급제하여 명성이 있었다. 李賀와 명성을 다투는 자가 그를 훼방하여 이르기를 "李賀의 아버지 이름이 晉肅이니, 李賀는 進士에 응시하지 않는 것이 옳고, 그에게 응시하도록 권한 자도 잘못이다." 하니, 이 말을 들은 자들은 자세히 살피지 못하고 그 말에 부화하여 제창해서 똑같이 한 말을 하였다. 皇甫湜이 말하기를 "선생님과 李賀가 장차 죄를 얻을 것입니다." 하였다. 이에 나는 다음과 같이 말하였다.

"그렇겠다. 律(禮法)에 이르기를 '두 字 이름은 〈두 자중〉 한 자만은 諱하지 않는

偏 : 치우칠 편 嫌 : 혐의할 혐 蓲 : 갈대 구

다' 하였는데, 이것을 해석하는 자가 말하기를 '예컨대 〈孔子 어머니의 이름이 徵在인데〉 徵을 말함에 在를 칭하지 않고 在를 말함에 徵을 칭하지 않는 것과 같은 것이 이것이다' 하였고, 律에 이르기를 '이름과 음이 비슷한 것을 嫌疑하여 휘하지 않는다' 하였는데, 해석하는 자가 이르기를 '禹와 雨, 丘와 蓲와 같은 따위가 이것이다' 하였다. 이제 李賀의 아버지 이름이 晉肅이니, 李賀가 進士에 응시하는 것이 二名律(두 자 이름은 두 자중 한 자를 쓸 때에는 휘하지 않는 율)에 저촉되는가? 嫌名律(이름과 비슷한 음을 가진 글자는 휘하지 않는 율)에 저촉되는가? 아버지 이름이 晉肅이어서 아들이 進士에 응시할 수 없다면 만일 아버지 이름이 仁이라면 자식은 人(사람)이 될 수 없단 말인가.

譯註 1. 律曰二名不偏諱 : 律은 禮經을 가리킨 것으로 「禮記」《曲禮上》에 '卒哭乃諱禮不諱嫌名 二名不偏諱'라고 보이는 바, 二名은 두 자로 된 이름을 뜻하는데, 이 경우에는 두 글자 중 한 자만을 諱하지 않음을 이른다. 不諱嫌名은 한 자 이름일 경우 音이 같은 것을 諱하지 않음을 이른다.

夫諱는 始於何時오 作法制以敎天下者 非周公孔子歟아 周公이 作詩不諱하시고 孔子不偏諱二名하시고 春秋에 不譏不諱嫌名하며 康王釗之孫이 實爲昭王이요 曾參之父名晳이로되 曾子不諱昔하시고 周之時에 有騏期하고 漢之時에 有杜度하니 此其子宜如何諱오 將諱其嫌하여 遂諱其姓乎아 將不諱其嫌者乎아

諱는 어느 때부터 시작되었는가? 법제를 만들어 천하를 가르친 자가 周公과 孔子가 아닌가. 周公은 詩를 지으실 때에 휘하지 않으셨고, 孔子는 두 자 이름에 한 자를 휘하지 않으셨고, 「春秋」에서는 嫌名을 휘하지 않음을 비판하지 않았다. 康王 釗의 손자가 실로 昭王이었고, 曾參의 아버지 이름은 晳이었는데 曾子께서는 昔字를 諱하지 않으셨다. 周나라 때에 驥期가 있었고 漢나라 때에 杜度가 있었으니, 그 아들이 마땅히 어떻게 휘를 해야 하겠는가. 장차 그 혐의됨을 휘하여 마침내 그 姓을 諱해야 하는가? 아니면 그 혐의됨을 諱하지 않아야 하는가?

漢諱武帝名徹하여 爲通이어니와 不聞又諱車轍之轍하여 爲某字也며 諱呂后名雉하여 爲野鷄어니와 不聞又諱治天下之治하여 爲某字也며 今上章及詔에 [1]不聞諱滸勢秉饑也요 惟宦官宮妾이 乃不敢言諭及機하여 以爲觸犯이라하니 士君子立言行事를 宜何所法守也오 今考之於經하고 質之於律하며 稽之以國家之典컨대 賀擧進士爲可耶아 爲不可耶아

釗 : 볼 소 晳 : 흴 석 騏 : 준마 기 雉 : 꿩 치 滸 : 물가 호 秉 : 잡을 병
饑 : 흉년들 기

漢나라에서는 武帝의 이름인 徹字를 휘하여 通字로 하였거니와 또 車轍이란 轍字를 휘하여 아무 字로 만들었다는 말은 듣지 못하였으며, 呂后의 이름인 雉를 휘하여 野鷄로 썼거니와 또 治天下의 治字를 휘하여 아무 字로 만들었다는 말은 듣지 못하였으며, 이제 올리는 글과 또는 詔書에 滸·勢·秉·饑를 휘하였다는 말을 듣지 못하였고 오직 宦官과 宮妾들이 마침내 감히 諭와 機를 말하지 못하여 휘를 범함에 저촉한다고 여기니, 士君子가 글을 쓰고 일을 행함에 마땅히 무엇을 법으로 삼아 지켜야 하겠는가? 이제 經書에 상고해 보고 律에 질정해 보며 국가의 典故로써 상고해 보건대 李賀가 進士에 응시함이 가한가? 불가한가?

譯註 1. 諱滸勢秉饑 : 滸는 唐太祖의 諱인 虎와 음이 같고 勢는 太宗의 諱인 世民의 世와 같고 秉은 代祖(世祖)의 諱인 昞과 같고 饑는 玄宗의 諱인 隆基의 基와 같기 때문에 말한 것이다. 다음 句의 諭는 代宗의 諱인 豫와 음이 유사해서이다.

凡事父母를 得如曾參이면 可以無譏矣요 作人을 得如周公孔子면 亦可以止矣라 今世之士는 不務行曾參周公孔子之行하고 而諱親之名은 則務勝於曾參周公孔子하니 亦見其惑也로다 夫周公孔子曾參은 卒不可勝이어늘 勝周公孔子曾參하여 乃比於宦官宮妾하니 則是宦官宮妾之孝於其親이 賢於周公孔子曾參者耶아

무릇 부모를 섬김을 曾參과 같이 한다면 비판이 없을 수 있고, 사람됨을 周公·孔子와 같이 한다면 또한 그칠 수 있는 것이다. 지금 세상의 선비들은 曾參과 周公과 孔子의 행실을 행하기를 힘쓰지 않고, 어버이의 이름을 휘하는 것은 曾參과 周公과 孔子보다 낫기를 힘쓰니, 또한 그 미혹됨을 볼 뿐이다. 周公과 孔子와 曾參은 끝내 그 분들보다 나을 수가 없거늘 周公과 孔子와 曾參보다 나으려 하여 마침내 환관과 궁첩에 견주니, 그렇다면 이는 환관과 궁첩이 그 어버이에게 효도함이 周公과 孔子와 曾參보다 낫다고 여기는 것인가?"

藍田縣丞廳壁記　　韓　愈

(藍田縣 丞廳의 벽에 기록한 글)

此篇은 老健奇崛하여 句句可爲縣丞故事라 尋常引用者甚多하니 不可不熟也니라

이 篇은 노련하고 굳세며 기특하여 句마다 縣丞의 故事가 될 만하다. 평상시에 이 글을 인용하는 경우가 매우 많으니, 익숙히 알지 않으면 안된다.

賢 : 나을 현　藍 : 쪽빛 람　丞 : 도울 승　崛 : 우뚝솟을 굴　尋 : 보통 심

丞之職은 所以貳令이니 於一邑에 無所不當問이요 其下는 主簿尉니 主簿尉는 乃有分職이라 丞은 位高而偪하여 例以嫌不可否事하니 文書行에 吏抱成案하고 詣丞하여 卷其前하여 鉗以左手하고 右手로 摘紙尾하고 雁鶩行以進하여 平立睨丞曰 當署라하면 丞이 涉筆占位하여 署惟謹하고 目吏問可不可어든 吏曰得이라하고 則退하여 不敢略省하여 漫不知何事하니 官雖尊이나 力勢反(在)〔出〕主簿尉下라 諺數慢에 必曰丞이라하여 至以相訾謷하니 丞之設이 豈端使然哉아

丞의 직책은 令을 보좌하는 것이니, 한 고을에 있어서 물어서는 안되는 것이 없고, 그 아래는 主簿와 尉인데 主簿와 尉는 나누어 맡은 직책이 있다. 丞은 지위가 높아 令과 가까워서 으레히 혐의쩍다 하여 일을 可타 否타 하지 않으니, 문서가 돌게 되면 관리가 成案을 안고 丞에게 나아가 그 앞부분은 말아 왼손으로 누르고 오른손으로 종이 끝을 잡고 기러기 대오처럼 비스듬히 걸어나와 똑바로 서서 丞을 바라보며 말하기를 "서명해야 됩니다." 하면 丞은 붓을 움직여 자리를 정하여 서명하되 오직 삼갈 뿐이요, 눈으로 아전에게 可·不可를 물으면 아전은 "됐습니다." 하고 물러간다. 그리하여 감히 조금도 살펴보지 못하여 전혀 무슨 일인지를 알지 못한다. 그러므로 관직은 비록 높으나 힘과 세력은 도리어 主簿와 尉의 아래에 있다. 속담에 태만한 자를 꾸짖게 되면 반드시 丞이라 하여 심지어는 이 말로써 서로 헐뜯기까지 하니, 丞을 설치함이 어찌 단연코 이렇게 하려 한 것이었겠는가.

博陵崔斯立이 [1]種學績文하여 以蓄其有하니 泓涵演迤하여 日大以肆라 貞元初에 挾其能하여 戰藝於京師하여 再進再屈於人이러니 元和初에 以前大理評事로 言得失이라가 黜官하여 再轉而爲丞玆邑이라 始至에 喟然曰 官無卑요 顧材不足塞職이라하더니 旣噤不得施用이라 又喟然曰 丞哉丞哉여 余不負丞이로되 而丞負余라하고 則盡枿去牙角하고 一躡故跡하여 破崖岸而爲之하니라

博陵 崔斯立이 학문을 닦고 문장을 쌓아 그 소유를 쌓으니, 널리 포함하고 멀리 흘러가 날로 커져서 펴져갔다. 貞元 초기에 그 재능을 믿고 京師에서 재주를 다투어 두 번 나아갔으나 두 번 모두 남에게 굴복당하였다. 元和 초기에 前 大理寺評事로서 득실을 말하다가 관직에서 축출당하였고 다시 두 번 전직하여 이 고을의 丞이 되었다. 처음 부임했을 때 탄식하며 말하기를 "관직에는 낮은 것이 없고 다만 재주가 직책에 부응하지 못할 뿐이다." 하였다. 이윽고 입을 다물어 施用할 수 없자, 또 탄식하여 말하기를 "丞이여 丞이여. 나는 丞을 저버리지 않는데 丞이 나를 저버린다." 하고는,

---

貳 : 도울 이 尉 : 벼슬이름 위 鉗 : 재갈 겸 睨 : 흘끗볼 예 漫 : 아득할 만
訾 : 꾸짖을 자 謷 : 꾸짖을 오 泓 : 넓을 홍 涵 : 들일 함 演 : 흐를 연 迤 : 연할 이
噤 : 입다물 금 枿 : 벨 얼 躡 : 밟을 섭

〈남을 해치는데 쓰는〉 이빨과 뿔을 모두 제거하고 한결같이 옛 자취를 따라 崖岸(남과 화합하지 않음)을 깨뜨리고 〈丞을 따라〉 하였다.

譯註 1. 種學績文 : 學問을 쌓고 文章을 공부함을 이른다.

丞廳에 故有記러니 壞漏하여 汚不可讀이라 斯立이 易桷與瓦하고 墁治壁하고 悉書前任人名氏하며 庭有老槐四行이요 南墻에 鉅竹千梃이 儼立若相持하며 水㶁㶁循除鳴이라 斯立이 痛掃漑하고 對樹二松하고 日哦其間하며 有問者면 輒對曰 余方有公事하니 子姑去하라하니라 考功郎中知制誥韓愈는 記하노라

丞廳에 옛날 記文이 있었는데, 무너지고 비가 새서 더러워져 읽을 수가 없었다. 崔斯立이 서까래와 기와를 갈고 벽을 흙손질하여 다스리고는 前任者들의 姓名을 모두 기록하였다. 뜰에는 늙은 홰나무 네 행렬이 있고 남쪽 담장에는 큰 대나무 천 그루가 우뚝히 서서 서로 버티고 있는 듯하며 물이 졸졸 울리며 뜰을 따라 흘러갔다. 崔斯立은 깨끗히 청소하고 물을 대주며 두 그루의 소나무를 마주 심어놓고는 날마다 그 사이에서 詩를 읊으며, 묻는 자가 있으면 곧 대답하기를 "나는 지금 公的인 일이 있으니, 그대는 우선 가라." 하였다. 考功郎中 知制誥 韓愈는 쓰다.

上宰相第三書 韓 愈

(宰相에게 올린 세 번째 편지)

迂齋云 以周公與當時之事로 反覆對説하여 而求士之緩急이 居然可見하니 雖是退之切於求進이나 然理亦如此니라
○此書는 上於貞元十一年乙亥하니 公時年二十八歲요 時相은 乃賈耽, 盧邁也라 前一書云 前鄕貢進士韓愈 謹伏光範門下하여 再拜獻書相公閤下라하니 公二十五歲에 已登進士第로되 時猶未出官이라 故只云前鄕貢進士라 自正月二十七로 至三月十六히 凡三上書에 詞益慷慨하니 世所謂光範三書者此也라 三上書호되 不報한대 乃東歸하니라 朱子論公所謂不免雜乎貪位慕祿之私者 正謂此類라 然初年干進은 亦誰能免이리오 略之而取其議論文氣可也라 書辭激切如此로되 而竟不報하니 此二相者 果何如人哉아

迂齋가 말하였다. "周公과 당시의 일을 가지고 반복하여 상대적으로 말해서 선비를 구함의 緩急을 환하게 볼 수 있게 하였으니, 비록 이 韓退之가 나아가기를 구함에 간절한 것이나 이치가 또한 이와 같은 것이다."

桷 : 서까래 각 墁 : 칠할 만 梃 : 그루 정 㶁 : 물소리 획 誥 : 고할 고
耽 : 즐길 탐 邁 : 높을 매 閤 : 협문 합 慷 : 강개할 강 慨 : 분개할 개 干 : 구할 간

◯이 편지는 貞元 11년 乙亥에 올린 것이니, 이때 公의 나이가 28세였고, 재상은 賈耽과 盧邁였다. 전번에 올린 한 편지에 "前鄕貢進士 韓愈는 光範門(宮門) 아래에 삼가 엎드려 재배하고 相公閣下께 글을 올린다." 하였으니, 公은 25세에 이미 進士에 급제하였으나 이때 아직 나가 벼슬하지 못하였다. 그러므로 다만 前鄕貢進士라고 칭한 것이다. 正月 27일로부터 3월 16일에 이르기까지 모두 세 번 글을 올렸는데 내용이 더욱 강개하였으니, 세상에 이른바 '光範三書'라는 것이 이것이다. 세 번 글을 올렸으나 답하지 않자, 公은 마침내 동쪽으로 돌아오고 말았다.

朱子가 公을 평론하면서 '지위를 탐하고 祿을 사모하는 사사로움에 섞임을 면치 못했다'고 말한 것은 바로 이러한 類를 이른 것이다. 그러나 初年에 등용되기를 구함은 또 누구인들 면할 수 있겠는가? 이는 생략하고 그 議論과 文氣를 취함이 可하다. 글의 내용이 이처럼 激切한데도 끝내 답하지 않았으니, 이 두 재상들은 과연 어떠한 사람들인가?

愈聞周公之爲輔相에 急於見賢也하여 方一食에 三吐其哺하고 方一沐에 三握其髮이라하니 當是時하여 天下之賢才皆已擧用이요 姦邪讒佞欺負之徒 皆已除去요 四海皆已無虞요 [1]九夷八蠻在荒服之外者 皆已賓貢이요 天災時變昆蟲草木之妖 皆已銷息이요 天下之所謂禮樂刑政敎化之具 皆已修理요 風俗이 皆已敦厚요 動植之物風雨霜露之所霑被者 皆已得宜요 休徵嘉瑞麟鳳龜龍之屬이 皆已備至하며 而周公이 以聖人之才로 憑叔父之親하여 其所輔理承化之功이 又盡章章如是하니 其所求進見(현)之士가 豈復有賢於周公者哉리오 不惟不賢於周公而已라 豈復有賢於時百執事者哉며 豈復有所計議能補於周公之化者哉리오 然而周公이 求之를 如此其急하여 惟恐耳目有所不聞見하며 思慮有所未及하여 以負成王託周公之意하여 不得於天下之心하시니 〈如周公之心인댄〉 設使其時에 輔理承化之功이 未盡章章如是하며 而非聖人之才요 而無叔父之親이런들 則將不暇食與沐矣리니 豈特吐哺握髮爲勤而止哉시리오 惟其如是라 故로 于今에 頌成王之德而稱周公之功을 不衰하나니라

나는 들으니, 周公이 輔相이 되었을 적에 賢者를 만나기를 급히 하여 한 번 밥을 먹을 때에 먹던 밥을 세 번이나 뱉고 한 번 머리를 감을 때에 감던 머리를 세 번이나 쥐고 나왔다 하니, 이 때를 당하여 천하의 賢才가 이미 擧用되었고, 간사하고 아첨하고 남을 속이고 저버리는 무리들이 모두 이미 제거되었으며, 四海가 모두 이미 근심이 없었고 九夷·八蠻으로서 荒服의 밖에 있는 자들이 모두 이미 손님으로 복종해 와서 貢物을 바쳤으며, 天災時變과 昆蟲草木의 요망한 것이 모두 이미 사라졌고 천하의 이

哺 : 먹을 포 讒 : 참소할 참 佞 : 간사할 녕 虞 : 근심 우 妖 : 요망할 요
銷 : 사라질 소 霑 : 젖을 점 休 : 아름다울 휴 憑 : 의지할 빙 章 : 밝을 장

른바 禮樂·刑政·敎化의 도구가 모두 이미 다스려졌으며, 풍속이 모두 이미 돈후해졌고 동물과 식물로서 風雨와 霜露에 무젖어 적셔지는 것들이 모두 이미 마땅함을 얻었으며, 아름다운 징조와 아름다운 상서인 기린·봉황·거북·용의 등속이 모두 이미 다 이르렀습니다. 그리고 周公은 聖人의 재주로 임금의 叔父라는 친분에 힘입어 다스림을 돕고 교화를 받드는 功이 또 다 밝게 드러남이 이와 같았으니, 나와서 만나보기를 구한 바의 선비가 어찌 다시 周公보다 나은 자가 있었겠습니까. 단지 周公보다 낫지 못할 뿐만 아니라 어찌 다시 당시의 여러 執事보다 나은 자가 있었겠으며, 어찌 다시 계책과 의론이 周公의 교화에 보탬이 될만한 것이 있었겠습니까. 그런데도 周公은 賢才를 구하기를 이와 같이 급히 하여 행여 耳目에 보고 듣지 못하는 바가 있으며 思慮에 미치지 못하는 바가 있어서 成王이 周公에게 부탁한 뜻을 저버려 천하의 마음을 얻지 못할까 두려워하셨으니, 〈周公의 마음과 같을진댄〉 설사 그 당시에 다스림을 돕고 교화를 받드는 功이 다 밝게 드러남이 이와 같지 못하며, 聖人의 재질이 아니고 임금의 숙부라는 친분이 없었던들 장차 밥을 먹고 머리를 감을 겨를도 없었을 것이니, 어찌 다만 먹던 밥을 뱉고 감던 머리를 쥐고 나옴을 부지런하다고 여길 뿐이겠습니까. 이와 같았기 때문에 지금에도 成王의 덕을 칭송하면서 周公의 덕을 칭찬함이 쇠하지 않는 것입니다.

譯註 1. 九夷八蠻在荒服之外者：九夷·八蠻은 여러 오랑캐들을 가리키며 荒服은 五服의 하나로 국경 밖의 먼 지역인 바, 「書經」《禹貢》에 王城과의 거리에 따라 甸服·侯服·綏服·要服·荒服의 다섯 가지로 구분하였다.

今閣下爲輔相이 亦近耳라 天下之賢才가 豈盡擧用이며 姦邪讒佞欺負之徒가 豈盡除去며 四海豈盡無虞며 九夷八蠻之在荒服之外者 豈盡賓貢이며 天災時變昆蟲草木之妖 豈盡銷息이며 天下之所謂禮樂刑政敎化之具 豈盡修理며 風俗이 豈盡敦厚며 動植之物風雨霜露之所霑被者 豈盡得宜며 休徵嘉瑞麟鳳龜龍之屬이 豈盡備至며 其所求進見之士 雖不足以希望盛德이나 至比於百執事하면 豈盡出其下哉며 其所稱說이 豈盡無所補哉리오 今雖不能如周公吐哺握髮이나 亦宜引而進之하여 察其所以而去就之요 不宜默默而已也니라

지금 閣下께서 輔相이 됨이 또한 이에 가깝습니다. 그러나 천하의 賢才가 어찌 모두 거용되었으며, 간사하고 아첨하고 속이고 저버리는 무리들이 어찌 모두 제거되었으며, 四海가 어찌 다 근심이 없으며, 九夷·八蠻으로서 荒服의 밖에 있는 자들이 어찌 모두 손님이 되어 공물을 바쳤으며, 天災時變과 곤충초목의 요망함이 어찌 모두 사라졌으며, 천하에 이른바 예악·형정·교화의 도구가 어찌 모두 다스려졌으며, 풍속

蠻：오랑캐 만　貢：공물 공　銷：녹일 소　息：사라질 식　希：바랄 희

이 어찌 모두 후해졌으며, 동물과 식물로서 風雨와 霜露에 무젖어 적셔지는 것들이 어찌 모두 마땅함을 얻었으며, 아름다운 징조와 아름다운 상서인 기린·봉황·거북·용의 등속이 어찌 모두 다 이르렀으며, 그 나와서 뵙기를 구하는 바의 선비들이 비록 盛德이 있기를 기대할 수는 없으나 여러 집사들에 비한다면 어찌 모두 그들만 못하겠으며, 그들이 말하는 바가 어찌 모두 보탬이 없겠습니까. 지금 비록 周公처럼 먹던 밥을 뱉고 감던 머리를 쥐고 나오지는 못하더라도 또한 마땅히 선비들을 이끌어 나오게 하여 그 所以를 살펴 가게 하고 나오게 할 것이요, 마땅히 침묵만 해서는 안됩니다.

愈之待命이 四十餘日矣라 書再上而志不得通하고 足三及門而閽人辭焉이로되 惟其昏愚하여 不知逃遁일새 故로 復有周公之說焉하노니 〈閣下其亦察之하라〉 [1]古之士三月不仕則相弔라 故로 出疆에 必載質(지)라 然所以重於自進者는 以其於周不可면 則去之魯하고 於魯不可면 則去之齊하고 於齊不可면 則去之宋, 之鄭, 之秦, 之楚也일새라 今天下一君이요 四海一國이라 舍乎此則夷狄矣요 去父母之邦矣라 故로 士之行道者 不得於朝면 則山林而已矣니 山林者는 士之所獨善自養而不憂天下者之所能安也니 如有憂天下之心이면 則不能矣라 故로 愈每自進而不知愧焉하여 書亟上하고 足數(삭)及門而不知止焉이로라 寧獨如此而已리오 惴惴焉惟不得出大賢之門〈下〉를 是懼하노니 亦惟少垂察焉하라

제가 명령을 기다린 지가 40일이 넘었습니다. 편지를 두 번 올렸으나 뜻을 통하지 못하였고, 발이 세 번 문하에 미쳤으나 문지기들이 사절하였습니다. 그런데도 다만 昏愚하여 도망할 줄을 모르므로 다시 周公의 말을 하는 것이니, 閣下께서는 또한 살펴주소서. 옛날 선비들은 석달 동안 벼슬하지 못하면 서로 위문하였습니다. 그러므로 국경을 나갈 때에는 반드시 폐백을 싣고 갔습니다. 그러나 〈이처럼 벼슬함을 급하게 여겼으면서도〉 스스로 벼슬에 나아감을 신중히 한 까닭은 周나라에서 불가하면 떠나서 魯나라로 가고, 魯나라에서 불가하면 떠나서 齊나라로 가고, 齊나라에서 불가하면 떠나서 宋나라로 가고, 鄭나라로 가고, 秦나라로 가고, 楚나라로 갈 수 있기 때문이었습니다. 그러나 이제 천하에는 군주가 하나요, 四海에는 나라가 하나여서 이곳을 버리면 夷賊이요, 부모의 나라를 떠나게 됩니다. 그러므로 선비로서 道를 행하는 자가 조정에서 뜻을 얻지 못하면 산림에 은거할 뿐입니다. 산림은 선비들이 홀로 몸을 善하게 하고 스스로 길러서 천하를 근심하지 않는 자가 편안히 할 수 있는 곳이니, 만일 천하를 걱정하는 마음이 있으면 불가능합니다. 그러므로 저는 매양 스스로 나아가면서 부끄러움을 알지 못하여 자주 편지를 올리고 발이 여러 차례 門下에 미쳐 그칠 줄을 모르는

閽 : 문지기 혼　遁 : 숨을 둔　弔 : 위문할 조　疆 : 국경 강　質 : 폐백 지
愧 : 부끄러울 괴　亟 : 자주 기　數 : 자주 삭　寧 : 어찌 녕　惴 : 두려울 췌

것입니다. 어찌 다만 이와 같을 뿐이겠습니까. 두려워하고 두려워하여 행여 大賢의 문하에 나오지 못함을 두려워하오니, 또한 다소 살펴주기를 바랍니다.

譯註 1. 古之士三月不仕則弔 : 弔는 지위를 잃었음을 위문하는 것으로, 이 내용은 「孟子」《滕文公下》에 보이는 바, 국경을 나갈 때에 반드시 폐백을 싣고 가는 것은 새로운 군주를 만나기 위해서이다.

殿中少監馬君墓銘 韓 愈

(殿中少監 馬君(馬繼祖)의 墓誌銘)

北平王馬燧之孫이라

○ 迂齋云 叙事有法하고 辭極簡嚴而意味深長하며 結尾絕佳라 感慨傷悼之情이 見於言外하니 三世皆有舊라 故其言如此라 退之所作墓誌最多하니 篇篇各有體製하여 未嘗相襲하니라

○ 退之墓誌銘最多하니 最古雅하고 叙事有法하여 得史筆하니 眞西山選在文章正宗者稍多라 今以他篇은 長不暇選이요 姑選其簡者하니 此篇所以簡略은 亦以其人勳臣子孫으로 生平自無可見者라 故只叙其家世及我所感慨耳라

北平王 馬燧의 손자이다.

○ 迂齋가 말하였다. "일을 서술함에 법도가 있고, 말이 지극히 간결하고 엄하면서도 의미가 深長하며 끝을 맺음이 매우 아름답다. 감개하고 서글퍼하는 정이 말 밖에 나타나니, 3代가 모두 친분이 있었기 때문에 그 말이 이와 같았던 것이다. 韓退之가 지은 墓誌銘이 매우 많은데 각 편마다 각기 체제가 있어 한번도 서로 답습한 적이 없다."

○ 韓退之의 墓誌銘이 매우 많은데 가장 古雅하고 일을 서술함에 법도가 있어 史官의 筆法에 맞는 바, 眞西山(眞德秀)이 뽑아 「文章正宗」에 넣은 것이 약간 많다. 이제 다른 편은 길어서 뽑을 겨를이 없고 우선 그 중에서 간략한 것을 뽑았으니, 이 편이 간략한 까닭은 또한 그 사람이 功臣의 자손으로서 평소에 스스로 드러낼 만할 것이 없었기 때문이다. 그러므로 그 家系와 자신의 感慨하는 바를 서술하였을 뿐이다.

君은 諱繼祖니 司徒贈太師北平莊武王之孫이요 少府監贈太子少傅諱暢之子라 生四歲에 以門功으로 拜太子舍人하여 積三十四年에 五轉而至殿中少監하고 年三十

燧 : 부싯돌 수 悼 : 슬퍼할 도 襲 : 물려받을 습 姑 : 우선 고 勳 : 공 훈 司 : 맡을 사 贈 : 추증할 증 暢 : 통창할 창 拜 : 벼슬줄 배

七以卒하니 有男八人, 女二人하니라

馬君의 諱는 繼祖이니, 司徒로서 太師에 추증된 北平莊武王의 손자이고 少府監으로 太子少傅에 추증된 諱 暢의 아들이다. 출생 후 네 살 때에 가문의 공으로 太子舍人에 제수되어 34년 동안 다섯 번 전직되어 殿中少監에 이르고, 나이 37세에 죽으니, 아들 여덟 명과 딸 두 명을 두었다.

始余初冠에 應進士貢하여 在京師할새 窮不能自存이러니 以故人稚弟로 拜北平王於馬前한대 王問而憐之라 因得見於安邑里第하니 王軫其寒飢하여 賜食與衣하고 召二子하여 使爲之主하시니 其季遇我特厚하니 少府監贈太子少傅者也라 姆抱幼子立側하니 眉眼如畫하고 髮漆黑하며 肌肉이 玉雪可念하니 殿中君也라 當是時하여 見王於北亭하니 猶高山深林에 龍虎變化不測하니 傑魁人也요 退見少傅하니 翠竹碧梧에 鸞鵠停峙하니 能守其業者也요 幼子娟好靜秀하여 瑤環瑜珥며 蘭茁其芽하니 稱其家兒也러라

처음 내가 막 冠禮하였을 때에 進士試에 응시하려고 京師(長安)에 있었는데, 곤궁하여 스스로 생존할 수가 없었다. 내가 故人의 어린 아우로서 北平王을 말 앞에서 뵙자, 北平王께서는 묻고 사랑하셨다. 그리하여 安邑里의 第(宅)로 이끌어 만나뵈었는데, 北平王은 나의 추움과 굶주림을 마음 아파하여 음식과 의복을 하사하고 두 아들을 불러 주인이 되게 하셨는 바, 그 막내는 나를 대우하기를 특별히 후하게 하였으니, 바로 少府監으로서 太子少傅에 추증된 분이시다. 이때 유모가 어린 아들(아이)을 안고 옆에 서 있었는데, 眉目이 그려놓은 듯하고 머리카락이 칠흑처럼 검으며 살결이 옥과 눈처럼 깨끗하여 생각할 만하였으니, 殿中君이었다. 이 때를 당하여 내 北平王을 북쪽 정자에서 뵈니, 마치 높은 산 깊은 숲속에 있는 龍虎가 變化不測한 듯하였으니, 걸출하고 뛰어난 인물이었으며, 물러나와 少傅를 뵈니, 푸른 대나무와 푸른 오동나무에 鸞鵠(봉황새)이 우뚝히 멈춰 서있는 듯하였으니, 家業을 능히 지킬 수 있는 분이였고 어린 아들은 아름답고 예쁘며 고요하고 빼어나 옥가락지와 옥귀고리와 같고 난초 싹이 빼어난 듯하였으니, 그 집안의 아들에 걸맞았다.

後四五年에 吾成進士하고 去而東游하여 哭北平王於客舍하고 後十五六年에 吾爲尙書都官郎하여 分司東都러니 而少傅卒하여 哭之하고 又十餘年至今에 哭少監焉하니 嗚呼라 吾未老耄요 自始至今이 未四十年이어늘 而哭其祖子孫三世하니 于人世에 何如也오 人欲久不死而觀居此世者는 何也오

軫 : 슬퍼할 진　姆 : 여스승 무　肌 : 피부 기　魁 : 뛰어날 괴　鸞 : 난새 란　鵠 : 고니 곡
峙 : 우뚝솟을 치　娟 : 예쁠 연　瑜 : 옥 유　珥 : 귀고리 이　茁 : 자랄 찰　耄 : 늙을 모

그로부터 4～5년 뒤에 나는 進士가 되고 京師를 떠나 동쪽 지방에서 놀다가 北平王을 客舍에서 곡하였고, 그로부터 15～16년 뒤에 나는 尙書都官郎이 되어 東都(洛陽)에 分司로 있었는데, 이 때 少傅가 별세하여 곡하였고, 또 10여 년이 지난 지금에 少監을 곡하니, 아! 내 아직 늙지 않았고 처음부터 지금까지 채 40년이 못되었는데도 祖·子·孫 3代를 곡하였으니, 인간 세상에 있어 어떠한가. 사람이 오래도록 죽지 않고서 이 세상을 보면서 살고자 하는 자는 어째서인가?

*毛 穎 傳

韓 愈

* 毛는 붓의 털이고 穎은 붓의 자루로, 붓을 擬人化하여 傳을 지은 것이다.

洪慶善曰 此傳을 柳子厚以爲怪하니 [1]予以爲子虛烏有之比니 其源은 出於莊周寓言이라

○迂齋曰 筆事收拾盡善하고 將無作有하니 所謂以文滑稽者라 贊尤高古하니 是學史記文字니라

洪慶善이 말하였다. "이 傳을 柳子厚는 괴이하다고 말하였는데, 나는 子虛와 烏有先生의 부류라고 생각하니, 그 근원은 莊周의 寓言에서 나온 것이다."

○迂齋가 말하였다. "일을 기록함에 수습함이 매우 좋으며 無를 가지고 有를 만들었으니, 이른바 문장으로 滑稽(해학)한다는 것이다. 贊은 더더욱 高古하니, 이는 「史記」의 문장을 배운 것이다."

譯註 1. 子虛烏有之比 : 子虛와 烏有는 烏有先生으로 前漢의 司馬相如가 지은 '子虛賦'에 등장하는 인물이다. 이외에도 亡(無)是公이 보이는 바, 子虛는 빈 말이란 뜻이고, 烏有先生은 어찌 이러한 일이 있겠는가란 뜻이며 亡是公은 실제 이러한 사람이 없다는 뜻으로 모두 가공인물을 만들어 말한 것이다.

[1]毛穎者는 中山人也라 其先은 明眎(視)니 佐禹治東方土하여 養萬物有功이라 因封於卯地러니 死爲十二神하니라 嘗曰 吾子孫은 神明之後니 不可與物同이라 當吐而生이라하더니 已而果然이러라 明眎八世孫은 㝃니 世傳當殷時하여 居中山이러니 得神仙之術하여 能匿光使物하여 [2]竊姮娥, 騎蟾蜍하여 入月하니 其後代에 遂隱不仕云이라 居東郭者曰㕙이니 狡而善走라 [3]與韓盧爭能할새 盧不及하니 盧怒하여 與宋鵲으로 謀而殺之하고 醢其家하니라

寓 : 붙일 우　滑 : 다스릴 골　㝃 : 토끼새끼 누　匿 : 숨길 닉　姮 : 항아 항　娥 : 항아 아
蟾 : 두꺼비 섬　蜍 : 두꺼비 여　盧 : 개이름 로　鵲 : 까치 작　醢 : 육장 해

毛穎은 中山 사람이다. 그 선대는 明眎이니, 禹임금을 도와 東方의 땅을 다스려 만물을 길러 공로가 있었다. 인하여 卯의 땅에 봉하였는데, 죽어서 十二神이 되었다. 그는 일찍이 말하기를 "나의 자손은 神明의 후손이라서 다른 물건과 같지 않으니, 마땅히 입으로 토하여 낳을 것이다." 하였는데, 얼마 후 과연 그러하였다. 明眎의 8세손은 이름이 䨲이니, 세상에 전해오기를 "殷나라 때를 당하여 中山에 살았는데, 神仙術을 터득하여 빛을 숨기고 물건을 부릴 줄 알아 姮娥를 훔쳐가지고 蟾蜍를 타고 달 속으로 들어가니, 그 후대에는 마침내 은둔하고 벼슬하지 않았다." 한다. 東郭에 거주하는 자는 이름이 㕙이니, 교활하고 달리기를 잘하였다. 韓盧와 재능을 다투었는데, 韓盧가 따르지 못하자, 韓盧는 노하여 宋鵲과 모의하여 그를 죽이고 그 집안식구를 죽여 젓을 담았다.

譯註 1. 毛穎者…當吐而生 : 中山은 지금의 安徽省 宣城縣에 있는 山으로 좋은 토끼털이 많이 생산되어 毛筆의 産地로 유명하였다. 明眎는 토끼가 눈이 밝다는 옛사람들의 추측에 의하여 붙여진 이름이며, 十二神은 十二支의 神인 바, 十二支에 있어 卯는 토끼이고 正東方에 해당하므로 東方을 다스리고 卯地에 봉해졌으며 죽어서 十二神이 되었다고 한 것이다. 또한 옛사람들은 토끼는 털을 핥음으로써 새끼를 배고 입으로 吐하여 새끼를 낳는다고 생각하였기 때문에 말한 것이다.

2. 竊姮娥 騎蟾蜍 : 姮娥는 일명 嫦娥라고도 하는 바, 夏나라 때 有窮國의 군주인 羿의 아내였는데, 西王母의 不死藥을 훔쳐 가지고 달 속으로 도망쳐 仙女가 되었다고 한다. 이는 달 속에 옥토끼가 있어 不死藥을 찧고 있다는 전설이 있으므로 말한 것이다. 蟾蜍는 금두꺼비로 달 속에 살고 있다는 전설적인 동물이다.

3. 韓盧 : 盧는 유명한 사냥개의 이름인데 韓나라 지방에서 생산되므로 韓盧라 한 것이다. 뒤의 宋鵲 역시 名犬의 이름이다.

秦始皇時에 蒙將軍恬이 南伐楚할새 次中山하여 將大獵以懼楚러니 召左右庶長與軍尉하여 [1]以連山筮之하여 得天與人文之兆라 筮者賀曰 今日之獲은 不角不牙요 衣褐之徒라 缺口而長鬚하고 八竅而趺居하니 獨取其髦면 簡牘을 是資니 天下其同書라 秦其遂兼諸侯乎인저 遂獵하여 圍毛氏之族하여 拔其豪하여 載穎而歸하여 獻俘于章臺宮하고 聚其族而加束縛焉이러니 秦皇帝使恬으로 [2]賜之湯沐而封諸管城하고 號曰管城子라하고 日見親寵任事하니라

秦나라 始皇 때에 將軍 蒙恬이 남쪽으로 楚나라를 정벌하였는데, 中山에 머물면서 장차 큰 사냥을 하여 楚나라를 두렵게 하려 하였다. 그리하여 좌우의 庶長과 軍尉를 불러 連山易으로 점을 치니, 하늘과 人文의 점괘를 얻었다. 점치는 자가 축하하기를

恬 : 편안할 염 次 : 머무를 차 筮 : 점칠 서 褐 : 갈포 갈 缺 : 이지러질 결
鬚 : 수염 수 竅 : 구멍 규 趺 : 책상다리할 부 牘 : 서찰 독 俘 : 사로잡을 부

"오늘 잡을 것은 뿔이 달린 짐승도 아니요, 이빨이 있는 짐승도 아니요, 갈옷을 입는 족속이니, 입은 언챙이이고 수염이 길며 여덟 구멍에 가부좌를 하고 앉으니, 다만 그 털을 취하면 簡牘을 이용할 수 있으니, 天下가 그 文字를 통일할 것입니다. 秦나라는 마침내 諸侯들을 겸병하게 될 것입니다." 하였다. 마침내 사냥하여 毛氏의 집안을 포위하여 그 호걸을 뽑아 毛穎을 수레에 싣고 돌아와서 포로를 章臺宮에서 바치고 그 종족을 모아 속박하였다. 秦나라 始皇帝는 蒙恬으로 하여금 그에게 湯沐邑을 하사하고 管城에 봉하여 號를 管城子라 하고, 날마다 신임과 총애를 가하여 일을 맡겼다.

譯註 1. 連山 : 「周易」 점과 같은 것으로 夏나라 때에 사용하였다 한다.
2. 賜之湯沐而封諸管城 : 湯沐은 湯沐邑으로 그 고을에서는 딴 세금은 부담하지 않고 오직 임금의 목욕 비용만을 내기 때문에 붙인 이름이다.

穎爲人이 強記而便敏하여 [1]自結繩之代로 以及秦事히 無不纂錄하고 陰陽卜筮占相醫方族氏山經地志字書圖畫九流百家天人之書와 及至浮圖老子外國之說을 皆所詳悉이요 又通於當代之務하여 官府簿書市井貨錢注記를 惟上所使하니 自秦皇帝及太子扶蘇, 胡亥, 丞相斯, 中車府令高로 下及國人에 無不愛重이라 又善隨人意하여 正直邪曲巧拙을 一隨其人하고 雖見廢棄나 終默不洩하며 惟不喜武士나 然見請이면 亦時往하니라 累拜中書令하여 與上益狎하니 上이 嘗呼爲中書君이라 上이 親決事하여 [2]以衡石自程하여 雖宮人이나 不得立左右호되 獨穎은 與執燭者常侍하여 上休方罷하니라

毛穎은 사람됨이 기억력이 뛰어나고 민첩하여 結繩하던 시대로부터 秦나라 일에 이르기까지 편찬하여 기록하지 않음이 없었고, 陰陽學과 卜筮術, 占術과 相術, 醫方과 氏族, 山經과 地理志, 字書와 圖畫, 九流와 百家, 天人의 글과 浮圖(佛陀)와 老子, 外國의 말에 미치기까지 모두 자세히 하였으며, 또 당대의 사무에 통달하여 官府의 簿書와 市井의 재화와 돈에 대한 注記를 上이 부리는대로 따라 하니, 始皇帝로부터 太子 扶蘇와 胡亥, 丞相 李斯와 中車府令 趙高로부터 아래로 國人에 이르기까지 사랑하고 소중히 여기지 않는 이가 없었다. 또 사람의 뜻을 잘 따라 정직함과 사곡함과 공교함과 졸함을 일체 그 사람에 따르고, 비록 폐기를 당하나 끝내 침묵을 지키고 일을 누설하지 않았으며, 다만 武士를 좋아하지 않았으나 요청을 받으면 또한 때로 가곤 하였다. 여러 번 中書令에 제수되어 上과 더욱 친하니, 上은 일찍이 中書君이라고 불렀다. 上은 친히 일을 결단하여 衡石(저울)으로 스스로 과정을 정하여 비록 宮人이라 하더라도 좌우에 서있지 못하였으나, 홀로 毛穎은 촛불을 잡는 자와 항상 모시고 있어서 上이 쉬어야 그만두었다.

繩 : 노끈 승 纂 : 엮을 찬 注 : 적을 주 洩 : 샐 설 狎 : 친할 압 衡 : 저울 형

譯註 1. 結繩之代：文字가 없으므로 약속을 할 때에 노끈 등을 묶어 의사를 표현하던 시대로 伏羲 이전의 上古時代를 이른다.
2. 衡石自程：石은 120斤으로 매일 문서를 저울로 달아 일정량을 처리함을 이르는 바, 당시에는 종이가 없어 竹簡이나 木簡을 사용하였으므로 저울로 단 것이다.

穎이 [1]與絳人陳玄과 弘農陶泓과 及會稽楮先生으로 友善하여 相推致하여 其出處必偕라 上召穎이면 三人者不待詔하고 輒俱往이로되 上未嘗怪焉이러라 後因進見하여 上將有任使하여 拂拭之한대 因免冠謝어늘 上見其髮禿하고 又所摹畫이 不能稱上意라 上嘻笑曰 中書君이 老而禿하여 不任吾用이로다 吾嘗謂君中書러니 君今不中書邪아 對曰 臣所謂盡心者로이다 因不復召하고 歸封邑하여 終于管城하니라 其子孫甚多하여 散處中國夷狄하여 皆冒管城호되 惟居中山者 能繼父祖業하니라

毛穎은 絳땅 사람 陳玄과 弘農의 陶泓과 會稽의 楮先生과 더불어 매우 친하여 서로 추천하고 招致하여 나가고 머물기를 반드시 함께 하였다. 그리하여 上이 毛穎을 부르면 세 사람은 詔命을 기다리지 않고 함께 가곤 하였으나 上은 일찍이 괴이하게 여기지 않았다. 뒤에 進見함을 인하여 上이 장차 일을 맡기려고 하여 먼지를 털고 닦아내자, 인하여 갓을 벗고 사례하므로 上이 보니 그 털이 모지라졌고 또 摹畫하는 바가 上의 뜻에 걸맞지 못하였다. 上은 웃으며 말하기를 "中書君이 늙어 털이 모지라졌으니, 나의 씀을 맡을 수가 없구나. 내 일찍이 그대를 中書라고 일렀는데, 그대는 이제 글을 쓰기에 합당하지 못한가?" 하였다. 毛穎은 대답하기를 "신은 이른바 마음을 다하는 자입니다." 하였다. 인하여 다시는 부름을 받지 못하였고 봉읍으로 돌아와 管城에서 별세하였다. 그 자손이 매우 많아 中國과 夷狄에 흩어져 살아 모두 管城을 무릅썼는데, 오직 中山에 사는 자들이 父祖의 家業을 계승하였다.

譯註 1. 絳人陳玄…會稽楮先生：먹과 벼루·종이를 擬人化한 것으로, 絳땅은 먹의 명산지이고 弘農은 벼루의 명산지이며 會稽는 종이의 명산지인 바, 陳玄의 玄은 먹의 색깔이고 陶泓은 진흙을 구워 만들기 때문에 붙인 이름이며, 楮는 종이를 만드는 닥나무이다.

太史公曰 毛氏有兩族하니 其一은 姬姓이니 文王之子라 封於毛하니 [1]所謂魯衛毛聃者也요 戰國時에 有毛公毛遂로되 獨中山之族은 不知其本所出이요 子孫이 最爲蕃昌하니 [2]春秋之成에 見絶於孔子나 而非其罪라 及蒙將軍이 拔中山之豪하여 始皇이 封諸管城하여 世遂有名이요 而姬姓之毛는 無聞하니라 穎이 始以俘見하여 卒

絳：진홍 강 泓：물이름 홍 楮：닥나무 저 偕：함께할 해 拂：닦을 불 拭：닦을 식
禿：모지라질 독 摹：베낄 모 嘻：화락할 희 冒：무릅쓸 모

見任使하여 秦之滅諸侯에 穎與有功이어늘 賞不酬勞하고 以老見疏하니 秦眞少恩哉인저

太史公은 다음과 같이 말하였다.

"毛氏는 두 집안이 있다. 하나는 姬姓이니, 文王의 아들로 毛나라에 봉해졌으니, 이른바 魯·衛·毛·聃이라는 것이요, 戰國 때에 毛公과 毛遂가 있었다. 다만 中山의 집안은 그 근본이 나온 바를 알 수 없는데, 자손이 가장 번창하였다. 「春秋」가 완성됨에 孔子에게 絕筆을 당하였으나 그 죄가 아니었다. 蒙將軍이 中山의 호걸을 뽑아 始皇帝가 管城에 봉하여 세상에 마침내 유명하였고, 姬姓의 毛氏는 알려짐이 없게 되었다. 毛穎은 처음에 포로로 잡혀와 始皇帝를 뵙고 끝내 任使를 당하여 秦나라가 제후들을 멸할 때에 毛穎이 참여하여 공이 있었으나 賞이 공로에 보답하지 못하였고 늙음으로 소원함을 당하였으니, 秦나라는 참으로 은혜가 적다 할 것이다."

譯註 1. 魯衛毛聃：周나라 때 네 제후국으로 모두 文王의 아들들을 봉한 나라이다. 「春秋左傳」《僖公二十四年條》에 '封建親戚 以藩屛周 管蔡郕霍 魯衛毛聃… 文之昭也'라고 보인다.

2. 春秋之成 見絕於孔子：孔子가 「春秋」를 지을 때에 哀公 14년 魯나라 叔孫氏가 기린을 잡은 사실까지만을 기록하고 그 이후는 기록하지 않았다. 이 때문에 '絕筆於獲麟'이란 말이 나왔으므로 이를 빗대어 말한 것이다. 孔子가 이렇게 한 까닭은 옛날 기린은 聖王의 상서로 인식되었는 바, 시대를 잘못 만나 靈物로 추앙받지 못하고 사로잡혀 곤액을 당하기 때문이었다.

此傳은 步驟史記爲之라 後之某人陸吉黃甘傳과 唐子西陸諝傳과 楊誠齋豆盧柔傳과 陳止齋蚔𪓰傳之類는 又步驟此傳爲之者也니라

이 傳은 「史記」의 문장을 본따 지은 것이다. 후세에 某人이 지은 陸吉黃甘傳과 唐子西(唐庚)의 陸諝傳, 楊誠齋(楊萬里)의 豆盧柔傳, 陳止齋(陳傅良)의 蚔𪓰傳 따위는 또 이 傳을 답습하여 지은 것이다.

伯夷頌　　　韓　愈

春秋傳曰 武王克商하시고 [1]遷九鼎于洛邑한대 義士猶或非之라하니 義士는 謂伯夷也라 此篇은 頌伯夷非武王伐紂之事하니 前面은 只說其特立獨行亘萬古而不顧하고 末

酬：보답할 수　驟：달릴 취　諝：좋은술 서　𪓰：개구리 와　鼎：솥 정　亘：뻗칠 긍

却以二句斡轉하여 見其扶植名教之功하니 妙甚이라

「春秋傳」에 이르기를 "武王이 商을 이기고 九鼎을 洛邑으로 옮기자 義士들이 오히려 혹 이를 그르다 했다." 하였으니, 義士는 伯夷를 이른다. 이 篇은 伯夷가 武王이 紂를 정벌하는 일을 비판함을 칭송하였으니, 前面은 다만 그 特立獨行하여 萬古에 뻗쳐도 돌아보지 않음을 말하였고, 끝에는 다만 두 句를 가지고 전환하여 名教를 붙들어 세운 공로를 나타내었으니, 매우 묘하다.

譯註 1. 九鼎 : 夏나라 禹王이 九州의 쇠를 거두어 주조했다는 솥으로, 후대에는 천자국을 상징하는 물건으로 인식되어 이 솥을 어느 지역에 옮겨놓는가에 따라 國統의 存亡 여부가 결정되었다.

士之特立獨行하여 適於義而已요 不顧人之是非는 皆豪傑之士 信道篤而自知明者也라 一家非之라도 力行而不惑者寡矣요 至於一國一州非之라도 力行而不惑者는 蓋天下一人而已矣요 若至於擧世非之라도 力行而不惑者는 則千百年에 乃一人而已耳라

선비가 特立 獨行하여 義에 맞게 할 뿐이요, 남의 是非를 돌보지 않음은 모두 호걸스런 선비가 道에 대한 믿음이 돈독하고 스스로 알기를 밝게 하는 자이다. 한 집안이 비난하더라도 힘써 행하고 의혹하지 않는 자가 적으며, 한 나라와 한 고을이 비난하더라도 힘써 행하고 의혹하지 않는 자에 이르러서는 천하에 한 사람 밖에 없으며, 만일 온세상이 비난하더라도 힘써 행하고 의혹하지 않는 자로 말하면 천백 년에 한 사람 밖에 없을 뿐이다.

若伯夷者는 窮天地亘萬世而不顧者也라 昭乎日月이 不足爲明이요 崒乎泰山이 不足爲高요 巍乎天地가 不足爲容也로다 當殷之亡, 周之興하여 微子는 賢也라 抱祭器而去之하고 武王周公은 聖也라 率天下之賢士與天下之諸侯而往攻之로되 未嘗聞有非之者也어늘 彼伯夷叔齊者 [1]乃獨以爲不可하고 殷旣滅矣에 天下宗周어늘 彼二子乃獨恥食其粟하여 餓死而不顧하니 繇(由)是而言이면 夫豈有求而爲哉리오 信道篤而自知明也일새라

伯夷로 말하면 천지를 다하고 만고에 뻗치도록 〈그르다 하여도〉 돌아보지 않을 자이다. 밝은 日月도 밝음이 될 수 없고, 높은 泰山도 높음이 될 수 없고 넓은 천지도 용납할 수가 없다. 殷나라가 망하고 周나라가 흥할 때를 당하여 微子는 賢人이라 祭器

斡 : 돌 알　崒 : 높을 줄　巍 : 높을 외　率 : 거느릴 솔　宗 : 높일 종　粟 : 곡식 속
餓 : 굶주릴 아　繇 : 말미암을 유

를 안고 떠나갔고, 武王과 周公은 聖人이라 천하의 현자와 천하의 제후들을 거느리고 가서 정벌하였는데, 일찍이 이것을 비난하는 자가 있다는 말을 듣지 못하였다. 그런데 저 伯夷·叔齊는 마침내 홀로 불가하다 하였으며, 殷나라가 이미 멸망하자 천하에서는 周나라를 宗主로 삼았는데, 저 두 분은 마침내 홀로 그 곡식(녹봉)을 먹기를 부끄러워하여 굶어죽으면서도 돌아보지 않았으니, 이로 말미암아 말한다면 어찌 구함이 있어서 한 것이겠는가. 道에 대한 믿음이 돈독하고 스스로 알기를 분명하였기 때문이다.

譯註 1. 乃獨以爲不可 : 제후왕인 周武王이 暴政을 일삼는 紂王을 정벌하러 가자, 伯夷와 叔齊는 신하로서 군주를 정벌하는 것은 옳지 못한 일이라며 말고삐를 붙잡고 諫한 일을 가리킨다.

今世之所謂士者는 一凡人譽之면 則自以爲有餘하고 一凡人沮之면 則自以爲不足이어늘 彼獨非聖人而自是如此하니 夫聖人은 乃萬世之標準也라 余故曰 若伯夷者는 特立獨行하여 窮天地亘萬世而不顧者也라하노라 雖然이나 微二子면 亂臣賊子接跡於後世矣리라

지금 세상에 이른바 선비라는 자들은 한 凡人이 칭찬하면 스스로 유여하다고 여기고, 한 凡人이 저지하면 스스로 부족하다고 여기는데, 저 두 분은 홀로 聖人(武王·周公)을 그르다 하고 스스로를 옳다고 여김이 이와 같았으니, 聖人은 바로 萬世의 표준인 것이다. 나는 그러므로 말하기를 "伯夷로 말하면 特立 獨行하여 천지를 다하고 만고에 뻗치도록 〈그르다 하여도〉 돌아보지 않을 자이다."라고 말하는 것이다. 그러나 두 분이 아니었다면 亂臣·賊子가 후세에 발자취를 이었을 것이다.

沮 : 막을 저 標 : 표 표 準 : 법도 준 微 : 없을 미 跡 : 자취 적

古文眞寶後集 卷之五

昌黎文集序　　李　漢(南紀)

漢은 字南紀니 公之子壻也라 爲公作集序에 以公之文本於道라하니 亦爲知公者라 文亦雅健精密하니 非得公之傳者면 能有此耶아

李漢은 자가 南紀이니, 公의 사위이다. 公을 위하여 문집에 序文을 지으면서 "公의 문장이 道에 근본했다." 하였으니, 또한 公을 아는 자라 할 것이다. 문장 또한 고아하고 굳세며 정밀하니, 公의 傳授를 얻은 자가 아니면 또한 이럴 수 있겠는가.

文者는 貫道之器也니 不深於斯道요 有至〈焉〉者는 不(부)也라 易繇爻象하고 春秋書事하고 詩詠歌하고 書禮剔其僞하니 皆深矣乎인저 秦漢已前엔 其氣渾然이요 迨乎司馬遷, 相如, 董生, 揚雄, 劉向之徒하여는 尤所謂傑然者也라 至後漢曹魏하여는 氣象萎苶하고 司馬氏以來로 規範蕩悉하여 謂易以下爲古文하여 剽掠潛竊爲工耳라 文與道蓁塞하여 固然莫知也로다

글은 道를 꿰는 기구이니, 道에 심오하지 않고서 文에 지극함이 있는 자는 없다. 「周易」은 爻象을 말하였고, 「春秋」는 일을 기록하였고, 「詩」는 노래를 읊었고, 「書經」과 「禮記」는 그 거짓을 도려내었으니, 모두 심오하다 할 것이다. 秦·漢 이전에는 그 기운이 渾然(渾厚圓滿)하였고, 司馬遷과 司馬相如·董生(董仲舒)·揚雄·劉向의 무리에 이르러는 더욱 이른바 걸출하다는 자들이다. 後漢과 曹魏에 이르러는 기상이 위축되었고 司馬氏(晉) 이래로는 규범이 모두 없어져, 「周易」 이하를 古文이라 하여 표절하는 것을 잘하는 것으로 여길 뿐이었다. 그리하여 文과 道가 막혀서 이것을 당연하게 여기고 알지 못하였다.

先生이 生大曆戊申하니 幼孤隨兄하여 播遷韶嶺하고 兄卒에 鞠於嫂氏러니 辛勤來歸하여 自知讀書爲文하여 日記數千百言이러니 比壯에 經書를 通念曉析하고 酷排釋氏하며 諸史百子를 搜抉無隱이라 汗瀾卓踔하고 奫泫澄深하여 詭然而蛟龍翔하고 蔚然而虎鳳躍하며 [1]鏘然而韶鈞發하여 日光玉潔하고 周情孔思하여 千態萬狀이라 卒澤於道德仁義하여 炳如也러라 洞視萬古하고 愍惻當世하여 遂大拯頹風하여 敎人自爲하니 時人이 始而驚하고 中而笑且排호되 先生益堅한대 終而翕然隨以定하니라 嗚呼라 先生於文에 摧陷廓清之功이 比於武事하면 可謂雄偉不常者矣로다

繇 : 점괘 주　剔 : 도려낼 척　迨 : 미칠 태　萎 : 시들 위　苶 : 고달플 날　蓁 : 우거질 진
抉 : 들추어낼 결　瀾 : 물결 란　踔 : 뛰어날 탁　奫 : 물충충할 윤　泫 : 물솟아날 현
鏘 : 울리는소리 장　愍 : 가엾어할 민　拯 : 구원할 증　翕 : 화할 흡　摧 : 꺾을 최

선생은 大曆 戊申年에 탄생하였는데, 어려서 부친을 잃고 兄(韓會)을 따라 韶嶺에 播遷하였고, 형이 별세함에 형수씨에게 양육되었다. 辛勤히 돌아와 스스로 책을 읽고 문장을 지을 줄 알아 하루에 수천백 자의 글을 기록하였으며, 장성해서는 經書를 통달하여 생각하고 분명하게 해석하며, 釋氏를 혹독히 배척하고 諸史와 百子를 남김없이 찾아내었다. 그리하여 너르고 드높으며 깊고 맑아서, 괴이하여 교룡이 나는 듯하고 성대하여 범과 봉황이 뛰는 듯하며 쟁쟁히 울려 韶와 鈞이 발하는 듯하여, 태양처럼 빛나고 玉처럼 결백하며 周公의 情과 孔子의 생각이어서 千態萬狀이었는데, 마침내 道德과 仁義에 무젖어 찬란하였다. 萬古를 꿰뚫어 보고 當世를 민망히 여겨 마침내 무너진 文風을 크게 구원하여 사람들에게 〈표절을 탈피하여〉 스스로 짓도록 가르치니, 당시 사람들이 처음에는 놀라고 중간에는 웃고 배척하였으나, 선생이 더욱 견고하자 끝내는 翕然히 따라 안정되었다. 아! 선생은 文에 있어 적진을 무찌르고 깨끗이 청소한 功이 武의 일에 비한다면 웅장하고 위대하여 보통이 아닌 자라고 이를 만하다.

譯註 1. 鏘然而韶鈞發 : 鏘然은 원래 佩玉이나 방울 따위의 소리를 뜻하며 韶는 舜帝의 음악이고 鈞은 鈞天廣樂으로 天上의 음악이다.

長慶四年冬에 先生歿하니 門人隴西李漢이 辱知最厚且親일새 遂收拾遺文하여 無所失墜하니 合若干卷이라 目爲昌黎先生集이라하니라

長慶 4년 겨울에 선생이 별세하시니, 門人인 隴西 李漢이 욕되이 先生을 앎이 가장 후하고 또 친하였다. 마침내 遺文을 수집하여 실추한 바가 없으니, 모두 약간 권이었다. 지목하여 「昌黎先生集」이라 하였다.

梓人傳 柳宗元(子厚)

迂齋云 規模從呂氏春秋來어늘 但他人不曾讀이라 故不能用이요 且不知子厚來處耳라 ○此篇은 以梓人喩相業하니 法度整嚴이요 議論的當이로다

迂齋가 말하였다. "規模는 「呂氏春秋」에서 온 것인데, 다만 타인들은 일찍이 「呂氏春秋」를 읽지 않았기 때문에 쓰지 못하며, 또 柳子厚의 글이 온 곳을 알지 못한다."

○이 편은 梓人으로 제상의 일을 비유한 바, 법도가 엄정하고 의론이 적합하다.

裵封叔之第 在光德里러니 有梓人이 款其門하여 願傭隟(隙)宇而處焉하니 所職은

隴 : 발두둑 롱　梓 : 목수 재　第 : 집 제　款 : 두드릴 관　傭 : 품팔이할 용　隙 : 틈 극

[1]尋引，規矩，繩墨이요 家不居礱斲之器라 問其能하니 日 吾善度(탁)材하여 視棟宇之制의 高深，圓方，短長之宜하여 吾指使而群工役焉하나니 捨我면 衆莫能就一宇라 故로 食〈於〉官府에 吾受祿이 三倍하고 作於私家에 吾收其直(値) 太半焉이로라 他日에 入其室하니 其牀이 闕足이로되 而不能理하고 日 將求他工이라하여늘 余甚笑之하여 謂其無能而貪祿嗜貨者라호라

裵封叔의 집이 光德里에 있었는데, 梓人(도목수)이 그 문을 두드리고 빈 집을 세내어 거처할 것을 원하였다. 그가 맡고 있는 것은 尋引과 規矩와 繩墨이요, 집에는 숫돌과 끌의 기구를 쌓아놓지 않았다. 그 재능을 물으니, 대답하기를 "나는 재목을 잘 헤아려 棟宇(들보와 기둥)의 제도에 높고 깊음과 방형과 원형, 짧고 긴 것의 적당함을 보아 내 손가락으로 지시하면 여러 工人들이 일하니, 내가 아니면 여러 사람들은 한 채의 집도 성취하지 못한다. 그러므로 官府에서 녹을 먹을 적에 내가 녹을 받는 것이 3배나 되고, 私家에서 일할 적에 그 값을 거둠이 태반이나 된다."하였다. 후일에 그 집에 들어가보니, 牀이 발이 부러져 있었으나 이것을 수리하지 못하고는 "장차 다른 목공을 구하겠다." 하였다. 나는 심히 비웃으며 재능이 없으면서 녹만 탐하고 재물을 좋아하는 자라고 생각했었다.

譯註 1. 尋引規矩繩墨：8尺을 尋, 1丈(10尺)을 引이라 하는 바, 긴 자와 짧은 자를 이르며 規는 둥근 것을 그리는데 사용하는 자이고 矩는 曲尺이다. 繩은 먹줄이며 墨은 먹통이다.

其後에 京兆尹이 將飾官署할새 余往過焉하니 委群材하고 會衆工하여 或執斧斤하고 或執刀鋸하여 皆環立嚮之라 梓人이 左(執)〔持〕引하고 右執杖하여 而中處焉하여 量棟宇之任하고 視木之能擧하여 揮其杖曰斧하라하면 彼執斧者奔而右하고 顧而指曰鋸하라하면 彼執鋸者趨而左하여 俄而요 斤者斲하고 刀者削하되 皆視其色하고 俟其言하여 莫敢自斷者요 其不勝任者는 怒而退之호되 亦莫敢慍焉이라 畫宮於堵하되 盈尺而曲盡其制하고 計其毫釐而構大廈하여 無進退焉이라 既成에 書于上棟曰 某年某月〈某日〉某建이라하니 則其姓字也요 凡執用之工은 不在列이러라 余圜視大駭하고 然後에 知其術之工이 大矣로라

그 후에 京兆尹이 장차 官署를 꾸밀 적에 내가 지나가다가 방문하니, 여러 재목을 쌓아놓고 여러 목수들을 모아, 혹은 도끼와 자귀를 잡고 혹은 칼과 톱을 잡고는 모두 둘러서서 그를 향해 있었다. 梓人이 왼쪽에는 자를 잡고, 오른쪽에는 지휘봉을 잡고는

尋：여덟자 심　引：열길 인　礱：갈 롱　斲：깎을 착　過：방문할 과　委：쌓을 위
斤：자귀 근　鋸：톱 거　削：깎을 삭　釐：푼 리　廈：큰집 하　圜：두를 환

한가운데 처하여 棟宇의 감을 헤아리고 나무가 능히 지탱할 수 있는가를 살펴보아 지휘봉으로 지휘하기를 "도끼질을 하라."하면 저 도끼를 잡은 자가 달려가 오른쪽에 서고, 돌아보면서 가리키기를 "톱질을 하라."하면 저 톱을 잡은 자가 왼쪽으로 달려갔다. 얼마후 자귀를 잡은 자는 나무를 깎고 칼을 잡은 자는 나무를 대패질하되 모두 그의 얼굴빛을 살피고 그의 말을 기다려 감히 스스로 결단하는 자가 없었고, 임무를 감당하지 못하는 자는 노하여 물리치되 또한 감히 성내지 못하였다. 집의 설계도를 담장에 그려 놓았는데, 한 자 남짓하였는데도 그 제도를 곡진히 다하였고, 毫釐를 계산하여 큰 집을 구성해서 나아가거나 물러남(오차)이 없었다. 이미 완성되자, 높은 들보에 쓰기를 "모년 모월 모일에 아무가 건축했다."하였으니, 바로 그의 성명이었고 무릇 집행하여 일한 工人들은 그 열에 들어 있지 않았다. 나는 둘러보고 크게 놀랐으며 그런 뒤에야 그 기술의 공교로움이 큼을 알았노라.

繼而歎曰 彼將捨其手藝하고 專其心智하여 而能知體要者歟인저 吾聞勞心者는 役人하고 勞力者는 役於人이라하니 彼其勞心者歟인저 能者用而智者謀라하니 彼其智者歟인저 是足爲佐天子, 相天下法矣니 物莫近乎此也로다 彼爲天下者는 本於人하니 其執役者는 爲徒隷, 爲鄕師里胥요 其上은 爲下士요 又其上은 爲中士, 爲上士요 又其上은 爲大夫, 爲卿, 爲公하여 離而爲六職이요 判而爲百役이라 外薄四海하여는 有方伯, 連帥하고 郡有守하고 邑有宰로되 皆有佐政하고 其下는 有胥(史)〔吏〕하고 又其下는 〈皆〉有嗇夫, 版尹하여 以就役焉하니 猶衆工之各有執伎하여 以食力也라

나는 이어 다음과 같이 탄식하였다.

"저 사람은 장차 손재주를 버리고 마음의 지혜를 오로지하여 體要를 아는 자일 것이다. 내 들으니, '마음을 수고롭게 하는 자는 남을 부리고 힘을 수고롭게 하는 자는 남에게 부림을 당한다.' 하였으니, 저는 그 마음을 수고롭게 하는 자일 것이다. '능한 자는 쓰임이 되고 지혜로운 자는 도모한다.' 하였으니, 그 지혜로운 자일 것이다. 이는 족히 天子를 보좌하여 천하를 돕는 이의 법이 될 만하니, 일이 이보다 더 가까운 것이 없다. 저 천하를 다스리는 자는 남에게 근본하니, 일을 잡는 자는 徒隷가 되고 鄕師와 里胥가 되고, 그 위는 下士가 되고, 또 그 위는 中士가 되고 上士가 되고, 또 그 위는 大夫가 되고 卿이 되고 公이 되어, 나뉘어 六職(六曹)이 되고 갈라져 백 가지 일이 된다. 밖으로 四海에 이르러는 方伯(觀察使)과 連帥(節度使)가 있고 郡에는 郡守가 있고 邑에는 邑宰가 있는데, 모두 佐政(부관)이 있고 그 아래는 胥吏가 있고 또 그 아래에는 嗇夫와 版尹이 있어 일을 이루니, 여러 목수들이 각기 잡은 기예가 있어 노력의 대가로 녹을 먹는 것과 같은 것이다.

隷 : 종 례　胥 : 아전 서　薄 : 이를 박　嗇 : 인색할 색

彼佐天子相天下者 擧而加焉하고 指而使焉하여 條其綱紀而盈縮焉하며 齊其法(度)〔制〕而整頓焉하니 猶梓人之有規矩繩墨하여 以定制也요 擇天下之士하여 使稱其職하며 居天下之人하여 使安其業하여 視都知野하고 視野知國하며 視國知天下하여 其遠邇細大를 可手據其圖而究焉하니 猶梓人이 畫宮於堵而績于成也요 能者를 進而由之하되 使無所德하고 不能者를 退而休之호되 亦莫敢慍하며 不衒能하고 不矜名하며 不親小勞하고 不侵衆官하여 日與天下之英才로 討論其大經하니 猶梓人之善運衆工而不伐藝也라 夫然後에 相道得而萬國理矣니라

저 天子를 보좌하여 천하를 돕는 자는 인재를 들어서 높은 자리에 앉히고 지휘하여 부려서 紀綱을 조리하여 가득히 하기도 하고 줄이기도 하며 법도를 가지런히 하여 정돈하니, 이는 梓人이 規矩·繩墨을 두어 제도를 정하는 것과 같으며, 천하의 선비를 뽑아 그 직책에 걸맞게 하며 천하의 사람들을 편안히 살게 하여 그 業을 편안히 하여, 도시를 보면 시골을 알고 시골을 보면 서울을 알며 서울을 보면 천하를 알아, 멀고 가까움과 작고 큼을 손으로 그림을 대조하여 규명하듯이 하니, 이는 梓人이 집을 담장에 그려 놓고서 완성의 공적을 이루는 것과 같으며, 능한 자를 進用하여 행하게 하되 은덕으로 여기는 바가 없고, 능하지 못한 자를 물리쳐 쉬게 하되 또한 감히 성내지 못하며, 재능을 자랑하지 않고 명예를 자랑하지 않으며 자질구레한 일을 직접하지 않고 여러 관직의 임무를 침탈하지 않으면서 날마다 천하의 영재들과 大經·大法을 토론하니, 이는 梓人이 여러 공인들을 잘 운용하고 자기 才藝를 자랑하지 않는 것과 같다. 그런 뒤에야 宰相의 道에 맞아 萬國이 다스려지는 것이다.

相道旣得하고 萬國旣理어든 天下擧首而望曰 吾相之功也라하고 後之人이 循跡而慕曰 彼相之才也라하니 士或談殷周之理者曰 伊, 傅, 周, 召요 其百執事之勤勞는 而不得紀焉하니 猶梓人이 自名其功而執用者不列也라 大哉라 相乎여 通是道者는 所謂相而已矣니라 其不知體要者는 反此하여 以恪勤爲(公)〔功〕하고 〈以〉簿書爲尊하며 衒能, 矜名하고 親小勞, 侵衆官하여 竊取六職百役之事하여 (听听)〔齗齗〕於府庭而遺其大者遠者焉하니 所謂不通是道〈者〉也라 猶梓人而不知繩墨之曲直과 規矩之方圓과 尋引之短長하고 姑奪衆工之斧斤刀鋸하여 以佐其藝하며 又不能備其工하여 以至敗績用而無所成也하니 不亦謬歟아

재상의 道에 이미 맞고 만국이 이미 다스려지면 천하 사람들이 모두 머리를 들고 바라보면서 말하기를 '우리 재상의 功이다.' 하고, 後人들은 자취를 따르면서 흠모하기를 '저는 재상의 재질이다.' 할 것이다. 선비로서 혹 殷나라와 周나라의 훌륭한 정치

縮 : 줄일 축　頓 : 정돈 돈　稱 : 걸맞을 칭　由 : 행할 유　衒 : 자랑할 현　伐 : 자랑할 벌
恪 : 삼갈 각　簿 : 장부 부　齗 : 말다툼할 은　姑 : 우선 고　謬 : 그릇될 류

를 말하는 자들이 伊尹·傳說(부열)과 周公·召公을 말하고 여러 執事들의 근로는 기록하지 않으니, 이는 梓人이 스스로 그 功을 이름하고, 집행하여 일한 자들의 이름은 나열되지 않는 것과 같다. 위대하다! 재상이여. 이 道를 통달한 자는 이른바 재상일 뿐이다. 그 體要를 알지 못하는 자는 이와 반대여서 조심하고 부지런함을 功으로 여기고 문서를 잘 기록함을 높음으로 여기며, 재능을 자랑하고 명성을 자랑하며, 자질구레한 일을 직접 하고 여러 관직의 임무를 침탈하여, 六職과 여러 使役들의 일을 절취하여 府庭에서 다투면서 큰 것과 원대한 것은 버리니, 이른바 이(재상) 道를 통하지 못했다는 것이다. 이는 梓人으로서 繩墨의 굽음과 곧음, 規矩의 네모짐과 둥긂, 尋引의 짧음과 긴 것을 알지 못하고 우선 여러 공인들의 도끼와 자귀와 칼과 톱을 빼앗아 자기의 재주를 돕게 하며, 또 그 工作을 구비하지 못하여 績用(業績)을 패함에 이르러 완성하는 바가 없는 것과 같으니, 잘못이 아니겠는가."

或曰 彼主爲室者 儻或發其私智하여 牽制梓人之慮하며 奪其世守하고 而道謀를 是用이면 雖不能成功이나 豈其罪耶아 亦在任之而已니라 余曰 不然하다 夫繩墨을 誠陳하고 規矩를 誠設이면 高者를 不可抑而下也요 狹者를 不可張而廣也니 由我則固하고 不由我則圮어늘 彼將樂去固而就圮也인댄 則卷其術하고 默其智하여 悠爾而去하여 不屈吾道가 是誠良梓人耳라 其或嗜其貨利하여 忍而不能捨也하며 喪其制量하여 屈而不能守也하고 棟撓屋壞어든 則曰非我罪也라하면 可乎哉아 〈可乎哉아〉 余謂梓人之道 類於相이라 故로 書而藏之하니 梓人은 [1]蓋古之審曲面勢者니 今謂之都料匠云이라 余所遇者는 楊氏요 潛其名이라

혹자는 말하기를 "저 집 짓는 것을 주관하는 자가 혹시라도 사사로운 지혜를 발휘하여 梓人의 생각을 견제하며 梓人이 대대로 지켜온 법을 빼앗고, 길가는 사람의 계책을 쓴다면 비록 성공하지 못하더라도 어찌 그의 죄이겠는가? 이는 또한 그 맡김에 달려있을 뿐이다." 하였다. 이에 나는 다음과 같이 대답하였다.

"그렇지 않다. 繩墨을 참으로 진열하고 規矩를 참으로 설치했다면, 높은 것을 억제하여 낮출 수가 없고 좁은 것을 펴서 넓힐 수가 없으니, 내 방법대로 하면 집이 견고하고 내 방법대로 하지 않으면 집이 무너질 터인데, 저 집주인이 장차 견고함을 버리고 무너지는 데로 나아가기를 좋아한다면, 기술을 거두고 지혜를 침묵하여 유유히 떠나가 자기의 道를 굽히지 않는 것이 이것이 참으로 훌륭한 梓人인 것이다. 혹시라도 貨利를 좋아하여 차마 버리지 못하며 그 제도와 헤아림을 잃어 자기의 道를 굽히고 지켜내지 못하고는 들보가 흔들리고 집이 파괴되거든 '내 죄가 아니다' 라고 한다면 이것이 可하겠는가. 이것이 可하겠는가."

儻 : 혹시 당　狹 : 좁을 협　圮 : 무너질 비　悠 : 한가할 유　爾 : 그러할 이　棟 : 들보 동
撓 : 흔들릴 요　審 : 살필 심　都 : 거느릴 도　料 : 헤아릴 료　匠 : 공인 장

내가 생각컨대, 梓人의 道는 재상과 유사하다. 그러므로 이것을 써서 보관하니, 梓人은 옛날에 曲直과 面勢를 살핀다는 자로서 지금에는 都料匠(都木手)이라 이른다. 내가 만난 사람은 楊氏요, 그 이름은 潛이다.

譯註 1. 古之審曲面勢者：曲은 曲直으로, 이 내용은 「周禮」《考工記》에 보인다.

與韓愈論史書　　柳宗元

(韓愈에게 보낸 史官을 논한 편지)

迂齋云 掊擊辨難之體 沈著痛快로다

○ 退之爲史官에 柳子厚, 劉秀才皆勉以作史라 柳書首云 前獲書言史事라하니 退之集中에 與柳子之書不存이요 所存者는 答劉秀才論史書니 今載外集하니라

○ 云辱問教하니 勉以所宜務라 愚以爲 凡史氏褒貶大法은 春秋已備之矣니 後之作者在據事跡實錄이면 則善惡自見이라 然此尚非淺陋偸惰者所能就어든 況褒貶邪아 孔子는 聖人이시되 作春秋하여 辱於魯衛陳宋齊楚하고 卒不遇而死하시며 齊大(太)史氏는 兄弟幾盡하고 左丘明은 紀春秋時事하여 以失明하고 司馬遷은 作史記하여 刑誅하고 班固는 瘦死하고 陳壽는 起又廢하여 卒亦無所至하고 王隱은 謗退死家하고 習鑿齒는 無一足하고 崔浩, 范曄亦誅하고 魏收夭絕하고 宋孝王誅死하며 足下所稱吳兢도 亦不聞身貴러니 而今其後有聞也라 夫爲史者는 不有人禍면 則有天刑하니 豈可不畏懼而輕爲之리오 唐有天下二百年에 聖君賢相이 相踵하고 其餘文武之士立功名하여 跨越前後者 不可勝數하니 豈一人卒卒能紀而傳之邪아 僕年志已就衰退하여 不可自敦率이라 宰相이 知其無他才能하여 不足用이나 哀其老窮齟齬而無所合하여 不欲令四海內有戚戚者일새 猥言之上하여 苟加一職榮之耳니 非必督責迫蹙하여 令就功役也라 賤不敢逆盛指하여 行且謀引去리라 夫聖唐鉅跡과 及賢士大夫事는 皆磊磊軒天地하여 決不沈沒이요 今館中非無人하니 將必有作者勤而纂之리라 後生可畏니 安知不在足下리오 亦宜勉之하라

○ 讀退之此書然後에 讀子厚此書면 皆是排闢退之書中所說 意了然矣라 居其職이면 則宜稱其職이니 柳之以史事責韓과 與韓之以諫責陽城이 一也라 以韓之平生剛正으로 而有不敢作史之失하니 受責何疑리오 然卒能成順宗實錄五卷하니 亦可以塞責矣라 與陽城救陸贄, 沮延齡으로 略足相當하니 能補過如此하니 何損二子之賢哉아 亦朋友責善之力也니라

迂齋가 말하였다. "掊擊(공격)하고 논란하는 체제가 침착하고 통쾌하다."

掊：칠 부　著：붙을 착　褒：기릴 포　貶：깎을 폄　偸：경박할 투　瘦：파리할 수
曄：빛날 엽　踵：이을 종　齟：어긋날 서　齬：어긋날 어　磊：돌쌓일 뢰

○ 韓退之가 史官이 되자, 柳子厚와 劉秀才가 모두 史冊을 지으라고 권면하였다. 柳子厚가 보낸 편지의 첫부분에 "지난번 편지를 받아보니 史冊의 일을 말했다." 하였는데, 韓退之의 문집에는 柳子厚에게 준 편지는 들어 있지 않고, 들어 있는 것은 劉秀才에게 답하여 史冊을 논한 것이 있으니, 이제 外集에 실려 있다.

○ 劉秀才에게 답한 편지는 다음과 같다.

"물음과 가르침을 받아 보니 마땅히 힘써야 할 내용을 권면하였다. 나는 생각건대 모든 史官의 褒貶하는 큰 법은 「春秋」에 이미 갖추어져 있으니, 후세의 作者가 事蹟을 근거하여 사실대로 기록하면 善과 惡이 저절로 나타나는 것이다. 그러나 이것도 淺陋하고 게으른 자가 성취할 수 있는 것이 아닌데, 하물며 褒貶에 있어서랴. 孔子는 聖人이셨으나 「春秋」를 짓고서 魯·衛·陳·宋·齊·楚에서 곤욕을 당하고 끝내 불우하게 별세하셨으며, 齊나라 太史氏는 형제가 거의 다 죽었고, 左丘明은 春秋時代의 일을 기록하여 이 때문에 失明하였으며, 司馬遷은 「史記」를 짓고서 형벌을 받았고, 〈「漢書」를 지은〉 班固는 수척하여 죽었으며, 〈「三國志」를 지은〉 陳壽는 등용되었다가 廢黜을 당하여 끝내 또한 이른 바가 없었고, 〈「晉書」를 지은〉 王隱은 비방을 받고 물러나 집에서 죽었으며, 〈「漢晉春秋」를 지은〉 習鑿齒는 발 하나가 잘려 없어졌고, 〈「魏史」를 지은〉 崔浩와 〈「後漢書」를 지은〉 范曄은 또한 처형되었으며, 〈「魏書」를 지은〉 魏收는 요절하였고, 宋孝王은 처벌을 받아 죽었으며, 足下가 칭찬한 〈「則天實錄」 등을 지은〉 吳兢 또한 몸이 귀했다는 말을 듣지 못했는데 이제 그 후손이 알려진 것이다. 史冊을 짓는 자는 사람의 원망이 있지 않으면 하늘의 형벌이 있으니, 어찌 두려워하지 않고 가볍게 짓겠는가? 唐나라가 천하를 소유한 지 2백 년에 聖君과 賢相이 서로 이어졌고, 기타 文武의 선비로서 功名을 세워 전후에 뛰어난 자가 이루 셀 수 없으니, 어찌 한 사람이 졸연히 기록하여 전할 수 있겠는가.

나는 나이와 의욕이 이미 쇠퇴하여 스스로 분발할 수 없다. 재상은 내가 다른 재능이 없어 등용할 수 없음을 알았으나 늙고 궁하며 세상과 어긋나 합하는 바가 없음을 가엾게 여겨 四海의 안에 戚戚한 자가 있게 하고자 하지 않았으므로 외람되게 황제에게 말하여 구차히 한 직책을 가하여 영화롭게 하였을 뿐이니, 반드시 督責하고 다그쳐서 功役(일)을 이루게 하려고 한 것은 아니다.

천한 나는 그대의 훌륭한 뜻을 거역할 수 없으니, 장차 몸을 이끌어 떠나갈 것을 도모하려 한다. 聖스러운 唐나라의 큰 자취와 어진 士大夫의 일은 모두 우뚝히 천지에 드러나 있어서 결코 침몰하지 않을 것이요, 지금 史館 안에도 인재가 없지 않으니, 장차 반드시 史冊을 지을 자가 있어 부지런히 편찬할 것이다. 後生이 두려우니, 이 책임이 어찌 足下에게 있지 않음을 알겠는가? 足下도 또한 마땅히 힘써야 할 것이다."

○ 退之의 이 편지를 읽은 뒤에 子厚의 이 편지를 읽어보면 모두 韓退之의 편지에 말한 것을 배척한 뜻이 분명하다. 그 직책에 있으면 마땅히 그 직책에 걸맞아야 하

니, 柳子厚가 史册을 짓는 일로 韓退之에게 책한 것과 韓退之가 간하는 일로 陽城에게 책한 것은 똑같다. 韓退之의 평생 剛正함으로도 감히 史册을 짓지 못하는 잘못이 있었으니, 꾸짖음을 받음을 어찌 의심하겠는가? 그러나 끝내 「順宗實錄」 5권을 지었으니, 또한 책임을 다했다 할 것이다. 陽城이 陸贄를 구원하고 裵延齡을 저지한 일과 대략 상당하는 바, 잘못을 보충함이 이와 같으니, 두 분의 어짊에 어찌 減損이 되겠는가. 또한 붕우간에 責善한 힘인 것이다.

前獲書하니 言史事云 具與劉秀才書라하더니 及今〈乃〉見書藁하니 私心甚不喜로라 與退之往年言史事로 甚大謬하니 若書中言인댄 退之不宜一日在館下니 安有探宰相意하여 以爲苟以史筆로 榮一韓退之邪아 若果爾면 退之豈宜虛受宰相榮己하여 而冒居館下近密地하여 食奉養하고 役使掌故하며 利紙筆爲私書하여 取以供子弟費리오 古之〈有〉志於道者는 不宜若是니라

지난번 편지를 받으니, 史官에 대한 일을 말하면서 劉秀才에게 준 편지에 자세히 말했다 하더니, 이제 書稿를 보니, 사사로운 마음에 심히 기쁘지 않노라. 내가 退之와 더불어 지난해에 史官의 일에 대해 말한 것과 크게 틀리니, 만약 편지 가운데의 말과 같을진댄 退之는 하루라도 史館의 아래에 있어서는 안된다. 어찌 재상의 뜻을 逆探하여 구차히 史筆로써 한 韓退之를 영화롭게 한 것이라고 말할 수 있겠는가. 만일 과연 그렇다면 退之는 어찌 재상이 자기를 영화롭게 해주는 것을 헛되이 받고서 史館의 아래 군주와 가까운 곳에 무릅쓰고 거하여 봉양을 먹고 掌故(故事를 많이 아는 자)들을 부리며 紙筆을 이용하여 사사로운 책을 만들어, 취하여 子弟들의 비용에 공급한단 말인가. 옛날의 道에 뜻이 있는 자는 이와 같지 않았을 것이다.

且退之以爲紀錄者는 有刑禍라하여 避不肯就하니 尤非也라 史以名爲褒貶이라도 猶且恐懼不敢爲인댄 設使退之爲御史中丞大夫면 其褒貶成敗人이 愈益顯이라 其宜恐懼尤大也리니 則又將揚揚入臺府하여 美食安坐하고 行呼唱於朝廷而已邪아 在御史猶爾어든 設使退之爲宰相이면 生殺出入升黜天下士하여 其敵益衆하리니 則又將揚揚入政事堂하여 美食安坐하고 行呼唱於內庭外衢而已邪아 何以異不爲史而榮其號, 利其祿者也리오

또 退之는 이르기를 "역사를 기록하는 자는 형벌과 화가 있다 하여 피하고 즐겨 이루려 하지 않으니, 더더욱 잘못이다. 史官은 〈사람을 포폄함에 있어 실제의 사람은 이미 죽었고 단지 그가 남긴 이름을 가지고 포폄을 할 뿐인데〉 이름으로써 褒貶을 하더라도 오히려 두려워하여 감히 하지 못할진댄, 가령 退之가 御史中丞과 御史大夫가 된

藁 : 초고 고　謬 : 그릇될 류　探 : 찾을 탐　冒 : 무릅쓸 모　掌 : 맡을 장　愈 : 더욱 유
唱 : 부를 창　升 : 오를 승　黜 : 내칠 출　衢 : 네거리 구

다면 사람을 褒貶하고 成敗함이 더욱 드러날 것이니, 그 두려움이 더욱 클 것이다. 그렇다면 또 장차 揚揚하게 御史臺府에 들어가 아름다운 음식을 먹고 편안히 앉아 呼唱을 조정에서 행할 뿐이겠는가. 御史의 경우에 있어서도 오히려 그러한데 가령 退之가 宰相이 된다면 천하의 선비들을 살리고 죽이며 내고 들이며 승진시키고 축출하여 그 적이 더욱 많아질 것이니, 그렇다면 또 장차 양양하게 政事堂에 들어가 아름다운 음식을 먹고 편안히 앉아 呼唱을 內庭과 外衢에서 행할 뿐이겠는가. 어찌 역사책을 만들지 않고서 그(史官) 이름을 영화롭게 여기고 그(史官) 녹을 이롭게 여기는 것과 다르겠는가."

又言不有人禍면 必有天刑이라하여 若以罪夫前古之爲史者然하니 亦甚惑이로다 凡居其位하여는 思直其道니 道苟直이면 雖死라도 不可回也요 如回之인댄 莫若亟去其位니 孔子之困于魯衛陳宋蔡齊楚者(是也)는 其時暗諸侯不能以也일새니 其不遇而死는 不以作春秋故也라 當是時하여 雖不作春秋라도 孔子猶不遇而死也시리라 若周公史佚은 雖紀言書事나 猶遇且顯也하니 又不得以春秋로 爲孔子累니라 范曄은 悖亂하니 雖不爲史라도 其宗族亦(誅)〔赤〕이요 司馬遷은 觸天子喜怒하고 班固는 不檢下하고 [1]崔浩는 沽其直하여 以鬪暴虜하니 皆非中道며 左丘明은 以疾盲하니 出於不幸이라 子夏는 不爲史라도 亦盲하니 不可以是爲戒니 其餘皆不出此라 是退之宜守中道하여 不忘其直이요 無以他事自恐이니 退之之恐은 惟在不直不得中道요 刑禍는 非所恐也니라

〈退之는〉 또 말하기를 "사람의 화가 있지 않으면 반드시 하늘의 형벌이 있다."하여, 마치 前古에 역사책을 만든 자를 나무라는 듯하니, 또한 매우 의혹스러운 일이다. 무릇 그 지위에 거해서는 그 道를 곧게 할 것을 생각하여야 하니, 道가 만일 곧다면 비록 죽더라도 굽히지 말아야 할 것이요, 만일 굽히게 되면 빨리 그 지위를 떠나는 것만 못하다. 孔子께서 魯·衛·陳·宋·蔡·齊·楚에서 곤액을 당하신 것은 그때 어두운 제후들이 능히 쓰지 못하였기 때문이니, 孔子께서 不遇하게 죽은 것이 「春秋」를 지었기 때문은 아니다. 이 때를 당하여 孔子께서 비록 「春秋」를 짓지 않으셨더라도 오히려 불우하게 죽었을 것이다. 周公과 史佚(史官인 尹佚)로 말하면 비록 말을 기록하고 역사 사실을 썼으나 오히려 때를 만나고 또 드러났으니, 또 「春秋」를 孔子의 累로 삼을 수는 없는 것이다. 「後漢書」를 지은 范曄은 悖亂하였으니, 비록 史書를 만들지 않았더라도 그 宗族이 또한 주벌을 당했을 것이요, 「史記」를 지은 司馬遷은 天子의 喜怒를 저촉하였고, 「漢書」를 지은 班固는 아랫사람들을 단속하지 못하였고, '魏史'를 지은 崔浩는 자기의 정직함을 자랑하여 사나운 오랑캐와 싸웠으니, 모두 中道가 아

亟：빠를 극　以：쓸 이　佚：편할 일　曄：빛날 엽　赤：벨 적　沽：자랑할 고
虜：오랑캐 로

니다. 「春秋左傳」을 지은 左丘明은 병으로써 눈이 멀었으니, 不幸에서 나온 것이다. 子夏는 史書를 만들지 않았어도 또한 눈이 멀었으니, 이것을 가지고 경계를 삼을 수 없으니, 그 나머지도 모두 여기에서 벗어나지 않는다. 退之는 마땅히 中道를 지켜 그 곧음을 잊지 말 것이요, 다른 일로써 스스로 두려워하지 말 것이니, 退之가 두려워할 것은 오직 곧지 못하고 中道를 얻지 못함에 있을 뿐이요, 형벌과 화는 두려워할 바가 아니다.

譯註 1. 崔浩 : 南北朝時代 北魏의 사람으로 太武帝의 명령을 받아 國史를 편수하면서 太武帝의 祖上의 不美스러운 일을 밝혔다가 太武帝의 노여움을 사 처형되었으므로 말한 것이다.

凡言二百年文武士多는 有誠如此者어니와 今退之曰 我一人也何能明이리오하면 則同職者又所云이 若是하고 後來繼今者又所云이 若是하여 人人皆曰 我一人이라하면 則卒誰能紀傳之邪아 如退之는 但以所聞知로 孜孜不敢怠하고 同職者와 〈及〉後來繼今者亦各以所聞知로 孜孜不敢怠하면 則庶幾不墜하여 使卒有明也어니와 不然하여 徒信人口語하여 每每異辭하여 日以滋久면 則所云磊磊軒天地者 決〈未〉必不沈没이요 且亂雜無可考하리니 非有志者所忍恣也라 果有志면 豈當待人督責迫蹙然後에 爲官守邪아

무릇 2백 년 동안 文武의 선비가 많이 있다고 말한 것은, 진실로 그와 같거니와 이제 退之가 말하기를 "나 한 사람이 어찌 능히 밝힐 수 있겠는가." 한다면, 함께 같은 직책에 있는 자들이 또 말하는 바가 이와 같고, 後來로서 지금을 계승하는 자들이 또 말하는 바가 이와 같아, 사람사람마다 모두 나 한 사람이라고 한다면 끝내 누가 이것을 기록하여 전한단 말인가. 만약 退之가 다만 듣고 아는 바로써 부지런히 부지런히 기록하고 게을리 하지 않으며, 같은 직책에 있는 자와 후래로서 지금을 계승하는 자들 또한 각기 듣고 아는 바로써 부지런히 부지런히 기록하고 게을리 하지 않는다면, 행여 〈史官의 직분이〉 실추되지 아니하여 끝내 밝힐 수가 있을 것이다.

그렇지 않고 다만 남이 전하는 말을 믿어, 그때마다 말을 달리하여 시일이 더욱 오래된다면 退之가 말한 바 '〈聖스러운 唐나라의 큰 자취와 어진 士大夫의 일은 모두〉 우뚝하게 天地에 드러나 있다'는 것도 결코 반드시 침몰되지 않을 수 없을 것이요, 또 난잡해져 상고할 수가 없을 것이니, 뜻이 있는 자가 차마 그대로 내버려 둘 수 있는 바가 아니다. 과연 뜻이 있다면 어찌 남이 督責하고 재촉하기를 기다린 뒤에 맡은 관직을 수행하겠는가.

孜 : 부지런할 자　滋 : 더욱 자　軒 : 높을 헌　迫 : 핍박할 박　蹙 : 재촉할 축

又凡鬼神事는 眇茫荒惑하여 無可準하니 明者所不道라 退之之智로도 而猶懼於此하니 今學如退之하고 辭如退之하며 好言論이 如退之하고 慷慨自謂正直行行焉이 如退之로되 猶所云이 若是면 則唐之史述이 其卒無可託乎아 明天子, 賢宰相이 得史才如此로되 而又不果하면 甚可痛哉인저 退之는 宜更思하여 可爲어든 速爲요 果卒以爲恐懼不敢이어든 則一日可引去니 又何以云行且謀也리오 今當爲而不爲하고 又(誘)〔諉〕館中他人及後生者하니 此大惑已라 不勉己而欲勉人이면 難矣哉라

또 모든 鬼神에 대한 일은 아득하고 荒惑하여 기준할 수가 없으니, 지혜가 밝은 자는 말하지 않는 바이다. 退之의 지혜로도 오히려 이것을 두려워하니, 이제 학문이 退之와 같고 문장이 退之와 같고 言論을 좋아함이 退之와 같고 慷慨하여 스스로 정직하고 行行(剛健)하다고 여김이 退之와 같은데도 오히려 말하는 바가 이와 같다면 唐나라의 역사를 기술함은 그 끝내 부탁할 만한 사람이 없단 말인가. 밝은 天子와 어진 宰相이 사관의 재주를 얻음이 이와 같은데도 또 결행하지 못하니, 매우 애통스러운 일이다. 退之는 마땅히 다시 생각하여, 할 만하거든 빨리 하고 결국 끝내 두려워서 감히 할 수 없다고 여겨지거든 당장이라도 몸을 이끌어 떠날 것이니, 또 어찌 行且(장차) 도모한다고 말한단 말인가? 이제 마땅히 해야 하는데도 하지 않고 또 館中의 타인과 後生들에게 미루니, 이는 크게 미혹된 것이다. 자기는 힘쓰지 않고 남에게 힘쓰게 하니, 어려운 일이다.

元和八年三月乙亥에 國子博士韓愈 遷比部郎中史館修撰하다 先是에 愈數黜官하고 又下遷한대 乃作進學解以自喩러니 執政覽之하고 以其有史才라 故除是官이라 制詞曰 太學博士韓愈 學術精博하고 文力雄健하여 立詞措意 有班馬之風하니 求之一時에 甚不易得이라 加以性方道直하여 介然有守하여 不交勢利하고 自致名望하니 可使執簡하여 列爲史官이니 記事書法이 必無所苟리라 仍遷郎位하여 用示褒升이라하니 白居易詞也라 觀此면 豈可謂宰相苟加史職榮之邪아

元和 8年 3月 乙亥에 國子博士 韓愈가 比部郎中 史館修撰으로 전직되었다. 이보다 앞서 韓愈는 여러 차례 관직에서 축출되고 또 左遷되자 마침내 進學解를 지어 스스로 비유하였는데, 執政大臣이 이를 보고 史官의 재주가 있다고 여겼으므로 이 관직을 제수한 것이다. 그에게 관직을 제수하는 制詞에 이르기를 '太學博士 韓愈는 학술이 정하고 博學하며 문장력이 雄健하여 글을 쓰고 뜻을 나타냄에 班固와 司馬遷의 기풍이 있으니, 한 시대에 찾아봄에 얻기가 쉽지 않다. 더구나 성품이 방정하고 道를 정직하게 지켜서 勢利와 사귀지 않고 스스로 名望을 이루었는바, 竹簡을

眇 : 아득할 묘　茫 : 아득할 망　準 : 표준할 준　道 : 말할 도　痛 : 슬플 통
諉 : 핑계할 위　黜 : 쫓겨날 출

잡아 史官이 되게 할 만하니, 일을 기록하는 書法이 반드시 구차한 바가 없을 것이다. 인하여 郎의 지위로 승진시켜 표창하여 올림을 보인다.' 하였으니, 이는 白居易가 지은 글이다. 이를 본다면 어찌 宰相이 구차히 史職을 가하여 영화로이 했다고 이를 수 있겠는가.

答韋中立書　　柳宗元

(韋中立에게 답한 편지)

迂齋曰 觀後面三節하면 則子厚平生用力於文字之功을 一一可考라 韓退之, 老蘇, 陳後山 凡以文名家者 人人皆有經歷하니 但各有入頭處與自得處耳라

○ 古云 師臣者帝요 能自得師者王이라하니 帝王猶必有師어든 況學者乎아 唐世에 人不事師하니 最風俗不古處라 韓文公師說에 已歎之矣요 柳子厚此書所云은 尤可歎也라 師道之立이 莫盛於宋하니 周程張朱出而師友淵源이 上接魯鄒하니 卓哉라 李唐之陋 至是一洗矣라 此篇은 雖辭爲師之名이나 而告以平生用功及所得之辭하니 已示以爲師之實이라 然所云者作文耳요 雖以道爲說이나 而學道徒以作文하니 師道之實이 如是而已乎아

○ 此篇所云은 見柳子作文用功之本領하니 求之六經左莊屈馬가 大略相似라 此韓柳所以方駕並驅也니라

迂齋가 말하였다. "뒤의 세 節을 보면 柳子厚가 평생 동안 文字에 힘을 쓴 공력을 일일이 상고할 수 있다. 韓退之(韓愈)·老蘇(蘇洵)·陳後山(陳師道) 등 문장으로 名家가 된 모든 사람들이 누구나 다 공부한 경력이 있었는데, 단 각기 처음 들어간 곳과 自得한 곳이 있을 뿐이다."

○ 옛말에 이르기를 "신하를 스승으로 삼는 자는 皇帝가 되고, 스스로 스승을 얻는 자는 王者가 된다." 하였으니, 帝王도 오히려 반드시 스승이 있었는데 하물며 배우는 자에 있어서랴. 唐나라 때에는 사람들이 스승을 섬기지 않았으니, 이는 풍속이 가장 옛스럽지 못한 것이다. 韓文公의 '師說'에서 이미 이것을 탄식하였고, 柳子厚의 이 글에 말한 것은 더더욱 한탄스럽다. 師道의 확립은 宋나라보다 성한 적이 없으니, 周子·程子·張子·朱子가 나옴에 師友의 淵源이 위로 魯(孔子)·鄒(孟子)에 이어졌으니, 훌륭하다. 李唐의 누추함이 이 때에 이르러 깨끗이 씻어졌다. 이 편은 비록 스승이라는 이름을 사양하였으나 평생 공력을 쓴 것과 터득한 바의 말을 고해주었으니, 이미 스승의 실재를 보여준 것이다. 그러나 여기에서 말한 것은 文章을 짓는 방법일 뿐이요, 비록 道를 말하였으나 道를 배움이 다만 문장을 짓는데 쓸 뿐이니, 師道의 실재가 이와 같을 뿐이겠는가?

鄒 : 땅이름 추　卓 : 우뚝할 탁　駕 : 멍에할 가　驅 : 몰 구

○이 篇에 말한 것은 柳子厚가 문장을 지음에 공력을 쓴 本領을 볼 수 있으니, 六經과 左丘明·莊子·屈原·司馬遷에서 찾아봄이 대략 서로 비슷하다. 이 때문에 韓退之와 柳子厚가 대열을 나란히 견주어 함께 달린 것이다.

二十一日에 宗元은 白하노라 辱書云 欲相師라하니 僕은 道不篤하고 業甚淺近하여 環顧其中에 未見可師者라 雖嘗好言論, 爲文章이나 甚不自是也러니 不意吾子自京(都)〔師〕로 來蠻夷間하여 乃幸見取하니 僕은 自卜에 固無取요 假令有取라도 亦不敢爲人師니 爲衆人師도 且不敢이온 況敢爲吾子師乎아 孟子稱人之患이 在好爲人師라하시고 由魏晉氏以下로 人益不事師하여 今之世에 不聞有師하고 有면 輒譁笑之하여 以爲狂人이라하나니 獨韓愈奮不顧流俗하고 犯笑侮하여 收召後學하여 作師說하고 因抗顔而爲師하니 世果群怪聚罵하여 指目牽引하여 而增與爲言詞라 愈以是得狂名하여 居長安에 炊不暇熟하고 又挈挈而東하여 如是者數(삭)矣라

21일에 나(柳宗元)는 아뢰노라. 보내준 편지에 이르기를 "서로 스승삼고자 한다." 하였는데, 나는 道가 돈독하지 못하고 학업도 매우 천근하여, 그 가운데를 둘러봄에 스승삼을 만한 것을 볼 수가 없다. 내 비록 일찍이 언론을 좋아하고 문장을 지으나 심히 스스로 옳게 여기지 않는데, 뜻밖에 吾子(그대)가 京師(長安)로부터 蠻夷 사이(柳宗元이 있는 永州)로 와서 마침내 다행히 그대에게 취해 줌을 받으니, 나는 스스로 점쳐보건대 진실로 취할 것이 없고, 가령 취할 것이 있더라도 또한 감히 남의 스승이 될 수가 없다. 衆人(일반인)의 스승이 되는 것도 감히 할 수 없는데 하물며 감히 그대의 스승이 될 수 있겠는가.

孟子께서는 말씀하시기를 "사람의 병통은 남의 스승이 되기를 좋아함에 있다."하셨고, 魏나라와 晉나라로부터 이하로는 사람들이 더욱 스승을 섬기지 아니하여, 요즘 세상에는 스승이 있다는 말을 듣지 못하였고, 〈스승삼는 사람이〉 있으면 곧 떠들고 비웃어 미친 사람이라고 말한다. 홀로 韓愈가 분발하여 流俗(世俗)을 돌아보지 않고 남의 비웃음과 업신여김을 범하면서 후학들을 거두어 불러들여 '師說'을 짓고 인하여 얼굴을 들고 스승이 되니, 세상에서는 과연 여러 사람들이 이상하게 여기고 떼지어 꾸짖어 동류들을 끌어모은다고 지목하여 增與하여(보태어) 말을 만들어냈다. 韓愈는 이 때문에 미쳤다는 이름을 얻어 長安에 있을 때에 밥을 지어도 익을 겨를이 없었고 또다시 식구들을 이끌고 동쪽으로 떠나 이와 같이 하기를 여러번 하였다.

屈子賦曰 邑犬群吠는 吠所怪也라하니라 僕往聞庸蜀之南은 恒雨少日하여 日出則犬吠라하니 予以爲過言이러니 前六七年에 僕來南二年冬에 幸大雪이 [1]踰嶺하여 被

白 : 아뢸 백 譁 : 떠들 화 奮 : 떨칠 분 侮 : 업신여길 모 抗 : 들 항 罵 : 꾸짖을 매
炊 : 밥지을 취 挈 : 끌 설 數 : 자주 삭 吠 : 짖을 폐 蜀 : 땅이름 촉 踰 : 넘을 유

南越中數州하니 數州之犬이 皆蒼黃吠噬狂走者累日하여 至無雪乃已하니 然後에 始信前所聞者로라 今韓愈旣自以爲蜀之日이어늘 而吾子又欲使吾爲越之雪하니 不以病乎아 非獨見病이요 亦以病吾子리라 然雪與日이 豈有過哉아 顧吠者犬耳라 度(탁)今天下에 不吠者幾人고 而誰敢衒怪於群目하여 以召鬧取怒乎아

屈子(屈原)의 賦에 이르기를 "고을의 개들이 떼지어 짖는 것은 괴이한 바를 짖는 것이다."하였다. 내가 지난번에 들으니 "庸·蜀의 남쪽에는 항상 비가 내리고 해뜨는 날이 적어 해가 뜨면 개가 짖는다." 하였다. 나는 이 말을 지나친 말이라고 여겼었는데, 지난 6,7년 전에 내가 남쪽지방으로 온 지 2년째 되던 겨울에 다행히 큰 눈이 고개를 넘어 南越 가운데의 여러 고을에 눈이 덮이니, 여러 고을의 개들이 모두 蒼黃히 짖고 물고 미쳐 달리기를 여러날 동안 하여 눈이 녹아 없어진 뒤에 이르러서야 그만두니, 나는 그런 뒤에야 전에 들은 바를 믿게 되었노라. 이제 韓愈가 이미 스스로 蜀지방의 해가 되었거늘, 그대가 또 나로 하여금 越지방의 눈이 되게 하고자 하니, 너무 해롭지 않겠는가. 나 홀로 해를 받을 뿐이 아니요, 또한 그대에게까지 해를 끼치리라. 그러나 눈과 해가 무슨 잘못이 있겠는가. 다만 짖는 자가 개일 뿐이다. 헤아려보건대, 이제 천하에 짖지 않을 자가 몇 사람이나 되겠는가? 누가 감히 뭇사람들의 눈에 괴이함을 자랑하여 소란을 부르고 노여움을 취하겠는가.

譯註 1. 踰嶺：嶺은 大庾嶺·始安嶺 등의 五嶺을 이른다.

僕이 自謫過以來로 益少志慮하고 居南中九年에 增脚氣病하여 漸不喜鬧하니 豈可使呶呶者로 早暮咈吾耳, 騷吾心이리오 則固僵仆煩憒하여 愈不可過矣리라 平居에 望外遭齒舌不少로되 獨欠爲人師耳로라 抑又聞之하니 古者重冠禮는 將以責成人之道니 是聖人所尤用心〈者〉也어늘 數百年來에 人不復行이라 近者에 孫昌胤者獨發憤行之하고 旣成禮에 明日造朝하여 至外廷하여 薦笏하고 言於卿士日 某子冠畢이라하니 應之者咸憮然하고 京兆尹鄭叔則은 怫然曳笏却立曰 何預我邪아하니 廷中이 皆大笑라 天下不以非鄭尹而怪孫子는 何哉오 獨爲所不爲也일새니 今之命師者大類此하니라

나는 허물을 짓고 귀양(좌천) 온 이후부터 더욱 志慮(의욕)가 적어졌고, 南中(남쪽지방)에 거한 지 9년에 각기병이 심해져 점점 시끄러움을 좋아하지 않으니, 내 어찌 시끄럽게 떠드는 자들로 하여금 아침저녁으로 내 귀를 거슬리고 내 마음을 소란하게 하겠는가? 이렇게 한다면 나는 진실로 쓰러지고 번민하여 점점 더욱 지낼 수 없을 것이다. 내 평소에 뜻밖의 齒舌(구설수)을 만난 것이 적지 않았으나, 다만 남의 스승이 되

噬：물 서　衒：자랑할 현　鬧：시끄러울 뇨　呶：떠들 노　咈：어길 불　僵：넘어질 강
仆：넘어질 부　憒：심란할 궤　胤：아들 윤　憮：실심할 무　怫：발끈할 불　曳：끌 예

었다는 말은 없었노라. 내 또 들으니, 옛날에 冠禮를 소중히 여긴 것은 장차 成人의 道를 책임지우고자 해서이니, 이는 聖人이 더더욱 마음을 쓰신 것이었는데 수백 년 이래에 사람들은 다시 冠禮를 행하지 않았다. 근래에 孫昌胤이라는 자가 홀로 분발하여 행하고는, 冠禮를 이룬 다음날 조정에 나아가 外廷에 이르러 笏을 들고 卿士들에게 말하기를 "내가 冠禮를 마쳤다."라고 하자, 이에 응대하던 자들은 憮然히(멍청히) 있었고, 京兆尹 鄭叔則은 발끈 화를 내고는 홀을 끌고 물러서 말하기를 "나와 무슨 관계가 있는가."하니, 조정 가운데 있는 사람들이 모두 크게 웃었다. 천하에서는 鄭尹(鄭叔則)을 그르다 하지 않고 孫子(孫昌胤)를 괴이하게 여김은 어째서인가? 이는 홀로 남이 하지 않는 바를 하였기 때문이니, 지금에 스승이라고 명명하는 자도 이와 아주 유사하다.

吾子行厚而辭深하여 凡所作이 皆恢〈恢〉然有古人形貌하니 雖僕敢爲師나 亦何所增加也리오 假而以僕이 年先吾子하여 聞道著書之日이 不後리히여 誠欲往來言所聞인댄 則僕固願悉陳中所得者하리니 吾子苟自擇之하여 取某事, 去某事면 則可矣어니와 若定是非하여 以敎吾子인댄 僕이 才不足而又畏前所陳者하니 其爲不敢也決矣니라

그대는 행실이 敦厚(후덕)하고 문장이 깊어 모든 작품이 다 넓게 古人의 形貌를 소유하고 있으니, 내가 비록 감히 스승이 된다 한들 또한 무슨 보탬이 있겠는가. 가령 내가 나이가 그대보다 앞서서 道를 듣고 책을 지은 날짜가 뒤지지 않는다 하여 진실로 왕래하며 들은 바를 말해주기를 바랄진댄 내 진실로 가슴속에 얻은 것을 다 말하기를 원한다. 그대가 만일 스스로 선택하여 아무 일은 취하고 아무 일은 버린다면 可하거니와 만일 시비를 결정하여 그대를 가르치기를 바란다면 나는 재주가 부족하고 또 앞서 말한 것도 두려우니, 감히 할 수 없음이 분명하다.

吾子前所欲見吾文을 既悉以陳之하니 非以耀明于子요 聊欲以觀子氣色 誠好惡(오)何如也러니 今書來에 言者皆太過하니 吾子誠非佞譽誣諛之徒라 直見愛甚故로 然耳로다 始吾幼且少하여 爲文章에 以辭爲工이러니 及長에 乃知文者는 以明道라〈是〉固不苟爲炳炳烺烺하여 務采色, 夸聲音하여 而以爲能也로라 凡吾所陳은 皆自謂近道어니와 而不知道之果近乎아 遠乎아 吾子好道而可吾文하니 或者其於道에 不遠矣리라

그대가 전에 보고자 하던 내 글을 이미 모두 진열하여 보여주었으니, 이는 그대에게 빛나게 밝히고자 해서가 아니요, 애오라지 그대의 기색이 참으로 좋아하는가 싫어하는

恢 : 넓을 회 耀 : 빛날 요 聊 : 애오라지 료 佞 : 간사할 녕 誣 : 속일 무
諛 : 아첨할 유 直 : 다만 직 烺 : 밝을 랑 夸 : 자랑할 과

가의 여하를 관찰하고자 해서였다. 이제 온 편지에 말한 것이 모두 너무 지나치니, 그대는 진실로 아첨하여 칭찬하고 거짓으로 아첨하는 무리가 아니니, 다만 내가 사랑 받기를 심히 한 때문일 것이다. 처음에 내가 어리고 또 젊어서는 문장을 지을 적에 文辭를 잘하는 것을 훌륭한 것이라 여겼었는데, 장성함에 미쳐서야 文이라는 것은 道를 밝히고자 하는 것임을 알았노라. 이에 진실로 구차히 炳炳烺烺(찬란한 문장) 한 것을 지어 채색을 힘쓰고 聲音(운율)을 과시하여 이것으로써 능함을 삼지 않노라. 무릇 내가 진열하여 보여준 것은 다 스스로 道에 가깝다고 여기고 있으나 道에 과연 가까운지 먼지 모르겠다. 그대는 道를 좋아하는데 내 글을 인정하였으니, 아마도 道에서 멀지 않은가 보다.

故로 吾每爲文章에 未嘗敢以輕心掉之하니 懼其剽而不留也요 未嘗敢以怠心易之하니 懼其弛而不嚴也요 未嘗敢以昏氣出之하니 懼其昧没而雜也요 未嘗敢以矜氣作之하니 懼其偃蹇而驕也며 抑之는 欲其奧요 揚之는 欲其明이요 疎之는 欲其通이요 廉之는 欲其節이요 激而發之는 欲其清이요 固而存之는 欲其重이니 此吾所以羽翼夫道也라 本之書하여 以求其質하고 本之詩하여 以求其恒하고 本之禮하여 以求其宜하고 本之春秋하여 以求其斷하고 本之易하여 以求其動하니 此吾所以取道之原也요 參之穀梁氏하여 以厲其氣하고 參之孟荀하여 以暢其支(枝)하고 參之莊老하여 以肆其端하고 參之國語하여 以博其趣하고 參之離騷하여 以致其幽하고 參之太史公하여 以著其潔하니 此吾所以旁推交通而以爲文也로라

그러므로 나는 매양 문장을 지을 때마다 일찍이 감히 가벼운 마음으로 쓰지 않았으니, 이는 너무 빨라 멈추지 않을까 두려워해서요, 감히 태만한 마음으로 쉽게 하지 않았으니, 이는 너무 풀어져 엄하지 않을까 두려워해서요, 감히 혼미한 기운으로 써내지 않았으니, 이는 매몰되어 잡박할까 두려워해서요, 감히 자랑하는 기운으로 짓지 않았으니, 이는 偃蹇(제멋대로함) 하여 교만할까 두려워해서였다. 억제함은 그 심오하고자 해서요, 드날림은 그 밝히고자 해서요, 소통함은 그 통하고자 해서요, 모나게 함은 그 절도가 있게 하고자 해서요, 격하여 발함은 그 맑게 하고자 해서요, 견고히 하여 보존함은 그 후중히 하고자 해서이니, 이는 내가 道를 羽翼하는 것이다.

「書經」에 근본하여 본질을 찾고, 「詩經」에 근본하여 그 떳떳함을 구하고, 「禮經」에 근본하여 그 마땅함을 구하고, 「春秋」에 근본하여 그 是非에 대한 결단을 구하고, 「周易」에 근본하여 그 변통함을 구하니, 이는 내가 道의 근원을 취하는 것이다. 穀梁氏에 참고하여 그 기운을 가다듬고, 「孟子」와 「荀子」에 참고하여 그 가지를 창달하고, 「莊子」와 「老子」에 참고하여 그 단서를 크게 하고, 「國語」에 참고하여 그 志趣

掉 : 흔들 도 剽 : 빠를 표 偃 : 누울 언 蹇 : 교만할 건 奧 : 깊을 오 廉 : 모날 렴
翼 : 도울 익 厲 : 엄할 려 暢 : 통할 창 肆 : 펼 사 旁 : 넓을 방

를 넓히고, 「離騷」에 참고하여 그 그윽함(깊음)을 넓히고, 太史公(司馬遷의 「史記」)에 참고하여 그 결백함을 드러내었으니, 이는 내가 사방으로 미루고 이리저리 통하여 문장을 짓는 것이다.

凡若此者는 果是邪아 非邪아 有取乎아 抑其無取乎아 吾子幸觀焉擇焉하여 有餘어든 以告焉하고 苟亟來以廣是道인댄 子不有得焉이면 則我得矣리니 又何以師云爾哉리오 取其實而去其名하여 無招越蜀吠怪而爲外廷所笑면 則幸矣니라

무릇 이렇게 하는 것이 과연 옳은가? 그른가? 취할 점이 있는가? 취할 점이 없는가? 그대가 다행히 관찰하여 선택해서 남음이 있거든 나에게 말하고 만일 빨리 와서 이 道를 넓힌다면, 자네가 얻음이 있지 않으면 내가 얻게 될 것이니, 또 어찌 스승이라고 말할 것이 있겠는가. 그 실제는 취하고 그 이름은 버려 越지방과 蜀지방의 개들이 괴이함을 짖음을 초래하지 말고 外廷의 비웃는 바가 되지 않게 한다면 다행일 것이다.

捕蛇者說

柳宗元

迂齋曰 犯死捕蛇를 乃以爲幸하고 更役復賦를 反以爲不幸하니 此豈人之情也哉아 必有甚不得已者耳라 此文은 抑揚起伏하고 宛轉斡旋하여 含無限悲傷悽惋之態하니 若轉以上聞이면 所謂言之者無罪요 聞之者足以戒라

迂齋가 말하였다. "죽음을 무릅쓰고 뱀을 잡는 것을 다행이라 여기고, 부역을 바꾸어 세금을 다시 내는 것을 도리어 불행이라 여기니, 이 어찌 사람의 情이겠는가? 이는 반드시 심히 부득이함이 있어서일 것이다. 이 글은 抑揚起伏을 하고 완곡히 돌려 무한한 비통과 애처로운 태도를 품고 있으니, 만약 전전하여 임금에게 알려진다면 이른바 '말하는 자가 죄가 없고 듣는 자가 족히 경계한다'는 것이다."

永州之野에 産異蛇하니 黑質〈而〉白章이요 觸草木이면 盡死하고 以齧人이면 無禦之者라 然이나 得而腊之하여 以爲餌면 [1]可以已大風, 攣踠, 瘻, 癘하고 去死肌, [2]殺三蟲이라 其始에 太醫以王命聚之하여 歲賦其二호되 募有能捕之者면 當其租入하니 永之人이 爭犇(奔)走焉이라 有蔣氏者專其利三世矣라 問之則曰 吾祖死於是하고 吾父死於是하고 今吾嗣爲之하여 十二年에 幾死者數(삭)矣라하고 言之에 貌若甚慼者어늘 余悲之하고 且曰 若毒之乎아 余將告于莅事者하여 更(경)若役하고 復若賦면 則何如오

斡 : 돌 알　惋 : 한탄할 완　齧 : 깨물 설　腊 : 포 석　餌 : 약 이　攣 : 오그라질 련
踠 : 굽을 원　瘻 : 부스럼 루　癘 : 부스럼 라(려)　肌 : 살갗 기　莅 : 다스릴 리　若 : 너 약

永州의 들에 특이한 뱀이 생산되니, 검정 바탕에 흰 무늬가 있으며 草木에 닿으면 草木이 모두 죽고 사람을 물면 〈독을〉 막을 수 있는 것이 없었다. 그러나 이것을 잡아 포를 만들어 약으로 쓰면 大風과 攣踠과 瘻·癘를 그치게 하고 죽은 살을 제거하며 三尸蟲을 죽일 수가 있었다. 처음에는 太醫(御醫)가 왕명으로 이것을 모아 1년에 두 마리를 賦稅로 내게 하되 이것을 잡아오는 자가 있으면 조세 바치는 것을 충당(면제)하도록 모집하니, 永州 백성들이 다투어 분주하였는데, 蔣氏라는 자가 3대에 걸쳐 그 이익을 독점하였다.

내가 물어보니, 그는 말하기를 "우리 할아버지도 이에 죽었고 우리 아버지도 이에 죽었으며, 지금 내가 뒤를 이어 한 지 12년에 거의 죽을 뻔한 것이 여러번이었다."하고는 이를 말함에 모양이 매우 슬퍼하는 듯하였다. 내 그를 슬퍼하고 또 말하기를 "너는 이것을 고통스럽게 여기느냐? 내 장차 일을 담당한 자에게 말하여 너의 役(뱀잡는 일)을 바꿔주고 조세에 대한 부세를 회복시켜 준다면 어떻겠는가?"하였다.

譯註 1. 已大風攣踠瘻癘 : 大風은 大風瘡 곧 문둥병이며 攣踠은 手足이 오그라들어 펴지 못하는 병이고 瘻는 목의 종기이며 癘 또한 종기이다.

2. 三蟲 : 사람의 몸에 기생하여 질병을 일으키는 세 가지 벌레인 三尸蟲인 바, 道家에서는 몸 가운데의 神으로 하나는 腦에, 하나는 明堂(이마)에, 하나는 腹部에 있다 하며, 「玉樞經」 註에 靑姑인 上尸, 白姑인 中尸, 血姑인 下尸가 있다 하였다.

蔣氏大慼하여 汪然出涕曰 君將哀而生之乎인댄 則吾斯役之不幸이 未若復吾賦不幸之甚也라 嚮吾不爲斯役이런들 則久已病矣리라 自吾氏三世居是鄕하여 積於今六十歲矣라 而鄕隣之生이 日蹙하여 殫其地之出하고 竭其廬之入하여 號呼而轉徙하고 飢渴而頓踣하며 觸風雨하고 犯寒暑하며 呼噓毒癘하여 往往而死者相藉也라 曩與吾祖居者 今其室이 十無一焉이요 與吾父居者 今其室이 十無二三焉이요 與吾居十二年者 今其室이 十無四五焉하니 非死則徙耳어늘 而吾以捕蛇獨存이라

蔣氏는 매우 슬퍼하고 주르르 눈물을 흘리면서 다음과 같이 말하였다.

"君께서 장차 나를 가엾게 여겨 살려주려고 하신다면, 내 이 役의 불행함이 내 부세를 회복시키는 것처럼 불행이 심하지는 않습니다. 지난번에 내가 이 役을 하지 않았던들 이미 병들었을 것입니다. 우리 집안은 3대 동안 이 시골에 거주하여 지금까지 60년이 되었습니다. 그런데 시골 이웃 사람들의 생활이 날로 위축되어 땅의 소출을 다 바치고 집의 수입마저 고갈하여, 울부짖으면서 이사를 다니고 굶주림과 목마름을 이기지

汪 : 눈물흘릴 왕 嚮 : 지난번 향 蹙 : 줄어들 축 踣 : 넘어질 부(복) 噓 : 내불 허
曩 : 지난번 낭

못하여 쓰러지며 비바람을 맞고 추위와 더위를 범하며 독한 기운을 호흡하여 왕왕 죽은 자가 서로 깔려 있습니다. 지난번에 우리 할아버지와 더불어 거주하던 자들은 지금 그 집이 열 가호 중에 한 가호도 없고, 우리 아버지와 더불어 거주하던 자들은 지금 그 집이 열 가호 중에 두세 가호도 없으며, 나와 더불어 12년 동안 거주한 자들은 지금 그 집이 열 가호 중에 네댓 가호도 없으니, 이는 죽지 않으면 이사간 것입니다. 그런데 나는 뱀 잡는 것으로 홀로 보존되었습니다.

悍吏之來吾(隣)〔鄕〕에 叫囂乎東西하고 隳突乎南北하여 譁然而駭者면 雖鷄狗라도 不得寧焉이어늘 吾恂恂而起하여 視其缶而吾蛇尙存이어든 則弛然而臥하고 謹食(사)之하여 時而獻焉하고 退而甘食其土之有하여 以盡吾齒하니 蓋一歲之犯死者二焉이요 其餘則熙熙而樂하니 豈若吾鄕隣之旦旦有是哉리오 今雖死乎此라도 比吾鄕隣之死면 則已後矣니 又安敢毒耶아

사나운 아전이 내 고을에 와서 동서로 고함치고 다니며 남북으로 隳突(뛰어다님)하여 설쳐대면, 비록 닭과 개라도 편안할 수가 없습니다. 그런데 나는 恂恂하게(조심스럽게) 일어나 질장군을 보고 내 뱀이 아직 있으면 弛然히 눕고, 삼가 먹여서 제때에 바치고, 물러와서는 그 땅에서 나오는 것을 달게 먹으면서 내 年齒(여생)를 다하니, 1년에 죽음을 무릅쓰는 것은 두 번이요, 그 나머지는 熙熙(만족)하여 즐겁습니다. 내 어찌 鄕隣에 아침마다 이런 소동이 있는 것과 같겠습니까. 지금 비록 이 때문에 죽더라도 우리 鄕隣의 죽은 자에 비하면 이미 늦게 죽는 것이니, 또 어찌 감히 고통으로 여기겠습니까."

余聞而愈悲하노라 孔子曰 苛政이 猛於虎也라하시니 吾嘗疑乎是러니 今以蔣氏觀之하니 (尤)〔猶〕信이로다 嗚呼라 孰知賦斂之毒이 有甚是蛇者乎아 故爲之說하여 [1]以俟夫觀人風者得焉하노라

나는 그의 말을 듣고 더욱 슬퍼하였다. 孔子께서 말씀하시기를 "까다로운 政事는 범보다도 무섭다."고 하셨는데, 나는 일찍이 이 말을 의심했었다. 그런데 이제 蔣氏로써 관찰해보니, 오히려 사실임을 믿게 되었다. 아! 누가 賦斂의 해독이 이 뱀보다 심하다는 것을 알겠는가. 그러므로 나는 이에 대한 說을 지어서 백성의 풍속을 관찰하는 자가 알기를 기다리는 바이다.

譯註 1. 觀人風 : 백성의 풍속을 관찰하는 觀察使 따위를 이른 것으로, 원래 觀察은 觀風察俗의 줄임말이다.

囂 : 시끄러울 효 隳 : 무너질 휴 譁 : 시끄러울 화 恂 : 조심할 순 苛 : 까다로울 가
猛 : 사나울 맹 俟 : 기다릴 사

種樹郭橐駝傳 柳宗元

迂齋曰 凡事有心則費力하고 求工則反拙하니 曲盡種植之妙라 末引歸時事하니 聞者可戒라 與捕蛇説로 同一機括이니라

迂齋가 말하였다. "모든 일에 〈의식하는〉 마음을 두면 힘을 소비하게 되고 공교롭기를 구하면 도리어 졸렬해지니, 이는 나무를 심는 묘함을 곡진히 다하였다. 끝에는 이끌어 세상의 일에 끌어대었으니, 듣는 자가 경계할 만하다. '捕蛇者說'과 같은 機括이라 하겠다."

郭橐駝는 不知始何名이요 病僂하여 隆然伏行하여 有類橐駝者라 故로 鄕人號之曰駝라하니 駝聞之曰 甚善하다 名我固當이로다하고 因捨其名하고 亦自謂橐駝云이러라 其鄕曰豊樂鄕이니 在長安西라 駝業種樹하니 凡長安豪家富人이 爲觀遊及賣果者皆爭迎取養이라 視駝所種樹와 或移徙하면 無不活이요 且碩茂蚤(早)實以蕃이라 他植者雖窺伺倣慕나 莫能如也러라

郭橐駝는 처음에 무슨 이름이었는지 알지 못하고 구루병(곱사병)을 앓아 등이 높이 솟아나와 구부리고 다녀 橐駝(낙타)와 유사하였다. 그러므로 마을 사람들이 橐駝라고 호하니, 橐駝는 이 말을 듣고 "매우 좋다. 나를 이름함이 진실로 마땅하다."하고는 인하여 자기의 본명을 버리고 또한 스스로 橐駝라고 말하였다. 그가 사는 마을은 豊樂이니, 고을이 長安의 서쪽에 있었다. 橐駝는 나무 심는 것을 직업으로 하여 모든 장안의 富豪人들이 觀遊(관상)를 위해서 심거나 또는 과실을 팔기 위한 자들이 모두 다투어 맞이하여 나무를 길러달라고 하였는데, 橐駝가 심은 것과 또는 옮겨놓은 것을 보면 살지 않는 것이 없었고, 또 크고 무성하며 일찍 열매맺고 번성하였다. 타인 중에 나무를 심는 자들이 비록 엿보고 사모하여 본받았으나 그와 같지 못하였다.

有問之하니 對曰 橐駝非能使木壽且孶也요 以能順木之天하여 以致其性焉爾라 凡植木之性이 其本은 欲舒하고 其培는 欲平하고 其土는 欲故하고 其築은 欲密이니 旣然已어든 勿動勿慮하고 去不復顧하여 其蒔也若子하고 其置也若棄면 則其天者全而其性得矣라 故로 吾不害其長而已요 非有能碩而茂之也며 不抑耗其實而已요 非有能蚤而蕃之也라 他植者則不然하여 根拳而土易하며 其培之也 若不過焉이면 則不及焉하고 苟有能反是者는 則又愛之太恩하고 憂之太勤하여 旦視而暮撫하고 已去而復顧하며 甚者는 爪其膚하여 以驗其生枯하고 搖其本하여 以觀其疏密하니 而

橐 : 전대 탁 駝 : 낙타 타 僂 : 곱사등이 루 碩 : 클 석 窺 : 엿볼 규 伺 : 엿볼 사
倣 : 본받을 효 孶 : 번성할 자 蒔 : 모종할 시 耗 : 덜 모 爪 : 손톱 조 膚 : 살갗 부

木之性이 日以離矣라 雖曰愛之나 其實은 害之요 雖曰憂之나 其實은 讐之라 故로 不我若也니 吾又何能爲矣哉리오

어떤 사람이 그 이유를 묻자, 그는 다음과 같이 대답하였다.

"내가 나무로 하여금 오래 살고 또 번성하게 하는 방법이 있는 것이 아니요, 나는 나무의 천성을 순히 하여 그 본성을 다하게 할 뿐이다. 무릇 植木의 성질은 그 뿌리는 펴주기를 바라고 북돋움은 고르기를 바라며, 흙은 옛 것을 바라고 다짐은 치밀하기를 바란다. 이미 이대로 하였거든 움직이지 말고 〈나무가 죽을까〉 염려하지 말고 떠나가서 다시는 돌아보지 아니하여, 심을 때에는 자식처럼 사랑하고 내버려둘 때에는 잊은 듯이 하여야 한다. 이렇게 하면 그 천성이 온전해져 본성이 얻어진다. 그러므로 나는 그 자람을 해치지 않을 뿐이요 능히 크고 무성하게 하는 방법이 있는 것이 아니며, 그 열매를 억제하거나 모손하지 않을 뿐이요 일찍 열고 번성하게 하는 방법이 있는 것이 아니다.

타인 중에 식목하는 자들은 그렇지 아니하여, 뿌리가 말리고 흙이 바뀌며, 북돋움은 만일 지나치지 않으면 미치지 못한다. 그리고 이와 반대로 하는 자는 또 사랑하기를 너무 은혜롭게 하고 근심하기를 너무 부지런히 하여, 아침마다 가서 보고 저녁마다 가서 어루만지며 이미 떠나가다가 다시 돌아보고, 심한 자는 그 껍질을 손톱으로 긁어 나무가 살았는가 말라죽었는가를 시험하며 그 뿌리를 흔들어 심겨진 것이 엉성한가 치밀한가를 관찰하니, 나무의 본성이 날로 멀어진다. 이는 비록 사랑한다고 하나 그 실제는 해치는 것이요, 비록 걱정한다고 하나 실제는 원수로 여기는 것이다. 그러므로 내가 심은 나무만 못한 것이다. 내 또 어찌 무엇을 할 수 있겠는가."

問者曰 以子之道로 移之官理可乎아 駝曰 我知種樹而已요 〈官〉理는 非吾業也라 然이나 吾居鄕에 見長人者好煩其令하여 若甚憐焉이로되 而卒以禍라 旦暮에 吏來而呼曰 官命促爾耕하며 勗爾植하며 督爾穫하나니 蚤繰而緖하고 蚤織而縷하며 字而幼孩하고 遂而鷄豚이라하여 鳴鼓而聚之하고 擊木而召之하니 吾小人이 (具)〔輟〕饔飧以勞吏(者)도 且不得暇어든 又何以蕃吾生而安吾性邪아 故로 病且怠하나니 若是則與吾業者로 其亦有類乎인저 問者(喜)〔嘻〕曰 不亦善夫아 吾問養樹하여 得養人術〈焉〉이로다 傳其事하여 以爲官戒也하노라

묻는 자가 말하기를 "그대의 방법을 관청의 다스림에 옮기는 것이 가하겠는가?" 하자, 탁타는 다음과 같이 대답하였다.

"나는 나무를 심을 줄만 알 뿐이요, 관청의 다스림은 나의 業(직업)이 아니다. 그러

憐 : 사랑할 련　勗 : 힘쓸 욱　繰 : 실켤 소　而 : 너 이　緖 : 실마리 서　縷 : 실오라기 루
字 : 사랑할 자　孩 : 어릴 해　輟 : 그칠 철　饔 : 아침밥 옹　飧 : 저녁밥 손

나 내 지방에 살면서 백성들의 우두머리가 된 자들이 명령을 번거롭게 내리기를 좋아하여, 심히 백성을 사랑하는 듯하나, 끝내는 화를 끼침을 보았다. 아침저녁으로 관리가 와서 고함치기를 '관청에서 명하여 너의 밭갈이를 재촉하고 너의 심는 것을 힘쓰며 너의 수확을 재촉하니, 빨리 네 실을 켜고 빨리 실을 짜며 너의 어린이를 사랑하고 너의 개와 닭을 잘 키워라' 하여, 북을 울려 백성들을 모으고 목탁을 쳐 부르니, 우리 소인들은 아침밥과 저녁밥을 먹던 것을 중지하고 관리들을 위로하기에도 겨를이 없으니, 또 어떻게 우리의 생업을 번창하게 하고 우리의 본성을 편안하게 할 수 있겠는가. 그러므로 병들고 또 태만해지는 것이니, 이와 같다면 나의 業과 또한 유사함이 있을 것이다."

묻는 자가 탄식하며 "좋지 않은가? 나는 나무를 기르는 방법을 물어 백성을 기르는 방법을 배웠다."하고는 그 일을 전하여 관원의 경계로 삼았다.

愚溪詩序 柳宗元

迂齋曰 只一箇愚字 旁引曲取하고 橫說竪說하여 更無窮已하여 宛轉紆餘하여 含意深遠이라 自不愚而入於愚하고 自愚而終於不愚하여 屢變而不可詰하니 此文字妙處라 ○子厚自謫永州로 文章大進하니 凡今柳文膾炙人口者는 皆永柳諸作也라 永州遊山水諸記皆奇요 零陵一山水 一木石이 至今猶衣被柳文之聲光하니 如愚溪之境은 後來詩人文士足跡至焉者 未嘗不見之歌詠焉이라 篇中用意變態는 迂齋之批盡之矣로다

迂齋가 말하였다. "다만 한 愚字를 널리 인용하고 곡진하게 취하였으며 橫說竪說하여 다시 다함이 없게 하여 완곡히 돌고 여유가 있어 함축한 뜻이 심원하다. 어리석지 않음으로부터 어리석음에 들어가고, 어리석음으로부터 어리석지 않음으로 끝마쳐, 여러번 변하여 다할 수 없으니, 이는 문장의 묘한 부분이다."

○柳子厚는 永州에 좌천된 뒤로부터 문장이 크게 진전되었으니, 지금 柳子厚의 문장으로 사람들 입에 膾炙되는 것은 모두 永州와 柳州에 있을 때에 지은 것들이다. 永州에 있을 때에 山水를 유람하고 지은 여러 記文은 모두 기이하며, 零陵의 한 山水와 한 木石은 지금까지도 柳子厚 문장의 聲光을 입고 있다. 愚溪의 경치는 後來에 詩人과 文士로서 발자취가 이 곳에 이른 자들은 일찍이 보고서 노래하여 읊지 않은 이가 없다. 篇中에 뜻을 쓰고 태도를 변함은 迂齋의 평론에 다 말하였다.

灌水之陽에 有溪焉하니 東流入于瀟水라 或曰 冉氏嘗居也라 故로 姓是溪하여 爲冉溪라하고 或曰 可以染也일새 名之以其能이라 故로 謂之染溪라하니라 余以愚觸罪

竪 : 세로 수 宛 : 굽을 완 紆 : 얽힐 우 詰 : 마칠 힐 零 : 떨어질 령 瀟 : 물이름 소 冉 : 늘어질 염

하여 謫瀟水上하니 愛是溪하여 入二三里에 得其尤絕者하여 家焉이라 [1]古有愚公谷이러니 今予家是溪而名莫能定하고 土之居者 (尤)〔猶〕齗齗然하니 不可以不更(경)也라 故로 更之爲愚溪하니라

灌水의 북쪽에 시내가 있어 동쪽으로 흘러 瀟水로 들어간다. 혹자는 말하기를 "冉氏가 일찍이 이 곳에 거주하였으므로 이 시내의 이름을 그 姓을 따서 冉溪라 한다."하고, 혹자는 "이 시냇물로 물들일 수가 있으므로 그의 능함으로 이름을 지었다. 그러므로 染溪라 한다."하였다. 나는 어리석음으로 죄를 저촉하여 瀟水가로 귀양을 왔는데, 이 시내를 사랑하여 2, 3리를 들어가 더욱 절경인 곳을 얻어 거주하게 되었다. 옛날에 愚公谷이 있었는데, 지금 나는 이 시내에 집을 정하였으나 이름을 정하지 못하였고, 土着하여 사는 자들은 〈시내의 명칭에 대하여〉 더더욱 논쟁이 많으니, 이름을 변경하지 않을 수 없었다. 그러므로 이름을 바꾸어 愚溪라 하였다.

譯註 1. 愚公谷 : 愚公이 사는 골짝. 「説苑」에 "齊桓公이 사냥을 나갔다가 한 노인을 만나 골짝 이름을 물었더니, 그는 愚公의 골짝이라며 어리석은 臣이 살기 때문이라고 대답했다." 하였다.

愚溪之上에 買小丘하여 爲愚丘하고 自愚丘로 東北行六十步에 得泉焉이라 又買居之하여 爲愚泉하니라 愚泉은 凡六穴이니 皆出山下平地하니 蓋上出也라 合流屈曲而南하여 爲愚溝하니 遂負土累石하여 塞其隘하여 爲愚池하고 愚池之東에 爲愚堂하고 其南에 爲愚亭하고 池之中에 爲愚島하여 嘉木異石이 錯置하니 皆山水之奇者어늘 以余故로 咸以愚辱焉이라

愚溪의 위에 작은 언덕을 사서 愚丘를 만들고, 愚丘로부터 동북쪽으로 60보를 가서 샘물을 얻고는 또다시 이 곳을 사두고는 愚泉이라 이름하였다. 愚泉은 샘구멍이 모두 여섯 개인데, 모두 산 아래 평지에서 나오니, 솟아나오는 것이었다. 합류하여 구불구불 남쪽으로 흘러가 愚溝가 되었는데, 마침내 흙을 져오고 돌을 쌓아 그 좁은 곳을 막아 愚池를 만들었으며, 愚池의 동쪽은 愚堂이고 그 남쪽은 愚亭이며, 못 가운데는 愚島라 하였다. 여기에는 아름다운 나무와 기이한 돌이 섞여 놓여 있으니, 모두 山水의 기이한 것들인데, 나 때문에 모두 愚字로 이름을 지어 욕을 당하였다.

[1]夫水는 智者樂(요)也어늘 今是溪獨見辱於愚는 何哉오 蓋其流甚下하여 不可以灌漑요 又峻急多坻石하여 大舟不可入也며 幽邃淺狹하여 蛟龍不屑하여 不能興雲雨하여 無以利世하여 而適類於余하니 然則雖辱而愚之라도 可也니라 [2]甯武子邦無道

齗 : 말다툼할 은　溝 : 도랑 구　累 : 쌓일 루　隘 : 좁을 애　錯 : 섞일 착　漑 : 물댈 개
坻 : 모래톱 지　邃 : 깊을 수　屑 : 달갑게여길 설　適 : 마침 적　甯 : 편안 녕

則愚는 智而爲愚者也요 [3]顔子終日不違如愚는 睿而爲愚者也니 皆不得爲眞愚라 今余는 遭有道하여 而違於理, 悖於事라 故로 凡爲愚者莫我若也니라 夫然則天下莫能爭是溪일새 余得專而名焉이로라

물은 지혜로운 자가 좋아하는 것인데, 이제 이 시내가 홀로 어리석음에 욕을 당함은 어째서인가? 그 흐름이 매우 낮아서 灌漑에 이용할 수 없고 또 流速이 대단히 빠른데다가 솟아나온 돌이 많아 큰 배가 들어갈 수 없으며, 그윽하고 깊고 좁고 얕아서 蛟龍이 좋아하지 않아 雲雨를 일으킬 수 없어 세상을 이롭게 하지 못하여 마침 나와 유사하니, 그렇다면 비록 욕을 보여 어리석다 하더라도 可한 것이다. 甯武子가 나라에 道가 없을 때에 어리석었던 것은 지혜로우면서 어리석은 자요, 顔子가 종일토록 어기지 않아 어리석은 사람과 같았던 것은 밝으면서 어리석은 자이니, 모두 진짜 어리석음이 될 수 없다. 이제 나는 道가 있는 때를 만나 도리를 어기고 이치에 거슬렸다. 그러므로 무릇 어리석음은 나만한 사람이 없는 것이다. 그렇다면 천하에 나와 이 시내를 다툴 이가 없을 것이므로 내가 이 시내를 독차지하여 愚로 이름한 것이다.

譯註 1. 夫水智者樂也 : 「論語」《雍也》의 '仁者樂山 智者樂水'를 인용한 것이다.

2. 甯武子 : 춘추시대 衛나라 신하로 이름은 兪이며 武子는 그의 시호이다. 「論語」《公冶長》에 "甯武子는 나라에 道가 있을 때에는 지혜로웠고 나라에 道가 없을 때에는 어리석었으니, 그 지혜는 따를 수 있으나 그 어리석음은 따를 수 없다. 〔甯武子 邦有道則知 邦無道則愚 其知可及也 其愚不可及也〕" 하였다. 당시 甯兪는 文公과 武公 때에 벼슬하였는 바, 文公은 有道之君으로 알려져 있으나 그의 업적이 별로 없고, 武公은 無道하여 나라를 잃었는데, 이때 그는 어려움을 피하지 않고 주선하여 끝내 武公을 복위시켰으므로 말한 것이라 한다.

3. 顔子終日不違如愚 : 「論語」《爲政》의 '吾與回言 終日不違如愚'를 인용한 것이다.

溪雖莫利於世나 而善鑑萬類하여 清瑩秀澈하고 鏘鳴金石하여 能使愚者로 喜笑眷慕하여 樂而不能去也하나니 余雖不合於俗이나 亦頗以文墨自慰하여 漱滌萬物하고 牢籠百態하여 而無所避之하니 以愚辭로 歌愚溪하면 則茫然而不違하고 昏然而同歸하여 [1]超鴻蒙하고 混希夷하여 寂寥而莫我知也라 於是에 [2]作八愚詩하여 紀于溪石上하노라

시내는 세상에 이로움이 없으나 만 가지 종류를 잘 비추어, 맑고 고요하며 쟁쟁히 金石처럼 울리며 흘러서 어리석은 자로 하여금 기뻐하여 웃고 돌아보고 사모하게 하

睿 : 슬기로울 예　悖 : 어그러질 패　瑩 : 맑을 영　鏘 : 울리는소리 장　眷 : 사랑할 권
漱 : 씻을 수　滌 : 씻을 척　牢 : 우리 뢰　籠 : 쌀 롱　茫 : 아득할 망　寥 : 쓸쓸할 료

여, 즐거워 떠나가지 못하게 한다. 내 비록 세속에 합하지 못하나 또한 자못 文墨으로 스스로 위로하여 만물을 깨끗이 씻고 백 가지 태도를 모두 그 안에 기록하여 피하는 바가 없으니, 어리석은 말(문장)로 愚溪를 노래한다면 망연히 서로 어긋나지 않고 혼연히 함께 돌아가서 鴻蒙을 초월하고 希夷와 뒤섞여 적막히 나 자신도 알지 못하게 될 것이다. 이에 八愚詩를 지어 시내의 돌 위에 새기는 바이다.

譯註 1. 超鴻蒙 混希夷 : 鴻蒙은 自然의 元氣이며, 希夷는 색깔도 없고 소리도 없어서 보아도 보이지 않고 들어도 들리지 않는 것으로 곧 道를 가리킨다. 「老子」《贊玄篇》에 "視之不見 名曰夷 聽之不聞 名曰希"라 하였으며, 그 註에 "無色曰夷 無聲曰希"라 하였다.

2. 八愚詩 : 逸詩로 현재 전하지 않는다.

*桐葉封弟辨　　柳宗元

*「史記」《晉世家》에 "어린 나이로 즉위한 周成王은 동생 叔虞와 장난을 잘 하였다. 하루는 成王이 오동나무 잎을 오려 제후왕을 봉할 때에 주는 圭 모양을 만들어 주면서 '이것으로 너를 봉한다' 하였다. 이 말을 듣고 史官인 尹佚이 택일하여 제후왕으로 봉할 것을 청하자, 成王은 '이는 내가 장난으로 한 말이다' 하였으나 尹佚은 '天子는 농담이 없습니다' 하여, 마침내 叔虞를 唐에 봉했다." 하였는 바, 혹은 周公이 권했다 하므로 이를 논변한 것이다.

字數不多나 曲折甚多하여 婉而切하고 辯而明하니 此柳子所長也라 後之爲文者爲之면 添數百字不啻矣리라 守原議亦然하니 與非國語로 皆一樣手段이니라

字數가 많지 않으나 曲折이 매우 많아 완곡하면서도 간절하고 분변하여 밝으니, 이는 柳子의 장점이다. 후세에 문장을 짓는 자가 만일 이 글을 지었다면 수백 자를 더할 뿐만이 아닐 것이다. '守原議'도 또한 그러하니, 이는 '非國語'(國語를 비판함)와 모두 똑같은 수법이다.

古之傳者有言호되 成王이 以桐葉으로 與小弱弟戱曰 以封汝하리라 周公入賀하니 王曰 戱也로라 周公曰 天子는 不可戱라한대 乃封小弱弟於唐이라하니 吾意不然이라 王之弟當封邪인댄 周公이 宜以時言於王이요 不待其戱而賀以成之也며 不當封邪인댄 周公이 乃成其不中之戱하여 以地(以)〔與〕人으로 與小弱者爲之主면 其得爲聖

桐 : 오동나무 동　婉 : 곡진할 완　添 : 더할 첨　啻 : 뿐 시　樣 : 모양 양　與 : 줄 여
弱 : 어릴 약

乎아 且周公이 以王之言不可苟焉而已라하여 必從而成之邪인댄 設有不幸하여 王以桐葉戲婦寺(시)라도 亦將擧而從之乎아 凡王者之德은 在行之何若이니 設未得其當이면 雖十易(역)之라도 不爲病이라 要於其當에 不可使易也니 而況以其戲乎아 若戲而必行之면 是는 周公이 敎王遂過也니라

옛 기록에 말하기를 "成王이 오동나무 잎을 가지고 小弱한(어린) 아우에게 주면서 희롱하기를 '이것으로 너를 封하겠다.' 하자, 周公이 들어가 축하하였다. 成王이 농담이라고 말하자, 周公은 '天子는 농담을 해서는 안됩니다.' 하니, 마침내 소약한 아우를 唐나라에 봉했다." 하였다.

그러나 나는 그렇지 않다고 생각한다. 王의 아우를 마땅히 봉하여야 할진댄 周公이 마땅히 적당한 때에 王에게 말씀하였을 것이요, 그 농담하기를 기다려 축하해서 성사시키지 않았을 것이며, 마땅히 봉하지 않아야 할진댄 周公이 마침내 도리에 맞지 않는 농담을 성사시켜 땅과 人民을 소약한 자에게 주어 임금을 삼게 했다면 그 聖人이 될 수 있겠는가? 또 周公이 王의 말씀은 구차해서는 안된다 하여 반드시 따라 성사시켰다면 설령 불행히도 王이 오동나무 잎을 부인과 內侍에게 주었더라도 또한 장차 들어서 따르겠는가. 무릇 王者의 德은 행함이 어떠한가에 달려 있을 뿐이니, 설령 그 마땅함을 얻지 못했다면 비록 열 번을 바꾸더라도 나쁠 것이 없는 것이다. 요컨대 그 마땅한 것에 있어 바꾸지 않게 할 것이니, 하물며 그 농담으로 한 것에 있어서랴. 만일 농담한 것을 기필코 행하게 했다면 이는 周公이 王으로 하여금 잘못을 이루게 한 것이다.

吾意周公輔成王에 宜以道從容優樂하여 要歸之大中而已요 必不逢其失而爲之辭하며 又不當束縛之, 馳驟之하여 使若牛馬然이니 急則敗矣라 且家人父子도 尙不能以此自克이어든 況號爲君臣者邪아 是直小丈夫缺缺(缺缺) 者之事요 非周公所宜用이라 故로 不可信이니라 或曰 封唐叔은 史佚成之라하니라

나는 생각건대, 周公이 成王을 보필할 때에 마땅히 道로써 從容(여유 있음)하고 즐겁게 하여 요컨대 大中에 돌아가게 할 뿐이요, 반드시 그 실수할 때를 만나 이것을 구실로 삼지는 않았을 것이며, 또 마땅히 속박하고 몰아서 소와 말처럼 하지는 않았을 것이니, 급하게 하면 실패하는 것이다. 家人의 父子間도 오히려 이것으로는 스스로 이겨낼 수가 없는데, 하물며 君臣이라고 이름한 자에 있어서랴. 이는 다만 小丈夫로서 얕은 지혜를 쓰는 자들이 하는 일이니, 周公이 마땅히 썼을 바가 아니다. 그러므로 믿을 수 없는 것이다. 혹자는 이르기를 "唐叔을 봉한 것은 太史 尹佚이 이루었다."고 말한다.

苟 : 구차할 구　寺 : 내시 시　易 : 바꿀 역　敎 : 하여금 교　遂 : 이룰 수　逢 : 맞을 봉
縛 : 묶을 박　驟 : 몰 취　直 : 다만 직　缺 : 빠질 결

晉文公問守原議 柳宗元

(晉文公이 原을 지킬 자를 물음에 대한 의논)

[1]事見左傳僖公二十四年이라

이 사실은 「左傳」 僖公 24년에 보인다.

譯註 1. 「左傳」에 다음과 같은 내용이 실려 있다. 晉文公(重耳)은 周王室의 내란을 진정시키고 그 공로로 周襄王으로부터 原땅을 하사받은 다음, 이 곳을 지킬 적임자를 내시인 勃鞮에게 물은 결과, 마침내 趙衰라는 賢臣을 얻어 임명하게 되었다. 著者는 晉文公의 이 故事를 들어 이를 비판한 것이다.

晉文公이 既受原於王하고 難其守하여 問於寺(시)人勃鞮하여 以畀趙衰하니 余謂 守原은 政之大者也라 所以承天子樹霸功하여 致命諸侯니 不宜謀及媟近하여 以忝王命이어늘 而晉君이 擇大任호되 不公議於朝하고 而私議於宮하며 不博謀於卿相하고 而獨謀於寺人하니 雖或衰之賢이 足以守하고 國之政이 不爲敗라도 而賊賢失政之端이 由是滋矣라 況當其時하여 不乏言議之臣乎아 狐偃이 爲謀臣하고 先軫이 將中軍이어늘 晉君이 疏而不咨하며 外而不求하고 乃卒定於內豎하니 其可以爲法乎아

晉文公이 이미 原땅을 周나라 王에게 받고는 지킬 사람을 신중히 선택하려 하여 寺人인 勃鞮에게 물어 趙衰에게 맡겼다. 나는 생각건대, 原땅을 지키는 것은 정사 중에 큰 것이다. 天子를 받들고 霸者의 功을 세워 諸侯들에게 명을 이루는 것이니, 이에 대한 모의가 설만하고 가까이 모시는 내시에게 미쳐 王命을 욕되게 해서는 안된다. 그런데 晉나라 군주는 큰 임무를 선택하되 조정에서 公的으로 의논하지 않고 자기 궁중에서 사사로이 의논하였으며, 卿相들과 널리 상의하지 않고 홀로 寺人(내시)과 상의하였으니, 비록 혹 趙衰의 어짊이 족히 지켜낼 만하고 나라의 정사가 실패하지 않았다 하더라도 賢者를 해치고 정사를 잘못한 단서가 이로 말미암아 불어났다. 더구나 그 당시에 언론하는 신하들이 없지 않음에랴. 狐偃이 謀臣이 되고 先軫이 中軍을 거느리고 있었는데, 晉나라 군주는 이들을 소원히 하여 묻지 않았으며 외면하여 구하지 않고, 마침내 內豎(내시)에게 결정하였으니, 이것을 법으로 삼을 수 있겠는가.

且晉君이 將襲齊桓之業하여 以翼天子하니 乃大志也라 然而齊桓이 任管仲以興하고 進豎刁以敗하니 則獲原啓疆은 適其始政이라 所以觀視諸侯也어늘 而乃背其所

鞮 : 신 제 畀 : 줄 비 衰 : 줄일 최 媟 : 설만할 설 忝 : 욕될 첨 滋 : 불어날 자
乏 : 다할 핍 軫 : 별이름 진 豎 : 내시 수 襲 : 이을 습 刁 : 조두 조 疆 : 지경 강

以興하고 迹其所以敗〈也〉아 然而能伯(覇)諸侯者는 以土則大하고 以力則強하고 以義則天子之册也일새니 誠畏之矣라 烏能得其心服哉리오 其後에 景監이 得以相衛鞅하고 弘, 石이 得以殺望之하니 誤之者는 晉文公也라 嗚呼라 得賢臣하여 以守大邑하니 則問雖失問이나 擧非失擧也로되 然猶羞當時, 陷後代가 若此하니 況於問與擧又兩失者면 其何以救之哉리오 余故로 著晉君之罪하여 [1]以附春秋許世子止, 晉趙盾之義하노라

또 晉나라 군주는 장차 齊桓公의 업을 인습하여 天子를 도우려 하였으니, 큰 뜻인 것이다. 그런데 齊桓公은 管仲을 임용하여 나라가 흥하였고 豎刁를 진용하여 패하였으니, 原땅을 얻어 국경을 확장함은 마침 정사를 하는 초기로서 제후들에게 본보기를 보여야 할 것이었다. 그런데도 마침내 그 흥한 것을 저버리고 패한 것을 따른단 말인가. 그러나 晉文公이 능히 제후들에게 패자가 되었던 것은 토지가 크고 국력이 강했으며 義로는 天子가 책봉하였기 때문이니, 제후들이 참으로 두려워 했던 것이니, 어찌 그 心服함을 얻었겠는가. 그후 秦나라의 宦者인 景監이 衛鞅을 宰相으로 시켰고 漢나라의 환자인 弘恭과 石顯이 어진 蕭望之를 죽일 수 있었으니, 이들을 그르친 것은 晉文公이다.

아! 어진 신하를 얻어 큰 고을을 지켰으니, 물음은 비록 잘못된 물음이었으나 천거는 잘못된 천거가 아니었다. 그런데도 오히려 當時를 부끄럽게 하고 後代를 잘못에 빠뜨림이 이와 같으니, 하물며 물음과 천거가 또 모두 잘못되었다면 그 어떻게 구원할 수 있겠는가. 나는 그러므로 晉나라 군주의 죄를 드러내어 「春秋」의 許나라 世子 止와 晉나라 趙盾의 義에 붙이는 바이다.

譯註 1. 以附春秋許世子止 晉趙盾之義 : 春秋筆法을 들어 그 행위가 결과적으로 후세에 나쁜 영향을 끼쳤으므로 비판받아 마땅하다는 뜻이다. 許나라 世子 止는 父王인 悼公의 병을 잘 간호하였으나 悼公은 약을 먹고 그만 별세하였다. 趙盾은 晉나라 大夫로 靈公의 無道함을 간하다가 미움을 받고 망명하던 중 국경을 넘기 직전 그의 一族인 趙穿이 靈公을 시해하였으므로 망명을 중지하고 되돌아왔다. 그러나 「春秋」에는 《昭公十九年條》와 《宣公二年條》에 許나라 世子 止와 晉나라 趙盾이 그 군주를 시해하였다고 각각 기록하였다. 이는 世子 止는 마땅히 약을 맛보아 독성을 확인한 뒤에 약을 올렸어야 하는데 이를 시행하지 않았고, 趙盾은 망명하다가 국경을 넘지도 않았고 돌아와서는 역적인 趙穿을 토벌하지도 않았으므로 두 사람은 비록 직접 군주를 시해하지는 않았으나, 군주를 시해한 것과 다름이 없다고 한 것이라 한다.

烏 : 어찌 오　鞅 : 가슴걸이 앙　羞 : 부끄러울 수　盾 : 방패 순

連州郡復乳穴記

柳宗元

(連州郡의 鍾乳穴에서 石鍾乳가 다시 나온데 대한 記文)

柳子厚時在永州하니 連州守는 乃崔君敏이라

○ 此篇은 以祥字로 反覆議論하여 始以爲祥하고 繼以爲非祥하고 末復以爲祥하니 與獲麟解相似라 使他人爲之면 [1]孟嘗還珠事를 恐不能不用이어늘 此只就目前事說하여 能不用하니 亦一高處라

○ 眞西山亦選此篇하여 入文章正宗하니라

柳子厚는 이때 永州에 있었는데 連州太守는 바로 崔君敏이었다.

○ 이 篇은 祥字를 가지고 반복하여 의론해서 처음에는 祥瑞라 하였고, 뒤이어는 祥瑞가 아니라 하였고, 끝에는 다시 祥瑞라 하였으니, '獲麟解'와 서로 비슷하다. 만약 다른 사람이 이 글을 지었다면 孟嘗의 진주가 다시 나타난 일을 사용하지 않을 수 없었을 터인데, 이 篇은 다만 눈앞의 일만을 말하여 故事를 쓰지 않았으니, 또한 문장의 한 높은 부분이다.

○ 眞西山(眞德秀) 또한 이 편을 뽑아 「文章正宗」에 넣었다.

譯註 1. 孟嘗還珠事 : 孟嘗은 後漢 사람으로 자가 伯周인데 인품이 高潔하였다. 일찍이 合浦太守가 되었는 바, 合浦는 진주가 생산되어 백성들이 유일한 생계로 삼고 있었으나 守令들이 탐욕을 부리자, 진주조개가 거의 생산되지 않고 점차 交趾라는 곳으로 옮겨 갔다. 이 때문에 백성들의 생활이 몹시 곤궁하였는데, 孟嘗이 부임한 이후 善政을 펴니, 진주가 다시 생산되었다 한다.

石鍾乳는 餌之最良者也라 楚越之山에 多産焉하되 于連于韶者獨名於世러니 連之人이 告盡焉者五載矣라 以貢則買諸他部러니 今刺史崔公이 至逾月에 穴人來하여 以乳復告라 邦人이 悅是祥也하여 雜然謠曰 甿之熙熙여 崔公之來로다 公化所徹에 土石蒙烈이로다 以爲不信인댄 起視乳穴하라

石鍾乳는 보약 중에 가장 좋은 것이다. 楚지방과 越지방의 山에서 많이 생산되는데, 連州와 韶州에서 나오는 것이 특히 세상에 이름났다. 連州 백성들이 石鍾乳가 바닥났다고 아뢴 지가 5년이었으므로 〈고을에서는〉 국가에 바치게 되면 다른 部에서 사왔는데, 이제 刺史 崔公(崔君敏)이 부임한 지 한 달이 넘었을 무렵 석종유 굴을 지키는 사람이 와서 석종유가 다시 나온다고 아뢰었다. 고을 사람들은 이 상서로움을 기뻐

穴 : 구멍 혈　餌 : 약 이　載 : 해 재　逾 : 넘을 유　甿 : 백성 맹　徹 : 통할 철
蒙 : 입을 몽　烈 : 공 렬

하여 모두들 노래를 부르기를 "백성들이 화락함이여! 崔公이 부임해 오셨도다. 公의 교화가 통하는 바에 흙과 돌도 功烈을 입었도다. 내 말을 거짓말이라고 여기거든 일어나 석종유 굴을 보라." 하였다.

穴人이 笑之曰 是惡(오)知所謂祥邪아 嚮吾以刺史之貪戾嗜利하여 徒吾役而不吾貨也일새 吾是以病而紿焉이러니 今吾刺史令明而志潔하고 先(賴)〔賚〕而後力하여 欺誣屛息하고 信順休洽하니 吾以是誠告焉이로라 且夫乳穴이 必在深山窮林하여 冰雪之所儲요 豺虎之所廬라 由而入者 觸昏霧하고 扞龍蛇하여 束火以知其物하고 縻繩以志其返하여 其勤若是어늘 出又不得吾直(値)하니 吾用是라 安得不以盡告리오 今令人而乃誠하니 吾告故也니 何祥之爲리오

이에 굴을 지키는 사람이 웃으며 다음과 같이 말하였다.

"이 어찌 이른바 상서임을 알겠는가. 지난번에 나는 刺史가 탐욕스럽고 이익을 좋아하여 다만 나에게 부역을 시키기만 하고 재화(품삯)를 주지 않았다. 나는 이 때문에 괴롭게 여겨 석종유가 바닥났다고 거짓말을 하였던 것인데, 이제 우리 刺史께서는 명령이 분명하고 뜻이 결백하며 줌을 먼저 하고 힘을 뒤에 하여 속이는 자들이 숨을 죽이고 믿음과 순함이 아름답게 무젖으니, 내 이 때문에 사실대로 아뢴 것이다. 또 石鍾乳 굴은 반드시 깊은 산 궁벽한 숲 속에 있어서 氷雪이 쌓여 있고 시랑과 호랑이가 사는 곳이다. 굴을 경유하여 들어가는 자는 자욱한 안개를 무릅쓰고 용과 뱀을 막아내면서 횃불을 묶어 그 물건을 알아보고 노끈을 묶어 돌아올 길을 표시하여, 그 고생이 이와 같은데도 나와서는 또 나의 품삯을 받지 못한다. 이러하니 내 어찌 바닥났다고 아뢰지 않겠는가. 이제 刺史는 백성들에게 명령하되 성실하게 하니, 이것이 내가 석종유가 다시 나온다고 아뢴 연고이니, 어찌 상서로움이 되겠는가."

士聞之曰 謠者之祥也는 乃其所謂怪者也요 笑者之非祥也는 乃其所謂眞祥者也라 君子之祥也는 以政이요 不以怪하나니 誠乎物而信乎道하여 人樂用命하여 熙熙然以效其(有)〔力〕하니 斯其爲政也而獨非祥也歟아

선비는 듣고 다음과 같이 말하였다.

"노래를 부르는 자들의 상서라는 것은 바로 이른바 괴이하다는 것이요, 비웃는 자의 상서가 아니라는 것은 바로 이른바 진짜 상서라는 것이다. 君子의 상서는 政事로써 하고 괴이함으로써 하지 않나니, 남에게 성실하고 도리에 성실하여 백성들이 명령에 따르기 좋아해서 熙熙하여 그 힘을 바치니, 이러한 정사가 홀로 상서가 아니겠는가."

嚮 : 지난번 향 戾 : 어그러질 려 紿 : 속일 태 賚 : 줄 뢰 屛 : 물리칠 병 儲 : 쌓을 저
豺 : 승냥이 시 扞 : 막을 한 縻 : 맬 미 志 : 표시할 지 直 : 값 치 安 : 어찌 안

送薛存義序 柳宗元

(薛存義를 전송한 序)

東萊云 雖句少而極有反覆이라

東萊가 말하였다. "비록 字句가 적으나 반복함이 지극하다."

河東薛存義將行할새 柳子載肉于俎하고 崇酒于觴하여 追而送之江之滸하여 飮食(임사)之하고 且告曰 凡吏于土者를 若知其職乎아 蓋民之役이요 非以役民而已也라 凡民之食于土者 出其十一하여 傭乎吏하여 使司平於我也라 今受其直(値), 怠其事者 天下皆然이니 豈惟怠之리오 又從而盜之라 向使傭一夫於家하여 受若直하고 怠若事하며 又盜若貨器하면 則必甚怒而黜罰之矣리니 以今天下多類此로되 而民莫敢肆其怒與黜罰〈者〉는 何哉오 勢不同也일새라 勢不同而理同하니 如吾民何오 有達于理者면 得不恐而畏乎아

河東의 薛存義가 장차 길을 떠나려 할 적에 나는 도마에 고기를 올려놓고 잔에 술을 가득히 부어 쫓아가 강가에서 전송하여 그에게 음식을 먹이고 또 다음과 같이 말하였다.

"무릇 이 지방에 관리가 된 자를 그대는 그 직분을 아는가? 백성의 사역이요, 백성을 사역시킬 뿐만은 아닌 것이다. 무릇 백성으로서 토지를 경작하여 먹는 자들은 그 10분의 1(세금)을 내어서 관리를 고용하여 우리들을 공평히 다스려 줄 것을 맡게 한 것이다. 이제 그 값을 받고 그 일을 태만히 하는 자가 천하에 모두 그러하니, 어찌 다만 태만히 할 뿐이리오. 또 따라서 도둑질을 한다. 지난번에 가령 한 人夫를 집에 고용하여 그대의 품삯을 받고 그대의 일을 태만히 하며 또 그대의 재화와 기물을 훔쳐간다면 그대는 반드시 심히 노하여 축출하고 벌을 줄 것이다. 지금 천하에는 이와 유사함이 많은데도, 백성들이 감히 그 노여움과 축출과 벌을 베풀지 못함은 어째서인가? 형세가 같지 않기 때문이다. 형세는 같지 않으나 이치는 같으니, 우리 백성에게 어찌하겠는가. 이치를 통달한 자가 있다면 두려워하지 않을 수 있겠는가.

存義假令零陵이 二年矣라 蚤作而夜思하고 勤力而勞心하여 訟者平하고 賦者均하며 老弱이 無懷詐暴憎하니 其爲不虛取直也的矣요 其知恐而畏也審矣라 吾賤且辱하여 [1]不得與考績幽明之說일새 於其往也에 故賞以酒肉而重之以辭하노라

薛 : 땅이름 설　俎 : 도마 조　滸 : 물가 호　飮 : 마시게할 임　食 : 먹일 사　若 : 너 약
傭 : 고용할 용　黜 : 내칠 출　肆 : 부릴 사　的 : 분명할 적　審 : 분명할 심

薛存義가 零陵의 假令(임시 현령)이 된 지가 2년이었다. 그는 아침부터 일하고 밤늦도록 생각하며 힘을 부지런히 하고 마음을 수고롭게 하여 爭訟하는 자들이 화평해지고 부역이 均平해졌으며, 노약자들이 속이려는 마음을 품거나 포악함과 미워함이 없으니, 그는 헛되이 품삯(녹봉)을 취하지 않음이 분명하며 두려워할 줄 알아 조심함이 분명하다. 나는 지금 천하고 또 욕되어 功績을 상고하여 좌천시키거나 승진시키는 말에 참여할 수 없으므로 그가 떠나갈 때에 술과 고기로써 賞을 주고 겸하여 말을 주는 바이다."

譯註 1. 考績幽明 : 考績은 官吏들의 업적을 평가하는 것이며, 幽는 考課가 나쁜 자를 좌천시키거나 파면시키는 것이고 明은 훌륭한 업적이 있는 자를 표창하고 승진시키는 것이다. 「書經」《舜典》에 "3년마다 업적을 평가하고 세 번 평가하여 退黜시키고 승진시켰다.〔三載考績 三考黜陟幽明〕" 하였다.

養 竹 記

白居易(樂天)

(대나무를 기른 記文)

竹似賢하니 何哉오 竹本固하니 固以樹德이라 君子見其本이면 則思善建不拔者하며 竹性直하니 直以立身이라 君子見其性이면 則思中立不倚者하며 竹心空하니 空以體道라 君子見其心이면 則思應用虛受者하며 竹節貞하니 貞以立志라 君子見其節이면 則思砥礪名行하여 夷險一致者하나니 夫如是故로 君子人이 多樹之하여 爲庭實焉하나니라

대나무는 賢者와 유사하니, 어째서인가? 대나무 뿌리는 견고하니, 견고함으로써 德을 심으므로 君子는 그 뿌리를 보면 잘 세워 뽑히지 않을 것을 생각하며, 대나무 성질은 곧으니, 곧음으로써 몸을 세우므로 君子는 그 곧은 성질을 보면 중립하여 기울지 않을 것을 생각하며, 대나무 속은 비었으니, 빔으로써 道를 體行하므로 君子는 그 댓속을 보면 응용하여 겸허히 받아들일 것을 생각하며, 대나무 마디는 곧으니, 곧음으로써 뜻을 세우므로 君子는 그 마디를 보면 이름과 행실을 가다듬어 평탄하거나 험하거나 일치하게 할 것을 생각한다. 이와 같기 때문에 君子들이 대나무를 많이 심어 뜰에 가득히 한다.

貞元十九年春에 居易以拔萃選及第하여 授校書郎이라 始於長安에 求假居處하여

倚 : 기울 의　砥 : 숫돌 지　礪 : 숫돌 려　夷 : 평평할 이　實 : 채울 실　萃 : 모을 췌

得常樂里故關相國私第之東亭而處之러니 明日에 屨及于亭之東南隅하여 見叢竹於斯하니 枝葉殄瘁하여 無聲無色이라 詢乎關氏之老하니 則曰 此相國之手植者라 自相國捐館으로 他人假居하니 繇(由)是로 筐篚者斬焉하고 篲箒者刈焉하여 刑餘之材가 長無尋焉이요 數無百焉이라 又有凡草木이 雜生其中하여 苯蕁薈蔚하여 有無竹之心焉이라 居易惜其嘗經長者之手로되 而見賤俗人之目하여 翦棄若是나 本性猶存이라 乃刪翳薈하고 除糞壤하며 疏其間하고 封其下하여 不終日而畢하니 於是에 日出에 有淸陰하고 風來에 有淸聲하여 依依然欣欣然若有情於感遇也러라

貞元 19년 봄에 나(白居易)는 拔萃로 及第에 뽑혀 校書郞에 제수되었다. 처음 長安에서 임시로 거처할 곳을 구하여 常樂里에 있는 옛 關相國 사저의 동쪽 정자를 얻어 거처하였는데, 다음날에 발걸음이 정자의 동남쪽 구석에 이르러 叢竹이 이 곳에 자라고 있는 것을 보았는데, 가지와 잎이 시들고 병들어 소리도 없고 색깔도 없었다. 關氏의 노인들에게 물어보니, 이것은 關相國께서 손수 심은 것이었다. 關相國이 館舍를 버림(별세함)으로부터 타인들이 빌려 거주하니, 이 때문에 광주리를 만드는 자들이 베어가고 빗자루를 만드는 자들이 베어가서 형벌을 받고 남은 재목이 길이가 한 길(여덟자)이 되는 것이 없고 수가 백 개도 못되며, 또 온갖 초목들이 그 가운데 섞여 자라서 무성하고 황폐하여 대나무를 무시하는 마음이 있었다. 나는 그 일찍이 長者의 손을 거쳤으면서도 俗人들의 눈에 천대를 받아 베어지고 버려짐이 이와 같았으나 本性이 아직도 그대로 남아 있음을 애석히 여겼다. 그리하여 마침내 가리고 우거진 것들을 베어버리고 흙덩이를 제거하였으며, 그 사이를 소통시키고 그 아래를 북돋웠는데, 하루가 못되어 작업이 끝났다. 이에 해가 나오면 시원한 그늘이 있고 바람이 불면 맑은 소리가 있어, 依依(그리워함)하고 欣欣하여 마치 感遇함에 情이 있는 듯하였다.

嗟乎라 竹은 植物也니 於人에 何有哉리오마는 以其有似於賢이라하여 而人猶愛惜之하여 封植之하니 況其眞賢者乎아 然則竹之於草木에 猶賢之於衆庶라 嗚呼라 竹不能自異요 惟人異之하며 賢不能自異요 惟用賢者異之라 故로 作養竹記하여 書于亭之壁하여 以貽其後之居斯者하고 亦欲以聞於今之用賢者云이라

아! 대나무는 식물이니, 인간에 무슨 상관이 있겠는가마는 賢者와 유사함이 있다하여 사람들이 오히려 사랑하고 아까워하여 북돋아 주고 심으니, 하물며 참으로 그 賢者에 있어서랴. 그렇다면 대나무가 초목에 있어서는 賢者가 보통사람들에게 있어서와 같은 것이다. 아! 대나무는 스스로 특이할 수가 없어 오직 인간이 그를 특이하게 대하고, 賢者는 스스로 특이하게 할 수가 없어 오직 賢者를 등용하는 자가 특이하게 대

屨 : 신발 구　隅 : 모퉁이 우　殄 : 멸할 진　瘁 : 파리할 췌　詢 : 물을 순　筐 : 광주리 광　篚 : 광주리 비　篲 : 비 수　箒 : 비 추　苯 : 우거질 분　蕁 : 더부룩할 준　薈 : 우거질 회

한다. 그러므로 나는 養竹記를 지어 정자의 벽에 써붙여서 이후 이 곳에 거하는 자에게 주고, 또한 지금 賢者를 등용하는 자에게 알리고자 하는 것이다.

此作은 與濂溪愛蓮說相似하니 一寄意於賢하고 一寄意於君子요 非徒在於竹與蓮而已也라 白居易는 字樂天이니 其人은 樂易君子也라 文字明白平正하여 不尙奇異深奧하니 亦與其詩로 大體相類云이라

이 글은 濂溪의 '愛蓮說'과 서로 비슷하니, 하나(養竹記)는 뜻을 賢者에게 붙였고 하나(愛蓮說)는 뜻을 君子에게 붙여, 단지 대나무와 연꽃에 있을 뿐만이 아니다. 白居易는 字가 樂天이니, 그 사람됨이 화락한 군자이다. 문장이 명백하고 平正하여 기이함과 심오함을 숭상하지 않았으니, 또한 그 詩와 대체로 유사하다.

阿房宮賦　　杜 牧(牧之)

秦始皇이 以咸陽人多하고 先王宮庭小라하여 乃營作朝宮渭南上林苑中할새 先作前殿於阿房하니 阿는 山曲也요 房은 旁也니 乃舊地名이라 旣成에 未更名而燬라 故로 天下只云阿房宮하니라

○ 按前漢書賈山傳에 阿房宮顔注에 殿之四阿 皆爲房也라 房은 或作旁하니 說云 作此殿에 初未有名하고 以其去咸陽近이라하여 且號阿房이라하니라 房은 近也니 與房舍義不同이라

○ 陳止齋曰 杜牧之阿房賦는 非吳武陵이면 不重이니라

○ 洪容齋曰 唐人作賦에 多以造語爲奇하니 杜牧阿房賦明星熒熒一節은 比興引喩如是其侈나 然楊敬之華山賦在前하니 敘述尤壯이라 曰 見若咫尺이나 田千畝矣요 見若環堵나 城千雉矣요 見若杯水나 池百里矣요 見若蟻垤이나 臺九層矣라 醯鷄往來하니 周西東矣요 蠛蠓紛紛하니 秦速亡矣라 蜂窠聯聯하니 起阿房矣요 俄而復然하니 立建章矣라 小星奕奕하니 焚咸陽矣요 纍纍繭栗에 祖龍藏矣라하니라 高彦休闕史云 敬之賦五千字가 唱在人口하니 賦之句如上數語는 杜司徒佑 李太尉德裕 常所誦이라하니라 牧之乃佑孫이니 則阿房賦는 實模倣楊作也라

秦始皇은 咸陽에 사람이 많고 先王의 宮庭이 작다 하여 마침내 朝宮을 渭水 남쪽 上林苑 안에 경영하여 지었는데, 먼저 앞 대궐을 阿房에 지으니, 阿는 산굽이요 房은 곁이라는 뜻이니, 바로 옛 지명이었다. 이미 완성된 다음 미처 이름을 고치기 전에 불탔으므로 천하에서는 다만 阿房宮이라 칭한다.

燬 : 불탈 훼　熒 : 빛날 형　蟻 : 개미 의　垤 : 개미둑 질　醯 : 육장 혜　蠛 : 하루살이 멸
蠓 : 하루살이 몽　窠 : 구멍 과　俄 : 갑자기 아　奕 : 빛날 혁　纍 : 연달 루　繭 : 고치 견

○「前漢書」의 賈山傳에 阿房宮에 대한 顔師古의 注에 "대궐의 사방이 모두 넓은 언덕이기 때문이다. 房은 혹 旁으로도 쓰니, 말하기를 '이 대궐을 지었을 때에 애당초 명칭이 없었고 咸陽과 거리가 가깝다 하여 우선 阿房이라 이름하였다.' 하였다. 房은 가깝다는 뜻으로 房舍라는 뜻과는 같지 않다." 하였다.

○陳止齋가 말하였다. "杜牧之의 '阿房宮賦'는 吳武陵이 아니었으면 중함을 받지 못하였을 것이다."

○洪容齋가 말하였다.

"唐나라 사람들은 賦를 지을 적에 대부분 새로운 말을 지어내는 것을 기특하게 여겼으니, 杜牧之의 '阿房宮賦'에 '밝은 별이 빛난다〔明星熒熒〕'는 한 節은 비유하고 홍기함이 이와 같이 화려하나 楊敬之의 '華山賦'가 이전에 있었는바, 서술함이 더욱 장대하다. 그 賦에 이르기를 '지척처럼 보이나 밭이 千畝나 되고, 작은 담처럼 보이나 城이 千雉나 되고, 잔의 물처럼 보이나 못이 百里나 되고 개미 집처럼 보이나 집이 九層이나 된다. 醯鷄(초파리)가 왕래하듯 하니 周나라가 서쪽과 동쪽으로 나뉘어졌고, 蠛蠓(하루살이)이 분분히 날듯 하니 秦나라는 속히도 망하였네. 기왓골이 이어지니 阿房宮을 일으켰고 얼마후 다시 그렇게 하여 建章宮을 건립하였네. 작은 별이 빛나니 咸陽이 불타고, 옹기종기한 繭栗(무덤)에 祖龍(秦始皇)이 묻혔네.' 하였다. 高彦休의 「闕史」에 이르기를 '楊敬之가 지은 5천 字의 賦가 사람들의 입에 불리워지고 있으니, 賦의 句中에 위와 같은 몇 마디는 司徒 杜佑와 太尉 李德裕가 항상 외던 것들이다.' 하였다. 杜牧之는 바로 杜佑의 손자이니, 그렇다면 '阿房宮賦'는 실로 楊敬之의 '華山賦'를 모방하여 지은 것이다."

六王畢하니 四海一이요 蜀山兀하니 阿房出이라 覆(부)壓三百餘里하여 隔離天日이라 驪山이 北構而西折하여 直走咸陽하고 二川이 溶溶하여 流入宮墻이라 五步에 一樓요 十步에 一閣이라 廊腰縵廻하고 簷牙高啄하여 各抱地勢하여 鉤心鬪角하니 盤盤焉, 囷囷焉하여 蜂房水渦 矗不知其幾千萬落이로다 [1]長橋臥波하니 未(雩)〔雲〕何龍이며 複道行空하니 不霽何虹가 高低冥迷하여 不知西東이라 歌臺暖響은 春光融融하고 舞殿冷袖는 風雨凄凄하여 一日之內와 一宮之間에 而氣候不齊라

六國의 王이 모두 없어지니 四海가 통일되고, 蜀山의 나무가 모두 베어져 우뚝히 솟으니 阿房宮이 나왔는데, 3백여 리를 뒤덮어 하늘의 해를 격리시켰다. 驪山이 북쪽으로 얽히고 서쪽으로 꺾여 곧바로 咸陽으로 달려오고, 두 강물(涇水와 渭水)이 溶溶히 흘러 宮墻으로 들어온다. 5步마다 한 누대가 있고 10步마다 한 高閣이 있어, 행랑의 허리가 비단처럼 둘러 있고 처마가 높이 솟아 새들이 부리로 쪼는 듯하여, 각기 지형에 따라 중앙은 굽어 있고 모서리는 싸우는 듯하니, 건물들이 꺾어 돌고 서려 있어

兀 : 우뚝할 올　溶 : 물흐를 용　廊 : 행랑 랑　縵 : 명주 만　簷 : 처마 첨　啄 : 쪼을 탁
鉤 : 갈고리 구　囷 : 꼬불꼬불할 균　渦 : 웅덩이 와　矗 : 우뚝할 촉　霽 : 갤 제

벌집과 같은 기왓골이 우뚝히 솟아 그 몇 천만 개가 떨어지는지 알 수가 없다. 긴 다리가 물결 위에 놓여 있으니 구름도 없는데 무슨 龍이며, 복도가 공중에 나 있으니 날씨가 개지도 않는데 무슨 무지개인가. 높고 낮음이 아득하고 어두워 서쪽과 동쪽을 분별할 수가 없다. 歌臺의 따뜻한 음악소리는 봄비처럼 화락하고 춤추는 집의 차가운 소매는 비바람처럼 서늘하여, 하루 안과 한 궁궐 사이에도 기후가 똑같지 않다.

譯註 1. 長橋臥波 未雲何龍 : 未雲何龍은 원래 未雩何龍으로 되어 있으며, 「春秋左傳」《桓公五年條》의 '龍見而雩'를 援用한 것으로, 龍은 龍星 곧 蒼龍七宿(角·亢·氐·房·心·尾·箕)를 이르고 雩는 祈雨祭로 음력 4월 龍星이 나타나면 기우제를 지내는 것이라 한다. 臺本 註에 "이는 著者인 杜牧이 '龍見而雩'를 잘못 원용한 것으로 후세 사람들은 雩를 雲으로 고치려 한다." 하였다. 실제로 후세의 諸本에는 '未雲何龍'으로 쓰고 물결 위의 긴 다리를 龍에 비유한 것으로 보는 견해가 많으므로 이를 따랐음을 밝혀둔다.

妃嬪媵嬙과 王子皇孫이 辭樓下殿하여 輦來于秦하여 朝歌夜絃하여 爲秦宮人이라 明星熒熒은 開粧鏡也요 綠雲擾擾는 梳曉鬟也요 渭流漲膩는 棄脂水也요 煙斜霧橫은 焚椒蘭也요 雷霆乍驚은 宮車過也니 轆轆遠聽하여 杳不知其所之也로다 一肌一容을 盡態極姸하여 縵立遠視而望幸焉이로되 有不得見者 三十六年이라 燕趙之收藏과 韓魏之經營과 齊楚之精英이 幾世幾年에 摽掠其人하여 倚疊如山이러니 一旦不能有하여 輸來其間하니 鼎鐺玉石하고 金塊珠礫하여 棄擲邐迤하니 秦人視之에 亦不甚惜이라

妃嬪과 媵妾들과 王子와 皇孫들이 자기 나라의 樓殿을 하직하고 내려와 輦을 타고 秦나라로 와서 아침에 노래 부르고 저녁에 현악기를 타면서 秦나라의 宮人이 되었다. 밝은 별이 반짝임은 화장하는 경대를 열어 놓음이요, 검은 구름이 뭉실뭉실함은 새벽에 머리를 빗질함이요, 渭水에 기름이 떠 있음은 화장하는 기름물을 버렸기 때문이요, 내가 비껴있고 안개가 자욱함은 山椒와 난초 향료를 태웠기 때문이요, 우레인가? 벼락인가? 하고 별안간 놀람은 宮車가 지나가기 때문이었으니, 수레소리가 덜커덩덜커덩 멀리 들림에 아득하여 그 가는 바를 알 수 없었다. 한 피부와 한 모양, 자태를 극진히 하고 고움을 지극히 하여 죽 늘어서서 멀리 바라보면서 황제가 幸次해 주기를 바랐으나 황제의 얼굴을 바라보지도 못한 지가 36년이나 되는 자도 있었다. 燕·趙에서 收藏한 것과 韓·魏에서 경영한 것과 齊·楚의 精英은, 몇 대와 몇 년 동안 人民의 것을 약탈하여 쌓아놓기를 山처럼 하였었는데, 하루아침에 이것을 소유하지 못하고는 이 사이로 실어오니, 보배로운 솥을 냄비처럼 여기고 옥을 돌처럼 여기며 금을 흙덩이처

媵 : 잉첩 잉　嬙 : 궁녀 장　梳 : 빗질할 소　鬟 : 쪽 환　膩 : 기름 이　乍 : 별안간 사
轆 : 수레소리 록　摽 : 칠 표　鐺 : 솥 쟁　礫 : 자갈 력　邐 : 연할 리　迤 : 연할 이

럼 여기고 진주를 자갈처럼 여겨 이리저리 땅에 버려져 있었는데, 秦나라 사람들 역시 보고도 심히 아까워하지 않았다.

嗟乎라 一人之心은 千萬人之心也라 秦愛紛奢어든 人亦念其家하나니 奈何取之盡錙銖하고 用之如泥沙하여 使負棟之柱 多於南畝之農夫하고 架梁之椽이 多於機上之工女하며 釘頭磷磷이 多於在庾之粟粒하고 瓦縫參差가 多於周身之帛縷하며 直欄橫檻이 多於九土之城郭하고 管絃嘔啞가 多於市人之言語하여 使天下之人으로 不敢言而敢怒하고 獨夫之心이 日益驕固러니 戍卒叫에 函谷擧하고 [1]楚人一炬에 可憐焦土로다

아! 임금 한 사람의 마음은 천만 사람의 마음이다. 秦나라 임금이 화려하고 사치함을 좋아할진댄 백성들 또한 그 집을 생각할 것인데, 어찌하여 취하기를 錙銖까지 다하고 쓰기를 진흙과 모래처럼 여겨, 들보를 지고 있는 기둥이 남쪽 이랑의 농부보다 많으며, 들보를 메고 있는 서까래가 베틀 위의 工女보다 많으며, 못머리가 즐비함이 창고에 있는 곡식알보다 많으며, 기왓골의 어긋남이 몸을 두르고 있는 비단올보다 많으며, 곧은 난간과 가로댄 난간이 九土(九州)의 성곽보다 많으며, 관악기와 현악기의 요란함이 시장 사람의 말소리보다 많게 하여, 천하 백성들로 하여금 감히 말하지 못하고 감히 노여워하지 못하게 하였다. 그리하여 獨夫(暴君)의 마음이 날로 더욱 교만해지고 견고하더니, 수자리가던 군사들이 고함침에 函谷關이 함락되고 楚나라 사람이 한 번 횃불을 들어올림에 가련하게 초토가 되었다.

譯註 1. 楚人一炬 可憐焦土 : 楚人은 項羽(項籍)를 가리킨 것으로, 項羽는 秦나라의 都城인 咸陽으로 들어가 阿房宮을 불태웠으므로 말한 것이다.

嗚呼라 滅六國者는 六國也요 非秦也며 族秦者는 秦也요 非天下也라 嗟夫라 使六國으로 各愛其人이면 則足以拒秦이요 秦復愛六國之人이면 則遞二世하여 可至萬世而爲君이니 誰得而族滅也리오 秦人이 不暇自哀而後人哀之하고 後人哀之而不鑑之하여 亦使後人而復哀後人也하나니라

아! 六國을 멸한 자는 六國 자신이었고 秦나라가 아니었으며, 秦나라의 三族을 멸한 것은 秦나라 자신이었고 천하가 아니었다. 아! 슬프다. 가령 六國이 각기 그 인민을 사랑하였더라면 충분히 秦나라에 항거할 수 있었고, 秦나라가 다시 六國의 인민을 사랑하였더라면 二世를 지나 萬世에 이르도록 군주가 되었을 것이니, 누가 三族을 멸하겠는가. 秦나라 사람들은 스스로 슬퍼할 겨를이 없어 후세 사람들이 그를 슬퍼하고,

---

錙 : 저울눈 치　銖 : 저울눈 수　椽 : 서까래 연　釘 : 못 정　磷 : 번쩍번쩍할 린
庾 : 곳집 유　檻 : 난간 함　嘔 : 노래할 구　啞 : 놀라는소리 아　炬 : 횃불 거

후세 사람들은 그를 슬퍼하면서도 이것을 거울로 삼지 않아 또한 후세 사람들로 하여금 다시 후세 사람을 슬퍼하게 한다.

弔古戰場文 李 華(遐叔)

(옛 戰場을 조문한 글)

形容戰場悽慘之情이 溢於言意之表也라

싸움터의 처참한 정상을 형용함이 말뜻 밖에 넘쳐 흐른다.

浩浩乎平沙無垠하여 敻不見人이라 河水縈帶하고 群山糾紛하니 黯兮慘悴하여 風悲日曛하고 蓬斷草枯하여 凜若霜晨하니 鳥飛不下하고 獸挺亡群이라 亭長이 告余曰 此는 古戰場也라 嘗覆三軍하니 往往鬼哭하여 天陰則聞이니라 傷心哉라 秦歟아 漢歟아 將近代歟아 吾聞夫齊魏徭戍하고 荊韓召募하여 萬里奔走하고 連年暴露하여 沙草晨牧하고 河冰夜渡하니 地闊天長하여 不知歸路라 寄身鋒刃하니 腷臆誰訴오 秦漢而還으로 多事四夷하니 中州耗斁가 無世無之라 古稱戎夏不抗王師러니 文敎失宣하고 武臣用奇하니 奇兵은 有異於仁義하고 王道는 迂闊而莫爲라

너르고 너른 평평한 모랫벌이 끝이 없어 아득히 멀어 사람이 보이지 않는다. 河水는 띠처럼 둘러 있고 여러 산들은 분분히 솟아 있다. 암담한 정경이 서글퍼 바람은 슬피 울부짖고 해는 어둑어둑 저물며 쑥대는 꺾여지고 풀은 말라서 으시시함이 서리가 내린 새벽과 같으니, 새도 높이 날고 내려오지 않으며 짐승도 달아나 무리를 잃는다. 亭長이 나에게 말하기를 "여기는 옛날 싸움터인데, 일찍이 三軍을 전멸시킨 곳입니다. 왕왕 귀신들이 흐느껴 울어서 날씨가 흐리면 들립니다." 하였다.

아! 가슴 아프다. 秦代인가? 漢代인가? 아니면 近代인가? 내 들으니 齊·魏에서는 군사들을 멀리 수자리보내고 荊(楚)·韓에서는 군사들을 불러 모집하여 만리 밖 전쟁터에 달려가 해마다 밖에서 노숙하여, 사막의 풀을 새벽에 말에게 먹이고 황하의 얼음을 밤에 건너니, 땅은 넓고 하늘은 길어서 돌아갈 길을 알지 못하였다. 몸을 칼날에 맡기니 답답한 속마음을 누구에게 하소연할까? 秦·漢 이후로는 四夷에 從事(정벌)함이 많으니, 중국의 소모가 代마다 없는 적이 없었다. 옛날에는 오랑캐와 中夏에서 王者의 군대에 항거하지 않는다고 말했었는데, 文敎가 제대로 펴지지 못하고 武臣들이 奇計를 사용하였다. 奇兵은 仁義와 다르고 王道는 迂闊하다고 하여 하지 않았다.

垠 : 땅끝 은 敻 : 멀 형 縈 : 두를 영 糾 : 얽힐 규 黯 : 어두울 암 悴 : 근심할 췌
曛 : 어스레할 훈 徭 : 부역 요 腷 : 답답할 픽 臆 : 가슴 억 斁 : 패할 두

嗚呼噫嘻로다 吾想夫北風振漠하고 胡兵伺便이어늘 主將驕敵하여 期門受戰이라 野豎旌旗하고 川回組練하니 法重心駭하고 威尊命賤이라 利鏃穿骨하고 驚沙入面하니 主客相搏에 山川震眩하여 聲析江河하고 勢崩雷電이라 至若窮陰凝閉에 凜冽海隅하니 積雪没脛하고 堅冰在鬚라 鷙鳥休巢하고 征馬踟躕하니 繒纊無溫하여 墮指裂膚라 當此苦寒에 天假強胡하여 憑陵殺氣하여 以相翦屠라 徑截輜重하고 橫攻士卒하니 都尉新降하고 將軍復没이라 尸塡巨港之岸하고 血滿長城之窟하여 無貴無賤히 同爲枯骨하니 可勝言哉아

아! 슬프다. 내 상상컨대, 북풍이 사막을 떨치고 胡兵들이 기회를 엿보는데, 主將은 적을 업신여기고 期門(軍門)에서 적의 싸움을 받아들였다. 들에는 旌旗를 세워놓고 내에는 훈련하는 군사들을 둘러 세우니, 법이 엄중함에 군사들의 마음이 놀라고, 장군의 위엄이 높음에 군사들의 목숨이 천하였다. 예리한 화살촉이 뼈를 뚫고 날리는 모래가 얼굴로 들이치니, 主兵(자국에서 지키는 군대)과 客兵(타국을 침입한 군대)이 서로 공격함에 산천이 진동하고 현란하여, 소리는 江河가 터지는 듯하고 勢는 천둥과 번개가 무너지는 듯하였다. 窮陰(한겨울)에 凝閉됨에 바다 모퉁이에 날씨가 매우 차가우니, 쌓인 눈은 정강이가 파묻히고 단단히 얼어붙은 고드름은 수염에 달려있다. 사나운 새들은 둥지에서 쉬고 길가는 말들도 머뭇거리니, 비단과 솜도 따뜻하지 못하여 손가락이 떨어지고 피부가 갈라진다. 이 괴로운 추위를 당함에 하늘이 강한 오랑캐에게 기회를 빌려주어 殺氣를 등등히 하여 서로 무찔러 도륙을 한다. 지름길로 輜重隊를 차단하고 멋대로 士卒들을 공격하여, 都尉가 새로 항복하고 장군이 다시 戰歿하니, 시신이 큰 항구의 강안을 메우고 피가 長城의 굴에 가득하여 귀한 자와 천한 자를 막론하고 똑같이 마른 해골이 되었다. 아! 참혹함을 이루 다 말할 수 있겠는가.

鼓衰兮力盡하고 矢竭兮弦絶이라 白刃交兮寶刀折하니 兩軍蹙兮生死決이라 降矣哉아 終身夷狄이요 戰矣哉아 骨暴沙礫이로다 鳥無聲兮山寂寂이요 夜正長兮風淅淅이라 魂魄結兮天沈沈이요 鬼神聚兮雲冪冪이라 日光寒兮草短하고 月色苦兮霜白하니 傷心慘目이 有如是耶아

북소리가 쇠진하니 힘이 고갈되고, 화살촉이 다하니 활시위도 끊기었다. 흰 칼날이 엇갈리고 寶刀가 부러지니, 兩軍이 바짝 다가가 생사가 결판난다. 항복하자니 종신토록 夷狄이 될 것이요, 싸우자니 해골이 모래에 드러나리로다. 새들도 울지 않아 산이 적막하고, 밤이 길어 바람만이 불도다. 혼백이 맺히니 하늘은 침침하고, 귀신이 모이니 구름도 캄캄하다. 햇빛이 차가워 풀도 자라지 못하고, 月色만 쓸쓸히 비춰 서리만

鏃 : 화살촉 촉　冽 : 찰 렬　脛 : 정강이 경　鷙 : 사나울 지　踟 : 머뭇거릴 지　纊 : 솜 광
憑 : 달릴 빙　輜 : 짐수레 치　塡 : 메울 전　蹙 : 닥칠 축　淅 : 눈비소리 석　冪 : 덮을 멱

희게 내리니, 마음에 서글프고 눈에 참담함이 이와 같은 것이 또 있겠는가.

吾聞之하니 牧用趙卒하여 大破林胡하고 開地千里하여 遁逃匈奴러니 漢傾天下하여 財殫力痡하니 任人而已라 其在多乎아 周逐獫狁하여 北至太原하고 旣城朔方하여 全師而還하여 飮至策勳하여 和樂且閑하니 穆穆棣棣 君臣之間이러니 秦起長城하여 竟海爲關하여 荼毒生靈하여 萬里朱殷이라 漢擊匈奴하여 雖得陰山이나 枕骸遍野하여 功不補患이라

내 들으니, 李牧은 趙나라 군사를 이용하여 林胡를 대파하고 땅을 천 리나 개척하여 匈奴를 도망가게 하였는데, 漢나라는 天下의 힘을 기울여 재정이 고갈되고 힘이 다하였으니, 사람(장수)을 맡김에 달려 있을 뿐이다. 병력이 많음에 달려 있겠는가.

周나라는 獫狁(匈奴)을 축출하여 북쪽으로 太原에 이르고는 마침내 朔方에 축성하고 군대를 온전히 보전하여 돌아왔다. 그리하여 宗廟에 이르러 술을 마시고 공훈을 기록함에 화락하고 또 한가로우니, 君臣間이 穆穆(공경함)하고 棣棣(威儀가 있음)하였는데, 秦나라는 萬里長城을 일으켜 바다 끝을 관문으로 만들어 生靈(국민)들에게 荼毒(피해)을 입혀 만리를 피로 물들였으며, 漢나라는 匈奴를 공격하여 비록 陰山을 얻었으나 땅을 베고 있는 해골이 들에 가득하여 功이 폐해를 보상하지 못하였다.

蒼蒼烝民이 誰無父母오 提携捧負하여 畏其不壽라 誰無兄弟오 如足如手하며 誰無夫婦오 如賓如友라 生也何恩이며 殺之何咎오 其存其沒을 家莫聞知라 人或有言이면 將信將疑하여 (娟娟)〔悁悁〕心目하여 寢寐見之라 布奠傾觴하여 哭望天涯하니 天地爲愁하고 草木凄悲라 弔祭不至하여 精魂無依하니 必有凶年하여 人其流離로다 嗚呼噫嘻라 時耶아 命耶아 從古如斯하니 爲之奈何오 守在四夷하니라

수많은 백성들이 누가 父母가 없겠는가? 어릴 적에 손을 잡아주고 등에 업고는 혹시나 장수하지 못할까 두려워한다. 누가 형제가 없겠는가? 서로 手足처럼 여기며, 누가 夫婦가 없겠는가? 서로 손님과 같이 여기고 벗과 같이 여긴다. 삶은 무슨 은혜가 있어서이며, 죽음은 무슨 잘못이 있어서인가? 그의 생존과 죽음을 집안 사람들이 들어 알지 못한다. 그리하여 사람들이 혹 이에 대한 말을 하면 半信半疑하여 마음과 눈에 연연하여 꿈속에서나 만나본다. 祭物을 진열하고 잔을 기울여 통곡하며 하늘가를 바라보니, 天地도 슬퍼하는 듯, 草木도 서글퍼 하는 듯하다. 위로하는 제사가 이르지 않아 精魂들이 의지할 곳이 없으니, 반드시 凶年이 들어 人民들이 流離하리로다.

아! 슬프다. 時運인가? 天命인가? 예로부터 이와 같았으니, 어찌한단 말인가? 나라를 지킴은 四夷를 잘 대처하는데 있는 것이다.

痡 : 고달플 부　獫 : 오랑캐 험　狁 : 오랑캐 윤　棣 : 한가할 체　荼 : 씀바귀 도
殷 : 검붉을 은　遍 : 두루미칠 변　烝 : 많을 증　捧 : 받들 봉　悁 : 근심할 연

古文眞寶後集 卷之六

待漏院記　　王禹偁(元之)

迂齋云 句句見待漏意라 是時에 五代氣習未除하여 [1]未免少俳나 然辭嚴義正하니 可以想見其人이요 亦自得體라

○ 王黃州는 名禹偁이요 字元之니 太宗朝名臣也니 平生出處 可見於竹樓記라 自黃移蘄하여 遂卒以剛直으로 不容於時하니 觀此篇切磨凜凜하면 則可見矣라 所以東坡作元之畫像贊에 不勝重之云이요 近年時文도 亦用其語라 周益公詞科文字中에 有唐政堂記하니 仍不能外其意度也라

迂齋가 말하였다. "글귀마다 待漏(시간을 기다림)하는 뜻을 볼 수 있다. 이때 五代의 氣習이 아직 제거되지 않아 다소 俳比함을 면치 못하였으나 말이 엄하고 義가 바르니, 그 인품을 상상해 볼 수 있고 문장 또한 스스로 제제에 맞는다."

○ 王黃州는 이름이 禹偁이요 字가 元之이니, 太宗朝의 名臣으로 평생의 出處를 '竹樓記'에서 볼 수 있다. 그는 黃州에서 蘄州로 옮겨 마침내 剛直함으로 세상에 용납되지 못하였으니, 이 편의 切磨(切磋琢磨)함이 늠름한 것을 보면 알 수 있다. 이 때문에 蘇東坡는 王元之의 畫像贊을 지으면서 못내 소중히 여겼고, 근년에 지은 時文에도 또한 그의 말을 사용하였다. 周益公의 詞科文字에도 '唐政堂記'가 있는데, 이 또한 그의 意度를 벗어나지 않았다.

譯註 1. 少俳 : 俳는 俳句로 문장을 지을 적에 짝을 맞추는 것이다.

天道不言而品物亨하고 歲功成者는 何謂也오 四時之吏와 五行之佐가 宣其氣矣요 聖人不言而百姓親하고 萬邦寧者는 何謂也오 三公論道하고 六卿分職하여 張其敎矣니 是知君逸於上하고 臣勞於下는 法乎天也니라 古之善相天下者는 自咎夔로 至房魏히 可數也니 是不獨有其德이요 亦皆務于勤爾라 況夙興夜寐하여 以事一人은 卿大夫猶然이어든 況宰相乎아

天道는 말하지 않아도 모든 물건이 亨通하고 歲功(한해의 공)이 이루어지는 것은 어째서인가? 四時의 官吏와 五行의 보좌관들이 그 기운을 펴기 때문이요, 聖人이 말하지 않는데도 백성들이 친애하고 萬邦이 편안한 것은 어째서인가? 三公이 道를 논하고 六卿이 직책을 나누어 맡아서 그 가르침을 베풀기 때문이니, 君主는 위에서 편안하고 臣下는 아래에서 수고로움은 하늘을 본받은 것임을 알 수 있다.

옛날에 천하를 잘 도운 자는 咎陶(皐陶)와 夔로부터 房玄齡과 魏徵에 이르기까지

漏 : 물시계 루　偁 : 일컬을 칭　俳 : 짝 배　蘄 : 바랄 기　凜 : 찰 름　宣 : 펼 선
相 : 도울 상　咎 : 사람이름 고　夔 : 공경할 기　夙 : 일찍 숙

셀 수 있으니, 이들은 다만 그 덕이 있었을 뿐만 아니요, 또한 모두 부지런함에 힘썼기 때문이다. 더구나 일찍 일어나고 밤늦게 자서 한 사람(군주)을 섬김은 卿大夫도 오히려 그러하거든 하물며 宰相에 있어서랴.

譯註 1. 四時之吏 五行之佐：春·夏·秋·冬의 四時와 金·木·水·火·土의 五行도 각기 맡은 직무가 있어 天帝를 보필하는 것으로 보아 말한 것이다.

朝廷이 自國初로 因舊制하여 設宰臣待漏院于丹鳳門之右하니 示勤政也라 至若北闕向曙하고 東方未明에 相君啓行하니 煌煌火城이요 相君至止하니 噦噦鸞聲이라 金門未闢하고 玉漏猶滴이어든 撤蓋下車하여 于焉以息하니 待漏之際에 相君이 其有思乎인저 其或兆民未安이어든 思所泰之하며 四夷未附어든 思所來之하며 兵革未息이어든 何以弭之하며 田疇多蕪어든 何以闢之하며 賢人在野어든 我將進之하며 佞臣在朝어든 我將斥之하며 六氣不和하여 災眚荐至어든 願避位以禳之하며 [1]五刑未措하여 欺詐日生이어든 請修德以釐之라하여 憂心忡忡하여 待旦而入하면 [2]九門旣啓에 四聰甚邇라 相君言焉에 時君納焉하면 皇風이 於是乎淸夷하고 蒼生이 以之而富庶하리니 若然則總百官, 食萬錢이 非幸也요 宜也니라

우리 朝廷이 國初로부터 옛 제도를 따라 재상의 待漏院을 丹鳳門 오른쪽에 설치하니, 政事에 부지런함을 보인 것이었다. 북쪽 대궐이 밝아오고 동방이 아직 밝기 전에 相君(재상)이 길을 떠나니 〈불을 밝힌 행렬이〉 빛나고 빛나는 火城이요, 相君이 이르니 홰홰히 방울 소리가 울린다. 金門은 아직 열리지 않고 玉漏가 아직도 떨어지고 있거든 일산을 거두고 수레에서 내려 이곳에서 쉬니, 시간을 기다리는 즈음에 相君은 그 생각함이 있을 것이다. 혹시라도 兆民(만백성)들이 편안하지 않거든 편안히 할 것을 생각하며, 四夷가 따르지 않거든 오게 할 것을 생각하며, 戰亂이 그치지 않거든 어떻게 하면 이를 그치게 하며, 토지가 황무함이 많거든 어떻게 하면 이를 개척하며, 賢人이 草野에 있거든 내 장차 그를 등용할 것이며, 간신이 조정에 있거든 내 장차 그를 배척할 것이며, 陰·陽·風·雨·晦·明의 六氣가 화하지 못하여 災殃이 거듭되거든 자리를 피하여 기도할 것을 청하며, 五刑을 아직 버리지 못하여 속임수가 날로 생겨나거든 덕을 닦아 바로잡을 것을 청해야겠다 하여, 마음에 근심하기를 충충히 하여 아침이 되기를 기다려 들어가면 九門이 이미 열림에 四聰(四方의 귀)이 매우 가깝다. 相君이 말함에 時君(당시 군주)이 이 말을 받아들이면 皇風(皇帝의 風化)이 이에 맑고 평화로우며 蒼生들이 이 때문에 부유하고 많아질 것이니, 이와 같다면 百官을 총괄하고 萬錢을 먹는 것이 僥倖이 아니요 당연한 것이다.

曙：새벽 서　煌：빛날 황　噦：방울소리 홰　鸞：방울 란　弭：그칠 미　眚：재앙 생
荐：거듭 천　禳：물리칠 양　釐：다스릴 리　忡：근심할 충　邇：가까울 이

譯註 1. 五刑 : 古代의 肉刑으로 얼굴에 자자하는 墨刑, 코를 베는 劓刑, 발을 베는 刖刑, 男女의 생식기를 불구로 만드는 宮刑, 腰斬하는 大辟 등을 이르는데, 후대에는 모든 형벌을 범칭하는 말로 쓰였다.

2. 九門 : 옛날 天子의 궁궐에 아홉 개의 문이 있었는 바, 곧 路門·應門·雉門·庫門·皐門·城門·近郊門·遠郊門·關門이라 한다. 그러나 九는 반드시 아홉이 아니요 단지 여러 개의 宮門을 가리킨 것으로 보는 것이 타당할 듯하다.

其或私讐未復이어든 思所逐之하며 舊恩未報어든 思所榮之하며 子女玉帛을 何以致之하며 車馬器玩을 何以取之하며 姦人附勢어든 我將陟之하며 直士抗言이어든 我將黜之하며 三時告災하여 上有憂色이어든 構巧辭以悅之하며 群吏弄法하여 君聞怨言이어든 進諂容以媚之라하여 私心慆慆하여 假寐而坐라가 九門既開에 [1]重瞳屢回어든 相君言焉에 時君惑焉하면 政柄이 於是乎隳哉하고 帝位以之而危矣리니 若然則死下獄, 投遠方이 非不幸也요 亦宜也니라 是知一國之政과 萬人之命이 懸於宰相하니 可不愼歟아 復有無毁無譽하며 旅進旅退하여 竊位而苟祿하고 備員而全身者는 亦無所取焉이니라 [2]棘寺(시)小吏王禹偁은 爲文請誌院壁하여 用規于執政者하노라

그 혹시라도 사사로운 원수를 보복하지 못하였거든 逐黜할 바를 생각하며, 옛 은혜를 보답하지 못하였거든 영화로이 해줄 것을 생각하며, 子女와 玉帛을 어떻게 하면 이르게 하며, 車馬와 器物과 玩好品을 어떻게 하면 취하며, 姦人이 권세에 붙거든 내 장차 그를 올려줄 것이며, 정직한 선비가 항거하는 말을 하거든 내 장차 그를 축출할 것이며, 三時(봄·여름·가을)에 재앙을 고하여 上(임금)이 근심하는 빛이 있거든 공교로운 말을 만들어 기쁘게 하며, 여러 관리들이 법을 농간하여 군주가 원망하는 말을 듣거든 아첨하는 모양을 올려 잘보여야겠다 하여, 사사로운 마음이 도도하여 假寐하고 앉았다가 九門이 이미 열림에 重瞳이 여러번 돌아보거든 相君이 말함에 時君이 이 말에 혹하면 정권이 이에 무너지고 황제의 지위가 이 때문에 위태로워질 것이니, 이와 같다면 下獄되어 죽고 먼 지방으로 유배됨이 불행이 아니요 또한 당연한 것이다.

이는 一國의 정사와 萬人의 생명이 재상에게 달려 있음을 알 수 있으니, 삼가하지 않을 수 있겠는가. 또 헐뜯음도 없고 칭찬도 없으며 떼지어 나가고 떼지어 물러나와 지위를 도둑질하여 차지하고 구차히 녹만 먹으며 인원수나 채우고 몸을 온전히 하는 자가 있으니, 이는 또한 취할 것이 없다. 棘寺(극시)의 小吏인 王禹偁은 글을 지어 待漏院의 벽에 써붙이도록 하여 執政者를 타이르노라.

譯註 1. 重瞳 : 눈동자가 둘인 것으로 君王의 눈을 가리킨다. 옛날 舜帝가 重瞳이었고

陟 : 오를 척　構 : 얽을 구　媚 : 잘보일 미　慆 : 오랠 도　瞳 : 눈동자 동　柄 : 자루 병
隳 : 무너질 휴　懸 : 매달 현　寺 : 관아 시　規 : 타이를 규

楚覇王 項羽 역시 重瞳이었다 한다. 이 때문에 君王을 상징하는 말로 쓰이게 되었다.

2. 棘寺小吏 : 棘寺는 당시 재판을 맡았던 大理寺의 별칭으로 청사 주위에 가시나무를 심어 놓았기 때문에 붙여진 이름이다. 小吏는 낮은 관리라는 뜻으로 謙稱한 말이다.

黃州竹樓記 王禹偁

(黃州의 竹樓에 대한 記文)

黃岡之地에 多竹하여 大者는 如椽이라 竹工破之하여 刳去其節하고 用代陶瓦하여 比屋皆然하니 以其價廉而工省(생)也일새라 子城西北隅에 雉堞圮毁하고 蓁莽荒穢어늘 因作小樓二間하니 與月波樓通이라 遠呑山光하고 平挹江瀨하여 幽闃遼夐이 不可具狀이라 夏宜急雨하니 有瀑布聲이요 冬宜密雪하니 有碎玉聲이요 宜鼓琴하니 琴調和暢하고 宜詠詩하니 詩韻淸絶하며 宜圍棋하니 子聲이 丁丁然하고 宜投壺하니 矢聲이 錚錚然하니 皆竹樓之所助也라

黃岡 지역에는 대나무가 많아 큰 것은 서까래 만하였다. 竹工이 이것을 쪼개어 그 마디를 도려내고 기와로 대용하여 부근의 지붕이 모두 그러하니, 값이 저렴하고 工事가 생략되기 때문이었다. 子城(본성 옆의 작은 성)의 서북쪽 모퉁이에 雉堞(성가퀴)이 무너지고 잡초가 황폐하였는데, 인하여 작은 樓臺 두 칸을 지으니 月波樓와 통하였다. 멀리 산 빛을 머금고 평평히 강물을 끌어당길 듯하여 아득하고 깊음을 이루 형상할 수가 없다. 여름에는 소낙비가 좋으니 〈비가 대나무 지붕 위에 내리면〉 폭포소리가 나고, 겨울에는 密雪(싸라기눈)이 좋으니 〈눈이 대나무 지붕 위에 내리면〉 玉이 부서지는 소리가 나며, 거문고 타기에 좋으니 거문고 가락이 화창하고, 시(詩) 읊기에 좋으니 詩韻이 맑고 뛰어나며, 바둑 두기에 좋으니 바둑알 소리가 丁丁(땅땅)히 울리고, 投壺하기에 좋으니 화살 소리가 쟁쟁하게 들리는 바, 이는 모두 竹樓의 도움 때문이었다.

公退之暇에 披鶴氅衣하고 戴華陽巾하고 手執周易一卷하고 焚香默坐하여 消遣世慮하니 江山之外에 第見風帆沙鳥와 煙雲竹樹而已라 待其酒力醒하고 茶煙歇하여 送夕陽하고 迎素月하니 亦謫居之勝槪也라 彼齊雲落星이 高則高矣요 井幹麗譙가 華則華矣나 止于貯妓女, 藏歌舞요 非騷人之事라 吾所不取로라

刳 : 도려낼 고 堞 : 성가퀴 첩 圮 : 무너질 비 蓁 : 우거질 진 挹 : 뜰 읍 瀨 : 여울 뢰 闃 : 고요할 격 夐 : 멀 형 錚 : 소리 쟁 氅 : 새털옷 창 槪 : 풍치 개 譙 : 문루 초

公務에서 물러난 여가에 鶴氅衣를 입고 華陽巾을 쓰고는 손에 「周易」 한 권을 쥐고 焚香하고 묵묵히 앉아서 세속의 생각을 모두 잊어버리니, 강산 밖에는 다만 바람을 받은 돛과 모래가의 물새와 안개와 구름과 대나무와 나무만이 보일 뿐이었다. 술기운이 깨고 차 끓이는 연기가 사라지기를 기다려 석양을 보내고 흰 달을 맞이하니, 또한 좌천되어 사는 곳의 좋은 경치였다. 저 齊雲樓와 落星樓가 높기는 높고, 井幹樓와 麗譙樓가 화려하기는 화려하나 다만 妓女를 모으고 歌舞하는 자들을 모음에 그칠 뿐이요 騷人(詩人)의 일은 아니니, 나는 취하지 않는 바이다.

吾聞竹工云 竹之爲瓦僅十稔이니 若重覆(부)之면 得二十稔이라하니 噫라 吾以至道乙未歲로 自翰林出滁上하고 丙申에 移廣陵하고 丁酉에 又入西掖이라가 戊戌歲除日에 有齊安之命하여 己亥閏三月에 到郡하니 四年之間에 奔走不暇라 未知明年에 又在何處하니 豈懼竹樓之易朽乎리오 後之人이 與我同志하여 嗣而葺之면 庶斯樓之不朽也리라 咸平二年八月十五日에 記하노라

내 竹工에게 들으니, 이르기를 '대나무로 기와를 만들면 겨우 10년 밖에 가지 못한다. 二重으로 덮으면 20년을 갈 수 있다' 하니, 아! 내가 至道 乙未年에 翰林으로 있다가 滁上(滁州)으로 나왔고, 丙申年에 廣陵으로 옮기고, 丁酉年에 또 西掖(中書省)으로 들어갔다가 戊戌年 섣달 그믐에 齊安(黃岡)으로 좌천하는 명령이 있어 己亥年 閏3月에 黃州 고을에 부임하니, 4년 동안에 분주하여 겨를이 없었다. 明年에는 또 다시 어느 곳에 있을지 모르니, 내 어찌 竹樓가 쉽게 썩음을 근심하겠는가? 후인들이 나와 뜻이 같아 뒤이어 지붕을 해 인다면 거의 이 竹樓가 썩지 않을 것이다.

咸平 2年 8月 15日에 쓰다.

嚴先生祠堂記　　范仲淹(希文)

迂齋云 字少詞嚴하고 筆力老健이라 嚴光은 字子陵이니 少與光武同學이러니 光武旣即位에 避之하여 釣于富春山中이어늘 物色召之하여 至호되 卒不仕하니 事見後漢書라 富春山中은 即今嚴州桐廬縣之釣臺也라 嚴州는 舊爲睦州러니 後改爲嚴하니 亦取嚴光所隱之義라 范文正이 守嚴州할새 首爲祠堂하여 祠之하여 擧千載之欠事하고 唱萬世之清風하니 至今范公附祀嚴祠焉이라 此篇은 辭甚簡嚴하고 義甚宏濶하니 天下之至文也라 非嚴先生之事면 不能稱此文이요 非范文正之文이면 不能記此事라 容齋隨筆에 載范公旣爲此文하여 以示南豊李泰伯한대 李讀之에 歎味不已하고 起言曰 公文一

僅：겨우 근　稔：해 임　滁：물이름 저　掖：곁문 액　葺：일 즙　淹：담글 엄
廬：집 려　欠：모자랄 흠　宏：클 굉　濶：넓을 활

出하면 必將名世하리라 妄意輒易一字하여 以成盛美라한대 公瞿然하여 握手扣之하니 答曰 雲山江水之語는 於義甚大하고 於辭甚偰어늘 而德字承之하니 乃似趢趚이라 擬換作風字 如何오 公凝坐頷首하고 殆欲下拜라하니 按風字萬倍精神이라 孟子論伯夷下惠에 皆以風言하고 太史公亦云 觀夫子遺風이라하니 風字不可易也니 范公이 偶初未之及耳라 世有剽竊聞此而不審者 乃謂公初作德字러니 恍惚間에 見一道人이 令改作風字라하여 似若傅會於子陵之神者하니 好怪可哂也라

迂齋가 말하였다. "字數가 적으면서도 말이 엄하며 필력이 노련하고 굳세다. 嚴光은 자가 子陵이니 어려서 光武帝와 同門修學하였는데, 光武帝가 즉위하자 피하여 富春山中에서 낚시질을 하였다. 光武帝가 그를 물색하여 불러 왔으나 끝내 벼슬하지 않았는 바, 이 사실이 「後漢書」에 보인다. 富春山中은 바로 지금의 嚴州 桐廬縣의 釣臺이다. 嚴州는 옛날에 睦州라 하였는데 뒤에 嚴州로 改稱하였으니, 이 또한 嚴光이 은둔한 뜻을 취한 것이다. 范文正公이 嚴州를 맡았을 적에 처음으로 祠堂을 짓고 그를 제사하여, 천 년 동안 하지 못했던 일을 거행하고 만대에 清風을 불러 일으켰으니, 지금 范公은 嚴先生의 사당에 배향되어 있다. 이 편은 말이 매우 간결하고 엄하며 뜻이 심히 크니, 천하에 지극히 훌륭한 문장이다. 嚴先生의 일이 아니면 이 글에 걸맞지 않고, 范文正公의 문장이 아니면 이 일을 기록할 수 없다."

容齋隨筆에 다음과 같은 내용이 있다.

"范公이 이미 이 문장을 지어 南豊 李泰伯(李覯)에게 보이자, 李泰伯은 읽고나서 감탄하고 음미하기를 마지 않으며 일어나 말하기를 '公의 글이 한번 나오면 반드시 장차 세상에 이름날 것이다. 내 망령되이 한 글자를 바꾸어 성대한 아름다움을 이루려 한다.' 하니, 公은 놀라 손을 잡고 물었다. 李泰伯은 대답하기를 '雲山江水의 말은 뜻이 매우 크고 말이 매우 처절한데 德字가 뒤를 받으니 너무 좁은 듯하다. 風字로 바꾸는 것이 어떠한가?' 하니, 公은 그대로 앉아 머리를 끄떡이고는 내려가 절하고자 하였다."

살펴보건대, 風字는 精神이 만배나 된다. 孟子가 伯夷와 柳下惠를 논할 적에 모두 風으로 말씀하였고, 太史公(司馬遷) 또한 '夫子의 遺風을 본다.' 하였으니, 風字는 바꿀 수가 없으니, 范公이 우연히 미처 보지 못했을 뿐이다. 세상에서는 이것을 표절해 듣고는 살피지 못한 자들이 이르기를 '公이 처음 德字로 썼는데 황홀한 사이에 한 道人이 나타나 風字로 고치게 했다.' 하여, 子陵의 神에 傅會하려 하니, 괴이함을 좋아함이 가소롭다.

先生은 漢光武之故人也라 相尙以道러니 [1]及帝握赤符하고 乘六龍하여 得聖人之時하여 臣妾億兆하니 天下孰加焉고 惟先生이 以節高之라 [2]既而動星象하고 歸江

瞿 : 놀랄 구　扣 : 두드릴 구　趢 : 좁을 록　趚 : 좁을 속　頷 : 끄덕거릴 함
恍 : 황홀할 황　惚 : 황홀할 홀　傅 : 붙일 부　哂 : 웃을 신

湖하여 得聖人之淸하여 [3]泥塗軒冕하니 天下孰加焉고 惟光武以禮下之라

先生은 漢나라 光武帝의 故人(친구)이었다. 서로 道로써 숭상하였는데, 光武帝가 赤符를 잡고 六龍을 타고서 聖人의 때를 얻어 億兆蒼生을 臣妾으로 삼으니, 천하에 누가 그보다 더 존귀하겠는가. 오직 先生만이 節義로써 자신을 높였다. 이윽고 星象을 動하고 江湖로 돌아와 聖人의 맑음을 얻어 軒冕을 진흙처럼 여기니, 천하에 누가 그보다 더 높겠는가. 오직 光武帝가 禮로써 자신을 낮추었다.

譯註 1. 及帝握赤符 乘六龍 : 赤符는 圖讖說이 적혀 있는 붉은 秘書이며 六龍은 天子의 지위를 이른다. 光武帝 劉秀가 漢나라를 부흥시키기 위하여 起兵하였는데, 關中의 儒生인 彊華가 赤符를 바쳤는 바, 여기에 '劉秀發兵捕不道 四夷雲集龍鬪野 四七之際火爲主'라 하였다. 漢나라는 본래 火德으로 王하여 赤色을 숭상하였으며, 4×7은 28인 바, 당시 劉秀의 나이가 28세였으므로 이는 劉秀가 皇帝가 될 것을 예언한 것이라 한다. 六龍은 「周易」 乾卦의 六爻를 이르는 바, 乾卦 卦象에 '時乘六龍以御天'이라 하였으므로 帝王이 卽位하는 것을 '六龍을 탄다'고 말한 것이다.

2. 動星象 : 星象은 별의 자리. 光武帝가 嚴光을 불러 함께 잠을 잤는데, 嚴光이 잠결에 발을 光武帝의 배 위에 올려놓았다. 다음날 天文을 보는 太史가 "어제 저녁 客星이 帝座星을 범했으니, 이는 큰 변고입니다." 하고 아뢰자, 光武帝는 웃으며 "내가 친구인 嚴光과 함께 잤기 때문이다." 하였다. 옛날 占星家들은 天上의 紫微星이나 北極星은 皇帝의 星座로 보아 客星(떠돌이 별)이 이들 星座를 범하면 天子의 신변에 위험이 加해지는 것으로 생각하였다.

3. 泥塗軒冕 : 軒은 卿大夫가 타는 수레이고 冕은 公卿의 冕服으로, 곧 高官大爵을 진흙처럼 더럽게 여김을 의미한다.

在蠱之上九에 衆方有爲어늘 而獨不事王侯하고 高尙其事라하니 先生이 以之하고 在屯之初九에 陽德方亨이어늘 而能以貴下賤하여 大得民也라하니 光武以之라 蓋先生之心은 出乎日月之上하고 光武之量은 包乎天地之外하니 微先生이면 不能成光武之大요 微光武면 豈能遂先生之高哉리오 而使貪夫廉하고 懦夫立하니 是大有功於名敎也라

「周易」 蠱卦 上九爻에 "사람들은 막 하는 일이 있는데 홀로 王侯를 섬기지 않고 자기 일을 고상히 한다." 하였으니, 先生이 이것을 따랐고, 屯卦의 初九爻에 "陽德이 막 형통하거늘 능히 귀함으로써 천한 사람에게 몸을 낮추어 민심을 크게 얻는다." 하

泥 : 진흙 니　塗 : 진흙 도　冕 : 면류관 면　蠱 : 좀벌레 고　以 : 쓸 이　微 : 없을 미
遂 : 이룰 수　懦 : 나약할 나

였으니, 光武帝가 이것을 따랐다. 先生의 마음은 日月의 위로 솟아 나오고, 光武帝의 度量은 천지의 밖을 포용하니, 先生이 아니었으면 光武帝의 큰 도량을 이루지 못하였을 것이요, 光武帝가 아니었다면 어찌 선생의 높은 절개를 이룰 수 있었겠는가? 그리하여 탐욕스런 자로 하여금 청렴하게 하고, 나약한 자로 하여금 서게 하였으니, 이는 名教(儒教)에 크게 功이 있는 것이다.

仲淹이 來守是邦하여 始構堂而奠焉하고 乃復其爲後者四家하여 以奉祠事하고 又從而歌曰 雲山蒼蒼하고 江水泱泱이라 先生之風은 山高水長이로다

내(范仲淹)가 와서 이 고을을 맡아 비로소 祠堂을 지어 祭祀를 올리고 그 후손인 네 집안을 復戶(조세를 면제해 줌)로 만들어 제사를 받들게 하였으며 또 따라서 다음과 같이 노래하였다.

구름낀 산은 창창하고 강물은 깊고 넓도다. 선생의 遺風은 저 산처럼 높고 저 물처럼 長久하리로다.

岳陽樓記 范仲淹

迂齋曰 首尾布置與中間狀物之妙 不可及已라 然最妙處는 在臨了斷遣一轉語하니 乃知此老胸襟宇量이 直與岳陽洞庭으로 同其廣大라 范仲淹은 字希文이라 官至參政하니 與杜祁公衍, 富鄭公弼, 韓魏公琦로 齊名하여 號杜富韓范이라하니 宋之名臣也라 德行文章과 政事功業이 兼有之하니라 公自爲布衣時로 已有經濟天下之大志하여 常誦言曰 士當先天下之憂而憂하고 後天下之樂而樂이라하니 此其素所蘊也라 此篇은 爲滕宗諒作이니 末段에 寫其素志妙甚이라 然前面은 分兩柱對說하여 排比偶儷하니 前輩謂傳奇體耳라 此乃宋初以來文體如此러니 直待歐尹出而五代偶儷之體始變云이라

迂齋가 말하였다. "머리 부분과 끝 부분의 배열함과 중간에 사물을 형상한 묘함을 미칠 수가 없다. 그러나 가장 묘한 부분은 끝에 임하여 한 말을 바꿔 놓음에 있으니, 이 노인의 흉금과 도량이 곧바로 岳陽, 洞庭과 그 광대함을 함께 함을 알 수 있다."

范仲淹은 자가 希文이다. 벼슬이 參知政事에 이르렀는데, 祁公 杜衍, 鄭公 富弼, 魏公 韓琦와 명성이 똑같아 杜·富·韓·范이라 이름하였으니, 宋나라의 名臣들이다. 德行과 文章, 政事와 功業을 겸하여 소유하였다. 公은 布衣(平民)로 있을 때부터 이미 천하를 經濟하려는 큰 뜻을 품어 항상 외워 말하기를 "선비는 마땅히

奠 : 올릴 전　復 : 세금면제할 복　泱 : 넓을 앙　襟 : 가슴 금　祁 : 성할 기　衍 : 남을 연
琦 : 옥 기　蘊 : 쌓일 온　滕 : 등나라 등　寫 : 쏟을 사　儷 : 짝 려

천하의 걱정을 먼저 걱정하고, 천하의 즐거움을 뒤에 즐거워해야 한다." 하였으니, 이는 그가 평소 가지고 있던 포부이다. 이 편은 滕宗諒을 위하여 지은 것인데, 끝 부분에 자신의 평소 뜻을 묘사함이 매우 묘하다. 그러나 前面은 두 기둥으로 나누어 상대하여 말해서 排比하여 짝을 맞추었으니, 前輩들은 이것을 傳奇體라 이른다. 이는 바로 宋나라 초기 이래의 文體가 이와 같았었는데, 歐陽公이 나오자, 五代時代에 짝을 맞추던 문체가 비로소 변하였다."

慶曆四年春에 滕子京이 謫守巴陵郡하니 越明年에 政通人和하여 百廢俱興이라 乃重修岳陽樓하여 增其舊制하고 刻唐賢今人詩賦于其上하고 屬予作文以記之라 予觀夫巴陵勝狀이 在洞庭一湖라 銜遠山하고 呑長江하여 浩浩蕩蕩하여 橫無際涯하여 朝暉夕陰에 氣象萬千하니 此則岳陽樓之大觀也니 前人之述에 備矣라 然則北通巫峽하고 南極瀟湘하여 遷客騷人이 多會于此하니 覽物之情이 得無異乎아

慶曆 4年 봄에 滕子京(滕宗諒)이 좌천되어 巴陵郡을 맡았는데, 明年에 정사가 소통되고 인민이 화하여 온갖 폐지되었던 것들이 모두 일어났다. 이에 岳陽樓를 중수하여 옛 제도보다 더 크게 만들고 唐나라의 賢人과 지금 사람들의 詩賦를 그 위에 새기고는 나에게 부탁하여 記文을 지어 기록하게 하였다.

내가 보니, 巴陵의 훌륭한 경치는 한 洞庭湖에 있다. 먼 산을 머금고 긴 강을 삼켜 浩浩蕩蕩하여 비껴 끝이 없어 아침 햇볕과 저녁 황혼에 기상이 만 가지, 천 가지이니, 이는 岳陽樓의 큰 구경거리로 옛사람의 記述에 구비되어 있다. 그렇다면 北으로 巫峽을 통하고 南으로 瀟湘을 다하여 좌천된 나그네와 騷人들이 이 곳에 많이 모이니, 그들이 景物을 보는 심정이 다르지 않겠는가?

若夫霪雨霏霏하여 連月不開라 陰風怒號하여 濁浪排空하며 日星隱曜하고 山岳潛形하며 商旅不行하여 檣傾楫摧하며 薄暮冥冥에 虎嘯猿啼하니 登斯樓也면 則有去國懷鄕하고 憂讒畏譏하여 滿目蕭然하여 感極而悲者矣라

장마비가 계속되어 여러 달 개이지 않는다. 음산한 바람이 성내어 울부짖는 듯하여 탁한 물결이 공중을 치며 해와 별이 빛을 숨기고 산악이 형체를 감추며, 장사꾼과 나그네들이 다니지 않아 돛대가 기울고 노가 부러지며, 薄暮에 날이 어두워짐에 범이 휘파람불고 원숭이가 우니, 이러한 때에 이 樓臺에 오르면 서울을 떠나 고향을 그리워하게 되고, 참소하는 말을 근심하고 비난하는 말을 두려워하게 되어 온갖 눈에 가득한 것들이 쓸쓸해져 감회가 지극함에 슬퍼짐이 있을 것이다.

至若春和景明하고 波瀾不驚하여 上下天光이 一碧萬頃이라 沙鷗翔集하고 錦鱗游

銜 : 머금을 함　呑 : 삼킬 탄　暉 : 빛 휘　峽 : 골짜기 협　霪 : 장마 음　霏 : 안개 비
檣 : 돛대 장　楫 : 노 집　摧 : 꺾을 최　啼 : 울 제　瀾 : 물결 란　鷗 : 갈매기 구

泳하며 岸芷汀蘭이 郁郁青青하고 而或長煙一空하며 皓月千里라 浮光은 躍金하고 靜影은 沈璧이라 漁歌互答하니 此樂何極가 登斯樓也면 則有心曠神怡하여 寵辱俱忘하고 把酒臨風하여 其喜洋洋者矣라

봄날이 화창하고 경치가 선명하며 파도가 일지 않아 上下의 하늘 빛이 한결같이 푸름으로 萬頃이나 된다. 모래벌의 白鷗들은 날아와 모이고 비단 같은 물고기들은 헤엄치며 江岸의 지초와 물가의 난초는 郁郁(향기로움)하고 青青(무성함)하며, 혹은 긴 물안개가 한번 개이고 밝은 달이 천 리를 비춘다. 〈호수 위에〉 떠있는 달빛은 금빛처럼 출렁이고 고요한 달그림자는 구슬이 잠긴 듯한데 漁歌를 서로 화답하니, 이 樂이 어찌 다할까. 이러한 때에 이 樓臺에 오르면 마음이 넓어지고 정신이 화하여 영광과 욕됨을 모두 잊고는 술잔을 잡고 풍광을 임하여 그 기쁨이 洋洋함이 있을 것이다.

嗟夫라 予嘗求古仁人之心하니 或異二者之爲는 何哉오 不以物喜하며 不以己悲하여 居廟堂之高면 則憂其民하고 處江湖之遠이면 則憂其君하나니 是는 進亦憂, 退亦憂니 然則何時而樂耶아 其必曰 先天下之憂而憂하며 後天下之樂而樂歟인저 噫라 微斯人이면 吾誰與歸리오

슬프다! 내 일찍이 옛 仁人의 마음을 찾아보니, 혹 이 두 가지의 행위와 다름은 어째서인가? 물건 때문에 기뻐하지 않고 자기 일로 슬퍼하지 않아, 廟堂의 높은 곳에 처하면 백성들을 걱정하고 江湖의 먼 곳에 처하면 군주를 근심하니, 이는 나가도 또한 근심하고 물러나도 또한 근심하는 것이다. 그렇다면 어느 때에나 즐거워할 수 있는가? 그 반드시 천하 사람들이 근심하기에 앞서 근심하고 천하 사람들이 즐거워 한 뒤에 즐거워 할 것이다. 아! 이러한 사람이 아니면 내 누구와 더불어 돌아가겠는가?

擊蛇笏銘 石 介(守道)

石介는 字守道니 魯人이니 號徂徠先生이요 孔公은 名道輔니 二公은 皆剛正人也라 非孔公之剛正이면 不能爲此事요 非徂徠之剛正이면 不能發揮此事니 讀之면 可以廉頑立懦니라

石介는 자가 守道이니 魯나라 사람으로 호를 徂徠先生이라 하였고, 孔公은 이름이 道輔이니, 두 公은 모두 剛正한 사람이었다. 孔公의 剛正함이 아니면 이 일을 할 수 없고, 石徂徠의 剛正함이 아니면 이 일을 발휘할 수 없으니, 이 글을 읽어보

芷 : 향풀 지 汀 : 물가 정 郁 : 향기날 욱 皓 : 흴 호 曠 : 넓을 광 把 : 잡을 파
微 : 없을 미 介 : 클 개 徂 : 갈 조 徠 : 올 래 揮 : 휘두를 휘 頑 : 완악할 완

면 완악한 자가 청렴해지고 나약한 자가 뜻을 세우게 된다.

天地至大어늘 有邪氣干於其間하여 爲凶暴, 爲殘賊이라도 聽其肆行하여 如天地卵育之而莫禦也하며 人生最靈이어늘 或異類出於其表하여 爲妖怪, 爲淫惑이라도 信其異端하여 如人蔽覆之而莫露也라 祥符年에 寧州天慶觀에 有蛇妖하여 極怪異라 郡刺史日兩至於其庭하여 朝焉하니 人以爲龍이라하여 擧州人內外遠近이 罔不駿奔於門以覲호되 恭莊肅祗하여 無敢怠者라 今龍圖待制孔公이 時佐幕在是邦일새 亦隨郡刺史於其庭이러니 公曰 明則有禮樂이요 幽則有鬼神이니 是蛇不以誣乎아 惑吾民하며 亂吾俗하니 殺無赦라하고 以手板으로 擊其首하여 遂斃於前하니 則蛇無異焉이라 郡刺史曁內外遠近庶民이 昭然若發蒙하여 見靑天覩白日이라 故로 不能肆其凶殘而成其妖惑하니라 易曰 是故로 知鬼神之情狀이라하니 公之謂乎인저

天地가 지극히 큰데도 邪氣가 그 사이에 범하여 흉포한 짓을 하고 殘賊한 짓을 하더라도 멋대로 행하도록 내버려두어 마치 천지가 알을 까서 길러주어 막지 않는 듯하며, 사람이 가장 영특한데도 혹은 이상한 종류가 그 밖에 나와 요괴한 짓을 하고 淫惑한 짓을 하더라도 그 異端을 내버려두어 마치 사람들이 가리워주고 덮어주어 드러나지 않도록 하는 듯하다.

祥符年間에 寧州의 天慶觀에 요망한 뱀이 있어 지극히 괴이하였다. 郡의 刺史가 날마다 두 번씩 그 뜰에 이르러 뵈니, 사람들은 그 뱀을 龍이라 생각하여 內外와 遠近의 온 고을 사람들이 모두 문에 급히 달려와 뵙되 공손하고 엄숙하며 恭敬하여 감히 怠慢히 하는 자가 없었다. 지금 龍圖閣의 待制로 있는 孔公(孔道輔)은 이때 幕下에 輔佐官으로 이 고을에 있었는데, 또한 郡의 刺史를 따라 그 뜰로 갔었다. 公은 말씀하기를 “밝은 데에는 禮樂이 있고 어두운 데에는 鬼神이 있으니, 이 뱀이 너무 속이는 것이 아닌가? 우리 백성을 속이며 우리 풍속을 혼란시키니, 죽여 용서하지 말아야 한다.” 하고는 手板(笏)으로 뱀의 머리를 쳐서 마침내 그 앞에서 죽으니, 일반 뱀과 조금도 다름이 없었다. 이에 郡의 刺史와 內外, 遠近의 여러 백성들이 昭然히 뒤집어쓰고 있던 것을 헤치고서 靑天을 보고 白日을 보는 듯하였다. 그러므로 그 흉포함과 잔적함을 멋대로 부리지 못하고 요괴스러움과 淫惑함을 이루지 못하였다. 「周易」에 이르기를 “이 때문에 鬼神의 情狀을 안다.” 하였으니, 公을 말함일 것이다.

夫天地間에 有純剛至正之氣하여 或鍾於物하고 或鍾於人하니 人有死하고 物有盡하되 此氣不滅烈烈하여 彌亘億萬世而長在라 在堯時에 [1]爲指佞草하고 在魯에 爲孔子誅少正卯刃하고 在晉在齊에 [2]爲董史筆하고 在漢武帝朝에 [3]爲東方朔戟하고 在

干 : 범할 간　殘 : 해칠 잔　肆 : 방자할 사　駿 : 빠를 준　覲 : 뵐 근　以 : 너무 이
斃 : 죽을 폐　曁 : 및 기　鍾 : 모을 종　彌 : 뻗칠 미　亘 : 뻗칠 긍　戟 : 창 극

成帝朝에 [4]爲朱雲劍하고 在東漢에 [5]爲張綱輪하고 在唐에 [6]爲韓愈論佛骨表, 逐鰐魚文하고 爲段太尉擊朱泚笏하고 今爲公擊蛇笏이라 故로 佞人去에 堯德聰하고 少正卯戮에 孔法擧하고 罪趙盾에 晉人懼하고 辟崔子에 齊刑明하고 距董偃하며 折張禹하며 劾梁冀에 漢室乂하고 佛老微에 聖道行하고 鰐魚徙에 潮患息하고 朱泚傷에 唐朝振하고 怪蛇死에 妖氣散이라

天地의 사이에 純剛하고 至正한 기운이 있어 혹 물건에 모여 있고 혹 사람에 모여 있으니, 사람은 죽음이 있고 물건은 다함이 있으나 이 기운은 없어지지 않고 烈烈하여 억만세에 뻗치도록 영원히 남아 있다. 堯임금 때에는 指佞草가 되었고, 魯나라에서는 孔子의 少正卯를 벤 칼이 되었으며, 晉나라와 齊나라에서는 董狐와 南史氏의 붓이 되었고 漢나라 武帝 때에는 東方朔의 창이 되었으며, 成帝 때에는 朱雲의 칼이 되었고 東漢 시대에는 張綱의 수레바퀴가 되었으며, 唐나라 때에는 韓愈의 '論佛骨表'와 '逐鰐魚文'이 되었고 段太尉(段秀實)가 朱泚를 친 笏이 되었으며, 지금은 公의 뱀을 친 笏이 되었다. 그러므로 아첨하는 사람이 제거됨에 堯임금의 德이 밝아졌고, 少正卯가 죽음에 孔子의 法이 擧行되었고, 趙盾을 벌줌에 晉나라 사람들이 두려워하였고, 崔子를 죄줌에 齊나라의 刑罰이 밝아졌고, 董偃을 막으며 張禹를 꺾으며 梁冀를 탄핵함에 漢나라 皇室이 다스려졌고, 佛·老가 微弱해짐에 聖人의 道가 행해졌고, 鰐魚가 옮겨감에 潮州의 弊害가 終熄되었고, 朱泚가 부상을 당함에 唐나라 朝廷이 떨쳐졌고, 괴이한 뱀이 죽음에 妖氣가 흩어졌다.

譯註 1. 指佞草 : 간신을 지적해 내는 풀로 일명 屈軼이라고도 하는데 堯帝 때에 있었다 한다.

2. 董史筆 : 춘추시대 直筆을 쓰기로 유명한 董狐와 南史氏의 붓을 이른다. 晉나라 靈公이 無道한 짓을 하다가 趙穿에게 시해되었는데 大夫인 趙盾은 망명하려다가 靈公이 죽자 그대로 돌아와 趙穿을 토벌하지 않았다. 이에 史官인 董狐는 '趙盾이 그 군주를 시해하였다'고 기록하였다. 또한 齊나라의 大臣인 崔杼가 莊公을 시해하고 史官에게 이 사실을 기록하지 못하도록 위협하였으나 史官인 南史氏는 목숨을 걸고 이 사실을 기록하였는 바, 「春秋左傳」《宣公二年條》와 《襄公二十五年條》에 각각 보인다.

3. 東方朔 : 漢나라 武帝의 신하로 섬돌 아래에서 창을 들고 있다가 나와서 황제가 총애하는 董偃의 죄목을 열거하고 국가의 기강을 바로잡을 것을 進言하였다.

4. 朱雲 : 漢成帝 때의 名臣으로 간신 張禹를 처형할 것을 청하였다.

5. 張綱 : 後漢 順帝 때의 사람으로 外戚인 梁冀가 권력을 남용하고 있었는데, 御史에 임명되어 民情을 살피러 나가게 되자 자기의 수레 바퀴를 땅에 묻어버리면

鰐 : 악어 악　泚 : 땀날 자(체)　戮 : 죽일 륙　辟 : 형벌 벽　距 : 막을 거　劾 : 탄핵할 핵
乂 : 다스릴 예　徙 : 옮길 사　潮 : 고을이름 조　振 : 떨칠 진

서 "승냥이와 이리가 조정에 있는데 여우 따위를 따져 무엇하랴." 하고 大將軍 梁冀를 탄핵하였다.

6. 段太尉 : 太尉는 官名으로 段秀實을 가리킨다. 唐德宗 때에 朱泚가 謀反하려 하자, 段秀實은 朱泚의 얼굴에 침을 뱉고 笏로 얼굴을 쳐 부상을 입힌 다음 살해되었다.

噫라 天地鍾純剛至正之氣하여 在公之笏하니 豈徒斃一蛇而已리오 軒陛之下에 有罔上欺民, 先意順旨者어든 公以此笏指之하고 廟堂之上에 有蔽賢蒙惡, 違法亂紀者어든 公以此笏麾之하고 朝廷之內에 有諛容佞色, 附邪背正者어든 公以此笏擊之리라 夫如是면 則軒陛之下에 不仁者去하고 廟堂之上에 無奸臣하고 朝廷之內에 無佞人하리니 則笏之功也 豈止在一蛇리오 公以笏爲任하고 笏得公而用하여 公方爲朝廷正人이요 笏方爲公之良器라 敢稱德于公하여 作笏銘하노라

아! 천지가 純剛하고 至正한 기운을 모아 公의 홀에 두었으니, 어찌 다만 한 뱀을 죽일 뿐이겠는가? 軒陛의 아래에 임금을 속이고 백성을 속이며 임금의 뜻에 먼저하여 뜻에 순종하는 자가 있거든 公이 이 笏로써 지적하고, 廟堂의 위에 賢者를 隱蔽하고 惡한 자를 덮어주며 法을 어기고 紀綱을 어지럽히는 자가 있거든 公이 이 笏로써 지휘하며, 조정의 안에 아첨하는 얼굴로 낯빛을 간사하게 하여 邪에 붙고 正道를 저버리는 자가 있거든 公이 이 笏로써 칠 것이다. 이와 같다면 軒陛의 아래에 不仁한 자가 제거되고, 廟堂의 위에 姦臣이 없어지고, 조정의 안에 아첨하는 사람이 없어질 것이니, 그렇다면 이 笏의 공이 어찌 다만 한 뱀을 죽임에 있겠는가. 公은 笏로써 임무를 수행하고 笏은 公을 만나 쓰여져서 公은 바야흐로 조정의 정직한 사람이 되고 笏은 바야흐로 公의 좋은 器物이 될 것이다. 이에 감히 公의 德을 稱頌하여 笏銘을 짓는다.

曰 至正之氣가 天地則有하니 笏爲靈物일새 笏乃能受로다 笏之爲物이 純剛正直하니 公惟正人일새 公乃能得이로다 笏之在公에 能破淫妖하고 公之在朝에 讒人乃消로다 靈氣未竭이면 斯笏不折이요 正道未亡이면 斯笏不藏이라 惟公寶之하니 烈烈其光이로다

至正한 기운이 天地에 있으니, 笏이 靈物이기에 笏이 마침내 받았도다. 笏은 물건됨이 純剛하고 正直하니 公이 正人이기에 公이 마침내 얻었도다. 笏이 公에게 있으면 능히 淫妖를 깨뜨리고, 公이 조정에 있으면 참소하는 사람이 마침내 사라지도다. 靈氣가 다하지 않으면 이 笏이 꺾이지 않을 것이요, 正道가 망하지 않으면 이 笏이 감춰지지 않을 것이다. 公이 이것을 보물로 간직하고 있으니, 그 빛이 烈烈하리로다.

鍾 : 모을 종 徒 : 한갓 도 陛 : 섬돌 폐 罔 : 속일 망 旨 : 뜻 지 麾 : 가리킬 휘
諛 : 아첨할 유 良 : 좋을 량 讒 : 참소할 참

諫院題名記 司馬光(君實)

(諫院에 諫官의 이름을 쓴 記文)

迂齋云 首尾一百六十八字而包括無餘하여 識(始)〔治〕體하고 明職守하며 筆力高簡이 如此하니 可以想見其人矣라

迂齋가 말하였다. "머리부터 끝까지 168字에 불과한데 남김없이 포괄하여, 정치의 大體를 알고 맡은 직책을 밝혔으며 筆力이 높고 간결함이 이와 같으니, 그 인품을 상상해 볼 수 있다."

古者에 諫無官하여 自公卿大夫로 至于工商히 無不得諫者러니 漢興以來로 始置官하니 夫以天下之政과 四海之衆으로 得失利病이 萃于一官하여 使言之하니 其爲任이 亦重矣라 居是官者는 當志其大하고 捨其細하며 先其急하고 後其緩하여 專利國家요 而不爲身謀라 彼汲汲於名者는 猶汲汲於利也니 其間相去 何遠哉리오

옛날엔 諫官이 따로 없어, 公·卿·大夫로부터 工·商에 이르기까지 諫할 수 없는 자가 없었는데, 漢나라가 일어난 이래로 비로소 諫官을 두었다. 천하의 政事와 四海의 많은 백성으로 得失과 利病(利害)이 한 관원에 모여 있어 말하게 하니, 그 임무가 또한 막중하다. 이 관직에 처한 자는 마땅히 그 큰 것을 뜻하고 세세한 것을 버리며 급한 것을 먼저하고 늦춰도 되는 것을 뒤에 하여, 오로지 국가를 이롭게 할 것이요 자신에 대한 계책을 하지 말 것이다. 저 명예에 급급한 자는 이익에 급급한 것과 같으니, 그 사이에 거리가 어찌 멀겠는가?

天禧初에 眞宗이 詔置諫官六員하여 責其職事러니 慶曆中에 錢君이 始書其名於版이라 光이 恐久而漫滅일새 嘉祐八年에 刻著于石하노니 後之人이 將歷指其名而議之曰 某也忠하고 某也詐하며 某也直하고 某也曲이라하리니 嗚呼라 可不懼哉아

天禧 初年에 眞宗은 詔勅을 내려 諫官 6名을 두어 그 직책과 일을 맡게 하였다. 慶曆 연간에 錢君(錢昆)이 비로소 〈전임 간관들의〉 이름을 懸板에 쓰니, 光은 오래되면 없어질까 두려워하였다. 그리하여 嘉祐 8年에 돌에 새겨 드러내노니, 후세 사람들은 장차 그 이름을 하나하나 가리키며 평론하기를 '아무는 충성스러웠고 아무는 속였으며 아무는 정직하였고 아무는 바르지 못했다' 할 것이다. 아! 두려워하지 않을 수 있겠는가?

題：쓸 제 括：쌀 괄 病：해로울 병 萃：모을 췌 汲：서두를 급 禧：복 희
詔：조서 조 版：판자 판 漫：더러울 만 祐：도울 우

獨樂園記　司馬光

司馬溫公이 自號迂叟하고 其退居에 適意於園圃하여 其樂如此하니라

司馬溫公이 스스로 迂叟라 호하고 관청에서 물러와 거처할 때에 田園에 뜻을 맞추어 그 즐거워함이 이와 같았다.

迂叟 平日讀書호되 上師聖人하고 下友群賢하여 窺仁義之原하고 探禮樂之緒하여 自未始有形之前으로 暨四達無窮之外하여 事物之理가 擧集目前하여 可者學之하되 未至夫可하니 何求於人이며 何待於外哉리오 志倦體疲하면 則投竿取魚하고 執衽采藥하며 決渠灌花하고 操斧剖竹하며 濯熱盥水하고 臨高縱目하여 逍遙徜徉하여 惟意所適하니 明月이 時至하고 清風이 自來라 行無所牽하고 止無所柅하여 耳目肺腸을 卷爲己有하여 踽踽焉, 洋洋焉하니 不知天壤之間에 復有何樂이 可以代此也로다 因合而命之曰獨樂이라하노라

迂叟가 평소 책을 읽되 위로는 聖人을 스승삼고 아래로는 群賢을 벗삼아 仁義의 근원을 엿보고 禮樂의 실마리를 더듬어 일찍이 形體가 있기 이전으로부터 사방으로 통달하여 무궁한 밖에 이르기까지 사물의 이치가 모두 눈 앞에 모여 可한 것을 배우되 아직 可함에 이르지 못하였으니, 어찌 남에게서 구하며, 어찌 밖에 기대하겠는가?

뜻이 게을러지고 몸이 피곤하면 낚싯대를 던져 고기를 잡고, 소매를 잡고서 藥을 캐며, 개천을 터놓아 꽃에 물을 주고, 도끼를 잡아 대나무를 쪼개며, 더위를 씻어 물로 세수하고 높은 곳에 임하여 눈을 돌려 마음대로 보아서 逍遙하고 徜徉(이리저리 거님)하여 뜻에 맞는대로 하니, 明月이 때로 이르고 清風이 저절로 불어 온다. 가도 끌려가는 바가 없으며 그쳐도 멈추게 하는 바가 없어, 耳目과 肺腸을 거두어 자기의 所有로 삼아 踽踽(혼자가는 모양)하고 洋洋하니, 天地의 사이에 다시 어떠한 樂이 이것을 대신할 만한 것이 있을지 모르겠다. 인하여 합하여 이름하기를 '獨樂'이라 하였다.

*讀孟嘗君傳　王安石(介甫)

* 孟嘗君 : 戰國時代 齊나라 宗室로 姓은 田이고 이름은 文인데, 齊나라의 정승이 되어 薛邑에 봉해지고 號를 孟嘗君이라 하였다. 田文은 선비를 좋아하여 食客이 수천 명에 달하였는데, 秦昭王의 초청을 받고 秦나라에 들어갔다가 감옥에 갇혀

迂 : 멀 우　圃 : 채마밭 포　窺 : 엿볼 규　暨 : 미칠 기　竿 : 낚싯대 간　衽 : 옷깃 임
盥 : 세수할 관　逍 : 거닐 소　徜 : 노닐 상　徉 : 노닐 양　柅 : 그칠 니　踽 : 외로울 우

살해될 위기에 처하였다. 昭王의 愛妾에게 구원을 청한 결과, 그 妾은 田文의 狐白裘를 요구하였다. 田文은 일찍이 여우털로 만든 狐白裘라는 名品의 갖옷이 있었으나 이미 昭王에게 바쳤으므로 그 妾의 요구에 응할 수가 없었는데, 마침 수행한 門客中에 개처럼 문틈이나 담구멍으로 들어가 도둑질을 잘하는 자가 있어 秦나라 宮中의 창고에 들어가 狐白裘를 훔쳐다가 秦王의 愛妾에게 주고 그 女의 주선으로 석방되었다. 감옥에서 나온 田文은 이 사실이 발각되기 전에 秦나라를 탈출하기 위해 급히 국경으로 달려 갔으나 關門의 규칙에 새벽닭이 울어야 關門을 열어주므로 또다시 위기에 처하였다. 이때 마침 닭의 울음을 잘 흉내내는 門客이 있어 닭울음을 흉내내자, 모든 닭들이 따라 울었으므로 田文은 마침내 뒤쫓아 오는 秦나라의 武士를 따돌리고 關門을 나가 위기를 모면하였다. 이 글은 著者가 「史記」《孟嘗君傳》의 이러한 내용을 읽고 논평한 것이다.

史記에 秦昭王이 囚孟嘗君한대 君變姓名하고 夜半至函谷關하니 關法에 鷄鳴出客이라 追者將至러니 客能爲鷄鳴하여 於是에 群鷄皆鳴하여 遂出關하니라

「史記」에 秦昭王이 孟嘗君을 가두자, 孟嘗君은 姓名을 바꾸고 한밤중에 函谷關에 이르니, 關門의 法에 닭이 울어야 客을 내보내었다. 이때 뒤쫓아오는 자가 장차 이르게 되었는데, 門客 중에 닭울음 소리를 잘내는 자가 있어 〈닭울음 소리를 흉내내자〉 이에 닭들이 모두 울어 마침내 關門을 탈출할 수 있었다.

世皆稱孟嘗君이 能得士라 士以故歸之하여 而卒賴其力하여 以脫於虎豹之秦이라하니 嗟乎라 孟嘗君은 特鷄鳴狗吠之雄耳라 豈足以言得士리오 不然이면 擅齊之強하여 得一士焉이라도 宜可以南面而制秦이어니 尙取鷄鳴狗吠之力哉아 鷄鳴狗吠之出其門이라 此士之所以不至也니라

세상에서 모두 칭하기를 "孟嘗君이 선비를 얻었으므로 선비가 이 때문에 그에게 귀의하여 마침내 그들의 힘을 의뢰하여 호랑이와 표범 같은 秦나라에서 벗어났다" 하니, 아! 슬프다. 孟嘗君은 다만 닭울음을 하고 개짖는 소리를 흉내내는 자들의 영웅일 뿐이다. 어찌 선비를 얻었다고 말할 수 있겠는가? 그렇지 않다면 齊나라의 강성함을 독점하여 한 선비만 얻어도 南面하여 秦나라를 제압할 수 있었을 터이니, 오히려 닭울음 소리와 개짖는 소리를 내는 자의 힘을 취할 것이 있겠는가?

닭울음 소리와 개짖는 소리를 내는 자가 그 門下에서 나왔다. 이 때문에 훌륭한 선비들이 이르지 않은 것이다.

囚 : 가둘 수　函 : 상자 함　豹 : 표범 표　特 : 다만 특　狗 : 개 구　吠 : 짖을 폐
擅 : 독단할 천　尙 : 오히려 상

上范司諫書 歐陽脩(永叔)

(范司諫(范仲淹)에게 올린 글)

迂齋云 此文은 出退之爭臣論後하니 亦頗祖其遺意로되 而文字無一語與之重疊하니 眞可與之爭衡이로다

○范仲淹이 時爲司諫하여 未有所言한대 歐公이 卽以書促之하여 使言이러니 其後에 歐公이 亦除諫官하여 與蔡襄, 余靖으로 皆以諫得名하여 號慶曆四諫官이라하여 諫諍之美 前後鮮侶하니 觀其交相責如此면 則其能不負所職이 宜哉인저

迂齋가 말하였다. "이 글은 韓退之의 '爭臣論' 뒤에 나왔으니, 또한 그의 遺意를 크게 따랐으나 文字에 한 마디 말도 '爭臣論'과 중첩됨이 없으니, 참으로 韓退之의 爭臣論과 겨룰 만하다."

○范仲淹이 이때 司諫이 되어 말한 것이 없었는데, 歐陽公이 편지로 재촉하여 말하게 하였다. 그후 歐陽公도 諫官에 제수되자, 蔡襄·余靖과 함께 모두 諫諍을 잘함으로 명성을 얻어 慶曆四諫官으로 이름나 諫諍의 아름다움이 전후에 비견할 자가 드물다. 그 서로 책함이 이와 같음을 보면 맡은 직책을 저버리지 않음이 당연하다 하겠다.

前月中에 得進奏吏報하니 云自陳州召至闕하여 拜司諫이라하니 卽欲爲一書以賀로되 多事怱卒하여 未能也로라 司諫은 七品官爾라 於執事에 得之不爲喜로되 而獨區區欲一賀者는 誠以諫官者는 天下之得失과 一時之公議 繫焉일새라

지난달 중에 進奏院의 吏報(官報)를 얻어보니, 거기에 이르기를 '陳州로부터 부름을 받고 대궐에 이르러 司諫에 임명되었다' 하였습니다. 나는 즉시 한 편지를 써서 축하하고자 하였으나 일이 많고 총총하여 실행하지 못하였습니다. 司諫은 7品官이니 執事에게 있어 그것을 얻는다 해서 기뻐할 것이 못되나 내 홀로 구구히 축하하고자 하였던 것은 진실로 諫官이라는 직책은 天下의 得失과 一時의 公論이 달려있기 때문입니다.

今世之官이 [1] 自九卿百執事로 外至一郡縣吏히 非無貴官大職可以行其道也라 然이나 縣越其封하고 郡踰其境하여는 雖賢守長이라도 不得行은 以其有守也요 吏部之官이 不得理兵部하고 鴻臚之卿이 不得理光祿은 以其有司也라 若天下之得失과 生民之利害와 社稷之大計를 惟所見聞而不係職司者는 獨宰相可行之요 諫官可

歐 : 성 구 促 : 재촉할 촉 蔡 : 나라이름 채 靖 : 편안할 정 侶 : 짝 려 怱 : 바쁠 총
卒 : 갑작스러울 졸 踰 : 넘을 유 鴻 : 기러기 홍 臚 : 전할 려(로)

言之爾라 故로 士學古懷道者 仕於朝에 不得爲宰相인댄 必爲諫官이니 諫官雖卑나 與宰相等이라 天子曰不可라도 宰相曰可라하며 天子曰然이라도 宰相曰不然이라하여 坐乎廟堂之上하여 與天子相可否者는 宰相也요 天子曰是라도 諫官曰非라하며 天子曰必行이라도 諫官曰必不可行이라하여 立乎殿陛之前하여 與天子爭是非者는 諫官也라 宰相은 尊이라 行其道하고 諫官은 卑라 行其言하니 言行이면 道亦行也니라

지금 세상의 벼슬이 九卿과 百執事로부터 밖으로는 한 郡·縣의 官吏에 이르기까지 그 道를 행할 수 있는 귀한 官職과 큰 職責이 없지는 않습니다. 그러나 縣은 그 縣의 경계를 넘어가고 郡은 그 郡의 경계를 넘어가면 비록 어진 守長이라도 行할 수 없음은 그 맡은 곳이 있기 때문이며, 吏部의 官員이 兵部를 다스릴 수 없고 鴻臚의 卿이 光祿을 다스릴 수 없음은 그 맡은 부서가 있기 때문입니다. 天下의 得失과 生民의 利害와 社稷의 大計를 오직 보고 들은대로 말하여 職責과 맡음에 매여있지 않은 것은 홀로 宰相만이 행할 수 있고 諫官만이 말할 수 있습니다.

그러므로 선비로서 옛것을 배우고 道를 품은 자가 朝廷에서 벼슬할 때에 宰相이 될 수 없으면 諫官이 되니, 諫官은 비록 낮으나 宰相과 동등합니다. 天子가 不可하다고 하더라도 宰相은 可하다고 하며, 天子가 옳다고 하더라도 宰相은 옳지 않다고 하여, 廟堂의 위에 앉아 天子와 더불어 可타 否타 하는 자는 宰相이며, 天子가 옳다고 하더라도 諫官은 그르다고 하며 天子가 기필코 行하겠다고 하더라도 諫官은 기필코 行할 수 없다고 하여 殿陛의 앞에 서서 天子와 더불어 옳고 그름을 다투는 자는 諫官입니다. 宰相은 지위가 높아 그 道를 行하고 諫官은 지위가 낮아 그 말을 行하니, 말이 行해지면 道도 또한 行해지는 것입니다.

譯註 1. 九卿百執事 : 九卿은 아홉 명의 卿으로 職名은 時代마다 다른 바, 後世에는 六部(六曹)의 長官과 三孤(左·右贊成과 參贊)를 칭하였다. 執事는 일을 담당한 자로 百執事는 百官을 가리킨다.

九卿百司郡縣之吏는 守一職者라 任一職之責하고 宰相諫官은 繫天下之事라 亦任天下之責이니라 然이나 宰相九卿而下失職者는 受責於有司어니와 諫官之失職也는 取譏於君子하니 有司之法은 行乎一時어니와 君子之譏는 著之簡册而昭明하고 垂之百世而不泯하니 甚可懼也라 夫七品之官이 任天下之責하고 懼百世之譏하니 豈不重耶아 非材且賢者면 不能爲也니라

九卿과 百司와 郡縣의 관리로서 한 職責을 맡은 者는 한 직책의 책임을 맡고, 宰相과 諫官은 天下의 일을 관계하여 천하의 任務를 맡습니다. 그러나 宰相과 九卿 以

殿 : 큰집 전　陛 : 섬돌 폐　簡 : 대쪽 간　泯 : 없어질 민

下로서 직책을 잘못 수행한 자는 有司에게 責望을 받거니와 諫官이 직책을 잘못 수행하면 君子에게 비판을 받으니, 有司의 法은 한 때에 행해지나 君子의 비판은 簡册에 드러나 밝게 나타나고 百世에 드리워져 없어지지 않으니, 심히 두려울만 합니다. 7品官으로서 天下의 책임을 맡고 百世의 비난을 두려워하니, 어찌 중하지 않겠습니까. 재주가 있고 또 어진 자가 아니면 할 수 없는 것입니다.

近執事 始被召於陳州하니 洛之士大夫相與語曰 我識范君하니 知其材也라 其來에 不爲御史면 必爲諫官이라하더니 及命下에 果然이라 則又相與語曰 我識范君하니 知其賢也라 他日에 聞有立天子陛下하여 直辭正色하여 面爭廷論者는 非它(他)人이요 必范君也라하더니 拜官以來로 翹首企足하여 竚乎有聞이로되 而卒未也하니 竊惑之하노라 豈洛之士大夫能料於前而不能料於後也아 將執事有待而爲也아

근간에 집사가 처음 陳州에서 부름을 받고 오니, 洛陽의 士大夫들은 서로 말하기를 "나는 范君을 잘 아니, 그가 인재임을 아노라. 그가 옴에 御史가 되지 않으면 반드시 諫官이 되리라." 하더니, 命令이 내림에 과연 그러하였습니다. 그들은 또 서로 말하기를 "나는 范君을 잘 아니, 그가 어진 줄을 아노라. 훗날에 天子의 뜰 아래에 서서 直言을 하고 正色을 하며 對面하여 諫爭하고 朝廷에 의론하는 자가 있단 말을 듣게 된다면 이는 다른 사람이 아니요 반드시 范君일 것이다." 하였는데, 官職에 임명된 이래로 머리를 들고 발돋움을 하고서 이런 소문이 있기를 기다렸으나 끝내 없으니, 내 저으기 의혹하는 바입니다. 아마도 洛陽의 士大夫들이 앞에서는 잘 헤아렸으나 뒤에서는 제대로 헤아리지 못했는가 봅니다. 아니면 執事가 기다림이 있어서인가 봅니다.

昔에 韓退之作爭臣論하여 以譏陽城不能極諫이러니 卒以諫顯하니 人皆謂城之不諫이 蓋有待而然이어늘 退之不識其意而妄譏라호되 脩獨以謂不然이라하노라 當退之作論時하여 城爲諫議大夫已五年이요 後又二年에 始廷論陸贄及沮裵延齡作相하여 欲裂其麻하니 纔兩事耳라 當德宗時하여 可謂多事矣라 授受失宜하여 叛將強臣이 羅列天下하고 又多猜忌하여 進任小人하니 於此之時에 豈無一事可言而須七年耶아 當時之事가 豈無急於沮延齡論陸贄兩事耶아 謂宜朝拜官而夕奏疏也니라 幸而城爲諫官七年에 適遇延齡陸贄事하여 一諫而罷하여 以塞其責하니 [1]向使止五年六年而遂遷司業이런들 是는 終無一言而去也니 何所取哉리오 今之居官者는 率三歲而一遷하고 或一二歲하고 甚者는 半歲而遷也하니 此又非可以待乎七年也라

옛날에 韓退之가 爭臣論을 지어서 陽城이 極諫하지 못함을 비판하였는데, 陽城은

翹 : 들 교　企 : 발돋움할 기　竚 : 기다릴 저　竊 : 저으기 절　料 : 헤아릴 료
贄 : 폐백 지　纔 : 겨우 재　猜 : 시기할 시　適 : 마침 적　向 : 지난번 향

마침내 諫함으로 드러났습니다. 이에 사람들은 모두 "陽城이 諫하지 않은 것은 기다림이 있어 그랬던 것인데 韓退之가 그 뜻을 알지 못하고 함부로 비판하였다."고 말합니다. 그러나 나는 홀로 그렇지 않다고 여깁니다. 韓退之가 '爭臣論'을 지을 당시에 陽城은 諫議大夫가 된 지가 이미 5년이었으며, 그후 또 2년 만에 처음으로 朝廷에서 陸贄를 論하고 裵延齡이 宰相되는 것을 저지하여 麻紙의 詔書를 찢고자 하였으니, 〈陽城이 간했던 것은〉 겨우 이 두 가지 일 뿐이었습니다. 德宗 때를 당하여 多事多難하다고 이를 만하였습니다. 벼슬을 맡겨줌이 마땅함을 잃어 배반한 將帥와 강한 臣下들이 천하에 나열되었고 君主는 또 시기심이 많아 小人들을 登用하였으니, 이러한 때에 어찌 한 가지 일도 말할 만한 것이 없어서 7년을 기다린단 말입니까. 당시의 일이 裵延齡을 저지하고 陸贄를 論하는 일보다 급한 것이 없었겠습니까? 마땅히 아침에 벼슬에 임명되면 저녁에 아뢰는 상소문을 올렸어야 할 것입니다. 다행히 陽城은 諫官이 된 지 7년만에 마침 裵延齡과 陸贄의 일을 만나 한번 諫하고는 罷職되어 그 책임을 충당하였으니, 그때에 가령 5년이나 6년만 하고 마침내 司業으로 옮겼더라면 이는 끝내 한마디 말도 없이 떠나갔을 것이니, 어찌 취할 것이 있겠습니까. 이제 관직에 居하는 자들은 대부분 3년에 한번씩 옮기고 혹은 1~2년 만에 옮기며 심한 경우에는 半年만에도 옮기니, 이 또한 7년을 기다릴 수 있는 것이 아닙니다.

譯註 1. 司業：國子監의 敎授職으로, 陽城이 諫議大夫로 있다가 國子司業으로 밀려났기 때문에 말한 것이다.

今天子躬親庶政하사 化理淸明하여 雖爲無事나 然自千里로 詔執事而拜是官者는 豈不欲聞正議而樂讜言乎아 然今未聞有所言說하여 使天下知朝廷有正士하고 而彰吾君納諫之明也라 夫布衣韋帶之士가 窮居草茅하여 坐誦書史하여는 常恨不見用이라가 及用也엔 又曰 彼非我職이니 不敢言이라하고 或曰 我位猶卑하여 不得言이라하며 得言矣엔 又曰 我有待라하면 是는 終無一人言也니 可不惜哉아 伏惟執事는 思天子所以見用之意하고 懼君子百世之譏하여 一陳昌言하여 以塞重望하고 且解洛之士大夫之惑則幸甚이라

이제 天子께서는 몸소 여러 政務를 친히 다스리시어 敎化와 政治가 淸明하여 비록 무사하다고 할 수 있으나 千里에서 執事를 불러 이 관직에 임명한 것은 어찌 올바른 의론을 듣고 충직한 말을 좋아해서가 아니겠습니까? 그러나 이제 言說하는 바가 있어 천하로 하여금 조정에 정직한 선비가 있음을 알게 하고 우리 군주가 諫言을 받아들이는 밝음을 드러나게 했다는 말을 듣지 못했습니다. 삼베 옷을 입고 가죽 띠를 띤 선비들이 草茅(초가집)에서 곤궁하게 살며 앉아서 書史를 읽을 때에는 항상 登用되지 못함을 한하다가 등용됨에 미쳐서는 또 말하기를 '저것은 내 직책이 아니니 감히 말할

讜：곧은말할 당 彰：드러낼 창 韋：가죽 위 茅：띠풀 모 誦：욀 송

수 없다' 하고, 혹은 말하기를 '내 지위가 아직 낮아 말할 수 없다' 하며, 말할 수 있는 자리에 있게 되면 또 말하기를 '나는 기다림이 있다' 한다면, 이는 끝내 한 사람도 말함이 없는 것이니, 애석하지 않을 수 있겠습니까.

엎드려 생각하건대 執事는 天子께서 登用해 준 바의 뜻을 생각하고 君子의 百世의 비난을 두려워하여, 한번 훌륭한 말을 아뢰어 중한 기대에 부응하고 또 洛陽 士大夫들의 疑惑을 풀어 준다면 매우 다행일 것입니다.

相州晝錦堂記　　歐陽脩

(相州 晝錦堂의 記文)

迂齋曰 文字委曲하여 善於形容이라

○ 富貴不歸故鄕이면 如衣錦夜行이라하니 後人이 遂以富貴歸故鄕者로 爲衣錦晝行하니 蓋本前說而反言之也라 韓魏公琦는 字稚圭니 以德量文章政事功業으로 爲宋相臣第一이라 時封魏國公하니 本相州人이라 仁宗朝에 旣罷相하고 以武康軍節度使로 知本州하니 上이 蓋以是榮之也라 公因作晝錦堂于州宅後圃하고 又有詩焉이라 歐陽公이 爲作此記에 謂公不以常情之榮爲榮이라하고 末又謂非徒爲州里一時之榮이라하니 蓋本韓公詩意하여 述其心事而廣之라 文甚明白正大하니 兒童孰不熟讀之리오마는 而韓公晝錦堂詩는 則鮮知之일새 今附見於此云이라 詩曰 古人之富貴 歸於本郡縣을 譬若衣錦游하여 白晝自光絢이라 否則如夜行하니 雖麗胡由見가 事累載方册이요 今復著俚諺이라 或紆太守章하고 或擁使者傳하여 歌樵忘故舊하고 滌器掩前賤이라 所得快恩仇요 愛惡任驕狷이라 其志止於此하니 士固不足羨이라 玆予來舊邦에 意在弗矜衒이라 以疾而量力에 懼莫稱方面이라 抗表納金節하고 假守冀鄕便이라 帝曰其汝俞라 建纛往臨殿하라하시니 行路不云非하고 觀歎溢郊甸이라 病軀諧少體요 先壠遂完繕이라 歲時存父老하고 伏臘潔親薦이라 恩榮孰與偕오 衰劣媿獨擅이라 公餘新此堂하니 夫豈事飮燕가 亦非張美名하여 輕薄詑紳弁이라 重祿許安閑이나 顧己常兢戰이라 庶一視題榜하면 則念報主眷이라 汝報何能爲오 進道確無倦이라 忠義聳大節하니 匪石烏可轉이라 雖前有鼎鑊이나 死耳誓不變이라 丹誠難悉陳하니 感泣對筆硯이라

迂齋가 말하였다. "文字가 곡진하여 형용하기를 잘하였다."

○〈옛말에〉 富貴하여 고향에 돌아가지 않으면 비단옷을 입고 밤중에 다니는 것과 같다 하였는 바, 후세 사람들은 마침내 富貴하여 고향에 돌아가는 것을 비단옷을 입고 한낮에 다니는 것이라 하였으니, 이는 앞의 말에 근본하여 뒤집어 말한 것이다.

絢 : 고울 현　俚 : 속될 리　紆 : 얽힐 우　狷 : 강직할 견　衒 : 자랑할 현　纛 : 대장기 독
甸 : 경기 전　軀 : 몸 구　壠 : 밭두둑 롱　臘 : 섣달 랍　媿 : 부끄러울 괴　詑 : 자랑할 타
兢 : 조심할 긍　榜 : 써붙일 방　聳 : 우뚝솟을 용　鑊 : 가마솥 확　硯 : 벼루 연

魏公 韓琦는 자가 稚圭이니, 德量과 文章, 政事와 功業으로 宋나라 相臣의 제일이 되었다. 이때 魏國公에 봉해졌으니, 본래는 相州 사람이다. 仁宗朝에 政丞을 그만두고 武康軍節度使로 本州를 맡으니, 仁宗은 이로써 그를 영화롭게 한 것이다. 公은 인하여 晝錦堂을 고을의 집 뒤 후원에 짓고 또 詩를 지었다. 歐陽公은 이 記文을 지을 적에 '공은 보통 사람들의 마음에 영화로이 여기는 것을 영화로이 여기지 않았다.' 하였고, 끝에 또 '단지 고향 마을에 一時의 영광일 뿐만이 아니다.' 하였으니, 이는 韓公의 詩의 뜻에 근본하여 心事를 기술하여 넓힌 것이다. 문장이 매우 명백하고 정대하니, 아이들인들 누가 익숙히 읽지 않겠는가. 그러나 韓公의 晝錦堂詩는 아는 이가 드물므로 이제 여기에 붙여 나타내는 바이다. 그 詩는 다음과 같다.

"옛사람은 富貴하여 본래의 郡縣으로 돌아감을 비단옷을 입고 한낮에 빛냄에 비유하였네. 그렇지 않으면 밤에 다니는 것과 같으니, 비록 화려하나 어찌 나타낼 수 있겠는가? 이 사실 方册에 기재되었고 지금 다시 속담에 전하네. 혹은 太守의 印章 차고 혹은 使者의 깃발 꽂고는 나무꾼 노래하던 친구들 잊고 그릇 씻던 천했을 적의 생활 가리우네. 은혜와 원한을 통쾌하게 보답하며, 좋아하고 미워함에 따라 교만하고 고집부리네. 그 뜻 이에 그치니 선비들 부러워할 것이 못된다오. 나는 옛 고을에 부임해 오니, 마음이 자랑하지 않음에 있네. 병들어 자신의 힘 헤아려 보니, 方面의 임무 감당하지 못할까 두려워. 表文 올려 金印 바치고 임시 太守로 고향에 편히 있기 바랐네. 皇帝께서는 네 가서 부임하라. 纛旗 꽂고 가 임하여 진정시켜라 하셨네. 길가는 사람들 그르다 하지 않고, 보고 감탄하는 이 주위에 가득하네. 병든 몸 다소 조리하고 先塋을 완전히 보수하리. 歲時에 父老들 문안하고, 伏臘에 친히 제수 올리네. 은혜와 영화 어디에 비할까. 쇠하고 용렬한 몸으로 영화 독차지함 부끄럽네. 여가에 이 堂을 새로 지으니, 어찌 술마시고 잔치함에 종사하겠는가. 또한 아름다운 이름 날려 경박하게 선비들에게 자랑함 아니네. 厚한 祿으로 편안하고 한가로움 허락하였으나 자신 돌아보아 항상 조심하고 두려워하네. 써붙인 글제 한번 보면 군주의 은혜에 보답함 생각하네. 네 보답은 어떻게 하는 것인가? 확고히 道에 정진하고 게을리 하지 않는 것이라오. 忠義로 큰 절개 세우니, 돌이 아닌데 어찌 마음 돌리겠는가. 비록 앞에 솥이 있더라도 죽어도 맹세코 변치 않으리. 이 충성 다 말하기 어려우니, 感泣하며 붓과 벼루 대하네.

仕宦而至將相하고 富貴而歸故鄕은 此人情之所榮이요 而今昔之所同也라 蓋士方窮時에 困阨閭里하여 庸人孺子皆得易而侮之하나니 [1]若季子不禮於其嫂하고 [2]買臣이 見棄於其妻라가 一旦에 高車駟馬로 旗旄導前而騎卒擁後어든 夾道之人이 相與駢肩累跡하여 瞻望咨嗟하고 而所謂庸夫愚婦者 奔走駭汗하며 羞愧俯伏하여 以

阨 : 곤할 액　孺 : 어릴 유　嫂 : 아제미 수　擁 : 낄 옹　夾 : 낄 협　駢 : 나란할 변
駭 : 놀랄 해　汗 : 땀 한

自悔罪於車塵馬足之間하나니 此는 一介之士 得志當時而意氣之盛을 昔人이 比之衣錦之榮也하나니라

벼슬하여 將相에 이르고 富貴해져 고향에 돌아감은 이는 人情에 영화롭게 여기는 바요, 예나 지금이나 똑같은 것이다. 선비가 곤궁할 때를 당하여 閭里에서 困厄을 당하여 庸劣한 사람과 어린아이들까지도 모두 하찮게 여기고 업신여기니, 예를 들면 季子(蘇秦)가 그 兄嫂에게 禮遇를 받지 못하고 朱買臣이 그 아내에게 버림을 받았다가 하루 아침에 높은 수레와 駟馬를 타고 旗旄가 앞에서 인도하며 騎卒들이 뒤에서 옹위하면 길 좌우에 있는 사람들이 서로 어깨를 나란히 하고 발을 모아 바라보고 감탄하며, 이른바 〈전에 업신여기던〉 용렬한 지아비와 어리석은 아낙네가 분주히 놀래고 땀을 흘리며 부끄러워하고 俯伏하여 수레 먼지와 말발굽 사이에서 스스로 자신의 죄를 뉘우치니, 이는 한 선비가 당시에 뜻을 얻은 것으로 意氣의 성함을 옛날 사람들은 비단옷을 입은 영화에 비유하였다.

譯註 1. 季子不禮於其嫂：季子는 戰國時代 辯士인 蘇秦의 字. 蘇秦이 鬼谷先生을 師事하고 秦나라에 들어가 秦惠王을 설득하였으나 成功하지 못하고 초라한 모습으로 돌아오자, 그의 형수는 밥을 주지 않았고 그의 아내는 베틀에서 내려오지 않았는데 뒤에 六國의 재상이 되어 돌아오니, 그의 형수와 아내는 멀리 마중나와 감히 고개를 쳐들고 보지 못하였다.

2. 買臣見棄於其妻：漢나라 朱買臣은 집이 무척 가난하였으나 책 읽기를 그치지 않으니, 그의 아내는 가난을 견디지 못해 그만 남편을 버리고 도망하였다. 그후 朱買臣이 武帝에게 발탁되어 고향인 會稽의 太守로 부임해 오자, 그를 버리고 갔던 옛 아내는 크게 부끄러워한 나머지 목을 매어 자결하고 말았다.

惟大丞相魏國公則不然하니 公은 相人也라 世有令德하여 爲時名卿하니 自公少時로 已擢高科, 登顯仕하여 海內之士 [1]聞下風而望餘光者가 蓋亦有年矣니 所謂將相而富貴는 皆公所宜素有라 非如窮阨之人이 僥倖得志於一時하여 出於庸夫愚婦之不意하여 以驚駭而誇耀之也라 [2]然則高牙大纛이 不足爲公榮이요 [3]桓圭袞裳이 不足爲公貴라 惟德被生民而功施社稷하여 勒之金石하며 播之聲詩하여 以耀後世而垂無窮이 此公之志요 而士亦以此望於公也니 豈止夸(誇)一時而榮一鄕哉아

그러나 大丞相 魏國公은 그렇지 않다. 公은 相州 사람인데, 대대로 훌륭한 德이 있어 당시의 名卿이 되었다. 公은 젊었을 때부터 이미 높은 과거에 뽑혀 현달한 벼슬에 올라서 海內의 선비들이 下風을 듣고 餘光(後光)을 바란 지가 여러 해가 되었으니, 이른바 將相이 되어 富貴해진다는 것은 모두 公이 본래 소유한 것이다. 窮厄한

耀：빛날 요 袞：곤룡포 곤 勒：새길 륵 夸：과시할 과

사람들이 요행으로 한 때에 뜻을 얻어 용렬한 지아비와 어리석은 부인들의 不意(예상하지 못함)에 나와 놀라게 하고 誇示하며 자랑하는 것과는 같지 않다. 그렇다면 높은 牙旗와 큰 纛旗가 公의 영화가 될 수 없고 桓圭와 袞裳이 족히 公의 귀함이 될 수 없다. 오직 德이 生民에게 입혀지고 功이 社稷에 베풀어져 〈훌륭한 업적이〉 金石에 새겨지며 聲詩(樂章)에 전파되어 後代에 빛나 무궁한 세상에 남겨짐이 이것이 公의 뜻이요, 선비들 또한 이것으로써 公에게 바라니, 어찌 다만 한 때에 誇示하고 한 지방에 영화로울 뿐이겠는가.

譯註 1. 下風 : 자신을 낮추어 下位에 있다고 하는 겸사인데, 여기서는 높은 사람의 德化가 아래로 미침을 말한 것이다.
2. 高牙大纛 : 牙는 牙旗이고 纛 역시 旗의 일종으로 장수나 高官의 衙門에 세워 위엄을 나타내었다.
3. 桓圭袞裳 : 圭는 옛날 제후왕들이 조회하거나 會同할 때에 갖고 다니는 玉으로 위는 둥글고 아래는 모난 바, 公은 桓圭, 侯는 信圭, 伯은 躬圭라 하였으며, 桓圭는 길이가 9寸이고 信圭와 躬圭는 각각 7寸이었다. 袞裳은 袞冕九章의 치마로 九命의 上公이 입었는 바, 上衣에 고개를 숙인 龍 그림이 있으므로 袞(袞龍)이라 한 것이다.

公在至和中에 嘗以武康之節로 來治於相이라 乃作晝錦之堂于後圃하고 旣又刻詩於石하여 以遺相人호되 其言이 以快恩讐矜名譽爲可薄하니 蓋不以昔人所夸者爲榮이요 而以爲戒라 於此에 見公之視富貴爲如何니 而其志豈易量哉아 故로 能出入將相하여 勤勞王家하되 而夷險一節하고 至於臨大事, 決大議에 垂紳正笏하여 不動聲色하고 而措天下於泰山之安하니 可謂社稷之臣矣로다 其豐功盛烈이 所以銘彝鼎而被絃歌者는 乃邦家之光이요 非閭里之榮也라 余雖不獲登公之堂이나 幸嘗竊誦公之詩하여 樂公之志有成而喜爲天下道也일새 於是乎書하노라

公은 至和年間에 일찍이 武康軍의 節鉞을 가지고 相州로 와서 다스렸다. 公은 마침내 晝錦堂을 後園에 짓고는 또 詩를 碑石에 새겨 相州 사람들에게 물려주었는데, 그 말씀에 은혜와 원한을 통쾌하게 갚고 명예를 자랑하는 것을 경박한 것으로 여기셨으니, 이는 옛사람들이 자랑으로 여기던 일을 영광스럽게 생각하지 않고 그것을 경계한 것이다. 여기에서 公이 富貴 보기를 어떻게 하셨는가를 알 수 있으니, 어찌 公의 뜻을 쉽게 헤아릴 수 있겠는가. 이 때문에 나가면 장군이 되고 들어오면 재상이 되어 王家(國家)를 위해 부지런히 힘쓰되 태평할 때나 위태로울 때나 절개가 한결같으며, 국가

圃 : 채전 포　夷 : 평평할 이　紳 : 큰띠 신　笏 : 홀 홀　彝 : 술그릇 이　絃 : 현악기 현
獲 : 얻을 획

의 대사를 당하고 큰 의논을 결단할 때에는 띠를 드리우고 홀을 바로잡고는 말소리와 얼굴빛을 조금도 움직이지 않고 천하를 태산처럼 편안한 곳에 두었으니, 社稷의 신하라 할 만하다. 公이 남긴 많은 공훈과 성대한 업적이 彝鼎(宗廟의 祭器와 寶鼎)에 새겨지고 絃歌에 입혀지는 것은 바로 국가의 영광이요 고향 마을만의 영광이 아니다.

내 비록 公의 晝錦堂에 오르지는 못했으나 다행히 일찍이 公의 詩를 속으로 외면서 公의 뜻이 성취됨을 기뻐하여 세상 사람들에게 말하기를 좋아하였기에 이에 이 글을 쓰노라.

醉翁亭記 歐陽脩

迂齋云 此文은 所謂筆端有畵라 又如累疊階級하여 一層高一層하여 逐旋上去하면 都不覺이라

○歐陽公年四十에 守滁州할새 愛其山水之勝하여 作醉翁亭而日遊之라 今觀公詩하면 有曰 四十未爲老어늘 醉翁偶題篇이라 醉中遺萬物하니 豈復記吾年가 又贈沈遵曰 我時四十猶強健이어늘 自號醉翁聊戲客이라 爾來憂患十年間에 鬢髮未老嗟先白이라 又曰 顔摧鬢改眞一翁이라 心以憂醉安知樂고하니 大略可見守滁之樂이 後來不復有矣라 他如醉翁吟, 憶滁南幽谷이 眷眷不忘하여 不一而足하니 不能盡述于此也라 年方四十而云年又最高라하니 蓋是時僚佐賓客이 偶皆妙年耳라 一篇二十七也字를 讀之에 不覺其多하니 此又一體라 公有祈雨祭漢高帝文하고 又有祭吳尙書文하니 皆是此體요 坡公酒經도 亦然이라 又聞嘗有見公初稾者러니 首以十數句로 敍滁山水라가 旣而皆塗去하고 只以五字書之라하니 亦學者之所當知니라

迂齋가 말하였다. "이 글은 이른바 붓끝에 그림이 있다는 것이다. 또 여러 층의 계단과 같아서 한 층이 한 층보다 높아 따라서 오르다 보면 자신도 깨닫지 못하는 것과 같다."

○歐陽公은 나이 40세에 滁州를 맡았는데 山水의 뛰어남을 사랑하여 醉翁亭을 짓고 날마다 놀았다. 이제 公의 詩를 보면 '40에 아직 늙지 않았는데 醉翁이라 우연히 책에 쓰네. 취한 가운데 만물을 잊으니, 어찌 내 나이 기억하겠는가?' 하였으며, 또 沈遵에게 준 詩에 '나는 40이라 아직 強健한데 스스로 醉翁이라 號하여 손님들에게 희롱하네. 그 동안 걱정 속에 10년을 사느라 늙기도 전에 살쩍과 머리 먼저 세었네' 하였으며, 또 이르기를 '얼굴 야위고 살쩍 세었으니, 참으로 한 늙은이이네. 마음이 근심 때문에 취하였으니 어찌 즐거움을 알겠는가?' 하였으니, 滁州를 맡은 즐거움이 뒤에는 다시 없었던 것을 대략 볼 수 있다. 기타 '醉翁吟'과 '憶滁南幽谷'

級：등급 급　滁：물이름 저　鬢：살쩍 빈　摧：꺾을 최　憶：생각할 억　眷：정성 권
僚：동료 료　祈：빌 기　稾：초고 고　塗：칠할 도

등의 詩에 권권히 이를 잊지 못하여 읊은 것이 한두 번이 아니니, 이것을 여기에 다 기술할 수가 없다. 나이 비로소 40세에 나이가 또 가장 높다고 말하였으니, 이때에 보좌관과 빈객들이 우연히 다 소년이었던 것이다. 한 篇에 也字가 27개인데도 읽어보면 그 많음을 깨닫지 못하니, 이 또한 문장의 한 체이다. 공은 '祈雨祭漢高帝文'이 있고 또 '祭吳尚書文'이 있는데 모두 다 이 文體이며, 坡公의 '酒經'도 또한 그러하다. 내 또 들으니, 일찍이 公의 初藁를 본 자가 있었는데, 머리에 十數句로 滁州의 山水를 서술하였다가 이윽고 모두 지워버리고, 다만 '環滁皆山也'라는 다섯 글자로 썼다고 하니, 이 또한 배우는 자가 마땅히 알아야 할 것이다.

環滁는 皆山也라 其西南諸峰이 林壑尤美하여 望之蔚然而深秀者는 瑯琊也요 山行六七里에 漸聞水聲潺潺而瀉出于兩峰之間者는 釀泉也요 峰回路轉에 有亭翼然하여 臨于泉上者는 醉翁亭也라 作亭者誰오 山之僧智僊(仙)也요 名之者誰오 太守自謂也라 太守與客으로 來飮于此할새 飮少輒醉하고 而年又最高라 故로 自號曰 醉翁也라하니 醉翁之意는 不在酒하고 在乎山水之間也니 山水之樂을 得之心而寓之酒也라

滁州를 둘러싸고 있는 것은 모두 山이다. 그 西南쪽의 여러 山은 숲과 골짝이 더욱 아름다워 바라봄에 울창하여 깊고 빼어난 것은 瑯琊山이요, 산길로 6~7里를 감에 점점 들리는 물소리가 잔잔하다가 두 봉우리 사이로 쏟아져 나오는 것은 釀泉이요, 봉우리가 돌고 길이 굽어 있는데 정자가 우뚝이 솟아 물가에 임해 있는 것은 醉翁亭이다. 정자를 지은 자는 누구인가? 산의 승려인 智僊이요, 정자의 이름을 지은 자는 누구인가? 太守가 스스로 이름한 것이다. 태수는 빈객들과 이 곳에 와서 술을 마실 적에 술을 조금만 마셔도 곧 취하고 나이가 또 가장 높았다. 그러므로 스스로 號하기를 醉翁이라 하였으니, 醉翁의 뜻은 술에 있지 않고 山水의 樂에 있으니, 山水의 樂을 마음에 얻어 술에 붙인 것이다.

若夫日出而林霏開하고 雲歸而巖穴暝하여 晦明變化者는 山間之朝暮也요 野芳發而幽香하고 嘉木秀而繁陰하며 風霜高潔하고 水落而石出者는 山間之四時也라 朝而往하고 暮而歸에 四時之景不同而樂亦無窮也라

해가 뜸에 숲의 안개가 개이고 구름이 돌아감에 바위 굴이 어두워져 어둠과 밝음이 변화하는 것은 山間의 아침·저녁이요, 들꽃이 핌에 그윽한 향기가 풍기고 아름다운 나무가 빼어남에 무성한 그늘이 지며, 風霜이 高潔하고 水位가 떨어져 바닥의 돌이 드러나는 것은 山間의 四時이다. 아침에 가고 저녁에 돌아옴에 四時의 경치가 같지

蔚 : 무성할 울 瑯 : 산이름 랑 琊 : 산이름 야 潺 : 졸졸흐를 잔 瀉 : 쏟을 사
釀 : 술빚을 양 僊 : 신선 선 霏 : 안개 비 暝 : 어둘 명 晦 : 어둘 회 芳 : 꽃다울 방

않으니, 樂 또한 무궁하다.

至於負者歌于塗하고 行者休于樹하며 前者呼하고 後者應하여 傴僂提携하여 往來而不絕者는 滁人遊也요 臨谿而漁하니 谿深而魚肥하고 釀泉爲酒하니 泉冽而酒香이라 山肴野蔌을 雜然而前陳者는 太守宴也니 宴酣之樂은 非絲非竹이라 射者中하고 奕者勝하여 觥籌交錯하여 起坐而諠譁者는 衆賓歡也요 蒼顔白髮이 頹乎其間者는 太守醉也라 已而요 夕陽在山하고 人影散亂은 太守歸而賓客從也요 樹林陰翳하여 鳴聲上下는 遊人去而禽鳥樂也라 然而禽鳥는 知山林之樂하고 而不知人之樂하며 人은 知從太守遊而樂하고 而不知太守之樂其樂也라 醉能同其樂하고 醒能述以文者는 太守也니 太守는 謂誰오 廬陵歐陽脩也니라

짐을 진 자가 길에서 노래하고 길을 가는 자가 나무 그늘에서 쉬며, 앞에 가는 자가 부르고 뒤에 따라가는 자가 應答하여 〈늙은이는〉 허리를 구부리고 〈어린이는〉 손을 잡고서 往來하여 끊이지 않는 것으로 말하면 滁州 사람들이 노는 것이요, 시냇가에 임하여 고기를 잡으니 시내가 깊어 고기가 살찌고, 샘물을 길어 술을 만드니 샘물이 시원하여 술이 향기롭다. 산의 과일과 들의 나물들을 뒤섞어 앞에 진열한 것은 太守의 잔치이니, 잔치를 베풀어 술마시며 즐기는 것은 현악기도 아니요 관악기도 아니다.

활을 쏘는 자는 맞히고 바둑을 두는 자는 이겨서 벌주를 먹이는 술잔과 술잔을 세는 산대가 이리저리 交錯하여 일어났다 앉았다 하며 떠드는 것은 여러 손님들이 즐거워하는 것이요, 蒼顔 白髮로 그 사이에 쓰러져 있는 것은 태수가 취한 것이다. 이윽고 석양이 산에 있고 사람의 그림자가 산란함은 太守가 돌아감에 賓客이 따라감이요, 나무 그늘이 어두워짐에 우는 새소리가 오르내리는 것은 놀던 사람들이 돌아감에 산새가 즐거워하는 것이다.

그러나 새들은 山林의 樂만 알고 사람의 樂은 알지 못하며, 사람들은 太守를 따라 놀면서 즐거워할 줄만 알고 太守가 그 樂을 즐거워함을 알지 못한다. 취해서는 그 樂을 함께 하고 깨서는 글로 기술하는 자는 太守이니, 太守는 누구인가? 廬陵 歐陽脩이다.

秋 聲 賦　　歐陽脩

迂齋云 摸寫之工하고 轉折之妙하며 悲壯頓挫하여 無一字塵涴라

○賦秋聲은 可謂妙矣라 深意在末段하니 蓋因天時一年之秋而說人生一世之秋니 丹

傴 : 곱사등이 구　僂 : 곱사등이 루　肴 : 안주 효　蔌 : 산나물 속　酣 : 취할 감
觥 : 술잔 굉　籌 : 산가지 주　諠 : 시끄러울 훤　譁 : 시끄러울 화　涴 : 더럽힐 와

者槁, 黑者星이 是也라 人多縶於名韁하고 蕩於情瀾하고 熬於慾火하여 自戕賊以至此하니 於秋聲何恨乎아 此意可使人發深省하여 而惕然有戒懼之心焉이라

迂齋가 말하였다. "묘사함이 공교롭고 돌려 꺾음이 묘하며 悲壯하고 頓挫(抑揚)하여 한 글자도 군더더기가 없다."

○秋聲을 읊음은 묘하다고 이를 만하다. 깊은 뜻은 끝 부분에 있으니, 天時인 1년의 가을로 인하여 인생살이의 한 세대의 가을을 설명하였는 바, 붉던 얼굴이 야위고 검은머리가 성성해진다는 것이 이것이다. 사람들은 대부분 명예의 고삐에 매이고 情의 물결에 일렁이며 욕심의 불에 시들어 스스로 몸을 해쳐 이 지경에 이르니, 秋聲을 어찌 한하겠는가? 이 뜻은 사람으로 하여금 깊은 반성을 하게 하여 惕然히 경계하고 두려워하는 마음이 있게 한다.

歐陽子方夜讀書러니 聞有聲自西南來者하고 悚然而聽之曰 異哉라 初淅瀝以蕭颯이러니 忽奔騰而澎湃하여 如波濤夜驚하며 風雨驟至하여 其觸於物也에 鏦鏦錚錚하여 金鐵皆鳴하고 又如赴敵之兵이 銜枚疾走하여 不聞號令이요 但聞人馬之行聲이로다

歐陽子가 밤중에 책을 읽고 있었는데, 어떤 소리가 西南쪽으로부터 오는 것을 듣고는 悚然히 〈귀 기울여〉 들으며 말하기를 "이상도 하다. 처음에는 淅瀝(우수수)하여 蕭颯(바람소리)하더니 갑자기 뛰어오르며 팽배해져 마치 파도가 밤에 놀라며 風雨가 갑자기 몰려오는 듯하여 물건에 부딪힘에 쇳소리가 나 金鐵이 모두 울리는 듯하며, 또 敵陣에 달려가는 軍隊가 枚(나뭇가지)를 입에 물고 빨리 달려 號令소리는 들리지 않고 다만 사람과 말이 가는 소리만 들리는 듯하도다." 하였다.

予謂童子호되 此何聲也오 汝出視之하라 童子曰 星月皎潔하고 明河在天하니 四無人聲이요 聲在樹間이러이다 予曰 噫嘻悲哉라 此秋聲也로다 胡爲乎來哉오 蓋夫秋之爲狀也 其色慘淡하여 煙霏雲斂이요 其容淸明하여 天高日晶이요 其氣慄冽하여 砭人肌骨이요 其意蕭條하여 山川寂寥라 故로 其爲聲也 凄凄切切하고 呼號憤發하여 豐草綠縟而爭茂하고 佳木葱蘢而可悅이라가 草拂之而色變하고 木遭之而葉脫하니 其所以摧敗零落者는 乃一氣之餘烈이라

나는 童子에게 이르되 "이 무슨 소리인가? 네가 나가 보아라." 하였다. 童子는 대답하기를 "별과 달이 밝고 깨끗하며 밝은 은하수가 하늘에 있는데 사방에는 사람 소리

縶 : 맬 칩 韁 : 고삐 강 熬 : 태울 오 戕 : 해칠 장 瀝 : 물방울 력 颯 : 쓸쓸할 삽
澎 : 물부딪는소리 팽 鏦 : 울리는소리 창 嘻 : 한숨쉴 희 霏 : 안개 비 砭 : 침놓을 폄
縟 : 번다할 욕 葱 : 푸를 총 蘢 : 우거질 롱 拂 : 스칠 불

가 없고 이 소리는 나무 사이에서 납니다." 하였다.

나는 다음과 같이 말하였다. "아! 슬프다. 이는 가을 소리이다. 어찌하여 이것이 오는가? 〈가을의 形狀은〉 그 색깔은 慘淡하여 안개와 구름이 걷히고, 그 모양은 淸明하여 하늘이 높고 해가 빛나며, 그 기후는 매우 차가워 사람의 살갗과 뼛속을 찌르며, 그 뜻은 蕭條(쓸쓸)하여 산천이 적막하다. 그러므로 그 소리가 매우 처절하고 울부짖는 듯 분발하는 듯하여, 무성한 풀이 푸르게 자라 무성함을 다투고 아름다운 나무가 울창하여 즐거울 만하다가 풀이 이 바람에 스치면 색깔이 변하고 나무가 이 바람을 만나면 잎이 떨어지니, 꺾어지고 무너지며 零落하는 것은 바로 이 한 기운의 남은 烈氣 때문이다.

[1]夫秋는 刑官也라 於時爲陰이요 又兵象也라 於行에 爲金이니 是謂天地之義氣라 常以肅殺而爲心이니라 天之於物에 春生秋實이라 故로 其在樂也에 [2]商聲이 主西方之音하고 夷則이 爲七月之律하니 商은 傷也니 物旣老而悲傷이요 夷는 戮也니 物過盛而當殺이니라

가을은 刑官이니 四時에 陰이 되고, 또 兵象이니 五行에 金이 되니, 이를 天地의 義氣라 이르는 바, 항상 肅殺함을 마음으로 삼는다. 天地는 萬物에 있어 봄에 돋아나고 가을에 열매를 맺게 한다. 그러므로 음악에 있어 商聲은 西方의 音을 주장하고, 十二律의 夷則은 7月의 律이 된다. 商은 傷한다는 뜻이니 물건이 이미 늙음에 悲傷함이요, 夷는 죽인다는 뜻이니 물건이 지나치게 盛하면 마땅히 죽이는 것이다.

譯註 1. 秋刑官 : 「周禮」에 六官을 天·地·春·夏·秋·冬으로 나누어 刑官인 司寇를 秋官이라 하였다. 이 때문에 후세에 吏曹를 天官, 戶曹를 地官, 禮曹를 春官, 兵曹를 夏官, 刑曹를 秋官, 工曹를 冬官이라 하였는 바, 가을에는 서리가 내려 萬物을 죽이므로 이름한 것이다.

2. 商聲主西方之音 : 商은 五聲의 하나로 古代에 五聲을 五行과 季節에 배합하여 角은 東方木으로 春이고 徵는 南方火로 夏이며, 商은 西方金으로 秋이고 羽는 北方水로 冬이며 宮은 中央土에 분류하였다.

嗟乎라 草木은 無情이로되 有時飄零하나니 人爲動物하여 惟物之靈이라 百憂感其心하고 萬事勞其形하여 有動于中이면 必搖其精하나니 而況思其力之所不及하며 憂其智之所不能가 宜其渥然丹者爲槁木이요 黟然黑者爲星星이라 奈何非金石之質이어늘 欲與草木而爭榮가 念誰爲之戕賊이완대 亦何恨乎秋聲가 童子莫對하고 垂頭而睡하니 但聞四壁에 蟲聲喞喞하여 如助予之歎息이러라

戮 : 죽일 륙 飄 : 나부낄 표 渥 : 윤택할 악 槁 : 마를 고 黟 : 검을 이
喞 : 벌레우는소리 즉

아! 초목은 無情하나 때로 낙엽이 되어 떨어지니, 사람은 동물이 되어 만물의 靈長이다. 온갖 근심이 그 마음을 감동시키고, 萬 가지 일이 그 형체를 수고롭게 하여, 心中에 움직임이 있으면 반드시 그 精神을 騷擾시킨다. 하물며 그 힘에 미칠 수 없는 것을 생각하고, 그 智慧의 능하지 못한 바를 근심하는 것이겠는가. 마땅히 渥然히 붉던 얼굴이 마른 나무처럼 되고, 黟然히 검던 머리가 성성하게 희어진다. 어찌하여 金石의 자질이 아닌데 초목과 더불어 榮華를 다투고자 하는가? 생각하건대 누가 해치기에 또한 어찌 가을 소리를 한하는가?"

童子는 이에 대꾸하지 않고 머리를 떨구고 졸고 있었다. 다만 사방 벽에 풀벌레가 즉즉이 우는 소리만이 들려 마치 나의 탄식소리를 돕는 듯하였다.

憎蒼蠅賦　　歐陽脩

(蒼蠅(쉬파리)을 미워하는 것을 읊은 賦)

蠅之爲物이 賦形至微나 害物至重하니 猶姦人邪佞하여 以敗君德하고 變黑白하여 以爲物之害하나니 此詩人托物比興이라

파리의 형체는 매우 작으나 물건을 해침이 지극히 중하니, 간사한 사람이 사악한 짓을 하고 아첨하여 군주의 德을 그르치며 흑백을 변화시켜 물건을 해치는 것과 같은 바, 이는 詩人이 물건에 가탁하여 비유한 것이다.

蒼蠅蒼蠅아 吾嗟爾之爲生하노라 旣無蜂蠆之毒尾하고 又無蚊虻之利觜라 幸不爲人之畏어니와 胡不爲人之喜오 爾形이 至眇하고 爾欲이 易盈하니 盃盂殘瀝과 砧几餘腥에 所希秒忽이라 過則難勝이어늘 苦何求而不足하여 乃終日而營營고 逐氣尋香하여 無處不到하여 頃刻而集하니 誰相告報오 其在物也雖微나 其爲害也至要라

蒼蠅아! 蒼蠅아! 나는 너의 살아감을 서글퍼하노라. 이미 벌과 전갈처럼 독한 꼬리도 없고 모기나 등에처럼 날카로운 부리도 없다. 다행히 사람들이 두려워하는 존재가 되지 않으나 어찌하여 사람들이 기뻐하는 존재가 되지 못하는가? 네 형체가 지극히 작고 네 욕심이 채워지기 쉽다. 잔에 남은 찌꺼기와 도마 위의 남은 비린 것으로 바라는 바가 매우 적다. 지나치면 감당하기 어려운데 괴롭게 무엇을 求하기에 不足해서 마침내 종일토록 營營하는가? 냄새를 쫓고 향기를 찾아 이르지 않는 곳이 없어서 頃刻(삽시간)에 모여드니, 누가 서로 일러주고 보고하는가? 그 물건에 있어 비록 작으나 그 해됨은 지극히 중하다.

蠅 : 파리 승　蠆 : 전갈 채　蚊 : 모기 문　虻 : 등에 맹　觜 : 부리 취　盂 : 사발 우
瀝 : 찌꺼기 력　砧 : 다듬잇돌 침　腥 : 비린내날 성　秒 : 세미할 묘

若乃華榱廣厦와 珍簟方牀에 炎風之燠이요 夏日之長이라 神昏氣蹙하고 流汗成漿하여 委四肢而莫擧하고 眊兩目其茫洋하니 惟高枕之一覺하여 冀煩歊之蹔(暫)忘이어늘 念於爾而何負완대 乃於吾而見殃고 尋頭撲面하고 入袖穿裳하며 或集眉端하고 或沿眼眶하여 目欲瞑而復警하고 臂已痺而猶攘하니 於此之時에 [1]孔子何由見周公於髣髴이며 莊生安得與蝴蝶而飛揚가 徒使蒼頭丫髻로 巨扇揮颺하여 或頭垂而腕脫하고 或立寐而顚僵하니 此其爲害者一也라

화려한 서까래와 넓은 집, 보배로운 대자리와 네모진 평상에 뜨거운 바람이 무덥고 여름 해가 길기도 하다. 정신이 어둡고 기운이 위축되며 땀이 흘러 물을 이루어 사지를 늘어뜨리고 거동하지 못하며 두 눈이 흐려 가물가물하니, 오직 베개를 높이 베고 한잠 푹자고 깨어나 번거로움과 시끄러움을 잠시 잊기를 바랐는데, 생각하건대 내 너에게 무슨 잘못을 저질렀기에 마침내 나에게 이러한 폐해를 보이는가? 머리로 찾아들고 얼굴에 부딪히며 소매 속으로 들어오고 치마 속으로 뚫고 들어오며 혹은 눈썹 끝에 앉고 혹은 눈두덩을 따라 맴돌아, 눈이 감고자 하다가 다시 놀라깨고, 팔뚝이 이미 마비되었는데도 오히려 휘두르니, 이러한 때에 孔子께서 어떻게 〈꿈속에서〉 周公을 방불하게 보실 수 있으며, 莊生(莊周)이 어떻게 〈꿈속에서〉 나비가 되어 날 수 있겠는가. 다만 蒼頭(하인)와 丫髻(계집종)들로 하여금 큰 부채를 휘두르게 하여 혹은 졸다가 머리를 떨구고 팔이 빠지며, 혹은 서서 졸다가 쓰러지기도 하니, 이는 그 폐해의 첫번째이다.

譯註 1. 孔子 … 蝴蝶而飛揚 : 莊生은 莊周(莊子)이며 蝴蝶은 호랑나비로, 파리가 달려들어 괴롭히면 孔子나 莊周인들 어떻게 잠을 자며 꿈을 꾸겠느냐는 말이다. 「論語」《述而》에 "나의 노쇠함이 심하다. 내 꿈속에 周公을 뵙지 못한 지가 오래되었다."는 孔子의 말씀이 있으며, 「莊子」《齊物論》에 "莊周가 꿈에 호랑나비가 되어 훨훨 날아다녔다."는 내용이 있으므로 말한 것이다.

又如峻宇高堂에 嘉賓上客이 沽酒市脯하고 鋪筵設席하여 聊娛一日之餘閑이로되 奈爾衆多之莫敵고 或集器皿하고 或屯几格하며 或醉醇酎하여 因之沒溺하여 或投熱羹하여 遂喪其魄하니 諒雖死而不悔나 亦可戒夫貪得이라 尤忌赤頭하니 號爲景迹이라 一有霑汚면 人皆不食하나니 奈何引類呼朋하여 搖頭鼓翼하며 聚散倏忽하여 往來絡繹고 方其賓主獻酬하고 衣冠儼飾에 使吾揮手頓足하여 改容失色하니 於此之時에 [1]王衍이 何暇於淸談이며 賈誼堪爲之太息이니 此其爲害者二也라

榱 : 서까래 최　簟 : 대자리 점　眊 : 흐릴 모　歊 : 김오를 효　眶 : 눈두덩 광
丫 : 두갈래질 아　髻 : 상투 계　颺 : 날릴 양　僵 : 쓰러질 강　酎 : 전국술 주
霑 : 더럽힐 점　倏 : 빠를 숙　衍 : 남을 연

또 높은 집과 高堂에 아름다운 손님과 上客이 술을 받고 포를 사고는 자리를 펴고 좌석을 마련하여 애오라지 하루의 여가를 즐기려 하나 너희들의 숫자가 많음에 어찌하겠는가. 혹은 그릇에 모여들고 혹은 도마 위에 진치고 있으며 혹은 醇酒(전내기)에 취하여 인하여 빠져 죽으며, 혹은 뜨거운 국으로 뛰어들어 마침내 그 넋을 잃으니, 진실로 비록 죽어도 후회하지 않으나 또한 얻음을 탐함을 경계할 만하다. 머리가 붉은 것을 더욱 꺼리니, 이름을 景迹이라 하는데, 한번 더럽힘이 있으면 사람들은 모두 먹지 않는다. 어찌하여 동류들을 끌어오고 벗을 불러와 머리를 흔들고 날개를 치며 삽시간에 모였다 갑자기 흩어졌다 하여 끊임없이 왕래하는가. 손님과 主人이 술잔을 올리고 권하며 衣冠을 엄숙히 꾸미고 있는데 나로 하여금 손을 휘젓고 발을 굴러 모양을 고치고 얼굴빛을 잃게 만드니, 이러한 때에 王衍이 어느 겨를에 淸談하겠으며 賈誼가 그 때문에 크게 탄식할 만하니, 이는 그 폐해의 두번째이다.

譯註 1. 王衍 … 堪爲之太息：淸談은 淸淨無爲의 말로 老莊學을 이르는 바, 晉나라의 王衍은 老莊學을 좋아하여 종일토록 淸談을 나누며 즐겼다. 이에 竹林七賢 등의 老莊學派가 크게 성하였다. 前漢의 賈誼는 일찍이 文帝에게 글을 올려 '지금의 상황은 통곡할만한 것이 한 가지이고 눈물을 흘릴 만한 것이 두 가지이고 크게 탄식할 만한 것이 세 가지입니다' 하였다.

又如醯醢之品과 醬齏之制를 及時月而收藏하여 謹甁罌之固濟어늘 乃衆力以攻鑽하고 極百端而窺覬하며 至於大胾肥牲과 嘉殽美味에 蓋藏이 稍露而罅隙하고 守者或時而假寐하여 纔少怠於防嚴이면 已輒遺其種類하여 莫不養息蕃滋하여 淋漓敗壞하여 使親朋卒至에 索爾以無歡하고 臧獲(확) 懷憂하여 因之而得罪하니 此其爲害者三也라 是皆大者니 餘悉難名이로다 嗚呼라 [1]止棘之詩 垂之六經하니 於此에 見詩人之博物과 [2]比興之爲精이니 宜乎以爾刺讒人之亂國이라 誠可嫉而可憎이로다

또 젓갈의 물품과 장조림을 만든 것을 제 철과 달에 미쳐 담아 보관하여 병과 항아리를 단단히 막아놓았는데도 마침내 여러 마리의 힘으로 공격하며 뚫고 백방을 다하여 엿보며, 큰 고깃점과 살찐 희생, 좋은 안주와 맛있는 음식에 있어서도 덮고 보관함이 조금이라도 드러나 틈이 있거나 지키는 자가 혹시라도 假寐하여 잠시라도 방비하기를 소홀히 하면 이미 그 종류(구더기)들을 남겨놓아 모두 양식하고 번식시켜 음식물이 질척거리고 부패하여, 친한 벗이 갑자기 이름에 쓸쓸하여 기쁘지 못하고, 노비들이 근심을 품어서 인하여 죄를 얻게 되니, 이는 그 폐해의 세번째이다.

이는 모두 그 큰 것이요 나머지는 다 일일이 이름하기 어렵다. 슬프다! 止棘의 詩

醯：육장 혜　醢：육장 해　齏：장조림 니　罌：항아리 앵　覬：엿볼 기　胾：고기점 자
殽：안주 효　罅：틈 하　淋：질척거릴 림　漓：스밀 리　臧：종 장　獲：종 확

가 六經에 전해지고 있으니, 이에 詩人의 물건에 대한 박식함과 比興의 精함을 볼 수 있다. 마땅히 너로써 참소하는 사람이 국가를 혼란시킴을 풍자할 만하니, 진실로 미워할 만하고 可憎스럽도다.

譯註 1. 止棘之詩 垂之六經 : 止棘의 詩는 「詩經」 小雅 《青蠅篇》을 이르는 바, 여기에 "앵앵거리는 쉬파리 가시나무에 앉아 있네. 남을 모함하는 참소꾼 여러 나라를 혼란시키네.〔營營青蠅 止于棘 讒人罔極 交亂四國〕" 한 내용을 가리킨다. 六經은 여섯 가지 經典으로 詩·書·易·禮·樂·春秋를 이르는데, 여기서는 특히 「詩經」을 지칭한 것이다.

2. 比興 : 「詩經」 六義의 比와 興. 比는 비유법으로, 쉬파리를 참소꾼에 비유한 위의 《青蠅篇》 등이 이에 해당한다. 興은 어떤 물건을 보고 연상한 것을 앞에 써서 다음 句를 興起하는 것을 이른다.

鳴 蟬 賦 歐陽脩

此篇은 因蟬鳴而及萬物之鳴하고 又因物鳴而及人之以文鳴하여 擺布推極이 大有意味요 末仍結歸蟬聲하여 不走本題하니 家數大略與秋聲賦相似라 楊誠齋嘗屢提掇此賦하여 以爲歐陽氏故實云이라

이 편은 매미의 울음소리로 인하여 만물의 울음을 언급하고, 또 만물의 울음으로 인하여 사람이 문장으로 울림을 언급하여, 펴서 지극히 함이 크게 의미가 있고, 마지막에는 매미소리로 귀결하여 본래의 제목을 따르지 않았으니, 家數(文法)가 대략 '秋聲賦'와 비슷하다. 楊誠齋(楊萬里)는 일찍이 이 賦를 여러번 제시하여 歐陽脩의 故實(옛날 역사)이라 하였다.

嘉祐元年夏에 大雨水어늘 奉詔祈晴於醴泉宮할새 聞鳴蟬하고 有感而賦云이라
肅祠庭以祗事兮여 瞻玉宇之崢嶸이라 收視聽以清慮兮여 齋予心以薦誠이라 因以靜而求動兮여 見乎萬物之情이라 於是에 朝雨驟止하고 微風不興하니 四無雲而青天이요 雷曳曳其餘聲이라 乃席芳葯하고 臨華軒하니 古木數株 空庭草間이라

嘉祐 元年(1056) 여름에 큰 비가 내리자, 나는 詔命을 받들고 醴泉宮에서 날씨가 개기를 祈願하였는데, 매미소리를 듣고는 감동함이 있어 다음과 같이 賦하였다.
祠堂의 뜰에서 엄숙히 祭祀를 받듦이여! 玉宇가 높이 솟음을 본다. 보고 들음을

蟬 : 매미 선 擺 : 벌여놓을 파 掇 : 주울 철 祐 : 복 우 晴 : 갤 청 醴 : 단술 례
祗 : 공경할 지 崢 : 가파를 쟁 嶸 : 가파를 영 驟 : 별안간 취 曳 : 끌 예 葯 : 향풀 약

거두어 생각을 맑게 함이여! 내 마음을 齋戒하여 정성을 올린다. 인하여 靜으로써 動을 구함이여! 만물의 情狀(실정)을 본다.

이에 아침비가 갑자기 멈추고 微風도 일지 않으니, 사방에 구름 한 점 없어 푸른 하늘이 나타나고, 우레는 예예히 여운을 울리고 있었다. 이에 아름다운 향풀에 앉고 화려한 집에 임하니, 고목 몇 그루가 〈빈뜰의〉 풀 사이에 있었다.

爰有一物이 鳴于樹顚하니 引淸風以長嘯하고 抱纖柯而永歎이라 嘒嘒非管이요 泠泠若絃하여 裂方號而復咽(열)하고 凄欲斷而還連이라 吐孤韻以難律하여 含五音之自然하니 吾不知其何物이요 其名曰蟬이라 豈非因物造形하여 能變化者耶아 出自糞壤하여 慕淸虛者耶아 凌風高飛하여 知所止者耶아 嘉木茂盛에 喜淸陰者耶아 呼吸風露하여 [1]能尸解者耶아 綽約雙鬢이 修嬋娟者耶아 其爲聲也不樂不哀요 非宮非徵(치)라 胡然而鳴이며 亦胡然而止오

이때 한 물건이 나무 위에서 우니, 시원한 바람을 이끌어 길게 휘파람불고 가는 나뭇가지를 안고 길게 탄식한다. 혜혜히 우는 소리는 피리소리가 아니요, 시원한 목소리는 현악기와 같았다. 찢어질 듯 막 부르짖다가 다시 오열하고, 처절함은 끊어질 듯하다가 다시 이어졌다. 외로운 운을 토하여 율에 맞추기 어려워 五音의 자연스러움을 품고 있으니, 나는 어떤 물건인지 알지 못하겠고 이름을 매미라 하였다.

이는 아마도 물건에 따라 형체를 만들어 능히 변화하는 자인가? 糞壤(거름흙)으로부터 나와서 淸虛를 사모하는 자인가? 바람을 타고 높이 날아 그칠 곳을 아는 자인가? 아름다운 나무가 무성함에 시원한 그늘을 좋아하는 자인가? 바람과 이슬을 호흡하여 尸解(神仙으로 화함)하는 자인가? 아리따운 두 갈래 귀밑머리가 길고 아름다운 자인가? 그 소리는 즐겁지도 않고 슬프지도 않으며 宮聲도 아니요 徵聲도 아니었다. 어쩌면 그렇게 울며 어쩌면 그렇게 멈추는가?

譯註 1. 尸解：道家의 말로 형체를 버리고 神仙이 되는 것을 이르는 바, 염습하기 전에 시신이 완전히 없어지기도 하고 옷이나 머리털만 남아 있다고 한다.

吾嘗悲夫萬物이 莫不好鳴이라 若乃四時代謝에 百鳥嚶兮며 一氣候至에 百蟲驚兮라 嬌兒姹女는 語鸝庚兮요 鳴機絡緯는 響蟋蟀兮라 轉喉弄舌이 誠可愛兮요 引腹動股는 豈勉強而爲之兮아 至於汚池濁水에 得雨而聒兮며 飮泉食土하여 長夜而歌兮라 彼蝦蟆는 固若有欲이어니와 而蚯蚓은 亦何求兮오 其餘大小萬狀을 不可

嘒：매미소리 혜　泠：맑은소리 령　綽：얌전할 작　鬢：살쩍 빈　嬋：예쁠 선
娟：예쁠 연　嚶：울 앵　嬌：아리따울 교　姹：아리따울 차　鸝：꾀꼬리 리　緯：짤 위
蟋：귀뚜라미 실　蟀：귀뚜라미 솔　股：다리 고　聒：떠들 괄　蝦：두꺼비 하
蟆：두꺼비 마　蚯：지렁이 구　蚓：지렁이 인

悉名이로되 各有氣類하고 隨其物形하여 不知自止하여 有若爭能이라가 忽時變以物改면 咸漠然而無聲이라

나는 일찍이 萬物이 울기를 좋아하지 않음이 없음을 서글퍼한다. 四時가 대신하고 교대함에 온갖 새가 지저귀며, 한 기후가 이름에 온갖 벌레가 놀란다. 예쁜 아이와 아리따운 계집의 목소리 같은 것은 꾀꼬리의 노래요, 베틀을 울리며 실을 짜는 것은 蟋蟀(귀뚜라미)의 노래이다. 목청을 굴리고 혀를 희롱함이 진실로 사랑스러울 만하며, 배를 당기고 다리를 움직임은 어찌 억지로 힘써서이겠는가? 〈개구리는〉 웅덩이와 연못의 탁한 물에 비를 얻어 시끄럽게 울며, 〈지렁이는〉 샘물을 마시고 흙을 먹으면서 긴 밤에 노래하기도 하니, 저 蝦蟆(개구리)는 진실로 욕망이 있는 듯하거니와 저 지렁이는 또한 무엇을 구해서인가? 그 나머지 크고 작은 만 가지 형상을 다 이름할 수 없으나 각기 氣類가 있고 物形에 따라 스스로 그칠 줄 몰라 마치 재능을 다투는 듯하다가 갑자기 철이 변하고 물건이 바뀌면 모두 조용하여 소리를 내지 않는나.

嗚呼라 達士所齊는 萬物一類라 人於其間에 所以爲貴는 蓋以巧其語言하며 又能傳於文字라 是以로 竊彼思慮하며 耗其血氣하여 或吟哦其窮愁하고 或發揚其志意하여 雖共盡於萬物이나 乃長鳴於百世하니 予亦安知其然哉리오 聊爲樂以自喜라 方將考得失, 較同異러니 俄而雲陰復興하고 雷電俱擊하여 大雨旣作하니 蟬聲遂息하니라

아! 슬프다. 통달한 선비가 똑같이 여기는 바는 만물을 한 가지로 보는 것이다. 사람이 그 사이에 귀한 까닭은 그 언어를 공교롭게 하며 그 문자를 전하기 때문이다. 이 때문에 저 思慮를 다하고 그 血氣를 소모하여 혹은 곤궁함과 시름을 읊고 혹은 그 意志를 發揚하여 비록 만물과 똑같이 다하나 마침내 百世에 길이 울리니, 내 또한 어찌 그 그러함을 알겠는가. 애오라지 즐거워하며 스스로 기뻐할 뿐이다. 바야흐로 得失을 상고하고 同異를 비교하고자 하였는데, 얼마 후 캄캄한 구름이 다시 일고 우레와 번개가 함께 쳐서 큰 비가 쏟아지니, 매미의 울음소리는 마침내 그치고 말았다.

漠 : 조용할 막 哦 : 읊을 아

古文眞寶後集 卷之七

送徐無黨南歸序　　歐陽脩(永叔)

(남쪽으로 돌아가는 徐無黨을 전송하는 序)

此篇은 謂古人有三不朽하니 德行, 功業, 文章이 是也라 文章之虛는 不如功業之實이요 而文章功業이 皆本於德行之深하니 功業之不朽者는 固不待見(현)於文章이요 而德行之不朽者는 亦不待見於功業이라 後世之士 其不得以功業自見이요 而以文章自見者多矣라 然往往泯沒不傳하여 而不能終古不朽者는 豈非徒用力於文章而不知本於德行哉아 所以勉徐生以思하니 欲其因文章而反求諸其本也라

이 篇은 옛 사람이 세 가지 不朽가 있다 하였으니, 德行과 功業과 文章이 이것이다. 文章의 공허함이 功業의 진실함만 못하며 文章과 功業은 모두 德行의 깊음에 근본하니, 功業의 不朽는 진실로 文章에 나타남을 필요로 하지 않고, 德行의 不朽는 또한 功業에 나타남을 필요로 하지 않는다. 후세의 선비들이 功業으로써 스스로 나타내지 못하고 文章으로 스스로 나타낸 자가 많다. 그러나 왕왕 文章이 없어지고 전해지지 못하여 영원히 不朽하지 못함은 한갓 文章에만 힘을 쓰고 德行에 근본할 줄을 몰라서가 아니겠는가? 이 때문에 徐生에게 생각하도록 권면하였으니, 文章으로 인하여 그 근본을 되찾게 하고자 한 것이다.

草木鳥獸之爲物과 衆人之爲人이 其爲生은 雖異나 而爲死則同하여 一歸於腐壞澌盡泯滅而已언마는 而衆人之中에 有聖賢者하니 固亦生且死於其間이로되 而獨異於草木鳥獸衆人者하여 雖死而不朽하고 愈遠而彌存也하나니 其所以爲聖賢者는 修之於身하며 施之於事하며 見(현)之於言이니 是三者는 所以能不朽而存也라

草木과 鳥獸 등의 동식물과 衆人의 사람됨은 그 삶은 비록 다르나 죽음은 같아서 한결같이 부패하고 파괴되어 다 없어지며 泯滅됨에 돌아갈 뿐이나 衆人 가운데 聖賢이 계시니, 진실로 또한 그 사이에 살고 또 죽어가나 홀로 草木·鳥獸와 衆人들과 달라서 비록 죽더라도 썩어 없어지지 않고 오래될수록 더욱 보존된다. 그 聖賢이 되는 까닭은 德行을 자기 몸에 닦고 功業을 일에 베풀고 文章을 말에 나타내기 때문이니, 이 세 가지는 不朽(영원히 없어지지 않음)하여 오래도록 보존될 수 있는 것이다.

修於身者는 無所不獲이요 施於事者는 有得, 有不得焉이요 其見於言者는 則又有能, 有不能焉이라 施於事矣면 不見於言이라도 可也니 自詩書史記所傳으로 其人이 豈必皆能言之士哉아 修於身矣면 而不施於事하고 不見於言이라도 亦可也니 孔門

朽 : 썩을 후　泯 : 없어질 민　腐 : 썩을 부　澌 : 다할 시　愈 : 더욱 유　彌 : 더욱 미

弟子 有能政事者矣요 有能言語者矣로되 若顏回者는 在陋巷하여 曲肱飢臥而已요 其群居則默然終日하여 如愚人이라 然自當時群弟子로 皆推尊之하여 以爲不敢望而及하고 而後世更(경)千百歲에 亦未有能及之者하니 其不朽而存者 固不待施於事어든 況於言乎아

〈德行〉을 자기몸에 닦는 자는 얻지 않는 것이 없고, 〈功業을〉 일에 施行하는 자는 얻을 수도 있고 얻지 못할 수도 있으며, 〈文章을〉 말에 나타내는 자는 능할 수도 있고 능하지 못할 수도 있으니, 功業을 일에 시행한다면 文章을 말에 나타내지 않더라도 可하다. 詩·書와 「史記」로부터 전해지는 바의 그 사람들이 어찌 반드시 모두 말을 잘하는 선비이겠는가? 德行을 몸에 닦는다면 功業을 일에 시행하지 않고 文章을 말에 나타내지 않더라도 可하다. 孔門의 弟子 중에 政事에 능한 자가 있었고 언어에 능한 자가 있었으나, 顏回와 같은 자는 누추한 골목에 있으면서 팔을 굽혀 베고 굶주려 누워 있을 뿐이었으며, 여러 사람과 居處할 때에는 묵묵히 날을 마쳐 어리석은 사람과 같았다. 그러나 當時의 여러 弟子들로부터 모두 그를 推尊하여 감히 바라 미칠 수 없다는 여김을 받았고, 後世에 천백 년을 지나도록 또한 그에 미치는 자가 없으니, 그 不朽하여 오래도록 保存됨은 진실로 功業을 일에 시행함을 기다리지 않는데 하물며 말에 있어서랴!

予讀班固藝文志와 唐四庫書目하고 見其所列하니 自三代秦漢以來로 著書之士가 多者는 至百餘篇이요 少者도 猶三四十篇이니 其人을 不可勝數로되 而散亡磨滅하여 百不一二存焉이라 予竊悲其人의 文章麗矣요 言語工矣로되 無異草木榮華之飄風과 鳥獸好音之過耳也라 方其用心與力之勞가 亦何異衆人之汲汲營營이리오 而忽(然)〔焉〕以死者 雖有遲有速이나 而卒與三者로 同歸於泯滅하니 夫言之不可恃〈也〉蓋如此라 今之學者 莫不慕古聖賢之不朽而勤一世하여 以盡心於文字間者는 皆可悲也니라

내가 班固의 「漢書」《藝文志》와 唐나라 四庫의 書目을 읽고 여기에 나열되어 있는 것을 보니, 三代와 秦·漢으로부터 이래로 책을 저술한 인사가 많은 자는 백여 편에 이르고, 적은 자도 오히려 30~40편이 되어서 그 인물을 이루 헤아릴 수가 없으나 흩어져 없어지고 磨滅되어 백에 하나나 둘도 보존되지 못하였으니, 나는 저으기 그 사람의 문장이 아름답고 언어가 공교롭되 草木의 榮華가 바람에 흩날리며 鳥獸의 아름다운 울음소리가 귀를 스쳐지나가는 것과 나름이 없음을 서글퍼한다. 그 마음과 힘을 쓸 때의 수고로움이 또한 어찌 衆人들이 이익을 쫓기에 汲汲·營營한 것과 다르겠는가.

肱 : 팔뚝 굉　推 : 밀 추　更 : 지날 경　庫 : 곳집 고　竊 : 저으기 절　飄 : 나부낄 표
汲 : 서두를 급　營 : 오락가락할 영　恃 : 믿을 시

홀연히 죽는 것은 비록 더디고 빠름이 있으나 끝내 세 가지(草木·鳥獸·衆人)와 더불어 다 없어지는 데로 돌아가니, 말의 믿을 수 없음이 이와 같다. 지금 배우는 자들은 옛 성현의 불후를 사모하여 한 세상(일생)을 부지런히 힘써서 文字 사이에 마음을 다하지 않는 자가 없으니, 이는 모두 슬퍼할 만하다.

東陽徐生이 少從予學하여 爲文章에 稍稍見稱於人이러니 旣去에 乃與群士로 試於禮部하여 得高第하니 由是知名이라 其文辭日進하여 如水涌而山出하니 予欲摧其盛氣而勉其思也라 故於其歸에 告以是言하노라 然이나 予固亦喜爲文辭者라 亦因以自警焉하노라

東陽 徐生(徐無黨)은 어려서부터 나를 따라 배워서 문장을 지음에 차츰차츰 사람들에게 칭찬을 받더니, 떠나간 다음 마침내 여러 선비와 함께 禮部에서 試驗을 보아 높은 등급을 얻어 이 때문에 이름이 알려졌다. 그리고 그의 文章이 날로 진전하여 물이 솟아나오고 산이 우뚝 솟아나온 듯하였다. 나는 그의 성한 기운을 꺾고 그의 생각을 힘쓰게 하고자 하므로 그가 돌아갈 때에 이 말을 告하는 것이다. 그러나 나도 진실로 文辭를 짓기 좋아하는 자이니, 또한 인하여 이로써 스스로 경계하고자 하노라.

縱 囚 論 歐陽脩

(죄수를 풀어준데 대한 論)

唐太宗貞觀七年에 去年에 帝親錄繫囚라가 見應死者하고 閔之하여 縱使歸家호되 期以來秋來就死하고 仍勅天下死囚皆縱遣이라가 至期來詣京師러니 至是九月하여 去歲所縱天下死囚凡三百九十人이 無人督帥(率)이로되 皆如期自詣朝堂하여 無一人亡匿者어늘 上皆赦之하다

○歐公論此事는 得太宗之情하고 盡用刑之理라 文尤簡而當하고 婉而明하니 宜熟讀이니라

唐太宗 貞觀 7년에 지난해에 皇帝는 친히 구속되어 있는 죄수들을 기록하다가 사형에 해당하는 자를 보고는 불쌍히 여겨 풀어주어 집으로 돌려보내되 이듬해 가을에 와서 사형을 받도록 하고, 인하여 천하의 사형수들을 모두 풀어놓아 보내주었다가 다음해 기한이 되면 京師(長安)로 오도록 칙명을 내렸었는데, 이해 9월에 이르러 지난해 풀어 보내주었던 사형수 390명이 감독하여 인솔하는 자가 없는데도 모두 기한에 맞추어 스스로 朝堂으로 와서 한 사람도 도망친 자가 없었다. 이에 皇帝는 이들을

稍：점점 초 涌：솟아날 용 摧：꺾을 최 縱：풀어놓을 종 繫：맬 계 閔：불쌍할 민
勅：조서 칙 帥：거느릴 솔 匿：숨을 닉 赦：용서할 사 婉：완곡할 완

모두 사면하였다.

○歐陽公이 이 일을 논함은 太宗의 심정을 간파하고 형벌을 사용하는 이치를 다하였다. 文章이 더욱 간결하고 마땅하며 완곡하면서도 분명하니, 마땅히 익숙히 읽어야 할 것이다.

信義는 行於君子하고 而刑戮은 施於小人하나니 刑入于死者는 乃罪大惡極이니 此又小人之尤甚者也요 寧以義死언정 不苟幸生하여 而視死如歸는 此又君子之尤難者也라 方唐太宗之六年에 錄大辟囚三百餘人하여 縱使還家하고 約其自歸以就死하니 是는 以君子之難能으로 期小人之尤者以必能也라 其囚及期而卒自歸하여 無後者하니 是는 君子之所難이요 而小人之所易也니 此豈近於人情이리오

信義는 君子에게 행해지고 刑戮(형벌하여 죽임)은 小人에게 베풀어지니, 〈죄에 대한〉 형벌이 죽음에 들어있는 자는 죄가 크고 惡이 極에 이른 것이니, 이는 또 소인 중에 더욱 심한 자요, 차라리 義에 따라 죽을지언정 구차히 僥倖으로 살려고 하지 아니하여 죽음을 보기를 자기 집에 돌아가는 것처럼 여기는 자는 이 또한 君子로서도 특히 어려운 것이다. 唐太宗 6年에 大辟囚(사형수) 3백여 명을 기록하여 석방하여 집에 돌아가게 하고는 그들이 스스로 돌아와 죽음에 나아가도록 약속하였으니, 이는 君子도 하기 어려운 것을 소인 중에서도 특히 심한 자에게 반드시 해내기를 기대한 것이다. 그런데 罪囚들이 期日에 미쳐 마침내 스스로 돌아와서 뒤늦은 자가 없었으니, 이는 君子는 하기 어려운 바요, 小人은 하기 쉬운 바이다. 이 어찌 인정에 가깝겠는가?

或曰 罪大惡極은 誠小人矣나 及施恩德以臨之하여는 可使變而爲君子하니 蓋恩德入人之深而移人之速이 有如是者矣니라 曰 太宗之爲此는 所以求此名也라 然이나 安知夫縱之去也에 不意其必來以冀免하여 所以縱之乎며 又安知夫被縱而去也에 不意其自歸而必獲免하여 所以復(부)來乎아 夫意其必來而縱之면 是는 上賊下之情也요 意其必免而復來면 是는 下賊上之心也니 吾見上下交相賊하여 以成此名也로니 烏有所謂施恩德與夫知信義者哉리오 不然이면 太宗施德於天下 於茲六年矣라 不能使小人不爲極惡大罪하고 而一日之恩이 能使視死如歸而存信義는 此又不通之論也니라

或者는 말하기를 "죄가 크고 악이 극에 이른 것은 진실로 小人이거니와 은덕을 베풀어 그들을 대함에 미쳐서는 그들로 하여금 변화하여 君子가 되게 할 수 있으니, 恩德이 사람에게 들어감이 깊고 사람을 변화시킴이 신속함이 이와 같다"고 한다.

戮 : 죽일 륙 寧 : 차라리 녕 苟 : 구차할 구 辟 : 형벌 벽 安 : 어찌 안 冀 : 바랄 기
賊 : 해칠 적 烏 : 어찌 오

나는 이에 대하여 다음과 같이 말한다. "太宗이 이런 일을 한 것은 이러한 이름(은덕을 베풀었다는 아름다운 이름)을 구하려고 한 것이다. 그러나 〈태종이〉 석방하여 보낼 때에 그들이 반드시 돌아와서 사면되기를 바랄 것이라고 생각하여 이 때문에 그들을 놓아준 것이 아님을 어찌 알 것이며, 또 〈죄수들이〉 석방됨을 입어 떠나갈 때에 스스로 돌아오면 반드시 사면을 받을 것이라고 생각하여 이 때문에 다시 온 것이 아님을 어찌 알겠는가? 반드시 돌아오리라고 생각하여 놓아주었다면 이는 윗사람이 아랫사람의 정을 해친 것이요, 반드시 사면될 것이라고 생각하여 다시 왔다면 이는 아랫사람들이 윗사람의 마음을 해친 것이니, 나는 윗사람과 아랫사람이 서로 해쳐서 이런 美名을 이루었음을 볼 뿐이니, 어디에 이른바 은덕을 베풀었다는 것과 신의를 알았다는 것이 있는가? 그렇지 않다면 太宗이 天下에 은덕을 베푼 지가 이때에 6年이었다. 그런데도 小人으로 하여금 極惡大罪를 짓지 않게 하지 못하고, 하루 아침의 은혜가 능히 죽음을 보기를 집으로 돌아가는 것처럼 여기게 하여 信義를 보존하였다는 것은 이는 통할 수 없는 議論이다."

然則何爲而可오 曰 縱而來歸어든 殺之無赦하고 而又縱之而又來면 則可知爲恩德之致爾라 然이나 此는 必無之事也라 若夫縱而來, 歸而赦之는 可偶一爲之爾니 若屢爲之면 則殺人者皆不死하리니 是可爲天下之常法乎아 不可爲常者 其聖人之法乎아 是以로 堯舜三王之治는 必本於人情하여 不立異以爲高하며 不逆情以干譽하나니라

그러하면 어찌해야 되겠는가? 석방했다가 돌아오거든 죽이고 용서하지 말고, 그후에 또 석방해도 다시 온다면 이는 은덕의 소치임을 알 수 있다. 그러나 이는 반드시 있을 수 없는 일이다. 놓아주었다가 돌아옴에 죄를 용서해주는 것으로 말하면, 우연히 어쩌다가 한 번 할 수 있을 뿐이니, 만일 여러번 이렇게 한다면 사람을 죽인 자가 모두 죽지 않을 것이니, 이것이 天下의 떳떳한 법이 될 수 있겠는가. 떳떳한 법이 될 수 없는 것이 어찌 聖人의 법이겠는가. 이러므로 堯舜과 三王의 政治는 반드시 人情에 근본하여 特異한 것을 내세워 높은 체하지 않고, 인정을 미리 헤아려 명예를 구하지 않은 것이다.

朋黨論 　　歐陽脩

自朋黨之名이 起於弘恭, 石顯하여 以是而譖蕭望之, 周堪, 劉向이러니 而後小人之傾善類者 往往以此로 一網打盡之하니 [1]後漢之黨錮와 李唐之牛李와 宋之蜀黨, 洛

致 : 이를 치　屢 : 자주 루　逆 : 미리 역　干 : 구할 간　譖 : 참소할 참　蕭 : 쑥 소
堪 : 견딜 감　打 : 칠 타　錮 : 막을 고　洛 : 물이름 락

黨，元祐黨，僞學黨은 其禍極矣라 公在諫院하여 進此論하니 亦劉向封事遺意也라 向曰 孔子與顏淵，子貢으로 更相稱譽호되 不爲朋黨하고 禹，稷，皐陶轉相汲引호되 不爲比周하니 何則고 忠於爲國하여 無邪心也라하니 歐公이 不過推極之耳라 要之君子可以朋言이요 不可以黨言이니 公雖不說破나 然終篇用朋字黨字하여 未嘗苟也하니 細觀則見之니라

붕당의 명칭이 〈前漢의〉 弘恭과 石顯에게서 처음 비롯되어 이 말로써 蕭望之와 周堪·劉向을 모함하였는데 이후 착한 선비들을 모함하는 小人들이 왕왕 이 말로써 一網打盡하였는 바, 後漢의 黨錮와 李唐의 牛·李와 宋나라의 蜀黨·洛黨·元祐黨·僞學黨은 그 禍가 극에 달하였다. 歐陽公은 司諫院에 있으면서 이 論을 올렸으니, 또한 劉向이 封事를 올린 뜻이다. 劉向은 이르기를 "孔子가 顏淵·子貢과 함께 서로 칭찬하였으나 붕당이 되지 않고, 禹·稷과 皐陶가 서로 이끌어 들였으나 比周(사사로이 친함)가 되지 않음은 어째서인가? 나라를 위함에 충성스러워 간사한 마음이 없었기 때문이다." 하였으니, 歐陽公은 이 말을 미루어 지극히함에 불과할 뿐이다. 요컨대 君子는 朋이라고 말할 수 있으나 黨이라고 말할 수는 없으니, 歐陽公이 비록 이것을 설파하지 않았으나 끝 부분에 朋字와 黨字를 사용하여 일찍이 구차하지 않은 바, 이것을 세세히 관찰하면 볼 수 있다.

譯註 1. 後漢之黨錮…僞學黨：黨錮는 後漢 末期 陳蕃·李膺·范滂 등의 名士들을 朋黨을 한다고 지목하여 죽이거나 금고시킨 사건을 가리키며, 牛李는 唐나라의 牛僧孺와 李德裕로, 이들은 서로 派黨을 지어 싸웠다. 蜀黨과 洛黨은 北宋의 東坡 蘇軾은 蜀지방 출신이고 伊川 程頤는 洛陽에 살았기 때문에 붙여진 이름인데, 東坡와 伊川 두 門人들이 서로 다툼으로 인하여 反目이 심하였다. 元祐는 北宋 哲宗의 연호로 이때 王安石의 新法에 반대하는 司馬光·呂公著 등 수백 명의 名士들을 축출하였는 바, 이들을 元祐黨人이라 하였으며, 僞學은 거짓 학문이란 뜻으로, 南宋 寧宗 때에 道學派로 알려진 朱子를 그 반대파들이 모함하기 위하여 붙인 이름이다.

臣聞朋黨之說이 自古有之하니 惟幸人君이 辨其君子小人而已라 大凡君子는 與君子로 以同道爲朋하고 小人은 與小人으로 以同利爲朋하나니 此自然之理也라 然이나 臣謂小人無朋이요 惟君子則有之라하노니 其故何哉오 小人은 所好者利祿也요 所貪者財貨也니 當其同利之時하여 暫相黨引以爲朋者는 僞也라 及其見利而爭先하고 或利盡而交疎하여는 甚者反相賊害하여 雖其兄弟親戚이라도 不能相保라 故로 臣謂小人無朋이요 其暫爲朋者는 僞也라하노이다 君子則不然하여 所守者道義요 所

稷：피 직　皐：언덕 고　陶：즐거울 요　汲：당길 급　暫：잠시 잠

行者忠信이요 所惜者名節이라 以之修身이면 則同道而相益하고 以之事國이면 則同心而共濟하여 終始如一하니 此君子之朋也라 故로 爲人君者는 但當退小人之僞朋하고 用君子之眞朋이면 則天下治矣리이다

臣은 듣자오니, 朋黨의 말이 예로부터 있었으니, 오직 다행히 인군이 그 君子와 小人을 分別할 뿐입니다. 대범 君子는 君子와 더불어 道를 함께 하여 朋이 되고, 小人은 小人과 더불어 利益을 함께 하여 朋이 되니, 이는 自然의 이치입니다. 그러나 臣은 생각건대, 小人은 朋이 없고 오직 君子만이 있다고 여기오니, 그 연고는 어째서인가? 小人은 좋아하는 것이 利와 祿이요 탐하는 것이 財貨입니다. 이익을 함께 할 때를 당하여 잠시 서로 당을 만들어 끌어들여서 붕당를 하는 것은 거짓입니다. 그 이익을 봄에 미쳐서는 앞을 다투고 혹 이익이 다하면 교분이 소원해져서 심한 자는 도리어 서로 해쳐 비록 형제간과 친척이라도 서로 보존하지 못합니다. 그러므로 臣은 이르기를 '소인은 朋이 없으니, 잠시 朋을 하는 것은 거짓이다' 하는 것입니다. 君子인즉 그렇지 않아, 지키는 바가 道義요 행하는 바가 忠信이며 아끼는 것이 名節입니다. 이로써 몸을 닦으면 道를 함께 하여 서로 유익하고, 이로써 나라를 섬기면 마음을 함께하여 서로 이루어 시종여일하니, 이는 君子의 朋입니다. 그러므로 인군이 된 자가 마땅히 小人의 거짓 朋을 물리치고 君子의 참된 朋을 쓴다면 天下가 다스려질 것입니다.

堯之時에 [1]小人共工驩兜等四人이 爲一朋하고 [2]君子八元八愷(凱)十六人이 爲一朋이어늘 舜佐堯하사 退四凶小人之朋하시고 而進元愷君子之朋하시니 堯之天下大治하고 及舜自爲天子하여는 [3]而皐夔稷契(설)等二十二人이 並列于朝하여 更(경)相稱美하며 更相推讓하여 凡二十二人이 爲一朋이어늘 而舜皆用之하사 天下亦大治하니이다

堯임금 때에 소인인 共工·驩兜 등 네 사람이 한 朋이 되었고, 君子인 八元·八愷 등 16명이 한 朋이 되었었는데, 舜은 堯를 도와 四凶인 小人의 朋을 물리치고 八元·八愷인 君子의 朋을 등용하여 堯의 天下가 크게 다스려졌으며, 舜이 스스로 천자가 됨에 이르러는 皐陶·夔·稷·契 등 22명이 함께 조정에 나열되어 돌려가며 함께 아름다움을 칭찬하고 돌려가며 자리를 미루고 사양하여, 22명이 한 朋이 되었는데 舜은 이들을 모두 등용하여 天下가 또한 크게 다스려졌습니다.

譯註 1. 小人…四人 : 共工·驩兜 및 禹王의 아버지인 鯀과 三苗의 군주를 이르는 바, 이들을 四凶이라 칭하였다. 共工은 官名으로 姓名은 전하지 않으며, 三苗의 군주 역시 姓名이 미상이다.

惜 : 아낄 석　濟 : 이룰 제　驩 : 기쁠 환　兜 : 투구 두　愷 : 화락할 개　夔 : 공경할 기

2. 君子八元八凱 : 元은 善의 뜻이며 凱는 和樂으로 여덟 명의 善人과 여덟 명의 훌륭한 사람인데, 이들의 이름은 밝혀져 있지 않다.
3. 皐夔…二十二人 : 四岳 한 명과 지방장관인 十二牧 및 舜임금이 직접 이름을 들어 임명한 伯禹(禹王)·棄·契·皐陶·垂·益(伯益)·伯夷·夔·龍 등을 이르는 바, 「書經」《舜典》에 자세히 보인다.

書曰 紂有臣億萬호되 惟億萬心이어니와 周有臣三千하니 惟一心이라하니 紂之時에 億萬人이 各異心하니 可謂不爲朋矣로되 然紂以此亡國하고 周武王之臣은 三千人이 爲一大朋이로되 而周用以興하니이다 後漢獻帝時에 盡取天下名士하여 囚禁之하고 目爲黨人이러니 及黃巾賊起하여 漢室大亂일새 後方悔悟하여 盡解黨人而釋之나 然已無救矣요 唐之晩年에 漸起朋黨之論이러니 及昭宗時에 盡殺朝之名士하여 或投之黃河曰 此輩는 淸流라 可投濁流라하니 而唐遂亡矣니이다

「書經」《泰誓》에 이르기를 '商나라 紂王은 신하 억만 명이 있으나 억만 명의 마음이었거니와 周나라는 신하 3천 명이 있는데 오직 한마음이었다' 하였습니다. 紂王의 때에 억만 사람이 각기 마음을 달리하였으니, 朋을 하지 않았다고 이를 만합니다. 그러나 紂王은 이 때문에 나라가 망하였고, 周나라 武王의 신하는 3천 명이 한 큰 朋이 되었으나 周나라는 이들을 등용하여 흥하였습니다. 後漢 獻帝 때에 天下의 名士들을 모두 잡아 가두고 금고하여 黨人이라 지목하였는데, 黃巾賊이 일어나 漢나라 황실이 크게 혼란하자, 그러한 뒤에야 비로소 뉘우치고 깨달아 黨人들을 모두 풀어 석방하였으나 이미 구원할 수가 없었으며, 唐나라 말년에 점점 朋黨論이 일어났는데 昭宗 때에 이르러 조정의 명사들을 모두 죽이고 혹은 이들을 黃河에 던지며 말하기를 '이들은 淸流이니 濁流에 던질 만하다' 하여, 唐나라는 마침내 망하였습니다.

夫前世之主 能使人人異心하여 不爲朋이 莫如紂요 能禁絶善人爲朋이 莫如漢獻帝요 能誅戮淸流之朋이 莫如唐昭宗之世나 然皆亂亡其國하고 更相稱美推讓而不自疑가 莫如舜之二十二人이요 舜亦不疑而皆用之나 然而後世에 不誚舜爲二十二人朋黨所欺하고 而稱舜爲聰明之聖者는 以其能辨君子與小人也라 周武之世에 擧其國之臣三千人이 共爲一朋하니 自古爲朋之多且大가 莫如周나 然周用此以興者는 善人雖多而不厭也일새니 夫興亡治亂之迹을 爲人君者 可以鑑矣니이다

前代의 군주 중에 사람마다 마음을 달리하여 붕당을 하지 못하게 함은 紂王만한 이가 없고, 善人이 朋黨을 함을 금한 것은 後漢의 獻帝 만한 이가 없고, 淸流의 朋黨을 誅戮함은 唐나라 昭宗의 時代 만한 적이 없습니다. 그러나 모두 그 나라를 혼란시

紂 : 사람이름 주 漸 : 점점 점 流 : 무리 류 誚 : 꾸짖을 초 厭 : 싫을 염 迹 : 자취 적

키고 멸망하였으며, 돌려가면서 서로 찬미하고 推讓하여 서로 의심하지 않음은 舜의 22명 만한 이가 없고, 舜도 또한 이들을 의심하지 않고 모두 썼으나 후세에서는 舜이 22명의 朋黨에게 속임을 당하였다고 꾸짖지 않고, 舜을 총명한 聖君이라고 칭찬하는 것은 君子와 小人을 분별하였기 때문입니다. 周나라 武王의 세대에 온 나라의 신하 3천 명이 함께 한 朋이 되었으니, 옛부터 朋을 함에 많고 또 큰은 周나라 만한 나라가 없었으나 周나라가 이들을 등용하여 흥한 것은 善人은 비록 많더라도 싫지 않기 때문입니다. 興亡과 治亂의 자취를 人君이 된 자는 거울로 삼아야 할 것입니다.

族 譜 序　　蘇 洵(明允)

迂齋曰 議論簡嚴하고 字數少而曲折多하니 非特文章之妙라 可以見忠厚氣象이라 ○ 族譜規模와 分親疎詳略이 可爲世法이라 中分兩段하고 結語同而意略不同하니 前段은 是自己身單說上祖考去요 後段은 是自祖考旁說開近族去로되 各以孝悌之心可油然而生으로 結之하여 使人自思而得之하여 有有餘不盡一唱三歎之意焉이라 老泉이 又有蘇氏族譜亭記及譜例序한대 皆可以警世하니 宜併觀之니라

迂齋가 말하였다. "의론이 簡嚴하고 字數가 적으면서도 곡절이 많으니, 단지 文章이 妙할 뿐만 아니라 忠厚한 기상을 볼 수 있다."

○ 族譜의 규모와 親疎에 따라 상세함과 소략함을 나눈 것은 세상의 법이 될 만하다. 중간에는 두 단락으로 나누었고 맺은 말은 똑같으나 뜻은 약간 다르니, 前段은 자기 一身으로부터 위로 올라가 祖考를 말하였고, 後段은 祖考로부터 옆으로 퍼져서 가까운 친족을 말하였는데, 각기 '孝悌의 마음이 油然히 일어난다'는 것으로 맺었다. 그리하여 사람들로 하여금 스스로 생각하여 터득하게 해서 남음이 있고 다하지 않아 한번 부름에 세 사람이 따라 감탄하는 뜻이 있다. 老泉은 또 '蘇氏族譜亭記'와 '譜例序'가 있는데, 모두 세상을 경계할 만하니, 마땅히 함께 보아야 할 것이다.

蘇氏族譜는 譜蘇氏之族也라 蘇氏出於高陽하여 而蔓延於天下라 唐神堯初에 長史味道刺眉州라가 卒于官하고 一子留于眉하니 眉之有蘇氏는 自此始而譜不及者는 [1]親盡也일새라 親盡則曷爲不及고 譜爲親作也니라 凡子得書而孫不得書者는 何也오 著代也니라 自吾之父로 以至吾之高祖는 仕不仕, 娶某氏, 享年幾, 某日卒을 皆書하고 而它不書者는 何也오 詳吾之所自出也니라 自吾之父로 以至吾之高祖는 皆曰諱某하고 而它則遂名之는 何也오 尊吾之所自出也니라 譜爲蘇氏作이어늘 而

折：꺾을 절　旁：곁 방　油：구름일 유　併：아우를 병　譜：족보 보　蔓：퍼질 만
延：뻗을 연　娶：장가들 취　享：누릴 향

獨吾之所自出을 得詳與尊은 何也오 譜吾作也일새니라 嗚呼라 觀吾之譜者는 孝悌之心이 可以油然而生矣리라

蘇氏族譜는 蘇氏의 宗族을 계통에 따라 列記한 것이다. 蘇氏는 高陽(顓頊)에서 나와 天下에 만연되었다. 唐나라 神堯(高祖) 初期에 長史인 蘇味道가 眉州刺史가 되었다가 官廳에서 죽고, 한 아들이 眉州에 남으니, 眉州에 蘇氏가 있게 된 것은 이로부터 시작되었으나 族譜에 미치지 않은 것은 親이 다하였기 때문이다. 親이 다하면 어찌하여 미치지 않는가? 族譜는 親을 위하여 만들었기 때문이다. 무릇 아들은 쓰고 손자는 쓰지 않음은 어째서인가? 代를 나타내기 때문이다. 나의 아버지로부터 나의 高祖에 이르기까지는 벼슬하고 벼슬하지 않음과 아무 氏에게 장가든 것과 享年이 몇인 것과 아무 날 별세한 것을 모두 쓰고 다른 이는 쓰지 않음은 어째서인가? 나의 所自出(부터 나온 조상)을 상세히 하고자 해서이다. 나의 아버지로부터 나의 高祖에 이르기까지는 諱 某라 하고, 나른 이는 마침내 〈諱하지 않고 직접〉 이름을 씀은 어째서인가? 나의 所自出을 높이고자 해서이다. 族譜는 蘇氏를 위하여 만들었는데, 홀로 나의 所自出을 상세히 하고 높임은 어째서인가? 族譜를 내가 만들었기 때문이다. 아! 슬프다. 나의 族譜를 보는 자들은 孝悌하려는 마음이 油然히 생길 것이다.

譯註 1. 親盡 : 친족으로서의 친함이 다하는 것으로 위로 4대인 高祖와 아래로 4대인 高孫, 그리고 同高祖인 三從兄弟(8촌)까지만 服이 있고, 그 이상은 服이 없으므로 이들을 가리켜 말한 것이다.

情見(현)于親하고 親見于服하며 [1]服始于衰하여 而至于緦麻하고 而至于無服하니 無服則親盡하고 親盡則情盡하고 情盡則喜不慶, 憂不弔하나니 喜不慶, 憂不弔면 則塗(途)人也라 吾所與相視如塗人者 其初는 兄弟也요 兄弟其初는 一人之身也니 悲夫라 一人之身이 分而至於塗人하니 吾譜之所以作也니라 其意曰 分而至於塗人者는 勢也니 勢는 吾無如之何也니 幸其未至於塗人也에 使其無致於忽忘焉이 可也니라 嗚呼라 觀吾之譜者는 孝悌之心이 可以油然而生矣리라

情은 親에 나타나고 親은 服에 나타나며, 服은 斬衰에서 시작하여 緦麻에 이르고 服이 없음에 이르니, 服이 없으면 親이 다하고 親이 다하면 情이 다하며, 情이 다하면 기쁜 일이 있어도 경하하지 않으며, 근심스런 일이 있어도 조문하지 않으니, 기쁜 일이 있어도 경하하지 않고 근심스런 일이 있어도 조문하지 않는다면 塗人인 것이다. 내가 서로 보기를 塗人과 같이 하는 자가 그 처음은 형제간이었고, 형제간이 그 처음은 한 사람의 몸이었으니, 슬프다! 한 사람의 몸이 나뉘어 塗人에 이르므로 내 族譜

緦 : 시마복 시　麻 : 삼 마　弔 : 위문할 조　塗 : 길 도　悌 : 공경할 제

가 이 때문에 만들어진 것이다.

족보를 만든 뜻은, 나뉘어 塗人에 이르는 것은 勢이니, 勢는 내 어쩔 수가 없으며 다행히 塗人에 이르기 전에 소홀히 하고 잊음에 이르지 않게 함이 可하다는 것이니, 아! 슬프다. 나의 族譜를 보는 자들은 孝悌하려는 마음이 油然히 생길 것이다.

譯註 1. 服始于衰 以至于緦麻 : 衰는 喪服으로, 옷자락의 자른 부분을 꿰매지 않고 그대로 둔 것을 斬衰, 꿰맨 것을 齊衰라 하는 바, 父·君·夫를 위해서만 斬衰三年을 입고 그 나머지는 모두 齊衰服을 입는다. 喪服은 斬衰三年과 齊衰三年 및 期年·大功九月·小功五月·緦麻三月의 다섯 종류가 있다.

系之以詩하니 曰 吾父之子가 今爲吾兄이니 吾疾在身이면 兄呻不寧이라 數世之後엔 不知何人하여 彼死而生에 不爲戚欣이라 兄弟之情이 如足如手어늘 其能幾何오 彼不相能은 彼獨何心고

다음과 같은 詩를 붙인다.

우리 아버지의 아들이 이제 나의 형이 되었으니, 내 몸에 질병이 있으면 형이 신음하여 편치 못하다. 그런데 몇 대가 지난 뒤에는 서로 누구인지를 알지 못하여 저가 죽고 사는 것을 슬퍼하거나 기뻐하지 않는다. 형제간의 情은 手足과 같은 것인데 이렇게 하는 자가 얼마이겠는가? 저 서로 화합하지 못하는 자는 홀로 무슨 마음인가?

張益州畫像記 蘇 洵

(張益州(張方平)의 畫像에 대한 記文)

張方平은 字安道요 號樂全居士라 除參知政事호되 不拜하고 以宣徽使太子太保致仕하여 卒하니 年八十五라

○迂齋曰 詞氣嚴重하여 有法度라 說不必有像而亦不可以無像하니 此三四轉이 奇甚하니 是好處요 是善回護蜀人이라 公은 蜀人也니 所以尤難言이라

○老泉之文이 老辣健峭하고 頓挫宛轉하여 甚有古氣하니 子由는 固遠不及이요 子瞻亦不能爲此也라

張方平은 字가 安道이고 號가 樂全居士이다. 參知政事에 제수되었으나 취임하지 않고 宣徽使 太子太保로 致仕하여 별세하니, 나이 85세였다.

○迂齋가 말하였다. "詞氣가 엄중하여 법도가 있다. 굳이 畫像이 있을 필요가 없

系 : 맬 계 呻 : 신음할 신 戚 : 슬플 척 欣 : 기쁠 흔 徽 : 아름다울 휘 辣 : 매울 랄 峭 : 가파를 초 頓 : 무너질 돈 挫 : 꺾을 좌 瞻 : 볼 첨

다고 말하고, 또 畵像이 없어서는 안된다고 말하였으니, 이 서너 번의 전환이 매우 기이한 바 이것이 좋은 부분이요, 蜀지방 사람들을 잘 변호해 주었다. 公은 蜀지방 사람이니, 이 때문에 말하기가 더욱 어려운 것이다."

◯ 老泉(蘇洵)의 文章은 老鍊하고 辛辣하고 굳세며 頓挫(抑揚)하고 宛轉하여 매우 예스러운 氣가 있으니, 子由(蘇轍)는 진실로 크게 미치지 못하고, 子瞻(蘇軾)도 이런 글은 짓지 못한다.

至和元年秋에 蜀人傳言하되 有寇至邊이라 邊軍夜呼하니 野無居人하고 妖言流聞하니 京師震驚이라 方命擇帥할새 天子曰 毋養亂하며 毋助變하라 衆言朋興이나 朕志自定호라 外亂不作이라도 變且中起니 旣不可以文令이요 又不可以武競이라 惟朕一二大吏에 孰能爲處玆文武之間고 其命往撫朕師하리라 乃惟曰 張公方平이 其人이니이다 天子曰 然하다 公以親辭하되 不可라 遂行하여 冬十一月에 至蜀하니 至之日에 歸屯軍, 撤守備하고 使謂郡縣하되 寇來在吾하니 無以勞苦하라 明年正月朔旦에 蜀人이 相慶如它日하여 遂以無事라 又明年正月에 相告留公像于淨衆寺하니 公不能禁이라

至和 元年 가을에 蜀지방 사람들이 말을 전하기를 적이 변방에 이르렀다 하였다. 그리하여 변방의 수비하는 군사들이 밤에 고함치니 들에 거주하는 백성이 없었고, 요망한 말이 유포되니 京師가 진동하고 놀래었다. 바야흐로 명하여 장수를 뽑을 적에 天子께서는 말씀하시기를 "亂을 기르지 말며 變을 조장하지 말라. 여러 말이 한꺼번에 일어나나 朕의 뜻은 스스로 정해졌노라. 外亂이 일어나지 않더라도 變이 또 중앙에서 일어날 수 있으니, 이미 文德으로 명령할 수 없고 또 武力으로 다툴 수도 없다. 朕의 한두 명의 大官 중에 누가 능히 文武의 사이에 처할 수 있는가? 그에게 명하여 가서 내 무리들을 어루만지도록 하리라." 하였다. 이에 "張公 方平이 그 적임자입니다" 하고 대답하니, 天子께서는 "옳다" 하시었다. 公은 어버이 때문에 사양하였으나 허락하지 않았다. 마침내 길을 떠나 겨울 11월에 蜀땅에 이르렀다. 公은 부임하는 날에 주둔군을 돌려보내고 수비를 철수시키고 郡縣에게 이르되 "적이 옴은 나에게 달려있으니, 그대들은 노고하지 말라."하였다. 다음해 정월 초하루 아침에 蜀지방 사람들은 서로 경하하기를 他日(예전)과 같이 하여 마침내 무사하게 되었다. 또 다음해 정월에 서로 告하여 公의 畵像을 淨衆寺에 남기도록 하니, 公은 이를 금하지 못하였다.

眉陽蘇洵이 言于衆曰 未亂도 易治也요 旣亂도 易治也어니와 有亂之萌하고 無亂之形이 是謂將亂이니 將亂은 難治하니 不可以有亂急이요 亦不可以無亂弛라 惟是元年之秋는 如器之欹未墜於地어늘 惟爾張公이 安坐於旁하여 其顔色不變하고 徐起

寇 : 도적 구 妖 : 요사할 요 震 : 진동할 진 競 : 다툴 경 朕 : 나 짐 屯 : 진칠 둔
撤 : 거둘 철 萌 : 싹틀 맹 弛 : 느슨할 이 欹 : 기울 기

而正之하며 旣正에 油然而退하여 無矜容이라 爲天子牧小民不倦은 惟爾張公이라 爾繄以生하니 惟爾父母니라

眉陽 蘇洵은 여러 사람들에게 다음과 같이 말하였다. "혼란에 미치지 않은 것도 다스리기 쉽고 이미 혼란한 것도 다스리기 쉬우나 亂의 싹만 있고 亂의 형체가 없는 것을 이를 將亂이라 이르니, 將亂은 다스리기가 어렵다. 亂이 있다 하여 급히 다스릴 수도 없고, 또한 亂이 없다 하여 해이할 수도 없다. 이 元年의 가을은 그릇이 기울어지기만 하고 아직 땅에 떨어지지 않음과 같았는데, 너의 張公은 곁에서 편안히 앉아 얼굴빛을 변치 않고 서서히 일어나 바로잡았으며, 이미 바로잡은 다음 유연히 물러가 자랑하는 모양이 없었다. 천자를 위하여 작은 백성들을 기름에 게을리하지 않음은 오직 張公이다. 너희들은 이 때문에 살았으니, 너의 부모인 것이다.

且公嘗爲我言하되 民無常性하여 惟上所待라 人皆曰 蜀人多變이라하여 於是에 待之以待盜賊之意하고 而繩之以繩盜賊之法하여 重足屛息之民을 而以碪斧令이라 於是에 民始忍以其父母妻子之所仰賴之身으로 而棄之於盜賊이라 故로 每每大亂하나니 夫約之以禮하고 驅之以法은 惟蜀人爲易요 至於急之而生變은 雖齊魯亦然이라 吾以齊魯待蜀人이러니 而蜀人亦自以齊魯之人待其身이라 若夫肆意於法律之外하여 以威劫齊民은 吾不忍爲也로라하니 嗚呼라 愛蜀人之深하고 待蜀人之厚를 自公而前으론 吾未始見也로라 皆再拜稽首曰 然하다

또 公은 일찍이 나에게 말씀하기를 "백성들은 일정한 성품이 없어 윗사람들이 대하는대로 한다. 사람들이 모두 '蜀지방 사람들은 변란이 많다' 하여, 이에 도적을 대하는 뜻으로 대하고 도적을 다스리는 법으로 다스려, 발자국을 크게 떼지 못하고 숨을 죽이고 있는 백성들을 도끼받침과 도끼로 명령한다. 이에 백성들은 비로소 차마 그 부모와 처자들이 우러르고 의뢰하는 바의 몸을 도적에게 버린다. 그러므로 매양매양 크게 혼란한 것이다. 禮로써 묶고 法으로써 모는 것은 오직 蜀지방 사람이 쉬우며, 급히 하여 변을 냄에 이르러는 비록 齊·魯라도 또한 그러하다. 내가 齊·魯 사람으로 蜀지방 사람들을 대함에 蜀지방 사람들 또한 스스로 齊·魯의 사람으로 자기 몸을 대하는 것이다. 만일 법률의 밖에서 마음을 함부로 하여 위엄으로써 백성들을 겁박함은 내 차마 할 수가 없다." 하였다.

아! 蜀지방 사람들을 사랑하기를 깊이 하고 蜀지방 사람들을 대하기를 후히 함을 公으로부터 이전에는 내 일찍이 보지 못하였다. 이에 사람들은 모두 재배하고 머리를 조아리며 "옳습니다" 하였다.

矜 : 자랑할 긍　牧 : 기를 목　繄 : 어조사 예　繩 : 다스릴 승　屛 : 물리칠 병
碪 : 다듬잇돌 침　肆 : 제멋대로할 사　劫 : 으를 겁

蘇洵이 又日 公之恩이 在爾心하니 爾死면 在爾子孫이요 其功業이 在史官하니 無以像爲也라 且公意不欲하니 如何오 皆日 公則何事於斯리오 雖然이나 於我心에 有不釋焉이라 今夫平居에 聞一善이면 必問其人之姓名과 與其鄕里之所在하여 以至於其長短大小美惡之狀하고 甚者는 或詰其平生所嗜好하여 以想見其爲人하고 而史官亦書之於其傳하나니 意使天下之人으로 思之於心이면 則存之於目이니 存之於目이라 故로 其思之於心也固하니 由此觀之컨대 像亦不爲無助니라 蘇洵無以詰하여 遂爲之記하노라 公은 南京人이니 爲人이 慷慨有大節하고 以度量雄天下하니 天下有大事면 公可屬이니라

나는 또 말하기를 "公의 은혜는 너희들 마음 속에 간직되어 있으니 너희들이 죽으면 너희들 자손에게 있을 것이요, 그 공업은 史官에게 기록되어 있으니, 畫像을 만들 필요가 없다. 또 公의 뜻에 이를 원하지 않으니, 어찌하겠는가?" 하였다. 이에 蜀지방 사람들은 모두 말하기를 "公이야 어찌 이에 일삼겠습니까? 그러나 우리들 마음에 풀리지 않는 것이 있습니다. 지금 평소(平居)에 한 선행을 들으면 반드시 그 사람의 성명과 그 향리의 소재지를 묻고 그 사람의 키의 長短과 大小와 美惡의 모양에까지 이르며, 심한 자는 혹 그의 평소 기호하는 바를 물어서 그의 사람됨을 상상해 보며, 史官들은 또한 이것을 傳에 쓰기도 하니, 생각컨대 이는 천하 사람들로 하여금 마음에 그를 생각하면 눈에 선하게 보존되게 하려는 것이니, 눈에 보존되기 때문에 그 마음에 생각함이 견고해지는 것입니다. 이로 말미암아 보건대, 像은 또한 도움이 없지 않습니다." 하였다.

나는 더이상 힐난할 수가 없어 마침내 이 畫像記를 짓게 되었다. 公은 南京 사람이니, 인품이 강개하여 大節이 있고 도량으로 天下의 으뜸이 되었다. 天下에 큰 일이 있으면 공에게 맡길 만하다.

系之以詩하니 日 天子在祚하신 歲在甲午에 西人傳言하되 有寇在垣이라 庭有武臣하고 謀夫如雲이어늘 天子日嘻라하시고 命我張公이샷다 公來自東하니 旗纛舒舒라 西人聚觀하니 于巷于塗로다 謂公暨暨러니 公來于于로다 公謂西人호되 安爾室家하여 無或敢訛하라 訛言不祥이니 往卽爾常하여 春爾條桑하고 秋爾滌場하라 西人稽首하되 公我父兄이로다 公在西囿하니 草木駢駢이요 公宴其僚하니 伐鼓淵淵이라 西人來觀하고 祝公萬年이로다 有女娟娟하니 閨闥閑閑하고 有童哇哇하니 亦旣能言이라 昔公未來엔 期汝棄捐이러니라 禾麻芃芃하고 倉庾崇崇하니 嗟我婦子이 樂此歲豊이어다 公在朝廷이면 天子股肱이라 天子日歸하시니 公敢不承이리오 作堂嚴嚴하니 有廡有

詰 : 꾸짖을 힐　嘻 : 탄식할 희　纛 : 대장기 독　暨 : 굳셀 기　訛 : 속일 와　囿 : 동산 유
娟 : 예쁠 연　闥 : 문지방 달　哇 : 아이소리 와　芃 : 성할 봉　庾 : 곳집 유　廡 : 행랑 무

庭이라 公像在中하니 朝服冠纓이라 西人相告하되 無敢逸荒하라 公歸京師나 公像在堂이니라

다음과 같은 詩를 붙인다.

天子가 在祚(즉위)하신 甲午年에 서쪽 사람들이 말을 전하기를, 적이 담 안에 있다 하였다. 조정에는 武臣이 있고 謀臣들이 구름처럼 많았는데, 天子께서는 '아!' 하시고 우리 張公에게 명하셨다.

公이 동쪽에서 오시니, 旗와 纛이 펄럭이고 펄럭였다. 서쪽 사람들이 모여 구경하기를 골목에서 하고 길에서 하였다. 公이 급히 서둘 것이라고 생각하였는데, 公은 오시기를 느릿느릿 하였다.

公은 서쪽 사람들에게 이르기를 "너의 室家를 편안히 하여 혹시라도 유언비어를 하지 말라. 유언비어는 상서롭지 못하니, 가서 너의 떳떳한 生業에 나아가 봄에는 가지 뽕으로 누에를 치고 가을에는 마당을 깨끗이 만들어 놓아라." 하였다. 서쪽 사람들은 머리를 조아리며 "公은 우리의 부형이다." 하였다.

公이 서쪽 동산에 계시니 초목이 무성하고 무성하며, 公이 동료들에게 잔치를 베푸니 북소리가 淵淵히 울리도다. 서쪽 사람들은 와서 구경하고 公에게 만수무강을 축원하도다.

딸이 예쁘고 예쁘니 규문에서 편안하고 한가하며, 동자가 웅얼웅얼 말을 배우니 또한 이미 말을 잘한다. 옛날 公이 오시기 전에는 너희들을 버릴 것이라고 기약했었다. 벼와 삼이 무성하며 창고가 높고 높으니, 아! 우리 처자들아! 이 풍년을 즐길지어다.

公이 조정에 계시면 天子의 股肱이시다. 天子께서 '돌아오라' 하시니, 공이 감히 명령을 받들지 않겠는가? 사당을 만들기를 높고 높게 하니, 廡도 있고 뜰도 있다. 公의 화상이 이 가운데 모셔져 있으니, 朝服을 입고 관을 쓰고 갓끈을 매었다. 서쪽 사람들 서로 말하기를 "감히 안일하고 荒淫하게 하지 말라. 公은 京師로 돌아가셨으나 公의 화상은 이 堂에 모셔져 계시다." 하였다.

管 仲 論 蘇 洵

責其不薦賢이라

○ 東萊云 此文은 句句的當하니 前亦可學이요 後不可到라

○ 迂齋曰 諸論中에 唯此論이 最純正이라 開闔抑揚이 妙하니 責管仲最深切이라

的 : 분명할 적 闔 : 닫을 합 管 : 대롱 관

賢者를 천거하지 않음을 책하였다.

◯ 東萊(呂祖謙)가 말하였다. "이 文章은 句句가 마땅하니, 前輩들도 이를 배워야 할 것이요 後輩는 도저히 따를 수가 없다."

◯ 迂齋가 말하였다. "여러 論 가운데 오직 이 論이 가장 純正하다. 開闔하고 抑揚함이 묘하니, 管仲을 責함이 가장 깊고 간절하다."

管仲이 相威公하여 霸諸侯하고 攘夷狄하여 終其身토록 齊國富強하여 諸侯不敢叛이러니 管仲死에 [1]竪刁, 易牙, 開方이 用하여 威公薨於亂하고 [2]五公子爭立하여 其禍蔓延하여 訖簡公히 齊無寧歲하니라 夫功之成이 非成於成之日이라 蓋必有所由起하고 禍之作이 不作於作之日이라 亦必有所由兆하니 則齊之治也를 吾不曰管仲而曰鮑叔이요 及其亂也를 吾不曰竪刁, 易牙, 開方而曰管仲이라하노라 何則고 竪刁, 易牙, 開方三子는 彼固亂人國者어니와 顧其用之者 威公也라 夫有舜而後에 [3]知放四凶하고 有仲尼而後에 知去少正卯하나니 彼威公은 何人也오 顧其使威公으로 得用三子者 管仲也라

管仲이 齊나라의 威公(桓公)을 도와 諸侯의 霸者가 되게 하고 夷狄을 물리쳐 그 몸을 마치도록 齊나라가 부강하여 제후들이 감히 배반하지 못하였다. 그런데 管仲이 죽자, 竪刁·易牙·開方이 등용되어 威公이 亂에 죽었고, 다섯 公子가 즉위하기를 다투어 그 화가 만연되어 簡公에 이르도록 齊나라는 편안한 해가 없었다.

功의 이루어짐은 이루어진 날에 이루어진 것이 아니라 반드시 말미암아 일어나는 바가 있고, 화가 일어남은 일어난 날에 일어나는 것이 아니라 또한 반드시 말미암아 조짐하는 바가 있는 것이니, 齊나라가 다스려짐을 나는 管仲 때문이라 말하지 않고 鮑叔 때문이라고 말하며, 그 혼란함에 미쳐서는 내 竪刁·易牙·開方 때문이라 말하지 않고 管仲 때문이라고 말한다. 어째서인가? 竪刁·易牙·開方 세 사람은 저들은 진실로 남의 나라를 혼란시키는 자들이거니와 돌아보건대 이들을 등용한 자는 威公이다. 舜이 있은 뒤에 四凶을 추방할 줄 알고, 仲尼가 있은 뒤에 少正卯를 제거할 줄 알았으니, 저 威公은 어떠한 사람인가? 돌아보건대 威公으로 하여금 세 사람을 등용하게 한 자는 管仲이었다.

譯註 1. 竪刁易牙開方 : 竪刁는 내시이고 易牙는 뛰어난 요리사로 桓公의 비위를 맞추기 위하여 친자식을 삶아 요리해 올렸으며, 開方은 衛나라의 公子이다.

2. 五公子爭立 : 桓公은 세 명의 夫人이 있었으나 모두 아들이 없고 여섯 명의 후궁이 낳은 여섯 명의 公子가 있었는 바, 곧 뒤에 孝公이 된 昭와 武孟(無詭)·元·潘·商人·雍이다. 桓公은 管仲 생전에 昭를 후계자로 지명하였으나 뒤에

霸 : 으뜸 패　攘 : 물리칠 양　竪 : 더벅머리 수　刁 : 조두 조　薨 : 죽을 훙　蔓 : 퍼질 만
訖 : 이를 흘　鮑 : 생선 포

豎刁 등에 의하여 武孟이 즉위하게 되었다. 이 때문에 齊나라는 내란이 일어나 武孟은 즉위한 지 3개월만에 살해되고 말았다. 위에서 五公子라 한 것은 武孟을 제외한 다섯 명을 가리킨 것이다.

3. 四凶 : 共工 · 驩兜 · 鯀 · 三苗의 군주 등의 元兇을 이른다.

仲之疾也에 公問之相하니 當是時也하여 吾以仲且擧天下之賢者以對러니 而其言이 乃不過日 豎刁, 易牙, 開方三子는 非人情이니 不可近而已라하니 嗚呼라 仲以爲威公이 果能不用三子矣乎아 仲與威公處幾年矣니 亦知威公之爲人矣乎인저 威公이 聲不絕乎耳하며 色不絕於目이로되 而非三子者면 則無以遂其欲이니 彼其初之所以不用者는 徒以有仲焉耳라 一日無仲이면 則三子者 可以彈冠而相慶矣리니 仲以爲將死之言이 可以縶威公之手足耶아

管仲이 병이 위독하자, 威公이 그에게 재상을 물으니, 이 때를 당하여 나는 管仲이 장차 天下의 賢者를 천거하여 대신하게 하리라고 생각하였는데, 그의 말은 마침내 '豎刁 · 易牙 · 開方 세 사람은 人情이 아니니, 가까이 하지 말라'는 데 불과할 뿐이었다. 아! 管仲은 威公이 과연 이들 세 사람을 등용하지 않을 것이라고 여겼는가? 管仲이 威公과 거처한 지가 몇 년이었으니, 또한 威公의 인품을 잘 알았을 것이다. 威公은 아름다운 소리가 귀에 끊이지 않고 아름다운 색이 눈에 끊이지 않았는데, 세 사람이 아니면 그 욕심을 이룰 수가 없었으니, 저들이 그 처음에 등용되지 않은 까닭은 다만 管仲이 있었기 때문이었다. 하루 아침에 管仲이 없어지면 저 세 사람은 〈세상에 나오려고〉 갓을 털고 서로 경하하였을 것이니, 管仲은 장차 죽을 때에 한 말이 威公의 수족을 묶어놓을 수 있으리라고 여겼는가?

夫齊國은 不患有三子요 而患無仲이니 有仲則三子者는 三匹夫耳라 不然이면 天下에 豈少三子之徒리오 雖威公이 幸而聽仲하여 誅此三人이라도 而其餘者를 仲能悉數而去之耶아 嗚呼라 仲은 可謂不知本者矣로다 因威公之問하여 擧天下之賢者以自代런들 則仲雖死나 而齊國未爲無仲也니 夫何患三子者리오 不言이라도 可也라

齊나라는 세 사람이 있는 것을 걱정할 것이 없고, 管仲이 없음을 걱정할 뿐이니, 管仲이 있다면 세 사람은 세 匹夫에 불과할 뿐이다. 그렇지 않다면 天下에 어찌 세 사람의 무리 뿐이겠는가. 비록 威公이 다행히 管仲의 말을 들어서 이 세 사람을 베었더라도 그 나머지 사람들을 管仲이 모두 하나하나 세어서 제거할 수 있겠는가? 아! 슬프다. 管仲은 근본을 알지 못한 자라고 이를 만하다. 威公의 물음을 인하여, 天下의 賢者를 천거해서 자기를 대신하게 했더라면 管仲이 죽더라도 齊나라에는 管仲이

遂 : 이룰 수 彈 : 털 탄 縶 : 맬 칩 悉 : 다할 실

없는 것이 아니니, 어찌 세 사람을 걱정하겠는가? 세 사람은 말하지 않아도 된다.

五霸莫盛於威文하니 文公之才 不過威公이요 其臣이 又皆不及仲이요 靈公之虐이 不如孝公之寬厚언마는 文公死에 諸侯不敢叛晉하고 晉襲文公之餘威하여 猶得爲諸侯之盟主百餘年하니 何者오 其君雖不肖나 而尚有老成人焉일새라 威公之死也에 一亂塗地는 無惑也니 彼獨恃一管仲이라가 而仲則死矣라 夫天下에 未嘗無賢者하니 蓋有有臣而無君者矣어니와 威公在焉而曰天下不復有管仲者는 吾不信也로라

五霸는 齊나라 威公과 晉나라 文公보다 성한 이가 없었는데, 文公의 재질이 威公을 넘지 못하였고, 그 신하들이 또 모두 管仲에 미치지 못하였으며, 晉나라 靈公의 포악함은 齊나라 孝公의 관후함만 못하였건만 文公이 죽음에 제후들이 감히 晉나라를 배반하지 못하고, 晉나라는 文公의 남은 위엄을 물려받아, 오히려 諸侯의 맹주노릇을 하기를 백여년 동안 하였으니, 이는 어째서인가? 그 君主가 비록 불초하나 아직도 老成한 사람들이 있었기 때문이었다. 威公이 죽음에 단번에 혼란해져 땅에 떨어짐은 의혹할 것이 없으니, 저는 홀로 한 管仲을 믿고 있다가 管仲이 죽었기 때문이다. 天下에는 일찍이 현자가 없었던 적이 없으니, 훌륭한 신하가 있는데도 훌륭한 군주가 없는 경우는 있거니와, 威公 같은 군주가 있는데도 天下에 다시 管仲 같은 인재가 없다고 말함은 나는 믿지 않는다.

仲之書에 有記其將死에 論鮑叔賓胥無之爲人하고 且各疏其短하니 是其心에 以爲是數子者는 皆不足(而)〔以〕托國이요 [1]而又逆知其將死하니 則其書誕謾不足信也라 [2]吾觀史鰌以不能進蘧伯玉而退彌子瑕라 故로 有身後之諫하고 蕭何且死에 擧曹參以自代하니 大臣之用心이 固宜如此也니라 一國이 以一人興하고 以一人亡하나니 賢者는 不悲其身之死하고 而憂其國之衰라 故로 必復有賢者而後에 有以死하나니 彼管仲은 何以死哉오

管仲의 책(管子)에 그가 장차 죽을 때에 鮑叔과 賓胥無의 사람됨을 논하고, 또 각기 그 단점을 기록하였으니, 이는 그 마음 속으로 이 몇 사람들은 모두 나라를 맡길 수 없다고 여긴 것이요, 또 그 장차 죽을 줄을 미리 알았으니, 그 책은 허탄하여 족히 믿을 것이 못된다. 내 보건대 史鰌는 蘧伯玉(蘧瑗)을 등용하고 彌子瑕를 물리치지 못하였다 하여 이 때문에 身後의 간함이 있었고, 蕭何는 장차 죽을 때에 曹參을 천거하여 자신을 대신하게 하였으니, 大臣의 마음씀은 진실로 마땅히 이와 같아야 한다. 한 나라가 한 사람 때문에 흥하고 한 사람 때문에 망하니, 현자는 그 몸이 죽음을 슬퍼하

虐 : 사나울 학　襲 : 물려받을 습　托 : 부탁할 탁　逆 : 미리 역　誕 : 거짓 탄
謾 : 허탄할 만　鰌 : 미꾸라지 추　蘧 : 패랭이꽃 거　彌 : 더욱 미　瑕 : 옥 하　蕭 : 쑥 소

지 않고 그 나라가 쇠해짐을 근심한다. 그러므로 반드시 다시 賢者가 있은 뒤에 죽는다. 그런데, 저 管仲은 어떻게 죽었는가?

譯註 1. 論鮑叔 … 逆知其將死 : 「管子」《内言論》에 管仲이 '鮑叔은 정직한 사람이나 나라를 富強시키지 못하고, 賓胥無는 善人이나 다른 나라를 굴복시키지 못하며 隰朋은 곧 죽을 것'이라고 대답한 내용이 있으므로 말한 것이다.

2. 史鰌 … 身後之諫 : 史鰌는 춘추시대 衛나라의 史官인 子魚로 史魚라고도 칭하며 身後는 死後를 이른다. 史鰌는 일찍이 靈公에게 賢臣인 蘧伯玉을 등용하고 權臣인 彌子瑕를 물리칠 것을 청했으나 靈公은 듣지 않았다. 史鰌는 죽을 때에 그 아들에게 유언하기를 "나는 생전에 賢臣을 등용시키고 姦臣을 물리치지 못했으니, 내가 죽거든 禮를 다 갖추지 말고 시신을 북측 창문 밑에 두라." 하였다. 靈公은 조문을 갔다가 이것을 보고 물어 그 내용을 알았다. 그리하여 다시 禮를 갖추어 빈소를 만들게 한 다음, 蘧伯玉을 등용하고 彌子瑕를 물리쳤다. 이에 세상에서는 史鰌가 죽은 뒤에도 諫言을 올렸다 하여 '身後之諫'이라고 칭하였다.

*木假山記　　蘇洵

＊木假山은 나무 등걸이 山 모양과 같은 것으로 곧 이에 대한 記文이다.

山谷云 往嘗觀明允木假山記하고 以爲文章氣 自似莊周韓非하니라
○迂齋云 首尾不過四百以下字로되 而起伏開闔이 有無限曲折하니 此老可謂妙於文字者矣라 其終은 盖以三峰으로 比其父子三人云이라

黃山谷(黃庭堅)이 말하였다. "지난번에 일찍이 蘇明允(蘇洵)의 '木假山記'를 보고, 文章의 기운이 莊周·韓非와 유사하다고 하였다."
○迂齋가 말하였다. "처음부터 끝까지가 불과 4백 字 미만인데도 起伏과 開闔이 무한한 곡절이 있으니, 이 노인은 문자에 묘한 자라고 이를 만하다. 마지막에는 세 봉우리로써 자기 三父子를 비유하였다."

木之生이 或蘖而殤하고 或拱而夭하며 幸而至於任爲棟樑則伐하고 不幸而爲風之所拔, 水之所漂하여 或破折, 或腐하고 幸而得不破折, 不腐하면 則爲人之所材하여 而有斧斤之患하나니 其最幸者는 漂沈汩沒於湍沙之間이 不知其幾百年이요 而其激射齧食之餘가 或髣髴於山者면 則爲好事者取去하여 強之以爲山하나니 然後可以脫泥沙而遠斧斤이로되 而荒江之濆에 如此者幾何며 不爲好事者所見이오 而

蘖 : 움싹 얼　殤 : 일찍죽을 상　拱 : 손아름 공　夭 : 일찍죽을 요　漂 : 떠다닐 표
汩 : 빠질 골　湍 : 여울 단　齧 : 깨물 설　髣 : 비슷할 방　髴 : 비슷할 불　濆 : 물가 빈

爲樵夫野人所薪者 何可勝數리오 則其最幸者之中에 又有不幸者焉이라

나무가 자랄 적에 혹 싹이 나서 죽기도 하고 혹 한 拱(한 웅큼)이 되어 요절하기도 하며 다행히 棟樑감에 이르면 베임을 당하고, 불행히 바람에 뽑히고 물에 표류되어 혹 破折되고 혹 부패하기도 하며, 다행히 파절되지 않고 부패하지 않으면 사람이 재목으로 여기는 바가 되어 도끼와 자귀로 베이는 禍가 있다. 그 중에 가장 다행스러운 것은 여울과 모래 사이에 부침하고 골몰하기를 몇백 년이나 하였는지를 알 수가 없고 격류가 속을 파먹은 나머지에 혹 山과 방불한 것이 있으면 일을 좋아하는 자들이 취해 가서 억지로 山으로 여기는 경우가 있으니, 그러한 뒤에야 진흙과 모래를 벗어나고 도끼와 자귀를 멀리 할 수 있다. 그러나 큰 강가에 이와 같은 것이 몇 개나 되며, 일을 좋아하는 자에게 발견되지 않고 樵夫(나무꾼)와 野人에게 땔감이 되는 것을 어찌 이루 헤아릴 수 있겠는가? 그렇다면 가장 다행스러운 가운데에도 또 불행이 있는 것이다.

予家에 有三峰하니 予每思之하면 則疑其有數存乎其間이라 且其蘖而不殤하고 拱而不夭하며 任爲棟樑而不伐하고 風拔水漂而不破折, 不腐하며 不破折, 不腐而不爲人所材以及於斧斤하고 出於湍沙之間而不爲樵夫野人之所薪而後에 得至乎此하니 則其理似不偶然也라 然이나 予之愛之는 則非徒愛其似山이라 而又有所感焉이요 非徒感之라 而又有所敬焉이로라 予見中峰이 魁岸踞肆하고 意氣端重하여 若有以服其旁之二峰이요 二峰者 莊栗刻削하여 凜乎不可犯하니 雖其勢服於中峰이나 而岌然決無阿附意하니 吁其可敬也夫인저 其可以有所感也夫인저

내 집에 세 봉우리의 木假山이 있는데, 나는 매양 생각하면 운수가 그 사이에 있는 듯하다. 또 그 싹이 나와 죽지 않고, 拱이 되어 요절하지 않으며, 또 棟樑이 될 만한데도 베임을 당하지 않고, 바람에 뽑히고 물에 표류되어 破折되지 않고 썩지 않으며, 파절되지 않고 썩지 않았으면서 사람에게 재목으로 여겨짐을 당하여 도끼와 자귀에 미치지 않으며, 여울과 모래 사이에서 나와 樵夫와 野人에게 땔감이 되지 않은 뒤에야 이에 이를 수 있었으니, 그렇다면 그 이치가 우연하지 않은 듯하다.

그러나 내가 사랑함은 다만 산과 같아서가 아니요 보고 느껴지는 바가 있기 때문이며, 다만 느껴짐이 있어서만이 아니요 또 공경하는 바가 있어서이다. 내가 보건대 가운데 봉우리는 높이 버티고 있어 意氣가 端重하여 그 옆에 있는 두 봉우리를 복종시킴이 있는 듯하고, 두 봉우리는 莊栗(씩씩함)하고 刻削(뾰쪽함)하여 늠름하여 범할 수 없으니, 비록 그 형세는 가운데 봉우리에 복종하는 듯하나 岌然히 결코 아부하는 뜻이 없다. 아! 공경할 만하며, 그 느껴지는 바가 있을 만하구나!

魁 : 클 괴　踞 : 걸터앉을 거　莊 : 씩씩할 장　栗 : 엄할 률　削 : 깎을 삭　凜 : 늠름할 름
岌 : 산높을 급　阿 : 아첨할 아　吁 : 탄식할 우

高祖論　　蘇洵

漢樊噲傳에 盧綰叛이어늘 帝遣噲伐之러니 人有言 噲黨呂氏하니 一日宮車晏駕면 噲欲以兵誅戚氏, 趙王이라한대 帝大怒하여 使陳平載絳侯代將하고 卽軍中斬噲러니 平畏呂氏하여 執噲詣長安하니 至則帝已崩이라 后釋噲하다 惠帝六年에 噲卒하니라
○ 此篇은 反覆論高帝爲身後慮 全在斬樊噲上하니 噲妻는 呂后女弟嬃也라 不去呂后者는 欲扶惠帝之弱이요 斬樊噲者는 欲剪呂后之黨이니 斬噲則高帝可死而無憂矣라 平勃不悟此하고 乃留噲不斬하니 豈非遺帝身後之憂耶아 幸噲後來自先死耳라 議論이 抑揚反覆하여 極有精神하니라

「漢書」 '樊噲傳'에 燕王 盧綰이 반란을 일으키자, 高帝(高祖)는 樊噲를 보내어 정벌하게 하였는데, 어떤 사람이 '樊噲는 呂氏와 한 무리이니, 어느 날 皇帝께서 晏駕(승하)하면 樊噲는 병력을 동원하여 高帝의 愛姬인 戚氏와 그의 아들인 趙王(如意)을 죽이고자 할 것입니다' 하고 아뢰었다. 이에 高帝는 크게 노하여 陳平으로 하여금 絳侯(周勃)를 수레에 태우고 軍中으로 가서 대신 병력을 통솔하게 하고, 군중에서 樊噲를 목베게 하였다. 陳平은 呂氏를 두려워하여 樊噲를 목베지 않고 붙잡아 長安으로 왔는데, 도착하자마자 高帝가 승하하였다. 呂后는 樊噲를 석방하였는데, 惠帝 6년에 樊噲는 죽었다.

○ 이 篇은 반복하여 高帝의 身後(死後)에 대한 염려가 오로지 樊噲를 목벰에 있음을 논하였으니, 樊噲의 아내는 呂后의 여동생인 嬃였다. 高帝가 呂后를 제거하지 않은 것은 惠帝의 약함을 부지해 주기 위함이었고, 樊噲를 목베려 한 것은 呂后의 黨을 제거하고자 해서였으니, 樊噲를 목베었다면 高帝는 죽으면서 걱정이 없을 수 있었다. 그런데 陳平과 周勃은 이것을 깨닫지 못하고 마침내 樊噲를 살려 두고 목베지 않았으니, 어찌 高帝에게 身後의 걱정을 끼친 것이 아니겠는가? 다행히 뒤에 樊噲가 스스로 먼저 죽었을 뿐이다. 議論이 抑揚反覆하여 지극히 精神이 있다.

漢高祖挾數用術하여 以制一時之利害는 不如陳平하고 揣摩天下之勢하여 擧指搖目하여 以劫制項羽는 不如張良하니 微此二人이면 則天下不歸漢이요 而高帝는 乃木彊之人而止耳라 然이나 天下已定에 後世子孫之計는 陳平張良智之所不及을 則高帝常(嘗)先爲之規畫處置하여 使夫後世之所爲로 曉然如目見其事而爲之者하니 蓋高帝之智 明於大而暗於小를 至於此而後見也라

漢나라 高祖는, 數를 끼고 술책을 써서 한 때의 이해를 제어함에 있어서는 陳平보

樊 : 울타리 번　噲 : 시원할 쾌　綰 : 끈 관　晏 : 늦을 안　絳 : 진홍 강　詣 : 이를 예
嬃 : 예쁠 수　剪 : 벨 전　挾 : 낄 협　揣 : 헤아릴 취(췌)　摩 : 헤아릴 마　微 : 없을 미

다 못하고, 天下의 형세를 헤아려 손가락을 들고 눈을 돌려 項羽를 劫制(견제)함에 있어서는 張良보다 못하였으니, 이 두 사람이 없었다면 天下는 漢나라에 돌아가지 않았을 것이요, 高帝(劉邦)는 바로 木彊한 사람일 뿐이었을 것이다. 그러나 天下가 이미 평정되어 후세 자손에 대한 계책은 陳平과 張良 같은 지혜로도 미치지 못한 것을 高帝는 일찍이 먼저 이에 대한 계획을 세우고 처치(조치)하여 후세의 행하는 바로 하여금 曉然(분명)히 그 일을 직접 보고 한 듯이 하였으니, 高祖의 지혜는 큰 것에 밝고 작은 것에 어두움을 이에 이른 뒤에 볼 수 있다.

帝常(嘗)語呂后曰 周勃은 重厚少文이나 然安劉氏者는 必勃也니 可令爲太尉라하니 方是時하여 劉氏旣安矣니 勃又將誰安耶아 故로 吾之意는 曰 高帝之以太尉屬勃也는 知有呂氏之禍也니라 雖然이나 其不去呂后는 何也오 勢不可也라 昔者에 武王没에 [1]成王幼而三監叛하니 帝意百歲後에 將相大臣及諸侯王이 有如武庚祿父(보)而無有以制之也일새 獨計以爲家有主母면 而豪奴悍婢가 不敢與弱子抗하나니 呂氏佐帝定天下하여 爲諸侯大臣素所畏服하니 獨此可以鎭壓其邪心하여 以待嗣子之壯이라 故로 不去呂后者는 爲惠帝計也니라

高帝는 일찍이 呂后에게 말하기를 "周勃은 厚重하고 문장이 부족하나 劉氏를 편안히 할 자는 반드시 周勃이니, 그로 하여금 太尉를 시킬 만하다" 하였으니, 이 때를 당하여 劉氏가 편안하였으니, 周勃이 또 장차 누구를 편안히 한단 말인가? 그러므로 나의 생각에는 高帝가 太尉를 周勃에게 맡김은 呂氏의 화가 있을 줄을 알았기 때문이라고 생각한다. 그러나 呂后를 제거하지 않음은 어째서인가? 勢가 불가하기 때문이었다. 옛날 武王이 별세하여 成王이 어린 나이로 즉위하자, 三監이 배반하였으니, 高祖의 뜻에는 백세의 뒤에 將相과 大臣과 諸侯王 중에 武庚 祿父 같은 자가 있으면 이를 제지하지 못할까 염려되었다. 그리하여 홀로 계산하여 생각하기를 '집에 主母가 있으면 호걸스런 종과 사나운 계집종이 주인의 약한 자식과 대항하지 못한다, 呂氏는 高帝를 도와 天下를 평정하여 제후왕과 대신들에게 평소 두려움과 복종을 받고 있으니, 오직 이 방법만이 그들의 간사한 마음을 진압하여 嗣子가 장성하기를 기다릴 수 있다'고 생각하였다. 그러므로 呂后를 제거하지 않은 것은 惠帝를 위한 계책이었다.

譯註 1. 三監 : 殷나라를 감시하던 세 사람으로 곧 管叔·蔡叔·霍叔을 가리킨다. 周武王은 殷나라를 정벌한 다음 紂王의 아들인 武庚을 다시 殷에 봉하고 아우인 管叔 등을 殷에 파견하여 武庚을 감시하게 하였다. 그후 武王이 죽고 成王이 어린 나이로 즉위하자, 管叔 등은 武庚과 함께 반란을 일으켰다가 周公의 토벌을 받고 모두 죽었다. 祿父는 武庚의 이름이다.

呂 : 법 려　父 : 남자의미칭 보　豪 : 굳셀 호　悍 : 사나울 한　鎭 : 누를 진　壓 : 누를 압

呂后를 旣不可去라 故로 削其黨하여 以損其權하여 使雖有變이라도 而天下不搖라 是故로 以樊噲之功으로 一旦에 遂欲斬之而無疑하니 嗚呼라 彼獨於噲不仁耶아 且噲與帝偕起하여 拔城陷陣하여 功不爲少요 [1]方亞父(보)嗾項莊時하여 微噲譙羽런들 則漢之爲漢을 未可知也라 一旦에 人有惡噲하여 欲滅戚氏者라하니 時에 噲出伐燕이어늘 立命平勃하여 卽軍中斬之하니 夫噲之罪未形也요 惡之者誠僞를 未必也요 且帝之不以一女子로 斬天下功臣이 亦明矣라 彼其娶於呂氏하니 呂氏之族에 若產祿輩는 皆庸才라 不足恤이요 獨噲豪健하여 諸將所不能制니 後世之患이 無大於此矣라

呂后를 이미 제거할 수 없으므로, 그 黨을 줄여 그 권세를 감손해서, 가령 비록 변란이 있더라도 天下가 동요되지 않도록 하였다. 이 때문에 樊噲와 같은 큰 공으로도 하루 아침에 마침내 그를 베고자하고 의심하지 않았던 것이니, 아! 슬프다. 저는 홀로 樊噲에 대해서만 不仁하단 말인가? 또 樊噲는 高帝와 더불어 함께 일어나서 城을 함락하고 적진을 함몰하여 공이 적지 않았으며, 亞父가 項莊을 사주하여 高祖를 죽이려 할 때에 樊噲가 項羽를 꾸짖지 않았다면 漢나라는 漢나라가 되었을지를 알 수 없다.

하루 아침에 어떤 사람이 樊噲를 나쁘게 말하여 '戚氏을 멸하고자 한다'고 하였으니, 이 때에 樊噲는 나가 燕나라를 정벌하고 있었는데, 高帝는 그 자리에서 陳平과 周勃에게 명하여 軍中으로 나아가 목을 베게 하였다. 樊噲의 죄가 아직 드러나지 않았고, 그를 나쁘게 말한 자의 진실과 거짓을 기필할 수가 없었으며, 高帝가 한 여자 때문에 天下의 공신을 베지 않음이 또한 분명하다. 저 樊噲는 呂氏에게 장가들었으니, 呂氏의 집안 중에 呂產과 呂祿 같은 무리들은 모두 용렬한 재주여서 족히 근심할 것이 없었고, 다만 樊噲만이 豪健하여 여러 장수들이 제재할 수 없었으니, 후세의 걱정거리가 이보다 큰 것이 없었다.

譯註 1. 亞父嗾項莊時 : 亞父는 項羽의 謀士인 范增을 이르며 項莊은 項羽의 叔父인바, 鴻門에서 項羽와 劉邦이 만나 잔치할 때에 范增이 項莊에게 劉邦을 살해하도록 지시하였다. 이때 樊噲는 방패를 들고 잔치자리로 뛰어들어 項羽를 꾸짖고 劉邦을 구출하였다.

夫高帝之視呂后는 猶醫者之視堇也하여 使其毒으로 可使治病이요 而無至於殺人而已라 噲死則呂氏之毒이 將不至於殺人이니 高帝以爲是足以死而無憂矣어늘 彼平勃者는 遺其憂者也로다 噲之死於惠帝之六年은 天也니 使之尙在런들 [1]則呂祿

偕 : 함께할 해　陷 : 빠뜨릴 함　嗾 : 사주할 주　譙 : 꾸짖을 초　恤 : 근심할 휼
堇 : 오두 근

不可紿요 太尉不得入北軍矣리라

高帝는 呂后 보기를 의원들이 堇(烏頭)을 보듯이 하여 그 독으로 하여금 병을 다스리게 하고 사람을 죽임에 이르지 않게 할 뿐이었으니, 樊噲가 죽는다면 呂氏의 독은 장차 사람을 죽임에 이르지 않을 것이다. 高帝는 생각하기를 '이 방법은 족히 마음 놓고 죽어 근심이 없다'고 여겼는데, 저 陳平과 周勃은 그 근심을 남겨놓은 자들이다. 樊噲가 惠帝 6년에 죽은 것은 天運이었으니, 가사 그가 아직도 살아있었다면 呂祿을 속일 수가 없었을 것이요, 太尉가 北軍에 들어가지 못했을 것이다.

譯註 1. 呂祿…不得入北軍 : 太尉는 官名으로 周勃을 가리키며 北軍은 당시 王城 수비군의 하나이다. 呂后는 惠帝의 뒤를 이어 즉위한 다음 呂氏一族을 重用하고 장차 大權을 呂氏에게 물려주려 하였다. 그러다가 呂后가 죽자, 北軍의 대장군을 맡고 趙의 封地를 갖고 있던 呂祿과 그의 一族들은 반대파를 제거하고 大權을 차지하려 하였다. 이에 太尉 周勃은 呂祿에게 "당분간 軍權을 자신에게 맡기고 封地로 가 있으면 자신이 모든 문제를 해결해 주겠다."고 설득하였다. 呂祿이 그의 말을 따라 大將軍의 印綬를 넘겨주자, 周勃은 즉시 北軍으로 들어가 呂氏를 반대하는 자들을 데리고 呂氏一族을 大肅清하였으므로 말한 것이다.

或謂噲於帝最親하니 使之尚在라도 未必與產祿叛이라하니 夫韓信, 黥布, 盧綰이 [1]皆南面稱孤하고 而綰又最爲親幸이나 然及高帝之未崩也하여 皆相繼以逆誅하니 [2]誰謂百歲之後에 椎埋屠狗之人이 見其親戚得爲帝王하고 而不欣然從之耶아 吾故曰 彼平勃者는 遺其憂者也라하노라

혹자는 말하기를 '樊噲는 高帝에게 있어 가장 친하였으니, 가령 그가 아직 살아 있더라도 呂産과 呂祿과 함께 배반하지 않았을 것이다'라고 한다. 그러나 韓信·黥布·盧綰이 모두 南面하여 孤를 칭하였고, 盧綰은 또 가장 친하고 총애하였으나 高帝가 죽기 전에 모두 서로 뒤를 이어 반역하다가 죽었으니, 누가 百歲의 뒤에 椎埋(사람을 죽여 땅에 묻음)하고 개를 도살하던 사람(樊噲를 가리킴)이 그 친척이 帝王이 됨을 보고 흔연히 따르지 않는다고 여기겠는가. 나는 그러므로 "저 陳平과 周勃은 그 걱정거리를 남겨놓은 자"라고 말하는 것이다.

譯註 1. 南面稱孤 : 南面은 南向으로 王者의 자리를 뜻하며 孤는 王者가 자신을 칭하는 겸사인 바, 韓信 등이 高祖에게 北面하여 臣이라고 칭하지 않고 반역하였음을 이른다.

2. 百歲之後 : 百歲는 죽는다는 말을 쓰기 싫어하여 대신 쓴 것으로 곧 死後를 가리킨다.

紿 : 속일 태　黥 : 자자할 경　盧 : 성 로　埋 : 묻을 매　屠 : 죽일 도

上歐陽內翰書 蘇 洵

(內翰 歐陽脩에게 올린 글)

離合二字 爲前段綱領하고 而以己之道未成, 將成, 粗成, 大成等字로 參錯之라 中間엔 叙六君子中有已先死而不及見者하고 有貴與遠而難見者하니 可以書見者는 唯歐公而已라 遂以一段으로 頌公之文하고 又以一段으로 自述己之文하니 節節相生하고 前後照應하여 無一語出律令外라

○ 選此篇이 又有一說이라 老泉二十五歲에 方知讀書學文이로되 彼其用力精專일새 後來成就高卓如此라 後生徒以過時自棄하여 而不肯用力者는 尤宜讀此하여 以自鞭策焉이니라

離·合 두 글자로 앞 단락의 綱領을 삼고는 자기의 道가 아직 완성되지 않고, 장차 이루어지려 하고, 대강 이루어지고, 크게 이루어졌다는 등의 글자를 섞어 넣었다. 중간엔 여섯 君子 중에 이미 먼저 사망하여 미처 보지 못하는 자가 있고 귀하거나 멀리 있어 만나보지 못하는 자가 있으니, 글로써 만나볼 수 있는 자는 오직 歐陽公 뿐임을 서술하였다. 그리고 마침내 한 단락으로 공의 文章을 칭송하고 또 한 단락으로 자기의 文章을 스스로 서술하였으니, 구절구절이 서로 낳아주고 전후가 照應하여 한 말도 律令(법도) 밖을 벗어남이 없다.

○ 이 편을 뽑은 것은 또 한 뜻이 있다. 老泉은 25세에 비로소 책을 읽고 文章을 배울 줄을 알았는데, 그는 힘을 씀이 精하고 전일하였기에 후래에 성취함이 이처럼 드높았던 것이다. 後生으로서 단지 시기가 지났다 하여 스스로 포기하고 학문에 힘쓰려고 하지 않는 자는 더더욱 마땅히 이 글을 읽어 스스로 채찍질하여야 할 것이다.

洵이 布衣窮居하여 常竊自歎하여 以爲天下之人이 不能皆賢이요 不能皆不肖라 是以로 賢人君子之處於世에 合必離하고 離必合하나니라 往者에 天子方有意於治하실새 而范公이 在相府하고 富公이 在樞密하고 執事與余公蔡公이 爲諫官하고 尹公이 馳騁上下하여 用力於兵革之地하니 方是之時하여 天下之人이 毛髮絲粟之才 紛紛〈然〉而起하여 合而爲一이어늘 而洵也自度(탁)其愚魯無用之身이 不足以自奮於其間일새 退而養其心하여 幸其道之將成이어든 而可以復見於當世之賢人君子러니 不幸道未成에 而范公西하고 富公北하고 執事與余公蔡公이 分散四出하고 而尹公이 亦失勢奔走於小官이라

저는 布衣로 곤궁하게 살면서 항상 속으로 스스로 탄식하여 이르기를 '天下 사람들

翰 : 글 한 粗 : 거칠 조(추) 錯 : 섞을 착 卓 : 우뚝할 탁 鞭 : 채찍 편 策 : 채찍 책
馳 : 달릴 치 騁 : 달릴 빙 粟 : 곡식 속 度 : 헤아릴 탁

이 다 어질 수가 없고 다 불초할 수가 없다. 이 때문에 賢人과 君子가 세상에 처함에 합하면 반드시 떠나고 떠나면 반드시 합한다'고 하였습니다. 지난번에 天子께서 막 정치에 뜻을 두고 계셨는데, 范公(范仲淹)은 相府에 있었고, 富公(富弼)은 樞密院에 있었고, 執事(歐陽脩)와 余公(余靖)·蔡公(蔡襄)은 諫官이 되었고, 尹公(尹洙)은 상하로 달려 兵革(전쟁)이 있는 땅에서 힘을 쓰고 있었으니, 이 때에 天下 사람들은 털끝만한 재주와 실이나 곡식알처럼 작은 재주를 가진 자들도 분분히 일어나서 하나가 되었습니다. 그런데 저는 스스로 헤아려봄에 어리석고 노둔하여 쓸모없는 몸이어서 스스로 그 사이에 뽑낼 수 없다고 여겨졌습니다. 그러므로 물러나와 마음을 기르면서 다행히 道가 장차 이루어지거든 다시 당세의 賢人·君子들을 뵈오려고 하였습니다. 그런데 불행히 道가 이루어지기 전에 范公은 서쪽으로 떠나고, 富公은 북쪽으로 떠나고, 執事와 余公·蔡公은 분산하여 사방으로 나갔으며, 尹公 또한 세력을 잃고 작은 관직에 분주하였습니다.

洵이 時在京師하여 親見其事하고 忽忽仰天歎息하여 以爲斯人之去하니 而道雖成이나 不復足以爲榮也러니 旣復自思念하니 往者衆君子之進於朝에 其始也 必有善人焉推之하니 今也에 亦必有小人焉間之라 今〈之〉世에 無復有善人也인댄 則已矣어니와 如其不然也인댄 吾何憂焉이리오 姑養其心하여 使其道大有成而待之가 何傷이리오

저는 이 때에 京師에 있어 직접 그 일을 目見하고 忽忽히(근심스레) 하늘을 우러러보고 탄식하기를 '이 분들이 떠나갔으니, 내 道가 비록 이루어져도 다시는 영광스러움이 될 수 없다'고 여겼습니다. 그런데 얼마후 다시 스스로 생각해보니, '지난번에 여러 君子들이 조정에 등용됨은 그 처음에 반드시 善人들이 추천함이 있어서였으니, 지금에도 반드시 소인들이 이간함이 있어서일 것이다. 지금 세상에 다시 善人이 없다면 그만이거니와 만일 그렇지 않다면 내 어찌 근심하겠는가? 우선 내 마음을 길러서 道가 크게 이루어짐이 있게 하고 기다리는 것이 무엇이 나쁘겠는가' 하였습니다.

退而處十年에 雖未敢自謂其道有成矣나 然浩浩乎其胸中이 若與曩者異요 而余公이 適亦有成功於南方하고 執事與蔡公이 復(부)相繼登於朝하고 富公이 復自外入爲宰相하여 其勢將復合于一이라 喜且自賀하여 以爲道旣已粗成하니 而果將有以發之也라호라

물러나와 거처한 지 10年에 그 道가 이루어짐이 있다고 스스로 말할 수는 없으나 浩浩히 胸中이 지난번과 다른 듯하며, 余公이 마침 또한 남방에서 성공함이 있고, 執事

忽：소홀할 홀　姑：우선 고　浩：넓을 호　胸：가슴 흉　曩：지난번 낭　適：마침 적
蔡：나라 채

와 蔡公이 다시 서로 이어 조정에 등용되었으며, 富公이 다시 外地로부터 들어와 재상이 되어, 그 형세가 장차 다시 하나로 합하게 되니, 저는 기쁘고 또 스스로 축하하여 '道가 이미 대강이나마 이루어졌으니, 과연 장차 이것을 발표할 수 있겠다'고 여겼습니다.

旣又反而思其向之所慕望愛悅之而不得見之者하니 蓋有六人焉이라 今將往見之矣로되 而六人者에 已有范公尹公二人亡焉하니 則又爲之潸焉出涕以悲로라 嗚呼라 二人者는 不可復見矣어니와 而所恃以慰此心者 猶有四人也일새 則又以自解하고 思其止於四人也일새 則又汲汲欲一識其面하여 以發其心之所欲言이로되 而富公은 又爲天子之宰相하니 遠方寒士가 未可遽以言通於其前이요 而余公蔡公은 遠者는 又在萬里外하고 獨執事在朝廷間이요 而其位差不甚貴하니 可以叫呼攀援而聞之以言이로되 而飢寒衰老之病이 又痼而留之하여 使不克自至於執事之庭이로라 夫以慕望愛悅其人之心으로 十年而不得見하여 而其人已死 如范公尹公二人者하니 則四人者之中에 非其勢不可遽以言通者면 何可以不能自往而遽已也리오

이윽고 지난번에 흠모하고 바라며 사랑하고 좋아하면서도 만나뵙지 못한 분을 돌이켜 생각해보니, 여섯 분이 있었는 바, 이제 장차 찾아가서 만나뵈려 하나 여섯 분 중에 이미 范公과 尹公 두 분이 별세하였습니다. 그리하여 이 때문에 줄줄 눈물을 흘리며 슬퍼하였습니다. 아! 두 분은 다시 만나뵐 수가 없거니와 믿고서 이 마음을 위로할 수 있는 분이 아직도 네 분이 계시므로 또 스스로 근심을 풀고, 네 분에 그침을 생각하니, 또 급급히 한번 그 얼굴을 뵈어 마음에 말하고자 하는 바를 발표하고 싶습니다. 그런데 富公은 또 天子의 宰相으로 계시니, 먼 지방의 빈한한 선비가 갑자기 그 앞에 말로써 통할 수가 없으며, 余公과 蔡公은 먼 분은 萬里 밖에 계시고, 오직 執事만이 朝廷의 사이에 계시고 그 지위가 그리 심히 귀하지 않으니, 고함쳐 부르고 잡아당겨 말을 여쭐 수가 있으나, 飢寒과 老衰의 병이 또 고질이 되어 몸에 머물고 있어서 능히 스스로 執事의 뜰에 이를 수가 없습니다. 그 사람을 慕望하고 愛悅하는 마음으로 10년 동안 만나뵙지 못하여 范公과 尹公 두 분처럼 그 사람이 이미 죽은 이가 있으니, 그렇다면 네 분 중에 그 형세가 갑자기 말로써 통할 수 없는 자가 아니라면 어찌 직접 찾아가지 못한다 하여 갑자기 그만둘 수 있겠습니까?

執事之文章을 天下之人이 莫不知之나 然竊以爲洵之知之也特深하여 愈於天下之人이라호라 何者오 孟子之文은 語約而意深하여 不爲巉刻斬截之言이로되 而其鋒不可犯이요 韓子之文은 如長江大河가 渾浩流轉하여 魚黿蛟龍이 萬怪惶惑이어늘 而

潸：눈물흘릴 산　涕：눈물 체　遽：급할 거　叫：부르짖을 규　攀：휘어잡을 반
痼：고질 고　巉：가파를 참　截：끊을 절　渾：온전할 혼　黿：자라 원　蛟：교룡 교

抑遏蔽掩하여 不使自露로되 而人望見其淵然之光과 蒼然之色하고 亦自畏避하여 不敢迫視하며 執事之文은 紆餘委備하여 往復百折이로되 而條達疏暢하여 無所間斷하고 氣盡語極하여 急言竭論이로되 而容與閑易하여 無艱難辛苦之態하니 此三者는 皆斷然自爲一家之文也라 惟李翶之文은 其味黯然而長하고 其光油然而幽하여 俯仰揖遜하여 有執事之態하고 陸贄之文은 遣言措意가 切近的當하여 有執事之實이로되 而執事之才 又自有過人者하니 蓋執事之文은 非孟子韓子之文이요 而歐陽子之文也라

執事의 문장을 天下 사람들이 모르는 자가 없으나 저는 저으기 생각하기를 제가 執事를 앎이 특히 깊어서 天下 사람보다 낫다고 여기고 있습니다. 어째서인가 하면 孟子의 문장은 말이 요약되었으면서도 뜻이 깊어서 巉刻하고 斬截한 말을 하지 않는데도 그 칼날을 범할 수 없으며, 韓子(韓愈)의 문장은 長江·大河가 넓게 흐르고 돌아서 고기와 자라와 교룡 등 온갖 괴이함이 두려움과 당혹감을 느끼는데, 이것을 억제하고 掩蔽하여 스스로 드러내지 않게 하였으나 사람들이 그 淵然한 빛과 蒼然한 빛을 바라보고는 또한 스스로 두려워하고 피하여 감히 다가가 보지 못함과 같으며, 執事의 文章은 여유가 있고 委備(곡진)하여 가고 옴이 백번이나 꺾였는데도 條理가 暢達하고 疏通하여 간단하는 바가 없으며, 기운이 다하고 말이 지극하여 급히 말하고 다 의론하였으나 容與(여유 있음)하고 閑易(한가롭고 평이함)하여 艱難하고 辛苦한 태도가 없으니, 이 세 가지는 모두 斷然히 一家의 文章이 될 수 있는 것입니다. 오직 李翶의 문장은 그 맛이 黯然(은은)하면서도 길고 그 빛이 유연하면서도 그윽하여, 구부리고 우러르며 揖遜하여 執事의 태도가 있고, 陸贄의 문장은 글자를 놓고 뜻을 둠이 切近하고 適當하여 執事의 실제가 있으나, 執事의 재주는 또 스스로 보통 사람보다 뛰어남이 있습니다. 執事의 문장은 孟子와 韓子의 문장이 아니요, 歐陽子의 문장입니다.

夫樂道人之善而不爲諂者는 以其人誠足以當之也일새라 彼不知者는 則以爲譽人以求其悅己也라하리니 夫譽人以求其悅己는 洵亦不爲也로되 而其所以道執事光明盛大之德而不自知止者는 亦欲執事之知其知我也라 雖然이나 執事之名은 滿於天下하니 雖不見其文이라도 而固已知有歐陽子矣어니와 而洵也는 不幸墮在草野泥塗之中하고 而其知道之心이 又近而粗成하니 欲徒手奉咫尺之書하여 自託於執事나 將使執事로 何從而知之며 何從而信之哉아

남의 善을 말하기 좋아하면서도 아첨이 되지 않는 것은 그 사람이 진실로 충분히 이에 해당되기 때문입니다. 저 알지 못하는 자들은 '남을 칭찬하여 자기를 알아주기를

遏 : 그칠 알　迫 : 가까울 박　紆 : 얽힐 우　暢 : 통창할 창　黯 : 어두울 암
油 : 구름일 유　贄 : 폐백 지　措 : 베풀 조　的 : 맞을 적　徒 : 한갓 도　咫 : 지척 지

구한다'고 말할 것이니, 남을 칭찬하여 자기를 알아주기를 구하는 것은 저 또한 이런 짓은 하지 않습니다. 그런데도 執事의 光明하고 盛大한 德을 말하여 스스로 그칠 줄 모르는 까닭은 執事께서 사람들이 자신(執事)을 알아준다는 것을 아시게 하고자 해서입니다. 그러나 執事의 이름은 天下에 가득하니, 비록 그 글을 보지 않더라도 진실로 이미 歐陽子가 있음을 알고 있거니와 저는 불행히 초야와 진흙 속에 떨어져 있고 道를 아는 마음이 근래에야 대강 이루어졌으니, 한갓 손으로 짧은 편지를 받들어 執事에게 의탁하고자 하나 장차 執事로 하여금 어떻게 알게 하며 어떻게 믿게 하겠습니까?

洵은 少年不學하고 生二十五歲에 始知讀書하여 從士君子游하니 年旣已晩이요 而又不遂刻意厲(勵)行하여 以古人自期하고 而視與己同列者에 皆不勝己일새 則遂以爲可矣러니 其後困益甚하여 復取古人之文而讀之하니 始覺其出言用意與己大異라 時復內顧하여 自思其才하니 則又似夫不遂止於是而已者라 由是로 盡燒其曩時所爲文數百篇하고 取論語孟子韓子及其他聖人賢人之文하여 而兀然端坐하여 終日以讀之者 七八年矣라

저는 소년 시절에는 배우지 않고 25세에 비로소 독서할 줄을 알아 士君子를 따라 交遊하였는데, 나이가 이미 늦었고 또 마침내 뜻을 다하고 행실을 힘써 古人으로써 스스로 기약하지 않고는 나와 더불어 동렬인 자들과 비교해 봄에 그들이 모두 나보다 낫지 못하기에 마침내 可하다고 여겼습니다. 그 뒤에 곤궁함이 더욱 심하여 다시 古人의 글을 취해 읽어보니, 비로소 말을 내고 뜻을 씀이 자신과 크게 다르다는 것을 깨달았습니다. 이에 다시 스스로 안으로 돌아보아 스스로 자신의 재주를 생각해 보니, 또 마침내 이에 그칠 뿐만은 아닌 듯하였습니다. 이 때문에 지난번 지었던 글 수백 편을 모두 불태우고, 「論語」·「孟子」·「韓子」 및 기타 聖人과 賢人의 글을 취하여 오뚝히 단정히 앉아서 종일토록 읽기를 7~8년 하였습니다.

方其始也에 入其中而惶然以惑하고 博觀於其外而駭然以驚이러니 及其久也에 讀之益精하니 而其胸中이 豁然以明하여 若人之言이 固當然者라 然猶未敢自出其言也러니 時旣久에 胸中之言이 日益多하여 不能自制일새 試出而書之하고 已而再三讀之하니 渾渾乎覺其來之易也라 然猶未敢自以爲是也로라 近所爲洪範論史論凡七篇을 執事觀其如何하라 噫嘻라 區區而自言을 不知者는 又將以爲自譽以求人之知己也라하리라 惟執事는 思其十年之心이 如是之不偶然也而察之하라 不宣하노라 洵再拜하노라

처음에 그 가운데로 들어가서는 惶然히 의혹하였고, 그 밖을 널리 보고는 駭然히 놀

勝 : 나을 승 兀 : 우뚝할 올 駭 : 놀랄 해 豁 : 넓을 활 渾 : 온전할 혼 區 : 구구할 구

랬었는데 그 오램에 미쳐 읽기를 더욱 精히 하니, 흉중이 확 트여 밝아져서 마치 사람의 말이 당연히 그래야 할 듯이 여겨졌습니다. 그러나 아직도 감히 제 말을 스스로 써내지는 못하였습니다. 그러다가 時日이 이미 오래되자, 흉중에 있는 말이 날로 더욱 많아져서 자제할 수가 없으므로, 시험삼아 내어 써놓고 이윽고 재삼 읽어보니, 渾渾히 그 써내는 것이 쉬움을 깨닫게 되었습니다. 그러나 아직도 감히 스스로 옳다고 여기지는 못합니다.

근간에 지은 洪範論과 史論 등 모두 7편을 執事는 그 어떤가 관찰하십시오. 아! 제가 구구히 스스로 말하는 것을, 알지 못하는 자들은 또 장차 '자신을 칭찬하여 남이 자기를 알아주기를 구한다'고 말할 것입니다. 부디 執事께서는 10년 동안의 마음이 이처럼 우연치 않다는 것을 생각하여 살피소서. 이만 그칩니다. 蘇洵은 再拜합니다.

上田樞密書 蘇 洵

(田樞密(田況)에게 올린 글)

田公은 名況이요 字元鈞이니 嘉祐三年에 爲樞密使하니라

○ 東萊云 此篇은 議論反覆하여 極有法度하니 最宜詳味라 意實求知나 辭不卑屈하니라

田公은 이름이 況이요 字가 元鈞이니, 嘉祐 3년에 樞密使가 되었다.

○ 東萊가 말하였다. "이 篇은 의론이 반복하여 지극히 法度가 있으니, 가장 상세히 음미할 만하다. 뜻은 실로 알아주기를 구한 것이나 말이 조금도 비굴하지 않다."

天之所以與我者 夫豈偶然哉아 堯不得以與丹朱하시고 舜不得以與商均하시고 而瞽瞍不得奪諸舜하니 發於其心하여 出於其言하며 見(현)於其事하여 確乎其不可易也라 聖人이 不得以與人하시고 父不得奪諸其子하니 於此에 見天之所以與我者 不偶然也라

하늘이 나에게 주신 것이 어찌 우연이겠습니까? 堯임금은 이것을 아들인 丹朱에게 주시지 못하였고, 舜임금은 이것을 아들인 商均에게 주시지 못하였으며, 瞽瞍는 이것을 舜에게서 빼앗지 못하였으니, 그 마음에서 발로되어 말에 나오며 일에 나타나서 확고하여 바꿀 수가 없는 것입니다. 聖人이 남에게 주실 수가 없고, 아버지가 자식에게서 빼앗을 수가 없으니, 이에 하늘이 나에게 주신 것이 우연치 않음을 볼 수 있습니다.

樞 : 지도리 추 況 : 비유할 황 瞽 : 소경 고 瞍 : 소경 수 見 : 나타날 현
確 : 단단할 확

夫其所以與我者는 必有以用我也니 我知之로되 不得行之하고 不以告人이면 天固用之어늘 我實置之니 其名曰棄天이요 自卑以求幸其言하고 自小以求用其道하면 天之所以與我者何如완대 而我如此也오 其名曰褻天이니 棄天도 我之罪也며 褻天도 亦我之罪也요 不棄不褻而人不我用은 不我用之罪也니 其名曰逆天이라 然則棄天褻天者는 其責이 在我하고 逆天者는 其責이 在人하나니 在我者는 吾將盡吾力之所能爲者하여 以塞夫天之所以與我之意하고 而求免夫天下後世之譏어니와 在人者를 吾何知焉이리오 吾求免夫一身之責之不暇어니 而暇爲人憂乎哉아

그 나에게 주신 까닭은 반드시 나를 쓰고자 해서일 것이니, 내가 이를 알고 있으면서 이를 행하지 못하고 이를 남에게 말해주지 않는다면 하늘은 진실로 나를 쓰려 하시는데 내가 실로 버려두는 것이니, 그 이름을 棄天(하늘을 버림)이라 합니다. 스스로 몸을 낮추어 나의 말을 좋아해주기를 구하며 자신을 하찮게 여겨 그 道를 써주기를 구한다면 하늘이 나에게 주신 것이 어떠하기에 내 이와 같이 한단 말입니까? 그 이름을 褻天(하늘을 함부로 함)이라 합니다. 하늘을 버림도 나의 죄요, 하늘을 함부로 함도 또한 나의 죄이며, 버리지도 않고 함부로 하지 않는데도 남이 나를 등용하지 않음은 나를 등용하지 않는 이의 죄이니, 그 이름을 逆天(하늘을 거스림)이라 합니다. 그렇다면 하늘을 버리고 하늘을 함부로 함은 나의 죄이고, 하늘을 거스림은 그 책임이 남에게 있는 것이니, 책임이 나에게 있는 것은 내 장차 내 힘에 할 수 있는 것을 다하여 하늘이 나에게 주신 바의 뜻에 부응하고, 天下와 後世의 비판을 면하기를 구하여야 하겠지만 책임이 남에게 있는 것을 내 어찌 알겠습니까? 저는 내 一身의 책임을 면하기를 구하기에도 겨를이 없으니, 어느 겨를에 남을 위하여 걱정하겠습니까?

孔子孟軻之不遇에 老於道途하시되 而不倦, 不慍, 不怍, 不沮者는 夫固知夫責之所在也시니라 衛靈, 魯哀, 齊宣, 梁惠之徒 不足相與以有爲也를 我亦知之矣로되 抑將盡吾心焉耳니 吾心之不盡이면 吾恐天下後世無以責夫衛靈魯哀齊宣梁惠之徒요 而彼亦將有以辭其責也리니 然則孔子孟軻之目이 將不瞑於地下矣시리라

孔子와 孟軻(孟子)가 불우했을 때에 도로에서 늙으셨으나 게을리 하지 않고 성내지 않고 부끄러워하지 않고 沮喪하지 않았던 것은 진실로 책임의 소재를 아셨기 때문입니다. 衛靈公과 魯哀公과 齊宣王과 梁惠王의 무리들이 서로 함께 훌륭한 일을 할 수 없음을 내(孔子나 孟子 자신) 또한 알고 있으나 장차 내 마음을 다할 뿐이니 내 마음을 다하지 않는다면 나는 天下·後世 사람들이 衛靈公과 魯哀公과 齊宣王과 梁惠王의 무리들을 책할 수 없을까 두려우며, 저들 또한 장차 그 책임을 회피할 말이 있을

褻 : 설만할 설　塞 : 막을 색　譏 : 기롱할 기　軻 : 수레 가　倦 : 게으를 권　慍 : 성낼 온　怍 : 부끄러울 작　沮 : 꺾일 저　抑 : 또한 억　瞑 : 눈감을 명

것이니, 그렇다면 孔子와 孟子의 눈이 아마도 지하에서 감기지 못하셨을 것입니다.

夫聖人賢人之用心也 固如此하니 如此而生하고 如此而死하며 如此而貧賤하고 如此而富貴요 升而爲天하고 沈而爲淵하며 流而爲川하고 止而爲山은 彼不預吾事니 吾事畢矣라 竊怪夫後之賢者 不能自處其身也하여 飢寒窮困之不勝而號於人하니 嗚呼라 使吾誠死於飢寒困窮耶인댄 則天下後世之責이 將必有在리니 彼其身之責을 不自任以爲憂어늘 而我取而加之吾身이면 不亦過乎아

聖人과 賢人의 마음씀은 진실로 이와 같으니, 이렇게 하면서 살고 이렇게 하면서 죽고 이렇게 하면서 빈천하고 이렇게 하면서 부귀할 뿐이요, 올라가 하늘이 되고 잠기어 못이 되며, 흘러가 내가 되고 멈추어 산이 됨은 저것은 내 일에 간여되지 않으니, 내 일은 그것으로 끝나는 것입니다. 저는 저으기 후세의 현자들이 그 몸을 스스로 잘 처신하지 못하여 飢寒과 困窮을 이기지 못하여 남에게 울부짖음을 괴이하게 여깁니다. 아! 가령 내가 진실로 飢寒과 困窮에 죽는다면 天下와 後世의 책임이 반드시 장차 있는 데가 있을 것이니, 저들이 자신들의 책임을 스스로 맡아 근심으로 삼지 않는데, 내가 그 책임을 취하여 이것을 내 몸에 加한다면 잘못이 아니겠습니까.

今洵之不肖 何敢亦自列於聖賢이리오마는 然其心은 有所甚不自輕者로라 何則고 天下之學者 孰不欲一蹴而造聖人之域이리오 然及其不成也엔 求一言之幾乎道나 而不可得也라 千金之子는 可以貧人이요 可以富人이로되 非天之所與면 雖以貧人富人之權으로도 求一言之幾乎道나 不可得也며 天子之宰相은 可以生人이요 可以殺人이로되 非天之所與면 雖以生人殺人之權으로도 求一言之幾乎道나 不可得也라 今洵이 用力於聖人賢人之術이 亦已久矣라 其言語와 其文章이 雖不識其果可以有用於今而傳於後與否나 獨怪夫得之之不勞하여 方其致思於心也에 若或起之하며 得之心而書之紙也에 若或相之하니 夫豈無一言之幾於道者乎아 千金之子와 天子之宰相이 求而不得者를 一旦在己라 故로 其心得以自負하니 或者天其亦有以與我也로다

이제 불초한 제가 어찌 감히 또한 스스로 聖賢에 나열하겠습니까마는 그 마음은 심히 스스로 가벼이 여기지 않는 바가 있습니다. 어째서인가 하면 天下의 배우는 자가 누구인들 한번 뛰어서 聖人의 경지에 나아가고자 하지 않겠습니까마는 그 이루지 못함에 미쳐서는 한마디 말이 道에 가깝기를 구하나 될 수가 없습니다. 千金을 가진 집안의 자식은 남을 가난하게 할 수도 있고 남을 부하게 할 수도 있으나 하늘이 주신 바가 아

預 : 관여할 예　畢 : 다할 필　肖 : 어질 초　蹴 : 찰 축　造 : 이를 조　幾 : 가까울 기
與 : 줄 여　旦 : 아침 단

니면 비록 남을 가난하게 하고 남을 부하게 할 수 있는 권력으로도 한마디 말이 道에 가깝기를 구하나 될 수가 없으며, 天子의 재상은 사람을 살릴 수도 있고 사람을 죽일 수도 있으나 하늘이 주신 바가 아니면 비록 사람을 살리고 사람을 죽일 수 있는 권력으로도 한마디 말이 道에 가깝기를 구하나 될 수가 없습니다.

그런데 저는 지금 聖人과 賢人의 학술에 힘을 쓴 지가 또한 이미 오래이니, 그 言語와 그 文章이 비록 과연 지금에 쓰여질 수 있고 후세에 전해질 수 있는 지의 여부를 알 수 없사오나 다만 이상하게도 이것을 얻음에 수고롭지 아니하여, 그 마음에 생각을 지극히 할 때에 혹 일으켜 주는 듯하며, 마음에 얻어 종이에 쓸 때에 혹 도와주는 듯하니, 어찌 한마디 말이 道에 가까운 것이 없겠습니까. 千金을 가진 집안의 자식과 天子의 재상이 구하여도 얻지 못하는 것을 하루아침에 자신에게 보유하였습니다. 그러므로 이 마음에 자부하게 되었으니, 어쩌면 하늘이 그 또한 나에게 주셨나 봅니다.

曩者에 見執事於益州하니 當時之文이 淺狹可笑라 飢寒窮困이 亂其心하고 而聲律記問이 又從而破壞其體하여 不足觀也已러니 數年來로 退居山野하여 自分永棄하여 與世俗日疎闊일새 得以大肆其力於文章하여 詩人之優遊와 騷人之淸深과 孟韓之溫醇과 遷固之雄剛과 孫吳之簡切을 投之所向에 無不如意라 嘗試以爲董生은 得聖人之經이나 其失也流而爲迂하고 鼂錯는 得聖人之權이나 其失也流而爲詐하니 有二子之才而不流者는 其惟賈生乎인저 惜乎라 今之世에 愚未見其人也로라

지난번에 執事를 益州에서 뵈오니, 당시의 저의 문장은 천근하고 좁아서 可笑로웠습니다. 그리고 飢寒과 困窮이 그 마음을 어지럽히고 聲律과 記問이 또 따라서 그 체재를 파괴하여 족히 볼 것이 없었습니다. 그런데 수년 이래로 물러와 山野에 거처하여 스스로 영원히 버린 인물이라고 분수로 여기고는 세속과 날로 소원해지고 멀어졌습니다. 그리하여 문장에 크게 힘을 써서 詩人의 優遊함과 騷人의 맑고 깊음과 孟子·韓子의 온순하고 순수함과 司馬遷·班固의 웅장하고 강함과 孫子·吳子의 간략하고 간절함을 붓을 던져 향하는 바에 뜻대로 안되는 것이 없습니다. 일찍이 한번 생각하기를 '董生(董仲舒)은 聖人의 떳떳한 법을 얻었으나 그 잘못됨은 흘러가서 우활함이 되었고, 鼂錯는 聖人의 권도를 얻었으나 그 잘못됨은 흘러가서 속임수가 되었으니, 두 분의 재주가 있으면서도 흘러가지 않은 자는 그 오직 賈生(賈誼)일 것이다. 애석하다. 지금 세상에서는 나는 그러한 사람을 만나보지 못하겠다'라고 하였습니다.

作策二道하니 曰 審勢, 審敵이요 作書十篇하니 曰權書라 洵有山田一頃하니 非凶歲면 可以無飢요 力耕而節用이면 亦足以自老하니 不肖之身은 不足惜이로되 而天

曩 : 지난번 낭　狹 : 좁을 협　闊 : 넓을 활　肆 : 펼 사　騷 : 詩賦 소　醇 : 전국술 순
鼂 : 일찍 조　錯 : 둘 조

之所與者를 不忍棄요 且不敢褻也라 執事之名이 滿天下하니 天下之士의 用與不用이 在執事라 故로 敢以所謂策二道, 權書十篇으로 爲獻하노라 平生之文을 遠不可多致요 有洪範論史論十篇하여 近以獻內翰歐陽公하니 度(탁)執事與之朝夕相從하여 議天下之事하리니 則斯文也其亦庶乎得陳於前矣리라 若夫言之可用과 與其身之可貴與否者는 執事事也요 執事責也니 於洵에 何有哉리오

策 두 가지를 지었으니 審勢와 審敵이요, 글 10편을 지었으니 權書(兵書)라는 것입니다. 저는 山田 1頃을 소유하고 있으니, 흉년이 아니면 굶주림이 없을 수 있고, 농사에 힘쓰고 쓰기를 절약하면 또한 스스로 늙어갈 수가 있으니, 불초한 몸은 족히 아까울 것이 없으나, 하늘이 주신 것을 차마 버릴 수 없고, 또 감히 함부로 할 수 없습니다. 執事의 이름이 天下에 가득하니, 天下 선비의 등용되고 등용되지 못함이 執事에게 달려 있습니다. 그러므로 감히 이른바 策 두 가지와 權書 10편을 가지고 바치는 것입니다.

평소 지은 글을 멀어서 많이 가져갈 수가 없고 洪範論과 史論 10편이 있사온데, 근간에 內翰 歐陽公에게 올렸습니다. 헤아려보건대 執事께서는 歐陽公과 더불어 朝夕으로 서로 좇아서 天下의 일을 의론하고 계실 것이니, 이 글도 행여 앞에 진열될 수 있을 것입니다. 제 말이 쓸만함과 제 몸이 귀할 수 있는 지의 여부로 말하면 執事의 일이요 執事의 책임이니, 저에게 무슨 상관이 있겠습니까?

名二子說 蘇 洵

(두 아들을 이름한 글)

老泉先生二子는 長曰軾이요 次曰轍이니 觀此老之所以逆料二子之終身하면 不差毫釐하니 可謂深於知二子矣로다 迂齋云 字數不多而宛轉折(族)〔旋〕하여 有無限意思하니 此文字之妙也라

老泉先生의 두 아들은 長子는 軾이고 次子는 轍이다. 이 老人이 두 아들의 終身(一生)을 미리 헤아린 것을 보면 털끝 만큼도 틀리지 않았으니, 두 아들을 깊이 알았다고 이를 만하다. 迂齋는 "字數가 많지 않으면서도 宛轉하고 꺾어 돌아 무한한 意思가 있으니, 이는 문자의 묘함이다." 하였다.

[1]輪輻蓋軫이 皆有職乎車로되 而軾은 獨若無所爲者라 雖然이나 去軾則吾未見其

軾 : 수레앞턱가로나무 식　轍 : 수레바퀴자국 철　逆 : 미리 역　釐 : 털끝 리
輪 : 바퀴 륜　輻 : 바퀴살 복　軫 : 수레뒤가로나무 진

爲完車也로니 軾乎아 吾懼汝之不外飾也하노라 天下之車 莫不由轍이로되 而言車之功에 轍不與焉이라 雖然이나 車仆馬斃라도 而患不及轍하나니 是轍者는 禍福之間이니 轍乎아 吾知免矣로라

輪·輻·蓋·軫이 모두 수레에 맡은 직분이 있으나 軾은 홀로 하는 바가 없는 듯하다. 그러나 軾을 버린다면 그 완전한 수레가 됨을 볼 수 없으니, 軾아! 나는 네가 外飾을 하지 않을까 두려워하노라.

天下의 수레가 轍(바퀴 자국)을 따르지 않음이 없으나 수레의 공로를 말할 때에 轍은 참여되지 않는다. 그러나 수레가 넘어지고 말이 죽더라도 화가 轍에는 미치지 않으니, 이 轍은 禍와 福의 중간인 것이다. 轍아! 나는 네가 禍를 면할 줄을 아노라.

譯註 1. 輪輻蓋軫…軾獨若無所爲者 : 輪은 바퀴이고 輻은 바퀴살이며 蓋는 수레의 덮개이고 軫은 수레의 뒤에 있는 가로나무이며, 軾은 수레 앞에 있는 가로나무인데, 수레를 타고 가다가 경례할 대상을 만나게 되면 이 가로나무에 머리를 대어 경의를 표시한다.

古文眞寶後集 卷之八

潮州韓文公廟碑

蘇　軾(子瞻)

(潮州의 韓文公(韓愈)의 廟碑)

郎曰 東坡外集에 載與吳子野書하니 論此碑云 文公廟碑를 近已寄去矣라 潮州自文公未到로 已有文行之士如趙德者하니 蓋風俗之美久矣라 先伯父與陳文惠公相知러니 公在政府에 未嘗一日忘潮也하고 云潮民雖小民이나 亦知禮義라하니 信如子野言也라 碑中已具論矣로라

○ 洪容齋曰 劉夢得, 李習之, 皇甫湜, 李南紀 皆稱頌文公之文에 各極其至러니 及東坡之碑一出에 而衆說盡廢라 騎龍白雲之詩는 蹈厲發越하여 直到雅頌하니 所謂若捕龍蛇搏虎豹者니 大哉라 言乎여

○ 秦漢以後로 振文章而反之古는 一昌黎耳라 此碑는 誠大題目이니 非東坡大手筆이면 誰宜爲之리오 坡文之雄偉不常者 此是也라 然方虛谷이 嘗因論感生帝之說而言曰 [1]維嶽降神하여 生甫及申은 詩人蓋盛言賢者之生不偶然하여 天生之以畀國家하니 其謂嵩高降神而爲此人者는 實以其稟太山喬嶽高厚非常之氣요 非果有一物投胎托化而生也라 俗儒不得其意하여 而曰 蕭何孕昴하고 傅說騎箕라하고 下至西竺輪廻之說이 蔓延滋甚하니 東坡學佛이라 故亦曰 其生也有自來하고 其逝也有所爲라하니 信如此면 則古今聖賢이 其生也必以其物之精英而來하고 其死也又必復還夫精英之元物者리니 世豈有此理也哉아 此說은 亦學者所當知也라 故로 併錄焉하노라

郎이 말하였다. "「東坡外集」에 吳子野에게 준 편지가 실려 있으니, 편지에 이 碑를 논하기를 '韓文公의 廟碑를 근간에 이미 부쳐 보냈다. 潮州는 韓文公이 부임하기 전부터 이미 文行의 선비에 趙德과 같은 자가 있었으니, 풍속의 아름다움이 오래된 것이다. 先伯父는 陳文惠公(陳堯佐)과 서로 친하였는데 文惠公은 政府에 있을 적에 일찍이 하루도 潮州를 잊은 적이 없었으며, 「潮州 백성들은 비록 낮은 백성이지만 또한 禮義를 안다」 하였으니, 진실로 그대의 말과 같다. 碑 가운데에 이미 이것을 자세히 논하였노라.' 하였다."

○ 洪容齋(洪邁)가 말하였다. "劉夢得·李習之·皇甫湜·李南紀(李漢)는 모두 文公의 文章을 칭송함에 각각 그 지극함을 다하였는데, 東坡의 碑가 한번 나오자 여러 사람들의 말이 모두 버려졌다. 龍을 타고 白雲鄕에 갔다는 詩는 분발하고 생동감이 넘쳐 곧바로 雅頌에 이를 만하니, 이른바 용과 뱀을 잡고 범과 표범을 친다는 것이니, 아! 훌륭한 말이여."

○ 秦·漢 이후로 文章을 떨쳐 古文으로 돌아간 것은 昌黎 한 사람뿐이다. 이 碑

捕 : 잡을 포　搏 : 칠 박　豹 : 표범 표　畀 : 줄 비　喬 : 높을 교　孕 : 아이밸 잉
昴 : 별이름 묘　竺 : 나라이름 축　併 : 아우를 병

는 진실로 큰 제목이니, 東坡의 큰 솜씨와 筆力이 아니면 누가 짓겠는가? 東坡의 文章이 웅대하여 보통이 아님이 바로 이것이다. 그러나 方虛谷(方回)이 일찍이 '감동하여 皇帝를 낳았다'는 말을 논하여 이르기를 '山嶽에서 神靈을 내려 甫侯와 申伯을 냈다'는 것은 詩人이 賢者의 출생이 우연치 않아서 하늘이 賢者를 탄생하여 국가에 줌을 말한 것이다. '崇高한 산악이 神을 내려 이 사람을 만들었다'고 말한 것은 실제로 太山喬嶽의 高厚하고 비상한 정기를 받았음을 말한 것이요, 과연 한 가지 물건이 胎속으로 들어가 가탁하여 탄생하는 것은 아니다. 俗儒들은 그 뜻을 알지 못하고 이르기를 '蕭何는 昴星의 정기를 받고 태어났고, 傳說은 箕星을 타고 갔다' 하며, 아래로 西竺(불교)의 輪廻說이 만연하고 불어나니, 東坡는 佛敎를 배웠기 때문에 '그 태어남은 유래가 있고 그 죽음은 위한 바가 있다'고 말한 것이다. 그러나, 진실로 이와 같다면 고금의 聖賢들이 그 태어남은 반드시 그 물건의 精英으로부터 온 것이요, 그 죽음은 또한 반드시 다시 精英의 원래 물건으로 돌아가는 것일 것이니, 세상에 어찌 이러한 이치가 있겠는가. 이 말은 또한 배우는 자가 알아야 할 바이므로 함께 기록하는 바이다.

譯註 1. 維嶽降神 生甫及申：「詩經」大雅《崧高》에 보이는 바, 朱子는 周宣王의 外叔인 申伯이 謝 땅으로 封地를 받아 나가자, 尹吉甫가 그를 전송하기 위해 지은 詩라 하였다. 즉 申伯과 甫侯는 모두 四嶽의 제사를 맡았던 姜氏의 후손이므로 "높은 山嶽에서 신령스러운 和氣를 내려 甫侯와 申伯을 낳았다"고 한 것이다. 甫와 呂는 통하므로 甫侯를 呂侯라고 칭하기도 한다.

匹夫而爲百世師하고 一言而爲天下法은 是皆有以參天地之化하고 關盛衰之運하여 其生也有自來하고 其逝也有所爲라 故로 申呂自嶽降하고 傳說爲列星하니 古今所傳을 不可誣也라 孟子曰 我善養吾浩然之氣라하시니 是氣也 寓於尋常之中 而塞乎天地之間하여 卒然遇之에 王公失其貴하고 晉楚失其富하며 良平失其智하고 賁育失其勇하며 儀秦失其辯하나니 是孰使之然哉오 其必有不依形而立하고 不恃力而行하며 不待生而存하고 不隨死而亡者矣라 故로 在天에 爲星辰하고 在地에 爲河嶽하고 幽則爲鬼神하고 而明則復爲人하나니 此理之常이니 無足怪者니라

匹夫로서 百世의 스승이 되고, 한마디 말로 천하의 법이 됨은 이는 모두 天地의 조화에 참여되고 盛衰의 운에 관계되어, 그 태어남은 불어오는 바가 있고 그 죽음은 되는 바가 있는 것이다. 그러므로 申伯과 呂侯(甫侯)가 산악으로부터 〈인간세상으로〉 내려오고, 傳說이 〈죽어서〉 列星이 되었으니, 고금에 전하는 바를 속일 수 없는 것이다.

孟子께서 말씀하시기를 "나는 나의 浩然之氣를 잘 기른다."하셨으니, 이 浩然之氣

逝：갈 서 嶽：묏부리 악 誣：속일 무 寓：붙일 우 尋：여덟자 심 常：두길 상
塞：막을 색 卒：갑자기 졸 賁：클 분 怪：괴이할 괴

는 尋常한 가운데 붙여 있고 天地의 사이에 꽉차 있어서, 갑자기 만남에 王公이 그 귀함을 잃고, 晉·楚가 그 富함을 잃고, 張良·陳平이 그 지혜를 잃고, 孟賁·夏育이 그 용맹을 잃고, 蘇秦·張儀가 그 언변을 잃으니, 이는 누가 그렇게 만든 것인가? 그 반드시 형체를 의지하여 서지 않고, 힘을 믿어 행하지 않고, 삶을 기다려 보존하지 않고, 죽음을 따라 없어지지 않는 것이 있을 것이다. 그러므로 하늘에 있어서는 星辰이 되고 땅에 있어서는 河嶽이 되며, 그윽하면 귀신이 되고 밝으면 다시 사람이 되는 것이니, 이는 떳떳한 이치로서 족히 괴이할 것이 없다.

自東漢以來로 道喪文弊하여 異端竝起하니 [1]歷唐貞觀開元之盛하여 輔以房杜姚宋이로되 而不能救러니 獨韓文公이 起布衣하여 談笑而麾之하니 天下靡然從公하여 復歸于正이 蓋三百年於此矣라 [2]文起八代之衰하고 而道濟天下之溺하며 忠犯人主之怒하고 而勇奪三軍之帥하니 此豈非參天地, 關盛衰하여 浩然而獨存者乎아

東漢 이래로 道가 망하고 文이 피폐하여 異端이 아울러 일어나니, 唐나라 貞觀·開元 年間의 전성기를 거치면서 房玄齡·杜如晦와 姚崇·宋璟의 어진 재상으로 보필하였으나 이것을 바로잡지 못하였는데, 홀로 韓文公이 布衣로 일어나 談笑하면서 지휘하니, 천하가 靡然히 쏠려 公을 따라 다시 正道로 돌아온 지가 이제 3백 년이 되었다. 文風은 八代의 쇠함을 일으키고, 道는 天下의 빠짐을 구제하였으며, 충성은 人主의 노여움을 범하고, 용맹은 三軍의 장수를 빼앗았으니, 이 어찌 천지에 참여하고 盛衰에 관계되어 浩然히 홀로 존재하는 것이 아니겠는가.

譯註 1. 貞觀開元之盛 : 貞觀은 太宗의 연호로 이때에는 房玄齡과 杜如晦가 명재상이었으며, 開元은 玄宗의 연호로 이때에는 姚崇과 宋璟이 명재상이었다.

2. 文起八代之衰…勇奪三軍之帥 : 八代는 後漢과 魏·晉·宋·齊·梁·陳·隋를 가리키는 바, 韓愈가 역대 騈儷文 一色의 文風을 古文으로 바꿔놓았음을 말한 것이다. 忠犯人主之怒는 '論佛骨表'를 올렸다가 憲宗의 노여움을 산 일을 가리키며, 勇奪三軍之帥는 軍亂으로 節度使가 된 鎭州의 王廷湊를 설득한 일을 가리킨다.

蓋嘗論天人之辨하여 以謂 人無所不至로되 惟天은 不容僞라 智可以欺王公이로되 不可以欺豚魚요 力可以得天下로되 不可以得匹夫匹婦之心이라 故로 公之精誠이 [1]能開衡山之雲이로되 而不能回憲宗之惑하고 能馴鱷魚之暴로되 而不能弭皇甫鎛李逢吉之謗하고 能信於南海之民하여 廟食百世로되 而不能使其身一日安於朝廷之上하니 蓋公之所能者는 天也요 其所不能者는 人也라

喪 : 잃을 상 弊 : 피폐할 폐 姚 : 성 요 麾 : 지휘할 휘 靡 : 쓰러질 미 溺 : 빠질 닉
馴 : 길들일 순 鱷 : 악어 악 弭 : 그칠 미 鎛 : 종 박

내 일찍이 天人의 분별을 논하여 이르기를 사람은 못하는 짓이 없으나 하늘은 거짓을 용납하지 않는다. 지혜가 王公을 속일 수 있으나 豚魚를 속이지는 못하고, 힘이 천하를 얻을 수 있으나 匹夫·匹婦의 마음은 얻을 수 없다. 그러므로 公의 정성이 衡山의 구름을 개이게 하였으나 憲宗의 미혹함은 돌리지 못하였고, 악어의 포악함을 길들였으나 皇甫鎛·李逢吉의 비방은 그치게 하지 못하였고, 南海의 백성들에게 믿음을 받아 사당에서 백세토록 제향을 받아먹으나 그 몸을 하루라도 조정의 위에서 편안히 있지 못하였으니, 公이 능한 것은 하늘의 일이요, 능하지 못한 것은 인간의 일이었다.

譯註 1. 開衡山之雲：衡山은 湖南省에 있는 名山으로, 韓愈가 일찍이 衡山에 오를 때에 가을 비가 내리므로 정성을 다해 기도하였더니, 구름이 깨끗이 걷혔다 한다.

始潮人이 未知學이러니 公命進士趙德하여 爲之師하니 自是로 潮之士 皆篤於文行하여 延及齊民하여 至于今號稱易治하니 信乎라 孔子之言曰 君子學道則愛人이요 小人學道則易使也여 潮人之事公也에 飮食에 必祭하며 水旱疾疫凡有求에 必禱焉하되 而廟在刺史公堂之後하여 民以出入爲艱이라 前守欲請諸朝하여 作新廟라가 不果러니 元祐五年에 朝散郎王君滌이 來守是邦할새 凡所以養士治民者를 一以公爲師하니 民旣悅服이라 則出令曰 願新公廟者면 聽이라하니 民讙趨之하여 卜地於州城之南七里하여 朞年而廟成하니라

처음에 潮州 사람들은 학문을 몰랐는데, 公이 進士 趙德에게 명하여 스승이 되게 하니, 이로부터 潮州 선비들이 모두 文行에 독실해져 뻗쳐서 일반 백성들에게까지 미쳤다. 그리하여 지금까지 다스리기 쉽다고 알려져 있으니, 사실이구나! 孔子의 말씀에 '君子가 道를 배우면 백성을 사랑하고, 小人이 道를 배우면 부리기 쉽다' 하심이여! 潮州 사람들은 公을 섬김에 있어, 음식을 먹을 때에 반드시 祭를 올리며, 水災와 旱害와 疾病이 있어, 모든 바램이 있을 때에 반드시 기도하였는데, 사당이 刺史公館의 뒤에 있어 백성들이 출입함을 어렵게 여겼다. 지난번 太守가 조정에 요청하여 새 사당을 짓고자 하다가 결행하지 못하였는데, 元祐 5년에 朝散郎 王君 滌이 와서 이 고을을 맡으면서 선비를 양성하고 백성을 다스리는 것을 한결같이 公을 모범으로 삼으니, 백성들이 이미 기뻐하고 복종하였다. 王公은 명령을 내기를 '公의 사당을 새로 짓기를 원하는 자가 있으면 들어주겠다' 하니, 백성들이 기꺼이 달려와서 州城의 남쪽 7리 쯤 되는 곳에 터를 잡아 朞年(1년) 만에 사당이 이루어졌다.

或曰 公去國萬里而謫于潮하여 不能一歲而歸하니 沒而有知면 其不眷戀于潮也審矣라하니 軾曰 不然하다 公之神在天下者 如水之在地中하여 無所往而不在也어늘

疫：돌림병 역　艱：어려울 간　滌：씻을 척　讙：기쁠 환　朞：돐 기　謫：귀양갈 적
沒：죽을 몰　眷：돌아볼 권　戀：사모할 연　審：분명할 심

而潮人이 獨信之深, 思之至하여 [1]焄蒿悽愴하여 若或見之하니 譬如鑿井得泉而曰水專在是라하면 豈理也哉리오 元豐元年에 詔封公昌黎伯이라 故로 榜曰 昌黎伯韓文公之廟라하니라 潮人이 請書其事于石하니 因爲作詩以遺之하여 使歌以祀公하노라

혹자는 말하기를 "公이 都城에서 만 리나 떠나와 이 潮州로 귀양와서 일년만에 돌아가지 못하였으니, 죽어서 〈영혼이 있어〉 앎이 있다면 潮州를 돌아보고 연연하지 않을 것이 분명하다." 하였다. 이에 나는 다음과 같이 말하였다. "그렇지 않다. 公의 神이 천하에 있음은 물이 地中에 있는 것과 같아서 가는 곳마다 있지 않은 곳이 없는데, 潮州 사람들이 특히 믿기를 깊이 하고 그리워하기를 지극히 하여 神의 기운이 몸에 이르러 悽愴해져서 혹시라도 뵙는 듯이 여기니, 비유하면 우물을 파 샘물을 얻고서 물이 오로지 이 곳에만 있다고 한다면 이 어찌 이치이겠는가."

元豐 원년에 詔書를 내려 公을 昌黎伯으로 봉하였다. 그러므로 榜에 써 붙이기를 '昌黎伯 韓文公의 사당'이라 하였다. 潮州 사람들이 이 사실을 비석에 써줄 것을 청하니, 인하여 詩를 지어 보내어서 노래하고 公을 제사하게 하였다.

譯註 1. 焄蒿悽愴 : 焄蒿는 제사 때에 제수를 올리는 것으로 焄은 향취이고 蒿는 제수의 기운이 위로 올라감을 이른다. 悽愴은 매우 공경하여 마음이 오싹해지는 것으로, 「禮記」《祭義》에 "其氣發揚于上 爲昭明焄蒿悽愴 此百物之精也 神之著也"라고 보인다.

其辭曰 公昔騎龍白雲鄕하여 手抉雲漢分天章하니 天孫爲織雲錦裳이라 飄然乘風來帝旁하니 下與濁世掃粃糠이라 [1]西游咸池略扶桑하니 草木衣被昭回光이라 追逐李杜參翱翔하니 汗流籍湜走且僵하여 滅沒倒景不得望이라 作書詆佛譏君王하니 要觀南海窺衡湘하고 歷舜九疑弔英皇이라 祝融先驅海若藏하니 約束鮫鰐如驅羊이라 [2]鈞天無人帝悲傷하니 謳吟下招遣巫陽이라 [3]犦牲鷄卜羞我觴하니 於(오)粲荔丹與蕉黃이라 公不少留我涕滂하니 翩然被髮下大荒이라

그 詩의 내용은 다음과 같다.

公의 精神 옛날 白雲鄕(天上)에서 용을 타고는 손으로 雲漢을 열어 하늘의 文章 분포하니, 天孫(織女星)이 雲錦의 치마 짜 주었네.

飄然히 바람 타고 上帝의 곁에 오니 아래로 濁世에 주어 粃糠을 쓸게 하였네.

서쪽으로 咸池에 놀고 扶桑을 스쳐가니, 草木들도 公의 밝은 빛 입었다오.

李白과 杜甫를 따라 함께 翱翔하니, 張籍과 皇甫湜 등은 땀이 흘러 달리다가 넘

焄 : 태울 훈　蒿 : 쑥 호　抉 : 들추어낼 결　粃 : 쭉정이 비　僵 : 넘어질 강
詆 : 비방할 저　鮫 : 상어 교　犦 : 들소이름 박　羞 : 음식 수　荔 : 여지 여　蕉 : 파초 초
滂 : 뚝뚝떨어질 방

어져 가물가물 넘어가는 햇빛처럼 휘황하여 바랄 수가 없었네.

글을 지어 부처를 비방하고 君王을 비판하였으니, 이는 南海를 구경하고 衡山과 湘水 엿보며 舜임금의 墓가 있는 九疑를 지나 娥皇·女英에게 조문하려 해서였네.

祝融(火神)은 앞에서 몰고 海若(海神)은 숨으니, 악어를 묶어 놓아 양떼를 몰듯이 하였네.

鈞天에 사람 없어 上帝가 슬퍼하니, 노래 부르는 巫陽을 보내어 공을 부르러 왔네.

희생을 올리고 닭으로 점을 치며 우리 술잔 올리니, 아! 찬란한 붉은 여지와 누런 파초라오.

公이 잠시도 머물지 않아 눈물 흘리니, 翩然히 머리 풀어 산발하고 큰 들에 내려 오시는 듯.

譯註 1. 西游咸池略扶桑 : 咸池는 해가 목욕한다는 못으로 서쪽 끝 해지는 곳에 있다 하며, 扶桑은 동쪽 끝에 있는 神木인데 해가 뜰 때에 이 나뭇가지를 지나간다고 한다. 그리하여 동쪽에 있는 神祕로운 地域을 일컫게 되었다. 略은 스쳐간다는 뜻이다.

2. 鈞天無人…遣巫陽 : 鈞天은 九天의 하나로 하늘의 中央이며 巫陽은 神巫의 이름인 바, 天帝의 宮인 鈞天에 훌륭한 사람이 없으므로 天帝는 이를 슬퍼하고 노래를 읊으며 巫陽을 인간 세상으로 보내어 韓文公을 天上으로 불러갔다는 뜻이다. 그러나 一說에는 鈞天을 唐나라 朝廷으로, 帝를 皇帝로 보아, 윗 句를 韓文公이 죽은 뒤에 '唐나라 朝廷에 보필할 人才가 없음'을 한탄한 敬宗의 故事로 보고, 아랫 句를 韓文公의 魂을 불러오기 위하여 神巫인 巫陽을 天上으로 보내며 이 詩를 읊는 것으로 해석하기도 한다.

3. 鷄卜 : 닭의 뼈로 점치는 것으로 南方의 풍속이라 한다.

前赤壁賦 　　蘇 軾

陳靜觀批에 二賦는 皆東坡謫黃州時作이라 是時에 放情事外하고 寄興風月하여 直將無意於人世라 是故로 皆托仙以爲言하니 前篇은 謂風月之常新을 吾亦樂之니 亦不必羨於仙이요 後篇은 驚江山之忽異하고 凜不可以久樂하니 又復有羨於仙矣라 二篇大意 皆倣寓言之莊, 遠遊之屈, 賦鵩之賈하니 未爲正論이요 但其凌厲飄逸之言이 無一句類食烟火人語하니 讀之면 令人亦覺有登閬風涉蓬萊氣象하니 蓋眞可與造物遊者니 非可執筆學爲如此也라

○ 坡自書此賦後云 黃州少西山麓이 斗入江中하니 石色이 如丹이라 傳云曹公敗處

謫 : 귀양갈 적　羨 : 부러워할 선　凜 : 두려울 름　鵩 : 올빼미 복　閬 : 높을 랑
麓 : 산기슭 록

所謂赤壁者라하고 或曰非也라 曹公敗歸할새 由華容路러니 今赤壁少西對岸이 卽華容鎭이니 庶幾是也라 然岳州에 復有華容縣하니 竟不知孰是라

○ 江夏辨疑云 江漢之間에 指赤壁者三이니 一在漢水之側, 竟陵之東하니 卽今復州요 一在齊安郡之步下하니 卽今黃州요 一在江夏西南二百里許하니 今屬漢陽縣이라 予謂江夏西南者는 正曹公所敗之地也라 按三國志에 劉琮降하니 備走夏口어늘 操自江陵征備할새 至赤壁하여 戰不利라하고 又周瑜傳에 備進住夏口어늘 權遣瑜하여 并力迎操하여 遇於赤壁이라하니 夫操自江陵下하고 瑜由夏口往逆戰이면 則赤壁은 非竟陵之東者與齊安之步下者明矣니라

陳靜觀의 비평에 다음과 같이 말하였다.

"두 賦(前赤壁賦, 後赤壁賦)는 蘇東坡가 黃州로 귀양갔을 때에 지은 것이다. 이때 東坡는 마음을 일 밖에 놓아두고 바람과 달에 興을 붙여 장차 인간 세상에 뜻이 없으려 하였다. 이 때문에 모두 神仙에 가탁하여 말하였으니, 前篇은 바람과 달이 항상 새로움을 내 즐거워하니 굳이 신선을 부러워할 것이 없음을 말하였고, 後篇은 강산이 갑자기 달라짐에 놀라 무서워 오래 즐길 수 없었으니, 또다시 神仙을 부러워한 것이다. 두 편의 큰 뜻은 모두 莊子의 '寓言'과 屈原의 '遠遊賦', 賈誼의 '鵬鳥賦'를 모방한 것으로 正論이 될 수 없고, 다만 凌厲하고 飄逸한 말은 한 句도 곡식을 먹는 사람과 유사한 말이 없으니, 읽어보면 사람으로 하여금 神仙이 사는 閬風山에 오르고 蓬萊山을 건너가는 기상이 있음을 느끼게 한다. 이는 참으로 조물주와 노니는 자이니, 이와 같은 글은 붓을 잡고서 배울 수 있는 것이 아니다.

○ 東坡는 이 賦의 뒤에 스스로 쓰기를 "黃州의 少西山 기슭이 강 가운데로 쑥 들어와 있는데 돌빛이 丹砂와 같다. 傳에 이르기를 曹公(曹操)이 패전한 곳으로 이른바 赤壁江이라 하기도 하고, 혹은 아니라고 한다. 曹公이 패하고 돌아갈 적에 華容路로 갔었는데 지금 赤壁의 少西 對岸이 바로 華容鎭이니 아마도 이곳인 듯하다. 그러나 岳州에도 華容縣이 있으니, 마침내 어느 곳이 옳은지 알 수 없다." 하였다.

○ '江夏辨疑'에 이르기를 "江·漢의 사이에 赤壁이라고 칭하는 곳이 셋인데, 하나는 漢水의 곁, 竟陵의 동쪽에 있으니 바로 지금의 復州이고, 하나는 齊安郡의 步下縣에 있으니 바로 지금의 黃州이며, 하나는 江夏의 서남쪽 2백 리 지점에 있으니 지금 漢陽縣에 속해 있다." 하였다. 내 생각컨대 江夏의 서남쪽은 바로 曹公이 패전한 곳이다. 「三國志」에 "劉琮이 항복하자 劉備가 夏口로 도망하니, 曹操는 江陵에서 劉備를 정벌하기 위하여 赤壁江에 이르러 싸웠으나 승리하지 못하였다." 하였고, 또 '周瑜傳'에 "劉備가 夏口에 進住하자, 孫權은 周瑜를 보내어 힘을 합해 曹操를 맞아 싸우게 하여 赤壁江에서 조우했다." 하였으니, 曹操가 江陵에서부터 내려왔고 周瑜가 夏口로부터 가서 맞아 싸웠다면 赤壁은 竟陵의 동쪽과 齊安의 步下

許：쯤 허　琮：옥홀 종　瑜：옥빛 유

에 있는 것이 아님이 분명하다.

壬戌之秋七月既望에 蘇子與客泛舟하여 遊於赤壁之下하니 清風은 徐來하고 水波는 不興이라 擧酒屬客하여 [1]誦明月之詩하고 歌窈窕之章이러니 少焉에 月出於東山之上하여 徘徊於斗牛之間하니 白露는 橫江하고 水光은 接天이라 縱一葦之所如하여 凌萬頃之茫然하니 浩浩乎如憑虛御風而不知其所止하고 飄飄乎如遺世獨立하여 羽化而登仙이라 於是에 飮酒樂甚하여 扣舷而歌之하니 歌曰 桂棹兮蘭槳으로 擊空明兮泝流光이로다 渺渺兮余懷여 望美人兮天一方이로다

壬戌年 가을 7월 既望(16일)에 蘇子가 客과 함께 배를 띄워 赤壁江 아래에서 노니, 맑은 바람은 서서히 불어오고 파도는 일어나지 않았다. 술잔을 들어 객에게 권하고 明月詩를 외우며 窈窕章을 노래하였는데, 조금 있다가 달이 동산의 위로 떠올라 斗星과 牛星의 사이에 배회하니, 흰 이슬은 강을 가로질러 있고 물빛은 하늘을 접해 있었다. 갈대 만한 작은 배의 가는 바를 따라 만경의 아득한 물결을 타고 가니, 호호함이 마치 허공에 의지하고 바람을 타고 가는 듯하여 그칠 바를 모르겠고, 표표함이 세상을 버리고 홀로 서서 학이 되어 신선으로 오르는 듯하였다. 이에 술을 마시며 몹시 즐거워 뱃전을 두드리고 노래하니, 그 노래에 이르기를 "계수나무 노와 木蘭 상앗대로 물속에 비치는 달 그림자를 치며 흐르는 강물을 거슬러 올라간다. 아득하고 아득한 내 마음이여! 미인을 바라보니 하늘 한 쪽에 있도다." 하였다.

譯註 1. 明月之詩…窈窕之章 : 窈窕는 窈糾로 아득히 멀어 시름에 잠겨 있는 것인 바, 「詩經」 陳風 《月出篇》의 '月出皎兮 佼人僚兮 舒窈糾兮 勞心悄兮'를 가리킨 것이라 한다.

客有吹洞簫者하여 倚歌而和之하니 其聲이 嗚嗚然하여 如怨如慕하며 如泣如訴하고 餘音嫋嫋하여 不絶如縷하니 舞幽壑之潛蛟하고 泣孤舟之嫠婦라 蘇子愀然正襟危坐而問客曰 何爲其然也오 客曰 月明星稀에 烏鵲南飛는 此非曹孟德之詩乎아 西望夏口하고 東望武昌이라 山川相繆하여 鬱乎蒼蒼하니 此非孟德之困於周郎者乎아 方其破荊州, 下江陵하여 順流而東也에 舳艫千里요 旌旗蔽空이라 釃酒臨江하고 橫槊賦詩하니 固一世之雄也러니 而今安在哉오 況吾與子는 漁樵於江渚之上하여 侶魚蝦而友麋鹿이라 駕一葉之扁舟하여 擧匏樽以相屬하니 寄蜉蝣於天地요 渺滄海之一粟이라 哀吾生之須臾하고 羨長江之無窮이라 挾飛仙以遨遊하며 抱明月而長終이나 知不可乎驟得일새 託遺響於悲風하노라

憑 : 의지할 빙 扣 : 두드릴 구 舷 : 뱃전 현 槳 : 노 장 渺 : 아득할 묘
嫋 : 간드러질 뇨 縷 : 실끝 루 嫠 : 홀어미 리 愀 : 근심할 초 繆 : 얽힐 무
舳 : 고물 축 艫 : 배 로 釃 : 거를 시 槊 : 창 삭(소) 麋 : 고라니 미

객 중에 퉁소를 부는 자가 있어 노래에 맞추어 부니, 그 소리가 오열하는 듯하여 원망하는 듯, 사모하는 듯, 우는 듯, 하소연하는 듯하고, 여운이 가냘프고 길게 이어져 끊이지 않음이 실끝과 같으니, 그윽한 강골짝의 잠겨 있는 교룡을 춤추게 하고, 외로운 배의 과부를 울게 하였다. 蘇子가 愀然히 옷깃을 여미고 무릎꿇고 앉아 객에게 묻기를 "어찌하여 그렇게 슬피 퉁소를 부는가?" 하자, 객은 다음과 같이 말하였다. "달이 밝고 별이 드문데 烏鵲이 남쪽으로 날아간다는 것은 曹孟德(曹操)의 詩가 아닌가? 서쪽으로 夏口를 바라보고 동쪽으로 武昌을 바라보니, 山川이 서로 엉켜 울창하니 이는 曹孟德이 周郎(周瑜)에게 곤궁하던 곳이 아닌가? 그가 荊州를 격파하고 江陵으로 내려와 물결을 따라 동쪽으로 진출할 때에 戰艦이 천 리에 뻗쳐 있고 깃발이 공중을 가리웠다. 술을 걸러 강에 임하고 창을 비껴 들고 詩를 읊으니, 진실로 한 세상의 영웅이었는데 지금은 어디에 있는가? 하물며 나와 그대는 江渚의 사이에서 고기 잡고 나무하면서 물고기와 새우들과 짝하고 고라니와 사슴들과 벗하고 있다. 一葉의 작은 배를 타고서 술바가지와 술동이를 들어 서로 권하니, 천지에 하루살이가 붙어 있는 것이요 창해에 한 좁쌀 알처럼 보잘것 없다. 우리 인생이 덧없이 짧음을 슬퍼하고 장강의 무궁함을 부러워하여, 날으는 신선을 끼고 한가로이 놀며 명월을 안고 길이 마치려 하나 이것을 갑자기 얻을 수 없음을 알기에 遺響을 슬픈 바람에 의탁하는 것이다."

蘇子曰 客亦知夫水與月乎아 逝者如斯로되 而未嘗往也며 盈虛者如彼로되 而卒莫消長也니 蓋將自其變者而觀之면 則天地曾不能以一瞬이요 自其不變者而觀之면 則物與我皆無盡也니 而又何羨乎리오 且夫天地之間에 物各有主하니 苟非吾之所有인댄 雖一毫而莫取어니와 惟江上之清風과 與山間之明月은 耳得之而爲聲하고 目寓之而成色하여 取之無禁하고 用之不竭하니 是는 造物者之無盡藏也요 [1)]而吾與子之所共樂이니라 客이 喜而笑하고 洗盞更酌하니 肴核이 旣盡이요 盃盤이 狼藉라 相與枕藉乎舟中하여 不知東方之旣白이러라

蘇子가 말하였다. "객은 또한 저 물과 달을 아는가? 강물은 가기를 이처럼 하나 일찍이 다하지 않으며, 달은 찼다 기울었다 하기를 저처럼 하나 끝내 사라져 없어지거나 자라서 커지지 않는다. 그 변하는 입장에서 본다면 天地도 일찍이 한 순간도 가만히 있지 못하고, 변하지 않는 입장에서 본다면 물건과 우리 인간이 모두 무궁무진한 것이니, 또 어찌 부러워할 것이 있겠는가. 또 천지의 사이에 물건은 각기 주인이 있으니, 만일 나의 소유가 아닐진댄 비록 한 털끝 만큼도 취하지 말아야 하거니와 오직 강 위에서 불어오는 清風과 산 사이의 明月은 귀로 들으면 소리가 되고 눈을 붙이면 색을 이루어, 취하여도 금하는 이가 없고 써도 다하지 않으니, 이는 조물주의 무궁무진한 寶

蜉 : 하루살이 부　蝣 : 하루살이 유　遨 : 놀 오　驟 : 별안간 취　盞 : 술잔 잔
核 : 과일 핵　盤 : 소반 반　狼 : 어지러울 랑　枕 : 벨 침

庫요 나와 그대가 함께 즐거워해야 할 것이다." 객은 기뻐하여 웃고 잔을 씻어 교대로 술을 따르니, 안주와 과일이 이미 다하고 술잔과 소반이 낭자하였다. 서로 배 가운데 베고 깔고 누워서 東方이 이미 훤하게 밝음을 알지 못하였다.

譯註 1. 吾與子之所共樂 : 樂이 本集에는 食으로 되어 있고 一本에는 適으로 되어 있는 바, 韻으로 볼 때 食이 가장 타당하다고 한다. 이 경우, 共食은 '함께 누린다'는 뜻이다.

後赤壁賦 蘇 軾

是歲十月之望에 步自雪堂하여 將歸于臨皐할새 二客이 從予라 過黃泥之坂하니 霜露旣降하고 木葉盡脫이라 人影在地어늘 仰見明月이라 顧而樂之하여 行歌相答이러니 已而요 歎曰 有客無酒요 有酒無肴로다 月白風淸하니 如此良夜何오 客曰 今者薄暮에 擧網得魚하니 巨口細鱗이 狀如松江之鱸라 顧安所得酒乎아 歸而謀諸婦하니 婦曰 我有斗酒하여 藏之久矣라 以待子不時之需로라

이 해(壬戌年) 10월 보름에 雪堂으로부터 걸어서 장차 臨皐亭으로 돌아가려 할 적에 두 손님이 나를 따라왔다. 黃泥坂을 지나니, 서리와 이슬이 이미 내리고 나뭇잎이 다 떨어졌으므로 사람의 그림자가 비쳐 땅에 있기에 우러러 명월을 보았다. 돌아보고 즐거워하여 길을 걸으며 노래부르면서 서로 화답하였는데, 이윽고 탄식하기를 "손님이 있으면 술이 없고 술이 있으면 안주가 없도다. 달이 밝고 바람이 시원하니, 이처럼 좋은 밤에 어찌 한단 말인가?" 하자, 객이 말하기를 "오늘 薄暮(저녁 무렵)에 그물을 들어 고기를 잡았는데, 입이 크고 비늘이 가늘어 모양이 松江의 鱸魚와 같습니다. 다만 어느 곳에서 술을 구하겠습니까?" 하였다. 내가 돌아와서 지어미에게 상의하니, 지어미가 말하기를 "내가 한 말 술을 두어 보관한 지가 오래되었습니다. 그대의 不時의 쓰임을 기다리고 있었습니다." 하였다.

於是에 携酒與魚하고 復遊於赤壁之下하니 江流有聲하고 斷岸千尺이라 山高月小하고 水落石出하니 曾日月之幾何완대 而江山을 不可復識(지)矣라 予乃攝衣而上하여 履巉巖하고 披蒙茸하여 踞虎豹하고 登虯龍하여 攀棲鶻之危巢하고 俯馮夷之幽宮하니 蓋二客之不能從焉이라 劃然長嘯하니 草木震動이라 山鳴谷應하고 風起水涌하니 予亦悄然而悲하고 肅然而恐하여 凜乎其不可留也라 反而登舟하여 放乎中流하여

坂 : 언덕 판 鱸 : 농어 로 巉 : 가파를 참 茸 : 우거질 용 虯 : 규룡 규 鶻 : 송골매 골
涌 : 솟아날 용 悄 : 근심 초

聽其所止而休焉이러니 時夜將半에 四顧寂寥한대 適有孤鶴이 橫江東來하니 翅如車輪이요 玄裳縞衣로 戛然長鳴하여 掠予舟而西也러라

이에 술과 고기를 가지고 다시 赤壁江 아래에서 노니, 흐르는 강물 소리가 들려 오고 끊긴 江岸은 천 자〔尺〕나 되었다. 산이 높고 달이 작으며 水位가 떨어져 돌이 드러나니, 일찍이 歲月(日月)이 얼마나 지났기에 강산을 다시 기억할 수가 없었다. 나는 마침내 옷자락을 걷어잡고 올라가서 높은 바위를 밟고 우거진 풀속을 헤치고, 虎豹 모양의 바위에 걸터앉고 뱀과 용 모양의 나무에 올라가, 새매가 살고 있는 높은 둥지에 올라가고 馮夷(水神)의 그윽한 집을 굽어보니, 두 객은 따라오지 못하였다. 획연히 길게 휘파람 부니, 초목이 진동하고 산이 울림에 골짜기가 메아리치며 바람이 일고 물이 솟는 듯하였다. 내 또한 悄然히 슬퍼지고 肅然히 두려워져 오래 머물 수가 없었다. 돌아와 배에 올라 中流에 이르러 배가 멈추는대로 내버려두고 쉬었다.

이날 때가 장차 한밤중이 되려고 할 적에 사방을 돌아보아도 조용하기만 하였는데, 마침 외로운 鶴 한 마리가 강을 가로질러 동쪽으로 오니, 나래가 수레바퀴만 하며, 검은 치마에 흰 옷을 입고는 알연히 길게 울면서 내 배를 스쳐 서쪽으로 지나갔다.

須臾에 客去하고 予亦就睡러니 夢에 一道士羽衣翩躚하여 過臨皐之下라가 揖予而言曰 赤壁之遊樂乎아 問其姓名하니 俛而不答이라 嗚呼噫嘻라 我知之矣로라 疇昔之夜에 飛鳴而過我者 非子也耶아 道士顧笑하고 予亦驚悟하여 開戶視之하니 不見其處러라

조금 후에 객이 떠나가고 나 또한 잠을 자고 있었는데, 꿈에 한 道士가 깃으로 만든 옷을 펄럭이면서 臨皐亭 아래를 지나다가 나에게 읍하고 말하기를 "赤壁江의 뱃놀이가 즐거웠는가?" 하였다. 나는 그의 姓名을 물었으나 그는 대답하지 않았다. "아! 슬프다. 내 그대를 알겠노라. 어젯밤에 울면서 내 배를 스쳐 지나간 것이 그대가 아닌가?" 하니, 道士는 돌아보고 웃었으며, 나 또한 놀래어 잠을 깨어 창문을 열고 보니, 그가 간 곳을 알 수 없었다.

祭歐陽公文　　　　蘇　軾

(歐陽公(歐陽脩)에 대한 祭文)

迂齋云 模寫小人情狀이 極其底蘊하니 介甫門下觀之면 能無怒乎아 然歐陽公之存亡

翅：날개 시　縞：흴 호　戛：학울음소리 알　掠：스칠 략　翩：오락가락할 편
躚：춤출 선　噫：탄식할 희　嘻：슬플 희　疇：지난번 주　蘊：쌓일 온

이 關於否泰消長之運은 非東坡筆力이면 不能及也라
○ 歐陽公脩는 字永叔이니 官至參政이라 以神宗熙寧五年에 薨於汝陰하니 諡文忠公이라 東坡時爲杭州倅하니 此文所以祭也라 此等祭文은 與祭泛泛之人不同하니 乃大題目이라 議論이 貴大又貴切하니 此文兩得之하여 能得歐公之大者하니 施之他人이면 斷不能當也라 前敍出處는 爲天下言이요 後敍事契는 爲自身言이요 末以兩句該之하니 甚佳라

迂齋가 말하였다. "小人의 情狀을 묘사함에 그 내용을 지극히 다 말하였으니, 王介甫(王安石)의 門下들이 이를 본다면 노여워하지 않겠는가? 그러나 歐陽公의 생존과 사망이 국운의 否泰(비색함과 通泰함)와 消長의 運에 관계된다는 것은 東坡의 筆力이 아니면 미칠 수 없다."
○ 歐陽公 脩는 字가 永叔이니, 벼슬이 參知政事에 이르렀다. 神宗 熙寧 5년에 汝陰에서 별세하니, 시호를 文忠公이라 하였다. 東坡는 이때 杭州의 원으로 있었는데 이 글은 바로 그때 지은 祭文이다. 이러한 제문은 일반인을 제사하는 제문과는 같지 않으니, 바로 큰 題目이다. 議論은 큼을 귀하게 여기고 또 간절함을 귀하게 여기는데, 이 글은 두 가지 모두 얻어 歐陽公의 위대함에 걸맞으니, 이것을 타인에게 쓴다면 절대로 마땅하지 않다. 앞에서 歐陽公의 出處를 서술함은 천하를 위하여 서술한 것이고, 뒤에 정분을 서술함은 자신을 위하여 말한 것이며, 끝에는 두 句로써 이를 포함하였으니, 매우 아름답다.

嗚呼哀哉라 公之生於世 六十有六年이라 民有父母하고 [1]國有蓍龜하며 斯文有傳하고 學者有師하며 君子有所恃而不恐하고 小人有所畏而不爲하니 譬如大川喬嶽이 雖不見其運動이나 而功利之及於物者를 蓋不可〈以〉數計而周知라 今公之沒也에 赤子無所仰庇하고 朝廷無所稽疑하며 斯文化爲異端하고 〈而〉學者至於用夷하며 君子以爲無與爲善하고 而小人沛然自以爲得時하니 譬如深山大澤에 龍亡而虎逝면 則變怪百出하여 舞鰌鱔而號狐狸라

아! 슬프다. 公이 세상에 태어난 지 66년이 되었습니다. 〈그 동안〉 백성들은 부모처럼 사랑해 주는 분이 있었고 나라에는 〈의심나는 것을 상고할〉 蓍龜가 있었으며 斯文(道學)에는 전함이 있었고 배우는 자들은 스승이 있었으며 君子들은 믿는 바가 있어 두려워하지 않고 小人들은 두려워하는 바가 있어 나쁜 짓을 하지 못하였으니, 비유하면 큰 내와 큰 산악이 비록 그 움직임을 볼 수 없으나 功과 이익이 물건에 미치는 것을 숫자로 계산하여 두루 알 수 없는 것과 같았습니다. 이제 公이 별세함에 赤子(백

否 : 막힐 비　薨 : 죽을 훙　杭 : 고을이름 항　蓍 : 시초 시　龜 : 거북 구(귀)
喬 : 높을 교　庇 : 덮을 비　沛 : 성할 패　鰌 : 미꾸라지 추　鱔 : 두렁허리 선
狸 : 살쾡이 리

성) 들은 우러러 비호받을 곳이 없고 조정은 의심나는 것을 상고할 곳이 없으며, 斯文이 변하여 異端이 되고 배우는 자들이 오랑캐 법을 씀에 이르렀으며 군자들은 더불어 善을 할 사람이 없고 小人들은 沛然히 스스로 때를 만났다고 여기니, 비유하면 깊은 산과 큰 못에 龍이 없어지고 범이 떠나가면 變怪가 갖가지로 나와서 미꾸라지와 두렁허리가 춤을 추고 여우와 살쾡이가 울부짖는 것과 같습니다.

譯註 1. 蓍龜 : 蓍는 「周易」 점을 칠 때에 쓰는 蓍草이고 龜는 거북껍질로 역시 점을 칠 때에 사용하였다. 그러므로 의심스러운 일을 잘 결단해 주는 지혜로운 인물을 지칭하는 말로 쓰이게 되었다.

公之未用也엔 天下以爲病하고 而其旣用也엔 則又以爲遲하고 及其釋位而去也엔 莫不冀其復用하고 至於請老而歸也엔 莫不悵然失望이로되 而猶庶幾於萬一者는 幸公之未衰러니 孰謂公無復有意於斯世也하여 奄一去而莫予追오 豈厭世之溷濁하여 潔身而逝乎아 將民之無祿하여 而天莫之遺아 昔我先君이 懷寶遯世에 非公則莫能致요 而不肖無狀이 夤(因)緣出入하여 受教〈於〉門下者 十有六年於(斯)〔玆〕라 聞公之喪에 義當匍匐往弔어늘 而懷祿不去하니 愧古人以忸怩라 緘辭千里하여 以寓一哀而已〈矣〉니 蓋上以爲天下慟이요 而下以哭吾私니이다

公이 등용되기 전에는 천하가 공이 등용되지 않음을 나쁘게 여겼고, 이미 등용되어서는 또 늦다고 여겼으며, 지위를 내놓고 떠남에 미쳐서는 다시 등용되기를 바라지 않는 이가 없었고, 致仕할 것을 청하고 돌아감에 이르러는 悵然히 실망하지 않는 이가 없었으나 그래도 만에 하나 바랐던 것은 다행히 公이 쇠하지 않았으면 하는 것이었는데 누가 公이 다시는 이 세상에 뜻이 없어 갑자기 한번 떠나가 우리들이 따라갈 수 없게 될 줄을 생각하였겠습니까? 아마도 세상의 혼탁함을 싫어하여 몸을 깨끗이 하려고 떠나가셨나 봅니다. 아니면 우리 백성들이 복이 없어서 하늘이 남겨놓지 않은 것입니까?

옛날 저의 先君(先親)께서 보배를 품고 세상에 은둔하고 계실 때에 公이 아니었으면 데려가지 못했을 것이요, 不肖無狀한 저도 인연하여 출입하여 公의 문하에서 가르침을 받은 지가 이에 16년이 되었습니다. 그러하니, 公의 상을 들었으면 의리상 마땅히 달려가서 조문하여야 할 것이온데, 祿을 생각하고 떠나가지 못하오니, 옛날 분들에게 부끄럽습니다. 弔辭를 천 리 먼 길에 봉함하여 한 슬픔을 부칠 뿐이오니, 위로는 천하를 위하여 애통하고, 아래로는 저의 사사로운 정 때문에 통곡하는 것입니다.

悵 : 슬플 창　奄 : 문득 엄　溷 : 더러울 혼　夤 : 인할 인　匍 : 기어갈 포　匐 : 기어갈 복
忸 : 부끄러울 뉵　怩 : 부끄러울 니　緘 : 봉할 함　慟 : 슬플 통

*六一居士集序 蘇軾

* 六一居士集 : 六一居士는 歐陽脩의 自號로 그의 文集을 이른다. 歐陽脩는 六一居士傳을 지어 六一居士의 뜻을 다음과 같이 밝혔다.

"우리 집에는 장서 1만 권이 있고 三代 이래의 金石文集錄이 1천 권이며 거문고와 바둑판이 각각 하나이고 여기에 항상 술 한 병이 있는 바, 내가 이 다섯 물건 가운데에서 늙어 여섯이 하나가 되기 때문이다."

東萊云 此篇曲折最多라 破頭說大라 故下面應言亦大하니 今人文字는 上面言大하면 下面未必言大하고 言遠하면 下面未必言遠하니 如此以文章配天하고 孔孟配禹는 果然大而非誇라
○ 陳靜觀云 本意는 只是以歐公比韓子하고 以介甫新學之害比佛老며 却逆推上韓子比孟子하고 孟子配禹說來하니 盖人不知韓子之功이면 則歐公之功不明이요 人不知孔孟之功이면 則韓子之功不明이라 但中間於韓子配孟子處에 語有斟酌而以申韓一段으로 旁證孟子之功하니 尤淸切而精神이니라
○ 此篇議論은 則是自孟子答公都子一段來어늘 人但不能如此發明精神耳라 此段精神이 全在說申韓之禍不減洪水하여 却入楊墨之禍不減申韓處니라
○ 人知洪水亂臣賊子楊墨申韓佛老新學이 等是一般禍患이라야 方知大禹孔孟韓歐是一樣功業이라 但力量有輕重하여 功業亦因之而高下하니 則公所謂孟子配禹可也와 以愈配孟子盖庶幾焉之類 自有斟酌劑量矣라

東萊가 말하였다. "이 篇은 곡절이 가장 많다. 머리 부분에 큰 것을 설파하였으므로 下面에도 말함이 또한 컸으니, 지금 사람들의 文章은 上面에서 큰 것을 말했으면 下面에는 반드시 큰 것을 말하지 않고, 上面에서 원대함을 말했으면 下面에는 반드시 원대함을 말하지 않으니, 이 글처럼 文章으로써 하늘에 짝하고 孔孟으로써 禹王에 짝하여 말함은 과연 크면서도 과장한 것이 아니다."

○ 陳靜觀이 말하였다. "本意는 다만 歐陽公을 韓子에 비유하고 王介甫의 新學의 해로움을 佛老에 비유하였으며, 다시 거슬러 올라가 韓子를 孟子에 비유하고 孟子를 禹임금에 짝하여 말하였으니, 사람들이 韓子의 功을 알지 못하면 歐陽公의 功이 밝혀지지 못하고, 사람들이 孔·孟의 功을 알지 못하면 韓子의 功이 밝혀지지 못한다. 다만 중간에 韓子를 孟子에 짝하는 부분에 말이 斟酌이 있으며, 申·韓의 한 단락으로 孟子의 功을 傍證하였으니, 더욱 분명하고 간절하여 정신이 있다."

○ 이 편의 議論은 바로 孟子가 公都子에게 답한 한 단락에서 온 것인데, 사람들

斟 : 참작할 짐 酌 : 참작할 작 劑 : 한도 제

은 단지 정신을 발명하기를 이와 같이 하지 못할 뿐이다. 이 단락의 정신은 오로지 申·韓의 禍가 洪水보다 덜하지 않음을 말하여, 楊·墨의 禍가 申·韓보다 덜하지 않음에 들어간 부분에 있다.

○ 사람들이 洪水와 亂臣賊子, 楊·墨과 申·韓, 佛·老와 新學이 똑같이 禍患임을 알아야 비로소 大禹와 孔子·孟子·韓子·歐陽公이 똑같은 功業임을 알게 된다. 다만 力量에 경중이 있어 功業도 이에 따라 높고 낮으니, 그렇다면 公이 말한 '孟子를 禹임금에 짝하여도 可하다'는 것과 '韓愈로써 孟子에게 짝함이 거의 가깝다'고 말한 類는 스스로 斟酌과 劑量함이 있는 것이라 하겠다.

夫言有大而非誇하니 達者는 信之하고 衆人은 疑焉하나니라 孔子曰 天之將喪斯文也인댄 後死者不得與於斯文也라하시고 孟子曰 禹抑洪水하시고 孔子作春秋하시고 而余距楊墨이라하시니 蓋以是配禹也라 文章之得喪이 何與於天이완대 而禹之功이 與天地竝이어늘 孔子孟子以空言配之하시니 不已誇乎아

말에는 크게 말하여도 과장이 아닌 것이 있으니, 이치를 통달한 자는 이를 믿고 衆人들은 의심한다. 孔子께서 말씀하시기를 "하늘이 장차 이 文(道)을 망하게 하려고 하셨다면 뒤에 죽는 내가 이 文에 참여할 수 없었을 것이다." 하셨고, 孟子께서 말씀하시기를 "禹임금은 홍수를 억제하였고, 孔子는 「春秋」를 지으셨고, 나는 楊·墨을 막았다." 하셨으니, 이로써 禹임금에게 짝하신 것이다. 문장의 얻고 잃음이 하늘과 무슨 상관이기에 禹임금의 功은 천지와 똑같은데 孔子와 孟子가 빈 말로써 禹임금에게 짝하시니, 너무 과장된 것이 아니겠는가?

自春秋作而亂臣賊子懼하고 孟子之言行에 而楊墨之道廢하니 天下以爲是固然이요 而不知大其功이러니 孟子旣没에 有申商韓非之學이 違道而趨利하고 殘民以厚(生)〔主〕하여 其說이 至陋也어늘 而士以是로 罔其上이어든 上之人이 僥倖一切之功하여 靡然從之호되 而世無大人先生如孔子孟子者 推其本末하고 權其禍福之輕重하여 以救其惑이라 故로 其學이 遂行하여 秦以是喪天下하고 陵夷至於勝廣劉項之禍하여 死者十八九라 天下蕭然하니 洪水之患이 蓋不至此也라 方秦之未得志也에 使復有一孟子런들 則申韓爲空言이니 作於其心하여 害於其事하며 作於其事하여 害於其政者 必不至若是烈也리라 使楊墨得志於天下런들 其禍豈減於申韓哉리오 由此言之컨대 雖以孟子配禹라도 可也니라

「春秋」가 나옴으로부터 亂臣賊子들이 두려워하였고, 孟子의 말씀이 행해짐에 楊·墨의 道가 폐지되었으니, 천하가 이것을 당연하다고 여기고 그 공을 위대하게 여길 줄

誇 : 자랑할 과　距 : 막을 거　罔 : 속일 망　僥 : 요행 요　倖 : 요행 행　靡 : 쓰러질 미
蕭 : 쓸쓸할 소　減 : 줄어들 감

을 알지 못하였다. 그런데 孟子가 별세하신 뒤에 申不害·商鞅·韓非子의 학술이 道를 어기고 이익을 따르며 백성을 해치고 군주를 厚하게 하여 그 말이 지극히 누추한데도 선비들은 이로써 그 윗사람을 속이고, 윗사람들은 一切의 공을 요행으로 바라서 靡然히 이를 따랐으나 이때 세상에 大人先生으로서 孔子와 孟子처럼 그 本末을 미루고 禍福의 경중을 저울질하여 그 의혹을 바로잡아주는 이가 없었다. 그러므로 그들의 학설이 마침내 행해져서 秦나라는 이로써 천하를 잃었고, 陵夷(침체)하여 陳勝·吳廣·劉邦·項羽의 화에 이르러는 죽은 자가 10에 8~9가 되어 천하가 쓸쓸해졌으니, 홍수의 화도 이처럼 심하지는 않았다. 秦나라가 뜻을 얻지 않았을 때에 가령 다시 한 孟子가 있었더라면 申不害와 韓非子는 빈 말이 되었을 것이요, 그 마음에서 나와 일에 해를 끼치며 일에 나와 정사를 해치는 자들이 이처럼 심하지는 않았을 것이다. 그리고 가령 楊子와 墨子가 천하에 뜻을 얻었더라면 그 화가 어찌 申不害와 韓非子보다 적었겠는가. 이로 말미암아 말한다면 비록 孟子를 禹에게 짝하더라도 可한 것이다.

太史公曰 蓋(합)公은 言黃老하고 賈誼晁(鼂)錯는 明申韓이라하니 錯는 不足道也어니와 而誼亦爲之하니 余以是로 知邪說之移人이 雖豪傑之士라도 有不免者하니 況衆人乎아 自漢以來로 道術이 不出於孔氏하여 而亂天下者多矣라 晉以老莊亡하고 梁以佛亡하되 莫或正之러니 五百餘年而後에 得韓愈하니 學者以愈配孟子하니 或庶幾焉이라

太史公이 말하기를 "蓋公은 黃·老를 말하였고 賈誼와 晁錯는 申·韓을 밝혔다" 하였으니, 晁錯는 굳이 말할 것이 없거니와 賈誼도 또한 이것을 하였으니, 나는 이 때문에 不正한 학설이 사람을 변화시킴은 비록 호걸스런 선비라도 면할 수 없음을 아는 것이니, 하물며 衆人에 있어서랴. 漢나라 이래로 道術이 孔氏에게서 나오지 아니하여 천하를 어지럽힌 적이 많았었다. 晉나라는 老莊學으로 망하였고, 梁나라는 佛教로 망하였으나 이것을 혹시라도 바로잡는 이가 없었는데, 5백여 년이 지난 뒤에 韓愈를 얻으니, 배우는 자들은 韓愈를 孟子에게 짝하는 바, 혹 거의 가까울 것이다.

愈之後三百有餘年而後에 得歐陽子하니 其學이 推韓愈孟子하여 以達於孔氏하고 著禮樂仁義之實하여 以合於大道라 其言이 簡而明하고 信而通하여 引物連類하여 折之於至理하여 以服人心이라 故로 天下翕然師尊之라 自歐陽子之存으로 世之不悅者 譁而攻之하여 能折困其身이로되 而不能屈其言이라 士無賢不肖히 不謀而同曰 歐陽子는 今之韓愈也라하나니라

韓愈의 뒤 3백여 년만에 歐陽子를 얻으니, 그 학문은 韓愈와 孟子를 미루어 孔子

蓋 : 어찌아닐 합 晁 : 아침 조 錯 : 둘 조 翕 : 화할 흡 譁 : 떠들 화

에 도달하였으며, 仁義와 禮樂의 실제를 드러내어 大道에 합하였으니, 그 말이 간략하면서도 분명하고 신실하면서도 통달하여, 사물을 이끌고 종류를 연결하여 지극한 이치에 절충하여 사람들의 마음을 감동시켰다. 그러므로 천하에서는 翕然히 그를 스승으로 삼고 높였다. 歐陽子가 생존하였을 때에는 세상에 그를 기뻐하지 않는 자들이 시끄럽게 공격하여 그 몸을 좌절시키고 곤궁하게 하였으나 그의 말을 굽히지는 못하였다. 그리하여 선비 중에 어진이나 불초한 이를 막론하고 상의하지 않았는데도 똑같이 "歐陽子는 지금의 韓愈다."라고 말하고 있다.

宋興七十餘年에 民不知兵하고 富而敎之하여 至天聖景祐에 極矣로되 而斯文이 終有愧於古하고 士亦因陋守舊하여 論卑而氣弱이러니 自歐陽子出로 天下爭自濯磨하여 以通經學古爲高하고 以救時行道爲賢하고 以犯顔敢諫爲忠하여 長育成就하여 至嘉祐末하여 號稱多士하니 歐陽子之功이 爲多라 嗚呼라 此豈人力也哉아 非天이면 其孰能使之리오

宋나라가 일어난 지 70여 년에 백성들은 병란을 몰랐으며 부유하게 하고 잘 가르쳐서 仁宗의 天聖·景祐 연간에 이르러 극에 달하였으나 斯文(道學)은 끝내 옛날에 부끄러움이 있었고, 선비들 또한 고루함을 따르고 옛것을 지켜서 의론이 낮고 기개가 약하였다. 그런데 歐陽子가 나옴으로부터 천하가 다투어 스스로 세탁하고 연마하여, 경서를 통달하고 옛것을 배움을 높은 것으로 여기며, 세상을 구제하고 道를 행함을 어질게 여기며, 면전에서 얼굴을 범하고 용감히 간하는 것을 충성으로 여겨, 長育하고 성취하여 嘉祐 말년에 이르러는 선비가 많다고 알려졌으니, 이는 歐陽子의 공로가 많다. 아! 이 어찌 人力이겠는가. 하늘이 아니면 그 누가 이렇게 할 수 있겠는가.

歐陽子歿十有餘年에 士始爲新學하여 以佛老之似로 亂周孔之實하니 識者憂之러니 賴天子明聖하사 詔修取士法하여 風厲學者하여 專治孔氏하고 黜異端하니 然後風俗一變하여 考論師友淵源所自하여 復知誦習歐陽子之書라 予得其詩文七百六十六篇於其子棐하고 乃次而論之曰 歐陽子論大道는 似韓愈하고 論事는 似陸贄하고 記事는 似司馬遷하고 詩賦는 似李白이라하노니 此非予言也요 天下之言也니라 歐陽子는 諱脩요 字永叔이니 旣老에 自謂六一居士云이라

歐陽子가 별세한 지 10여 년만에 선비들은 비로소 新學을 하여 佛·老와 유사한 것을 가지고 周公과 孔子의 실제를 혼란시키니, 유식한 자들이 근심하고 있었는데, 天子의 밝고 성스러움을 힘입어 조서를 내려 선비들을 뽑는 법을 닦아, 배우는 자들을 風厲하여 오로지 孔氏의 학문을 다스리고 異端을 배척하게 하시니, 그런 뒤에 풍속이

祐 : 도울 우　濯 : 씻을 탁　厲 : 권장할 려　黜 : 내칠 출　棐 : 도울 비　贄 : 폐백 지

한번 변하여 師友들의 淵源이 부터온 바를 상고하고 논하여 다시 歐陽子의 글을 외고 익힐 줄 알게 되었다.

내 그 詩文 7백 66편을 그의 아들 棐에게 얻어 차례로 엮고 논하기를 "歐陽子가 大道를 논함은 韓愈와 같고, 政事를 논함은 陸贄와 같고, 일을 기록함은 司馬遷과 같고, 詩賦는 李白과 같다."고 말하노니, 이는 내 스스로 한 말이 아니요 천하의 말이다. 歐陽子의 諱는 脩요 字는 永叔이니, 이미 退老한 다음 스스로 '六一居士'라 일컬었다.

三槐堂銘　　蘇 軾

宋太祖始欲相王晉公祜러니 公請以百口保符彦卿不反이라가 忤太祖意하여 遂不相이라 或有惜之者한대 曰 吾雖不做나 兒子二郎必做라하니 二郎은 文正公旦也라

○此篇은 發明天人意好라

○迂齋曰 序文은 理致甚長이나 然猶可到요 至銘詩則不可及矣라 學者看了序文하고 且掩卷默想銘文當如何下語라가 却來看他作이면 方有長進이리라

宋太祖가 처음에 晉國公 王祜를 정승으로 삼으려 하였는데, 公은 백 명의 식구로써 符彦卿이 배반하지 않을 것임을 보장하겠다고 청하였다가 太祖의 뜻을 거슬러 마침내 재상이 되지 못하였다. 혹자가 이를 애석히 여기자, 公은 말하기를 "내 비록 재상이 되지 못했으나 아들 二郎(둘째아들)이 반드시 재상이 될 것이다." 하였으니, 二郎은 文正公 王旦이다.

○이 篇은 하늘과 사람을 발명한 뜻이 매우 좋다.

○迂齋가 말하였다. "序文은 이치가 매우 뛰어나나 그래도 따를 수가 있지만 銘詩에 이르러는 도저히 따를 수가 없다. 배우는 자들이 序文을 보고 우선 책을 덮어놓고 銘文을 어떻게 쓸 것인가를 묵묵히 생각한 다음, 公이 지은 것을 읽어보면 바야흐로 長足의 진보가 있을 것이다."

天可必乎아 賢者不必貴요 仁者不必壽니라 天不可必乎아 仁者必有後니라 二者에 將安取衷哉오 吾聞之하니 [1]申包胥曰 人衆者는 勝天이요 天定이면 亦能勝人이라하니 世之論天者皆不待其定而求之라 故로 以天爲茫茫하여 善者以怠하고 惡者以肆하니 盜跖之壽와 孔顔之厄은 此皆天之未定者也라 松柏이 生於山林하여 其始也에 困於蓬蒿하고 厄於牛羊이라가 而其終也에 貫四時, 閱千歲而不改者는 其天이 定

槐：회화나무 괴　祜：복 호　忤：거스를 오　做：될 주　茫：아득할 망
跖：사람이름 척　厄：곤궁할 액　蓬：쑥 봉　蒿：쑥 호　閱：지날 열

也라 善惡之報가 至於子孫이면 則其定也久矣니 吾以所見所聞而考之컨대 其可必也審矣로다

하늘을 기필할 수 있는가? 賢者가 반드시 귀해지지는 못하고, 仁者가 반드시 壽하지는 못한다. 하늘을 기필할 수 없는가? 仁者는 반드시 그 후손이 있다. 이 두 가지 중에 장차 어느 것을 취하여 절충하여야 하는가? 내 들으니, 申包胥가 말하기를 "사람이 많으면 하늘을 이기고, 하늘이 정해지면 또한 사람을 이긴다."하였다. 세상에 하늘을 논하는 자들이 모두 하늘이 정해지기를 기다리지 않고 구한다. 그러므로 하늘을 아득하다고 여겨 선한 자가 이 때문에 태만해지고 악한 자가 이 때문에 방자해지니, 盜跖의 長壽와 孔子·顏子의 困厄은 모두 하늘이 정해지지 못한 것이다. 松柏이 산림에서 나서 그 처음엔 쑥대에게 곤궁을 당하고 소와 양에게 곤액을 당하다가 그 종말에는 四時를 꿰뚫고 천 년을 지나도록 변치 않으니, 이는 그 하늘이 정해진 것이다. 선악의 보답이 자손에게 이른다면 이는 그 정해짐이 오래인 것이다. 내가 본 바와 들은 바를 가지고 상고하건대, 그 기필할 수 있음이 분명하다.

譯註 1. 申包胥 : 춘추시대 楚나라의 大夫로 원래의 姓은 公孫인데 申 땅에 봉해졌으므로 申包胥라 하였다. 그의 이 말은 楚나라에서 滅門之禍를 당하고 吳나라로 망명하였던 伍子胥(伍員)가 복수전을 전개하여 楚나라의 都城을 함락하고 죽은 楚王의 무덤을 파내어 그 시신에 매를 때리는 것을 보고 타이른 것으로 「國語」《楚語》에 보인다.

國之將興에 必有世德之臣이 厚施而不食其報하나니 然後其子孫이 能與守文太平之主로 共天下之福하나니라 故兵部侍郎晉國王公이 顯於漢周之餘하여 歷事太祖太宗하여 文武忠孝하니 天下望以爲相이로되 而公卒以直道로 不容於時하니라 蓋嘗手植三槐於庭曰 吾子孫에 必有爲三公者라하더니 已而요 其子魏國文正公이 相眞宗皇帝於景德祥符之間하여 朝廷淸明, 天下無事之時에 享其福祿榮名者 十有八年이라 今夫寓物於人하여 明日而取之라도 有得有否어늘 而晉公이 修德於身하여 責報於天하여 取必於數十年之後호되 [1]如持左契하여 交手相付하니 吾以是로 知天之果可必也로라

나라가 장차 흥하려면 반드시 대대로 덕을 쌓은 신하가 厚하게 베풀기만 하고 그 보답을 먹지 않는 이가 있으니, 그런 뒤에야 그 자손들이 文德을 지키는 태평성세의 군주와 더불어 천하의 복을 함께 누린다. 故 兵部侍郎 晉國王公은 後漢과 後周의 뒤에 이름을 드러내 太祖와 太宗을 차례로 섬겨, 文武와 忠孝를 겸비하니, 천하에서는 재

享 : 누릴 향 必 : 기필할 필 契 : 문서 계

상이 되기를 바랐으나 公은 끝내 정직한 道로 세상에 용납되지 못하였다. 公은 일찍이 손수 세 그루의 홰나무를 뜰에 심고 말씀하기를 "내 자손 중에 반드시 三公이 될 자가 있을 것이다."하였다. 그런데 얼마 후 그 아들 魏國 文正公이 眞宗皇帝를 景德·祥符 연간에 도와서 조정이 청명하고 천하가 무사하던 때에 그 복록과 영화로운 이름을 누리기를 18년이나 하였다. 이제 남에게 물건을 맡겼다가 다음날 취하더라도 얻을 수도 있고 얻지 못할 수도 있는데, 晉國公은 몸에 덕을 닦아 하늘의 보답을 바라 수십년 뒤에 기필함을 취하되, 마치 左契를 잡고서 손을 마주 쥐고 서로 받듯이 하였으니, 내 이 때문에 과연 하늘을 기필할 수 있음을 아노라.

譯註 1. 左契 : 왼쪽의 문서. 古代에 어떠한 약속이나 契約을 할 경우 그 내용을 대쪽이나 종이에 써서 좌·우 두 쪽으로 나누어 甲·乙이 각각 한 쪽씩 갖고 있었으므로 말한 것이다.

吾不及見魏公이요 而見其子懿敏公하니 以直諫으로 事仁宗皇帝하여 出入侍從將帥三十餘年이로되 位不滿其德하니 天將復興王氏也歟아 何其子孫之多賢也오 世有以晉公으로 比李棲筠者하니 其雄才直氣가 眞不相上下요 而棲筠之子吉甫와 其孫德裕의 功名富貴가 略與王氏等이나 而忠信仁厚는 不及魏公父子하니 由此觀之컨대 王氏之福이 蓋未艾也로다 懿敏公之子鞏이 與吾遊하니 好德而文하여 以世其家일새 吾是以錄之하노라

나는 미처 魏國公을 뵙지 못하였고 그 아들 懿敏公(王素)을 뵈었는데, 直諫으로 仁宗皇帝를 섬겨 출입하면서 侍從官이 되고 將帥가 된 지 30여 년이었으나 그의 지위가 그의 덕에 차지 못하였다. 하늘은 장차 다시 王氏를 일으키려는가 보다. 어찌면 그리도 자손들이 어진이가 많은가? 세상에서는 晉國公을 唐나라의 李棲筠에 비하는 자가 있으니, 그 뛰어난 재주와 정직한 기운이 참으로 서로 더 낫고 못함이 없으며, 李棲筠의 아들 吉甫와 그 손자 德裕의 功名과 富貴가 대략 王氏와 비등하나 忠信과 仁厚함은 魏國公의 父子에게 미치지 못하니, 이로 말미암아 관찰한다면 王氏의 복이 아직 다하지 않은 것이다. 懿敏公의 아들 鞏이 나와 더불어 교유하였는데, 德을 좋아하고 문장이 있어 그 집안을 대대로 이어가므로 내가 이 때문에 기록하는 것이다.

銘曰 嗚呼休哉라 魏公之業이 與槐俱萌이로다 封植之功이 必世乃成이라 既相眞宗하니 四方砥平이요 歸視其家하니 槐陰滿庭이로다 吾儕小人이라 朝不(謀)〔及〕夕하여 相時射利하니 皇(遑)恤厥德이리오 庶幾僥倖하여 不種而穫이라 不有君子면 其何能國이리오 王城之東은 晉公所廬니 鬱鬱三槐여 惟德之符로다 嗚呼休哉라

懿 : 아름다울 의 棲 : 깃들 서 筠 : 대 균 艾 : 다할 애 鞏 : 굳을 공 休 : 아름다울 휴
砥 : 숫돌 지 儕 : 무리 제 皇 : 겨를 황 廬 : 집 려

다음과 같이 銘한다.

아! 아름답다. 魏國公의 업이 홰나무와 함께 싹텄도다.
흙을 쌓고 심는 功(효과)은 반드시 代가 지난 다음에야 이루어지는 법
이미 眞宗을 도우니, 사방이 숫돌처럼 평평하였고
돌아와 그 집안을 보니, 홰나무 그늘이 뜰에 가득하도다.
우리들은 소인이라 아침에도 저녁 일에 미치지 못하여,
때를 보아 이익을 맞추려 하니, 그 德을 생각할 겨를이 있겠는가?
행여 요행을 바라 심지 않고 수확하려 하니
君子가 있지 않다면 어찌 나라를 다스리겠는가?
王城의 동쪽은 晉公의 집이 있는 곳
울창한 세 홰나무여! 德의 상징이니, 아! 아름답도다.

表忠觀碑 蘇 軾

王荊公云 此作이 絕似西漢이라하니 坐客歎譽不已어늘 公笑曰 西漢誰人可擬오 楊德逢曰 王褒라하니 蓋易之也라 公曰 不可草草니라 德逢曰 司馬相如, 揚雄之流乎아 公曰 相如賦子虛大人洎喩蜀文, 封禪書爾요 雄所著太玄, 法言은 以準易, 論語니 未見其叙事典贍이 如此也니 直須與子長馳騁上下니라 坐客이 又從而贊之한대 公曰 畢竟似子長何語오 坐客竦然한대 公徐曰 漢興以來諸侯王年表也니라
◯ 迂齋云 發明吳越之功與德에 全是以他國形容하니 比並出來라야 方見朝廷坐收土地하여 不勞兵革하니 知他是全了多少生靈이라 說墳墓尤切하여 意在言外하니 文極典雅라
◯ 按碑序는 全作守臣趙抃奏疏하니 此蓋法柳文壽州安豊縣孝門銘也라 其文起云 壽州刺史臣承思言하노이다 九月丁亥에 安豊縣令臣某 上所部編戶甿李興云云이라하오니 請表其門閭云云하고 觀示後祀하여 永永無極하소서 臣昧死上請하노이다 制曰可라하다 其銘曰云云이라하니 觀此則知坡公非創爲之矣라

王荊公(王安石)이 이르기를 "이 작품은 西漢(前漢)의 글과 매우 흡사하다." 하자, 자리에 앉아있던 객이 감탄하고 칭찬하기를 마지 않았다. 荊公이 웃으며 "西漢의 누가 이에 비견할 만한가?" 하고 묻자, 楊德逢은 "王褒입니다." 하니, 이를 하찮게 여긴 것이었다. 荊公이 "쉽게 말할 수 없다." 하자, 楊德逢은 "司馬相如와 揚雄의 부류입니까?" 하니, 荊公은 "司馬相如는 子虛賦와 大人賦 및 喩蜀文과 封禪書를 지었을 뿐이요, 揚雄이 지은 「太玄經」과 「法言」은 「周易」과 「論語」를 기준

碑 : 비석 비 荊 : 가시나무 형 草 : 거칠 초 洎 : 및 기 贍 : 넉넉할 섬 騁 : 달릴 빙
竦 : 두려워할 송 抃 : 손뼉칠 변 甿 : 백성 맹

으로 삼은 것이니, 일을 서술함이 법에 맞고 풍부함이 이와 같음을 볼 수 없다. 모름지기 司馬子長(司馬遷)과 나란히 달려 앞서거니 뒷서거니 할 수 있다." 하였다. 자리에 있던 객이 또 따라서 칭찬하자, 荊公이 "필경 司馬子長의 어느 글과 유사한가?" 하니, 客은 송연해 하였다. 이에 荊公은 천천히 말하기를 "「史記」의 '漢興以來諸侯王年表'이다." 하였다.

○迂齋가 평하였다. "吳越의 功과 德을 발명함에 오로지 他國을 가지고 형용하였으니, 함께 비교해 보아야 朝廷(國家)이 가만히 앉아서 토지를 거두어 兵革을 수고롭지 않게 함을 볼 수 있는 바, 저 사람(吳越王)이 수많은 生靈(백성)을 온전히 하였음을 알 수 있다. 墳墓를 말한 부분은 더욱 간절하여 뜻이 말 밖에 있으니, 文章이 지극히 典雅하다".

○이 碑文의 序는 완전히 守臣 趙抃이 上奏한 글로 만들었으니, 이는 柳子厚의 글에 '壽州安豊縣孝門銘'을 본딴 것이다. 그 글의 起句에 "壽州刺史 臣 承思는 말하노이다. 9월 丁亥日에 安豊縣令 臣某가 올린 바에 의하면 部內의 編戶의 백성인 李興이 이리이리 했다 하오니, 청하옵건대 그 門閭에 旌表하여…… 後祀(後孫)에 보여 주어서 영원히 무궁하게 하소서. 臣은 죽을 죄를 무릅쓰고 청합니다." 하니, 制에 "可하다"고 하였다. 그 銘文에 "이리이리 말했다." 하였으니, 이것을 보면 坡公(東坡)이 창작하여 지은 것이 아님을 알 수 있다.

熙寧十年十月戊子에 資政殿大(太)學士右諫議大夫知杭州軍〈州〉事臣抃은 言하노이다 故吳越國王錢氏墳墓와 及其父祖妃夫人子孫之墳이 在錢塘者二十有六이요 在臨安者十有一이로되 皆蕪廢不治하니 父老過之에 有流涕者니이다 謹按故武肅王鏐가 始以鄕兵으로 破走黃巢하여 名聞江淮하고 復以八(郡)〔都〕兵으로 討劉漢宏하고 幷越州하여 以奉董昌而自居於杭이러니 及昌以越叛에 則誅昌而幷越하여 盡有浙東西之地하여 傳其子文穆王元瓘하고 至其孫忠(獻)〔顯〕王仁佐하여 遂破李景兵하여 取福州하고 而仁佐之弟忠懿王俶이 又大出兵攻景하여 以迎周世宗之師러니 其後에 卒以國入覲하여 三世四王이 與五代로 相終始하니이다

熙寧 10년 10월 戊子日에 資政殿太學士 右諫議大夫 知杭州軍事인 臣 趙抃은 말하옵니다.

"故 吳越國王 錢氏의 墳墓와 그 아버지와 할아버지, 妃와 夫人, 子孫의 분묘로서 錢塘에 있는 것이 26개 소이고 臨安에 있는 것이 11개 소인데, 모두 황폐한 채로 다스리지 않아서 父老들이 이 곳을 지날 때에 눈물을 흘리는 자들이 있습니다.

삼가 상고해 보건대, 故 武肅王 錢鏐가 처음에 지방의 병사들을 이끌고 黃巢를 패

墳 : 무덤 분 蕪 : 거칠 무 涕 : 눈물 체 鏐 : 금 류 淮 : 회수 회 宏 : 클 굉
幷 : 아우를 병 董 : 성 동 浙 : 땅이름 절 瓘 : 옥 관 俶 : 비로소 숙

주시켜 이름이 江淮지방에 알려졌으며, 다시 八都兵으로 劉漢宏을 토벌하고 越州를 겸병한 다음 董昌을 받들고 杭州에 스스로 거처하였는데, 董昌이 越州를 가지고 배반하자, 董昌을 베고 越州를 겸병하여 浙東과 浙西의 땅을 모두 소유하였습니다. 그 아들 文穆王 元瓘에게 전하고, 그 손자인 忠顯王 仁佐에 이르러 마침내 李景의 군대를 격파하여 福州를 점령하였으며, 仁佐의 아우 忠懿王 俶이 또 크게 군대를 내어 李景을 공격하고는 周 世宗의 군대를 맞이하였는데, 그후 끝내 나라를 바치고 宋나라에 들어와 조회하여 3대의 네 왕이 五代와 서로 끝을 마쳤습니다.

天下大亂에 豪傑蜂起하니 方是時에 以數州之地로 盜名字者 不可勝數러니 旣覆其族하고 延及于無辜之民하여 罔有孑遺어늘 而吳越은 地方千里요 帶甲十萬이요 鑄山煮海하고 象犀珠玉之富가 甲于天下라 然이나 終不失臣節하여 貢獻이 相望於道라 是以로 其民이 至於老死히 不識兵革하고 四時嬉遊하여 歌鼓之聲이 相聞하여 至于今不廢하니 其有德於斯民이 甚厚니이다

천하가 크게 혼란하자 호걸들이 봉기하였으니, 이 때에 몇 州의 땅을 가지고 왕이라는 名字를 도둑질한 자들을 이루 셀 수 없었습니다. 그들은 이미 그 집안을 전복시키고 화가 죄없는 백성들에게까지 미쳐 살아 남은 자가 없었는데, 吳·越은 지방이 천리나 되고 무장한 군사가 10만 명이나 되었으며, 산에서 구리를 주조하고 바다에서 소금을 구웠으며 코끼리와 물소, 주옥의 풍부함이 천하에 으뜸이었습니다. 그러나 끝내 신하의 절개를 잃지 아니하여 공물을 바침이 길에 이어졌으니, 이 때문에 그 백성들이 늙어 죽음에 이르도록 兵革(변란)을 알지 못하고 四時에 즐겁게 놀아 노래하고 북치는 소리가 서로 들려 지금까지 폐하지 않고 있는 바, 그 백성에게 은덕이 있음이 매우 두텁습니다.

皇宋이 受命에 四方僭亂이 以次削平이나 西蜀, 江南은 負其險遠하여 兵至城下하여 力屈勢窮然後束手하고 而河東劉氏는 百戰守死하여 以抗王師하여 積骸爲城하고 釃血爲池하여 竭天下之力하여 僅乃克之어늘 獨吳越은 不待告命하고 封府庫, 籍郡縣하여 請吏于朝하여 視去其國을 如去傳舍하니 其有功於朝廷이 甚大니이다

皇宋이 천명을 받으심에 사방의 참람하고 난을 일으킨 자들이 차례로 평정되었는데, 西蜀과 江南은 지역이 험함과 거리가 먼 것을 믿고는 군대가 그들의 성 밑에 이르러 힘이 굽혀지고 세가 궁한 뒤에야 손을 묶고 항복하였으며, 河東의 劉氏(劉繼元)는 백번 싸우며 죽도록 지켜 王師를 항거해서 해골이 쌓여 성이 되고 피가 흘러 못이 되어서 천하의 힘을 다하고서야 겨우 이겼습니다. 그런데 홀로 吳越은 명령을 기다리지 않

辜 : 허물 고　孑 : 반쪽 혈　鑄 : 주조할 주　煮 : 끓일 자　犀 : 물소 서　甲 : 으뜸 갑
嬉 : 즐거울 희　削 : 깎을 삭　釃 : 흐를 리

고 府庫를 함봉하며 郡縣을 적어서 조정에 관리를 청하여 그 나라를 버림을 보기를 傳舍(여관방)를 떠나듯이 하였으니, 조정에 공이 있음이 심히 큽니다.

昔에 竇融이 以河西歸漢이어늘 光武詔右扶風하여 修理其父祖墳塋하고 祠以大(太)牢하니 今錢氏功德이 殆過於融이어늘 而未及百年에 墳墓不治하여 行道傷嗟하니 甚非所以勸獎功臣, 慰答民心之義也니이다

옛날에 竇融이 河西 지방을 가지고 漢나라로 귀순하자, 光武帝는 右扶風에게 조서를 내려 그 父祖의 분묘를 수리하게 하고 太牢로 제사하게 하였습니다. 이제 錢氏의 공덕이 竇融보다 더한데도 미처 백년도 되기 전에 분묘가 다스려지지 아니하여 길가는 사람들이 서글퍼하고 한숨쉬고 있으니, 심히 功臣을 권장하고 民心을 慰答하는 의리가 아닙니다.

臣은 願以龍山廢佛寺曰妙因院者로 爲觀하고 使錢氏之孫爲道士曰自然者로 居之하여 凡墳墓之在錢塘者는 以付自然하고 其在臨安者는 以付其縣之淨土寺僧曰道微하여 [1]歲各度其徒一人하여 使世掌之하고 籍其地之所入하여 以時修其祠宇하며 封植〔殖〕其草木하되 有不治者어든 縣令丞이 察之하여 甚者는 易其人이면 庶幾永終不墜하여 以稱朝廷待錢氏之意리이다 臣抃은 昧死以聞하노이다 制曰可라하고 其妙因院을 改賜名曰表忠觀이라하니라

臣은 원하옵건대, 龍山의 폐지된 佛寺 중에 妙因院이라는 절을 道觀으로 삼고, 錢氏의 후손 중에 道士가 된 自然이라는 자로 하여금 이 곳에 거주하게 하여 모든 분묘 중에 錢塘에 있는 것은 自然에게 맡기고, 臨安에 있는 것은 臨安縣의 淨土寺에 있는 중인 道微에게 맡겨, 해마다 각각 승려 한 사람을 도첩하여 대대로 관장하게 하고, 그 토지의 수입을 기록하여 때때로 祠宇를 보수하며 초목을 봉식하도록 하되 다스리지 않는 자가 있으면 縣令과 丞이 살펴서 심한 자는 그 사람을 바꾸도록 한다면 거의 영원히 실추하지 아니하여 조정에서 錢氏를 대하는 뜻에 걸맞게 될 것입니다. 신 抃은 죽을 죄를 무릅쓰고 아뢰옵니다.

制에 可하다고 하고, 妙因院을 고쳐 表忠觀이라는 이름을 하사하였다.

譯註 1. 度其徒：度는 度牒으로 僧侶나 道士들에게 내려주는 牒인 바, 이것을 받으면 모든 租稅와 부역을 면제 받게 된다.

銘曰 天目之山에 苕水出焉하니 龍飛鳳舞하여 萃于臨安이라 篤生異人하여 絶類離群하니 奮挺大呼에 從者如雲이라 [1]仰天誓江하니 月星晦蒙이요 強弩射潮하니 江海

竇：구멍 두 塋：무덤 영 牢：희생 뢰 苕：완두 초 萃：모일 췌 挺：빼낼 정

爲東이라 殺宏誅昌하여 奄有吳越하니 金券玉册이요 虎符龍節이라 大城其居하여 包絡山川하니 左江右湖요 控引島蠻이라 歲時歸休하여 以燕父老하니 曄如神人이 玉帶毬馬라 四十一年을 寅畏小心하여 厥篚相望하니 大貝南金이라 五朝昏亂하여 罔堪託國일새 三王相承하여 以待有德이러니 旣獲所歸하니 弗謀弗咨하고 先王之志를 我維行之라 天祚忠(厚)〔孝〕하여 世有爵邑하니 允文允武하여 子孫千億이라 帝謂守臣하시되 治其祠墳하여 毋俾樵牧하여 愧其後昆하라 龍山之陽에 巋然新宮이니 匪私于錢이라 惟以勸忠이니라 非忠無君이요 非孝無親이니 凡百有位는 視此刻文하라

다음과 같이 銘한다.

天目山에 苕水가 나오니, 龍이 나는 듯 鳳이 춤추는 듯하여 臨安에 모였네.

정기가 모여 특이한 사람 내어 보통사람보다 뛰어나고 무리보다 벗어나니, 몸을 떨치고 일어나 크게 고함침에 따르는 자가 구름과 같았네.

하늘을 우러러 강물에 맹세하니 달과 별이 어두워졌고, 강한 쇠뇌로 潮水를 쏘니 江海가 동쪽으로 흘렀네.

劉漢宏을 죽이고 董昌을 베어 곧바로 吳越 지방을 소유하니, 金券과 玉册이요 범을 그린 兵符와 龍을 그린 깃발이었네.

그 거처하는 곳에 크게 축성하여 산천을 包絡(연락)하니, 왼쪽에는 양자강, 오른쪽에는 호수가 있고 섬에 오랑캐들을 공제하였네.

歲時에 돌아와 쉬며 父老들에게 잔치 베푸니, 마치 神人처럼 빛나는 분이 옥띠를 매고 말을 탔네.

41년 동안 공경하고 두려워하고 조심하여 광주리에 공물이 서로 이어지니, 큰 자개와 남쪽 지방에서 나오는 금이었네.

五代의 조정 혼란하여 나라를 맡길 수가 없기에 세 왕이 계승하여 덕있는 분 기다렸는데, 이미 돌아갈 곳 얻으니 모의하지 않고 묻지 않고는 선왕의 뜻 내가 행했네.

하늘이 忠孝한 분 도와 대대로 官爵과 邑을 소유하니, 진실로 文·武를 겸전하여 자손들이 천억이나 되었네.

황제는 지키는 신하에게 이르시되 그의 사당과 분묘를 다스려, 나무를 하거나 짐승을 먹여 후손들에게 부끄럽지 않게 하라 하셨네.

龍山의 남쪽에 새 사당 드높이 솟으니, 錢氏에게 사사로이 하는 것이 아니라 오직 충신을 표하려고 해서이네.

忠이 아니면 군수가 없고 孝가 아니면 어버이가 없으니, 모든 지위에 있는 자들은 이 새겨놓은 글을 볼지어다.

絡 : 이을 락 控 : 당길 공 曄 : 빛날 엽 毬 : 공 구 篚 : 광주리 비 堪 : 견딜 감
祚 : 복 조 允 : 진실로 윤 俾 : 하여금 비 樵 : 나무할 초 巋 : 우뚝설 귀 匪 : 아닐 비

譯註 1. 仰天誓江…強弩射潮：錢鏐는 일찍이 劉漢宏의 침공군을 막기 위하여 병력을 이끌고 은밀히 渡江하려 하였으나 月色이 너무 밝아 실행하지 못하였는데, 하늘을 우러러 맹세하자 갑자기 雲霧가 일어나 四方이 캄캄해져 무사히 渡江하였으며, 杭州의 羅刹石에 거센 潮水가 물결쳐 폐해가 막심하였는데, 강한 쇠뇌로 潮水를 향해 쏘니, 조수가 물러가 羅刹石은 육지가 되었다 한다.

凌虛臺記　　蘇　軾

陳希亮은 字公弼이니 剛正人也라 嘉祐中에 知鳳翔府러니 東坡初擢制科하여 簽書判官事한대 吏呼蘇賢良이어늘 公怒曰 府判官이 何賢良也오하고 杖其吏不顧하다 坡作齋醮祈禱文에 公弼이 必塗墨改定하여 數往返이러니 至爲公弼作凌虛臺記하여는 公弼覽之하고 笑曰 吾視蘇明允을 猶子也요 軾을 猶孫也로되 平日不以辭色假之者는 以其年少하여 暴得大名하니 懼夫滿而不勝也러니 乃不吾樂耶아하고 不易一字하고 亟命刻之石하니라

○嘉祐八年癸卯에 坡時年二十八이라 作此記하니 起句突然하여 似乎無頭요 自起以下는 節節奇妙하니 登臺而望其東以下는 乃法習鑿齒與其弟書라 坡又作超然臺記하니 其中一段은 亦用此格調요 後又有法之者는 汪彦章月觀記是也니 今皆附見于後하노라 坡所以諷切陳公者深矣니 世有足恃者는 立德, 立功, 立言三不朽之謂乎인저 今臺必爲荒草野田而反賴坡之文章하여 以千載不朽하니 則所謂足恃者豈不信然哉아

陳希亮은 字가 公弼인데 剛正한 사람이었다. 嘉祐年間에 鳳翔府를 맡았는데 東坡가 처음 制科에 及第하여 簽書判官이 되었다. 이에 아전들이 東坡를 蘇賢良이라고 높여 부르자, 陳公은 노하여 말하기를 "府判官이 무슨 賢良인가?" 하고는 그 아전을 곤장치고 돌아보지 않았다. 東坡가 '齋醮祈禱文'을 지었을 적에 公弼은 반드시 먹칠하여 고쳐서 여러 차례 오고 갔었는데, 東坡가 公弼을 위하여 '凌虛臺記'를 짓자, 公弼이 이를 보고 웃으며 말하기를 "내 蘇明允(蘇洵) 보기를 아들처럼 여기고 蘇軾을 손자처럼 여긴다. 그런데 내 평일에 말과 얼굴빛을 너그럽게 하지 않은 까닭은 젊은 나이에 갑자기 큰 이름을 얻으니, 너무 가득차서 감당하지 못할까 두려워해서였다. 내 이제 즐겁지 않겠는가?" 하고는 한 글자도 바꾸지 않고 빨리 碑石에 새기라고 명하였다.

○嘉祐 8년 癸卯에 東坡의 나이 28세였는데 이 記文을 지었다. 起句는 우뚝하여 起頭가 없는 듯하고, 그 이하는 구절구절이 기묘하다. '누대에 올라 그 동쪽을 바라

擢：뽑을 탁　簽：쪽지 첨　杖：때릴 장　醮：술따를 초　暴：갑자기 폭　突：우뚝할 돌
鑿：팔 착　汪：넓을 왕　彦：선비 언

본다'는 이하는 바로 習鑿齒가 그 아우에게 준 편지를 본딴 것이다. 東坡는 또 '超然臺記'를 지었는데 그 가운데 한 단락도 또한 이 格調를 사용하였고 뒤에 또 이것을 본딴 자가 있으니, 汪彦章의 '月觀記'가 이것인 바, 이제 모두 이 글 뒤에 붙인다. 東坡가 陳公을 諷切(諷諫)한 것이 깊으니, 세상에 믿을 만한 것은 立德·立功·立言의 세 不朽를 말함일 것이다. 이제 凌虛臺는 반드시 잡초가 우거진 들판이 되었을 것인데, 도리어 東坡의 文章에 힘입어 천 년 동안 不朽로 남았으니, 이른바 족히 믿을 만하다는 것이 어찌 사실이 아니겠는가.

臺於南山之下하니 宜若起居飮食이 與山接也라 四方之山이 莫高於終南이요 而都邑之最麗者 莫近於扶風이라 以至近으로 求最高면 其勢必得이어늘 而太守之居에 未嘗知有山焉하니 雖非事之所以損益이나 而物理有不當然者니 此凌虛之所爲築也라

南山의 아래에 누대를 지으니, 마땅히 기거하고 먹고 마심에 산과 닿을 듯하다. 사방의 산은 終南山보다 더 높은 것이 없고, 도읍 중에 가장 화려한 것은 扶風보다 더 가까운 곳이 없으니, 지극히 가까운 곳으로 가장 높은 것을 구하면 그 형세가 반드시 얻어야 할 것인데, 太守가 거처하는 곳에 일찍이 山이 있는지 알지 못하였다. 이는 비록 일에 가감될 것은 아니나 사물의 이치에 당연하지 않음이 있으니, 이것이 凌虛臺를 쌓은 이유이다.

方其未築也에 太守陳公이 杖屨逍遙於其下러니 見山之出於林木之上者 纍纍然如人之旅行於墻外而見其髻也하고 曰是必有異라하고 使工鑿其前하여 爲方池하고 以其土築臺하여 出於屋之簷而止하니 然後人之至於其上者 怳然不知臺之高하고 而以爲山之踊躍奮迅而出也라 公曰 是宜名凌虛라하고 以告其從事蘇軾而俾爲之記하니라

凌虛臺를 쌓기 전에 太守 陳公(陳希亮)이 그 아래에서 지팡이를 짚고 신을 신고 소요하다가 산이 나무 숲 위로 나온 것이 우뚝하여 사람들이 담밖에 지나감에 그 상투가 보이는 것과 같음을 보고는 '이 반드시 이상함이 있을 것이다' 하고, 工人들로 하여금 그 앞을 파서 네모진 못을 만들고 여기에서 나온 흙을 가지고 臺를 쌓아 〈臺의 높이가〉 지붕의 처마를 벗어나게 하고 그치니, 이렇게 한 뒤에는 이 위에 이르는 자들이 怳然히 그 누대가 높아진 것은 알지 못하고 山이 뛰쳐 솟아나오고 달려나왔다고 여기게 되었다. 公은 "이것은 마땅히 凌虛臺라고 이름하여야 한다."하시고, 從事官인 蘇軾에게 말하여 記文을 짓게 하였다.

屨 : 신 구　纍 : 연달 루　髻 : 상투 계　簷 : 처마 첨　迅 : 빠를 신

軾이 復於公曰 物之廢興成毁를 不可得而知也라 昔者에 荒草野田이 霜露之所蒙翳요 狐虺之所竄伏이니 方是時에 豈知有凌虛臺耶아 廢興成毁가 相尋於無窮하니 則臺之復爲荒草野田을 皆不可知也라 嘗試與公으로 登臺而望하니 其東則秦穆公之祈年橐泉也요 其南則漢武之長楊五柞이요 而其北則隋之仁壽와 唐之九成也라 計其一時之盛컨댄 宏傑詭麗하고 堅固而不可動者 豈特百倍於臺而已哉아 然而數世之後에 欲求其彷彿이나 而破瓦頹垣이 無復存者하여 既已化爲禾黍荊棘과 丘墟隴畝矣어든 而況於此臺歟아 夫臺猶不足恃以長久어든 而況於人事之得喪이 忽往而忽來者歟아 而或者欲以夸世而自足則過矣라 蓋世有足恃者而不在乎臺之存亡也니이다 既已言於公하고 退而爲之記하노라

蘇軾은 公에게 다음과 같이 아뢰었다.

"물건의 폐하고 홍하고 이루어지고 부서짐을 알 수가 없습니다. 옛날에는 황폐한 풀과 들밭이 霜露에 덮이고 여우와 뱀이 숨어 있던 곳이었으니, 이 때에 어찌 凌虛臺가 있을 줄을 알았겠습니까? 폐하고 홍하며 이루어지고 부서짐이 서로 무궁한 세대에 이어지니, 이 누대가 다시 황폐한 풀과 들밭이 될지 모두 알 수 없습니다. 내 일찍이 公과 누대에 올라 바라보니, 동쪽은 秦穆公의 祈年宮과 橐泉宮이 있었던 곳이요, 남쪽은 漢武帝의 長楊宮과 五柞宮이었던 곳이며, 그 북쪽은 隋나라의 仁壽宮과 唐나라의 九成宮이 있었던 곳입니다. 그 일시의 성함을 헤아려 보건대 크고 웅장하며 화려하고 견고하여 동요할 수 없음이 어찌 다만 이 凌虛臺보다 백 배만 될 뿐이었겠습니까? 그런데도 몇 대가 지난 후에 그 방불함을 찾고자 하나 깨진 기왓장과 무너진 담장도 다시 남아 있는 것이 없어서 이미 기장밭과 가시덩굴과 폐허와 밭두둑이 되었으니, 하물며 이 누대에 있어서이겠습니까? 樓臺도 오히려 장구히 믿을 수가 없는데, 하물며 갑자기 갔다가 갑자기 오는 人事의 得失에 있어서이겠습니까? 그런데도 혹자들은 이것을 세상에 과시하고 스스로 만족하고자 하니, 이는 잘못입니다. 세상에 족히 믿을 만한 것이 있으나, 누대의 存亡에 달려 있는 것은 아닙니다."

나는 이미 公에게 말씀드리고 물러나와 이것을 기록하였다.

習鑿齒與其弟秘書曰 吾以去年五月三日에 來達襄陽하니 觸目悲感하여 略無歡情이라 每定省家舅할새 從北門入하여 西望隆中하여 想臥龍之吟하고 東眺白沙하여 思鳳雛之聲하고 北臨樊墟하여 存鄧老之高하고 南睠城邑하여 懷羊公之風하고 縱目檀溪하여 念崔徐之友하고 肆眺漁梁하여 追二德之遠하니 未嘗不徘徊移日하여 惆悵極多云云이라 東坡密州超然臺記內에 有曰南望馬耳常山하니 出沒隱見이 若近若遠하여 庶幾有隱君子乎而其東則(盧)〔廬〕山이니 秦人盧敖之所從遁也요 西望穆陵하니 隱然如城郭하니

復：아뢸 복　虺：뱀 훼　橐：전대 탁　柞：갈참나무 작　詭：기괴할 궤　隴：밭두둑 롱
觸：접할 촉　眺：볼 조　雛：병아리 추　樊：울타리 번　睠：돌아볼 권

師尙父(보)齊桓公之遺烈이 猶有存者라 北俯濰水하고 慨然太息하여 思淮陰之功而弔其不終이라 汪彦章이 爲劉季高하여 作鎭江月觀記曰 嘗與子四顧而望之하니 其東曰海門이니 鴟夷子皮之所從遁也요 其西曰瓜步니 魏佛貍之所嘗至也요 若其北廣陵則謝太傅之所築埭而居也요 江中之流則祖豫州之所擊楫而誓也라 計其一時英雄이 慷慨憤中原之未復하고 反虜之未禽하여 欲呑之以忠義之氣하니 雖狹宇宙而隘九州가 自其胷中所積이 亦江山有以發之니 今攬而納諸數楹之地하여 使千載之事로 了然在吾目中이면 則季高之志를 可見矣리라

習鑿齒가 그의 아우 秘에게 준 편지에 다음과 같이 말하였다. "내 지난해 5월 3일에 襄陽으로 오니, 눈에 보이는 것마다 슬픈 감회가 들어서 조금도 기쁜 마음이 없다. 매양 家舅(外叔)를 문안할 적마다 북문으로 들어오면서 서쪽으로 隆中을 바라보고는 臥龍(諸葛亮)의 詩 읊던 것을 생각하고 동쪽으로 白沙를 보면서 鳳雛(龐統)의 명성을 생각하며, 북쪽으로 樊墟에 임하여 鄧老(鄧禹)의 높음을 추억하고 남쪽으로 城邑을 바라보면서 羊公(羊祜)의 風度를 생각하며, 檀溪에 눈을 돌려 崔·徐(崔州平과 徐庶)의 벗을 생각하고 漁梁을 바라보면서 二德(司馬德操(司馬徽)와 龐德公)의 먼 자취를 추모하니, 일찍이 배회하면서 날을 보내어 슬픔이 지극하지 않은 적이 없었다."

東坡의 密州 '超然臺記'에는 다음과 같은 내용이 있다.

"남쪽으로 馬耳와 常山을 바라보니 출몰하고 숨었다 나타났다 하는 것이 가까운 듯, 먼듯하여 거의 隱君子가 있는 듯하며, 그 동쪽은 廬山이니 秦나라 사람 盧敖가 은둔했던 곳이요, 서쪽으로 穆陵을 바라보니 은연히 城郭과 같은바 師尙父(姜太公)와 齊桓公의 遺烈이 아직도 남아 있다. 북쪽으로 濰水를 굽어보고 慨然히 크게 한숨쉬며 淮陰侯(韓信)의 공로를 생각하고 끝을 잘 마치지 못함을 서글퍼한다."

汪彦章이 劉季高를 위하여 '鎭江月觀記'를 지었는데, 여기에 다음과 같이 말하였다.

"내 일찍이 그대와 사방을 돌아보니, 그 동쪽은 海門인바 鴟夷子皮(伍子胥)가 은둔했던 곳이요, 서쪽은 瓜步인바 魏佛貍(後魏의 太武帝)가 일찍이 이르렀던 곳이며, 그 북쪽인 廣陵은 謝太傅(謝安)가 둑을 쌓고 거주하던 곳이요, 江中에 흐르는 물은 祖豫州(祖逖)가 노를 치며 나라에 충성할 것을 맹세하던 곳이다. 그 한때의 영웅들이 悲憤慷慨하여 中原을 회복하지 못하고 배반한 오랑캐들을 사로잡지 못함을 분해하여 忠義의 기운으로써 삼켰으니, 비록 우주를 좁게 여기고 九州를 작게 여긴 것이 그 흉중에 쌓인 것이었으나 또한 江山이 유발함이 있었던 것이다. 이제 이런 것들을 취하여 몇 기둥 되는 곳에 넣어서 千年 전의 일을 분명하게 내 눈 안에 있게 하니, 季高의 높은 뜻을 알 수 있다.

濰 : 물이름 유　鴟 : 올빼미 치　貍 : 살쾡이 리　埭 : 둑 태　隘 : 좁을 애　攬 : 잡을 람　楹 : 기둥 영

古文眞寶後集 卷之九

李君山房記　　蘇　軾(子瞻)

(李君(李公擇)의 山房에 대한 記文)

靜觀云　有李君藏書하여　以遺後之人하고　又有東坡爲記하여　以惜有書不讀之士하니 二翁立心也 拳拳有望於學者如此어늘 彼有客嗇其書하여 惟恐人見하고 或自有書而束之高閣者는 皆二翁之罪人也니라

陳靜觀이 말하였다. "李君이 책을 보관하여 후세 사람들에게 남겨 주었고, 또 東坡가 記文을 지어 책이 있는데도 읽지 않는 선비들을 애석히 여겼다. 두 분의 마음이 권권히 배우는 자들에게 바램이 이와 같았는데도 저 책을 인색히 하여 행여 다른 사람이 볼까 두려워하고, 혹은 스스로 책이 있는데도 높은 집에 묶어 두는 자들은 모두 두 분의 죄인이다."

象犀珠玉珍怪之物은 有悅於人之耳目이로되 而不適於用하며 [1)]金石草木絲麻五穀六材는 有適於用이로되 而用之則弊하고 取之則竭하나니 悅於人之耳目而適於用하며 用之而不弊하고 取之而不竭하여 賢不肖之所得이 各因其才하고 仁智之所見이 各隨其分하여 才分不同이나 而求無不獲者는 惟書乎인저

象牙와 犀角과 珠玉과 진귀하고 괴이한 물건은 사람의 耳目을 기쁘게 하나 쓰기에는 적당하지 못하고, 金石과 草木과 生絲와 삼과 五穀과 六材는 쓰기에는 적당하나 쓰면 해지며 취하면 다 없어지니, 사람의 耳目을 즐겁게 하면서도 쓰기에 적당하고, 써도 해지지 않으며 취하여도 다하지 아니하여 어진 자와 불초한 자의 얻는 바가 각기 그 재질을 따르고, 어진이와 지혜로운 이의 소견이 각기 그 분수를 따라서, 재질과 분수가 같지 않더라도 구함에 얻지 않음이 없는 것은 오직 書冊일 것이다.

譯註 1. 五穀六材 : 五穀은 다섯 가지 곡식으로 벼·기장·피·보리·콩이며 六材는 여섯 가지 나무로 개암나무·밤나무·椅나무·오동나무·가래나무·옻나무인 바, 「詩經」 衛風 《定之方中》에 '樹之榛栗椅桐梓漆 爰伐琴瑟'이라고 보인다. 이 가운데 개암나무와 밤나무는 과목이고 나머지 네 나무는 모두 좋은 재목이다. 따라서 六材는 여섯 가지 재목이 되어야 하는데 겨우 네 가지 뿐이라 하여 이것을 나무로 보지 않고 물건을 만드는 재료인 土·金·石·木·獸·草로 보기도 한다. 그러나 앞의 五穀과 맞춰 볼 때 이는 단지 「詩經」에서 말한 六木을 든 것으로 보는 것이 타당할 듯하다.

拳 : 부지런할 권　吝 : 인색할 린　嗇 : 인색할 색　犀 : 물소 서　珍 : 보배 진
適 : 알맞을 적, 갈 적　弊 : 해질 폐　椅 : 의나무 의

自孔子聖人으로도 其學이 必始於觀書라 當是時하여 惟周之柱下史老聃이 爲多書하고 韓宣子適魯然後에 見易象與魯春秋하고 季札이 聘於上國然後에 得聞詩之風雅頌하고 而楚獨有左史倚相이 [1]能讀三墳五典八索九丘하니 士之生於是時하여 得見六經者蓋無幾하니 其學이 可謂難矣로되 而皆習於禮樂하고 深於道德하여 非後世君子所及이니라 自秦漢以來로 作者益衆하고 紙與字畫이 日趨於簡便하여 而書益多하여 世莫不有라 然學者益以苟簡은 何哉오

孔子는 聖人이셨는데도 그 배움이 반드시 책을 봄에서 시작하셨으니, 이 때를 당하여 오직 周나라의 柱下史인 老聃이 서책이 많았었고, 韓宣子가 魯나라에 간 연후에 易象과 魯나라 「春秋」를 구경하였고, 季札이 上國(魯)으로 聘問간 연후에 「詩經」의 風·雅·頌을 얻어 들었고, 楚나라에는 홀로 左史인 倚相이 三墳·五典과 八索·九丘를 읽었다. 선비로서 이 때에 태어나서 六經을 본 자가 몇 명이 안되었으니, 그 배움이 어렵다고 이를 만하였다. 그런데도 모두 禮樂에 익숙하고 道德에 심오하여 後世의 君子가 미칠 수 있는 바가 아니었다. 秦·漢으로부터 이래로는 作者가 더욱 많아지고 종이와 글자획이 날로 간편한 쪽으로 나아가 서책이 더욱 많아져서 세상에 있지 않은 곳이 없으나 배우는 자가 더욱 구차해지고 간략해짐은 어째서인가?

譯註 1. 三墳五典八索九丘 : 모두 옛 서책을 이르는 바, 三墳은 三皇의 글이고 五典은 五帝의 글이며, 八索은 八卦에 대한 책이고 九丘는 九州의 대한 책이라 한다.

余猶及見老儒先生이 自言 其少時에 欲求史記漢書而不可得이요 幸而得之면 皆手自書하여 日夜誦讀하여 惟恐不及이러니 近世市人이 轉相模刻하여 諸子百家之書가 日傳萬紙라 學者之於書에 多且易致如此하니 其文辭學術이 當倍蓰於昔人이어늘 而後生科擧之士 皆束書不觀하고 遊談無根하니 此又何也오

나도 오히려 老儒先生들이 스스로 말씀하기를 '그들이 젊었을 때에는 「史記」와 「漢書」를 구하고자 하여도 얻지 못하여, 다행히 얻으면 모두 손수 베껴 밤낮으로 외고 읽어 행여 미치지 못할까 두려워하였다'고 하는 것을 보았다. 근세에는 市人(商人)들이 돌려가면서 서로 模刻하여 諸子百家의 책이 하루에도 만 장의 종이가 전해진다. 배우는 자들이 서책에 대하여 많고 또 구하기 쉬움이 이와 같으니, 그 文辭와 學術이 옛사람보다 배가 되고 5배가 되어야 할 터인데, 후생으로서 과거보는 선비들이 모두 서책을 묶어두고 보지 않으며 근거 없는 것을 멋대로 말하니, 이는 또 어째서인가.

余友李公擇이 少時에 讀書於廬山五老峰下白石菴之僧舍러니 公擇既去에 而山中

聃 : 사람이름 담　札 : 편지 찰　聘 : 빙문할 빙　墳 : 무덤 분　索 : 찾을 색　畫 : 그을 획
模 : 본뜰 모　蓰 : 다섯배 사　廬 : 집 려　菴 : 암자 암

之人이 思之하여 指其所居하여 爲李氏山房이라하니 藏書凡九千餘卷이라 公擇이 旣已涉其流하고 探其源하며 採剝其華實하고 而咀嚼其膏味하여 以爲已有하여 發於文辭하고 見於行事하여 以聞名於當世矣로되 而書顧自如也하여 未嘗少損하니 將以遺來者하여 供其無窮之求하여 而各足其才分之所當得이라 是以로 不藏於家하고 而藏於故所居之僧舍하니 此는 仁者之心也라

내 벗 李公擇이 젊었을 때에 廬山의 五老峰 아래 白石菴의 僧房에서 책을 읽었었다. 李公擇이 이미 떠나가자, 산중 사람들은 그를 그리워하여 그가 거처하던 곳을 가리켜 '李氏山房'이라 하였는데, 藏書가 모두 9천여 권이었다. 李公擇은 이미 그 흐름을 건너고 그 근원을 탐구하였으며, 그 꽃과 열매를 채집하고 그 膏味(진미)를 씹어 자기의 소유로 삼아, 문장에 발로하고 행사에 나타내어 당세에 이름이 알려졌으나 책은 돌아보건대 그대로 있고 조금도 훼손되지 않았으니, 장차 후세에 물려주어 무궁한 요구에 공급해서 각기 그 才分의 마땅히 얻을 수 있는 바를 충족시키려 하였다. 이 때문에 집에 보관하지 않고 옛날 거처하던 僧房에 보관하였으니, 이는 仁者의 마음이다.

余旣衰且病하여 無所用於世하니 惟得數年之閑하여 盡讀其所未見之書요 而廬山은 固所願遊而不得者니 蓋將老焉이어든 盡發公擇之藏하여 拾其遺棄以自補면 庶有益乎인저 而公擇이 求余文以爲記어늘 乃爲一言하여 使來者로 知昔之君子見書之難하고 而今之學者有書而不讀이 爲可惜也하노라

나는 이미 노쇠하고 또 병들어 세상에 쓰여질 수가 없으니, 행여 몇 년의 시간을 얻어서 아직 보지 못한 책을 다 읽었으면 하며, 廬山은 진실로 유람하기를 원하였으나 유람하지 못한 곳이니, 나는 장차 늙거든 李公擇의 藏書들을 모두 꺼내어 그가 버린 것들을 주워서 스스로 보탠다면 행여 유익함이 있을 것이다.

李公擇이 나에게 글을 지어 이 사실을 기록해 줄 것을 요구하므로, 이에 나는 한 마디 말을 하여 後世로 하여금 옛날 君子들은 책 보기가 어려웠고, 지금의 學者들은 책이 있어도 읽지 않는 것이 애석한 일임을 알게 하노라.

喜雨亭記　　蘇 軾

迂齋云 蟬蛻汙濁之中하여 浮游塵埃之表하니 所謂以文爲戱者라

○ 東坡登第初에 任鳳翔府判官하니 其年二十有八耳로되 筆力이 已如此라 此篇은 與

涉 : 건널 섭　探 : 캘 채　剝 : 털 박　咀 : 씹을 저　嚼 : 씹을 작　膏 : 기름질 고
蟬 : 매미 선　蛻 : 허물벗을 세(태)　埃 : 티끌 애

凌虛臺記로 皆官鳳翔時所作이니 眞天才也로다

迂齋가 평하였다. "매미가 더럽고 탁한 가운데서 껍질을 벗어 버리고 먼지 밖에 浮游하는 듯하니, 이른바 文章으로 희롱한다는 것이다."

○東坡는 과거에 급제한 초기에 鳳翔府判官에 임명되니, 이때 나이 28세였는데도 필력이 이미 이와 같았다. 이 篇은 '凌虛臺記'와 함께 모두 鳳翔府에 벼슬할 때에 지은 것이니, 참으로 天才라 하겠다.

亭以雨名은 志喜也라 古者有喜면 卽(則)以名物하니 示不忘也라 [1]周公得禾하여 以名其書하시고 漢武得鼎하여 以名其年하고 叔孫勝敵하여 以名其子하니 其喜之大小不齊하나 其示不忘은 一也라

정자를 雨로 이름함은 기쁨을 기념하기 위한 것이다. 옛날에 기쁜 일이 있으면 그것을 가지고 물건의 이름을 지었으니, 이는 잊지 않음을 나타내려 해서이다. 周公은 벼를 얻고서는 그것으로 책의 이름을 지었고, 漢武帝는 寶鼎을 얻고는 그것으로 年號를 이름하였고, 叔孫은 敵을 이기고는 그것으로 아들을 이름하였으니, 그 기쁨의 크고 작음은 같지 않으나 그 잊지 않음을 나타냄은 똑같다.

譯註 1. 周公得禾…以名其子 : 成王 때에 唐나라에 봉한 叔虞가 아름다운 곡식을 바치자, 周公은 이 사실을 기록하여 《嘉禾篇》을 지었으며, 漢武帝는 元狩 6년, 汾水가에 있는 后土祠에서 寶鼎을 얻고 연호를 元鼎으로 고쳤으며, 춘추시대 魯나라의 叔孫氏는 長狄과 싸워 그의 두목인 僑如를 사로잡고 그 기념으로 그 해에 낳은 아들의 이름을 僑如라 한 사실을 가리킨다. 현재 《嘉禾篇》은 佚失되어 전하지 않는다.

予至扶風之明年에 始治官舍하여 爲亭於堂之北而鑿池其南하고 引流種樹하여 以爲休息之所러니 是歲之春에 雨麥於岐山之陽하니 其占이 爲有年이라 旣而요 彌月不雨하니 民方以爲憂러니 越三日乙卯에 乃雨하고 甲子에 又雨호되 民以爲未足이러니 丁卯에 大雨하여 三日乃止라 官吏相與慶於庭하고 商賈相與歌於市하고 農夫相與抃於野하여 憂者以樂하고 病者以喜어늘 而吾亭이 適成이라

내가 扶風에 부임한 다음해에 비로소 관사를 수리하여 堂(동헌)의 북쪽에 정자를 만들고 그 남쪽에 못을 파고는 흐르는 물을 끌어오고 나무를 심어 휴식하는 장소로 삼았었다. 이해 봄에 岐山의 남쪽에 보리를 위해 비가 내리니, 그 점괘가 有年(풍년)이었다. 그런데 이윽고 한 달이 넘도록 비가 오지 않아 백성들이 막 걱정을 하고 있었는

志 : 기억할 지 鑿 : 팔 착 池 : 못 지 麥 : 보리 맥 岐 : 산이름 기 彌 : 걸릴 미
越 : 넘을 월 抃 : 손뼉칠 변 適 : 마침 적

데, 3일이 지난 乙卯日에 비가 왔고, 또 甲子日에 다시 비가 내렸다. 그러나 백성들은 아직도 부족하게 여겼었는데, 丁卯日에 큰비가 내려 3일 동안 오고 비가 그치니, 관리들은 서로 뜰에서 경하하고, 商賈(상인)들은 서로 시장에서 노래를 부르고, 농부들은 서로 들에서 손뼉을 쳐서 근심하던 자들이 즐거워하고 병든 자들이 기뻐하였는데, 내 정자가 이때 마침 이루어졌다.

於是에 擧酒於亭上하여 以屬客而告之曰 五日不雨可乎아 曰五日不雨則無麥하리라 十日不雨可乎아 曰十日不雨則無禾하리라 無麥無禾하면 歲且荐饑하여 獄訟繁興하고 而盜賊滋熾하리니 則吾與二三子로 雖欲優遊以樂於此亭이나 其可得耶아 今天이 不遺斯民하사 始旱而賜之以雨하여 使吾與二三子로 得相與優遊以樂於此亭者는 皆雨之賜也니 其又可忘耶아

이에 나는 정자 위에서 술잔을 들어 손님들에게 권하며 이렇게 말하였다. "5일 동안 비가 내리지 않는 것이 可하겠는가?" "5일 동안 비가 내리지 않으면 보리 농사가 안될 것이다." "10일 동안 비가 내리지 않는 것이 가하겠는가?" "10일 동안 비가 내리지 않으면 벼농사가 안될 것이다." "보리가 없고 벼가 없으면 연사가 장차 거듭 흉년들어 獄訟이 크게 일어나고 도적이 더욱 성할 것이니, 내 二三子(여러분)와 더불어 비록 한가히 놀면서 이 정자에서 즐기려 하나 될 수 있겠는가? 이제 하늘이 이 백성들을 버리지 않으시어 처음에 가물다가 비를 내려주셔서 나와 二三子로 하여금 서로 더불어 한가히 놀며 이 정자에서 즐기게 하였으니, 이는 모두 비의 은혜이니, 이것을 잊을 수 있겠는가."

旣以名亭하고 又從而歌之曰 使天而雨珠라도 寒者不得以爲襦요 使天而雨玉이라도 飢者不得以爲粟이니 一雨三日이 伊誰之力고 民曰太守라하니 太守不有하고 歸之天子라 天子曰不然하다하시고 歸之造物하시니 造物이 不自以爲功하고 歸之太空하니 太空은 冥冥하여 不可得而名이라 吾以名吾亭하노라

이윽고 이것으로 정자의 이름을 짓고 또 따라서 다음과 같이 노래하였다.
"가령 하늘에서 진주가 쏟아지더라도 추운 자가 저고리로 삼지 못할 것이요. 가령 하늘에서 玉이 쏟아지더라도 굶주린 자가 곡식으로 삼을 수 없을 것이니, 한번 비가 내려 3일 동안 쏟아진 것은 누구의 덕인가? 백성들은 태수라 하였다. 태수는 이를 차지하지 않고는 天子에게 돌렸다. 天子는 그렇지 않다 하시고는 조물주에게 돌리시니, 조물주도 스스로 공으로 여기지 않고 太空(공중)에게 돌리니, 태공은 아득하고 아득하

屬 : 권할 촉　荐 : 거듭 천　饑 : 흉년들 기　滋 : 불어날 자　熾 : 성할 치　旱 : 가물 한
襦 : 저고리 유　飢 : 주릴 기　粟 : 곡식 속　冥 : 아득할 명

여 명칭할 수가 없었다. 나는 이에 이것으로 내 정자를 이름하노라."

四菩薩閣記　　　　蘇　軾

坡作僧家文字多矣어늘 今獨取此는 以後一半議論反覆之妙故也라 捨施不足信而其守畵之說이 愈轉愈妙하니 吁라 吾之所以因此有所感者하니 豈獨菩薩畵而已哉아

東坡가 승려에 대한 文字를 지은 것이 많은데 이제 유독 이를 취한 것은 後半部의 의론이 반복하기를 묘하게 했기 때문이다. 捨施는 족히 믿을 것이 못되는데 그림을 지킨다는 말은 더더욱 묘하니, 아! 내 이로 인하여 감동한 바가 있으니, 어찌 다만 菩薩閣의 그림 뿐이겠는가.

始吾先君이 於物에 無所好하여 燕居如齋하며 言笑有時로되 顧嘗嗜畵하시니 弟子門人이 無以悅之면 則爭致其所嗜하여 庶幾一解其顔이라 故로 雖爲布衣나 而致畵는 與公卿等하시니라

처음에 우리 先君(先親)께서는 물건에 대하여 좋아하는 바가 없으시어 한가로이 거처할 때에 재계하는 듯하셨으며, 말하고 웃는 것이 일정한 때가 있었으나 다만 일찍이 그림을 좋아하시니, 弟子·門人들이 기쁘게 해 드릴 것이 없으면 그 기호하는 바를 다투어 마련하여 행여 한번 그 얼굴을 펴시기를 바랐었다. 그러므로 先君께서는 비록 布衣(선비)로 계셨으나 그림을 모은 것은 公卿들과 대등하셨다.

長安에 有故藏經龕하니 唐明皇帝所建이라 其門이 四達八板에 皆吳道子畵라 陽爲菩薩하고 陰爲天王하니 凡十有六軀라 [1]廣明之亂에 爲賊所焚하니 有僧忘其名이 於兵火中에 拔其四板以逃러니 旣重不可負요 又迫於賊이라 恐不能皆全일새 遂竅其兩板以受荷하여 西奔於岐而託死於烏牙之僧舍하니 板留於是가 百八十年矣라 客有以錢十萬으로 得之하여 以示軾者어늘 軾이 歸其直(値)而取之하여 以獻諸先君하니 先君之所嗜가 百有餘品이러니 一旦에 以是四板爲甲이라 治平四年에 先君이 没于京師하시니 軾이 自汴入淮하여 泝于江하여 載是四板以歸하니라

長安에 옛 藏經龕이 있으니, 唐나라 明皇帝가 세운 것이었다. 그 문은 사방으로 통하여 여덟 개의 문짝인데 모두 吳道子의 그림이 그려져 있는 바, 陽刻은 菩薩이고 陰刻은 天王으로 모두 16개의 몸이었는데, 廣明의 난리에 적에게 불태워지고 말았다. 이

菩 : 보살 보　薩 : 보살 살　燕 : 한가할 연　齋 : 재계할 재　龕 : 감실 감　軀 : 몸 구
迫 : 핍박할 박　竅 : 구멍 규　荷 : 짐 하　直 : 값 치　汴 : 물이름 변　泝 : 거스를 소

때 그 이름을 잊어버린 어떤 승려가 병화 중에 네 畵板을 뽑아 가지고 도망을 갔는데, 이미 무거워 등에 질 수가 없고, 또 적에게 쫓겨 모두 온전히 보전하지 못할까 두려웠으므로, 마침내 그 두 개의 판자에 구멍을 뚫어 짐을 받게 하여 서쪽 岐州로 도망해서 烏牙의 僧房에 의탁하였다가 죽으니, 이 畵板이 이 곳에 머문 지가 1백80년이었다. 손님 중에 돈 10만 錢을 가지고 이것을 구하여 나에게 보여주는 자가 있으므로 나는 그 값을 돌려주고 취하여 先君에게 바쳤더니, 先君이 기호하는 그림이 백여 가지였는데 하루 아침에 이 네 개의 畵板을 으뜸으로 여기셨다.

治平 4년에 先君이 京師에서 별세하시니, 나는 汴京으로부터 淮水로 들어와 양자강으로 거슬러 올라가 이 네 畵板을 싣고 돌아왔었다.

譯註 1. 廣明之亂 : 廣明은 唐僖宗의 연호로, 이 때 王仙芝와 黃巢가 반란을 일으킨 사건을 이른다.

既免喪에 所嘗與往來浮屠人惟簡이 誦其師之言하여 教軾爲先君捨施하되 必所甚愛와 與所不忍捨者라하여늘 軾用其說하여 思先君之所甚愛와 軾之所不忍捨者하니 莫若是板이라 故로 遂以與之하고 且告之日 此는 明皇帝之所不能守而焚於賊者也니 而況於余乎아 余視天下之蓄此者多矣로되 有能及三世者乎아 其始求之엔 若不及하고 既得엔 惟恐失之로되 而其子孫이 不以易衣食者鮮矣라 余自度(탁)不能長守此也일새 是以로 予子하노니 子將何以守之오

이미 喪을 벗자, 일찍이 왕래하던 浮屠人 惟簡이 그 스승의 말을 외면서 나로 하여금 先君을 위해 捨施(시주)하되 반드시 심히 아끼는 것과 차마 버리지 못하는 것을 내놓게 하였다. 나는 그 말을 따라 先君이 심히 사랑하시던 것과 내가 차마 버릴 수 없는 것을 생각해 보니, 이 畵板만한 것이 없었다. 그러므로 나는 마침내 이 화판을 그에게 주고 또 그에게 다음과 같이 말하였다.

"이는 明皇帝도 지키지 못하여 적에게 불탔던 것이니, 하물며 나에게 있어서랴. 내 보건대 천하에 이런 것을 보관한 자들이 많으나 능히 3대에 미친 자가 있었는가. 처음 구할 적에는 미치지 못할 듯이 여기고, 이미 얻고서는 행여 잃을까 두려워하였으나 그 자손들이 이것을 가지고 衣食을 바꾸지 않은 자가 별로 없으니, 내 생각해 보건대 이것을 장구히 지킬 수가 없다. 이 때문에 내 그대에게 주는 것이니, 그대는 장차 어떻게 지키려는가?"

簡日 吾以身守之하여 吾眼은 可矐이요 吾足은 可斷이라도 吾畵는 不可奪이니 若是면 足以守之歟아 軾日 未也라 足以終子之世而已니라 簡日 吾又盟於佛而以鬼守

忍 : 차마할 인 與 : 줄 여 蓄 : 쌓을 축 予 : 줄 여 矐 : 눈멜 확 斲 : 찍을 착

之하여 凡取是者와 與凡以是予人者를 其罪如律케하리니 若是면 足以守之歟아 軾曰 未也라 世有無佛而蔑鬼者하니라 然則何以守之오 曰 軾之以是予子者는 凡以爲先君捨也니 天下에 豈有無父之人歟아 其誰忍取之리오 若其聞是而不悛하여 不惟一觀而已요 將必取之然後爲快면 則其人之賢愚가 與廣明之焚此者로 一也라 全其子孫이 難矣리니 而況能久有此乎아 且夫不可取者는 存乎子하고 取不取者는 存乎人하니 子勉之矣어다 爲子之不可取者而已니 又何知焉이리오

惟簡은 말하기를 "내 몸으로 이것을 지켜서 내 눈은 뺄 수 있고 내 발은 자를 수 있어도 내 그림은 빼앗을 수 없게 할 것이니, 이와 같이 한다면 족히 지킬 수 있겠는가?" 하였다. 이에 나는 대답하기를 "이것 가지고는 안된다. 이는 그대의 일생을 마칠 뿐이다" 하였다.

惟簡은 또 말하기를 "내 또 부처님에게 맹세하고 귀신으로 지키게 하여, 무릇 이것을 취하는 자와 또는 이것을 남에게 주는 자는 그 죄가 법률과 같게 할 것이니, 이와 같이 한다면 지킬 수 있겠는가?" 하였다. 나는 "이것 가지고도 안된다. 세상에는 부처를 무시하고 귀신을 멸시하는 자가 있다." 하였다.

惟簡이 다시 말하기를 "그렇다면 어떻게 지켜야 하는가?" 하기에, 나는 다음과 같이 대답하였다.

"내가 이것을 그대에게 준 것은 모두 先君을 위하여 捨施한 것이니, 천하에 어찌 부모가 없는 사람이 있겠는가. 그 어찌 차마 이것을 취하겠는가. 만일 그 이러한 말을 듣고도 고치지 않고 한번 구경할 뿐이 아니라, 장차 반드시 취한 뒤에야 만족하려고 한다면 그 사람의 어질고 어리석음은 廣明年間에 이것을 불태웠던 자와 똑같다. 그 자손을 온전히 보존하기도 어려울 것이니, 하물며 오랫동안 이것을 소유하겠는가. 또 이것을 취할 수 없게 하는 것은 그대에게 달려 있고, 취하고 취하지 않는 것은 남에게 달려 있으니, 그대는 힘쓸지어다. 그대는 취할 수 없게 함을 할 뿐이니, 다른 것을 어찌 알겠는가."

既以予簡하니 簡以錢百萬으로 度爲〈大〉閣以藏之하고 且畵先君像其上이어늘 軾이 助錢二十之一하여 期以明年冬에 閣成하니라 熙寧元年十月日에 記하노라

내가 이미 惟簡에게 주니, 惟簡은 돈 백만 錢으로 헤아려 집을 만들어 보관하고, 또 先君의 像을 그 위에 그렸다. 이에 나는 돈 20분의 1을 협조하여 다음해 겨울에 閣이 이루어졌다.

熙寧 元年 10월 일에 기록하노라.

蔑 : 멸시할 멸　悛 : 고칠 전　焚 : 태울 분　藏 : 보관할 장

田表聖奏議序 蘇 軾

(田表聖의 奏議에 대한 序)

意深切하고 文縝密하고 事的當하니 冠冕佩玉之文也라

뜻이 깊고 간절하며 文章이 치밀하고 일이 적당하니, 冠冕佩玉(제일)의 文章이다.

故諫議大夫贈司徒田公表聖의 奏議十篇이라 嗚呼라 田公은 [1]古之遺直也라 其盡言不諱는 蓋自敵以下로도 受之에 有不能堪者어든 而況於人主乎아 吾以是로 知二宗之聖也로라 自太平興國以來로 至于咸平히 可謂天下大治, 千載一時矣어늘 而田公之言이 常若有不測之憂가 近在朝夕者는 何哉오 古之君子는 必憂治世而危明主하나니 明主는 有絶人之資요 而治世는 無可畏之防일새라 夫有絶人之資면 必輕其臣하고 無可畏之防이면 必易其民하나니 此君子之所甚懼者也라

이것은 故 諫議大夫로 司徒에 추증된 田公 表聖의 奏議 10篇이다. 아! 田公은 옛날의 遺直이다. 그 말을 다하여 숨기지 않음은 대등한 자 이하의 사람들이 받더라도 감당하지 못할 내용이 있거든 하물며 군주에 있어서랴! 나는 이 때문에 太宗과 眞宗 두 임금의 聖스러움을 아노라. 太平興國 연간으로부터 이래로 咸平 연간에 이르기까지 천하가 크게 다스려져 천년 만에 한번 있는 좋은 시절이라고 이를 만하였는데도 田公의 말씀은 항상 측량할 수 없는 걱정거리가 가까이 조석에 있는 듯이 여겼으니, 이는 어째서인가? 옛날 君子들은 반드시 治世를 걱정하고 明主를 위태롭게 여겼으니, 明主는 남보다 뛰어난 자품이 있고, 治世는 두려워할 만한 방비가 없기 때문이다. 남보다 뛰어난 자품이 있으면 반드시 그 신하를 가볍게 여기고, 두려워할 만한 방비가 없으면 반드시 그 백성을 함부로 대하니, 이는 君子들이 매우 두려워하는 바이다.

譯註 1. 古之遺直 : 正直함을 지켜 古人의 遺風이 있음을 이른다. 「春秋左傳」《昭公十四年》에 "仲尼曰 叔向古之遺直也'라고 보이므로 이 말을 인용한 것이다.

方漢文時에 刑措不用하고 兵革不試어늘 而賈誼之言曰 天下有可長太息者하며 有可流涕者하며 有可痛哭者라호되 後世에 不以是少漢文하고 亦不以是甚賈誼하니 由此觀之컨댄 君子之遇治世而事明主는 法當如是也니라

漢나라 文帝 때에 형벌을 버려두고 쓰지 않았고 兵革(병기와 갑옷)을 쓰지 않았는

縝 : 고을 진 冕 : 면류관 면 贈 : 줄 증 敵 : 대등할 적 堪 : 견딜 감 載 : 해 재
措 : 버려둘 조 涕 : 눈물 체

데도 賈誼의 말에 이르기를 "천하에 크게 탄식할 만한 것이 있으며, 눈물을 흘릴 만한 것이 있으며, 통곡할 만한 것이 있다."하였다. 後世에서는 이 때문에 漢나라 文帝를 하찮게 여기지 않았고, 또한 이 때문에 賈誼를 심하다고 여기지 않았으니, 이로 말미암아 관찰한다면 君子로서 治世를 만나 明主를 섬길 적에는 법이 마땅히 이와 같아야 하는 것이다.

誼雖不遇나 而其所言이 略已施行이러니 不幸早世하여 功業이 不著於時라 然誼嘗建言하여 使諸侯王子孫으로 各以次受分地러니 文帝未及用이라가 歷孝景至武帝하여 而主父(보)偃이 擧行之하여 漢(受)〔室〕以安이라 今公之言이 十未用五六也하니 安知來世不有若偃者 擧而行之歟아 願廣其書於世하면 必有與公合者리니 此亦忠臣孝子之志也니라

賈誼는 비록 불우하였으나 그의 말한 바가 대략 이미 실행되었고, 불행히 일찍 세상을 떠나 功業이 당시에 드러나지 못하였다. 그러나 賈誼가 일찍이 건의하여 諸侯王의 자손들로 하여금 각기 차례로 封地를 나누어 받게 하였는데, 文帝는 미처 그의 말을 쓰지 못하다가 孝景帝를 지나 武帝에 이르러 主父偃이 거행해서 漢나라 王室이 이 때문에 편안해졌다. 이제 公의 말씀이 열 가지 중에 5~6가지도 쓰여지지 못하였으니, 來世에 主父偃 같은 자가 있어 이를 거행하지 않을 줄을 어찌 알겠는가. 원컨대 이 책을 세상에 널리 반포하면 반드시 公과 뜻이 합하는 자가 있을 것이니, 이 또한 忠臣과 孝子의 뜻인 것이다.

錢塘勤上人詩集序 蘇 軾

(錢塘 勤上人 詩集에 대한 序)

西湖僧惠勤이 長於詩하여 見知於歐陽公이라 公이 嘗作山中樂三章하여 贈之러니 熙寧四年에 坡公이 通判杭州할새 見公於汝陰之南하니 公謂坡曰 子求人於湖山間而不可得이어든 則往從勤乎인저하니 坡到官三日에 卽訪之하니라 明年에 歐公卒이어늘 坡哭之於勤舍러니 七年에 坡除知密州한대 勤이 以其詩求序하니라 此序前一大截은 全不及勤하고 末漸漸引上하여 以勤之生死不忘公으로 而知其能不負公하고 以勤之不負公으로 而媿士之負公者하니 乃是先有末後一段意思而遂立前一段議論也라 若其詩則不甚言之하니 則人之賢如此하니 詩不言可知矣라 甚文而長於詩는 又見於六一泉銘云이라

歷 : 지날 력 父 : 남자의미칭 보 偃 : 누울 언 塘 : 못 당 杭 : 고을이름 항
知 : 맡을 지 媿 : 부끄러울 괴

西湖의 승려인 惠勤은 詩를 잘하여 歐陽公에게 인정을 받았었다. 歐陽公이 일찍이 '山中樂' 세 章을 지어서 그에게 주었었는데, 熙寧 4년에 坡公(蘇東坡)이 杭州通判으로 있을 적에 歐陽公을 汝陰의 남쪽에서 뵈니, 歐陽公은 坡公에게 이르기를 "자네가 湖山 사이에서 훌륭한 사람을 찾다가 얻을 수 없거든 惠勤을 찾아가라." 하니, 坡公은 부임한 지 3일만에 즉시 그를 방문하였다. 다음해 歐陽公이 별세하였으므로 坡公은 惠勤의 집에서 哭을 하였는데, 7년에 坡公이 知密州事에 제수되자 惠勤은 자기의 詩에 序文을 써 줄 것을 요구하였다. 이 序文은 앞의 큰 節은 전혀 惠勤을 언급하지 않고 끝에 점점 이끌어 올라가서 惠勤이 死生間에 公을 잊지 않음으로써 公을 저버리지 않음을 알고, 惠勤이 公을 저버리지 않음으로써 公을 저버린 선비들을 부끄럽게 하였으니, 이는 바로 먼저 끝에 한 단락의 의사를 두고 마침내 앞의 한 단락의 의론을 세운 것이다. 그의 詩에 대해서는 심히 말하지 않았으니, 이는 사람의 어짊이 이와 같으니 詩는 굳이 말하지 않아도 알 수 있기 때문이다. 惠勤이 文章을 잘하고 詩에 뛰어난 것은 또 '六一泉銘'에 보인다.

昔에 翟(적)公罷廷尉에 賓客無一人至者러니 其後復用에 賓客欲往이어늘 翟公이 大書其門曰 一死一生에 乃知交情이요 一貧一富에 乃知交態요 一貴一賤에 交情乃見이라하니 世以爲口實이라 然이나 余嘗薄其爲人하여 以爲客則陋矣어니와 而公之所以待客者는 獨不爲小哉아호라

옛날(漢代)에 翟公이 廷尉에서 파면되자, 빈객들이 한 사람도 찾아 오는 자가 없었는데, 그 후 다시 등용되자, 빈객들이 다시 찾아가려고 하였다. 翟公은 그의 문에 크게 써 붙이기를 "한번 죽고 한번 살아남에 사귀는 정을 알 수 있고, 한번 가난해지고 한번 부해짐에 사귀는 태도를 알 수 있고, 한번 귀해지고 한번 천해짐에 사귀는 정이 나타난다." 하니, 세상에서는 이것을 구실(얘깃거리)로 삼고 있다. 그러나 나는 일찍이 그 사람됨을 薄하게 여겨 '객들은 누추하였거니와 翟公이 객을 대한 것은 어찌 德量이 작지 않겠는가' 하고 생각하였다.

故太子太師歐陽公이 好士하여 爲天下第一이라 士有一言中於道면 不遠千里而求之하여 甚於士之求公이라 以故로 盡致天下豪傑하여 自庸衆人으로 以顯於世者固多矣라 然이나 士之負公者亦時有之라 蓋嘗慨然太息하여 以人之難知로 爲好士者之戒하니 意公之於士에 自是少倦이러니 而其退老於潁水之上할새 余往見之하니 則猶論士之賢者하여 惟恐其不聞於世也하고 至於負〈己〉者하여는 則曰 是罪在我요 非其過라하시니라 翟公之客은 負公於死生貴賤之間이요 而公之士는 叛公於瞬息俄頃之際어늘 翟公은 罪客호되 而公은 罪己하여 與士益厚하니 賢於古人이 遠矣라

翟：꿩 적　罷：내칠 파　態：태도 태　庸：어리석을 용　潁：물이름 영
叛：배반할 반　瞬：눈깜작할 순　俄：잠깐 아　頃：잠깐 경　際：즈음 제

故 太子太師인 歐陽公이 선비를 좋아하여 세상의 제일이었다. 선비 중에 한마디 말이라도 道에 맞는 것이 있으면 천 리를 멀다 않고 찾아서 선비들이 公을 찾는 것보다도 심하게 하였다. 이 때문에 천하의 호걸들을 모두 초치하여 용렬한 衆人으로부터 세상에 드러난 자에 이르기까지 진실로 많았다. 그러나 선비로서 公을 저버린 자가 또한 때로 있었다. 公은 일찍이 慨然히 크게 한숨쉬면서 '사람을 알기 어렵다' 하여 선비를 좋아하는 자들의 경계로 삼았었다. 나는 생각하기를 公이 선비에 대하여 이로부터는 다소 시들해질 것이라고 여겼었는데, 물러가 潁水가에 늙을 때에 내 찾아가 뵈오니, 아직도 선비들 중의 어진 자를 논하여 행여 그가 세상에 알려지지 않을까 두려워하였고, 자신을 저버리는 자에 이르러는 말씀하기를 "이는 책임이 나에게 있고 그의 잘못이 아니다." 하였다.

翟公의 門客들은 翟公을 死生과 貴賤의 사이에서 저버렸고, 歐陽公의 선비들은 歐陽公을 瞬息·俄頃(매우 짧은 시간)의 즈음에서 배반하였는데, 翟公은 門客들을 나무랐으나 歐陽公은 자기에게 죄를 돌리고 선비들과 더욱 친후하였으니, 옛사람보다 나음이 멀다.

公不喜佛老로되 其徒有治詩書學仁義之說者면 必引而進之라 佛者惠勤이 從公遊三十餘年하니 公嘗稱之爲聰明才智有學問者요 尤長於詩라 公薨於汝陰이어늘 余哭之於其室하고 其後見之에 語及於公이면 未嘗不涕泣也라 勤은 固無求於世요 而公은 又非有德於勤者니 其所以涕泣不忘이 豈爲利〈也〉哉아 余然後에 益知勤之賢하니 使其得列於士大夫之間而從事於功名이면 其不負公也審矣라

公은 佛·老를 좋아하지 않았으나 그 무리들이 詩書를 전공하고 仁義의 말을 배우는 자가 있으면 반드시 이끌어 나오게 하였다. 佛者인 惠勤이 公을 따라 교유한 지가 30여 년이었는데, 公은 일찍이 그를 총명하고 재주 있으며 학문이 있는 자요, 또 詩에 소장이 있다고 칭찬하였다. 公이 汝陰에서 별세하였는데, 나는 그의 방으로 찾아가 哭하였고, 그후 惠勤을 만나볼 때마다 말이 公에게 미치면 일찍이 눈물을 흘리지 않는 적이 없었다. 惠勤은 진실로 세상에 바램이 없고, 公은 또 惠勤에게 은덕을 입은 적이 있었던 것이 아니니, 그 눈물을 흘리며 잊지 않는 것이 어찌 이익 때문이겠는가. 나는 그런 뒤에야 더욱 惠勤의 어짊을 알게 되었으니, 가령 士大夫의 사이에 나열되어 功名에 종사하였다면 公을 저버리지 않을 것이 분명하다.

熙寧七年에 予自錢塘으로 將赴高密할새 勤이 出其詩若干篇하여 求予文以傳於世하니 余以爲 詩는 非待文而傳者也어니와 若其爲人之大略은 則非斯文이면 莫之傳也라하노라

徒：무리 도 薨：죽을 훙 赴：달려갈 부

熙寧 7년에 나는 錢塘으로부터 高密로 가려 하였는데, 이때 惠勤은 그의 詩 약간 편을 내어놓고 나에게 글을 요구하여 세상에 전하려 하니, 내 생각건대 詩는 글을 기다려 전해지는 것이 아니나 그 사람됨의 대략으로 말하면 이 글이 아니면 전할 수 없다고 여기노라.

*稼說 送同年張琥 蘇 軾

* 稼는 稼穡으로 稼說은 농사짓는 방법을 설명한 것이며, 同年은 同榜及第한 것으로, 이 稼說은 同年인 張琥를 전송하면서 지어준 것이다.

迂齋云 觀公此說하면 豈以一世盛名自居者리오 其朋友兄弟之相切磋如此하니 所以名益盛而學益進也라

迂齋가 말하였다. "公의 이 말을 보면 公이 어찌 한때의 훌륭한 명성으로 자처한 자였겠는가. 朋友間과 兄弟間에 서로 切磋琢磨함이 이와 같았으니, 이 때문에 이름이 더욱 성대하고 학문이 더욱 진전된 것이다."

蓋嘗觀於富人之稼乎아 其田이 美而多하고 其食이 足而有餘하니 其田이 美而多면 則可以更(경)休而地力得完이요 其食이 足而有餘면 則種之常不後時하고 而斂之常及其熟이라 故로 富人之稼는 常美하여 少秕而多實하고 久藏而不腐하나니 今吾는 十口之家而共百畝之田하여 寸寸而取之하고 日夜而望之하여 鋤耰銍刈가 相尋於其上者如魚鱗而地力竭矣요 種之常不及時하고 而斂之常不待其熟하니 此豈能復有美稼哉아

일찍이 富人의 농사를 보았는가? 그 토지가 아름답고 많으며, 그 양식이 풍족하고 남음이 있으니, 토지가 아름답고 많으면 땅을 교대로 놀릴 수 있어서 지력이 완전하게 되고, 양식이 풍족하고 남음이 있으면 심는 것이 항상 제때에 뒤지지 않고 거두는 것이 항상 그 완숙할 때에 미치게 된다. 그러므로 富人의 농사는 항상 아름다워 쭉정이가 적고 열매가 많으며, 오랫동안 보관하여도 썩지 않는다. 이제 나는 열 식구의 집안으로 百畝의 토지를 함께 경작하여, 한치마다 취하고 밤낮으로 그것 만을 바라보아 호미질하고 파종하고 낫질하는 것이 그 위에 서로 이어짐이 마치 고기의 비늘과 같아, 지력이 고갈되며, 심는 것이 항상 제때에 미치지 못하고 거두는 것이 항상 완숙하기를 기다리지 못하니, 이 어찌 다시 아름다운 농사가 있을 수 있겠는가.

稼 : 농사지을 가　琥 : 호박 호　更 : 번갈아 경　斂 : 거둘 렴　秕 : 쭉정이 비
鋤 : 호미 서　耰 : 곰방메 우　銍 : 낫 질　刈 : 벨 예　尋 : 이을 심　鱗 : 비늘 린

古之人이 其才非有大過今之人也라 其平居에 所以自養而不敢輕用하여 以待其成者 閔閔焉如嬰兒之望長也하여 弱者를 養之하여 以至於剛하고 虛者를 養之하여 以至於充하여 三十而後仕하고 五十而後爵이라 伸於久屈之中하고 而用於至足之後하며 流於既溢之餘하고 而發於持滿之末하니 此古人之所以大過人而今之君子所以不及也라

옛사람들이 그 재주가 지금 사람들보다 크게 뛰어남이 있는 것이 아니다. 평소에 스스로 기르고 감히 가벼이 쓰지 아니하여 그 완성되기를 기다림이 답답하기가 마치 嬰兒가 자라기를 기다리는 것과 같아서 약한 자를 길러 강함에 이르고 虛한 자를 길러 충실함에 이르러, 30세가 된 뒤에 벼슬하고 50세가 된 되에 관작을 받는다. 그리하여 오랫동안 굽힌 뒤에 펴고, 지극히 풍족한 뒤에 쓰며, 이미 넘치고 난 뒤에 흘려보내고 〈활을〉 가득히 잡아당긴 끝에 발사하듯 한다. 이는 옛사람들이 보통 사람들보다 크게 뛰어났던 이유로서 지금의 君子가 미치지 못하는 까닭이다.

吾少也에 有志於學이러니 不幸而早得與吾子同年하니 吾子之得이 亦不可謂不早矣라 吾今雖欲自以爲不足이나 而衆且妄推之矣라 嗚呼라 吾子其去此而務學也哉인저 博觀而約取하고 厚積而薄發이니 吾告吾子 止於此矣로라 子歸過京師而問焉이면 有曰轍子由者하리니 吾弟也니 其亦以是語之하라

내 젊었을 때에 학문에 뜻을 두었는데, 불행히 일찍 吾子와 함께 同年에 급제하였으니, 吾子가 관직을 얻은 것이 또한 이르지 않다고 할 수가 없다. 내 이제 비록 스스로 부족하다고 여기고자 하나 여러 사람들이 또 망녕되이 추대하고 있다. 아! 吾子는 이곳을 떠나 학문에 힘쓸지어다. 널리 보고서 조금만 취하고, 후하게 쌓고서 조금만 발표할 것이니, 내 吾子에게 고할 것은 이 뿐이다.

그대는 돌아가는 길에 京師를 지나다가 물으면 轍 子由라는 자가 있을 것이니, 그는 나의 아우이다. 그에게도 이 말로써 말해주도록 하라.

王者不治夷狄論 蘇 軾

(王者는 夷狄을 철저히 다스리지 않는다는 論)

嘉祐六年에 命翰林吳奎等하여 就秘閣하여 考試制科한대 奎等이 上士介蘇軾轍論各六首하니 此篇이 其一也라

閔 : 근심할 민 嬰 : 어릴 영 爵 : 벼슬 작 溢 : 넘칠 일 持 : 버틸 지 早 : 이를 조 奎 : 별이름 규

○東萊云 統體好라 前面閑說長하고 後正說甚短하나 讀之면 全不覺長短하니 蓋後面一句 轉一句故也라

嘉祐 6년에 翰林 吳奎 등을 명하여 秘閣에서 制科를 考試하게 하니, 吳奎 등은 王介·蘇軾·蘇轍의 論文을 각기 6首씩 뽑아 올렸는 바, 이 편은 그 중의 하나이다.

東萊가 말하였다. "統體(전체)가 좋다. 전면의 閑漫한 말은 길고 후면의 바른 말은 매우 짧으나 읽으면 길고 짧음을 전혀 느끼지 못하니, 이는 후면의 한 句가 한 句를 돌렸기 때문이다."

論曰 夷狄은 不可以中國之治로 治也라 譬若禽獸然하여 求其大治면 必至於大亂하나니 先王이 知其然이라 是故로 以不治治之하시니 治之以不治者 乃所以深治之也니라 春秋에 書公會戎于潛이라하니 [1]何休曰 王者不治夷狄하니 錄戎은 來者不拒요 去者不追也라하니라

다음과 같이 논한다.

夷狄은 中國을 다스리는 방식으로 다스릴 수가 없으니, 비유하면 禽獸와 같아서 크게 다스려지기를 구하면 반드시 大亂에 이르게 된다. 先王은 그러함을 아셨다. 이 때문에 다스리지 않음으로써 다스렸으니, 다스리지 않음으로써 다스림이 바로 깊이 다스리는 것이다. 「春秋」에 公이 "潛땅에서 戎과 회맹했다."고 썼는데, 何休는 말하기를 "王者는 夷狄을 다스리지 않으니, 戎을 기록함은 오는 자를 막지 않고 가는 자를 쫓지 않은 것이다." 하였다.

譯註 1. 何休 : 後漢 사람으로 「春秋公羊傳」의 '解詁'를 지은 자로서 여기에 인용한 내용 또한 이 책에 보인다.

夫天下之至嚴而用法之至詳者 莫過於春秋하니 凡春秋之書公, 書侯, 書字, 書名하여 其君이 得爲諸侯하고 其臣이 得爲大夫者는 擧皆齊晉也요 不然則齊晉之與國也며 其書州, 書國, 書氏, 書人하여 其君이 不得爲諸侯하고 其臣이 不得爲大夫者는 擧皆秦楚也요 不然則秦楚之與國也라

天下에 지극히 엄격하고 법을 쓰기를 지극히 상세히 한 것이 「春秋」보다 더한 것이 없으니, 무릇 「春秋」에 公이라고 쓰고 侯라고 쓰고 字를 쓰고 이름을 써서 그 군주가 諸侯가 되고 그 신하가 大夫가 될 수가 있는 것은 거개가 齊와 晉이요, 그렇지 않으면 齊와 晉의 與國(동맹국)이며, 州라고 쓰고 國이라고 쓰고 氏라고 쓰고 人이라고

潛 : 잠길 잠　錄 : 기록할 록　侯 : 제후 후

써서 그 군주가 제후가 되지 못하고 그 신하가 대부가 되지 못한 것은 거개가 秦과 楚요, 그렇지 않으면 秦과 楚의 與國이다.

夫齊晉之君이 所以治其國家, 擁衛天子而愛養百姓者 豈能盡如古法哉아 蓋亦出於詐力而參之以仁義니 是齊晉亦未能純爲中國也라 秦楚者亦非獨貪冒無恥하여 肆行而不顧也요 蓋亦有秉道行義之君焉하니 是秦楚亦未至於純爲夷狄也라 齊晉之君이 不能純爲中國이어늘 而春秋之所與者常嚮焉하여 有善則汲汲而書之하여 惟恐其不得聞於後世하고 有過則多方而開赦之하여 惟恐其不得爲君子하며 秦楚之君이 未至於純爲夷狄이어늘 而春秋之所不與者常在焉하여 有善則累而後進하고 有惡則略而不錄하여 以爲不足錄也하니 是는 非獨私於齊晉而偏疾於秦楚也라 以見中國之不可以一日背요 而夷狄之不可以一日嚮也니라 其不純者도 不足以寄其褒貶하니 則其純者는 可知矣라 故로 曰天下之至嚴而用法之至詳者 莫如春秋라하노라

齊·晉의 군주가 국가를 다스리고 天子를 擁衛하여 백성들을 사랑하여 기르기를 어찌 모두 옛날 법과 같이 하였겠는가? 또한 속임수에서 나오고 무력에서 나오면서 仁義를 곁들인 것이니, 이는 齊·晉도 순수한 중국이 될 수 없는 것이다. 秦·楚 또한 홀로 貪冒(탐욕스러움)하고 염치가 없어 멋대로 행하고 禮義를 불고했던 것은 아니요, 또한 道를 잡고 義를 행한 군주가 있었으니, 이는 秦·楚도 또한 순수한 夷狄에는 이르지 않은 것이다.

齊·晉의 군주가 순수한 중국이 아니었는데도 「春秋」에서 허여한 것은 항상 이들을 향하여 善한 일이 있으면 급급히 기록하여 행여 후세에 알려지지 못할까 두려워하고, 잘못이 있으면 여러 방면으로 열어주고 용서하여 행여 君子가 되지 못할까 두려워하였으며, 秦·楚의 君主가 순수한 夷狄에 이르지 않았는데도 「春秋」에 허여하지 않은 것은 항상 이들에게 있어서 善한 일이 있으면 여러번 善行을 한 뒤에야 올려주고, 악한 일이 있으면 생략하고 기록하지 아니하여 족히 기록할 것이 없다고 여겼으니, 이는 유독 齊·晉을 두둔하고 秦·楚를 편벽되게 미워해서가 아니다. 中國을 하루라도 저버려서는 안되고 夷狄을 하루라도 향해서는 안됨을 보여주려고 해서이다. 순수한 夷狄이 아닌 것도 포폄을 붙일 수가 없다고 여겼으니, 그렇다면 그 순수한 夷狄들은 알 수 있는 것이다. 그러므로 말하기를 "천하에 지극히 엄격하고 법을 쓰기를 지극히 상세히 한 것이 「春秋」보다 더한 것이 없다."고 말한 것이다.

夫戎者는 豈特如秦楚之流入於(夷)〔戎〕狄而已哉리오 然而春秋書之曰 公會戎于

嚮:향할 향 汲:물길 급 偏:치우칠 편 疾:미워할 질 背:등질 배 褒:기릴 포 貶:깎을 폄 特:다만 특

潛이라하여 公無所貶而戎爲可會는 是獨何歟오 夫戎之不能以會禮會公이 亦明矣니 此學者之所以深疑而求其說也라 故로 曰 王者不治夷狄하니 錄戎은 來者不拒요 去者不追也라하니라

戎은 어찌 다만 秦·楚가 夷狄으로 흘러 들어간 것과 같을 뿐이겠는가. 그런데도 「春秋」에 쓰기를 "公이 潛땅에서 戎과 회맹했다."고 하여, 公을 폄하한 바가 없고, 戎을 회맹할 수 있다고 여겼으니, 이는 홀로 어째서인가? 戎이 會禮를 따라 公과 회맹하지 못했을 것임이 또한 분명하니, 이는 배우는 자들이 깊이 의심하여 그 해설을 찾는 이유인 것이다. 그러므로 말하기를 "王者는 夷狄을 다스리지 않으니, 戎을 기록함은 오는 자를 막지 않고 가는 자를 쫓지 않은 것이다."라고 한 것이다.

夫以戎之不可以化誨懷服也로 彼其不悍然執兵以與我從事於邊鄙도 固亦幸矣어늘 又況〔乎〕知有所謂會者而欲行之하니 是豈不足以深嘉其意乎아 不然이요 將深責其禮면 彼將有所不堪하여 而發其暴怒하리니 則其禍大矣라 仲尼深憂之하사 故로 因其來而書之以會하사 曰若是足矣라하시니 是는 將以不治深治之也라 由是觀之컨대 春秋之疾戎狄者는 非疾純戎狄也요 疾其以中國而流入於戎狄者也니라

戎은 교화하여 가르쳐 회유하고 복종시킬 수 없는 자들로서, 저 사납게 병기를 잡고 우리와 더불어 邊鄙(변방)에서 從事(전쟁)하지 않는 것만도 다행인데, 또 하물며 이른바 회맹이라는 것이 있음을 알아 행하고자 하였으니, 이 어찌 그 뜻을 깊이 가상히 여기지 않겠는가. 그렇지 않고 장차 그 禮를 깊이 책한다면 저(戎)는 장차 감당하지 못함이 있어서 그 노여움을 폭발시킬 것이니, 〈이렇게 되면〉 그 화가 크게 된다. 仲尼께서는 이를 깊이 근심하셨기 때문에 그 옴을 인하여 '회맹하였다'고 쓰셔서 이와 같이 하면 족하다고 여기신 것이니, 이는 장차 다스리지 않음으로써 깊이 다스리고자 하신 것이다. 이로 말미암아 보건대, 「春秋」에 戎狄을 미워한 것은 순수한 戎狄을 미워한 것이 아니라, 中國으로서 戎狄으로 흘러 들어간 자들을 미워한 것이다.

范增論　　蘇軾

迂齋云 宋義는 是義帝所命이요 義帝는 是范增所立이니 三人死生存亡去就 最相關涉이라 此坡公海外文字니 筆力老健이라

○靜觀云 增當去於羽殺宋義之時 此是一篇本意라 但有難看者하니 若把殺宋義爲弑義帝之兆하고 弑義帝爲疑增之本이라 此處는 道增不曉此不得이요 只是看項羽不破니

拒：막을 거　悍：사나울 한　鄙：들 비　嘉：아름다울 가　堪：견딜 감　疾：미워할 질
把：잡을 파

有依羽成功之心이라 所以一齊昏了니라
◯ 責增全說興楚면 不可無義帝니 羽決不可自有爲라 若增此處識得分明斬截이면 則當羽殺宋義時에 有廢主自爲之意하니 便當決策이요 不誅之則去之리니 失處全在此하니라

迂齋가 말하였다. "宋義는 바로 義帝가 임명한 자요 義帝는 바로 范增이 세운 자이니, 세 사람의 死生과 存亡과 去就가 가장 서로 관련된다. 이는 坡公이 海外(바다 멀리)에 있을 때에 지은 文字이니, 筆力이 노련하고 굳세다."

◯ 靜觀이 평하였다. "范增은 마땅히 項羽가 宋義를 살해하던 때에 떠나갔어야 한다는 것이 바로 이 한 편의 본의이다. 다만 보기 어려운 부분이 있으니, 宋義를 죽인 것을 가지고 義帝를 시해할 조짐으로 삼고, 義帝를 시해한 것을 가지고 范增을 의심하는 근본으로 삼은 것이다. 이 부분은 范增이 이것을 몰랐다고 말할 수는 없고, 다만 項羽를 제대로 간파하지 못한 점이다. 項羽에게 의지하여 성공할 마음이 있었기 때문에 이에 대하여 모두 어두웠던 것이다."

◯ 范增을 책하되 楚나라를 일으키려면 義帝가 없을 수 없으니, 項羽는 결코 스스로 무슨 일을 할 수 없다고 말한 것이다. 만약 范增이 이 부분을 분명하게 알아 결단해 끊었더라면 項羽가 宋義를 살해할 때에 군주를 폐출하고 자신이 군주가 되려는 뜻이 있었으니, 이때 마땅히 계책을 내어 項羽를 주벌할 것이요, 주벌할 수 없으면 떠나갔어야 하니, 范增이 잘못한 부분은 전적으로 여기에 있다."

漢用陳平計하여 間疏楚君臣하니 項羽疑范增與漢有私하여 稍奪其權한대 增이 大怒曰 天下事大定矣니 君王은 自爲之하라 願賜骸骨歸卒伍라하더니 未至彭城하여 疽發背死하니라

漢나라가 陳平의 계책을 따라 楚나라의 군신들을 이간시켜 소원하게 하니, 項羽는 范增이 漢나라와 내통함이 있는가 의심하여 차츰 그의 권한을 빼앗았다. 이에 范增은 크게 노하여 말하기를 "天下의 일이 크게 결판났으니, 군왕은 스스로 하소서. 骸骨을 돌려받아 卒伍로 돌아가기를 원합니다." 하고, 彭城에 이르기 전에 등창이 나서 죽었다.

蘇子曰 增之去 善矣라 不去면 羽必殺增하리니 獨恨其不蚤耳로라 然則當以何事去오 增勸羽殺沛公이어늘 羽不聽하여 終以此失天下하니 當於是去邪아 曰否라 增之欲殺沛公은 人臣之分也요 羽之不殺은 猶有君人之度也니 增이 曷爲以此去哉리오 易曰 知幾其神乎인저하고 詩曰 相彼雨雪한대 先集維霰이라하니 增之去는 [1]當

間 : 이간질할 간 稍 : 점점 초 骸 : 해골 해 伍 : 항오 오 彭 : 땅이름 팽 疽 : 등창 저
蚤 : 일찍 조 沛 : 성할 패 曷 : 어찌 갈 相 : 볼 상 霰 : 싸락눈 산

於羽殺卿子冠軍時也라

蘇子가 말하였다.

"范增이 떠나간 것은 잘한 일이다. 떠나가지 않았으면 項羽는 반드시 范增을 죽였을 것이다. 다만 일찍 떠나가지 않았음이 한스러울 뿐이다. 그렇다면 무슨 일로 떠났어야 하는가? 范增이 項羽에게 沛公(劉邦)을 죽이도록 말하였으나 項羽가 듣지 아니하여 마침내 이 때문에 천하를 잃었으니, 마땅히 이 때에 떠났어야 하는가? 아니다. 范增이 沛公을 죽이고자 한 것은 신하의 직분이요. 項羽가 죽이지 않은 것은 그래도 인군의 도량이 있는 것이니, 范增이 어찌 이 때문에 떠나가겠는가. 「周易」에 이르기를 "기미를 아는 것은 그 神일 것이다." 하였으며, 「詩經」에 이르기를 "저 雨雪(함박눈)이 내리는 것을 보건대 먼저 싸락눈이 모인다." 하였으니, 范增이 떠나감은 마땅히 項羽가 卿子冠軍을 죽였을 때에 떠나야 했을 것이다.

譯註 1. 卿子冠軍：秦나라 말기 봉기한 義兵들이 宋義의 軍을 높이 부른 칭호로, 卿子는 宋義에 대한 칭호이고 冠軍은 으뜸 軍이라는 뜻이다. 그러나 여기서는 직접 宋義를 지칭하였다.

陳涉之得民也는 以項燕扶蘇요 項氏之興也는 [1]以立楚懷王孫心이며 而諸侯叛之也는 以弑義帝라 且義帝之立에 增爲謀主矣니 義帝之存亡이 豈獨爲楚之盛衰리오 亦增之所與同禍福也니 未有義帝亡而增獨能久存者也라 羽之殺卿子冠軍也는 是弑義帝之兆也요 其弑義帝는 則疑增之本也니 豈必待陳平哉아 物必先腐也而後에 蟲生之하고 人必先疑也而後에 讒入之하나니 陳平이 雖智나 安能間無疑之主哉리오

陳涉(陳勝)이 민심을 얻은 것은 項燕과 扶蘇를 칭하였기 때문이요. 項氏가 興旺한 것은 楚懷王의 孫子인 心을 세웠기 때문이요. 諸侯가 項羽를 배반한 것은 義帝(心)를 시해하였기 때문이었다. 또 義帝가 설 때에 范增이 謀主가 되었으니, 義帝의 존망은 어찌 다만 楚나라의 성쇠일 뿐이었겠는가? 또한 范增이 그와 더불어 禍福을 함께 하는 바였다. 義帝가 죽었는데 范增만이 홀로 오래 보존될 수는 없으니, 項羽가 卿子冠軍을 죽인 것은 이는 義帝를 시해할 조짐이요. 義帝를 시해함은 范增을 의심하게 된 근본이니, 어찌 반드시 陳平을 기다리겠는가. 물건은 반드시 먼저 썩은 뒤에 벌레가 생기고, 사람은 반드시 먼저 의심한 뒤에 참소가 먹혀드는 것이다. 陳平이 비록 지혜로우나 어찌 의심이 없는 임금을 이간질할 수 있었겠는가.

譯註 1. 楚懷王孫心：楚懷王은 戰國時代 楚의 군주인 熊槐인데 秦王의 꼬임에 빠져 秦

涉：건널 섭　兆：조짐 조　讒：참소할 참

나라에 들어갔다가 억류되어 돌아오지 못하고 죽었다. 그후 楚나라는 멸망되었는데, 이때 義兵들은 백성들이 모두 楚懷王을 가엾게 여긴다 하여 그의 손자인 心을 王으로 추대하고 또한 懷王이라 칭하였다. 그후 心은 項羽에 의해 義帝로 추대되었다가 시해당하였다.

吾嘗論 義帝는 天下之賢主也라 獨遣沛公入關而不遣項羽하고 識卿子冠軍於稠人之中하여 而擢以爲上將하니 不賢而能如是乎아 羽旣矯殺卿子冠軍하니 義帝必不能堪하리니 非羽弑帝면 則帝殺羽는 不待智者而後知也라 增이 始勸項梁立義帝하여 諸侯以此服從하니 中道而弑之는 非增之意也라 夫豈獨非其意리오 將必力爭而不聽也리라 不用其言而殺其所立하니 羽之疑增이 必自此始矣라

내 일찍이 논하건대 義帝는 천하의 어진 군주였다. 홀로 沛公을 보내어 關門에 들어가게 하고 項羽를 보내지 않았으며, 卿子冠軍을 여러 사람들 가운데서 알아 발탁하여 上將으로 삼았으니, 어질지 않고서 이와 같을 수 있었겠는가? 項羽가 일찍이 〈義帝의 소서를〉 거짓으로 꾸며 卿子冠軍을 죽였으니, 義帝는 반드시 견뎌내지 못할 것이니, 項羽가 義帝를 시해하지 않았으면 義帝가 項羽를 죽였을 것은 지혜로운 자를 기다린 뒤에 알 수 있는 것이 아니다. 范增이 처음 項梁을 권하여 義帝를 세우게 하여 諸侯들이 이 때문에 복종하였으니, 중도에 義帝를 시해함은 范增의 본의가 아니다. 어찌 다만 본의가 아닐 뿐이겠는가? 장차 반드시 강력히 간쟁하여도 듣지 않았을 것이다. 그의 말을 따르지 않고 그가 세운 임금을 시해하였으니, 項羽가 范增을 의심함은 반드시 이로부터 비롯되었을 것이다.

方羽殺卿子冠軍에 增與羽比肩而事義帝하여 君臣之分이 未定也하니 爲增計者컨대 力能誅羽則誅之요 不能則去之면 豈不毅然大丈夫也哉아 增이 年已七十이라 合則留요 不合則去어늘 不以此時明去就之分하고 而欲依羽以成功名하니 陋矣로다 雖然이나 增은 高帝之所畏也라 增不去면 項羽不亡하리니 嗚呼라 增亦人傑也哉인저

項羽가 卿子冠軍을 죽였을 때에 范增은 項羽와 더불어 어깨를 나란히 하고 義帝를 섬겨 〈항우와 범증 사이에〉 君臣의 분수가 정해지지 않았으니, 范增을 위한 계책으로는 자기 힘이 項羽를 처형할 만하면 처형하고, 그렇지 않으면 떠나가는 것이 어찌 의연한 대장부가 아니겠는가. 范增은 나이가 이미 70세였다. 뜻이 합하면 머물고, 합하지 않으면 떠나갔어야 하는데, 이 때에 去就의 구분을 밝히지 않고 項羽에 의지하여 功名을 이루려 하였으니, 누추하다. 그러나 范增은 高帝가 두려워하는 존재였다. 范增이 떠나가지 않았으면 項羽가 망하지 않았을 것이니, 아! 슬프다. 范增 또한 人傑이구나.

稠：빽빽할 조 擢：뽑을 탁 矯：속일 교 梁：다리 량 毅：굳셀 의 陋：더러울 루

上樞密韓太尉書　　蘇　轍(子由)

(樞密 韓太尉(魏國公 韓琦)에게 올린 글)

迂齋云 胷臆之談의 筆勢規模 從司馬子長自序中來라 從歐陽公하여 轉韓太尉身上하니 可謂奇險이니 子由時年十九歲라 或云老泉代作이라
○ 按此篇은 雄健恢疎하니 眞老泉之作이라 子由는 文平正純熟하니 不類此也라 其後에 馬存子長遊一篇이 意實出於此하니 但不用其文耳라

迂齋가 말하였다. "胸臆(가슴속)이란 말의 筆勢와 규모는 司馬子長(司馬遷)의 自序(太史公自序)로부터 온 것이다. 歐陽公을 따라 韓太尉의 신상으로 돌렸으니, 기이하고 험하다고 이를 만하니, 子由는 이때 나이 19세였다. 혹자는 '老泉(蘇洵)이 代作하였다' 한다."
○ 살펴보건대, 이 篇은 웅건하고 恢疎(廣大)하니, 참으로 老泉이 지은 것이다. 子由는 文章이 平正하고 純熟하니, 이와 유사하지 않다. 그 후에 馬存의 '子長遊' 한 편은 뜻이 여기에서 나왔는데, 다만 그 글을 쓰지 않았을 뿐이다.

轍이 生好爲文하여 思之至深하여 以爲文者는 氣之所形이라 然이나 文不可以學而能이요 氣可以養而致라 孟子曰 我는 善養吾浩然之氣라하시니 今觀其文章이 寬厚宏博하여 充乎天地之間하여 稱其氣之小大하며 太史公은 行天下하여 周覽四海名山大川하고 與燕趙間豪俊交遊라 故로 其文이 疏蕩하여 頗有奇氣하니 此二子者 豈嘗執筆하여 學爲如此之文哉리오 其氣充乎其中而溢乎其貌하며 動乎其言而見(현)乎其文而不自知也라

저는 태어나면서부터 문장 짓기를 좋아하였는데, 생각하기를 매우 깊이 하여 이르기를 "문장은 氣가 나타나는 것이다. 그러나 文章은 배워서 능할 수가 없고 氣는 길러서 이룰 수 있다."고 여겼습니다. 孟子는 말씀하시기를 "나는 나의 浩然之氣를 잘 기른다." 하셨는데, 이제 그 문장을 보면, 너그럽고 후하고 크고 넓어서 天地의 사이에 충만되어 그 氣의 크고 작음에 걸맞으며, 太史公(史馬遷)은 天下를 다녀 四海의 名山·大川을 두루 구경하고 燕·趙지방의 豪俊들과 교유하였습니다. 그러므로 그 문장이 소탕하여 자못 기이한 氣가 있으니, 이 두 분들이 어찌 일찍이 붓을 잡고서 이와 같은 문장을 배웠겠습니까? 그 氣가 흉중에 충만하여 그 용모에 넘치고, 그 말에 동하여 그 문장에 나타나서 스스로도 알지 못하였던 것입니다.

轍은 生十有九年矣라 其所居家與游者 不過其隣里鄕黨之人이요 所見이 不過數

臆 : 가슴 억　恢 : 넓을 회　轍 : 수레바퀴자국 철　形 : 나타날 형　宏 : 클 굉
豪 : 뛰어날 호　蕩 : 넓을 탕　頗 : 자못 파　溢 : 넘칠 일　見 : 나타날 현

百里之間이라 無高山大野可登覽以自廣이요 百氏之書를 雖無所不讀이나 然皆古人之陳迹이니 不足〈以〉激發其志氣일새 恐遂汨没이라 故로 決然捨去하고 求天下之奇聞壯觀하여 以知天地之廣大호라

저는 태어난 지가 19년이 되었습니다. 집안에서 거하고 교유한 바가 이웃과 鄕黨의 사람에 지나지 않으며, 본 것이 수백 리의 사이를 넘지 않습니다. 오르고 구경하여 스스로 넓힐 만한 높은 산과 큰 들도 없으며, 百家의 글을 비록 읽지 않은 것이 없으나 모두 옛사람의 묵은 자취이니, 그 뜻과 기운을 격발시킬 수 없어 마침내 현재에 골몰할까 두려웠습니다. 그러므로 결연히 고향을 버리고 떠나 천하의 기이한 소문과 장관을 찾아서 天地의 광대함를 알게 되었습니다.

過秦漢之故都하여 恣觀終南嵩華之高하고 北顧黃河之奔流하여 慨然想見古人之豪傑하며 至京師하여 仰觀天子宮闕之壯과 與倉廩府庫城池苑囿之富且大也而後에 知天下之巨麗요 見翰林歐陽公하여 聽其議論之宏辨하고 觀其容貌之秀偉하며 與其門人賢士大夫遊而後에 知天下之文章이 聚乎此也로라

秦나라와 漢나라의 옛 도읍지를 방문하여 終南山과 嵩山·華山의 높음을 마음껏 구경하고, 북쪽으로 黃河의 치달려 흐름을 돌아보고서 慨然히 옛날 호걸들을 상상해 보았으며, 京師에 이르러 天子의 궁궐의 장엄함과 倉廩·府庫와 城池·苑囿의 풍부하고 또 큼을 우러러본 뒤에야 天下의 크고 화려함을 알았으며, 翰林 歐陽公(歐陽脩)을 보고서 그 의론의 크고 분변됨을 듣고 그 용모의 빼어남과 위대함을 보며 그의 門人중에 어진 사대부들과 교유한 뒤에야 천하의 문장이 이 곳에 모여 있음을 알았습니다.

太尉以才略으로 冠天下하니 天下之所恃以無憂요 四夷之所憚而不敢發이라 [1]入則周公召公이요 出則方叔召虎어늘 而轍也未之見焉이로라 且夫人之學也에 不志其大면 雖多而奚爲리오 轍之來也에 於山에 見終南嵩華之高하고 於水에 見黃河之大且深하고 於人에 見歐陽公이로되 而猶以未見太尉也라 故로 願得觀賢人之光耀하여 聞一言以自壯하니 然後可以盡天下之大觀而無憾者矣라

太尉는 재주와 지략으로 天下에 으뜸이 되었으니, 天下가 믿어서 근심함이 없고, 四夷들이 두려워하여 감히 발동하지 못합니다. 조정에 들어가면 周公과 召公이요, 나오면 方叔과 召虎인데, 저는 아직 뵙지 못하였습니다. 또 사람의 학문은 큰 것에 뜻하지 않으면 비록 학문이 많은들 어디에 쓰겠습니까. 제가 이 곳에 옴에 산에 있어서는 終南山과 嵩山·華山의 높음을 보았고, 물에 있어서는 黃河의 크고 또 깊음을 보았

陳：묵을 진 汨：빠질 골 恣：멋대로할 자 嵩：높을 숭 慨：슬퍼할 개 廩：곳집 름
苑：동산 원 囿：동산 유 聚：모을 취 耀：빛날 요 憾：한할 감

고, 인물에 있어서는 歐陽公을 보았으나, 아직도 太尉를 뵙지 못하였습니다. 그러므로 賢人의 빛남을 얻어 보아 한 말씀을 듣고 스스로 뜻을 키우기를 원하오니, 그런 뒤에야 天下의 大觀을 다 구경하여 유감이 없을 것입니다.

譯註 1. 入則…方叔召虎 : 出將入相을 이른다. 周公은 周武王의 아우로 이름이 旦이며 召公은 周나라 宗室로 이름이 奭인데 모두 武王과 成王을 보필하였다. 方叔과 召虎는 周宣王 때에 荊蠻과 淮夷를 토벌하여 큰 공을 세운 인물이다.

轍이 年少하여 未能通習吏事라 嚮之來는 非有取於升斗之祿이러니 偶然得之하니 非其所樂이라 然이나 幸得賜歸待選하여 使得優游數年之間이면 將以益治其文하고 且學爲政하리니 太尉苟以爲可敎而辱敎之면 又幸矣리이다

저는 나이가 적어 아직 관리의 일에 숙달하지 못하니, 지난번 온 것은 한 되나 한 말의 녹을 취하려고 온 것이 아니었습니다. 그런데 우연히 녹을 얻게 되니, 즐거워하는 바가 아닙니다. 그러나 다행히 歸暇(휴가)를 얻어 돌아가 뽑히기를 기다려서 수년간을 한가로이 놀게 해 주신다면, 장차 그 문장을 더욱 다스리고 또 정사하는 방법을 배울 것입니다. 太尉께서 진실로 가르칠만 하다고 여기시어 욕되이 가르쳐 주신다면 또 다행이겠습니다.

袁州學記　　李 覯(泰伯)

(袁州 鄕學에 대한 記)

迂齋云 議論이 關涉世敎하고 筆力老健이라
○ 學記多矣나 意正說嚴하고 文老氣壯이 未有過此者라 明倫而敦忠孝는 此學之大本이요 爲文以徼利達은 此學之流弊니 一勸一戒에 凜凜如秋霜烈日이로다

迂齋가 말하였다. "議論이 世敎에 관계되며 筆力이 노련하고 굳세다."
○ 학교에 대한 記文이 많으나 뜻이 바르고 말이 엄격하며 文章이 노련하고 기운이 건장한 것은 이보다 더한 것이 없다. 윤리를 밝혀 忠孝를 돈독히 함은 학문의 큰 근본이요, 文章을 잘하여 利達을 요구함은 학문의 流弊이니, 한편으로 권면하고 한편으로 경계함에 늠름함이 秋霜烈日과 같다.

皇帝二十有三年에 制詔州縣立學하니 惟時守令이 有哲有愚라 有屈力殫慮하여 祗

嚮 : 지난번 향　升 : 되 승　袁 : 옷길 원　徼 : 구할 요　凜 : 늠름할 름　制 : 분부 제
詔 : 조서 조　殫 : 다할 탄　祗 : 공경할 지

順德意하고 有假宮借師하여 苟具文書하여 或連數城에 亡(무)誦弦聲하니 倡而不和하여 敎尼(닐)不行하니라

皇帝(仁宗)께서 즉위한 지 23년에 각 州縣에게 조서를 내려 學宮을 세우게 하니, 이 당시 수령들은 賢哲한 이도 있고 어리석은 이도 있었다. 그리하여 힘을 다하고 생각을 다하여 덕스러운 뜻을 공경히 순종한 자가 있었고, 學宮을 빌리고 스승을 빌려 구차히 문서(형식)만을 갖추어 혹 몇 城이 이어지도록 글을 읽고 현악기를 타는 소리가 없으니, 〈황제께서〉 선창을 하는데도 〈수령들이〉 화답하지 않아 가르침이 중지되고 행해지지 못하였다.

三十有二年에 范陽祖君無擇이 知袁州라 始至에 進諸生하여 知學宮闕狀하고 大懼人材放失하고 儒效闊疏하여 無以稱上意旨러니 通判穎川陳君侁이 聞而是之하여 議以克合이라 相舊夫子廟하니 陿隘하여 不足改爲일새 乃營治之東하니 厥土燥剛하고 厥位面陽하고 厥材孔良하며 瓦甓黝堊丹漆이 擧以法故하고 殿堂室房廡門이 各得其度라 生師有舍하고 庖廩有次하며 百爾器備를 竝手偕作하니 工善吏勤하여 晨夜展力하여 越明年에 成하여 [1]舍菜且有日이라

32년에 范陽 祖君 無擇이 袁州를 맡았는데, 그는 처음 부임해서 여러 생도들을 나오게 하여 學宮이 없는 내용을 알고는 인재가 放失되고 儒敎의 효험이 소활해져 聖上의 뜻에 부응하지 못할까 크게 두려워하였다. 穎川通判으로 있는 陳君 侁은 이 말을 듣고 옳게 여겨 의론이 서로 부합하였다. 옛 夫子(孔子)의 사당을 살펴보니, 너무 좁고 누추하여 고쳐서 지을 수가 없으므로, 마침내 治所(邑內)의 동쪽에 새 터를 경영하니, 그 토지가 건조하고 단단하며 그 위치가 양지바르고 그 재목이 매우 좋으며, 기와와 벽돌, 검은 칠과 붉은 칠이 모두 옛 것을 따랐고, 殿堂과 室房과 행랑채와 문이 각각 그 법도에 맞았다. 생도들과 스승이 머무를 집이 있고 부엌과 창고가 차례로 있으며, 온갖 기물과 비품들을 함께 손대어 작업하였는데, 목공들은 일을 잘하고 관리들은 부지런히 하여 새벽부터 밤늦도록 힘을 펴서 다음해에 이루어져 舍菜를 올릴 날이 장차 다가왔다.

譯註 1. 舍菜 : 일명 釋菜·釋奠으로 孔子의 사당에 제사함을 이른다.

盱江李覯諗于衆曰 惟四代之學은 考諸經可見已라 秦以山西로 鏖六國하여 欲帝萬世러니 劉氏 呼에 而關門不守하여 武夫健將이 賣降恐後는 何耶오 詩書之道廢하여 人惟見利而不聞義焉耳일새라 孝武乘豊富하고 世祖出戎行(항)하여 皆孶孶學

尼 : 그칠 닐 侁 : 떼지어갈 신 甓 : 벽돌 벽 黝 : 검을 유 堊 : 백토 악 廡 : 행랑 무
廩 : 곳집 름 盱 : 클 우 覯 : 만날 구 諗 : 고할 심 鏖 : 죽일 오 孶 : 부지런할 자

術하니 俗化之厚가 延于靈獻하여 1)草茅危言者 折首而不悔하고 功烈震主者 聞命而釋兵하여 群雄이 相視하여 不敢去臣位를 尙數十年하니 敎道之結人心이 如此라

盱江 李覯는 여러 사람들에게 다음과 같이 말하였다.

"四代의 학교는 여러 經典을 참고하면 볼 수 있다. 秦나라는 山西지방의 나라로서 六國을 멸하여 만세토록 황제 노릇을 하고자 하였는데, 劉氏(劉邦)가 한번 고함치자, 관문이 지켜지지 못하여 武夫와 건장한 장수들이 나라를 팔아먹고 항복함에 뒤늦을까 두려워했던 것은 어째서인가? 詩書의 道가 폐해져서 사람들이 오직 이익만 보고 義를 듣지 못하였기 때문이었다. 〈漢나라의〉 孝武帝는 풍부함을 타고 世祖(光武帝)는 戎行(군대의 행렬)에서 나와 모두 학술에 부지런히 힘썼다. 그리하여 풍속과 교화의 厚함이 靈帝·獻帝에까지 뻗쳐 초야에서 바른 말을 하는 자들이 목이 잘려도 후회하지 않았고, 功烈이 군주를 진동시키는 자들이 명령을 듣고는 병권을 풀어놓아, 群雄들이 서로 보면서 감히 신하의 지위를 버리지 못한 지가 오히려 수십 년이었으니, 敎道가 인심을 결속시킴이 이와 같은 것이다.

譯註 1. 草茅危言者…尙數十年 : 草茅는 草野와 같은 말이며 折首는 목이 잘리는 것으로, 靈帝 때에 黨錮에 연루된 范滂 등은 太學生의 신분으로 正論을 펴다가 처형되었다. 群雄은 獻帝 초기의 군벌인 袁紹·袁術·曹操·孫權 등을 이르는 바, 특히 曹操는 막강한 권력을 지녔음에도 불구하고 당시의 여론을 두려워 하여 獻帝를 天子로 받들고 魏王에 머물었는데 그의 아들 曹丕에 이르러 비로소 獻帝를 시해하고 帝位를 찬탈하였다.

今代遭聖神하고 爾袁이 得賢君하여 俾爾由庠序하여 踐古人之迹하니 天下治則譚禮樂以陶吾民하고 一有不幸이면 尤當仗大節하여 爲臣死忠하며 爲子死孝하여 使人有所賴요 且有所法이니 是惟朝家敎學之意라 若其弄筆墨하여 以徼利達而已인댄 豈徒二三子之羞리오 抑亦爲國者之憂니라

이제 시대는 聖神(聖君)을 만나고 너희 袁州 사람들은 어진 使君을 얻어서 너희들로 하여금 庠序(學校)로 말미암아 古人의 자취를 밟게 하니, 天下가 다스려지면 禮樂을 말하여 우리 백성들을 도야하고, 한 번 불행한 일이 있으면 더욱 大節을 잡아 신하가 되어서는 충성에 죽고 자식이 되어서는 효도에 죽어서 사람들로 하여금 의뢰하는 바가 있고 또 본받는 바가 있게 하여야 할 것이니, 이것이 朝家(국가)에서 백성들을 가르치고 배우게 하는 意義이다. 만약 붓과 먹을 희롱하여 이익과 영달을 구할 뿐이라면 어찌 다만 二三子(여러분)의 수치일 뿐이겠는가? 또한 나라를 다스리는 자의 걱정거리인 것이다."

延 : 뻗칠 연　茅 : 띠 모　危 : 높을 위　折 : 꺾을 절　俾 : 하여금 비　庠 : 학교이름 상
序 : 학교이름 서　譚 : 말할 담　仗 : 잡을 장　徼 : 구할 요

藥 戒 張 耒(文潛)

議論濶大하고 文意紆餘하니 醫國者固所當知요 醫身者亦不可不知也라

議論이 광대하고 文意가 여유가 있으니, 나라를 다스리는 자가 진실로 마땅히 알아야 할 것이요 몸을 치료하는 자도 또한 알지 않으면 안된다.

客有病痞하여 積於其中者 伏而不能下하고 自外至者 捍而不得納이라 從醫而問之하니 曰 非下之면 不可라하여늘 歸而飮其藥하니 旣飮而暴(폭)下하여 不終日而向之伏者散而無餘하고 向之捍者柔而不支하여 焦鬲이 導達하고 呼吸이 開利하여 快然若未始有疾者러니 不數日에 痞復作이어늘 投以故藥하니 其快然也亦如初라 自是로 不逾月而痞五作五下하여 每下輒愈나 然客之氣一語而三引하며 體不勞而汗하고 股不步而慄하여 膚革은 無所耗於前이로되 而其中은 苶然하여 莫知其所來하니 嗟夫라 心痞는 非下면 不可已니 予從而下之는 術未爽也어늘 苶然은 獨何歟오

客 중에 痞病을 앓는 자가 있어, 그 속에 쌓인 것이 엎드려 있어서 내려가지 않고 밖으로부터 이르는 것(음식물)이 막혀서 들어가지 않았다. 의원을 찾아가 물어보니, 말하기를 '내리지 않으면 안된다' 하므로, 돌아와 그 약을 마시니, 마시자마자 대번에 내려가서 하루가 지나지 않아 지난번에 엎드려 있던 것이 흩어져 남음이 없고 지난번에 막혔던 것들이 부드러워 걸리지 않아, 焦鬲(가슴)이 導達(후련하게 통함)되고 호흡이 열리고 편하여 快然히 일찍이 병이 있지 않았던 듯하였다.

그런데 며칠이 못되어 痞病이 다시 일어나므로 도로 옛 약을 투약하니, 그 상쾌함이 처음과 같았다. 이로부터 한 달을 넘지 않아 痞病이 다섯 번 일어나 다섯 번 내렸는데, 내릴 때마다 곧 병이 낫곤 하였다. 그러나 客의 기운이 〈몹시 쇠약하여〉 한번 말할 때에도 세번 늘여빼고 몸이 수고롭지 않아도 땀이 나며 다리가 걷지 않아도 떨려서 살과 가죽은 전보다 야윔이 없었으나 그 속은 파리하여 그 유래(이유)를 알 수가 없었다. 아, 속의 痞病은 내리지 않으면 고칠 수가 없으니, 내가 따라서 내린 것은 치료하는 방법이 틀리지 않았는데, 속이 파리함은 어째서인가?

聞楚之南에 有良醫焉하고 往而問之한대 醫曰 子無歎是然者也어다 凡子之術이 固爲是苶然也니라 坐하라 吾語女하리라 天下之理 有甚快於予心者는 其末에 必有傷이니 求無傷於終者인댄 則初無望於快吾心이니라 夫陰伏而陽蓄하여 氣與血이 不運而爲痞하여 橫乎子之胸中者 其累大矣니 擊而去之호되 不須臾而除甚大之累는

耒 : 쟁기자루 뢰 紆 : 굽을 우 痞 : 뱃속결릴 비 捍 : 막을 한 焦 : 태울 초
鬲 : 가슴 격 逾 : 넘을 유 愈 : 나을 유 股 : 다리 고 苶 : 파리할 날 臾 : 잠깐 유

和平之物이 不能爲也요 必將擊搏震撓而後可리라 夫人之和氣 沖然而甚微하여 泊(迫)乎其易危하니 擊搏震撓之功이 未成에 而子之和 蓋已病矣라 由是觀之컨댄 則子之痞凡一快者면 子之和 一傷矣니 不終月而快者五면 則子之和平之氣 不既索乎아 故로 膚不勞而汗하고 股不步而慄하여 茶然如不可終日也니라 蓋將去子之痞而無害於和乎인댄 子歸하여 燕居三月而後에 予之藥을 可爲也리라

楚지방 남쪽에 良醫(名醫)가 있다는 말을 듣고 찾아가 물으니, 그 의원은 다음과 같이 말하였다.

"그대는 이것을 한탄하지 말지어다. 무릇 그대의 치료 방법이 진실로 몸을 파리하게 만든 것이다. 앉으라. 내 그대에게 말해 주겠다. 天下의 이치는 내 마음에 심히 쾌한 것은 그 종말에 반드시 손상됨이 있으니, 종말에 손상됨이 없기를 구한다면 애당초 내 마음에 쾌하기를 바라지 말아야 한다. 陰이 엎드리고 陽이 쌓여서 氣와 血이 운행되지 않아 痞病이 되어서 그대의 흉중에 가로막힌 것이 그 累(쌓임)가 컸다. 이것을 쳐서 제거하는데, 잠시도 못되어 심히 큰 累를 제거하려면 이는 화평한 약물로는 제거할 수가 없고, 반드시 치고 진동하는 물건을 사용한 뒤에야 가능할 것이다. 사람의 和氣는 沖然히 매우 작아서 급박하여 위태롭기가 쉬우니, 치고 진동하는 공효가 이루어지기 전에 그대의 和氣가 이미 병들었다. 이로 말미암아 보건대, 그대의 痞病이 무릇 한 번 쾌할 적마다 그대의 和氣가 한 번 손상된 것이니, 한 달이 못되어 상쾌한 것이 다섯 번이었으면 그대의 화평한 기운이 이미 쇠진하지 않았겠는가? 그러므로 살이 수고롭지 않아도 땀이 나오고 다리가 걷지 않아도 떨려서 파리하여 하루를 마칠 수 없는 듯한 것이다. 장차 그대의 痞病을 제거하면서도 和氣를 해침이 없고자 한다면 그대는 돌아가서 3개월 동안 한가로이 거처한 뒤에야 내 약을 쓸 수 있다."

客歸하여 燕居三月에 齋戒而復請之한대 醫曰 子之氣少復(복)矣라하고 取藥而授之曰 服之三月而病少平하고 又三月而少康하고 終是年而復常하리라 且飮藥에 不得亟進하라 客이 歸而行其說이나 然其初에 使人懣然遲之하여 蓋三投藥而三反之也하니라 然日不見其所攻之効로되 較則月異而時不同이러니 蓋終歲에 疾平하니라

客이 돌아와서 편안히 거처한 지 3개월 만에 재계하고 다시 청하니, 의원은 "그대의 기운이 다소 회복되었다." 하고는, 약을 취하여 주면서 말하기를 "복용한 지 3개월에 병이 다소 낫고, 또 3개월에 조금 편안해지고, 이 해를 마치면 정상으로 돌아갈 것이다. 또 약을 마실 때에 빨리 마시지 말라." 하였다.

客이 돌아와서 그 말대로 시행하였다. 그러나 처음에는 사람으로 하여금 답답하여 너무 더디게 여겨져 세 번이나 약을 던졌다가 세 번 도로 갖다가 먹었다. 그러나 날로

沖 : 온화할 충　泊 : 급박할 박　燕 : 편안할 연　懣 : 번민할 만

는 치료하는 효험을 볼 수가 없으나 비교해 보면 다달이 달라지고 철로 차이가 나더니, 한 해를 마치자 병이 치료되었다.

客謁醫하여 再拜而謝之하고 坐而問其故한대 醫曰 是醫國之說也니 豈特醫之於疾哉리오 子獨不見夫秦之治乎아 民이 悍而不聽令하며 惰而不勤事하며 放而不畏法하여 令之不聽하고 治之不變하니 則秦之民이 嘗痞矣라 商君이 見其痞也하고 厲以刑法하며 威以斬伐하여 悍戾猛鷙하여 不貸毫髮하고 痛剗而力鋤之하니 於是乎秦之政이 如建瓴하여 流蕩四達하여 無敢或拒하니 而秦之痞 嘗一快矣라 自孝公으로 以至二世也에 凡幾痞而幾快矣乎아 頑者已圮하고 強者已柔나 而秦之民이 無歡心矣라 故로 猛政一快者는 懽心一亡이니 積快而不已하여 而秦之四支枵然하여 徒有其物而已라 民心日離而君孤立於上이라 故로 [1]匹夫大呼에 不終日而百病皆起하니 秦欲運其手足肩膂나 而漠然不我應矣라 故로 秦之亡者는 是好爲快者之過也니라

客이 의원을 뵙고 재배하고 사례한 다음 앉아서 그 이유를 묻자, 의원은 다음과 같이 말하였다.

"이것은 나라를 치료하는 말이니, 어찌 다만 의원의 병 치료에만 해당되겠는가? 그대는 홀로 秦나라의 정치를 보지 못했는가? 백성들이 사나워 명령을 듣지 않고 게을러 일을 부지런히 않으며 방탕하여 법을 두려워하지 않았다. 그리하여 명령해도 듣지 않고 다스려도 변하지 않았으니, 秦나라 백성들이 일찍이 痞病이 든 것이다. 商君은 痞病이 든 것을 보고는 刑法으로 엄함을 보이며 斬伐로 위엄을 보여 사납고 혹독하여 털끝 만큼도 용서해 주지 않고는 통렬히 깍아내고 힘껏 제거하였다. 이에 秦나라의 정치가 병을 거꾸로 세워놓은 듯 막힘없이 사방으로 도달하여 감히 혹시라도 항거하는 자가 없었으니, 秦나라의 痞病이 한 번 쾌해진 것이다. 孝公으로부터 二世皇帝에 이르기까지 모두 몇 번이나 痞病이 들었다가 몇 번이나 쾌했는가? 완강한 자가 이미 무너지고 강한 자가 이미 부드러워졌으나 秦나라의 백성은 기쁜 마음이 없어지게 되었다. 그러므로 사나운 정사가 한번 쾌해지면 기쁜 마음이 한번 없어지는 것이다. 쾌함을 쌓고 그치지 않음에 秦나라의 四肢가 텅 비어서 한갖 물건(형체)만 소유하고 있을 뿐, 민심이 날로 離叛되어 군주가 위에 고립되었다. 그러므로 匹夫가 크게 고함치자, 하루도 못되어 온갖 병이 일어나니, 秦나라가 그 수족과 어깨와 척추를 움직이고자 하였으나 막연히 나의 뜻에 응하지 않았다. 그러므로 秦나라가 망한 것은 바로 이 쾌하기를 좋아한 자들의 잘못인 것이다.

譯註 1. 匹夫大呼 : 匹夫는 일개 남자란 뜻으로 秦나라 말기 부역가는 사람들을 선동하여

戾 : 어그러질 려 鷙 : 사나울 지 貸 : 용서할 대 剗 : 깍을 잔 鋤 : 제거할 서
瓴 : 귀달린병 령 頑 : 완악할 완 圮 : 무너질 비 枵 : 빌 효 膂 : 등뼈 려

義兵을 일으킨 陳勝·吳廣 등을 가리킨 것이다.

昔先王之民이 其初亦嘗痞矣니 先王이 豈不知砉然擊去之以爲速也리오마는 惟其有懼於終也라 故로 不敢求快於吾心이요 優柔而撫存之하여 敎以仁義하고 導以禮樂하여 陰解其亂而除去其滯하여 使其悠然自趨於平安而不自知하니 方其未也에 旁視而懣然者 有之矣나 然月計之하고 歲察之하면 前歲之俗이 非今歲之俗也라 不擊不搏하여 無所忤逆하니 是以로 日去其戾氣로되 而不嬰其歡心이라 於是에 政成敎達하여 安樂悠久而無後患矣라 是以로 三代之治는 皆更(경)數聖人하여 歷數百年而後俗成하니 則予之藥이 終年而愈疾이 蓋無足怪라 故로 曰天下之理 有甚快於吾心者는 其末也에 必有傷이니 求無傷於其終인댄 則初無望於快吾心이라하노라 雖然이나 豈獨於治天下哉리오 客이 再拜而記其說하니라

옛날 先王의 백성들도 그 처음에 일찍이 痞病이 들었었다. 先王이 어찌 砉然히 쳐버려서 속히 다스릴 줄을 몰랐겠는가? 오직 그 종말을 두려워함이 있었기 때문에 감히 자신의 마음에 쾌함을 구하지 않고, 유유히 어루만지고 보존해 주어 仁義로 가르치고 禮樂으로 인도하여, 은근히 그 혼란을 풀어주고 그 막힘을 제거하여 그들로 하여금 유유하게 스스로 편안한 데로 나아가면서도 스스로 알지 못하게 하였다. 그 이렇게 되기 전에는 옆에서 보고 답답히 여기는 자가 있었으나 달로 계산해 보고 해로 살펴보면 지난해의 풍속이 금년의 풍속이 아니었다. 공격하지 않고 치지 않아서 거스리는 바가 없었으니, 이 때문에 날마다 나쁜 기운을 제거하면서도 기뻐하는 마음을 해치지 않았다. 이에 정사가 이루어지고 가르침이 통달하여 안락하고 유구하여 후환이 없었다. 이러므로 三代의 정치는 모두 몇 聖人을 거치고 수백 년을 지난 뒤에야 아름다운 풍속이 이루어졌던 것이니, 내 약이 1년을 마치고서야 병을 낫게 함이 이상할 것이 없다. 그러므로 말하기를 '天下의 이치는 내 마음에 심히 쾌한 것은 그 종말에 반드시 손상됨이 있으니, 그 종말에 손상됨이 없기를 구한다면 애당초 내 마음에 쾌하기를 바라지 말라.'고 한 것이다. 그러나 어찌 다만 天下를 다스림에만 해당되겠는가?"

客은 재배하고 그 말을 기록하였다.

砉 : 뼈바르는소리 획　撫 : 어루만질 무　滯 : 막힐 체　旁 : 곁 방　忤 : 거스를 오
嬰 : 걸릴 영　更 : 지날 경

古文眞寶後集 卷之十

送秦少章序　　張 耒(文潛)

(秦少章(秦覯)을 전송하는 序)

秦(覯)〔覯〕은 字少章이요 兄觀은 字少游라
○迂齋云 老於世故之後라야 方有此等議論하니 凡學者當知此理니라

秦覯은 자가 少章이요 그의 형 觀은 자가 少游이다.
○迂齋가 말하였다. "세상 연고에 노련한 뒤에야 바야흐로 이러한 의론이 있을 수 있으니, 모든 배우는 자들은 이 이치를 알아야 한다."

詩不云乎아 蒹葭蒼蒼하니 白露爲霜이라하니 夫物不受變則材不成하고 人不涉難則智不明하나니라 季秋之月에 天地始肅하여 寒氣欲至하니 方是時하여 天地之間에 凡植物이 出於春夏雨露之餘하여 華澤이 充溢하고 支(枝)節이 美茂라가 及繁霜夜零에 旦起而視之하면 如戰敗之軍이 卷旗棄鼓하고 裹瘡而馳하여 吏士無人色하니 豈特如是而已리오 於是에 天地閉塞而成冬이면 則摧敗拉毁之者過半이니 其爲變이 亦酷矣라

「詩經」에 이르지 않았는가. "갈대 잎이 창창하니, 흰 이슬이 서리가 된다."하였다. 물건은 變을 받지 않으면 재목을 이루지 못하고, 사람은 어려움을 겪지 않으면 지혜가 밝아지지 못한다.
季秋의 달에 天地가 비로소 추워져 寒氣가 이르려 하니, 이 때를 당하여 天地의 사이에 모든 식물들이 봄과 여름 雨露를 맞은 뒤에 나와서 화려함과 윤택함이 充溢(충만)하고, 가지와 마디가 아름답고 무성하다가 된서리가 밤에 내림에 아침에 일어나 보면 패전한 전사들이 깃발을 말고 북을 버리고 상처를 싸매고 달려가 관리와 군사들이 사람의 기색이 없는 것과 같으니, 어찌 다만 이와 같을 뿐이겠는가? 이에 天地가 폐색되어 겨울이 되면 이루면 꺾이고 훼손됨이 반이 넘으니, 그 변됨이 또한 혹독하다.

然이나 自是로 弱者堅하고 虛者實하고 津者燥하여 皆斂其英華於腹心而各效其成하나니 深山之木이 上撓靑雲하고 下庇千人者도 莫不病焉이어든 況所謂蒹葭者乎아 然匠石操斧하여 以遊山林이라가 一擧而盡之하여 以充棟梁桷杙輪輿輹輻하여 巨細强弱이 無不勝其任者하니 此之謂損之而益이요 敗之而成이요 虐之而樂者 是也라

覯 : 볼 적　蒹 : 갈대 겸　葭 : 갈대 가　裹 : 쌀 과　瘡 : 상처 창　摧 : 꺾을 최
拉 : 꺾을 랍　庇 : 덮을 비　梁 : 들보 량　桷 : 서까래 각　杙 : 말뚝 익　輹 : 당토 복
輻 : 바퀴살 복

그러나 이로부터 약한 것이 단단해지고 허한 것이 진실해지며 진액이 건조되어서 모두 그 영화를 배와 심장에 거두어 각각 그 이름을 바치니, 깊은 山의 나무가 위로는 푸른 구름을 흔들고 아래로는 천 명의 사람을 가리울 수 있는 것도 피해를 받지 않음이 없거든, 하물며 이른바 갈대에 있어서랴. 그러나 匠石이 도끼를 잡고 山林을 돌아다니다가 일거에 모두 베어서 기둥과 들보, 서까래와 말뚝, 수레바퀴와 수레판과 당토와 바퀴살로 충당하여, 크고 작음과 강하고 약함이 그 임무를 감당하지 못함이 없으니, 이것을 일러 덜되 유익하고 패하되 이루어지고 학대하되 즐겁다는 것이다.

吾黨에 有秦少章者하니 自余爲大(太)學官時로 以其文章示余하고 愀然告我曰 余家貧하여 奉命大人而勉爲科擧之文也러니 異時에 率其意하여 爲詩章古文하니 往往淸麗奇偉하여 工於擧業이 百倍라하더니 元祐六年에 及第하여 調臨安主簿하니 擧子中第가 可少樂矣로되 而秦子每見余에 輒不樂이어늘 余問其故한대 秦子曰 余는 世之介士也라 性所不樂을 不能爲하고 言所不合을 不能交하고 飮食起居와 動靜百爲를 不能勉以隨人이어늘 今一爲吏에 皆失己而惟物之應하여 少自偃蹇이면 悔禍響至라 異時엔 一身이 資養於父母러니 今則婦子仰食於我하니 欲不爲吏나 又不可得이니 自今以往으로는 如沐漆而求解矣로다

우리 黨(무리)에 秦少章이라는 자가 있으니, 내가 大學(태학)의 관원으로 있을 때부터 자기의 문장을 나에게 보여주고 愀然히 나에게 말하기를 "나는 집이 가난하여 大人(父親)의 명을 받들어 억지로 科擧 글을 지었는데, 다른 날에 자신의 뜻을 따라 詩章과 古文을 지어 보니, 왕왕 淸麗하고 奇偉하여 과거 공부보다 나음이 백 배나 된다."하였다. 元祐 6년에 급제하여 臨安 主簿에 調用되니, 擧子가 과거에 급제함은 다소 즐거울 수 있으나 秦子는 나를 볼 때마다 즐거워하지 않았다. 내가 그 이유를 묻자, 秦子는 다음과 같이 말하였다.

"나는 세상에 곧은 선비이다. 성품에 좋아하지 않는 바를 하지 못하고, 말이 합하지 않는 사람을 사귀지 못하고, 음식과 起居와 動靜과 온갖 행위를 억지로 남을 따르지 못하는데, 이제 한번 관리가 됨에 모두 자신을 잃고 오직 남에게 응하니, 조금 스스로 偃蹇(내 마음대로 함)하면 후회와 재화가 메아리처럼 이른다. 다른 때에는 한 몸이 父母에게 의뢰하여 길러졌는데, 지금은 妻子들이 나에게 우러러 먹고 있으니, 내 관리가 되지 않으려 하나 또 할 수가 없다. 이로부터 이후로는 옻칠로 목욕하고서 풀리기를 구하는 것과 같을 것이다."

余解之曰 子之前日은 春夏之草木也요 今日之病子者는 蒹葭之霜也라 凡人性이

愀 : 실심할 초 工 : 잘할 공 調 : 임용할 조 偃 : 교만할 언 蹇 : 교만할 건
響 : 메아리 향 漆 : 옻 칠

惟安之求하나니 夫安者는 天下之大患也니 能遷之爲貴라 [1]重耳不十九年於外면 則歸不能霸요 [2]子胥不奔이면 則不能入郢이리니 二子者方其羈窮憂患之時하여 陰益其所短而進其所不能者 非如學於口耳者之淺淺也라 自今으로 吾子思前之所爲면 其可悔者衆矣요 其所知益加多矣리니 反身而安之면 則行於天下에 無可憚者矣리라 能推食(퇴사)與人者는 常飢者也요 賜之車馬而辭者는 不畏徒步者也라 苟畏飢而惡步면 則將有苟得之心하리니 爲害不旣多乎아 故로 隕霜不殺者는 物之災也요 逸樂終身者는 非人之福也니라 元祐七年仲春十一日에 書하노라

이에 나는 다음과 같이 풀어 주었다.

"그대의 지난날은 비유하면 봄과 여름의 초목이요, 오늘날에 그대를 괴롭히는 것은 비유하면 갈대가 서리를 맞는 것과 같다. 무릇 사람의 성품은 편안함을 구하는데, 편안함은 천하의 큰 병통이니, 능히 옮기는 것이 귀하다. 重耳가 밖에서 19년을 고생하지 않았으면 돌아와서 霸者가 되지 못했을 것이요, 子胥가 吳나라로 도망하지 않았으면 楚나라의 수도인 郢땅으로 들어가지 못했을 것이다. 이 두 사람은 나그네로 붙여 있어 곤궁하고 걱정할 때에 속으로 그 부족한 바를 더하고, 그 능하지 못한 바를 진전시켰으니, 입과 귀로 배운 자의 얕은 것과는 같지 않다. 지금으로부터 吾子는 지난날의 한 바를 생각해 보면 후회스러운 일이 많을 것이요, 아는 바가 더욱 많아질 것이니, 몸에 돌이켜 편안히 여기면 天下를 행함에 두려울 것이 없을 것이다. 밥을 미루어 남에게 주는 자는 항상 굶주린 자요, 수레와 말을 주어도 사양하는 자는 徒步를 두려워하지 않는 자이니, 만일 굶주림을 두려워하고 걷는 것을 싫어한다면 장차 구차히 얻으려는 마음이 있을 것이니, 해가 됨이 크지 않겠는가? 그러므로 서리가 내려 죽지 않는 것은 물건의 재앙이요, 안일과 즐거움으로 몸을 마치는 자는 사람의 복이 아닌 것이다."

元祐 7년 仲春(2월) 11일에 쓰노라

譯註 1. 重耳：春秋時代 五霸의 하나인 晉文公의 이름. 獻公의 아들로 後母인 驪姬의 참소를 받아 19년 동안 망명 생활을 하다가 秦穆公의 도움으로 즉위하고 諸侯의 盟主가 되었다.

2. 子胥：伍員의 字. 春秋時代 楚나라 사람으로 아버지 伍奢와 형 伍尙이 楚平王에게 억울하게 죽음을 당하자, 吳나라로 망명, 吳王 闔廬에게 등용되어 복수전을 전개한 끝에 楚나라의 도성인 郢땅을 함락하고 平王의 묘를 발굴하여 그의 시신에 매질을 하였다.

郢：초나라서울 영　羈：나그네 기　憚：꺼릴 탄　推：밀 퇴　食：밥 사　隕：떨어질 운　災：재앙 재

書五代郭崇韜傳後 張 耒

(五代史의 郭崇韜傳 뒤에 쓰다)

迂齋曰 說盡固位吝權者之情狀하니 思深計工이 反成淺拙이라 論極有理하고 氣味深長이니라
○ 崇韜는 後唐莊宗之相也라

迂齋가 말하였다. "지위를 견고히 하고 권력을 아끼는 자의 정상을 다 말하였으니, 생각이 깊고 계책이 공교로움이 도리어 얕고 졸렬함을 이룬다. 議論이 지극히 논리적이고 氣味가 심장하다."
○ 郭崇韜는 後唐 莊宗의 재상이다.

自古大臣이 權勢已隆極하고 富貴已亢滿하여 前無所希하면 則退爲身慮하나니 自非大姦雄包異志와 與夫甚庸駑昏闒茸이면 鮮有不然者라 其爲謀實難하니 不憂思之不深, 計之不工이나 然異日釁之所起는 往往自夫至深至工하나니 是故로 莫若以正이라 夫正者는 操術이 簡而周하고 智者는 爲緖多而拙하니 夫正者는 無所事計也요 行所當然하여 雖怨讐라도 不敢議之어든 況繼之者賢乎아

예로부터 大臣들이 권세가 이미 높고 지극하며 부귀가 이미 가득하여, 앞으로 바랄 것이 없으면 물러가 자신에 대한 생각을 하니, 스스로 큰 姦雄으로 딴 마음을 품은 자와 또는 심히 용렬하고 노둔하여 어둡고 闒茸(不肖)한 자가 아니면 그렇지 않은 이가 드물다. 그 계책을 세움이 실로 어려우니, 생각이 깊지 않고 智謀가 공교롭지 않음을 걱정할 것이 없다. 그러나 후일에 釁端(화근)이 일어나는 바는 왕왕 지극히 깊고 지극히 공교로운 계책으로부터 시작된다. 이 때문에 正道로 하는 것만 못한 것이다. 正道로 하는 자는 갖고 있는 방법이 간략하나 완벽하고, 지혜로운 자는 실마리를 세움이 많으나 졸렬하다. 正道로 하는 자는 計謀를 일삼을 것이 없고, 당연한 바를 행하여 비록 원수지간이라도 감히 비평할 수가 없거든 하물며 그의 뒤를 잇는 자가 어짊에 있어서랴!

郭崇韜於五代에 亦聰明權智之士也라 佐莊宗하여 決策滅梁하고 遂一天下러니 自見功高權重하여 姦人議己하고 而莊宗之昏이 爲不足賴也라하여 乃爲自安之計하니 時에 劉氏有寵하여 莊宗이 嬖之라 因請立爲后而中莊宗之欲하고 又結劉氏之援하니 此於劉氏에 爲莫大之恩이요 而莊宗이 日以昏湎하여 內聽婦言하니 其爲計가 宜

韜 : 감출 도　亢 : 높을 항　庸 : 용렬할 용　駑 : 노둔할 노　闒 : 천할 탑　茸 : 미련할 용
釁 : 재앙 흔　緖 : 실마리 서　嬖 : 사랑할 폐　湎 : 빠질 면

無如是之良者라 然卒之殺崇韜者는 劉氏也라 使崇韜謬計라도 不過劉氏不能有所助而已니 豈知身死其手哉아 好謀之士는 敗於謀하고 好辯之士는 敗於辯호되 惟道德之士는 爲無窮하나니 而禍福之變을 豈思慮能究之哉아

郭崇韜는 五代시대에 또한 총명하고 권모와 지혜가 있는 인사였다. 莊宗을 도와 계책을 결단하여 梁나라를 멸망시키고 마침내 天下를 통일하였는데, 스스로 功이 높고 권세가 중하여 간신들이 자기를 의논(비난)함을 보고, 莊宗의 昏愚함이 족히 의뢰할 수 없다고 생각하여, 마침내 스스로 편안히 할 계책을 세웠다. 이때 劉氏가 총애가 있어 莊宗이 그를 사랑하였다. 郭崇韜는 인하여 그를 황후로 세울 것을 청하여 莊宗의 욕망을 맞춰주고 또 劉氏의 지원을 결탁하였다. 이는 劉氏에게 있어 막대한 은혜가 되며, 莊宗은 날로 어둡고 술에 빠져 안으로 부인의 말을 들었으니, 그 계책은 마땅히 이보다 좋음이 없을 듯하였다. 그러나 끝내 郭崇韜를 죽인 자는 劉氏였다.

가사 郭崇韜가 계책을 잘못 세웠다고 하더라도 劉氏가 도와주는 바가 없음에 불과할 뿐이니, 어찌 자신이 그의 손에 죽을 줄을 알았겠는가. 智謀를 좋아하는 사람은 智謀에 패하고, 변론을 좋아하는 사람은 변론에 패하나 오직 도덕의 선비만은 무궁하니, 禍福의 변을 어찌 思慮로써 능히 궁구할 수 있겠는가.

*答李推官書 張 耒

＊李推官：推官은 어떤 事件을 담당하여 調査하는 관원으로 李推官의 이름은 상고하지 못하였다.

迂齋云 曲盡作文之妙라

迂齋가 말하였다. "作文의 妙를 곡진히 다하였다."

南來多事하여 久廢讀書러니 昨送簡人還에 忽辱惠及所作病暑賦及雜詩하니 誦詠愛歎하여 旣有以起竭涸之思하고 而又喜世之學者 比來稍稍追古人之文章하여 述作體製가 往往已有所到也로라 耒不才라 少時에 喜爲文辭하고 與人遊에 又喜論文字하니 謂之嗜好則可어니와 以爲能文則世自有人하니 決不在我라 足下與耒로 平居飮食笑語에 忘去屑屑이러니 而忽持大軸하여 細書題官位姓名하여 如卑賤之見尊貴하니 此何爲者오 豈妄以耒爲知文이라하여 謬爲恭敬若請敎者乎아 欲持納而貪於愛玩이라 勢不可得捨하니 雖怛然不以自寧이나 而旣辱勤厚일새 不敢隱其所知於左右也로라

昨：어제 작　涸：마를 학　稍：점점 초　謬：그릇될 류　玩：완미할 완　怛：슬플 달

남쪽 지방으로 와서 일이 많아 오랫동안 독서를 폐하였는데, 어제 편지 전하는 사람을 보내어 돌아옴에 갑자기 지으신 바의 病暑賦와 및 雜詩를 욕되게 보내주시니, 외고 읊으며 사랑하고 감탄하여 이미 고갈된 생각을 일으킴이 있고, 또 세상에 배우는 자들이 比來(近來)에 차츰 古人의 문장을 따라서 述作하는 체제가 왕왕 〈고인의 경지에〉 이른 바가 있음을 기뻐하였습니다.

저는 재주가 없습니다. 젊었을 때에 문장을 짓기 좋아하였고, 남들과 교유함에 또 문자를 논하기 좋아하였으니, 嗜好한다고 말하는 것은 可하거니와 문장에 능한 것은 세상에 따로 사람이 있으니, 결코 저에게 있지 않습니다. 足下는 나와 더불어 평소 먹고 마시고 웃고 말할 때에 설설(자질구레한 예절)함을 잊어버렸는데, 이제 갑자기 큰 軸을 잡고 작은 글씨로 官位와 姓名을 써서 비천한 자가 존귀한 자를 만나보는 것처럼 하였으니, 이는 어째서입니까? 어쩌면 망녕되이 저더러 문장을 안다고 하여, 그릇되게(지나치게) 공경하여 가르침을 청하듯이 하는 것입니까? 보내주신 것들을 갖다가 다시 바치고자 하나 愛玩(좋아하여 읽어봄)함을 탐하여 형편상 버릴 수가 없으니, 비록 두려워 스스로 편안할 수가 없으나 이미 부지런한 후의를 받았음으로 감히 아는 바를 左右(그대)에게 숨길 수가 없습니다.

足下之文이 可謂奇矣라 捐去文墨常體하고 力爲瓌奇險怪하여 務欲使人讀之에 如見數千歲前科斗(蝌蚪)鳥跡所記弦匏之歌, 鍾鼎之文也라 足下之所嗜者如此하니 固無不善者로되 抑耒之所聞所謂能文者 豈謂其能奇哉리오 能文者는 固不以能奇爲主也니라

足下의 문장은 기이하다고 이를 만합니다. 文墨의 일반적인 체제를 떨어버리고 힘써 瓌奇하고 險怪하게 하여 되도록 사람들로 하여금 글을 읽어보면 수천 년 전의 科斗文字와 새발자국의 문자로 기록한 絃匏의 노래와 鍾·鼎(鍾이나 솥에 새긴 銘文)의 글을 보는 것처럼 하려고 하였습니다. 足下의 嗜好가 이와 같으니, 진실로 나쁠 것이 없으나, 다만 내가 들은 바에 의하면 이른바 문장에 능하다는 것이 어찌 기이함을 잘함을 말하는 것이겠습니까? 문장을 잘하는 자는 진실로 기이함을 잘함을 주장하지 않습니다.

夫文은 何爲而設也오 不知理者는 不能言이요 世之能言者多矣로되 而文者獨傳하니 豈獨傳哉리오 因其能文也而言益工하고 因其言工也而理益明이라 是以로 聖人貴之하시니 自六經으로 下至于諸子百氏, 騷人辯士論述히 大抵皆將以爲寓理之具也라 是故로 理勝者는 文不期工而工하고 理媿者는 巧於粉澤而間隙百出하나니

捐 : 버릴 연　瓌 : 진기할 괴　蝌 : 올챙이 과　蚪 : 올챙이 두　匏 : 박 포　騷 : 詩賦 소
媿 : 부끄러울 괴　隙 : 틈 극

此猶兩人이 持牒而訟에 直者는 操筆하여 不待累累로되 讀之如破竹하여 橫斜反覆이 自中節目하고 曲者는 雖使假辭於子貢하고 問字於揚雄이라도 如列五味而不能調和하여 食之於口에 無一可愜하니 何況使人玩味之乎아 故로 學文之端은 急於明理하니 夫不知爲文者는 無所復道어니와 如知文而不務理하고 求文之工은 世未嘗有是也니라

문장은 어찌하여 만들었습니까? 이치를 알지 못하는 자는 말을 잘할 수가 없으니, 세상에 말을 잘하는 자는 많으나 글로 적은 것만이 홀로 전해집니다. 어찌 다만 전해질 뿐이겠습니까? 문장을 잘함으로 인하여 그 말이 더욱 공교로워지고, 말이 공교로움으로 인하여 이치가 더욱 밝아지니, 이 때문에 聖人이 더욱 귀히 여기는 것입니다. 六經으로부터 아래로 諸子百家와 騷人(詩人)·辯士들이 논술한 것에 이르기까지 대저 모두 장차 이치를 붙이는(담는) 도구로 삼으려고 한 것입니다. 이 때문에 이치가 우수한 자는 문장이 공교롭기를 기약하지 않아도 공교로워지고, 이치가 부족한 자는 분칠하고 윤택하게 하기를 공교롭게 하여도 빈틈이 갖가지로 나오는 것입니다. 이는 마치 두 사람이 문서를 잡고 송사를 할 적에 논리가 곧은 자는 붓을 잡아 누누이 말하기를 기다리지 않아도 글을 읽어보면 대나무를 쪼개 놓은 것과 같아서 橫斜와 반복이 스스로 節目에 맞고, 논리가 굽은 자는 비록 子貢에게 말을 빌리고 揚雄에게 文字를 묻더라도 마치 五味를 진열하였으나 調和되지 못하여 입에 먹어보면 하나도 마음에 만족함이 없는 것과 같으니, 하물며 사람으로 하여금 구경하고 음미하게 할 수 있겠습니까. 그러므로 글을 배우는 단서는 이치를 밝힘을 우선으로 하는 것입니다. 문장을 지을 줄 모르는 자는 다시 말할 것이 없거니와, 문장을 지을 줄 알면서도 이치를 힘쓰지 않고 문장이 공교롭기를 구하는 것은 세상에 일찍이 이런 일이 있을 수 없는 것입니다.

夫決水於江河淮海에 水順道而行하여 滔滔汨汨하여 日夜不止하여 [1]衝砥柱하고 絶呂梁하여 放於江湖而納之海하나니 其舒爲淪漣하고 鼓爲濤波하고 激之爲風飇하고 怒之爲雷霆하여 蛟龍魚黿이 噴薄出没이 是水之奇變也나 而水初豈如此리오 順道而決之하여 因其所遇而變生焉일새니라 溝瀆은 東決而西竭하고 下滿而上虛하니 日夜激之하여 欲見其奇나 彼其所至者는 蛙蛭之玩耳라 江淮河海之水는 理達之文也니 不求奇而奇至矣니 激溝瀆而求水之奇는 此無見於理而欲以言語句讀爲奇之文也니라

물을 江河와 淮海로 터놓으면 물이 길을 따라 흘러가서 滔滔하고 汨汨하여 밤낮으로 그치지 않아 砥柱에 충돌하고 呂梁을 건너 江湖에 이르러 바다로 들어가는데, 그

斜 : 비낄 사　愜 : 만족할 협　汨 : 흐를 골　淪 : 잔물결 륜　漣 : 잔물결 련　飇 : 폭풍 표
黿 : 자라 원　瀆 : 도랑 독　蛙 : 개구리 와　蛭 : 거머리 질

펴져서 淪漣(바퀴 모양의 무늬)이 되고 물결이 쳐서 파도가 되고, 격동하여 회오리바람이 되고 성내어 우레가 되어, 교룡과 고기와 자라들이 噴薄(뿜어댐)하고 출몰하니, 이것이 물의 기이한 변화입니다. 그러나 물이 어찌 처음에 이와 같겠습니까. 길을 따라 흘러가면서 그 만나는 바에 따라 변화가 생기는 것입니다. 작은 도랑은 동쪽으로 터놓으면 서쪽이 마르고, 아래가 차면 위가 비니, 밤낮으로 격동하여 그 기이함을 보고자 하나 저 이르는 것은 개구리나 거머리들의 구경거리일 뿐입니다.

江淮와 河海의 물은 비유하면 이치가 통달한 글이니, 기이함을 구하지 않아도 기이함이 지극합니다. 溝瀆(작은 도랑)을 격동하여 물의 기이함을 구함은 이는 이치를 보지 못하고 언어와 句讀로서 기이한 문장을 짓고자 하는 것입니다.

譯註 1. 衝砥柱 絕呂梁：砥柱와 呂梁은 모두 山 이름인데 砥柱는 底柱로도 쓰는 바, 주위지역이 모두 黃河에 침식되었으나 오직 이 石山만이 우뚝히 남아있어 이름한 것이다. 呂梁은 龍門山과 인접해 있는 바, 禹임금이 홍수를 다스릴 때에 이 산중턱을 끊어 물길을 내었다 한다.

六經之文이 莫奇於易하고 莫簡於春秋하니 夫豈以奇與簡爲務哉리오 勢自然耳라 傳曰 吉人之辭는 寡라하니 彼豈惡(오)繁而好寡哉아 雖欲爲繁而不可得也일새라 自唐以來至今에 文人好奇者不一이라 甚者는 或爲缺句斷章하여 使脈理不屬하고 又取古人訓詁의 希(稀)於見聞者하여 衣被而綴合之하여 或得其字하고 不得其句하며 或得其句하고 不得其章하여 反覆咀嚼이라도 卒亦無有하니 此最文之陋也라 足下之文이 雖不若此나 然其意靡靡하여 似主於奇矣라 故로 預爲足下陳之하노니 願無以僕之言質俚而不省也하라

六經의 글이 「周易」보다 기이함이 없고, 「春秋」보다 간략함이 없으니, 어찌 기이함과 간략함을 힘써서이겠습니까? 勢가 저절로 그렇게 된 것입니다. 傳에 이르기를 '길한 사람의 말은 적다' 하였으니, 저 어찌 많음을 싫어하고 적음을 좋아해서이겠습니까. 비록 많이 하려고 하여도 될 수가 없는 것입니다.

唐나라로부터 이래로 지금에 이르기까지 文人으로서 기이함을 좋아하는 자가 한두 명이 아니어서, 심한 자는 혹 글귀를 빼어 놓고 문장을 잘라 놓아 문리가 이어지지 않게 하고, 또 古人의 訓詁에 보고 들음이 드문 것을 취하여 옷을 입히고 꿰매어 혹 그 글자만 알고 그 글귀를 알지 못하며, 혹 그 글귀만 알고 그 문장을 알지 못하여, 반복해서 저작하여도 끝내 또한 아무것도 없으니, 이것이 가장 문장의 누추한 것입니다. 足下의 문장이 비록 이와 같지는 않으나 그 뜻이 靡靡(화려함)하여 기이함을 주장하는

屬：이을 속(촉) 詁：뜻풀이할 고 希：드물 희 綴：꿰맬 철 咀：씹을 저
嚼：씹을 작 靡：화려할 미 僕：나 복 俚：속될 리

듯하므로 미리 足下를 위하여 말하는 것이니, 원컨대 저의 말을 질박하고 속되다 하여 살피지 않지 마셨으면 합니다.

與秦少游書 陳師道(無己)

(秦少游(秦觀)에게 준 편지)

迂齋曰 委曲而不失正하고 嚴厲而不傷和하니 [1]深得不惡而嚴之道라

○ 後山이 平生守道固窮하여 卓然莫奪을 此書可見이라 趙挺之聞其貧하고 懷銀欲濟之라가 聽其議論하고 竟不敢出하며 末焉에 不肯衣趙家衣하여 寧忍凍以死하여 進退取予之不苟如此하니 巍乎高哉라 平生不輕見一人하니 其肯見章子厚乎아 此書纔二百許字로되 而有無限折轉하니 不特文字之妙不可言이라 其氣節이 亦可以廉頑立懦焉하니 每一讀之에 不勝敬歎이로라

迂齋가 말하였다. "곡진하면서도 바름을 잃지 않았고 엄격하면서도 和함을 상하지 않았으니, 나쁜 말을 하지 않고도 엄히 하는 道를 깊이 얻었다."

○ 後山(陳師道)은 평생 道를 지키고 궁함을 견고히 지켜 드높아 빼앗을 수 없음을 이 편지에서 볼 수 있다. 趙挺之는 그가 가난하다는 말을 듣고 銀子를 품고 가서 구제하려다가 그의 議論을 듣고는 끝내 銀子를 내놓지 못하였으며, 末年에 後山은 趙家의 옷을 입으려 하지 않아 차라리 추위를 참고 얼어죽었다. 그리하여 나아가고 물러나며 취하고 줌에 구차하지 않음이 이와 같았으니, 아! 巍然히 높다. 평생에 한 사람도 가벼이 만나보지 않았으니, 章子厚(章惇)를 즐겨 만나려 했겠는가. 이 편지는 겨우 2백字 정도인데 무한한 折轉이 있으니, 비단 文字의 묘함을 다 형언할 수 없을 뿐만 아니라, 그 氣節이 또한 완악한 자를 청렴하게 하고 나약한 자를 뜻을 세우게 하니, 매양 읽을 때마다 존경하고 감탄함을 이기지 못한다.

譯註 1. 不惡而嚴 : 小人을 대함에 나쁜 말을 하지 않고 또한 엄격히 간격을 두어 가까이 하지 않는 것으로 「周易」 遯卦 《大象傳》에 보인다.

辱書에 喩以章公이 降屈年德하여 以禮見招라하니 不佞이 何以得此오 豈侯嘗欺之耶아 公卿不下士 尚矣어늘 乃特見於今而親於其身하니 幸孰大焉고 愚雖不足以齒士나 猶當從侯之後하여 順下風而成公之名이로다

보내주신 편지에 이르기를 '章公(章惇)이 年齒와 德을 낮추고 굽혀 禮로 초청해 주신다'하니, 不佞(不肖)이 어떻게 이런 대접을 받는단 말입니까? 아마도 侯가 한번 놀

挺 : 뽑을 정 凍 : 얼 동 纔 : 겨우 재 懦 : 나약할 나(유) 佞 : 재주 녕 尚 : 오랠 상

리시는가 봅니다. 公卿들이 선비에게 몸을 낮추지 않은 지가 오래되었는데, 이제 특별히 지금 세상에 보고 친히 자신에게 당하니, 다행함이 무엇이 이보다 크겠습니까. 어리석은 저는 비록 선비 속에 끼지 못하나 오히려 마땅히 侯의 뒤를 따라 下風을 순히 하여 公의 명성을 이루어야 할 것입니다.

然이나 先王之制에 士不傳贄爲臣이면 則不見於王公하나니 夫相見은 所以成禮로되 而其弊必至於自鬻이라 故로 先王이 謹其始以爲之防하여 而爲士者世守焉이라 師道於公에 前有貴賤之嫌하고 後無平生之舊하니 公雖可見이나 禮可去乎아 且公之見招는 公豈以能守區區之禮乎아 若冒昧法義하고 聞命走門이면 則失其所以見招니 公又何取焉가 雖然이나 有一於此하니 幸公之他日에 成功謝事하고 幅巾東歸어든 [1]師道當御款段하고 乘下澤하여 候公於上東門外하리니 尙未晩也리라

그러나 先王의 제도에 선비가 폐백을 올려 신하가 되지 않으면 王公을 뵙지 않습니다. 서로 만나보는 것은 禮를 이루는 것인데, 그 폐단이 반드시 자신을 자랑하여 파는 데 이릅니다. 그러므로 先王이 그 처음을 삼가하여 폐단을 방지해서 선비된 자들이 대대로 지켜오고 있습니다. 저는 章公에 대하여 앞에는 귀천의 혐의가 있고 뒤에는 평소의 구면이 없으니, 公을 비록 뵈올 수 있으나 禮를 버릴 수 있겠습니까. 또 公이 저를 초청해 줌은 公이 아마도 제가 구구한 禮를 지킨다고 해서일 것입니다. 그런데 만일 예법과 의를 무릅쓰고 명령을 듣고 문으로 달려간다면 그 초청을 받게 된 원인을 잃는 것이니, 公이 또 어찌 취하겠습니까. 그러나 여기에 한 가지 방법이 있으니, 다행히 公이 후일에 성공하신 다음 일을 하직하고 幅巾으로 동쪽으로 돌아오게 되면 저는 마땅히 款段을 몰고 下澤을 타고 가서 公을 上東門(東大門) 밖에서 기다릴 것이니, 그 때에 만나도 오히려 늦지 않을 것입니다.

譯註 1. 御款段 乘下澤 : 款段은 나쁜 말이고 下澤은 나쁜 수레이다.

上林秀州書　　陳師道

(林秀州(林希)에게 올린 글)

迂齋云 讀儀禮熟이라 故其區別精하니 非特議論好라 讀其文하면 氣正辭嚴하여 凜然有自重難進不可回撓之節하니 此後山所以爲後山이요 而曾子宣, 章子厚諸公이 欲羅致而不可得也니라

贄 : 폐백 지　**鬻** : 팔 육　**嫌** : 혐의할 혐　**區** : 구구할 구　**冒** : 무릅쓸 모　**幅** : 폭 폭
款 : 말파리할 관　**凜** : 늠름할 름

◯ 此篇은 當與答少游書로 參看이니 此是後山所求見者也요 彼是欲後山來見而不肯見者也니 二人之賢否를 可知矣니라

迂齋가 말하였다. "「儀禮」를 익숙히 읽었기 때문에 그 구별이 精한 것이니, 비단 議論이 좋을 뿐만 아니라, 그 글을 읽어보면 기운이 바르고 말이 엄하여 늠름하여 스스로 소중히 하고 나아감을 어렵게 여겨 돌리거나 흔들 수 없는 절개가 있는 바, 이는 後山이 後山이 된 이유이고 曾子宣(曾布)과 章子厚(章惇) 등 여러 사람들이 데려가고자 하였으나 데려가지 못한 것이다."

◯ 이 篇은 마땅히 앞에 秦少游에게 답한 편지와 참고하여 보아야 할 것이니, 이 글은 後山이 〈林秀州(林希)를〉 만나보기를 구한 것이요, 저것은 〈秦少游가〉 後山을 찾아와 만나보기를 바랐으나 後山이 만나기를 즐거워하지 않은 것이니, 두 사람의 어질고 어질지 못함을 알 수 있다.

宗周之制에 士見于大夫卿公에 介以厚其別하며 詞以正其名하며 贄以效其情하며 儀以致其敬하여 四者備矣라야 謂之禮成이라 士之相見이 如女之從人하여 有願見之心이나 而無自行之義하여 必有紹介爲之前焉하니 所以別嫌而愼微也라 故로 曰 介以厚其別이라 名以擧事하고 詞以道名하나니 名者는 先王所以定民分也니 名正則詞不悖하고 分定則民不犯이라 故로 曰詞以正其名이라

宗周(周나라)의 제도에 士가 大夫와 卿·公을 만나볼 때에 소개로써 그 분별을 厚히 하고, 말로써 그 명분을 바르게 하고, 폐백으로써 그 정을 바치고, 의식으로써 그 공경을 지극히 하여, 네 가지가 구비하여야 禮가 이루어졌다고 일렀습니다.

선비가 서로 만나봄은 女子가 사람을 따르는 것과 같아서 만나보기를 원하는 마음이 있으나 스스로 찾아 가는 義가 없습니다. 그리하여 반드시 소개가 앞에 있어야 하니, 이는 혐의를 분별하고 은미한 것을 삼가는 것입니다. 그러므로 소개로써 그 분별을 厚히 한다고 한 것입니다.

이름으로써 일을 거행하고 말로써 이름을 이루니, 이름이란 것은 先王이 백성(사람)의 분수를 정한 것입니다. 이름이 바르면 말이 어그러지지 않고 분수가 정해지면 백성들이 범하지 않습니다. 그러므로 말로써 그 명분을 바룬다고 한 것입니다.

言不足以盡意요 名不可以過情일새 又爲之贄하여 以成其終이라 故로 授受焉에 介以通名하고 擯以將命하니 勤亦至矣로되 然因人而後達也니 禮莫重於自盡이라 故로 祭主於盥하고 婚主於迎하고 賓主於贄라 故曰 贄以效其情이라 誠發于心而諭于身

紹 : 소개할 소　介 : 소개할 개　悖 : 어그러질 패　擯 : 손님맞는사람 빈　盥 : 세수할 관
諭 : 깨우칠 유

하고 達于容色이라 故로 又有儀焉하니 詞以三請하고 贄以三獻하며 三揖而升하고 三拜而出이니 禮繁則泰요 簡則野니 三者는 禮之中也라 故로 曰儀以致其敬이라 是以로 貴不陵賤하고 下不援上하여 謹其分守하고 順于時命하여 志不屈而身不辱하여 以成其善하나니 當是之世하여 豈特士之自賢이리오 蓋亦有禮爲之節也일새라

말로는 뜻을 다할 수 없고 이름은 情을 넘을 수 없음으로 또다시 폐백을 만들어 그 마침을 이루었습니다. 그러므로 주고 받을 때에 소개로써 이름을 통하고 擯(명령을 전달하는 자)으로써 명령을 전달하여 부지런함이 또한 지극하나, 사람을 인한 뒤에야 도달하니, 禮는 스스로 다함보다 중함이 없습니다. 그러므로 제사는 직접 손을 씻고 올리는 것을 주장하고, 혼인은 親迎을 주장하고, 손님은 폐백을 전달하는 것을 주장하는 것입니다. 그러므로 폐백으로써 그 情을 바친다고 한 것입니다.

정성은 마음에서 나와, 몸에 나타나고 容色에 도달하기 때문에 또 의식이 있는 것입니다. 그리하여 말을 세 번 청하고 폐백을 세 번 올리며, 세 번 읍하고 올라가며 세 번 절하고 나오니, 禮는 너무 번거로우면 지나치고 너무 간략하면 촌스러운 바, 셋은 禮의 적절한 것입니다. 그러므로 의식으로써 그 공경을 지극히 한다고 한 것입니다.

이 때문에 귀한 자가 천한 자를 능멸하지 않고 아랫사람이 윗사람을 끌어당기지 아니하여, 그 분수를 삼가하고 때와 운명을 순히 하여 뜻이 굽혀지지 않고 몸이 욕되지 아니하여 그 善을 이루었던 것이니, 이 당시에 어찌 다만 선비가 스스로 어질 뿐이겠습니까. 또한 禮로 조절함이 있었기 때문입니다.

夫周之制禮는 其所爲防이 至矣로되 及其晩世에 禮存而俗變하여 猶自市而失身이어든 況於禮之亡乎아 自周之禮亡으로 士知免者寡矣라 世無君子明禮以正之하여 旣相循以爲常하고 而史官이 又載其事라 故로 其弊 習而不自知也하나니라 師道는 鄙人也라 然이나 有聞於南豊先生하니 不敢不勉也로라 先生이 謂師道曰 子見林秀州乎아 曰未也로이다 先生曰 行矣어다하시니 師道承命以來하여 謹因先生而請焉하노라

周나라에서 禮를 만듦은 그 방비함이 지극하였는데, 晩世(후대)에 미쳐서는 禮는 남아 있으나 풍속이 변하여 오히려 스스로 팔아 몸의 지조를 잃었는데 하물며 禮가 없어짐에 있어서이겠습니까. 周나라의 禮가 없어짐으로부터 선비들이 무례함을 면한 자가 적습니다. 세상에는 君子가 禮를 밝혀서 바로잡는 이가 없어 이미 서로 따라 이것을 보통으로 여기고, 史官이 또 그 일을 기재하였습니다. 그러므로 그 폐단이 익숙해져 스스로 알지 못하는 것입니다.

저는 비루한 사람입니다. 그러나 南豊先生(曾鞏)께 들은 바가 있으니, 감히 힘쓰지

泰 : 사치할 태　援 : 당길 원　市 : 팔 시　鄙 : 비루할 비

않을 수가 없습니다. 선생께서는 저에게 이르기를 "그대는 林秀州를 만나보았는가?" 하셨습니다. "아직 못뵈었습니다."라고 말씀드리자, 선생께서는 "가 뵈어라."하셨습니다. 이에 저는 명령을 받들고 와서 삼가 선생을 인하여 청하는 것입니다.

王平甫文集後序 陳師道

(王平甫(王安國)의 文集 뒤에 쓴 序)

迂齋云 豈特文字之妙리오 其發明平甫平生所以自守與其所以可傳者하니 可以勵後之人이요 後山亦因以自見也라

○ 王平甫는 名安國이니 荊公弟也라 所守正大하여 甚非其兄하니 寧坎壈以終其身이언정 夫豈借兄之勢하여 以自進者리오 所以後山之序에 亦無半字及其兄云이라

迂齋가 말하였다. "어찌 다만 문장의 묘함 뿐이겠는가? 平甫가 평생 스스로 지킨 것과 그 후세에 전할 만한 것을 발명하였으니, 후세 사람을 격려할 만하며, 後山 또한 이것을 통하여 스스로 나타낼 수 있다.

○ 王平甫는 이름이 安國이니 荊公(王安石)의 아우이다. 지킨 바가 正大하여 그 형을 매우 비판하였으니 차라리 불우하게 몸을 마칠지언정 어찌 형의 세력을 빌어 스스로 나아가려는 자였겠는가. 이 때문에 後山의 序에 반 글자도 그 형을 언급함이 없는 것이다."

歐陽永叔이 謂梅聖俞曰 世謂詩能窮人이라하나 非詩之窮이요 窮則工也라하니라 聖俞以詩名家로되 仕不前人하고 年不後人하니 可謂窮矣라 其同時에 有王平甫者하니 臨川人也라 年過四十에 始名薦書하여 群下士러니 歷年未幾에 復解章綬하고 歸田里하니 其窮이 甚矣로되 而文義蔚然하고 又能於詩라 惟其窮愈甚이라 故로 其得愈多하니 信所謂人窮而後工也로다 雖然이나 天之命物에 用之不全하여 實者不華하고 淵者不陸하니 物之不全은 物之理也라 盡天下之美면 則於富貴에 不得兼而有也니 詩之窮人을 又可信矣로다

歐陽永叔이 梅聖俞를 일러 말하기를 "세상에서는 '詩가 사람을 궁하게 한다'고 말하나 詩가 사람을 궁하게 하는 것이 아니라, 궁하면 공교로워진다."고 하였다. 梅聖俞는 詩로써 名家가 되었으나 벼슬이 남보다 앞서지 못하였고 수명이 남보다 뒤지지 않았으니, 궁하다고 이를 만하다. 그 동시대에 王平甫라는 자가 있었으니, 臨川 사람이다. 나이가 40이 넘어서야 비로소 추천하는 글에 이름이 올려져 下士들과 무리지어

勵 : 권면할 려　坎 : 구덩이 감　壈 : 불우할 람　俞 : 맑을 유　綬 : 인끈 수　蔚 : 성할 울

있었는데, 몇 해 지나지 않아 다시 印綬를 끌러놓고 田里로 돌아가니, 그 궁함이 심하였으나 글 뜻이 성하였고 또 詩에 능하였다. 그 궁함이 더욱 심하였기 때문에 그 얻음이 더욱 많았으니, 진실로 이른바 사람이 궁한 뒤에야 글이 공교로워진다는 것이다.

비록 그러나 하늘이 물건에게 명해 줄 때에 쓺이 완전하지 못하여, 열매가 열리는 것은 꽃이 화려하지 못하고, 못에 사는 것은 육지에 살지 못하니, 물건이 완전하지 못함은 물건의 이치인 것이다. 천하의 아름다움(문장)을 다했다면 부귀에 있어서는 겸하여 소유할 수가 없는 것이니, 詩가 사람을 곤궁하게 한다는 것을 또 믿을 수 있다.

方平甫之時에 其志抑而不伸하고 其才積而不發하여 其號位勢力이 不足動人이로되 而人聞其聲하고 家有其書하여 旁行於一時하고 而下達於千世하여 雖其怨敵이라도 不敢議也하니 則詩能達人矣요 未見其窮也로다

平甫는 당시에 그 뜻이 억눌려 펴지 못하였고, 그 재주가 쌓이고 발로되지 못하여, 그 이름과 지위와 세력이 족히 사람을 움직일 수 없었으나 사람마다 그 명성을 들어 알고 집마다 그 책을 소유하여, 널리 一時(당세)에 유행되고 아래로 千世에 도달하여, 비록 그 원수와 적이라도 감히 비난하지 못하였으니, 그렇다면 詩는 능히 사람을 영달하게 하는 것이요, 그 궁하게 함을 볼 수가 없다.

夫士之行世에 窮達은 不足論이니 論其所傳而已라 平甫孝悌于家하고 信于友하고 勇於義而好仁하니 不特文之可傳也라 向使平甫用力于世하여 薦聲詩于郊廟하고 施典策於朝廷이라도 而事負其言하고 後戾其前이런들 則并其可傳而棄之리니 平生之學이 可謂勤矣요 天下之譽가 可謂盛矣어늘 一朝而失之하면 豈不哀哉아

선비가 세상에 행함에 궁함과 영달함은 족히 논할 것이 없으니, 그 전하는 바를 논할 뿐이다. 平甫가 집에서 孝悌하고 벗에게 신의를 지키며, 義에 용감하고 仁을 좋아하였으니, 단지 문장이 전할 만할 뿐이 아니다. 지난번에 가령 平甫가 세상에 힘을 써서 聲詩(韻文)를 郊廟에 올리고 典策을 조정에 시행했다 하더라도 일이 그 말과 어긋나고 뒤가 그 전과 모순되었더라면 그 전할 만한 것까지 함께 버렸을 것이니, 평생의 학문이 수고롭다 이를 만하고, 천하의 명예가 성하다고 이를 만한데, 하루아침에 잃는다면 어찌 애처롭지 않겠는가.

南豊先生이 既敍其文하여 以詔學者러니 先生之没에 彭城陳師道 因而伸之하여 以通于世라 誠愚不敏하니 其能使人後其所利而隆其所棄者耶아 因先生之言하여 以致其志하고 又以自勵云爾라

抑 : 누를 억　伸 : 펼 신　旁 : 너를 방　薦 : 올릴 천　戾 : 어그러질 려　彭 : 땅이름 팽

南豐先生이 이미 그 문집에 序文하여 후세의 학자들에게 告하였는데, 先生이 별세함에 彭城 陳師道가 인하여 펴서 세상에 통행하게 하였다. 나는 진실로 어리석고 불민하니, 그 능히 사람들로 하여금 이롭게 여기는 것을 뒤로 하고 버리는 것을 높이게 할 수 있겠는가. 先生의 말씀을 인하여 그 뜻을 이루고 또 스스로 힘쓰는 바이다.

思 亭 記

陳師道

迂齋曰 節奏相生하고 血脈相續하여 無窮之意 見於言外라
○此篇은 可爲不肖子孫之戒니 有補世敎之文也라

迂齋가 말하였다. "節奏(리듬)가 서로 낳아주고 혈맥이 서로 이어져서 무궁한 뜻이 말 밖에 나타난다."
○이 편은 불초한 자손들의 경계가 될 만하니, 世敎에 보탬이 있는 문장이다.

甄은 故徐富家러니 至甄君하여 始以明經敎授하여 鄕稱善人而家益貧하여 更(경)數十歲토록 不克葬이라가 乞貸邑里하여 葬其父母兄弟凡幾喪하니 邑人憐之하여 多助之者라 旣葬에 益樹以木하고 作室其旁而問名於余어늘 余以謂目之所視而思從之하나니 視干戈則思鬪하며 視刀鋸則思懼하며 視廟社則思敬하며 視第家則思安하나니 夫人이 存好惡喜懼之心하여 物至而思는 固其理也라 今夫升高而望松梓하고 下丘壟而行墟墓之間하여 荊棘이 莽然하고 狐兎之迹이 交道하면 其有不思其親者乎아 請名之曰思亭이라하노라

甄氏는 옛날 徐州의 富豪家였는데, 甄君에 이르러 비로소 經學에 밝음으로 인하여 교수가 되니, 지방에서는 善人이라고 칭하였으나 집안이 더욱 빈한하여 수십 년을 지나도록 장례를 지내지 못하다가 읍과 마을에 빌어서 그 부모와 형제를 장례하기를 모두 몇 초상을 하니, 고을 사람들이 불쌍히 여겨 도와준 자가 많았다. 장례를 마친 다음 더욱 나무를 심고 그 옆에 집을 짓고 나에게 사당 이름을 물었으므로 나는 이렇게 말하였다.

"사람은 눈으로 보면 생각이 뒤따른다. 창과 방패를 보면 싸움을 생각하고 칼과 톱을 보면 두려움을 생각하고 종묘와 사직을 보면 공경함을 생각하고 집을 보면 평안함을 생각하게 된다. 사람이 좋아하고 미워하고 기뻐하고 두려워하는 마음을 두어 사물이 다다름에 그것을 생각하니, 이는 진실로 당연한 이치이다. 이제 높은 곳에 올라 소나

甄：질그릇 견, 성 진 乞：빌 걸 貸：빌릴 대 鋸：톱 거 梓：가래나무 재
壟：언덕 롱 墟：터 허 荊：가시나무 형 棘：가시나무 극 莽：거칠 망

무와 가래나무를 바라보며 구롱으로 내려가 터와 묘 사이를 다닐 적에 가시나무가 무성하고 여우와 토끼의 자취가 길에 사귀어 있으면 그 어버이를 생각하지 않는 자가 있겠는가. 나는 사당 이름을 思亭이라고 할 것을 청하노라.

親者는 人之所不忘也니 而君子愼之라 故로 爲墓於郊而封溝之하며 [1]爲廟於家而嘗禘之하며 爲衰(최)爲忌而悲哀之하나니 所以存其思也라 其可忘乎아 雖然이나 自親而下로 [2]至于服盡하니 服盡則情盡이요 情盡則忘之矣라 夫自吾之親而至于忘之者는 遠故也니 此亭之所以作也라 凡君之子孫登斯亭者 其有忘乎아 因其親하여 以廣其思하면 其有不興乎아

어버이는 사람들이 잊을 수 없는 바이므로 君子가 삼가하였다. 그러므로 교외에 무덤을 만들어 봉분하고 도랑을 쳐주며, 집안에 사당을 만들고 嘗제사를 지내고 禘제사를 지내며, 상복을 입고 忌祭를 지내어 슬퍼하니, 이는 그 생각을 두기 위함이니, 잊을 수 있겠는가. 그러나 어버이로부터 이하로 내려와 服이 다함에 이르니, 복이 다하면 정이 다하고, 정이 다하면 잊게 된다. 나의 어버이로부터 잊음에 이르는 것은 멀기 때문이니, 이것이 정자를 짓게 된 이유이다. 무릇 君의 자손으로서 이 정자에 오르는 자가 그 잊을 수 있겠는가. 그 어버이를 인하여 그 생각을 넓힌다면 그 孝心을 흥기하지 않는 이가 있겠는가."

譯註 1. 嘗禘 : 嘗은 가을 제사이며 禘는 天子宗廟의 큰 제사인데 여기서는 모든 제사를 범칭한 것이다.
2. 服盡 : 服이 다하는 것으로 위로 高祖, 아래로 高孫까지는 緦麻 三月服을 입는데, 그 이상은 親盡이라 하여 服을 입지 않으므로 말한 것이다.

君曰 博哉라 子之言也여 吾其庶乎인저 曰 未也라 賢不肖異思하니 後豈不有望其木하고 思以爲材하며 視其榛棘하고 思以爲薪하며 登其丘墓하고 思發其所藏者乎아 於是에 遽然流涕以泣이어늘 曰 未也라 吾爲君記之하여 使君之子孫誦斯文者로 視其美以爲勸하고 視其惡以爲戒면 其可免乎인저 君이 攬涕而謝曰 免矣라하여늘 遂爲之記하노라

君은 말하기를 '넓습니다. 그대의 말씀이여! 내 거의 잘 지켜갈 것입니다.'하였다. 나는 다음과 같이 말하였다.

"그렇지 않다. 어진 자와 불초한 자의 생각이 다르니, 뒤에 어찌 그 나무를 바라보고는 베어서 재목을 만들 것을 생각하며, 그 개암나무와 가시나무를 보고는 섶을 만들

溝 : 도랑 구 禘 : 제사 체 衰 : 상복 최 榛 : 개암나무 진 遽 : 별안간 거 攬 : 잡을 람

것을 생각하며, 그 분묘에 올라가서는 부장한 물건을 꺼낼 것을 생각할 자가 있지 않겠는가."

이에 甄君은 갑자기 눈물을 흘리며 울었다. 나는 말하기를 "그럴 것이 없다. 내 君을 위하여 이 내용을 기록해서 君의 자손 중에 이 글을 외는 자들로 하여금 아름다운 행실을 보고 권면하며, 악행을 보고 경계하게 한다면 이러한 잘못을 면하게 할 수 있을 것이다." 하였다. 이에 君은 눈물을 씻고 사례하기를 "면할 수 있겠습니다."하므로, 마침내 이것을 기록하는 바이다.

秦少游字敍 陳師道

迂齋曰 有意氣而不越繩尺하고 守規矩而不失窘步를 可兼之矣라
○秦觀은 先字太虛러니 後改字少游하니 高郵人이라 娶徐氏하여 子湛이라

迂齋가 말하였다. "意氣가 있으면서도 繩尺(법도)을 넘지 않고, 規矩(법도)를 지키면서도 한 걸음도 잃지 않음을 겸하였다고 할 수 있다."

○秦觀은 먼저는 字를 太虛라 하였는데 뒤에 字를 少游로 고쳤으니, 高郵 사람이다. 徐氏에게 장가들었으며 아들은 湛이다.

熙寧元豐之間에 眉蘇公之守徐에 余以民事太守하여 間見如客하니 揚秦子過焉이면 置醴備樂하여 如師弟子라 其時에 余病臥旅中하여 聞其行道雍容하여 逆者旋目하고 論說이 偉辨(辯)하여 坐者屬耳하니 世以此奇之요 而亦以此疑之하되 惟公이 以爲傑士라

熙寧과 元豊 年間에 眉州의 蘇公(蘇軾)이 徐州를 맡았을 적에 나는 백성으로서 太守를 섬겨 간간이 뵙기를 손님처럼 하였고, 揚州의 秦子(秦觀)가 방문하면 단술을 마련하고 풍악을 구비하여 스승과 제자의 사이와 같았었다. 그때에 나는 병으로 여관 가운데 누워서 들으니, 그 길을 감이 雍容(여유 있고 和平함)하여 맞이하는 자들이 눈을 두리번거렸으며, 논설이 훌륭하고 논리적이어서 귀를 기울여 들었다 한다. 세상에서는 이 때문에 그를 기특히 여기고 이 때문에 그를 의심하였으나 오직 蘇公만은 준걸스러운 선비라고 하였다.

是後數歲에 從吾歸하여 見于廣陵逆旅之家러니 夜半에 語未卒하고 別去하니 余亦以謂當建侯萬里外也로라 元豊之末에 余客東都할새 秦子從東來하니 別數歲矣라

繩 : 먹줄 승, 법도 승 窘 : 군색할 군 醴 : 단술 례 雍 : 화락할 옹

其容이 充然하고 其口隱然이어늘 余驚焉以問하니 秦子曰 往吾少時에 如杜牧之하여 彊志盛氣하여 好大而見奇라 讀兵家書하고 乃與意合하여 謂功譽可立致요 而天下無難事라 [1]顧今二虜有可勝之勢하니 願效至計하여 以行天誅하여 回幽夏之故墟하고 弔唐晉之遺人하여 流聲無窮하고 爲計不朽면 豈不偉哉아 於是에 字以太虛하여 以遺吾志러니 今吾年至而慮易하여 不待蹈險而悔及之하니 [2]願還四方之事하고 歸老邑里를 如馬少游라하여 於是에 字以少游하여 以識(지)吾過로라 嘗試以語公에 又以爲可하니 於子에 何如오

이후 몇년 만에 秦子는 나를 따라 돌아와서 廣陵의 逆旅(여관)의 집에서 만났는데, 한밤중에 말을 마치지 않고 작별하고 떠나가니, 나는 또한 생각하기를 '마땅히 侯에 봉할 만한 큰 功을 만리 밖에서 세울 것'이라고 여겼었다. 元豊 末年에 나는 東都에 머물러 있었는데, 秦子가 동쪽으로부터 찾아오니, 작별한 지가 몇 년만이었다. 그 모양이 充然(후중)하고 그 입이 잠잠해졌으므로 내가 놀라서 물어보니, 秦子는 다음과 같이 말하였다.

"지난번 나는 젊었을 때에 杜牧之(杜牧)와 같아서 뜻이 굳세고 氣가 성하며, 큰 것을 좋아하고 기이함을 나타내었다. 兵家의 책을 읽고는 뜻이 합하여 생각하기를 '功業과 名譽를 단번에 이룰 수 있으며, 천하에 어려운 일이 없다. 돌아보건대, 이제 두 오랑캐를 이길 만한 형세가 있으니, 〈조정에〉 지극한 계책을 바쳐서 하늘의 토벌을 행하여 幽州와 夏州의 옛땅을 회복하고, 後唐과 後晉의 遺民들을 조문하여, 명성을 무궁한 세대에 남기고 불후의 계책을 한다면 어찌 위대하지 않겠는가'라고 여겼다. 이에 字를 太虛라고 하여 내 뜻을 표시하였었는데, 이제 나는 나이가 많아짐에 생각이 바뀌어져서 험함을 밟기를 기다리지 않고도 후회가 미치니, 나는 사방을 평정하는 일을 되돌리고 邑里로 돌아가 늙어 馬少游처럼 하고자 한다. 이에 字를 少游라고 하여 나의 허물을 표시하려 한다. 내 일찍이 蘇公에게 말씀드렸더니 公도 可하다고 하셨으니, 그대의 생각은 어떠한가?"

譯註 1. 二虜：宋나라의 북쪽 지역에 있던 遼(契丹)와 西夏를 가리킨다.
2. 四方之事：天下를 經略하고 四方을 平定하는 일을 이른다.

余以謂取善於人하여 以成其身을 君子偉之하나니라 且夫二子 或進以經世하고 或退以存身하니 可與爲仁矣라 然이나 行者는 難工하고 處者는 易持하니 牧之之智得이 不若少游之拙失矣라 子以倍人之材로 學益明矣어늘 猶屈意於少游하니 豈過直以矯曲耶아 子年益高, 德益大하면 余將屢驚焉하여 不一再而已也리라 雖然이나

立：곧 립 虜：오랑캐 로 朽：썩을 후 蹈：밟을 도 識：표시할 지 矯：바로잡을 교 屢：자주 루

以子之才로 雖不效於世라도 世不捨子하리니 余意子終有萬里行也리라

나는 다음과 같이 말하였다. "타인에게서 善을 취하여 그 몸을 이룸은 군자가 위대하게 여기는 바이다. 또 杜牧之와 馬少游 두 사람은 혹은 나아가 세상을 다스리고 혹은 물러나 몸을 보존하여, 더불어 仁을 할 수 있는 인물이다. 그러나 行(출세)하는 자는 잘하기가 어렵고 處(은둔)하는 자는 유지하기가 쉬우니, 杜牧之의 지혜로 얻음이 馬少游의 졸하여 잃음만 못하다. 그대는 남보다 배나 되는 재질로 학문이 더욱 밝은데도 오히려 馬少游에게 뜻을 굽혀 배우려 하니, 어찌 지나치게 곧게 하여 굽음을 바로잡으려 하는가? 그대는 나이가 더욱 높아지고 덕이 더욱 커지면 내 장차 여러번 놀라서 한두 번이 아닐 것이다. 그러나 그대의 뛰어난 재주로 세상에 바치려 하지 않더라도 세상에서 그대를 버리지 않을 것이니, 내 생각에 그대는 끝내 만리 먼 길을 가게 될 것이다.

如愚之愚는 莫宜於世하니 乃當守丘墓, 保田里하여 力農以奉公上하며 謹身以訓閭巷하여 生稱善人하고 死表於道曰處士陳君之墓니 或者天祚以年하여 見子功遂名成하고 奉身以還에 王侯將相이 高車大馬로 祖行帳飲이어든 於是에 乘庳御駑하고 候子上東門外하여 擧酒相屬하리니 成公知人之名하고 以爲子賀가 蓋自此始니라

나처럼 어리석은 자는 세상에 마땅함이 없으니, 마땅히 丘墓를 지키고 田里를 보전하면서 농사에 힘써 公上을 받들고 몸을 삼가하여 閭巷을 가르쳐, 살아서는 善人이라 칭하고 죽어서는 墓道에 표하기를 '處士 陳君의 墓'라고 하면 된다. 혹 하늘이 年數(壽命)를 내려주어서 그대가 공을 이루고 이름을 이룬 다음 몸을 받들어 돌아올 때에 王侯와 將相들이 높은 수레와 큰 말로 路祭를 지내며, 장막을 쳐놓고 술마시는 것을 보거든, 내 이때 낮은 수레를 타고 노둔한 말을 몰고서 그대를 上東門(동대문) 밖에서 기다리고 있다가 술잔을 들어 서로 권하려 하노니, 蘇公께서 사람을 알아보는 명성을 이루어 주고 그대에 대한 축하를 함이 이 때로부터 비롯될 것이다."

子長遊 贈蓋邦式 馬 存(子才)

(司馬子長(司馬遷)의 유람에 대한 글을 蓋邦式에게 줌)

盡天下之大觀以助吾氣는 此一篇骨子니 意實自子由上韓太尉書來요 中間鋪敍司馬遷所嘗遊는 蓋本太史公自序也라 子才는 名存이니 有集行于世하며 嘗有書見東坡云이라

祚 : 복 조 祖 : 길제사 조 庳 : 낮을 비 駑 : 노둔할 노 屬 : 권할 촉
蓋 : 어찌아닐 합 鋪 : 펼 포

○ 太史公自序曰 遷生龍門하여 耕牧河山之陽이러니 年十歲에 則通古文하고 二十而南遊江淮하여 上會稽하여 探禹穴하고 窺九疑하며 浮沅湘하고 北涉汶泗하여 講業齊魯之都하여 觀夫子遺風하고 鄕射鄒嶧하며 阨困鄱薛彭城하고 過梁楚以歸라 於是에 遷仕爲郎中하여 奉使西征巴蜀以南하고 略邛, 筰, 昆明하여 還報命하다 是歲에 天子始建漢家之封而太史公留滯周南하여 不得與從事라 子遷이 適返하여 見父於河洛之間하니라

'천하의 큰 구경거리를 다하여 내 기운을 돕는다'는 것은 이 한 篇의 골자이니, 이 뜻은 실로 子由(蘇轍)가 韓太尉에게 올린 편지에서 온 것이며, 중간에 司馬遷이 일찍이 유람했던 것을 서술한 부분은 '太史公自序'에 근본한 것이다. 子才는 이름이 存이니, 文集이 세상에 유행하며 일찍이 편지를 올린 것이 「東坡集」에 보인다.

○ 太史公自序에 말하였다. "遷은 龍門에 태어나 河山의 남쪽에서 농사짓고 짐승을 먹이더니, 10세에 古文을 통달하고 20세에 남쪽으로 江淮에 유람하여 會稽山에 올라가 禹임금의 구멍을 탐사하고 九疑山을 엿보았으며, 沅水와 湘水에 배를 띄우고 북쪽으로 汶水와 泗水를 건너 齊·魯의 도읍에서 학업을 강론하여 夫子(孔子)의 遺風을 보고 鄒嶧에서 鄕射禮를 행하였으며, 鄱·薛과 彭城에서 곤액을 당하고 楚·梁지방을 지나 돌아왔다. 이에 遷은 벼슬하여 郎中이 되어 使命을 받들고 서쪽으로 巴蜀 이남 지방을 정벌하였으며, 邛·筰·昆明을 공략하고 돌아와 報命(復命)하였다. 이 해에 天子는 비로소 漢나라의 封禪式을 거행하였는데, 太史公(司馬談)은 周南에 체류하여 이에 종사하지 못하였다. 아들 遷이 마침 돌아와 아버지를 河·洛의 사이에서 뵈었다.

予友蓋(합)邦式이 嘗爲予言하되 司馬子長之文章이 有奇偉氣라 切有志於斯文也하노니 子其爲說以贈我하라 予謂子長之文章이 不在書하니 學者每以書求之면 則終身不知其奇하리라 予有史記一部가 在名山大川壯麗可怪之處하니 將與子周遊而歷覽之하면 庶幾乎可以知此文矣리라 子長이 平生喜遊하여 方少年自負之時에 足跡이 不肯一日休하니 非直爲景物役也라 將以盡天下之大觀하여 以助吾氣然後에 吐而爲書니 今於其書觀之하면 則平生之所嘗遊者 皆在焉이라

내 벗인 蓋邦式이 일찍이 나에게 말하기를 "司馬子長의 문장은 기이하고 위대한 기상이 있으니, 나는 이 글에 간절히 뜻이 있다. 자네는 말을 지어 나에게 주라." 하였다. 나는 다음과 같이 말하였다.

"子長의 문장은 글에 있지 않으니, 배우는 자가 매양 글에서 찾으면 종신토록 그 기이함을 알지 못할 것이다. 나에게 「史記」 一部(全帙)가 명산대천의 壯麗하여 괴이할

鄒 : 땅이름 추　嶧 : 산이름 역　鄱 : 고을이름 파　邛 : 오랑캐 공　筰 : 좁을 착

만한 곳에 있으니, 장차 자네와 두루 놀며 일일이 보면 거의 그 문장을 알 것이다. 子長은 평소 유람하기를 좋아하여 소년시절 自負할 때에 발자취가 하루도 쉬려고 하지 않았으니, 이는 다만 景物(자연의 풍경)에 사역이 되어서만이 아니라, 장차 천하의 大觀을 모두 구경하여 자신의 氣를 도운 뒤에 토하여 글을 지으려고 해서였으니, 이제 그 글에서 보면 평소에 일찍이 유람한 것이 다 나와 있다.

南浮長淮하고 泝大江하여 見狂瀾驚波와 陰風怒號하여 逆走而橫擊이라 故로 其文이 奔放而浩漫하며 望雲夢洞庭之陂와 彭蠡之豬가 涵混太虛하고 呼吸萬壑而不見介量이라 故로 其文이 渟滀而淵深하며 見九疑之邈綿과 巫山之嵯峨와 陽臺朝雲과 蒼梧暮煙이 態度無定하여 靡曼綽約하니 春粧은 如濃이요 秋飾은 如薄이라 故로 其文이 妍媚而蔚紆하며 泛沅渡湘하여 弔大夫之魂하고 悼妃子之恨하니 竹上에 猶有斑斑이요 而不知魚腹之骨이 尚無恙乎아 故로 其文이 感憤而傷激하며

남쪽으로 長淮에 배를 타고 大江(揚子江)을 거슬러 올라가면서 미친 여울과 놀란 파도와 陰風이 성나 울부짖으며 거슬러 달리고 이리저리 치는 것을 보았다. 그러므로 그 문장이 奔放하면서도 浩漫하다.

雲夢澤과 洞庭湖의 언덕과 彭蠡의 저수지가 太虛(하늘)를 담아 있고 만 개의 골짝을 호흡하여 介量(한량)을 볼 수 없음을 바라보았다. 그러므로 문장이 渟滀하여 깊다.

九疑山의 아득함과 巫山의 드높음과 陽臺의 아침 구름과 蒼梧山의 저녁 연기의 태도가 일정함이 없어서 화려하고 고우니, 봄 단장은 진한 듯하고 가을 꾸밈은 옅은 듯함을 보았다. 그러므로 그 문장이 곱고 아름다우며 성하다.

沅水에 배 띄우고 湘水를 건너면서 大夫(屈原)의 넋을 위로하고, 妃子(娥皇·女英)의 한을 슬퍼하니, 대나무 위에 아직도 아롱진 눈물 흔적이 있으며, 고기 뱃속에 있는 뼈는 아직도 탈이 없는지 알 수 없었다. 그러므로 그 문장이 感憤하고 傷激하다.

北過大梁之墟하여 觀楚漢之戰場하여 想見項羽之[1]喑啞와 高帝之慢罵가 龍跳虎躍하고 千兵萬馬와 大弓長戟이 俱遊而齊呼라 故로 其文이 雄勇猛健하여 使人心悸而膽慄하며 [2]世家龍門하여 念神禹之鬼功하고 西使巴蜀하여 跨劍閣之鳥道하니 上有摩雲之崖요 不見斧鑿之痕이라 故로 其文이 斬截峻拔而不可援躋하며 講業齊魯之都하여 覩夫子之遺風하고 鄕射鄒嶧하여 彷徨乎汶陽洙泗之上이라 故로 其文이 典重溫雅하여 有似乎正人君子之容貌라

북쪽으로 大梁의 옛터를 지나 楚·漢이 싸운 장소를 보고서 項羽의 喑啞함과 高帝

漫 : 아득할 만 豬 : 웅덩이 저 渟 : 물고일 정 嵯 : 우뚝솟을 차 曼 : 아름다울 만
綽 : 얌전할 작 紆 : 얽힐 우 沅 : 물이름 원 恙 : 병 양 喑 : 소리지를 음
悸 : 두근거릴 계 躋 : 오를 제 汶 : 물이름 문

의 거만스레 꾸짖음이 용이 뛰어오르는 듯, 범이 뛰는 듯하며, 千兵·萬馬와 큰 화살, 긴 창이 함께 놀고 함께 고함침을 상상해 보았다. 그러므로 그 문장이 雄勇하고 猛健하여 사람으로 하여금 마음이 떨리고 담이 두렵게 한다.

대대로 龍門에 살아 神禹의 귀신같은 功을 생각하고, 서쪽으로 巴蜀에 사신가서 劍閣의 鳥道를 지나보니, 위에는 구름을 만질 수 있는 벼랑이 있고 도끼로 판 흔적을 볼 수 없었다. 그러므로 그 문장이 깍아지른 듯하고 크게 빼어나 오를 수가 없다.

齊·魯의 도읍에서 학업을 강하여 夫子(孔子)의 遺風을 보고, 鄒嶧에서 鄕射禮를 행하여 汶陽과 洙泗의 위에서 방황하였다. 그러므로 그 문장이 典重하고 溫雅하여 正人·君子의 용모와 유사함이 있다.

譯註 1. 喑啞:喑啞는 喑啞叱咤의 줄임말로 怒氣를 띠어 꾸짖는 것인 바, 韓信은 일찍이 項羽를 평하여 '喑啞叱咤 千人自廢'라고 하였다.
2. 龍門:山西省 河津縣 서북쪽과 陝西省 韓城縣 동북쪽에 위채해 있는데, 黃河가 두 절벽 사이로 急流를 이루며 흐른다. 본래 山이었는데 옛날 禹임금이 도끼로 산허리를 찍어 물길을 내었다 하는 바, 지금까지도 도끼로 찍은 흔적이 남아 있다 한다.

凡天地之間萬物之變에 可驚可愕, 可以娛心하며 使人憂, 使人悲者를 子長이 盡取而爲文章이라 是以로 變化出没하여 如萬象供四時而無窮하니 今於其書而觀之면 豈不信哉아 予謂欲學子長之爲文인댄 先學其遊可也니 不知學遊以采奇하고 而欲操觚弄墨하여 組綴腐熟者는 乃其常常耳라

그리하여 무릇 천지의 사이에 만물의 변화로서 경악할 만하고 마음을 기쁘게 할 만하며 사람으로 하여금 근심하게 하고 사람으로 하여금 슬퍼하게 하는 것들을 子長이 모두 취하여 문장을 만들었다. 이 때문에 변화가 출몰하여 온갖 형상이 四時에 나타나 무궁함과 같으니, 이제 그 글에서 본다면 어찌 진실이 아니겠는가. 나는 子長의 문장을 배우고자 할진댄, 먼저 그 유람을 배우는 것이 可하다고 생각한다. 유람을 배워 기이함을 캘 줄 모르고, 붓을 잡고 먹을 희롱하여 진부한 말을 엮고자 하는 자는 바로 보통에 불과한 것이다.

昔에 [1]公孫氏善舞劍에 而學書者得之하여 乃入於神하고 [2]庖丁氏善操刀에 而養生者得之하여 乃極其妙하니 事固有殊類而相感者는 其意同故也라 今天下之絶蹤詭觀이 何以異於昔이리오 子果能爲我遊者乎아 吾欲觀子矣로라 醉把杯酒하여 可以呑江南吳越之淸風하고 拂劍長嘯하여 可以吸燕趙秦隴之勁氣然後에 歸而治文

愕:놀랄 악 觚:술잔 고 綴:엮을 철 庖:푸주간 포 蹤:자취 종 詭:괴이할 궤
把:잡을 파 呑:삼킬 탄 拂:떨칠 불 隴:땅이름 롱 勁:군셀 경

著書면 子畏子長乎아 子長畏子乎아 不然이요 斷編敗册을 朝吟而暮誦之면 吾不知所得矣로라

옛날에 公孫氏가 칼춤을 잘 추었는데 글씨를 배우는 자가 터득하여 마침내 神의 경지에 들어갔고, 庖丁氏가 칼 잡기를 잘하였는데 養生하는 자가 터득하여 마침내 그 묘함을 지극히 하였으니, 일이 진실로 종류가 다르나 서로 감동함이 있는 것은 그 뜻이 같기 때문이다. 이제 天下의 뛰어난 자취와 괴이한 구경거리가 어찌 옛날과 다르겠는가. 자네가 과연 나를 위하여 유람하겠는가. 내 그대를 보고자 하노라. 취하여 술잔을 잡아 江南과 吳·越 지방의 맑은 바람을 삼키고, 칼을 잡고 길게 휘파람불어 燕·趙와 秦·隴 지방의 굳센 기운을 호흡한 뒤에 돌아가 글을 짓는다면, 자네가 子長을 두려워하겠는가? 子長이 자네를 두려워하겠는가? 이렇게 하지 않고 잘린 책과 뜯어진 책을 아침에 읊고 저녁에 외운다면 나는 소득이 있을 줄을 알지 못하노라."

譯註 1. 公孫氏 : 唐玄宗 때 칼춤을 잘 추던 公孫大娘. 草書를 잘써 草聖으로 알려진 張旭은 公孫大娘의 西河劍器라는 칼춤을 보고 草書의 묘리를 터득했다 한다.

2. 庖丁 : 푸줏간의 백정으로 이 내용은 「莊子」《養生主》에 보이는 바, 文惠君(魏惠王)은 庖丁이 소를 잡을 때에 칼을 함부로 쓰지 않고 뼈나 힘줄이 없는 부분을 골라 사용하기 때문에 칼이 부러지거나 무뎌지지 않음을 보고, 사람 역시 몸과 정신을 적절히 운용함으로써 天壽를 누릴 수 있음을 알았다 한다.

家藏古硯銘 唐 庚(子西)

(집에 소장한 옛 벼루의 銘文)

庖丁이 善藏其刀에 而文惠君이 得養生焉하니 吾於此銘에 亦云하노니 自王者所當勿忘也니라

庖丁이 그 칼을 잘 보관함에 文惠君이 養生術을 터득하였는 바, 나는 이 銘文에 또한 이렇게 말하노니, 스스로 왕성하게 하려는 자는 마땅히 잊지 말아야 할 것이다.

硯與筆墨은 蓋氣類也라 出處相近하고 任用寵遇相近也로되 獨壽夭不相近也하여 筆之壽는 以日計하고 墨之壽는 以月計하고 硯之壽는 以世計하니 其故何也오 其爲體也筆最銳하고 墨次之하고 硯은 鈍者也니 豈非鈍者壽而銳者夭乎아 其爲用也筆最動하고 墨次之하고 硯은 靜者也니 豈非靜者壽而動者夭乎아 吾於是에 得養生焉

硯 : 벼루 연 銳 : 뾰족할 예 鈍 : 무딜 둔

호니 以鈍爲體하고 以靜爲用이니라 或曰 壽夭는 數也니 非鈍銳動靜所制라 借令筆不銳不動이라도 吾知其不能與硯久遠矣로라 雖然이나 寧爲此언정 勿爲彼也리라

벼루와 붓과 먹은 氣가 서로 유사하다. 出處가 서로 비슷하고 임용되어 대우받는 것이 서로 비슷하나 다만 장수하고 요절함이 서로 같지 않아, 붓의 수명은 날짜로 계산하고 먹의 수명은 달로 계산하고 벼루의 수명은 대로 계산하니, 그 연고는 어째서인가? 그 體가 붓이 가장 뾰족하고 먹이 그 다음이고 벼루는 둔한 자이니, 어찌 둔한 자가 장수하고 예리한 자가 요절하는 것이 아니겠는가? 그 用이 붓이 가장 많이 움직이고 먹이 그 다음이고 벼루는 靜한 자이니, 어찌 정한 자가 장수하고 동한 자가 요절하는 것이 아니겠는가? 나는 여기에서 養生術를 얻었으니, 둔함을 體로 삼고 靜함을 用으로 삼겠노라.

혹자는 '壽와 夭는 天壽이니, 鈍·銳와 動·靜의 제어할 바가 아니다. 借令(가령) 붓이 예리하지 않고 동하지 않더라도 나는 벼루와 같이 오래가지 못할 줄을 아노라' 하였다. 그러나 나는 차라리 이것(벼루)을 할지언정 저것(붓)을 하지 않겠다.

銘曰 不能銳라 因以鈍爲體하고 不能動이라 因以靜爲用하나니 惟其然이라 是以能永年이니라

다음과 같이 銘한다.

예리하지 못하므로 인하여 둔함을 體로 삼고, 동하지 못하므로 인하여 靜을 用으로 삼는다. 이러하기 때문에 오래 갈 수 있는 것이다.

上席侍郎書　　唐 庚

(席侍郎(席益)에게 올린 글)

迂齋云 古人이 未嘗鑿事以爲功이라 故有功不爲誇하고 無功不爲慊하니 若耻於無功이면 則不安於無事矣라 發明甚佳하니 此是規諷宣政間紛紜制作之病이라 何丞相은 何㮚也니 此言用이면 倘可以救後來之禍乎인저 未幾에 蔡京, 王黼之徒 開邊求功하여 [1]而靖康之禍 不忍言矣니 何文縝은 則丁其變者也라 席侍郎은 當是席益이니 字大光이라

迂齋가 평하였다. "옛사람은 일찍이 일을 천착하여 功으로 삼으려 하지 않았다. 그러므로 功이 있어도 과시하지 않고 功이 없어도 부족하게 여기지 않았으니, 만약

寧 : 차라리 녕　鑿 : 뚫을 착　慊 : 부족할 겸　㮚 : 밤 률　倘 : 혹시 당　黼 : 보불 보
縝 : 붉은색 정　丁 : 당할 정

공이 없음을 부끄러워한다면 일이 없음을 편안하게 여기지 못할 것이다. 發明함이 매우 아름다우니, 이는 宣政年間에 분분히 制作하는 병폐를 타이르고 풍자한 것이다. 何丞相은 何㮚이니, 이 말이 쓰여졌다면 혹 後來의 禍를 구원할 수 있었을 것이다. 얼마 있지 않아 蔡京과 王黼의 무리가 邊境을 열고 功을 구하여 靖康의 화를 차마 말할 수 없게 만들었으니, 何文縝(何㮚)은 그 변을 당한 자이다. 席侍郞은 마땅히 席益일 것이니, 자는 大光이다."

譯註 1. 靖康之禍 : 靖康은 宋나라 欽宗의 연호로, 徽宗과 欽宗이 차례로 金나라에 잡혀가 죽은 일을 가리킨다. 宋나라는 당초 遼나라와 우호관계를 맺어 상당 기간 무사하였으나 뒤에 金나라가 新興國으로 부상하자, 蔡京 등은 金나라와 협력하여 遼나라를 정벌하고 失地를 되찾을 것을 주장하였다. 그리하여 遼나라가 멸망하게 되었는데 그후 金나라는 宋나라에 대한 공세를 강화하여 宋나라는 마침내 북쪽지역을 모두 잃고 남쪽으로 천도하여 南宋이 되었다.

某備員學校가 三載于此라 在輩流中에 年齒最爲老大하고 詞氣學術이 最爲淺陋하고 教養訓導之方이 最爲疏拙이로되 所以未卽遂去는 正賴主人以爲重이러니 今閤下還朝하여 曉夕大用하여 爲執政, 爲宰相, 爲公, 爲師리니 此誠門下小子之所願聞이라 然孤宦小官이 遽奪所依하니 此其胸中에 不能無介然者라 日夜思慮하여 求所以補報萬一이로되 而書生門戶 無有它(他)技일새 因效其所得於古人者하니 惟閤下裁擇하라

저는 학교에 직원으로 자리를 채운 지가 지금 3년이 되었는데, 연배 중에 연치가 가장 늙었고 문장력과 학술이 가장 淺陋하며, 학생들을 교양하고 훈도하는 방법이 가장 엉성하고 옹졸한데도 즉시 떠나가지 않은 까닭은 바로 주인을 의뢰하여 重함을 삼으려 하기 때문이었습니다. 그런데 이제 閤下께서 조정으로 돌아가 아침저녁으로 크게 등용되시어 執政이 되고 재상이 되고 公이 되고 스승이 될 것이니, 이는 진실로 문하에 있는 小子들이 듣기를 원하는 바입니다. 그러나 외로운 벼슬아치와 낮은 관원이 갑자기 의지할 곳을 빼앗기니, 이 가슴속에 개연함이 없지 못합니다. 밤낮으로 생각하여 만분의 일이라도 보답할 것을 찾으나 書生의 문호에는 다른 기예가 없으므로, 인하여 古人에게 얻은 것을 바치오니, 부디 閤下께서는 채택하소서.

某初讀書時에 未習時事라 意謂古之聖賢이 例須建立功名이러니 其後에 涉世益深하고 更(경)事益多하며 攷論前代經史하여 益見首尾하니 乃知古人之心이 本不如此라 舟遇險則有功하고 燭遇夜則有功하고 藥遇病則有功하고 桔槔遇旱則有功하고

載 : 해 재 閤 : 협문 합 曉 : 새벽 효 它 : 다를 타 裁 : 헤아릴 재 更 : 지날 경
攷 : 상고할 고 燭 : 촛불 촉 桔 : 두레 길 槔 : 두레 고

戈弩劍戟臨衝兜鍪 遇戰鬪則有功하니 凡物有功이 悉非得已라 龍蛇雜處而禹有功하고 草木障塞而益有功하고 民不粒食而稷有功하고 天理人倫이 顚倒失次而契(설)有功하고 夷蠻賊寇가 干紀亂治而皐陶(요)有功하니 自此以降으로 不可勝擧라 然皆因時立功이요 非聖賢本意라

저는 처음 책을 읽을 적에 세상의 일을 익히지 못하였습니다. 그리하여 생각에 이르기를 '옛날 성현들은 으레 모름지기 공명을 세운다'고 여겼는데, 그 후에 세상을 겪기를 더욱 깊이 하고 일을 지내보기를 더욱 많이 하며, 前代의 經·史를 상고하고 논하여 首尾(사건의 전말)를 더욱 보고서야 옛사람의 마음이 본래 이와 같지 않음을 비로소 알게 되었습니다.

배는 험한 곳을 만나면 功(효험)이 있고, 촛불은 밤을 만나면 공이 있고, 약은 병을 만나면 공이 있고, 桔槹(두레)는 가뭄을 만나면 공이 있고, 창과 쇠뇌, 칼과 창, 臨車와 衝車, 투구는 전투를 만나면 공이 있으니, 모든 물건이 공이 있는 것은 다 부득이해서입니다. 용과 뱀이 사람과 뒤섞여 살았으므로 禹임금이 공이 있었고, 초목이 막혀 있었으므로 益이 공이 있었고, 백성들이 곡식을 제대로 먹지 못하였으므로 稷이 공이 있었고, 천리와 인륜이 전도하여 차례를 잃었으므로 契이 공이 있었고, 오랑캐와 도적들이 기강을 범하고 다스림을 어지럽혔으므로 皐陶가 공이 있었으니, 이로부터 이하로 모두 열거할 수가 없습니다. 그러나 모두 때에 따라 공을 세운 것이요, 성현의 본의가 아닙니다.

伊陟, 臣扈, 巫咸이 相太戊에 無它奇功하고 以格上帝乂王家爲功하며 巫賢, 甘盤, 傅說(부열)이 相祖乙, 相武丁에 不聞有功이요 以保乂有商爲功하며 君陳이 相成王하고 畢公이 相康王에 不自立功이요 以循周公之業爲功이어늘 後世는 知有功之爲功하고 而不知無功之爲功하니 其去道已遠이요 至謂聖賢有心於功名이라하니 其探聖賢이 亦淺矣로다

伊陟과 臣扈와 巫咸이 太戊를 도울 때에 다른 기이한 공이 없었고, 上帝를 감동하고 왕실을 다스림을 공으로 삼았을 뿐이며, 巫賢과 甘盤과 傅說이 祖乙을 돕고 武丁을 도울 때에 다른 공이 있었다는 말을 듣지 못하였고 商나라를 잘 보전하여 다스림을 공으로 삼았으며, 君陳이 成王을 돕고 畢公이 康王을 도울 때에 스스로 공을 세우지 않고 周公의 업을 따름을 공으로 삼았습니다. 그런데 후세에서는 공이 있는 것이 공이 됨만을 알고, 공이 없는 것이 공이 되는 줄을 알지 못하니, 道와 거리가 이미 멀며, 심지어는 聖賢이 공명을 세움에 마음을 두었다고까지 말하니, 聖賢을 헤아림이 또한 천근합니다.

弩：쇠뇌 노 兜：투구 두 鍪：투구 무 粒：낟알 립 格：감동할 격 乂：다스릴 예

天下承平日久하여 綱紀文章이 纖悉備具하여 無有毫髮未盡未便하니 [1]一部周禮를 擧行略遍이요 但不姓姬耳라 竊謂今日에 正當持循法度요 不宜復有增廣建置니 歌呼於吏舍者를 勿問하고 醉吐於車茵者를 勿逐하며 客至에 欲有所開說者어든 飮以醇酒하고 勿聽하며 擇士에 唯取通大體知古誼者하여 用之하면 雖不立功이나 功在其中矣라 某之所得於古人者如此하니 不知其當否也로라 閣下倘以爲然이어든 歸見何丞相하고 其亦以此說告之하라

지금 천하는 承平(太平)한 지가 오래되어, 기강과 문장이 모두 구비되어 털끝 만큼도 미진하거나 불편한 것이 없으니, 한 권의 「周禮」를 거행하여 거의 다한 것이요, 다만 姓이 姬氏가 아닐 뿐입니다. 저으기 생각하옵건대, 지금은 바로 법도를 지켜 따를 것이요 다시 增廣하여 建置할 것이 없으니, 吏舍(관청)에서 노래부르고 고함치는 자를 묻지 말고, 수레 자리에서 취하여 토하는 자를 쫓지 말며, 객이 이르러 말하려는 자가 있거든 독한 술을 마시게 하고 듣지 말며, 선비를 가려 뽑을 때에 오직 대체를 통달하고 옛 義를 아는 자를 취하여 등용한다면, 비록 공을 세우지 않더라도 공이 그 가운데에 있는 것입니다. 제가 옛사람에게서 얻어 들은 것이 이와 같으니, 이것이 마땅한지 마땅하지 않은지는 모르겠습니다. 閣下께서 만일 옳다고 여기시거든 돌아가 何丞相을 만나 보시고 또한 이 말씀을 그에게 전하여 주소서.

譯註 1. 一部周禮…但不姓姬耳 : 「周禮」는 周나라 때의 官職制度를 기록한 책이며 姬는 周나라의 國姓이다. 이는 당시 宋나라의 모든 제도가 周나라 때처럼 잘되었고 다만 周나라 姓이 아님을 말한 것이다.

書洛陽名園記後　　李格非(文叔)

(洛陽의 名園記 뒤에 쓰다)

迂齋曰 苑囿何關於世道輕重이리오마는 所以然者는 興廢可以占盛衰요 盛衰可以占治亂이니 盛衰는 不過洛陽而治亂은 關於天下라 斯文之作은 爲洛陽이요 非爲苑囿며 爲天下요 非爲洛陽也라 文字不過二百字로되 而其中에 該括無限盛衰之變하여 意有含蓄하고 事存鑑戒하니 讀之에 令人感歎이로다

迂齋가 말하였다. "苑囿가 어찌 世道의 경중에 관계되겠는가마는 그러한 까닭은 苑囿의 興廢로써 洛陽의 盛衰를 점칠 수 있고, 洛陽의 盛衰로써 천하의 治亂을 점칠 수 있기 때문이니, 盛衰는 洛陽에 지나지 않으나 治亂은 천하에 관계된다. 이

遍 : 두루미칠 편　茵 : 자리 인　醇 : 전국술 순　誼 : 옳을 의　倘 : 혹시 당　格 : 바를 격
該 : 다 해

글을 지음은 洛陽을 위한 것이요 苑囿를 위한 것이 아니며, 천하를 위한 것이요 洛陽을 위한 것이 아니다. 글자는 2백 字에 불과한데 그 가운데 무한한 성쇠의 변화를 다 포괄하여, 뜻이 함축성이 있고 일이 鑑戒를 두고 있으니, 읽으면 사람으로 하여금 감탄하게 한다."

洛陽은 處天下之中하여 [1]挾殽黽之阻하고 當秦隴之襟喉하여 而趙魏走集하니 蓋四方必爭之地也라 天下當無事則已어니와 有事則洛陽이 必先受兵이라 余故嘗曰 洛陽之盛衰者는 天下治亂之候也라하노라 方唐貞觀開元之間하여 公卿貴戚이 開館列第於東都者 號千有餘邸러니 及其亂離에 繼以五季之酷하여 其池塘竹樹를 兵車蹂蹴하여 廢而爲丘墟하고 高亭大榭를 煙火焚燎하여 化而爲灰燼하여 與唐共滅而俱亡하여 無餘處矣라 余故嘗曰 園囿之興廢는 洛陽盛衰之候也라하노라

洛陽은 천하의 중앙에 위치하여 殽·黽의 험한 곳을 끼고 秦·隴 지방의 襟喉에 해당하여, 趙·魏 지방에서 모여드니, 사방에서 반드시 서로 다툴 지역이다. 천하가 다툴 일이 없으면 모르거니와 일이 있으면 洛陽이 반드시 먼저 병난을 받게 된다. 나는 이 때문에 일찍이 말하기를 '洛陽의 성쇠는 천하의 治亂의 징후이다'라고 한 것이다.

唐나라 貞觀·開元 연간을 당하여, 公卿과 貴戚들이 東都인 洛陽에 館舍를 열어놓고 집을 나열한 것이 천여 저택이 된다고 하였는데, 난리가 나자, 五季(五代)의 혹독함이 이어져 못과 대나무와 나무들을 兵車가 유린하고 짓밟아서 폐하여 빈터가 되고, 높은 정자와 큰 누대를 연기 불로 태워서 변하여 잿더미가 되어 唐나라와 함께 멸망하고 함께 없어져 남은 곳이 없다. 나는 이 때문에 일찍이 말하기를 '園囿의 흥하고 폐함은 洛陽의 성쇠의 징후다'라고 한 것이다.

譯註 1. 殽黽…襟喉：殽는 殽山으로 河北省 북쪽에 있는 요새이며 黽은 黽阨으로 河南省 信陽縣 동북쪽에 있는 平靖關인 바 冥阨으로도 쓴다. 秦은 지금의 陝西省 지역이고 隴은 甘肅省 지역이다. 襟喉는 옷깃과 목구멍으로 중요한 관문이나 요충지를 이른다.

且天下之治亂을 候於洛陽之盛衰而知하고 洛陽之盛衰를 候於園囿之興廢而得하니 則名園記之作이 予豈徒然哉아 嗚呼라 公卿大夫方進於朝에 放乎以一己之私自爲하여 而忘天下之治忽하고 欲退享此면 得乎아 唐之末路是已니라

또 天下의 다스려지고 혼란함을 洛陽의 흥하고 쇠함을 살펴 알 수 있고, 洛陽의 흥하고 쇠함을 園囿의 흥하고 폐함을 살펴 알 수 있으니, 名園記를 짓는 것이 내 어찌 우연이겠는가?

挾：낄 협　殽：안주 효　黽：땅이름 면(민)　襟：옷깃 금　喉：목구멍 후　邸：집 저
塘：못 당　蹂：밟을 유　蹴：찰 축　榭：누대 사　燼：불탈 신

아! 슬프다. 公卿大夫들이 조정에 나아감에 한 개인의 사사로움에 따라 스스로 행동하여, 천하의 다스려짐과 혼란함을 잊고서, 물러나 이러한 것들을 누리고자 한다면 되겠는가? 唐나라의 말로가 바로 그러하다.

愛 蓮 說　　周惇頤(茂叔)

周子는 名惇(敦)頤요 字茂叔이니 道州人이라 晩家廬山之麓하여 名其水曰濂溪라하니 世因號濂溪先生이라 卒에 謚元公이라하니라

○ 濂溪非刻意於文章者로되 學識理趣之高라 故文章不期而造極焉이라 如此說者는 命意的하고 託興深하고 措辭簡하니 雖古今以文名家者라도 何能加諸리오 以隱逸, 君子, 富貴로 名三花하니 不可易也라 濂溪非徒愛蓮이요 愛君子耳니라

周子는 이름이 惇頤이고 字가 茂叔이니, 道州 사람이다. 말년에 廬山 기슭에 집을 짓고 그 물을 이름하여 濂溪라 하니, 세상에서는 인하여 濂溪先生이라 호하였다. 별세함에 시호를 元公이라 하였다.

○ 濂溪는 文章에 뜻을 둔 자가 아니었으나 학식과 理趣가 높았기 때문에 文章을 잘하려고 노력하지 않아도 지극한 경지에 나아간 것이다. 이 말과 같은 것은 뜻을 나타냄이 정확하고 흥을 가탁함이 깊으며 글을 씀이 간결하니, 비록 고금에 文章家로 이름난 자인들 어찌 이보다 더하겠는가? 隱逸과 君子와 富貴로써 세 꽃을 이름하였으니, 바꿀 수 없다. 濂溪는 단지 연꽃을 사랑한 것이 아니요 군자를 사랑한 것이다.

水陸草木之花가 可愛者甚蕃이로되 晉陶淵明은 獨愛菊하고 自李唐來로 世人이 甚愛牧丹하되 予獨愛蓮之出於淤泥而不染하고 濯淸漣而不夭하며 中通外直, 不蔓不枝하고 香遠益淸하여 亭亭淨植하여 可遠觀而不可褻翫焉이라 予謂菊은 花之隱逸者也요 牧丹은 花之富貴者也요 蓮은 花之君子者也라하노니 噫라 菊之愛는 陶後에 鮮有聞이요 蓮之愛는 同予者何人고 牧丹之愛는 宜乎衆矣로다

물이나 육지의 풀과 나무의 꽃으로서 사랑스러울 만한 것이 매우 많은데, 晉나라의 陶淵明은 오직 국화를 좋아하였고, 李唐(李氏 唐나라) 이래로 세상 사람들은 牡丹을 매우 좋아하였다. 나는 홀로 연꽃이 진흙에서 나왔으면서도 물들지 않고 맑은 물결에 씻기면서도 요염하지 않으며, 속이 비어 있고 겉이 곧으며 덩굴뻗지 않고 가지치지 않으며, 향기가 멀수록 더욱 맑고 우뚝히 깨끗하게 서 있어, 멀리서 바라볼 수는 있으나 함부로 가지고 놀 수 없음을 사랑한다.

惇：도타울 돈　頤：기를 이　麓：산기슭 록　蕃：많을 번　淤：진흙 어　濯：씻을 탁
漣：잔물결 련　蔓：덩굴 만　褻：설만할 설　翫：장난할 완

나는 생각컨대, 국화는 꽃 중에 隱者이고 牡丹은 꽃 중에 부귀한 자이며, 연꽃은 꽃 중의 君子라고 여겨진다. 아! 국화를 사랑하는 이는 陶淵明 이후에 〈또 있다는 말을〉 들은 적이 드물며, 연꽃을 사랑하는 이는 나와 같은 자가 몇이나 되는가? 牧丹을 사랑하는 이는 당연히 많을 것이다.

太極圖說 周惇頤

太極者는 其本體也요 陽動者는 太極之用이요 陰靜者는 太極之體니 陽變而陰合이라 水金은 陰也라 居右하고 火木은 陽也라 居左하며 土沖氣라 故居中이라 陰根陽하고 陽根陰하며 二五合하여 萬物生이니라

太極은 그 本體이며 陽이 動함은 太極의 用이고 陰이 靜함은 太極의 體이니, 陽이 변하고 陰이 합한다. 水와 金은 陰으로서 오른쪽에 있고 火와 木은 陽으로서 왼쪽에 있으며, 土는 沖和(中和)의 기운이므로 중앙에 있다. 陰은 陽에 뿌리하고 陽은 陰에 뿌리하며, 二氣(陰·陽)와 五行이 합하여 萬物이 생겨난다.

無極而太極이니 太極動而生陽하여 動極而靜하고 靜而生陰하여 靜極復動이라 一動一靜이 互爲其根하여 分陰分陽에 兩儀立焉이니라 陽變陰合하여 而生水火木金土하여 五氣順布에 四時行焉하나니 五行은 一陰陽也요 陰陽은 一太極也니 太極은 本無極也라 五行之生也에 各一其性이니 無極之眞과 二五之精이 妙合而凝하여 乾道成男하고 坤道成女하여 二氣交感하여 化生萬物하니 萬物生生而變化無窮焉이니라

無極이면서 太極이니, 太極이 動하여 陽을 낳아 動이 극에 달하면 靜하고, 靜하여 陰을 낳아 靜이 극에 달하면 다시 動한다. 한번 動하고 한번 靜함이 서로 그 뿌리가 되어, 陰으로 나누고 陽으로 나눔에 兩儀가 서게 되었다. 陽이 변하고 陰이 합하여 水·火·木·金·土를 낳아 五行의 기운이 순차적으로 펴짐에 四時가 행하게 된다. 五行은 한 陰·陽이요 陰·陽은 한 太極이니, 太極은 본래 無極이었다. 五行이 생겨남에 각기 그 性을 하나씩 간직하니, 無極의 眞理와 二氣·五行의 精氣가 묘하게 합하고 엉기어, 乾道는 男(수컷)을 이루고 坤道는 女(암컷)를 이루어, 두 기운이 교감하여 만물을 化生하니, 만물이 낳고 낳아 변화가 무궁하게 된다.

惟人也得其秀而最靈하니 形旣生矣에 神發知矣라 [1]五性感動하여 而善惡分하고 萬事出矣니라 聖人이 定之以中正仁義而主靜하사 立人極焉하시니 故로 聖人은 與

沖 : 온화할 충 布 : 펼 포 凝 : 엉길 응

天地合其德하며 日月合其明하며 四時合其序하며 鬼神合其吉凶하나니 君子는 修之라 吉하고 小人은 悖之라 凶이니라 故로 曰 立天之道는 曰陰與陽이요 立地之道는 曰柔與剛이요 立人之道는 曰仁與義라하고 又曰 原始反終이라 故로 知死生之說이라하니 大哉라 易也여 斯其至矣로다

오직 인간은 그 빼어난 기운을 얻어 가장 영특하니, 형체가 이미 생김에 神이 지혜를 발한다. 그리하여 五性이 감동되어 善·惡이 나뉘고, 만사가 나온다. 聖人은 中·正·仁·義로써 정하되 靜을 주장하시어 사람의 極(法)을 세우셨다.

그러므로 聖人은 天地와 더불어 덕이 합하며, 日月과 더불어 밝음이 합하며, 四時와 더불어 차례가 합하며, 귀신과 더불어 길흉이 합하는 것이니, 군자는 이것을 닦기 때문에 길하고, 소인은 어기기 때문에 흉하다. 그러므로 말하기를 '하늘의 道를 세움은 陰과 陽이요, 땅의 道를 세움은 柔와 剛이요, 사람의 道를 세움은 仁과 義라' 하였고, 또 말하기를 '始를 근원하면 終으로 돌아간다. 그러므로 死生의 말(이론)을 안다' 하였으니, 위대하다. 周易이여! 이 그 지극하도다.

譯註 1. 五性感動 … 定之以中正仁義 : 五性은 仁·義·禮·智·信의 다섯 가지 본성인데, 程朱學에서는 '性發爲情'이라 하여 마음이 감동되면 喜·怒·哀·樂·愛·惡·慾의 七情이 나온다 한다. 뒤의 中·正은 禮·智를 가리킨 것이다.

千古道統이 自堯舜傳至孔孟이러니 孟之歿에 其傳遂絶하니 漢之董子, 唐之韓子는 雖能著衛道之功於一時나 而無以任傳道之責於萬世니 傳千載之絶學者는 周子也라 由周而程張하고 由程張하여 又數傳而朱子하여 道學淵源이 上泝洙泗하니 盛矣哉라 此篇은 周子所自著道學之精語也니 不特道理淵永이라 文亦簡重正大하여 粹然聖經賢訓之文焉이라 今選古文而終之以太極西銘二篇이 豈無意者리오 蓋文章道理 實非二致니 欲學者由韓柳歐蘇詞章之文하여 進而粹之以周程張朱理學之文也라 以道理로 深其淵源하고 以詞章으로 壯其氣骨이면 文於是乎無弊矣리니 此愚詮次之深意也라 朱子於太極西銘에 注釋精詳이나 今不暇盡錄하니 學者欲觀其詳인댄 宜自於朱子之書求之云이라 新安陳櫟은 謹書하노라

千古의 道統이 堯·舜으로부터 전해져 孔·孟에 이르렀는데 孟子가 별세함에 그 전함이 마침내 끊겼으니, 漢나라의 董子(董仲舒)와 唐나라의 韓子(韓愈)는 비록 道를 호위하는 공을 한 때에 드러냈으나 道를 전하는 책임을 萬代에 맡지는 못하였으니, 천 년에 끊긴 학문을 전한 자는 周子이다. 周子로 말미암아 程子·張子가 나오고, 程子·張子로 말미암아 또 몇 번 전하여 朱子에 이르러서 道學의 淵源이 위로 洙泗(孔子)에 거슬러 올라갔으니, 아! 훌륭하다.

泝 : 거슬러올라갈 소　詮 : 설명할 전　櫟 : 상수리나무 력

이 篇은 周子가 스스로 道學을 저술한 精한 말씀이니, 단지 도리가 깊고 길 뿐만 아니라 文章 또한 간략하고 후중하며 正大하여 순수한 聖經賢訓의 글이다. 이제 古文을 뽑으면서 '太極圖說'과 '西銘' 두 편으로써 끝을 마침이 어찌 뜻이 없겠는가? 文章과 道理는 실로 두 가지가 아니니, 배우는 자가 韓·柳·歐·蘇의 詞章의 글을 말미암아 나아가 周·程·張·朱의 理學의 글로써 순수하게 하고자 해서이다. 道理로써 淵源을 깊게 하고 詞章으로써 氣骨을 건장하게 한다면 文章이 이에 병폐가 없을 것이니, 이는 내가 이 책을 차례로 엮은 깊은 뜻이다. 朱子는 '太極圖說'과 '西銘'에 注釋을 정밀하고 상세히 내셨으나 이제 다 기록할 겨를이 없으니, 배우는 자가 상세한 내용을 보고자 한다면 마땅히 스스로 朱子의 글에서 찾아야 할 것이다.

新安 陳櫟은 삼가 쓰다.

*四 勿 箴　　程 頤(正叔)

* 四勿은 非禮勿視·非禮勿聽·非禮勿言·非禮勿動을 가리키는 바, 孔子는 仁을 묻는 顔淵에게 克己復禮를 말하고 그 조목으로 四勿을 말씀하였다. 程頤川은 이것을 근거하여 視·聽·言·動에 대한 箴을 지었는 바, 箴은 경계하는 말을 적은 글로 銘과 함께 韻이 있는 것이 특징이다. 본래 臺本에는 이 제목이 없이 곧바로 視箴·聽箴·言箴·動箴이 실려 있던 것을 이제 바로 잡았다.

視 箴

心兮本虛하니 應物無迹이라 操之有要하니 視爲之則(칙)이라 蔽交於前하면 其中則遷하나니 制之於外하여 以安其內니라 克己復禮하면 久而誠矣리라

마음이여! 본래 허하니, 물건을 응함에 자취가 없다. 마음을 잡음에 요점이 있으니, 보는 것이 법이 된다. 물건이 눈앞에서 가리워 사귀면 마음이 옮겨가니, 밖에서 제재하여 안을 편안하게 하여야 한다. 사욕을 이겨 禮로 돌아가면, 오래되면 저절로 될 것이다.

聽 箴

1) 人有秉彝는 本乎天性이언마는 知誘物化하여 遂亡其正하나니라 卓彼先覺은 知止有

箴 : 경계할 잠　迹 : 자취 적　蔽 : 가릴 폐　制 : 제어할 제　彝 : 떳떳할 이　誘 : 꾈 유

定이라 閑邪存誠하여 非禮勿聽하나니라

사람이 秉彝의 마음을 가지고 있음은 천성에 근본하였건만 앎이 물건에 유인되어 마침내 올바름을 잃게 된다. 드높은 저 先覺者들은 그칠 곳을 알아 안정함이 있다. 邪를 막아 성실함을 간직하여 禮가 아니면 듣지 않는다.

譯註 1. 秉彝 : 사람이 간직하고 있는 떳떳한 본성으로, 仁·義·禮·智·信의 五性을 이르기도 하고 愛親·敬兄·忠君·悌長의 도리를 이르기도 한다.

言 箴

人心之動이 因言以宣하나니 發禁躁妄이라야 內斯靜專하나니라 矧是樞機라 興戎出好하나니 吉凶榮辱이 惟其所召니라 傷易則誕하고 傷煩則支하며 己肆物忤하고 出悖來違하나니 非法不道하여 欽哉訓辭하라

人心의 동함은 말로 인하여 베풀어지니, 말을 발할 때에 조급하고 경망함을 금하여야 마음이 고요하고 전일하게 된다. 하물며 말은 중요한 樞機여서 전쟁을 일으키기도 하고 좋음을 내기도 하니, 吉과 凶, 榮과 辱이 오직 말이 부르는 바이다. 너무 쉬움에 상하면 허탄하고, 너무 번잡함에 상하면 지루하며, 자기가 함부로 하면 남도 거슬리고, 나가는 말이 거칠면 돌아오는 말도 도리에 어그러지니, 법이 아니면 말하지 말아 훈계 말씀 공경히 받들지어다.

動 箴

哲人은 知幾하여 誠之於思하고 志士는 勵行하여 守之於爲하나니 順理則裕요 從欲惟危니 造次克念하여 戰兢自持하라 習與性成하면 聖賢同歸하리라

哲人은 기미를 알아 생각을 성실히 하고, 志士는 행동을 힘써 하는 일에 지키니, 이치를 순종하면 여유가 있고, 욕심을 따르면 위태롭다. 造次라도 능히 생각하여, 전전긍긍하여 스스로 잡아라. 습관이 천성처럼 이루어지면 聖賢과 함께 돌아가리라.

閑 : 막을 한　躁 : 조급할 조　矧 : 하물며 신　樞 : 지도리 추　戎 : 싸움 융
誕 : 허탄할 탄　忤 : 거스를 오　欽 : 공경할 흠　兢 : 조심할 긍

*西 銘 張 載(子厚)

* 西銘은 자리의 서쪽(오른쪽)에 써붙인 글. 원래 張橫渠는 '訂頑'(악함을 바로잡음)이라는 글을 자리의 오른쪽에 써붙이고 '砭愚'(어리석음을 고침)라는 글을 자리의 왼쪽에 써붙였는데, 朱子는 世人의 비난을 받을 우려가 있다 하여 '訂頑'을 '西銘', '砭愚'를 '東銘'으로 改稱하였다.

乾稱父요 坤稱母라 予玆藐焉이 乃混然中處로다 故로 天地之塞이 吾其體요 天地之帥 吾其性이니 民吾同胞요 物吾與也라 大君者는 吾父母宗子요 其大臣은 宗子之家相也니라 尊高年은 所以長其長이요 慈孤弱은 所以幼吾幼니 聖其合德이요 賢其秀者也며 凡天下疲癃殘疾惸獨鰥寡는 皆吾兄弟之顚連而無告者也니라

乾을 아버지라 칭하고, 坤을 어머니라 칭하니, 내 이 작은 몸이 천지의 중간에 섞여 있도다. 그러므로 천지의 사이에 가득한 것(기운)은 나의 형체가 되었고, 천지의 장수(이치)는 나의 性이 되었으니, 백성들은 나의 동포요, 물건은 나와 함께 있는 자들이다.

군주는 우리 부모의 宗子요, 大臣은 宗子의 家相(家臣)이다. 연세가 높은 분을 존경함은 어른을 어른으로 섬기는 것이요, 고아와 약한 자를 사랑함은 나의 어린이를 사랑하는 것이니, 聖人은 천지와 德이 합하고 賢人은 그 빼어난 자이며, 무릇 천하에 파리한 자와 殘疾이 있는 자와 외로운 자와 홀아비·과부는 모두 우리 형제 중에 顚連(가난하고 의지할 곳이 없음)하여 하소연할 곳이 없는 자들이다.

于時保之는 子之翼也요 樂且不憂는 純乎孝者也라 違曰悖德이요 害仁曰賊이며 濟惡者는 不才요 其踐形은 惟肖(者)也라 知化則善述其事요 窮神則善繼其志라 不愧屋漏爲無忝이요 存心養性이 爲匪懈라 惡(오)旨酒는 [1]崇伯子之顧養이요 育英才는 [2]潁封人之錫類라 不弛勞而底(지)豫는 舜其功也요 無所逃而待烹은 [3]申生其恭也라 體其受而歸全者는 [4]參乎요 勇於從而順令者는 [5]伯奇也라 富貴福澤은 將(以)厚吾之生也요 貧賤憂戚은 庸玉汝於成也니 存吾順事요 没吾寧也니라

이에 잘 보전함은 자식이 공경함이요, 즐거워하고 근심하지 않음은 효도에 순실한 자이다. 이것을 어기는 것을 悖德이라 하고 仁을 해치는 것을 賊이라 하며, 악을 이루는 자는 훌륭한 인재가 아니요, 형체를 잘 실천함이 오직 어진 자이다. 천지의 조화를

藐 : 작을 묘 塞 : 가득할 색 癃 : 파리할 륭 惸 : 외로울 경 鰥 : 홀아비 환
顚 : 넘어질 전 漏 : 서북모퉁이 루 忝 : 욕될 첨 錫 : 줄 석 類 : 착할 류 底 : 이를 지

알면 그 일을 잘 잇고, 神을 연구하면 그 뜻을 잘 계승할 것이니, 방의 귀퉁이에도 부끄럽지 않게 함이 부모에게 욕되지 않는 것이요, 마음을 보존하여 性을 기름이 게을리하지 않는 것이다. 맛있는 술을 싫어함은 崇伯의 아들이 부모의 봉양을 돌아봄이요, 英才를 기름은 穎封人이 善을 남에게 준 것이다. 수고로움을 게을리하지 않아 기쁨을 이룬 것은 舜임금의 功이요, 도망하지 않고 烹刑을 기다린 것은 申生의 공손함이다. 부모에게서 받은 몸을 온전히 하여 돌아간 자는 曾參이며, 부모의 뜻을 따름에 용감하고 명령에 순종한 자는 伯奇이다. 富貴와 福澤은 하늘이 장차 나의 삶을 풍부하게 해 주는 것이요, 빈천과 걱정은 너를 玉처럼 갈고 연마하여 완성시키는 것이다. 나는 생존하면 하늘을 순히 섬기고 죽으면 내 편안하다.

譯註 1. 崇伯子 : 崇은 國名이고 伯은 爵位로 崇伯은 堯임금 때 四凶의 하나인 鯀이며 그 아들은 禹王이다. 禹王은 아버지를 이어 홍수를 다스렸으며 儀狄이 술을 만들어 올리자, 이것을 마셔보고 '후세에 반드시 이 술 때문에 나라를 잃는 자가 있을 것이다.' 하고 다시는 술을 입에 대지 않았다.

2. 穎封人之錫類 : 封人은 국경을 지키는 관원으로 穎谷의 封人인 穎考叔을 이른다. 錫類는 族類를 주는 것이라 하기도 하고 善한 자손을 주는 것이라 하기도 한다. 春秋時代 鄭나라의 莊公은 어머니 莊姜과 사이가 나빴다. 이에 孝子로 알려진 穎考叔은 莊公을 설득하여 莊姜을 잘 받들도록 하였다. 그리하여 「春秋左傳」 隱公 元年에 君子는 이 사실을 평하여 '穎考叔純孝也 愛其母 施及莊公 詩曰 孝子不匱 永錫爾類'라 하였다. '孝子不匱 永錫爾類'는 「詩經」 大雅 《旣醉》에 보이는 내용으로, 孝子의 孝行이 다하지 않아 이 효도를 그 族類(子孫)에게 주는 것이다.

3. 申生 : 春秋時代 晉獻公의 世子였는데 後母인 驪姬의 참소를 받아 죽을 죄에 빠졌다. 申生은 자신의 무죄를 밝힐 경우 父王이 사랑하는 驪姬가 죄를 받아 父王의 마음을 상할 것을 우려하여 도망하라는 주위의 권고를 물리치고 그대로 烹刑을 당하였다.

4. 參 : 孔子의 弟子인 曾子의 이름으로 孝行이 뛰어났으며 평소 '父母가 온전히 이 몸을 낳아주셨으니 자식이 온전히 보전하여 돌아가야 孝라 할 수 있다' 하여, 별세할 때에 제자들을 불러 자신의 手足을 보여주었다. 자식이 온전히 보전하여 돌아간다 함은 행실을 바르게 하여 父母에게 욕되지 않게 하고 몸을 잘 간수함을 이른다.

5. 伯奇 : 周宣王 때 사람으로 아버지인 尹吉甫가 後妻의 말을 듣고 자신을 모질게 대하였으나 아버지의 명령을 순종하였다.

*東　銘　　張 載

* 원래의 이름은 砭愚인데 朱子가 고친 이름으로 위의 西銘條에 이미 밝힌 바 있다.

戲言은 出於思也요 戲動은 作於謀也라 發於聲하며 見(현)乎四肢어늘 謂非己心이면 不明也요 欲人無己疑면 不能也니라 過言은 非心也요 過動은 非誠也라 失於聲하며 繆迷其四體어늘 謂己當然이면 自誣也요 欲他人己從이면 誣人也니라 或者謂出於心者를 歸咎爲己戲하고 失於思者를 自誣爲己誠하여 不知戒其出汝者하고 反歸咎其不出汝者하여 長傲且遂非하니 不知(智) 孰甚焉고

희롱하는 말은 생각에서 나오고 희롱하는 행동은 꾀(계획)에서 나온다. 소리에서 나오고 四肢에 나타나는데, 자기 마음이 아니라고 하면 지혜가 밝지 못하고, 남이 자기를 의심하지 않기를 바란다면 될 수 없는 것이다.

잘못된 말은 진심이 아니며, 잘못된 행동은 성심(진심)이 아니다. 소리에 잘못되며, 四體(四肢)를 그르치고 잘못하였는데, 자기가 당연하다고 한다면 자신을 속이는 것이요, 타인이 자기를 따르게 하고자 한다면 남을 속이는 것이다.

혹자는 이르기를 마음에서 나온 것을 허물을 돌려 자기의 희롱이라 하고, 생각에 잘못된 것을 스스로 속여 자기의 진심에서 나온 것이라 하여, 너(자신)에게서 나온 것을 경계할 줄 모르고, 도리어 너에게서 나오지 않은 것에 허물을 돌려, 오만함을 자라게 하고 또 非行을 이루니, 지혜롭지 못함이 무엇이 이보다 심하겠는가.

克　己　銘　　呂大臨(與叔)

(克己復禮에 대한 銘)

勝己之私之謂克이니 蓋謂克去己私하여 復還天理也라 篇中에 多用將帥卒徒寇讐臣僕等字하여 分八節하니 每四句에 一換韻하니라

자기의 私慾을 이김을 克이라 이르니, 자기의 사욕을 이겨 제거해서 天理로 다시 돌아가는 것이다. 篇 가운데 將帥와 卒徒, 寇讐와 臣僕 등의 글자를 많이 사용하여 8節로 나누었는데, 매 4句마다 한번씩 韻字를 바꾸었다.

肢 : 팔다리 지　繆 : 그릇될 류　誣 : 속일 무　遂 : 이룰 수　非 : 그를 비

凡厥有生이 均氣同體어늘 胡爲不仁고 我則有己일새니라 物我旣立에 私爲町畦하여 勝心橫發하여 擾擾不齊니라 大人存誠하여 心見帝則하니 初無吝驕가 作我蟊賊이라 志以爲帥요 氣爲卒徒라 奉辭于天이어니 誰敢侮予아 且戰且徠하여 勝私窒慾하니 昔爲寇讐러니 今則臣僕이라 方其未克엔 窘吾室廬하여 [1]婦姑勃磎(谿)어니 安取厥餘리오 亦既克之면 皇皇四達하여 [2]洞然八荒이 皆在我闥이니라 孰曰天下 不歸吾仁고 癢痾疾痛이 擧切吾身이니 一日至焉이면 莫非吾事라 顏何人哉오 希之則是니라

모든 생명을 가진 사람들이 氣를 똑같이 받아 형체를 함께 하였는데, 어찌하여 不仁한 짓을 하는가? 내 마음에 사욕이 있기 때문이다.

남과 내가 이미 갈라지면 사사로이 한계(간격)를 두어, 남을 이기려는 마음이 멋대로 나와 시끄럽게 일어나 가지런하지 못하다.

大人은 誠을 보존하여 마음에 상제의 법을 보니, 애당초 인색함과 교만함이 나의 蟊賊(해침)이 되는 일이 없다.

뜻을 장수로 삼고 氣를 卒徒(졸개)로 삼아, 하늘의 말씀을 받들거니, 누가 감히 나를 업신여기겠는가?

한편으로는 싸우고 한편으로는 회유하여 사욕을 이기고 욕심을 막으니, 옛날엔 원수와 적이 되었는데 지금에는 신하와 종이 되었도다.

사욕을 이기기 전에는 내 집에서 군색하여 며느리와 시어머니가 다투었으니, 그 나머지를 어찌 취하겠는가?

이미 이기고나면 皇皇하게 사방으로 통달하여, 환하게 八荒이 모두 내 문지방 안에 있게 되니,

누가 천하가 나의 仁에 돌아오지 않는다고 말하는가? 몸의 가려움과 병의 아픔이 모두 내 몸에 간절하다.

하루라도 仁에 이르면 나의 일 아님이 없으니, 顏淵은 어떤 분인가? 바라면 그렇게 되는 것이다.

譯註 1. 婦姑勃磎：勃磎는 勃谿, 勃豀로 쓰기도 하는 바, 서로 다투는 것으로 '집이 빈 공간이 없으면 며느리와 시어머니가 다툰다.〔室無空虛則婦姑勃磎〕'는 「莊子」《外物篇》의 말을 인용한 것이다.

2. 八荒：荒은 荒遠의 뜻으로 먼 八方을 가리킨다.

町：경계 정　畦：밭두둑 휴　擾：어지러울 요　蟊：해칠 모　徠：올 래　窒：막을 질
勃：다툴 발　磎：다툴 혜　皇：너를 황　洞：꿰뚫을 통　癢：가려울 양　痾：숙병 아

文章軌範

眞寶軌範은 世間竝行之書也라 軌範은 凡七篇이니 以侯王將相有種乎七字爲號하니 其文이 共六十九篇이로되 而四十二則眞寶中已錄이라 故로 其餘二十七篇을 今附刊於眞寶之末하고 因書軌範目錄於下하여 以便參考云이라

古文眞寶와 文章軌範은 세상에 함께 유행하는 글이다. 文章軌範은 모두 일곱 篇이니 侯·王·將·相·有·種·乎라는 일곱 글자를 가지고 篇名을 삼았다. 그 글이 모두 69篇인데 42篇은 古文眞寶 안에 이미 기록되어 있으므로 그 나머지 27篇을 이제 古文眞寶의 끝에 부록하여 간행하고, 인하여 文章軌範의 목록을 아래에 써서 참고에 편리하게 하였다.

目　次

卷 一 (侯字集)

卷 二 (王字集)

卷 三 (將字集)

卷 四 (相字集)

卷 五 (有字集)

卷 六 (種字集)

卷 七 (乎字集)

文章軌範 卷之一(侯字集)

放 膽 文

凡學文에 初要膽大하고 終要心小하여 由麤入細하고 由俗入雅하고 由繁入簡하고 由豪蕩入純粹하니 此集은 皆麤枝大葉之文이라 本於禮義하고 老於世事하고 合於人情하니 初學熟之면 開廣其胷襟하고 發舒其志氣하여 但見文之易하고 不見文之難하여 必能放言高論하여 筆端이 不窘束矣리라

무릇 文章을 배울 적에 처음에는 膽大하여야 하고 마지막에는 小心하여야 한다. 그리하여 거칢으로부터 세밀함에 들어가고, 속됨으로부터 高雅함에 들어가고, 번거로움으로부터 간략함에 들어가고, 豪蕩함으로부터 純粹함에 들어가야 하니, 이 侯字集은 모두 가지가 굵고 잎이 큰 문장이다. 禮義에 근본하고 세상의 일에 노련하며 人情에 符合하니, 初學者가 익숙히 읽으면 흉금을 열어 넓히고 뜻과 기운을 펴서 단지 文章의 쉬움만 보고 文章의 어려움은 보지 못하여 반드시 큰소리를 치고 高談峻論을 하여 붓끝이 곤궁하거나 속박되지 않을 것이다.

與于襄陽書 韓文公(愈)

＊ 于襄陽：襄州刺史이며 山南東道節度觀察使인 于頔을 이르는 바, 이 글은 韓愈가 于頔에게 보낸 편지이다.

七月三日에 將仕郎守國子四門博士韓愈는 謹奉書尙書閤下하노라 士之能享大名顯當世者는 莫不有先達之士負天下之望者 爲之前焉이요 士之能垂休光照後世者는 亦莫不有後進之士負天下之望者 爲之後焉이니 莫爲之前이면 雖美而不彰하고 莫爲之後면 雖盛而不傳이라 是二人者 未始不相須也로되 然而千百載에 乃一相遇焉하니 豈上之人이 無可援하고 下之人이 無可推歟아 何其相須之殷而相遇之疎也오 其故는 在下之人은 負其能하여 不肯諂其上하고 上之人은 負其位하여 不肯顧其下일새라 故로 高材多戚戚之窮하고 盛位無赫赫之光하니 是二人者之所爲 皆過也라

放：클 방　麤：거칠 추　蕩：방탕할 탕　窘：궁색할 군　襄：오를 양　頔：사람이름 적
閤：협문 합　彰：드러날 창　載：해 재　殷：성할 은　負：믿을 부　諂：아첨할 첨
戚：근심할 척　赫：빛날 혁

7월 3일에 將仕郎 守國子四門博士인 韓愈는 삼가 尚書閣下에게 글을 받들어 올립니다. 선비로서 큰 명성을 누리고 당세에 드러난 자는 먼저 현달한 선비로서 천하의 명망을 지니고 있는 자가 앞에서 주선해 주지 않은 경우가 없고, 선비로서 아름다운 빛을 남겨 후세를 비추는 자들은 또한 後進의 선비로서 천하의 명망을 지니고 있는 자가 뒤에서 주선해 주지 않은 경우가 없으니, 만일 앞에서 주선해 주는 이가 없으면 비록 아름다우나 드러나지 못하고, 뒤에서 주선해 주는 이가 없으면 비록 성하나 전해지지 못합니다. 이 두 사람들은 일찍이 서로 필요로 하지 않은 적이 없으나 천년이나 백년만에 마침내 한번 서로 만나니, 이는 어찌 윗사람이 끌어줄 만한 사람이 없고, 아랫사람이 밀어줄 만한 사람이 없어서이겠습니까? 어쩌면 그리도 서로 필요로 함이 지극한데 만남이 드물단 말입니까? 그 연고는 아래에 있는 사람은 재능을 자부하여 윗사람에게 아첨하기를 즐기지 않고, 윗사람은 지위를 자부하여 아랫사람을 돌아보기를 좋아하지 않기 때문입니다. 그러므로 높은 재주가 戚戚(근심함)한 곤궁함이 많고, 성대한 지위가 혁혁한 빛남이 없는 것이니, 이 두 사람의 하는 바는 모두 잘못입니다.

未嘗干之언정 不可謂上無其人이요 未嘗求之언정 不可謂下無其人이니 愈之誦此言이 久矣로되 未嘗敢以聞於人이러니 側聞閣下抱不世之才하여 特立而獨行하고 道方而事實하며 卷舒不隨于時하고 文武惟其所用이라하니 豈愈所謂其人哉아 抑未聞後進之士 有遇知於左右하여 獲禮於門下者하니 豈求之而未得邪아 將志存乎立功而事專乎報主하여 雖遇其人이나 未暇禮邪아 何其宜聞而久不聞也오

일찍이 구하지 않아서일지언정 위에 그러한 사람이 없다고 말할 수는 없으며, 일찍이 구하지 않아서일지언정 아래에 그만한 사람이 없다고 말할 수는 없으니, 저는 이 말을 외운 지가 오래되었으나 일찍이 감히 남에게 말하지 못하였습니다. 엎드려 듣자오니, 閣下는 不世出의 재주를 품고서 우뚝히 서고 홀로 행하며 道가 방정하고 일이 진실하며 거두고 폄에 세속을 따르지 않고 文武를 오직 필요함에 따라 쓰신다고 하니, 아마도 제가 말한 그러한 사람이라고 할 것입니다. 그런데 後進의 선비들이 左右(그대)에게 인정을 받아 門下에서 禮遇를 받은 자가 있다는 말을 듣지 못하였으니, 아마도 구했으나 얻지 못한 것입니까? 아니면 뜻이 功을 세움에 있고 일이 군주에게 보답함에 專一하여 비록 그럴만한 사람을 만났으나 예우할 겨를이 없어서입니까? 어쩌면 그리도 알려져야 할 터인데 오래도록 알려지지 않습니까?

愈雖不材나 其自處 不敢後於常人하니 閣下將求之而未得歟아 古人有言호되 [1]請自隗始라하니 愈今者에 惟朝夕芻米僕賃之資 是急하니 不過費閣下一朝之享而足也라 如曰 吾志存乎立功而事專乎報主하여 雖遇其人이나 未暇禮焉이라하면 則非

聞 : 아뢸 문　舒 : 펼 서　聞 : 알려질 문　隗 : 높을 외　芻 : 꼴 추　賃 : 품삯 임

愈之所敢知也로라 世之齪齪者는 旣不足以語之요 磊落奇偉之人이 又不能聽焉이면 則信乎命之窮也라 謹獻舊所爲文一十八首하니 如賜覽觀이면 亦足知其志之所存이리라 愈는 恐懼再拜하노라

저는 비록 재주가 없으나 그 자처함이 감히 常人보다 뒤지지 않으니, 閣下가 구했으나 얻지 못한 것입니까? 古人이 말하기를 '郭隗로부터 시작하라' 하였습니다. 저는 지금 아침저녁에 쓸 꼴과 쌀과 마부의 품삯에 필요한 재물이 시급하온데, 이는 閣下가 하루 아침의 누림을 폐함에 불과하고도 충분합니다. 만일 '내 뜻이 공을 세움에 있고 일이 군주에게 보답함에 專一하여 비록 그럴만한 사람을 만났으나 예우할 겨를이 없어서이다'라고 하신다면, 감히 제 알 바가 아닙니다. 세상에 악착한 자들은 이미 족히 말할 것이 없고, 뇌뢰낙락하여 기특하고 위대한 사람들이 또 내 말을 들어주지 못한다면 진실로 운명이 곤궁한 것입니다. 예전에 지은 글 18편을 삼가 올리오니, 만일 보아 주신다면 또한 그 뜻이 있는 바를 충분히 아실 것입니다. 愈는 恐懼하며 두번 절합니다.

譯註 1. 郭隗 : 戰國時代 燕나라 사람으로, 昭王이 賢者를 招致하면 重用하겠다고 말하자, "王께서 참으로 賢者를 초치하려 하신다면 이 郭隗로부터 시작하십시오. 그렇게 하신다면 저보다 어진 자가 어찌 千里를 멀다 여기고 오지 않겠습니까." 하였다. 이에 昭王은 그를 위해 집을 지어주고 스승으로 섬겼는데, 그의 말대로 樂毅·劇辛 등의 人物이 몰려왔으며 昭王은 이들을 등용하여 富國強兵을 이룩하고 齊나라에 대한 復讎戰을 전개하여 옛날 齊나라에게 패하였던 치욕을 깨끗이 씻게 되었다.

代張籍與李浙東書 韓文公

(張籍을 대신하여 浙東觀察使 李巽에게 보낸 글)

月日에 前某官某는 謹東向再拜하고 寓書浙東觀察使中丞李公閣下하노라 籍은 聞議論者皆云 方今에 居方伯連帥(수)之職하여 坐一方하여 得專制於其境內者 惟閣下心事犖犖하여 與俗輩不同이라하니 籍이 固以藏之胸中矣러니 近者閣下從事李協律翺가 到京師하니 籍於李君에 友也라 不見이 六七年이러니 聞其至하고 馳往省之하여 問無恙外에 不暇出一言하고 且先賀其得賢主人한대 李君曰 子豈盡知之乎아 吾將盡言之하리라 數日에 籍이 益聞所不聞하고 籍私獨喜하여 常以爲自今已後로 不復有如古人者러니 於今忽有之라호라

齪 : 작을 착　磊 : 뜻클 뢰　籍 : 장부 적　浙 : 땅이름 절　巽 : 사양할 손　寓 : 붙일 우
帥 : 장수 수　犖 : 뛰어날 락　恙 : 병 양

某月 某日에 前某官 某는 삼가 동향하여 재배하옵고 浙東觀察使 中丞인 李公閣下에게 글을 올립니다.

籍은 듣자오니, 의론하는 자들이 모두 이르기를 "지금에 方伯(觀察使), 連帥(節度使)의 관직에 거하여 한 지방에 앉아 그 경내를 오로지 통제할 수 있는 자 중엔 오직 閣下의 心事가 우뚝하여 시속의 무리들과 같지 않다."고 하니, 저는 진실로 가슴속에 이 말을 깊이 간직하고 있었습니다. 그런데 근간에 閣下의 從事官인 協律 李翺가 京師에 오니, 저는 李君과 친구간입니다. 저는 그와 만나보지 못한 지가 6, 7년이었는데, 그가 왔다는 말을 듣고 달려 가서 안부를 살펴 병이 없는가를 물은 외엔 한 마디 말을 꺼낼 겨를도 없이 우선 어진 주인을 만난 것을 축하하였습니다. 李君은 말하기를 "자네가 어찌 다 알겠는가? 내 장차 다 말하여 주겠다." 하였는데, 수일 후에 저는 그 동안 듣지 못했던 바를 더 듣고 사사로이 홀로 기뻐하여 이르기를 "내 항상 이제 다시는 古人과 같은 자가 없을 것이라고 여겼었는데, 지금에 갑자기 있구나?" 하였습니다.

退自悲호되 不幸兩目不見物하니 無用於天下라 胸中에 雖有知識이나 家無錢財하여 寸步不能自致하니 今去李中丞이 五千里라 何由致其身於其人之側하여 開口一吐出胸中之奇乎아 因飮泣不能語러니 旣數日에 復自奮曰 無所能人은 乃宜以盲廢어니와 有所能人은 雖盲이나 當廢於俗輩요 不當廢於行古人之道者라 浙水東七州에 戶不下數十萬이니 不盲者何限이리오 李中丞取人에 固當問其賢不賢이요 不當計其盲與不盲也라 當今에 盲於心者皆是로되 若籍은 自謂獨盲於目爾요 其心則能別是非하니 若賜之坐而問之면 其口固能言也라 幸未死에 實欲一吐出心中平生所知見하노니 閣下能信而致之於門邪아 籍又善於古詩하니 使其心不以憂衣食亂하고 閣下無事時에 一致之座側하여 使跪進其所有하고 閣下憑几而聽之면 未必不如聽吹竹彈絲敲金擊石也리라

그러나 저는 물러나와 스스로 슬퍼하기를 "불행히 두 눈이 물건을 보지 못하니, 천하에 쓸모가 없다. 흉중에 비록 지식이 있으나 집에 돈과 재물이 없어 한 걸음도 스스로 갈 수가 없으니, 이제 李中丞과의 거리가 5천 리나 된다. 무슨 방법으로 이 몸을 그분 곁에 이르게 하여 입을 열어 흉중의 기이함을 한번 吐出하겠는가?" 하고, 인하여 눈물을 마시며 제대로 말을 하지 못하였습니다.

수일이 지난 후 저는 다시 스스로 분발하여 이르기를 "능한 바가 없는 사람은 마땅히 봉사로서 버려져야 하거니와 능한 바가 있는 사람은 비록 봉사라도 세속의 무리에게 버려질 뿐이요, 古人의 道를 행하는 자에게는 버려지지 않을 것이다. 浙水의 동쪽 7개 州에는 가호가 수십만을 밑돌지 않으니, 봉사가 아닌 자가 어찌 한이 있겠는가? 李

泣：울 읍 奮：떨칠 분 盲：소경 맹 憑：기댈 빙 几：안석 궤 敲：두드릴 고

中丞이 사람을 취할 때에 진실로 그 어질고 어질지 않음을 물을 것이요, 봉사이냐 봉사가 아니냐는 따지지 않을 것이다. 지금 모두가 마음이 눈먼 자인데 나로 말하면 스스로 생각하기를 '나는 눈만 멀었고 그 마음인즉 是非를 잘 분별한다'고 여기니, 만일 자리를 주어 물으신다면 입으로는 진실로 말할 수 있을 것이다."라고 하였습니다. 다행히 죽기 전에 진실로 심중에 간직하고 있는 평소의 알고 본 바를 한 번 吐出하고자 하오니, 閣下께서는 제 말을 믿고 門下로 데려가 주시겠습니까?

저는 또 古詩를 잘하니, 衣食의 걱정으로 마음을 어지럽히지 않게 하고 閣下께서 일이 없을 때에 한번 자리 곁으로 불러 무릎을 꿇고서 가지고 있는 바를 올리게 하고, 閣下께서 几에 기대어 들으신다면 반드시 管樂器를 불고 絃樂器를 타며 쇠붙이를 두들기고 石磬을 치는 소리를 듣는 것보다 못하지 않을 것입니다.

夫盲者는 業專하여 於藝必精이라 故로 樂工皆盲이니 籍倘可與此輩比竝乎아 使籍誠不以畜妻子憂飢寒亂心하고 有錢以濟醫藥이면 其盲이 未甚하여 庶幾復見天地日月하리니 因得不廢면 則自今至死之年은 皆閣下之賜라 閣下濟之以已絶之年하고 賜之以旣盲之視면 其恩輕重大小를 籍宜如何報也리오 閣下는 裁之度(탁)之하라 籍은 慙靦再拜하노라

봉사는 業이 전일하여 예술에 반드시 정합니다. 그러므로 樂工들은 모두 봉사이니, 저는 진실로 이들과 함께 나란히 설 수 있을 것입니다. 저로 하여금 진실로 妻子를 기르고 飢寒을 걱정하는 일로 마음을 어지럽히지 않게 하고, 돈이 있어 醫藥으로 구제한다면 눈먼 것이 심하지 않아 행여 다시 天地와 日月을 볼 수 있을 것이니, 이로 인하여 버려지지 않는다면 지금으로부터 죽음에 이르는 年歲는 모두 閣下의 은혜인 것입니다. 閣下께서 이미 끊어진 年歲를 구제해 주고, 이미 눈먼 자에게 시력을 내려주신다면 그 은혜의 輕重과 大小를 제가 마땅히 어떻게 갚겠습니까? 閣下는 생각하고 헤아려 보소서. 저는 부끄러워하며 두번 절합니다.

與陳給事書 韓文公

(陳給事(陳京)에게 보낸 글)

陳立齋作論에 [1]雙關文法이 皆本於此라

陳立齋가 論을 지을 적에 雙關으로 쓴 문법은 다 여기에서 근본하였다.

倘 : 진실로 당　畜 : 기를 축　裁 : 마름질할 재　慙 : 부끄러울 참　靦 : 부끄러울 전
雙 : 쌍 쌍

譯註 1. 雙關文法：文章法의 한 가지로 겉과 속에 두 가지 뜻이 있어 겉으로는 이것을 말한 듯하나 실제는 저것을 말한 것을 이른다. 例를 들면 古詩에 '東山에는 해 뜨고 西山에는 비오니, 갠 곳이 없다고 말하나 도리어 갠 곳이 있네〔東山日出西山雨 道是無晴却有晴〕'한 내용이 있는데, 晴은 情의 뜻을 품고 있어 '無情하다고 말하나 도리어 有情하네'의 뜻인 경우라 한다.

愈는 再拜하노라 愈之獲見於閣下 有年矣라 始者에 亦嘗辱一言之譽러니 貧賤也일새 衣食於奔走하여 不得朝夕繼見하고 其後에 閣下位益尊하여 伺候於門墻者 日益進하니 夫位益尊이면 則賤者日隔하고 伺候於門墻者 日益進이면 則愛博而情不專하며 愈也는 道不加修而文日益有名하니 夫道不加修면 則賢者不與하고 文日益有名이면 則同進者忌하나니 始之以日隔之疏하고 加之以不專之望하며 以不與者之心而聽忌者之說이라 由是로 閣下之庭에 無愈之迹矣니라

韓愈는 재배하고 올립니다. 제가 閣下를 만나 뵈온 지가 여러 해가 되었습니다. 처음에 또한 일찍이 한 마디 말씀의 칭찬을 받았으나 신분이 빈천하므로 衣食에 분주하여 조석으로 이어 뵙지 못하였고, 그 후에는 閣下의 지위가 더욱 높아져 문과 담에서 安候를 살피는 자들이 날로 더욱 많아졌습니다. 지위가 더욱 높아지면 천한 자가 날로 멀어지고, 문과 담에서 안후를 살피는 자가 날로 더욱 많아지면 사랑이 넓어져 情이 專一하지 못합니다.

저는 道는 더 닦여지지 않고 문장은 날로 더욱 이름이 있게 되니, 道가 더 닦여지지 않으면 賢者가 친근해 하지 않고, 문장이 날로 유명해지면 함께 나가는 자들이 시기하는 법입니다. 처음에는 날로 멀어지는 소원함이 있었고 거기다가 情이 專一하지 않은 원망을 더하였으며, 친근해 하지 않는 자〔賢者〕의 마음으로써 시기하는 자〔同進者〕들의 말을 들었습니다. 이 때문에 閣下의 뜰에 저의 자취가 없는 것입니다.

上宰相第二書 韓文公

(宰相(賈耽과 盧邁)에게 올린 두번째 편지)

〈二月十六日에 前鄕貢進士韓愈는 謹再拜言相公閣下하노라 向上書及所著文後에 待命이 凡十有九日이로되 不得命하니 恐懼하여 不敢逃遯하고 不知所爲일새 乃復敢自納於不測之誅하여 以求畢其說而請命於左右하노라〉

2월 16일에 前鄕貢進士 韓愈는 삼가 재배하고 相公閣下께 아룁니다. 지난번에 편

候：안후 후 忌：꺼릴 기 迹：자취 적 耽：즐길 탐 邁：나아갈 매 向：지난번 향 遯：숨을 둔

지와 지은 글을 올린 뒤에 命을 기다린 지가 19일이 지났으나 아직도 命을 받지 못하니, 두려워 감히 달아나 숨지 못하고 어찌할 바를 모르기에 이에 다시 감히 스스로 헤아릴 수 없는 죄를 무릅쓰고서 할 말을 다하기를 구하여 閣下의 左右에게 命을 청합니다.

愈聞之호니 蹈水火者之求免於人也에 不惟其父兄子弟之慈愛然後에 呼而望之也라 將有介於其側者면 雖其所憎怨이라도 苟不至乎欲其死者인댄 則將大其聲하여 疾呼而望其仁之也하며 彼介於其側者聞其聲而見其事하면 不惟其父兄子弟之慈愛然後에 往而全之也라 雖有所憎怨이라도 苟不至乎欲其死者인댄 則將狂奔盡氣하여 濡手足, 焦毛髮하여 救之而不辭也하나니 若是者는 何哉오 其勢誠急而其情誠可悲也일새라

저는 들으니, 水火에 빠진 자가 다른 사람에게 水火에서 면하게 해주기를 구할 때에는 단지 그 父兄과 子弟의 자애로움이 있은 뒤에 불러 구원해 주기를 바라는 것이 아니라, 장차 그 옆에 서 있는 자가 있으면 비록 미워하고 원망하는 자라도 만일 그 죽기를 바람에 이르는 자가 아닐진댄 장차 그 소리를 크게 하여 빨리 불러 인자하게 구원해 주기를 바라며, 그 옆에 서있는 자가 그 소리를 듣고 그 일을 보게 되면 단지 父兄과 子弟의 자애로움이 있은 연후에 가서 온전하게 구원해주는 것이 아니라, 비록 미워하고 원망하는 바가 있더라도 만일 그 죽기를 바람에 이르지 않을진댄 장차 狂奔하여 기운을 다하여 손발을 적시고 모발을 태워가며 구원하기를 사양하지 않는다 하였습니다. 이와 같이 함은 어째서입니까? 그 형세가 진실로 급하고 그 정상이 진실로 슬퍼할 만하기 때문입니다.

愈之彊學立行이 有年矣라 愚不惟道之險夷하고 行且不息하여 以蹈於窮餓之水火하여 其既危且亟矣라 大其聲而疾呼矣로니 閣下其亦聞而見之矣리니 其將往而全之歟아 抑將安而不救歟아 有來言於閣下者曰 有觀溺於水而爇於火者하고 有可救之道而終莫之救也라하면 閣下且以爲仁人乎哉아 不然인댄 若愈者는 亦君子之所宜動心者也니라

저는 학문을 힘쓰고 행실을 세운 지가 여러 해였습니다. 어리석어 道의 험난하고 평탄함을 생각하지 않고 행하고 쉬지 아니하여 곤궁함과 굶주림의 水火에 빠져 이미 위태롭고 또 급합니다. 그 소리를 크게 하여 빨리 불렀사오니, 閣下께서도 듣고 보셨을 것이니, 장차 가서 온전하게 구원하여 주시겠습니까? 아니면 장차 그대로 편안하게 여기고 구원해 주지 않으시겠습니까?

蹈 : 밟을 도　介 : 낄 개　憎 : 미워할 증　疾 : 빠를 질　濡 : 젖을 유　焦 : 태울 초
險 : 험할 험　夷 : 평평할 이　餓 : 굶주릴 아　溺 : 빠질 닉　爇 : 불사를 설

閣下에게 찾아와서 말하는 자가 이르기를 "물에 빠지고 불에 타 죽는 자를 보았는데 구원해줄 만한 방법이 있었으나 끝내 구원해 주지 않았다."고 한다면 閣下는 장차 그를 仁人이라고 여기시겠습니까? 그렇지 않다면 저와 같은 자는 또한 君子가 마땅히 마음을 움직여야 할 것입니다.

或謂愈호되 子言則然矣요 宰相則知子矣로되 如時不可에 何오하니 愈竊謂之不知言者라하노라 誠其材能이 不足當吾賢相之擧爾언정 若所謂時者는 固在上位者之爲爾요 非天之所爲也라 前五六年時에 宰相薦聞하여 尙有自布衣蒙抽擢者하니 與今豈異時哉리오 且今節度觀察使及防禦營田諸小使等이 尙得自擧判官하여 無間於已仕未仕者하니 況在宰相하여는 吾君所尊敬者어늘 而曰不可乎아 古之進人者 或取於盜하고 或擧於管庫하니 今布衣雖賤이나 猶足以方於此라 情隘辭蹙하여 不知所裁호니 亦惟少垂憐焉하라

혹자는 저에게 이르기를 "그대 말이 옳으며 재상도 그대의 사정을 알고 있으나 때가 不可함에 어찌하겠는가?" 합니다.

그러나 저는 저으기 생각하기를 "이는 이치를 알지 못하는 말이라고 여깁니다. 진실로 그 재능이 우리 어진 재상의 천거에 합당하지 못할지언정 이른바 때라는 것으로 말하면 진실로 윗자리에 있는 자가 하기에 달려 있는 것이요 하늘이 하는 바가 아닙니다. 지난 5, 6년 전에 재상들이 천거하여 아뢰어, 오히려 布衣로부터 발탁을 당한 자가 있었으니, 지금과 어찌 때가 다르겠습니까? 또 지금에 節度使와 觀察使 및 防禦使·營田使 등 여러 작은 使들이 오히려 스스로 判官을 천거하여 이미 벼슬한 자와 벼슬하지 않은 자를 관계치 않으니, 하물며 재상에 있어서는 우리 군주께서 존경하는 분이신데, 때가 불가해서라고 할 수 있겠습니까? 옛날에 인재를 취하는 자는 혹 도둑에서 취하고 혹 창고지기에서 들어 썼으니, 지금 布衣가 비록 천하나 오히려 이들에게는 비견할 수 있을 것입니다. 情이 막히고 말이 위축되어 어찌할 바를 알지 못하오니, 또한 다소 가엾게 여겨주소서.

應科目時與人書 韓文公

(科目에 응할 때에 어떤 사람에게 보낸 글)

月日에 愈는 再拜하노라 天池之濱, 大江之濆에 曰有怪物焉하니 蓋非常鱗凡介之品彙匹儔也라 其得水엔 變化風雨하여 上下于天이 不難也로되 其不及水엔 [1]蓋尋

竊 : 저으기 절　抽 : 뽑을 추　擢 : 뽑을 탁　禦 : 막을 어　方 : 견줄 방　隘 : 막힐 애
蹙 : 위축될 축　憐 : 불쌍히여길 련　濱 : 물가 빈　濆 : 물가 분　鱗 : 비늘 린
介 : 딱지 개　彙 : 무리 휘　儔 : 무리 주

常尺寸之間耳요 無高山大陵曠途絕險이 爲之關隔也언마는 然其窮涸하여 不能自致乎水하여 爲獱獺之笑者 蓋十八九矣라 如有力者 哀其窮而運轉之면 蓋一擧手一投足之勞也로되 然是物也 負其異於衆也하여 且曰 爛死於沙泥를 吾寧樂之언정 若俛首帖耳搖尾而乞憐者는 非我之志也라하니 是以로 有力者遇之에 熟視之호되 若無覩也하나니 其死其生을 固不可知也로다

某月 某日에 韓愈는 재배하고 올립니다. 天池의 가, 大江의 옆에 괴물이 있는데, 凡常한 물고기나 介蟲의 무리와 짝이 아니어서 그 물을 만나면 바람과 비를 변화하여 하늘에 오르고 내림이 어렵지 않으나, 그 물에 미치지 못하면 尋常尺寸의 사이에 불과하고 높은 산과 큰 구릉, 먼 길과 크게 험한 것에 가로막힘이 없건마는 그러나 궁하고 물이 말라 스스로 물에 가지 못하여 수달의 비웃음을 받는 것이 십상팔구입니다. 만일 힘이 있는 자가 그의 곤궁함을 애처롭게 여겨 물에 옮겨 놓아준다면 한번 손을 들고 한번 발을 옮겨놓는 수고로움에 불과하나 이 물건은 보통 물건과 다름을 자부하여 또 생각하기를 "모래와 진흙 위에 올라와 죽는 것을 내 차라리 즐거워 할지언정 만일 머리를 숙이고 귀를 붙이고 꼬리를 흔들며 동정을 구하는 것은 나의 뜻이 아니다."라고 합니다. 이 때문에 힘있는 자가 이 물건을 만남에 익숙히 보고도 못본듯이 여기니, 그가 죽을지 살지를 진실로 알 수 없습니다.

譯註 1. 尋常尺寸之間：尋은 한 길로 8尺이고 常은 2배인 1丈 6尺이며 尺寸은 1尺·1寸으로 매우 짧은 거리임을 말한 것이다.

今又有有力者 當其前矣일새 聊試仰首一鳴號焉호니 庸詎知有力者不哀其窮而忘一擧手一投足之勞하여 而轉之淸波乎아 其哀之도 命也요 其不哀之도 命也며 知其在命而且鳴號之者도 亦命也라 愈今者에 實有類於是일새 是以로 忘其疎愚之罪하고 而有是說焉하니 閣下는 其亦憐察之하라

이제 또 힘있는 자가 그 앞을 당하였으므로 애오라지 시험삼아 머리를 우러러 한번 울부짖는 것이니, 힘이 있는 자가 그 곤궁함을 가엾게 여겨 한번 손을 들고 한번 발을 옮겨놓는 수고로움을 잊고서 맑은 물에 옮겨 놓아주지 않을 줄을 어찌 알겠습니까? 슬퍼해 주는 것도 命이요, 슬퍼해 주지 않는 것도 命이며, 命에 있음을 알면서 울부짖는 것도 또한 命입니다. 저는 지금에 실로 이와 유사함이 있으므로 그 엉성하고 어리석은 죄를 잊고 이러한 말을 올리는 것이오니, 閣下는 또한 가엾게 여겨 살펴 주소서.

曠：멀 광 涸：마를 학 獱：수달 빈 獺：수달 달 爛：문드러질 란 帖：붙일 첩
覩：볼 도 詎：어찌 거

送高閑上人序 韓文公

(高閑上人을 전송하는 序)

此序는 詼詭放蕩하니 雖學莊子文이나 無一句蹈襲이니라

이 序는 해학적이고 괴이하며 방탕하니, 비록 莊子의 문체를 배웠으나 한 句도 답습한 것이 없다.

苟可以寓其巧智하여 使機應於心하고 不挫於氣하면 則神完而守固하여 雖外物至라도 不膠於其心하나니 堯舜禹湯治天下와 養叔治射와 庖丁治牛와 師曠治音聲과 扁鵲治病과 [1]僚之於丸과 秋之於奕과 伯倫之於酒에 樂之終身不厭하니 奚暇外慕리오 夫外慕徙業者는 皆不造其堂하고 不嚌其胾者也라

진실로 그 공교로움과 지혜를 붙여 機가 마음에 응하고 기운에 좌절되지 않게 하면 정신이 완전하고 지키는 것이 견고하여 비록 外物이 이르더라도 그 마음을 교착시키지 못하니, 堯·舜·禹·湯이 천하를 다스림과 養叔(養由基)이 활쏘기를 다스림과 庖丁이 소를 다스림과 師曠이 음악을 다스림과 扁鵲이 병을 다스림과 熊宜僚가 丸(彈子)에 있어서와 奕秋가 바둑에 있어서와 劉伯倫(劉伶)이 술에 있어서, 즐거워하여 평생토록 싫어하지 않았으니, 어느 겨를에 外物을 사모하겠는가. 外物을 사모하여 업(일)을 옮기는 자는 모두 그 堂에 이르지 못하고 그 고기를 먹어보지 못한 자이다.

譯註 1. 僚之於丸 … 伯倫之於酒 : 僚는 熊宜僚로 춘추시대 楚나라의 勇士인데 彈丸을 잘 놀려 3개의 탄환을 손으로 교대로 돌리고 땅에 떨어뜨리지 않았다. 秋는 옛날 바둑을 잘 둔 사람으로 보통 奕秋라고 칭하며, 伯倫은 劉伶의 字로, 술을 좋아하여 '酒德頌'을 지은 人物이다.

往時에 張旭이 善草書하여 不治他技하고 喜怒窘窮憂悲愉佚怨恨思慕酣醉無聊不平이 有動於心이면 必於草書焉發之하며 觀於物에 見山水崖谷鳥獸蟲魚草木之花實과 日月列星風雨水火雷霆霹靂歌舞戰鬪天地事物之變의 可喜可愕이면 一寓於書라 故로 旭之書 變動이 猶鬼神하여 不可端倪하여 以此로 終其身而名後世하니라

옛날에 張旭은 草書를 잘써 다른 기예는 다스리지 않고 喜怒와 困窮과 憂悲와 愉佚과 원한과 사모함과 酣醉와 무료함과 불평이 心中에 움직임이 있으면 반드시 草書에 나타냈으며, 물건을 볼 때에 산과 물, 벼랑과 골짝, 새와 짐승, 草木의 꽃과 열

挫 : 꺾을 좌 膠 : 집착할 교 庖 : 푸주간 포 扁 : 낮을 편 鵲 : 까치 작 奕 : 바둑 혁
徙 : 옮길 사 嚌 : 씹을 제 胾 : 저민고기 자 旭 : 빛날 욱 窘 : 궁색할 군 愉 : 기쁠 유
佚 : 편안할 일 酣 : 즐길 감 霆 : 천둥 정 霹 : 벼락 벽 靂 : 벼락 력 愕 : 놀랄 악

매, 日月과 列星, 風雨와 水火, 雷霆과 霹靂, 歌舞와 戰鬪 등 천지 사물의 변화로서 기뻐할 만하고 놀랄 만한 것을 보면, 한결같이 글씨에 붙였다. 그러므로 張旭의 글씨는 변동이 귀신과 같아 단서를 측량할 수가 없어, 이 때문에 그 몸을 마쳐 후세에 이름이 난 것이다.

今閑之於草書에 有旭之心哉인저 不得其心이요 而逐其跡이면 未見其能旭也리라 爲旭이 有道하니 利害必明하여 無遺錙銖하고 情炎于中하여 利欲鬪進하여 有得有喪에 勃然不釋이니 然後一決於書而後에 旭을 可幾也리라 今閑은 師浮屠氏하여 一死生하고 解外膠하니 是其爲心이 必泊然無所起요 其於世에 必淡然無所嗜하리니 泊與淡이 相遭하여 [1]頹墮委靡하여 潰敗不可收拾이면 則其於書에 得無象之然乎아 然吾聞浮屠人은 善幻하여 多技能이라하니 閑如通其術이면 則吾不能知矣로다

이제 閑上人은 草書를 씀에 있어 張旭의 마음을 가지고 있는가보다. 그러나 그 마음은 얻지 못하고 그 자취만 쫓는다면 張旭처럼 됨을 보지 못할 것이다. 張旭처럼 되는데 길이 있으니, 利害를 반드시 밝혀서 한 눈금도 틀리지 않게 하고 情을 심중에 불태워 利欲과 싸워나가 듯하여 얻음이 있든 잃음이 있든 〈거기에 관심을 두지 말고〉 발연히 글씨를 씀을 놓아버리지 말 것이니, 그런 다음 한결같이 글씨에 결단한 뒤에야 張旭을 거의 바랄 수 있을 것이다.

이제 閑上人은 浮屠氏(佛)를 스승삼아 死生을 하나로 여기고 外物의 교착을 풀어버리니, 그의 마음이 반드시 泊然하여 일어나는 바가 없고, 세상에 반드시 淡然하여 즐기는 바가 없을 것이니, 泊과 淡이 서로 만나서 頹墮하고 委靡하여 潰敗하여 수습할 수 없다면 그 글씨에 있어서도 어찌 형상이 그러하지 않겠는가? 그러나 내 들으니, 浮屠人은 幻(변화)을 잘하여 기능이 많다고 하니, 閑上人이 만일 그 재주를 통한다면 나는 알 수 없노라.

譯註 1. 頹墮委靡 : 무너지고 쓰러지는 것으로, 事物에 담박하여 강한 意志가 없음을 말한 것이다.

送殷員外使回鶻序 韓文公

(回鶻로 使臣가는 殷員外(殷侑)를 전송하는 序)

唐受天命爲天子하시니 凡四方萬國이 不問海內外하고 無小大히 咸臣順於朝하여

跡 : 자취 적 錙 : 저울눈 치 銖 : 저울눈 수 勃 : 일어날 발 泊 : 담담할 박
淡 : 담박할 담 頹 : 쓰러질 퇴 靡 : 쓰러질 미 潰 : 흩어질 궤 鶻 : 송골매 골

時節에 貢水土百物하니 大者는 特來하고 小者는 附集이라 [1]元和睿聖文武皇帝既嗣位하사 悉治方內하여 就法度러시니 十二年에 詔曰 四方萬國에 惟回鶻이 於唐最親하고 奉職尤謹하니 丞相은 其選宗室四品一人하여 持節往賜君長하여 告之朕意하고 又選學有經法通知時事者一人하여 與之爲貳하라하시니 由是로 殷侯侑 自太常博士로 遷尚書虞部員外郎兼侍御史하여 朱衣象笏로 承命以行하니 朝之大夫莫不出餞하니라

唐나라가 天命을 받아 天子가 되니, 무릇 사방의 萬國이 해내와 해외를 不問하고 작은 나라 큰 나라 할 것 없이 모두 조정에 신하로 순종하여 時節마다 온갖 水產物과 土產物을 바치니, 큰 나라는 특별히 오고 작은 나라는 큰 나라에 붙어 모여 왔다. 元和睿聖文武皇帝께서 즉위하시어 方內(천하)를 모두 다스려 법도에 나아가게 하셨는데, 12년에 조서를 내리기를 "사방 萬國 중에 回鶻만이 唐나라와 가장 친하고 직책을 받듦에 특별히 삼가니, 丞相은 宗室 중에 4품 한 사람을 뽑아서 節鉞을 가지고 가서 回鶻의 君長에게 하사하여 朕의 뜻을 알리며, 또 학문에 經法이 있고 세상 일을 통달하여 아는 자 한 사람을 뽑아 더불어 보좌관으로 삼으라." 하셨다. 이 때문에 殷侯 侑가 太常博士로 있다가 尚書虞部員外郎 兼侍御史로 옮겨, 붉은 옷과 象牙 笏로 명령을 받들어 길을 떠나게 되니, 조정의 大夫들이 모두 나와 전송하지 않는 이가 없었다.

譯註 1. 元和睿聖文武皇帝 : 睿聖文武皇帝는 唐나라 憲宗의 尊號이며 元和는 그의 年號이다.

酒半에 右庶子韓愈執盞言曰 殷大夫아 今人이 適數百里에도 出門惘惘하여 有離別可憐之色하고 持被入直三省에도 丁寧顧婢子하여 語剌剌不能休어늘 今子使萬里外國호되 獨無幾微出於言面하니 豈不眞知輕重大丈夫哉아 丞相이 以子應詔하니 眞誠知人矣요 士不通經이면 果不足用이로다 於是에 相屬爲詩하여 以道其行云이라

술자리가 중반에 접어들자, 右庶子 韓愈가 잔을 잡고 말하기를 "殷大夫야! 지금의 사람들은 수백 리 길을 갈 때에도 문을 나서면 망망하여 이별을 슬퍼하는 기색이 있으며, 이불을 가지고 三省(中書省·門下省·尚書省)으로 들어가 숙직할 때에도 정녕히 계집종을 돌아보며 말을 소근대기를 마지 않는데, 이제 그대는 萬里의 외국에 사신을 가되 홀로 말과 얼굴에 기미를 나타냄이 없으니, 어찌 참으로 輕重을 아는 大丈夫가 아니겠는가? 丞相이 자네를 詔命에 응하여 천거하였으니, 참으로 인물을 안다고 할 것이요, 선비가 經學을 통달하지 못하면 과연 세상에 쓰여질 수가 없는 것이다." 하였

睿 : 밝을 예　嗣 : 이을 사　朕 : 나 짐　虞 : 편안할 우　餞 : 전송할 전　盞 : 잔 잔
惘 : 실심할 망　被 : 이불 피　剌 : 바람부는소리 랄　休 : 말 휴　詔 : 조칙 조
屬 : 이을 속

다. 이에 서로 이어 詩를 지어 그의 떠남을 말하였다.

原 毁 韓文公

此篇은 曲盡人情하니 巧處妙處 在假託他人之言辭하여 摸寫世俗之情狀이라

이 편은 人情을 곡진히 다하였으니, 가장 공교롭고 묘한 부분은 타인의 말을 가탁하여 세속의 情狀을 摸寫함에 있다.

古之君子는 其責己也重以周하고 其待人也輕以約하니 重以周라 故로 不怠하고 輕以約이라 故로 人樂爲善하나니라 聞古之人에 有舜者하니 其爲人也仁義人也라 求其所以爲舜者하여 責於己曰 彼도 人也며 予도 人也어늘 彼能是而我乃不能是아하여 早夜以思하여 去其不如舜者하고 就其如舜者하며 聞古之人에 有周公者하니 其爲人也多才與藝人也라 求其所以爲周公者하여 責於己曰 彼도 人也며 予도 人也어늘 彼能是而我乃不能是아하여 早夜以思하여 去其不如周公者하고 就其如周公者하나니라 舜은 大聖人也라 後世無及焉이요 周公도 大聖人也라 後世無及焉이어늘 是人也乃曰 不如舜, 不如周公이 吾之病也라하니 是不亦責於己者重以周乎아

옛날의 君子(정치가)들은 자신을 책함은 무겁고 철저하며 남을 대함은 가볍고 간략하였으니, 무겁고 철저하기 때문에 태만하지 않고, 가볍고 간략하기 때문에 사람들이 善을 하기를 좋아한 것이다. 〈옛 君子들은 스스로 생각하기를〉 내 들으니, 옛사람 중에 舜임금이라는 분이 계시니, 그 사람됨이 仁義의 사람이라 한다. 그리하여 〈舜임금이〉 舜임금이 되신 이유를 찾아서 자기 몸에 책하기를 '저도 사람이요 나도 사람인데, 저는 이를 능히 잘 하셨는데 나는 이를 능히 하지 못하는가?' 하여, 이른 아침부터 밤늦도록 생각하여, 舜임금과 같지 않은 것을 버리고 舜임금과 같은 데로 나아갔다. 내 들으니, 옛 사람 중에 周公이란 분이 계시니, 그 사람됨이 재주와 기예가 많은 분이라 한다. 그리하여 〈周公이〉 周公이 된 이유를 찾아서 자기 몸에 책하기를 '저도 사람이요 나도 사람인데, 저는 이를 잘 하셨는데 나는 이를 능히 하지 못하는가?' 하여, 이른 아침부터 밤늦도록 생각하여, 周公과 같지 않은 것을 버리고 周公과 같은 데로 나아갔다.

舜임금은 큰 聖人이어서 후세에 따라갈 만한 사람이 없고, 周公도 큰 聖人이어서 후세에 따라갈 만한 사람이 없거늘, 이 사람이 마침내 말하기를 "舜임금과 같지 못하고 周公과 같지 못함이 마침내 나의 병이다." 라고 하니, 이는 자기 몸에 책함이 무겁고 철저한 것이 아니겠는가.

摸 : 베낄 모 早 : 일찍 조 藝 : 재주 예

其於人也에 曰 彼人也能有是하니 是足爲良士矣요 能善是하니 是足爲藝人矣라하여 取其一하고 不責其二하며 卽其新하고 不究其舊하여 恐恐然惟懼其人之不得爲善之利하나니 一善은 易修也요 一藝는 易能也어늘 其於人也에 乃曰 能有是하니 是亦足矣라하고 曰 能善是하니 是亦足矣라하니 是不亦待於人者輕以約乎아

그 남에 대해서는 말하기를 "저 사람은 능히 이러한 점이 있으니 이는 충분히 어진 선비가 될 만하고, 능히 이것을 잘하니 이는 충분히 재주 있는 사람이 될 수 있다." 하여, 그 한 가지 좋은 점만을 취하고 두 가지를 요구하지 않으며, 그 새롭게 한 점에 나아가고 옛날의 잘못을 따지지 아니하여, 두려워하고 두려워하여 행여 그 사람이 善을 행한 이익을 얻지 못할까 두려워하니, 한 가지 善行은 닦기가 쉽고 한 가지 재주는 능하기가 쉽거늘, 남에 대하여는 마침내 말하기를 "능히 이런 善行이 있으니 이 또한 충분하고, 능히 이것을 잘하니 이 또한 충분하다."고 하니, 이는 남을 대함이 가볍고 간략한 것이 아니겠는가?

今之君子則不然하여 其責人也詳하고 其待己也廉하니 詳故로 人難於爲善하고 廉故로 自取也少니라 己未有善이어늘 曰 我善是하니 是亦足矣라하며 己未有能이어늘 曰 我能是하니 是亦足矣라하여 外以欺於人하고 內以欺於心하여 未少有得而止矣하니 是不亦待於己者已廉乎아 其於人也에 曰 彼雖能是나 其人을 不足稱也요 彼雖善是나 其用을 不足稱也라하여 擧其一하고 不計其十하며 究其舊하고 不圖其新하여 恐恐然惟懼其人之有聞也하나니 是不亦責於人者已詳乎아 夫是之謂不以衆人待其身하고 而以聖人望於人이니 吾未見其尊己也로라

지금의 君子들은 그렇지 않아서 남에게 책함은 상세하고 자기 몸을 대함은 작으니, 상세하기 때문에 사람들이 善을 하기가 어렵고, 간략하기 때문에 스스로 취함이 적다. 자기가 아직 잘함이 있지 못한데도 말하기를 "내 이것을 잘하니 이 또한 충분하다." 하며, 자기가 아직 능함이 있지 못한데도 "내 이것을 능히 하니 이 또한 충분하다." 하여, 밖으로는 남을 속이고 안으로는 자신의 마음을 속여 조금도 얻음이 있지 못하고 그치니, 이 또한 자기 몸을 대하는 것이 너무 간략한 것이 아니겠는가? 그 남에 대해서는 말하기를 "저가 비록 이를 능히 하나 그 사람을 족히 칭찬할 것이 없고, 저가 비록 이것을 잘하나 그 씀을 족히 칭찬할 것이 없다." 하여, 그 한 가지만 들고 열 가지를 따지지 않으며, 그 옛날 잘못만 따지고 새롭게 한 것을 생각하지 아니하여, 두려워하고 두려워하여 행여 그 사람이 알려짐이 있을까 두려워하니, 이는 남에게 책함이 너무 상세한 것이 아니겠는가? 이것을 일러 '衆人으로써 자신을 대하지 않고 聖人으로써 남에게 바란다'는 것이니, 나는 그 자신을 높임을 보지 못하노라.

廉 : 간략할 렴 圖 : 꾀할 도

雖然이나 爲是者有本有原하니 怠與忌之謂也라 怠者는 不能修하고 而忌者는 畏人修하나니 吾嘗試之矣로라 嘗試語於衆曰 某良士요 某良士라하니 其應者는 必其人之與也요 不然則其所疎遠하여 不與同其利者也요 不然則其畏也며 不若是면 強者는 必怒於言하고 懦者는 必怒於色矣라 又嘗語於衆曰 某非良士요 某非良士라하니 其不應者는 必其人之與也요 不然則其所疎遠하여 不與同其利者也요 不然則其畏也며 不若是면 強者는 必說(열)於言하고 懦者는 必說於色矣라 是故로 事修而謗興하고 德高而毁來하나니라 嗚呼라 士之處此世而望名譽之光, 道德之行이 難已로다 將有作於上者 得吾說而存之면 其國家를 可幾而理矣리라

비록 그러나 이렇게 하는 것은 근원이 있으니, 태만함과 시기가 그것이다. 태만한 자는 능히 닦지 못하고, 시기하는 자는 남이 닦는 것을 두려워하니, 내 일찍이 시험하여 보았노라. 내 일찍이 사람들에게 시험하여 말하기를 "아무개가 훌륭한 선비요 아무개가 훌륭한 선비다."라고 하니, 이에 응하는 자는 반드시 그 사람의 黨與요, 그렇지 않으면 소원하여 더불어 이익을 함께 하지 않는 자이고, 그렇지 않으면 두려워하는 자이며, 이와 같지 않으면 강한 자는 반드시 말에 노여움을 표하고 유약한 자는 반드시 얼굴빛에 노여운 기색을 나타낸다. 내 일찍이 사람들에게 말하기를 "아무개는 훌륭한 선비가 아니요 아무개는 훌륭한 선비가 아니다."라고 하니, 이에 응하지 않는 자는 반드시 그 사람의 黨與요, 그렇지 않으면 소원하여 더불어 이익을 함께 하지 않는 자이고, 그렇지 않으면 두려워하는 자이며, 이와 같지 않으면 강한 자는 반드시 말에 기쁨을 표하고 유약한 자는 반드시 얼굴빛에 기쁨을 나타낸다. 이 때문에 일이 닦여지면 비방이 일어나고, 덕이 높아지면 훼방이 오는 것이다.

슬프다! 선비가 이 세상에 살면서 명예가 빛나고 도덕이 행해지기를 바라는 것이 어렵도다. 장차 위에서 일어나는 분이 내 말을 얻어 잘 기억하여 둔다면, 국가를 거의 잘 다스릴 수 있을 것이다.

文章軌範 卷之二(王字集)

放 膽 文

辨難攻擊之文은 雖厲聲色하고 雖露鋒鋩이나 然氣力雄健하고 光燄長遠하여 讀之면 令人意強而神爽하니 初學熟此면 必雄於文이라 千萬人場屋中에 有司亦當刮目이리라

懦 : 나약할 나 謗 : 비방할 방 厲 : 엄할 려 鋒 : 칼날 봉 鋩 : 칼날 망 燄 : 불꽃 염
爽 : 상쾌할 상 刮 : 비빌 괄

辨難(論難)하고 공격하는 문장은 비록 목소리와 얼굴빛을 엄하게 하고 날카로운 칼날을 드러내나, 氣力이 雄健하고 광채가 길고 멀어서 읽으면 사람으로 하여금 마음이 강해지고 정신이 상쾌해지게 하니, 初學者가 이 글을 익숙히 읽으면 반드시 문장에 雄健해질 것이다. 그리하여 千萬人이 모여 있는 場屋(科場) 가운데에서 有司들도 마땅히 눈을 씻고 대할 것이다.

春 秋 論

歐陽公(脩)

春秋에 書趙盾弑其君夷皐어늘 左傳에 謂趙穿弑靈公하니 趙盾이 爲其卿하여 亡不越境하고 入不討賊이라 故董狐書曰 趙盾弑其君이라하니라 左傳又曰 仲尼曰 董狐는 古之良史也니 書法不隱하고 趙宣子는 古之良大夫也니 爲法受惡이로다 惜也라 越境乃免이라하니라

「春秋」에 "趙盾이 그 군주 夷皐(晉靈公)를 시해하였다."고 썼는데, 「左傳」에 이르기를 "趙穿이 靈公을 시해하니 趙盾이 이때 卿이 되어 도망하였으나 국경을 넘어가지 않았고, 국내로 들어와서는 역적을 토벌하지 않았다. 이 때문에 史官인 董狐가 '趙盾이 그 군주를 시해하였다'고 쓴 것이다." 하였다.

「左傳」에 또 다음과 같이 말하였다. "仲尼는 평하기를 '董狐는 옛날의 훌륭한 史官이니 法대로 쓰고 숨기지 않았으며, 趙宣子(趙盾)는 옛날의 어진 大夫이니 法을 위하여 惡名을 받았다. 애석하다.! 趙盾이 국경을 넘어갔더라면 군주를 시해했다는 이름을 면했을 것이다."

弑逆은 大惡也니 其爲罪也莫贖이요 其於人也不容이요 其在法也無赦라 法施於人에 雖小나 必謹이어든 況擧大法而加大惡乎아 旣輒加之하고 又輒赦之하면 則自侮其法而人不畏하리니 春秋用法이 不如是之輕易也리라

弑逆은 큰 죄악이니, 그 죄를 속죄할 수 없고 사람들에게 용납받지 못하고 법에 있어 용서할 수가 없다. 법을 사람에게 시행함에 있어 비록 작은 것이라도 삼가야 할 터인데 하물며 大法을 들어 大惡을 가함에 있어서랴. 이미 죄를 가하고 또 곧 놓아준다면 스스로 그 법을 업신여겨 사람들이 두려워하지 않을 것이니, 「春秋」에서 법을 씀이 이와 같이 가볍고 함부로 하지 않았을 것이다.

[1] 三子說 春秋에 書趙盾以不討賊故로 加之大惡하고 [2] 而以盾非實弑일새 則又復

盾 : 방패 순 穿 : 뚫을 천 董 : 성 동 贖 : 속죄할 속 赦 : 용서할 사

見乎經하여 以明盾之無罪라하니 是는 輒加之而輒赦之爾라 以盾爲無弑心乎인댄 其可輕以大惡加之며 以盾不討賊이 情可責而宜加之乎인댄 則其後頑然未嘗討賊하여 既不改過以自(續)〔贖〕이어늘 何爲遽赦하여 使同無罪之人이리오 其於進退에 皆不可하니 此非春秋意也라 趙穿은 弑君하니 大惡也요 盾은 不討賊하여 不能復讐하여 而失刑於下하니 二者輕重을 不較可知라 就使盾爲可責이나 然穿焉得免也리오 今免首罪爲善人하고 使無辜者受大惡하니 此는 決知其不然也라

三子가 말하기를 "「春秋」에 趙盾이 역적을 토벌하지 않았기 때문에 大惡를 가하였고, 趙盾이 실지로 시해한 것이 아니므로 또 다시 經文에 나타내어 趙盾의 무죄함을 밝혔다."고 하였으니, 이는 곧 죄를 가하였다가 곧 용서해준 것이다. 趙盾이 시해할 마음이 없었다고 이를진댄 어찌 가볍게 大惡을 가할 수 있으며, 趙盾이 역적을 토벌하지 않은 것이 情理上 꾸짖을 만하여 죄를 가해야 한다고 할진댄 그 후에 頑然히 역적을 토벌하지 아니하여 이미 잘못을 고쳐 스스로 속죄하지 않았거늘 어찌하여 대번에 용서해주어 무죄한 사람과 같이 할 수 있겠는가? 앞으로 보나 뒤로 보나 모두 不可하니, 이는 「春秋」의 본의가 아니다.

趙穿은 군주를 시해하였으니, 큰 죄악이요, 趙盾은 역적을 토벌하지 않아 복수하지 못함으로써 아래에 형벌을 잘못하였으니, 두 사람의 죄의 輕重은 비교하지 않고도 알 수 있는 것이다. 가령 趙盾을 꾸짖을 만하나, 趙穿이 어찌 죄를 면할 수 있겠는가? 이제 首罪(죄악의 괴수)를 면하게 하여 善한 사람으로 만들고, 죄가 없는 자(趙盾)로 하여금 大惡을 받게 하였으니, 이는 결코 그 옳지 않음을 아노라.

譯註 1. 三子 : 「春秋」의 '左傳'을 지은 左丘明과 '公羊傳'을 지은 公羊高, '穀梁傳'을 지은 穀梁赤 등 세 사람을 이른다.

2. 盾非實弑…以明盾之無罪 : 「春秋」《宣公 六年條》에 '봄에 晉나라 趙盾과 衛나라 孫免이 陳나라를 침공했다.'고 보이는 바, '公羊傳'에 "趙盾은 앞에서 '그 군주 夷皐를 시해하였다.'고 기록하였는데, 여기에 다시 그 이름이 보임은 어째서인가? 직접 군주를 시해한 자는 趙穿이요 趙盾이 아니기 때문이다. 직접 시해한 자가 趙穿이라면 어찌하여 趙盾에게 '군주를 시해했다'는 죄를 가하였는가? 趙盾이 역적인 趙穿을 토벌하지 않았기 때문이다." 하였다. 이는 「春秋」의 三傳을 지은 三子가 '군주를 시해한 역적은 經文에 그 이름을 다시 드러내지 않는 것이 「春秋」의 筆法이라고 주장했기 때문에 말한 것이다.

春秋之法은 使爲惡者로 不得幸免하고 疑似者로 有所辨明하니 此所謂是非之公也라 據三子之說인댄 初에 靈公이 欲殺盾한대 盾走而免이러니 穿은 盾族也라 遂弑公

頑 : 완악할 악　遽 : 별안간 거　讐 : 원수 수　就 : 가령 취　焉 : 어찌 언　據 : 의거할 거

이어늘 而盾不討하니 其迹이 涉於與弑矣라하니 此는 疑似難明之事라 聖人이 尤當求情責實而明白之하시리니 使盾果有弑心乎인댄 則自然罪在盾矣니 不得曰爲法受惡而稱其賢也요 使果無弑心乎인댄 則當爲之辨明하여 必先正穿之惡하여 使有所歸하고 然後에 責盾縱賊이면 則穿之大惡이 不可幸而免이며 盾疑似之迹이 獲辨이요 而不討之責도 亦不得辭하리니 如此則是非善惡이 明矣어늘 今에 爲惡者獲免하고 而疑似之人이 陷于大惡하니 此決知其不然也라

「春秋」의 법은 악행을 한 자로 하여금 요행으로 면하지 않게 하고, 疑似한 자로 하여금 변명할 바가 있게 하였으니, 이것이 이른바 是非의 공정함이란 것이다. 三子의 말을 근거할진댄, 처음에 靈公이 趙盾을 죽이려 하자, 趙盾이 도망하여 죽음을 면하였으니, 趙穿은 趙盾의 집안이었다. 趙穿이 마침내 靈公을 시해하였는데, 趙盾은 그를 토벌하지 아니하여 그 행적이 시해에 참여한 듯하다 하니, 이는 疑似하여 밝히기 어려운 일이다. 聖人은 마땅히 그 情을 찾고 실제를 책하여 명백히 밝히실 것이다.

가령 趙盾이 과연 시해할 마음이 있었을진댄 자연히 죄가 趙盾에게 있으니, '法을 위하여 惡名을 받았다' 하여 그의 어짊을 칭찬할 수가 없으며, 과연 시해할 마음이 없었다면 마땅히 그를 위해 변명하여 반드시 먼저 趙穿의 죄악을 바로잡아 돌아갈 곳이 있게 하고, 그런 다음 趙盾이 역적을 놓아준 죄를 책한다면 趙穿의 大惡이 요행으로 면할 수 없을 것이며, 趙盾의 疑似한 행적이 변명을 얻게 될 것이요, 토벌하지 않은 책임도 또한 사양할 수가 없을 것이니, 이와 같이 하면 是非와 善惡이 명백해질 것이다. 그런데, 지금에 악행을 한 자는 죄를 면하고, 疑似한 자는 大惡에 빠졌으니, 이는 결코 그 옳지 않음을 아노라.

若曰 盾不討賊하여 有幸弑之心하니 與自弑同이라 故로 寧捨穿而罪盾이라하면 此乃逆詐用情之吏 矯激之爲爾요 非孔子忠恕와 春秋以王道治人之法也라 孔子患舊史是非錯亂而善惡不明일새 所以修春秋하시니 就令舊史如此라도 其肯從而不正之乎아 其肯從而稱美하고 又敎人以越境逃惡乎아 此可知其謬傳也니라

만약 이르기를 "趙盾이 역적을 토벌하지 않아 시해함을 다행으로 여기는 마음이 있으니, 직접 시해함과 같으므로 차라리 趙穿을 버리고 趙盾을 죄준 것이다." 라고 한다면 이것은 바로 '속이는 것'이라고 미리 생각하여 情을 쓰는 獄吏의 矯激한 행위요, 孔子의 忠恕와 王道로써 사람을 다스리는 「春秋」의 법이 아니다. 孔子는 옛날 史册에 是非가 착란되어 善惡이 분명하지 못함을 걱정하시어, 이 때문에 「춘추」를 편찬하신 것이니, 가령 옛날의 사책이 이와 같더라도 그 즐겨 이것을 따르고 바로잡지 않으

涉 : 관계될 섭 使 : 가령 사 縱 : 놓아줄 종 寧 : 차라리 녕 逆 : 미리 역 矯 : 속일 교
錯 : 어긋날 착 謬 : 잘못될 류

시겠는가? 그 즐겨 이것을 따르고 아름다움을 칭찬하며 또 사람들에게 국경을 넘어 죄를 피하라고 가르치셨겠는가? 이는 그 잘못 전해짐을 알 수 있는 것이다.

問者日 然則夷皐는 孰弑之오 日 孔子所書是矣시니 趙盾이 弑其君也니라 今有一人焉하니 父病에 躬進藥而不嘗하고 又有一人焉하니 父病而不躬進藥이라가 而二父皆死하며 又有一人焉하니 操刃以殺其父어든 使吏治之하면 是三人者 其罪同乎아 日 雖庸吏라도 猶知其不可同也라 躬藥而不嘗者는 有愛父之心이나 而不習於禮니 是可哀也니 無罪之人爾요 不躬進藥者는 誠不孝矣라 雖無愛親之心이나 然未有弑父之意하니 使善治獄者蔽之면 猶當與操刃殊科하리니 況以躬藥之孝로 反與操刃者同其罪乎아 此는 庸吏之所不爲也라 [1]然則許世子止 實不嘗藥인댄 則孔子決不書日弑君이요 孔子書弑君인댄 則止決非不嘗藥이니라

묻는 자가 말하기를 "그렇다면 夷皐(靈公)는 누가 시해한 것입니까?" 하기에 나는 다음과 같이 말하였다. "孔子의 쓰신 바가 옳으니, 趙盾이 군주를 시해한 것이다. 여기에 한 사람이 있는데 아버지 병환에 몸소 약을 올렸으나 약을 맛보지 않았고, 또 한 사람이 있는데 아버지 병환에 몸소 약을 올리지 않았는데 두 아버지가 모두 죽었으며, 또 한 사람이 있는데 칼을 잡고 그 아버지를 죽였다면, 관리로 하여금 이들을 다스리게 한다면 이 세 사람의 죄가 같겠는가? 비록 용렬한 관리라 하더라도 오히려 똑같이 처벌할 수 없음을 알 것이다. 몸소 약을 올렸으나 약을 맛보지 않은 자는 아버지를 사랑하는 마음이 있으나 禮를 익히지 못한 것이니, 이는 애처로운 일이니 죄가 없는 사람이요, 몸소 약을 올리지 않은 자는 진실로 불효이다. 하지만 비록 어버이를 사랑하는 마음이 없으나 아버지를 시해하려는 뜻은 없는 것이니, 옥사를 잘 다스리는 자로 하여금 판결하게 한다면 오히려 칼날을 잡고 시해한 자와 죄과를 달리할 것이다. 하물며 몸소 약을 올린 효행을 도리어 칼날을 잡고서 시해한 자와 그 죄를 같게 하겠는가? 이는 용렬한 관리도 하지 않는 짓이다. 그렇다면 許나라 世子 止가 실제로 약을 맛보지 않았다면 孔子가 결코 군주를 시해했다고 쓰시지 않았을 것이요, 孔子가 군주를 시해했다고 쓰셨다면 止는 결코 약을 맛보지 않은 것이 아니다."

譯註 1. 許世子止 : 許나라 悼公의 太子인 바, 「春秋」《昭公 十九年條》에 '許나라 世子 止가 그 군주 買(悼公의 이름)를 시해하였다'고 보인다. 이에 대하여 「左傳」에 "瘧疾에 걸린 許悼公이 太子 止가 올리는 藥을 먹고 죽었으므로 太子가 晉나라로 도망하였는데, 經文에 '그가 군주를 시해하였다'고 쓴 것이다. 이는 군주나 아버지가 병이 있어 약을 먹게 되면 신하나 자식이 먼저 그 약을 맛보아 독성이 있는지를 확인한 다음 올려야 하는데, 世子 止는 그렇게 하지 않았으므로 이

嘗 : 맛볼 상 操 : 잡을 조 刃 : 칼날 인 庸 : 어리석을 용 蔽 : 결정할 폐

렇게 쓴 것이다." 하였다.

難者曰 聖人이 借止以垂教爾시니라 對曰 不然하다 夫所謂借止垂教者는 不過欲人之知嘗藥爾니 聖人이 一言明以告人이면 則萬世法也어늘 何必加孝子以大惡之名이시리오 又嘗藥之事 卒不見(현)於文이라 使後世로 但知止爲弑君하고 而莫知藥之當嘗也하여 教未可垂而已陷人於大惡矣니 聖人垂教가 不如是之迂也요 果曰罪止라도 不如是之刻也시리라

논란하는 자가 말하기를 "聖人이 止를 빌려 후세에 가르침을 남긴 것이다." 하기에 나는 다음과 같이 말하였다. "그렇지 않다. 이른바 止를 빌려 후세에 가르침을 남겼다는 것은 사람들이 약을 맛보아야 함을 알게 하고자 함에 불과할 뿐이니, 聖人이 한 말씀으로 분명하게 사람들에게 말씀하시면 萬世의 法이 될 수 있는데, 하필 孝子에게 大惡의 이름을 加하셨겠는가? 또 약을 맛보는 일이 마침내 經文에 나타나지 않았다. 그리하여 후세로 하여금 단지 止가 군주를 시해한 줄만 알고 약을 마땅히 맛보아야 함을 알지 못하게 하여, 가르침을 드리우지 못하고 이미 사람을 大惡에 빠뜨렸으니, 聖人이 가르침을 남긴 것이 이처럼 우활하지 않을 것이며, 과연 止를 죄준다고 하더라도 이처럼 심하지는 않으실 것이다."

難者曰 曷爲盾復見于經이며 [1]許悼公曷爲書葬고 曰 弑君之臣이 不見經은 此自三子說爾니 果聖人法乎아 悼公之葬을 且安知其不討賊而書葬也리오 自止以弑見經으로 後四十年에 吳敗許師하고 又十有八年에 當魯定公之四年하여 許男이 始見於經而不名하니 許之書於經者略矣라 止之事跡을 不可得而知也니라 難者曰 三子之說이 非其臆出也라 其得於所傳이 如此하니 然則所傳者를 皆不可信乎아 曰 傳聞을 何可盡信이리오 公羊, 穀梁은 以尹氏卒로 爲正卿이어늘 左氏는 以尹氏卒로 爲隱母하여 一以爲男子하고 一以爲婦人하니 得於所傳者蓋如此라 是可盡信乎아

논란하는 자가 말하기를 "어찌하여 趙盾이 다시 經文에 보이며 許悼公을 어찌하여 장례하였다고 썼습니까?" 하기에 나는 다음과 같이 대답하였다. "군주를 시해한 신하가 經文에 보이지 않는다는 것은 이는 三子의 말일 뿐이니, 과연 聖人의 法이라 하겠는가? 悼公의 장례를 또 역적을 토벌하고서 장례하였다고 쓴 것이 아님을 어찌 알겠는가? 止가 시해함으로 인하여 經文에 보인 뒤로부터 40년 뒤에 吳나라가 許나라 군대를 패퇴시켰고, 또 18년 만에 魯나라 定公 4년을 당하여 許男이 비로소 經文에 보이는데 이름을 쓰지 않았으니, 許나라가 經文에 기록된 경우가 적다. 그러므로 止의 사

難 : 논란할 난　借 : 빌릴 차　迂 : 우활할 우　刻 : 심할 각　曷 : 어찌 갈　安 : 어찌 안
跡 : 자취 적　臆 : 가슴 억　穀 : 곡식 곡　梁 : 들보 량

적을 알 수 없는 것이다."

논란하는 자가 말하기를 "三子의 말은 그들이 억측으로 낸 말이 아니요, 전하는 바에 얻음이 이와 같은 것이니, 그렇다면 전해오는 말을 모두 믿을 수가 없단 말입니까?" 하기에 나는 다음과 같이 대답하였다. "전하여 들은 것을 어찌 다 믿겠는가? 公羊傳과 穀梁傳은 尹氏가 죽은 것을 正卿이라 하였으나, 左氏는 尹氏가 죽은 것을 隱公의 어머니라고 하여, 하나는 남자라 하고 하나는 부인이라고 하였다. 전해 오는 바에서 얻음은 이와 같으니, 이것을 모두 믿을 수 있겠는가?"

譯註 1. 許悼公曷爲書葬 : 「春秋左傳」《昭公 十九年條》經文에 '겨울에 許悼公을 장례하였다'는 기록이 보이는 바, "군주가 시해를 당했을 경우 군주를 시해한 역적을 토벌하지 않았으면 장례한 사실을 기록하지 않는 것이 「春秋」의 筆法인데, 世子 止는 실제로 군주를 시해한 것이 아니요, 단지 독성이 있는 약을 미리 맛보지 않고 그대로 올려 죽게 하였기 때문에 世子 止를 처형하지 않았는데도 經文에 장례한 사실을 기록한 것이다." 하였으므로 말한 것이다.

文章軌範 卷之三(將字集)

小 心 文

議論이 精明而斷制하고 文勢圓活而婉曲하여 有抑揚하고 有頓挫하고 有擒縱하니 場屋程文論은 當用此樣文法이라 先暗記侯王兩集하여 下筆無滯礙하고 便當讀此니라

議論이 精明하고 決斷이 있으며, 文勢가 圓活하고 婉曲하여, 抑揚이 있고 頓挫가 있고 操縱이 있으니, 科場에서의 考試文의 論은 마땅히 이러한 문장법을 써야 한다. 먼저 侯字集과 王字集 두 篇을 암기하여 글을 씀에 막힘이 없게 하고, 곧 이 將字集을 읽어야 한다.

春 秋 論 蘇老泉(洵)

此文은 有法度하고 有氣力하고 有精神하고 有光燄하니 謹嚴而華藻者也라 讀得孟子熟이라야 方有此文章이니라

婉 : 완곡할 완 頓 : 무너질 돈 挫 : 꺾일 좌 擒 : 사로잡을 금 樣 : 모양 양
滯 : 막힐 체 礙 : 막힐 애 燄 : 불꽃 염 藻 : 마름 조

이 글은 法度가 있고 氣力이 있고 精神이 있고 光彩가 있으니, 근엄하면서도 화려하다. 「孟子」를 익숙히 읽어야 바야흐로 이러한 문장이 나올 수 있는 것이다.

賞罰者는 天下之公也요 是非者는 一人之私也라 位之所在에 則聖人이 以其權으로 爲天下之公하여 而天下以懲以勸하고 道之所在에 則聖人이 以其權으로 爲一人之私하여 而天下以榮以辱하나니라 周之衰也에 位不在夫子而道在焉하니 夫子以其權是非天下는 可也어니와 而春秋엔 賞人之功하고 赦人之罪하며 去人之族하고 絕人之國하고 貶人之爵하여 諸侯而或書其名하고 大夫而或書其字하여 不惟其法이라 惟其意요 不徒日此是此非라 而賞罰加焉하니 則夫子固日 我可以賞罰人矣로다

賞·罰은 천하의 公이요 是·非(옳다 하고 그르다 함)는 한 사람의 私이다. 지위가 있는 바에 聖人이 그 권세를 가지고 천하의 公을 삼아, 천하가 이로써 징계되고 이로써 권면되며, 道가 있는 바에 聖人이 그 권세를 가지고 한 사람의 私로 삼아, 천하가 이로써 영화롭게 되고 이로써 욕을 당한다.

周나라가 쇠할 때에 지위가 夫子에게 있지 않고 道만 있었으니, 夫子가 그 권세를 가지고 천하를 시비함은 可하거니와, 「春秋」에는 남의 공을 상주고 남의 죄를 사면하며, 남의 집안을 버리고 남의 나라를 끊으며, 남의 관작을 폄하여 諸侯로서 그 이름을 쓰기도 하고 大夫로서 혹 그 字를 써주기도 하여, 그 법대로만 한 것이 아니라 오직 그 마음대로 하였고, 이것이 옳다, 이것이 그르다 할 뿐만 아니라 상·벌을 가하였으니, 夫子께서 진실로 생각하시기를 '내 남을 상줄 수 있고 남을 벌줄 수 있다'고 여기신 것이다.

賞罰人者는 天子諸侯事也니 夫子病天下之諸侯大夫 僭天子諸侯之事而作春秋어시늘 而已則爲之하시면 其何以責天下리오 位는 公也요 道는 私也니 私不勝公일새 則道不勝位하나니 位之權은 得以賞罰이나 而道之權은 不過於是非라 道在我矣로되 而不得爲有位者之事면 則天下皆日位之不可僭也如此라하리라 不然이면 天下其誰不日道在我리오 則是道者는 位之賊也리라

남을 벌주고 상주는 것은 天子와 諸侯가 하는 일이니, 夫子는 천하의 제후와 대부들이 천자와 제후의 일을 참람함을 나쁘게 여겨 「春秋」를 지으셨는데, 자신이 이러한 짓을 하신다면 어떻게 천하를 꾸짖을 수 있겠는가? 지위는 公이요 道는 私이니, 私는 公을 이기지 못하므로 道는 지위를 이기지 못하니, 지위의 권세는 남을 상주고 벌줄 수 있으나 도의 권세는 옳다 하고 그르다 함에 불과한 것이다. 도가 내 몸에 있으되 지위 있는 자의 일을 할 수가 없다면, 천하가 모두 말하기를 '지위를 참람할 수 없음

懲 : 징계할 징 貶 : 깎을 폄 僭 : 참람할 참

이 이와 같다'고 할 것이다. 그렇지 않다면 천하에 그 누가 道가 자신에게 있다고 말하지 않겠는가. 그렇다면 이 道는 지위의 賊이 되는 것이다.

曰 夫子豈誠賞罰之耶아 徒曰賞罰之耳시니 庸何傷이리오 曰 我非君也요 非吏也어늘 執塗之人而告之曰 某爲善, 某爲惡은 可也어니와 繼之曰 某爲善일새 吾賞之하고 某爲惡일새 吾誅之라하면 則人有不笑我者乎아 夫子之賞罰이 何以異此리오 然則何足以爲夫子며 何足以爲春秋리오 曰 夫子之作春秋也는 非曰孔氏之書也요 又非曰我作之也라 賞罰之權을 不得以自與也일새 曰 此魯之書也요 魯作之也라 有善而賞之에 曰魯賞之也라하시고 有惡而罰之에 曰魯罰之也라하시니라 何以知之오 曰 夫子繫易을 謂之繫辭요 言孝를 謂之孝經이라하사 皆自名之하시니 則夫子私之也요 而春秋者는 魯之所以名史어늘 而夫子託焉하시니 則夫子公之也시니 公之以魯史之名而賞罰之權이 固在魯矣라 春秋之賞罰이 自魯而及于天下하니 天子之權也라

말하기를 "夫子가 어찌 참으로 남을 상주시고 벌주셨겠는가? 다만 글로 상주고 벌주셨을 뿐이니, 어찌 나쁘겠는가." 하였다. 이에 나는 다음과 같이 말하였다.

내가 군주가 아니고 관리가 아니면서 길가는 사람을 잡고 말하기를 '아무개가 선행을 하고 아무개가 악행을 한다'고 한다면 可하거니와, 뒤이어 말하기를 '아무개가 선행을 하므로 내 그에게 상을 주고, 아무개가 악행을 하므로 내 그에게 벌을 준다'고 한다면, 사람들이 나를 비웃지 않는 자가 있겠는가? 夫子의 상벌이 어찌 이와 다르겠는가. 그렇다면 어떻게 夫子가 될 수 있으며, 또 어떻게 「春秋」가 될 수 있겠는가?

夫子가 「春秋」를 지으신 것은 '孔氏의 책'이라고 하신 것이 아니요, 또 '내가 지었다'고 말씀한 것이 아니라, 상벌의 권한을 스스로 자신에게 줄 수가 없으므로 '이것은 魯나라의 책이요 魯나라가 지은 것이다' 하여, 선행이 있어 상을 줄 때에는 魯나라가 상준 것으로 하고, 악행이 있어 벌을 줄 때에는 魯나라가 벌준 것으로 하신 것이다. 무엇을 가지고 알 수 있는가 하면, 夫子께서 「周易」에 註를 단 것을 繫辭라 이르고, 孝를 말한 것을 「孝經」이라 이르시어, 모두 스스로 이름하셨으니, 이것은 夫子께서 사사로이 여기신 것이요, 「春秋」는 魯나라에서 이름을 붙인 史冊인데 夫子께서 가탁하셨으니, 그렇다면 夫子께서 公共的인 것으로 여기신 것이다. 魯나라 사책의 이름을 公共的인 것으로 삼았으니, 상벌의 권한이 진실로 魯나라에 있는 것이다. 그리하여 「春秋」의 상벌이 魯나라로부터 천하에 미쳤으니, 이는 天子의 권한이다.

魯之賞罰은 不出境이어늘 而以天子之權與之는 何也오 曰 天子之權이 在周어늘 夫

徒 : 한갓 도 庸 : 어찌 용 塗 : 길 도 繫 : 맬 계

子不得已而以與魯也시니라 武王之崩也에 天子之位 當在成王이로되 而成王幼하니 周公以爲天下에 不可以無賞罰이라 故로 不得已而攝天子之位하사 以賞罰天下하여 以存周室하시니라 周之東遷也에 天子之權이 當在平王이로되 平王昏亂이라 故夫子亦曰 天下에 不可以無賞罰이요 而魯는 周公之國也니 居魯之地하여 宜如周公不得已而假天子之權하여 以賞罰天下하여 以尊周室이라 故로 以天子之權與之也시니라

魯나라의 상벌은 국경을 벗어나지 않는데 天子의 권한을 준 것은 어째서인가? 天子의 권한이 周나라에 있었으나 夫子가 부득이하여 魯나라에 주신 것이다. 武王이 별세하심에 天子의 지위가 마땅히 成王에게 있어야 하지만 成王이 어리니, 周公은 천하에 상벌이 없을 수 없다고 여기셨으므로 부득이 天子의 지위를 섭행하시어 천하를 상주고 벌주어 周나라의 王室을 보존하시었다. 周나라가 동쪽으로 遷都함에 天子의 권한이 마땅히 平王에게 있어야 하지만 平王이 혼란하므로 夫子가 또한 생각하시기를 '천하에 상벌이 없을 수 없으며, 魯나라는 周公의 나라이니, 魯나라의 땅에 살면서 마땅히 周公처럼 부득이 천자의 권한을 빌려 천하를 상주고 벌주어 周나라 왕실을 높여야 한다'고 여기셨다. 그러므로 천자의 권한을 魯나라에 주신 것이다.

然則假天子之權은 宜如何오 曰 如齊桓, 晉文이 可也니라 夫子欲魯如齊桓晉文而不遂以天子之權與齊晉은 何也오 齊桓, 晉文은 陽爲尊周而實欲富彊其國이라 故로 夫子與其事而不與其心하시고 周公은 心存王室하시니 雖其子孫이 不能繼나 而夫子思周公而許其假天子之權하여 以賞罰天下하시니 其意曰 有周公之心而後에 可以行桓文之事라 此其所以不與齊晉而與魯也시니라 夫子亦知魯君之才 不足以行周公之事矣로되 顧其心에 以爲今之天下에 無周公故로 至此라하사 是故로 以天子之權으로 與其子孫하시니 所以見思周公之意也시니라

그렇다면 天子의 권한을 빌림은 어떻게 해야 하는가? 齊桓公과 晉文公처럼 함이 可하다. 夫子께서 魯나라가 齊桓公과 晉文公처럼 하기를 바라셨으나 마침내 天子의 권한을 齊나라와 晉나라에 주지 않음은 어째서인가? 齊桓公과 晉文公은 겉으로만 周나라를 높인다 하고, 실제로는 그 나라만 부강하고자 하였다. 그러므로 夫子는 그 일만 허여하고 그 마음은 허여하지 않으셨으며, 周公은 마음이 왕실에 있었으니, 비록 그 자손들이 周公을 계승하지 못하고 있으나 夫子는 周公을 생각하여 天子의 권한을 빌려 천하를 상주고 벌줌을 허락하셨으니, 그 뜻에 생각하시기를 '周公의 마음이 있은 뒤에야 齊桓公과 晉文公의 일을 행할 수 있다'고 여기신 것이다. 이 때문에 齊나라와

崩 : 죽을 붕　桓 : 굳셀 환　顧 : 다만 고

晉나라에 권한을 주시지 않고 魯나라에 주신 것이다.

夫子 또한 魯나라 군주의 재주가 周公의 일을 행할 수 없음을 아셨으나, 다만 그 마음에 생각하시기를 '오늘날 천하에 周公이 없으므로 이 지경에 이르렀다'고 여기시어, 이 때문에 天子의 권한을 그 자손에게 주신 것이니, 周公을 생각하는 뜻을 나타내신 것이다.

吾觀春秋之法이 皆周公之法이요 而又詳內而略外하니 此其意欲魯法周公之所爲요 且先自治而後治人也明矣라 夫子嘆禮樂征伐이 自諸侯出이로되 [1]而田恒弑其君에 則沐浴而請討하시니 然則天子之權을 夫子固明以與魯矣시니라

내가 보건대, 「春秋」의 법은 모두 周公의 법이요, 또 안(국내)을 상세히 하고 밖(국외)을 간략히 하였으니, 이는 그 뜻이 魯나라가 周公의 하신 바를 본받고 또 먼저 자신을 다스린 뒤에 남을 다스리고자 하신 것이다. 夫子는 禮樂과 征伐이 제후로부터 나옴을 탄식하셨으나, 田恒이 그 군주를 시해하자, 목욕재계하고 토벌할 것을 청하셨으니, 그렇다면 天子의 권한을 夫子께서 진실로 분명히 魯나라에 주신 것이다.

譯註 1. 田恒 : 齊나라의 大夫인 陳成子로 뒤에 姓을 田으로 고쳤는 바, 군주인 簡公을 시해하였다. 이에 孔子는 목욕재계하고 그를 토벌할 것을 청하였는 바, 「論語」《憲問》에 '陳成子弑簡公 孔子沐浴而朝 告於哀公曰 陳恒弑其君 請討之'라고 보인다.

[1]子貢之徒 不達夫子之意하고 續經而書孔丘卒하니 夫子旣告老矣라 大夫告老而卒이면 不書어늘 而夫子獨書하니 夫子作春秋는 以公天下시니 而豈私一孔丘哉시리오 嗚呼라 夫子以爲魯國之書어늘 而子貢之徒 以爲孔氏之書也歟인저

子貢의 무리들은 夫子의 뜻을 알지 못하고, 「春秋」의 經文을 이어서 '孔丘卒'이라고 썼으니, 夫子는 이미 告老(致仕)하셨었다. 大夫가 告老하고 죽으면 쓰지 않는 법인데, 夫子만이 홀로 쓰여져 있다. 夫子께서 「春秋」를 지으신 것은 천하에 公共으로 하신 것이니, 어찌 한 孔丘를 사사로이 하셨겠는가? 슬프다. 夫子는 「春秋」를 魯나라의 책으로 삼았는데, 子貢의 무리들은 孔氏의 사사로운 글로 삼았구나!

譯註 1. 子貢之徒…書孔丘卒 : 원래 孔子의 經文은 '魯哀公十四年 西狩獲麟'까지인데, 2년 후에 孔子가 별세하자, 子貢 등은 經文을 더 이어서 '十六年夏四月己丑 孔丘卒'까지로 연장하였으므로 말한 것이다.

征 : 칠 정 沐 : 머리감을 목

遷固之史는 有是非而無賞罰하니 彼亦史臣之體宜爾也라 後之效孔子作春秋者는 吾惑焉이로라 春秋에 有天子之權하니 天下有君이면 則春秋를 不當作이요 天下無君이면 則天子之權을 吾不知其誰與로니 天下之人이 烏有如周公之後之可與者리오 與之而不得其人則亂이요 不與人而自與則僭이요 不與人, 不自與하여 而無所與則散이니 嗚呼라 後之春秋는 亂邪아 僭邪아 散邪아

司馬遷과 班固의 史册들은 시비만 있고 상벌이 없으니, 저 또한 史臣의 문체에 당연한 것이다. 후세에 孔子를 본받아 「春秋」를 짓는 자들은 내 의혹하노라, 「春秋」에는 天子의 권한이 있으니, 天下에 군주가 있으면 「春秋」를 지을 수 없고, 天下에 군주가 없으면 천자의 권한을 그 누구에게 줄지 모르겠으니, 천하 사람이 어찌 周公의 후손처럼 줄 만한 자가 있겠는가? 주면서도 그 적당한 사람을 얻지 못하면 亂이 되고, 남에게 주지 않고 자신에게 주면 僭濫함이 되고, 남에게 주지도 않고 자신에게 주지도 않아 주는 바가 없으면 산만해지니, 슬프다, 후세의 「春秋」는 亂인가? 참람함인가? 산만함인가?

*晁 錯 論

蘇東坡(軾)

＊晁錯 : 鼂錯로도 쓰는 바, 刑名學者로 법률에 밝고 지혜로워 智囊으로 불리웠다. 景帝 때에 御史大夫로 있으면서 天子의 명령을 따르지 않는 吳·楚 등의 封地를 줄일 것을 건의하였으며, 吳·楚 등의 제후국이 자신을 토벌한다는 구실로 반란을 일으키자, 景帝에게 직접 군대를 이끌고 토벌할 것을 주청하였다. 그러나 원한 관계에 있던 袁盎의 '晁錯만 처형하면 吳·楚 등이 스스로 항복할 것'이라는 진언에 따라 마침내 동쪽 시장에서 참형을 당하고 말았다.

此論은 先立冒頭然後入事하니 又是一格이라 老於世故하고 明於人情하여 有憂深思遠之智하고 有排難解紛之勇하니 不特文章之工也라

이 글은 먼저 冒頭(起頭)를 세운 다음 사건으로 들어갔으니, 이는 또 한 격식이다. 세상의 연고에 노련하고 인정에 밝아서, 근심이 깊고 생각이 원대한 지혜가 있으며, 어려움을 물리치고 어지러움을 해결하는 용맹이 있으니, 비단 文章이 공교로울 뿐만이 아니다.

天下之患이 最不可爲者는 名爲治平無事나 而其實은 有不測之憂이니 坐觀其變

效 : 본받을 효 烏 : 어찌 오 僭 : 참람할 참 晁 : 아침 조 錯 : 둘 조 鼂 : 아침 조
冒 : 무릅쓸 모 排 : 물리칠 배 特 : 다만 특

而不爲之所면 則恐至於不可救요 起而強爲之면 則天下狃於治平之安하여 而不吾信이라 惟仁人君子豪傑之士는 爲能出身하여 爲天下犯大難하여 以求成大功하나니 此固非勉強朞月之間而苟以求名之所能也라 天下治平이어늘 無故而發大難之端인댄 吾發之하고 吾能收之然後에 有辭於天下니 事至而循循焉欲去之하고 使他人任其責이면 則天下之禍 必集於我하나니라

天下의 병통 중에 가장 다스릴 수 없는 것은 이름은 治平하여 무사하다고 하나 그 실제는 측량할 수 없는 우환이 있는 경우이다. 앉아서 그 변을 보기만 하고 대처하지 않으면 구원할 수 없는 경지에 이를까 두렵고, 일어나 억지로 다스리면 천하 사람들이 治平의 편안함에 익숙하여, 나를 믿지 않게 된다. 오직 仁人·君子와 豪傑의 선비들은 능히 몸을 빼내어 천하를 위해 大難을 범하여 大功을 이루려고 하니, 이는 진실로 期月(1년)의 사이에 억지로 힘써서 구차히 명예를 구함으로써 능히 할 수 있는 바가 아니다. 천하가 治平한데 까닭없이 大難의 단서를 꺼낸다면, 내가 발단하고 내가 수습한 뒤에야 천하에 할 말이 있는 것이다. 그런데 일이 닥쳐오자 循循焉히 떠나고 다른 사람으로 하여금 그 책임을 맡게 하려고 한다면 천하의 화가 반드시 자신에게 모이고 만다.

昔者에 晁錯盡忠爲漢하여 謀弱山東之諸侯한대 山東諸侯竝起하여 以誅錯爲名이어늘 而天子不之察하고 以錯爲之說하니 天下悲錯之以忠而受禍하고 不知錯有以取之也라 古之立大事者는 不惟有超世之才라 亦必有堅忍不拔之志하니 昔禹之治水에 鑿龍門決大河而放之海하시니 方其功之未成也엔 蓋亦有潰冒衝突可畏之患이로되 唯能前知其當然일새 事至不懼하고 而徐爲之圖라 是以로 得至於成功하니라

옛날에 晁錯가 충성을 다하여 漢나라를 위해 山東의 제후들을 약화시킬 것을 도모하자, 山東의 제후들이 함께 일어나 晁錯를 베자는 것으로 이름을 삼았는데, 天子가 이것을 살피지 않고 晁錯를 죽여 제후들을 설득하니, 천하 사람들은 晁錯가 충성을 하다가 화를 당함을 슬퍼하기만 하고 晁錯가 화를 자초함이 있음을 알지 못한다.

옛날에 큰 일을 성취한 자들은 단지 세상에 뛰어난 재주가 있을 뿐만 아니라, 또한 반드시 堅忍하여 뽑을 수 없는 의지가 있었다. 옛날 禹임금이 홍수를 다스릴 때 龍門山을 뚫고 大河를 터놓아 바다로 이르게 하시니, 그 일이 성공하기 전에는 또한 무너져 충돌해서 두려워할 만한 걱정이 있었으나 오직 미리 그 당연함을 알았기에 일이 닥쳐도 두려워하지 않고 서서히 도모하였다. 이 때문에 성공에 이르게 된 것이다.

夫以七國之強而驟削之하니 其爲變이 豈足怪哉아 錯不於此時에 捐其身하여 爲天

狃 : 익숙할 뉴　豪 : 호걸 호　朞 : 돐 기　循 : 따를 순　鑿 : 뚫을 착　潰 : 무너질 궤
衝 : 부딪칠 충　突 : 부딪칠 돌　驟 : 별안간 취　捐 : 버릴 연

下當大難之衝하여 而制吳楚之命하고 乃爲自全之計하여 欲使天子自將而己居守로다 且夫發七國之難者誰乎아 已欲求其名인댄 安所逃其患이리오 以自將之至危와 與居守之至安으로 己爲難首하여 擇其至安하고 而遣天子以其至危하니 此忠臣義士所以憤怨而不平者也라

7개국의 강성한 나라로서 갑자기 땅을 侵削하니, 그들이 변란을 일으킴이 어찌 이상할 것이 있겠는가? 晁錯는 이때에 그 몸을 버려 천하를 위해 大難의 충돌을 담당하여 吳·楚의 명령을 제어하지 않고, 마침내 자신을 온전히 할 계책을 세워 天子로 하여금 스스로 군대를 거느리고 출정하게 하고 자신은 남아 도성을 지키고자 하였다.

또 7개국의 난을 유발한 자가 누구인가? 이미 그 이름을 구하고자 하였다면 어찌 그 화를 피한단 말인가? 스스로 군대를 거느리고 출정함의 지극히 위험함과 居守(도성에 머물며 지킴)의 지극히 편안함 중에 자신이 난의 우두머리가 되어 자신은 지극히 편안함을 선택하고 天子에게 그 지극히 위태함을 끼쳐 주었으니, 이는 忠臣과 義士들이 분하게 여기고 원망하여 불평하는 이유이다.

當此之時하여 雖無袁盎이나 錯亦未免於禍리라 何者오 己欲居守而使人主自將하니 以情而言이면 天子固已難之矣로되 而重違其議라 是以로 袁盎之說이 得行於其間하니라 使吳楚反에 錯以身任其危하여 日夜淬礪하여 東向而待之하여 使不至於累其君이런들 則天子將恃之以爲無恐이리니 雖有百盎이나 可得而間哉아 嗟夫라 世之君子欲求非常之功인대 則無務爲自全之計라 使錯自將而討吳楚라도 未必無功이어늘 惟其欲自固其身하여 而天子不悅일새 奸臣이 得以乘其隙하니 錯之所以自全者는 乃其所以自禍歟인저

이 때를 당하여 비록 袁盎이 없었더라도 晁錯는 또한 화를 면치 못했을 것이다. 왜냐하면 자기는 居守하려 하고 군주로 하여금 스스로 군대를 거느리고 출정하게 하였으니, 심정으로 말한다면 천자도 진실로 이미 어렵게 여겼으나 그 의론을 어기기 어려웠을 뿐이다. 이 때문에 袁盎의 말이 그 사이에 행해진(먹혀든) 것이다.

가령 吳·楚가 반란을 일으켰을 때에 晁錯가 자기 몸으로 그 위태로움을 맡아 밤낮으로 정신을 갈고 닦아 東向하고 상대하여 그 군주에게 누를 끼치지 않도록 하였더라면 천자는 장차 그를 믿어 두려움이 없었을 것이니, 비록 백 명의 袁盎이 있다 한들 이간질할 수 있었겠는가? 아! 슬프다. 세상의 君子들은 비상한 공을 구하고자 할진댄 스스로 온전히 하는 계책을 힘쓰지 말지어다. 가사 晁錯가 스스로 군대를 거느리고 吳·楚를 토벌하였더라도 반드시 공이 없지 않았을 것인데, 다만 스스로 그 몸을 견고

憤 : 성낼 분　袁 : 옷길 원　盎 : 동이 앙　淬 : 담글 쉬　礪 : 숫돌 려　累 : 누끼칠 루
恃 : 믿을 시　隙 : 틈 극

히 하고자 하여 天子가 기뻐하지 않았으므로 간신들이 그 틈을 탈 수 있었던 것이니, 晁錯가 스스로 온전히 하려 했던 것은 바로 자신에게 화를 끼치게 한 원인이 되고 말았다.

*留 侯 論 蘇東坡

* 留侯 : 漢나라의 開國功臣인 張良의 封號로 字는 子房이다. 일찍이 父·祖 이상 5대가 韓나라의 정승이었는데, 韓나라가 秦始皇에게 멸망되자, 이를 복수하기 위해 力士들을 구하여 博浪沙에서 秦始皇을 저격하였으나 실패하고 變姓名하여 겨우 禍를 면하였다. 그후 다리 위에서 한 老人을 만났는데, 신을 다리 밑으로 떨어뜨리고는 두 번씩이나 張良을 시켜 주워오게 하였다. 張良이 그의 지시를 공손히 따르자, 그 老人은 밤 五更에 다리 위에서 다시 만나기로 약속하였는데, 張良이 좀 늦게 도착하자 크게 꾸짖고 마침내 太公의 兵法을 전수해 주었다 한다. 그 老人은 뒤에 누런 돌로 변하였으므로 黃石公이라 칭하며 그가 전수한 책은 「素書」와 「陰符經」이라 한다.

古之所謂豪傑之士는 必有過人之節하여 人情에 有所不能忍者하니 匹夫見辱에 拔劍而起하여 挺身而鬪는 此不足爲勇也라 天下에 有大勇者하니 卒然臨之而不驚하고 無故加之而不怒하나니 此其所挾持者甚大而其志甚遠也라 夫子房이 (授)〔受〕書於圯上之老人也는 其事甚怪나 然亦安知其非秦之世에 有隱君子者出而試之리오 觀其所以微見(현)其意者컨대 皆聖賢相與警戒之義어늘 而世不察하고 以爲鬼物이라하니 亦已過矣요 且其意不在書하니라

옛날에 이른바 호걸스러운 선비는 반드시 남보다 뛰어난 일이 있어 人情에 참지 못하는 바가 있었으니, 匹夫가 욕을 당함에 칼을 빼어들고 일어나 몸을 솟구쳐 싸우는 것은 용맹이라 할 수 없는 것이다. 天下에 큰 용맹이 있어, 졸연히 임하여도 놀라지 않고 까닭없이 침해를 가하여도 노여워하지 않으니, 이는 그 갖고 있는 것이 심히 크고 그 뜻이 심히 원대한 것이다. 子房이 다리 위의 노인에게서 책을 전수받은 것은 그 일이 심히 괴이하다. 그러나 또한 秦나라 때에 隱君子가 나와서 시험한 것이 아님을 어찌 알겠는가? 은미하게 그 뜻을 보여준 것을 관찰해 보면, 모두 聖賢이 서로 더불어 경계하신 뜻인데 세상에서는 살피지 않고 鬼物이라고 말하고 있으니, 또한 너무 잘못된 것이요, 또 그 뜻은 책을 전수함에 있지 않았다.

當韓之亡, 秦之方盛也에 以刀鋸鼎鑊으로 待天下之士하여 其平居無事에 夷滅者

挺 : 뽑을 정 挾 : 낄 협 圯 : 흙다리 이 鋸 : 톱 거 鑊 : 가마솥 확 夷 : 멸할 이

不可勝數하니 雖有賁育이라도 無所復(부)施라 夫持法太急者는 其鋒을 不可犯이요 而其勢를 未可乘이어늘 子房이 不忍忿忿之心하여 以匹夫之力으로 而逞於一擊之間하니 當此之時하여 子房之不死者는 其間이 不能容髮하니 蓋亦危矣라

韓나라가 망하고 秦나라가 성할 때를 당하여 칼과 톱과 솥과 같은 刑具를 가지고 天下의 선비를 대하여 평소 일이 없을 때에 滅門之禍를 당한 사람을 이루 셀 수가 없었으니, 비록 孟賁과 夏育 같은 용맹이 있더라도 다시 힘을 쓸 곳이 없었다. 법을 집행하기를 너무 급하게 하는 자는 그 鋭鋒을 범할 수 없고 그 勢를 탈 수가 없는 법인데, 子房은 분해 하는 마음을 참지 못하고 匹夫의 힘으로써 한번 공격하는 사이에 분풀이를 하고자 하였다. 이 때를 당하여 子房이 죽지 않은 것은 그 사이가 털끝 하나도 용납할 수가 없었으니, 또한 매우 위태로웠다.

千金之子는 不死於盜賊하나니 何者오 其身可愛하여 而盜賊之不足以死也일새라 子房이 以蓋世之才로 不爲伊尹太公之謀하고 而特出於荊軻聶政之計하여 以僥倖於不死하니 此는 圯上老人所爲深惜者也라 是故로 [1]倨傲鮮腆而深折之하니 彼其能有所忍也然後에 可以就大事라 故로 曰 孺子를 可教也라하니라 楚莊王이 伐鄭한대 鄭伯이 肉袒牽羊而迎이어늘 莊王曰 其君이 能下人하니 必能信用其民矣라하고 遂舍之하며 句踐之困於會稽而歸에 臣妾於吳者三年而不勧(倦)하니 且夫有報人之志而不能下人者는 是匹夫之剛也니라

千金을 가진 부잣집의 자식은 도적에게 죽음을 당하지 않으니, 그 이유는 어째서인가? 그 몸(목숨)이 아까워 도적에게 죽을 수가 없기 때문이다. 子房은 세상을 덮을 만한 재주로써 伊尹과 太公의 계책을 세우지 않고 다만 俠客인 荊軻와 聶政의 계책을 내면서 죽지 않는 요행을 바랐으니, 이는 다리 위의 노인이 깊이 애석히 여긴 것이다. 그러므로 거만스럽게 대하고 거드름을 피워 깊이 꺾었으니, 저가 참는 바가 있은 뒤에야 大事를 이룰 수 있다고 생각하였다. 그러므로 '孺子를 가르칠 수 있다'고 말한 것이다.

楚나라 莊王이 鄭나라를 정벌하자, 鄭伯이 옷을 걷어 살을 드러내놓고 羊을 끌고서 맞이하였다. 이에 莊王은 "그 군주가 사람에게 몸을 낮추니, 반드시 그 백성을 믿어 쓸 것이다." 하고는 마침내 놓아주었으며, 越王 句踐이 會稽山에서 곤궁을 당하고 돌아가 吳나라에게 臣妾 노릇하기를 3년 동안하고 게을리 하지 않았으니, 남에게 보복할 마음을 가지고 있으면서, 남에게 자신을 낮추지 못하는 자는 이것은 匹夫의 강함일 뿐

賁 : 클 분　鋒 : 칼날 봉　逞 : 부릴 령　聶 : 소곤거릴 섭　圯 : 흙다리 이　腆 : 두터울 전
袒 : 웃통벗을 단　牽 : 끌 견　勧 : 게으를 권

이다.

譯註 1. 倨傲鮮腆：倨傲는 오만함이며, 鮮은 善의 뜻이고 腆은 厚의 뜻으로 자신을 높이고 잘난 체하며 거드름을 피움을 이른다.

夫老人者 以爲子房이 才有餘而憂其度量之不足이라 故로 深折其少年剛銳之氣하여 使之忍小忿而就大謀하니 何則고 非有平生之素요 卒然相遇於草野之間하여 而命以僕妾之役이어늘 油(悠)然而不怪者는 此固秦皇之所不能驚이요 而項籍之所不能怒也라 觀夫高祖之所以勝과 項籍之所以敗者컨대 在能忍與不能忍之間而已矣라 項籍은 唯不能忍이라 是以百戰百勝而輕用其鋒하고 高祖는 忍之하여 養其全鋒하여 而待其弊하니 此는 子房敎之也라 [1]當淮陰破齊而欲自王하여 高祖發怒하여 見(현)於辭色하니 由是觀之컨대 猶有剛強不能忍之氣하니 非子房이면 其誰全之리오 太史公이 疑子房以爲魁梧奇偉러니 而其狀貌乃如婦人女子하여 不稱其志氣라하니 嗚呼라 此其所以爲子房歟인저

노인은 생각하기를 子房이 재주는 有餘(충분)하나 도량이 부족함을 걱정하였다. 그러므로 소년의 강하고 예리한 기운을 깊이 꺾어서 그로 하여금 작은 분을 참아 큰 계책을 성취하게 한 것이니, 어째서인가? 평소에 안면이 있지 않았는데, 갑자기 草野의 사이에서 서로 만나 종과 첩의 일을 시키되 유연히 처하고 괴이하게 여기지 않는 것은, 이는 진실로 秦始皇도 놀라지 않는 바요 項籍도 성내지 않는 바이다.

高祖가 승리한 이유와 項籍이 패배한 이유를 살펴보면 능히 참았는가, 능히 참지 못하였는가의 사이에 달려 있을 뿐이었다. 項籍은 참지 못하였다. 이 때문에 백전백승하였으나 함부로 그 칼날을 사용하였고, 高祖는 참아서 그 온전한 칼날을 길러 상대방이 피폐해지기를 기다렸으니, 이는 子房이 가르쳐준 것이다. 淮陰侯(韓信)가 齊나라를 격파하고 스스로 왕이 되고자 했을 때를 당하여, 高祖가 노여움을 발하여 말과 기색에 나타냈으니, 이것을 가지고 관찰해 보면 高祖는 아직도 剛強하여 참지 못하는 기운이 있었던 것이니, 子房이 아니면 그 누가 온전히 해주었겠는가?

太史公(司馬遷)은 의심하기를 子房은 魁梧(氣骨이 壯大함)하고 기특하며 위대할 것이라고 여겼었는데 마침내 그 형상과 모양이 부인과 여자 같아, 그 志氣에 걸맞지 못했다 하였으니, 아! 슬프다! 이것이 子房이 된 이유일 것이다.

譯註 1. 淮陰은 淮陰侯에 봉해진 韓信을 가리킨다. 韓信은 齊나라를 격파한 다음 자신을 齊나라의 假王(임시王)으로 봉해줄 것을 청하였다. 이에 高祖인 劉邦은 크게 성을 내었는데, 張良이 은밀히 설득하여 韓信을 齊王에 봉함으로써 韓信이 힘을 다하여 項羽를 공격하게 만들었다.

銳：날카로울 예　油：구름일 유　魁：클 괴　梧：장대할 오　狀：형상 상

秦始皇扶蘇論

蘇東坡

秦始皇時에 趙高有罪어늘 蒙毅按之當死러니 始皇이 赦而用之하고 長子扶蘇好直諫이어늘 上怒하여 使北監蒙恬兵於上郡이러니 始皇이 東遊會稽하여 竝(傍)海走琅琊할새 次子胡亥와 李斯, 蒙毅, 趙高從이라 道病하여 使蒙毅로 還禱山川이러니 未及還에 上崩하니 李斯, 趙高 矯詔立胡亥하고 殺扶蘇, 蒙恬, 蒙毅하여 卒以亡秦하니라

秦나라 始皇 때에 趙高가 죄를 짓자, 蒙毅가 趙高를 조사하여 사형에 해당시켰는데 始皇이 용서하여 등용시켰고, 長子인 扶蘇가 直諫하기를 좋아하였는데 上(始皇)이 노하여 그로 하여금 북쪽으로 蒙恬의 군대를 上郡에서 감독하게 하였다. 始皇이 동쪽으로 會稽지방을 유람하기 위하여 바닷가를 따라 琅琊로 갈 적에 次子인 胡亥와 李斯·蒙毅·趙高가 수행하였다. 始皇은 도중에 병이 들자, 蒙毅로 하여금 돌아가 山川에 기도하게 하였는데 미처 돌아오기 전에 始皇이 죽으니, 李斯·趙高는 詔書를 위조하여 胡亥를 세우고 扶蘇와 蒙恬·蒙毅를 죽여 끝내 秦나라를 멸망하게 하였다.

蘇子曰 始皇이 制天下輕重之勢하여 使內外相形하여 以禁奸備亂이 可謂密矣라 蒙恬이 將三十萬人하여 威震北方하고 扶蘇監其軍하며 而蒙毅侍帷幄爲謀臣하니 雖有大奸賊이나 敢睥睨其間哉아 不幸道病하니 禱祠山川은 尚有人也어늘 而遣蒙毅라 故로 高斯得成其謀하니 始皇之遣毅와 毅見始皇病, 太子未立이어늘 而去左右는 皆不可以言智로다 雖然이나 天之亡人國에 其禍敗必出於智之所不及하나니 聖人이 爲天下에 不恃智以防亂이요 恃其無致亂之道耳니 始皇致亂之道는 在用趙高하니라

蘇子는 다음과 같이 말하였다.

"始皇이 天下의 가볍고 무거운 형세를 통제하여 內外로 하여금 서로 나타나게 하여, 간사함을 금하고 난을 대비함이 치밀하다고 이를 만하였다. 蒙恬은 30만 병력을 거느려 위엄이 북방에 진동하였고, 扶蘇가 그 군대를 감시하였으며, 蒙毅는 帷幄에서 황제를 모셔 謀臣이 되었으니, 비록 큰 姦賊이 있으나 감히 그 사이에 엿볼 수 있었겠는가? 불행히 도중에서 병이 들었으니, 山川에 기도하고 제사함은 오히려 다른 사람이 있는데도 蒙毅를 보내었다. 이 때문에 趙高와 李斯는 그 꾀를 이룰 수 있었으니, 始皇이 蒙毅를 보낸 것과 蒙毅가 始皇이 병들고 太子가 아직 서지 못함을 보고도 좌우

竝 : 곁 방 琅 : 산이름 랑 琊 : 산이름 야 亥 : 돼지 해 毅 : 굳셀 의 禱 : 빌 도
矯 : 속일 교 帷 : 휘장 유 幄 : 휘장 악 睥 : 흘겨볼 비 睨 : 흘겨볼 예

를 떠난 것은 모두 지혜롭다고 말할 수 없다. 그러나 하늘이 남의 나라를 멸망시킬 때에는 그 禍敗가 반드시 지혜로 미치지 못하는 곳에서 나오니, 聖人이 天下를 다스릴 적에 지혜를 믿어 난을 방비하지 않고, 난을 이룰 길이 없게 함을 믿을 뿐이니, 始皇이 난을 이룬 길은 趙高를 등용함에 있었다.

夫閹尹之禍는 如毒藥猛獸하여 未有不裂肝碎首也라 自有書契以來로 惟東漢呂強과 後唐張承業二人이 號稱善良하니 豈可望一二於千萬하여 以取必亡之禍哉리오 然世主皆甘心而不悔하니 如漢桓靈, 唐肅代는 猶不足深怪어니와 始皇, 漢宣은 皆英主로되 亦沈於趙高恭顯之禍하니 彼自以爲聰明人傑也라 [1]奴僕薰腐之餘가 何能爲리오하더니 及其亡國亂朝하여는 乃與庸主不異라 吾故表而出之하여 以戒後世人主如始皇漢宣者하노라

閹尹(宦官)의 화는 독약과 맹수 같아서 사람의 간을 찢어놓고 머리를 부수지 않은 적이 없었다. 서책이 있은 이래로 환관 중에 오직 東漢의 呂強과 後唐의 張承業 두 사람만이 선량한 사람이라고 칭해오고 있으니, 어찌 한두 명을 천만 명 가운데 기대하여 반드시 멸망할 화를 취하겠는가? 그러나 세상의 군주들이 모두 마음에 달게 여기고 후회하지 않았으니, 漢나라의 桓帝와 靈帝, 唐나라의 肅宗과 代宗 같은 자들은 오히려 깊이 괴이하게 여길 것이 없거니와, 始皇과 漢나라 宣帝는 모두 영명한 군주였으나, 또한 趙高와 弘恭·石顯의 禍에 빠졌으니, 저들은 스스로 생각하기를 '나는 총명한 인걸이라 노예의 薰腐한 나머지가 어떻게 무슨 일을 할 수 있겠는가' 하고 여겼는데, 나라를 멸망하고 조정을 혼란시킴에 미쳐서는 마침내 용렬한 군주와 다름이 없었다. 나는 이 때문에 이것을 표출하여 후세에 人主로서 始皇과 漢나라 宣帝 같은 이를 경계하노라.

譯註 1. 奴僕薰腐之餘 : 薰腐는 불로 陰莖이나 睾丸을 훈증하여 썩히는 것으로, 宮刑을 받은 宦官을 이른다.

或曰 李斯佐始皇定天下하니 不可謂不智라 扶蘇는 始皇子라 秦人이 戴之久矣일새 [1]陳勝이 假其名하여 猶足以亂天下하고 而蒙恬은 持重兵在外하니 使二人이 不卽受誅而復請之런들 則斯高無遺類矣리니 以斯之智로 而不慮此는 何哉오

혹자는 말하기를 "李斯는 始皇을 보좌하여 天下를 평정하였으니, 지혜롭지 않다고 이를 수 없다. 扶蘇는 始皇의 아들로서 秦나라 사람들이 추대하기를 오래하였으므로 陳勝은 그 이름을 빌려 오히려 天下를 어지럽혔으며, 蒙恬은 중요한 兵柄(軍權)을 잡고 밖에 있었으니, 가령 이 두 사람이 즉시 誅罰을 받지 않고 다시 청하였더라면 李斯

閹 : 내시 엄 裂 : 찢을 렬 碎 : 부술 쇄 薰 : 훈증할 훈 腐 : 썩을 부 戴 : 일 대

와 趙高는 남은 무리가 없었을 것이니, 李斯의 지혜로 이것을 염려하지 않음은 어째서 인가?" 하였다.

譯註 1. 陳勝假其名 : 陳勝은 秦나라 말기 義兵을 봉기하면서 당시 扶蘇가 賜死된 사실을 백성들이 잘 모르고 있었으므로 人望을 얻기 위하여 자신이 '公子 扶蘇'라고 詐稱하였으므로 말한 것이다.

蘇子曰 嗚呼라 秦之失道 有自來矣라 豈獨斯高之罪리오 自商鞅變法으로 以殊死爲輕典하고 以參夷爲常法하여 人臣이 狼顧脅息하여 以得死爲幸하니 何暇復請이리오 方其法之行也에 求無不獲하고 禁無不止하니 鞅自以爲軼堯舜而駕湯武矣러니 及其出亡而無所舍然後에 知爲法之弊하니 夫豈獨鞅悔之리오 秦亦悔之矣라 [1]荊軻之變에 持兵者熟視始皇環柱而走하고 而莫之救者는 以法重故也라 李斯之立胡亥에 不復忌二人者는 知威令之素行하여 而臣子不敢復請也요 二人之不敢復請은 亦知始皇之鷙悍而不可回也니 豈料其僞也哉아

이에 蘇子는 다음과 같이 말하였다.

"아! 슬프다. 秦나라가 道를 잃음은 유래가 있었으니, 어찌 다만 李斯와 趙高의 죄만이겠는가. 商鞅이 法을 변경함으로부터 殊死(베어 죽임)를 가벼운 법으로 여기고 三族을 멸하는 것을 떳떳한 법으로 여겨, 신하들이 이리처럼 돌아보고 숨소리를 죽여 죽음을 얻는 것을 다행으로 여겼으니, 어느 겨를에 다시 청하겠는가?

그 법이 행해질 때에 구하면 얻지 못함이 없고, 금하면 그치지 않음이 없었다. 商鞅은 스스로 생각하기를 '堯·舜보다 낫고 湯·武를 능가한다'고 여겼었는데, 그가 쫓겨나 도망하여 머물 곳이 없음에 이른 뒤에야 법을 만든 폐단을 알게 되었으니, 어찌 다만 商鞅이 후회했을 뿐이겠는가? 秦나라 또한 후회하였다. 荊軻의 변에 병기를 잡은 신하들이 始皇이 기둥을 돌면서 도망하는 것을 보기만 하고 구원하는 자가 없었던 것은 법이 무겁기 때문이었다. 李斯가 胡亥를 세울 적에 다시 이 두 사람을 꺼리지 않은 것은 위엄과 명령이 평소에 행해져서 신하들이 감히 다시 청하지 못할 줄을 알았기 때문이요, 두 사람이 감히 다시 청하지 않은 것은 또한 始皇이 사납고 무서워서 돌릴 수 없음을 알았기 때문이니, 어찌 그 거짓임을 헤아렸겠는가?

譯註 1. 荊軻之變 : 俠客인 荊軻가 燕나라 太子 丹의 부탁을 받고 匕首로 秦始皇을 찌르려 한 사건을 이른다.

周公曰 平易近民이면 民必歸之라하시고 孔子曰 有一言而終身行之하니 其恕矣乎

鞅 : 가슴걸이 앙　夷 : 멸할 이　脅 : 겨드랑이 협　軼 : 침노할 일　駕 : 능가할 가
鷙 : 사나울 지　悍 : 사나울 한

인저하시니 夫以忠恕爲心而以平易爲政이면 則上易知하고 下易達하여 雖有賣國之奸이라도 無所投其隙하여 倉卒之變이 無自發焉이라 然이나 其令行禁止는 蓋有不及商鞅者矣로되 而聖人이 終不以此易彼하시니라 [1]商鞅이 立信於徙木하고 立威於棄灰하며 刑其親戚師傅호되 無惻容하니 積威信之極하여 以至始皇하여는 秦人이 視其君을 如雷電鬼神하여 不可測識이라 古者에 公族이 有罪면 三宥而後致刑이어늘 今至使人矯殺其太子而不忌하고 太子亦不敢請하니 則威信之過也라

周公은 '平易하여 백성을 가까이 하면 백성들이 반드시 돌아온다' 하셨고, 孔子는 '한 가지 말로 종신토록 행할 것은 그 恕이다' 하셨으니, 忠恕를 마음으로 삼고 평이함으로 정사를 다스린다면 윗사람의 마음을 알기가 쉽고 아랫사람의 정이 통하기가 쉬워서 비록 賣國하는 간신이 있더라도 그 틈을 붙일 곳이 없어 倉卒의 변이 말미암아 나올 수가 없는 것이다. 그러나 명령이 행해지고 금함이 그쳐짐은 商鞅에 미치지 못함이 있었으나 聖人은 끝내 이것으로써 저것을 바꾸지 않으셨다.

商鞅은 나무를 옮겨놓는 데서 信義를 세우고, 재를 버리는 데서 위엄을 세우며, 왕실의 친척과 師傅를 형벌하면서도 측은히 여기는 모습이 없었다 그리하여 위엄과 信의 극을 쌓아 始皇에 이르러서는 秦나라 사람들이 그 군주 보기를 雷電과 귀신처럼 여겨 감히 측량하여 알지 못하였다. 옛날의 公族(왕족)들은 죄가 있으면 세번 용서한 뒤에 형을 받았는데, 지금에는 사람으로 하여금 조서를 위조하여 太子를 죽이면서도 꺼리지 않고 太子 또한 감히 청하지 못함에 이르게 하였으니, 위엄과 信이 지나친 것이다.

譯註 1. 商鞅은 새로운 법을 시행하기에 앞서 백성들에게 믿음을 보일 목적으로 세 길쯤 되는 나무를 도성의 南門에 세워놓고 이것을 北門으로 옮겨놓는 자에게는 10金을 賞으로 주겠다고 하였다. 그러나 백성들이 이상하게 생각하고 옮겨놓지 않으므로 이번에는 賞金을 올려 50金을 주겠다고 하였다. 이에 한 사람이 옮겨놓자, 즉시 50金을 주었다. 商鞅은 또한 재를 거름으로 쓰기 위하여 재를 함부로 길에 버리는 자를 처벌하였다.

夫以法毒天下者는 未有不反中其身, 及其子孫하나니 漢武, 始皇은 皆果於殺者也라 故로 其子如扶蘇之仁이면 則寧死而不請하고 如戾太子之悍이면 則寧反而不訴하니 知訴之必不察也일새라 戾太子豈欲反者哉아 計出於無聊也라 故로 爲二君之子者는 有死與反而已니 李斯之智蓋足以知扶蘇之必不反也라 吾又表而出之하여 以戒後世人主之果於殺者하노라

隙 : 틈 극 卒 : 갑작스러울 졸 徙 : 옮길 사 灰 : 재 회 宥 : 용서할 유
戾 : 어그러질 려 訴 : 하소할 소 聊 : 즐길 료

법으로써 天下에 해독을 끼친 자는 그 해독이 자신과 그 자손에게 되돌아오지 않는 자가 없었으니, 漢나라 武帝와 始皇은 사람을 죽이는데 과감한 자들이었다. 그러므로 그 아들이 扶蘇처럼 仁하면 차라리 죽을지언정 청하지 않았고, 戾太子와 같이 사나우면 차라리 반란을 일으킬지언정 하소연하지 않았으니, 하소연하더라도 반드시 살펴주지 않을 것임을 알았기 때문이다. 戾太子가 어찌 반란하려고 한 자이겠는가? 계책이 어쩔 수 없음에서 나온 것이다. 그러므로 두 군주의 아들이 된 자들은 죽음과 반란이 있을 뿐이니, 李斯의 지혜는 扶蘇가 반드시 반란하지 않을 것임을 안 것이다. 나는 또 이것을 표출하여 후세의 人主로서 사람을 죽이는데 과감한 자를 경계하노라."

譯註 1. 戾太子 : 漢武帝의 아들로 衛皇后의 소생인데, 당시 권력을 남용하는 江充과 사이가 나빴다. 마침 巫蠱事件이 발생하자, 江充은 太子宮을 수색하여 오동나무로 만든 人形을 발견하고 이것으로 武帝를 저주했다 하여 太子를 체포하려 하였다. 이때 武帝는 甘泉宮으로 피서중이었는데, 戾太子는 위급한 나머지 江充을 처형하고 반란을 일으켰다가 토벌을 받고 죽었다.

荀 卿 論 蘇東坡

常(嘗)讀孔子世家하여 觀其言語文章호니 循循然莫不有規矩하여 不敢放言高論하고 言必稱先王하시니 然後에 知聖人憂天下之深也로라 茫乎不知其畔岸而非遠也요 浩乎不知其津涯而非深也라 其所言者는 匹夫匹婦之所共知로되 而所行者는 聖人도 有所不能盡也시니 嗚呼라 是亦足矣로다 使後世有能盡吾說者면 雖爲聖人이라도 無難이요 而不能者도 不失爲寡過而已矣라

일찍이 「孔子世家」를 읽어 그 언어와 문장을 보니, 循循(질서정연함)히 모두 법도가 있어, 감히 큰소리를 치거나 고상한 의론을 하지 않고 말씀마다 반드시 先王을 칭하셨으니, 그런 뒤에야 聖人이 天下를 근심함이 깊은 줄을 알았노라. 아득하여 그 언덕(끝)을 알 수 없으나 먼 것이 아니요, 浩浩하여 그 나루터를 알 수 없으나 깊은 것이 아니다. 그 말씀하신 것은 匹夫·匹婦도 함께 알 수 있는 것이나 행하는 것은 聖人도 다할 수 없는 바가 있었다. 아! 이 또한 충분하다. 가령 후세에 내(孔子) 말을 모두 따르는 자가 있으면 비록 聖人이 되더라도 어려움이 없을 것이요, 능하지 못한 자라도 허물이 적음을 잃지 않을 뿐이다.

荀 : 성 순 茫 : 아득할 망 畔 : 밭두둑 반 浩 : 넓을 호 津 : 나루 진 涯 : 물가 애

子路之勇, 子貢之辯, 冉有之智此三者는 皆天下之所謂難能而可貴者也라 然三子者는 每不爲夫子之所說이요 顔淵은 嘿然而不見其所能하여 若無以異於衆人者로되 而夫子亟稱之하시니라 且夫學聖人者 豈必其言之云哉리오 亦觀其意之所嚮而已니 夫子以爲後世에 必有不足行其說者矣요 必有竊其說而爲不義者矣일새 是故로 其言이 平易正直而不敢爲非常可喜之論하시니 要在於不可易也라

子路의 용맹과 子貢의 변설과 冉有의 지혜 이 세 가지는 모두 天下에 이른바 능하기 어려워 귀히 여길 만한 것이었다. 그러나 이들 세 사람은 매양 夫子에게 기뻐함을 받지 못하였고, 顔淵은 묵묵하여 그 능한 바를 볼 수가 없어 衆人과 다름이 없는 듯하였으나 夫子는 자주 칭찬하셨다. 또 聖人을 배우는 것이 어찌 반드시 그 말을 이르겠는가? 또한 그 뜻의 향하는 바를 관찰할 뿐이니, 夫子께서는 생각하시기를 '후세에 반드시 나의 말을 행할 것이 없다고 말하는 자가 있을 것이요, 또 반드시 그 말을 표절하여 不義를 저지르는 자가 있을 것'이라고 여기셨다. 이 때문에 그 말씀이 평이하고 정직하여 감히 비상하여 기뻐할 만한 의논을 하지 않으신 것이니, 要는 바꿀 수 없음에 있는 것이다.

昔者에 嘗怪李斯事荀卿이라가 旣而요 焚滅其書하고 盡變古先聖王之法하여 於其師之道에 不啻若寇讐러니 及今觀荀卿之書然後에 知李斯之所以事秦者 皆出於荀卿而不足怪也로라 荀卿者는 喜爲異說而不讓하고 敢爲高論而不顧者也니 其言은 愚人之所驚이요 小人之所喜也라 子思, 孟軻는 世之所謂賢人君子也어늘 荀卿獨曰 亂天下者는 子思孟軻也라하고 天下之人이 如此其衆也며 仁人義士 如此其多也어늘 荀卿獨曰 人性惡하니 桀紂는 性也요 堯舜은 僞也라하니 由是觀之컨대 意其爲人이 必也剛愎不遜而自許太過요 彼李斯者는 又特甚者耳라

옛날에 나는 일찍이 李斯가 荀卿을 섬기다가 이윽고 그 책을 불태워 없애고 옛 先聖王의 법을 모두 변경하여, 그 스승의 道를 원수처럼 여길 뿐만이 아님을 이상하게 여겼었는데, 이제 荀卿의 책을 본 뒤에야 李斯가 秦나라를 섬김이 모두 荀卿에게서 나와 괴이할 것이 없음을 알았노라.

荀卿은 異說을 하기 좋아하여 사양하지 않고 감히 고상한 의론을 하여 돌아보지 않은 자이니, 그 말은 어리석은 자가 경탄하는 바요 소인들이 좋아하는 바였다. 子思와 孟軻는 세상에 이른바 賢人·君子인데, 荀卿은 홀로 "天下를 혼란시킨 자는 子思와 孟軻이다." 하였고, 天下 사람들이 이와 같이 많으며 仁人과 義士가 이와 같이 많은데도, 荀卿은 홀로 "人性이 악하니 桀·紂는 性대로 한 것이요 堯·舜은 거짓으로

冉 : 늘어질 염 嘿 : 묵묵할 묵 嚮 : 향할 향 啻 : 뿐 시 寇 : 도적 구 軻 : 수레 가
桀 : 걸임금 걸 紂 : 주임금 주 愎 : 괴팍할 팍 遜 : 공손할 손

한 것이다."라고 말하였으니, 이것을 가지고 관찰하면 짐작컨대 그 사람됨이 반드시 강하고 괴팍스러워 공손하지 않으면서 스스로 허여하기를 너무 지나치게 한 자요, 저 李斯라는 자는 또 특별히 심한 자라고 여겨진다.

今夫小人之爲不善에 猶必有所顧忌라 是以로 夏商之亡에 桀紂之殘暴로도 而先王之法度禮樂刑政이 猶未至於絕滅而不可考者는 是桀紂猶有所存而不敢盡廢也어늘 彼李斯者는 獨能奮然而不顧하여 焚燒夫子之六經하고 烹滅三代之諸侯하며 破壞周公之井田하니 此亦必有所恃者矣라 彼見其師歷詆天下之賢人하여 以自是其愚하고 以爲古先聖王이 皆無足法者라하니 不知荀卿이 特以快一時之論하여 而不自知其禍之至於此也라 其父殺人報仇면 其子必且行劫하나니 荀卿이 明王道, 述禮樂이어늘 而李斯以其學으로 亂天下하니 其高談異論이 有以激之也일새라 孔孟之論은 未嘗異也로되 而天下卒無有及者하니 苟天下無有及者인댄 則尙安以求異爲哉리오

이제 小人들이 不善한 짓을 함에도 오히려 반드시 돌아보고 꺼려하는 바가 있다. 이 때문에 夏나라와 商나라가 망할 적에 桀·紂의 잔악하고 포악함으로도 先王의 法度와 禮樂과 刑政이 오히려 끊기고 멸하여 상고할 수 없음에 이르지 않았으니, 이는 桀·紂도 오히려 남겨두어서 감히 다 폐하지 않은 바가 있는 것이다. 그런데 저 李斯라는 자는 홀로 분연히 돌아보지 않아, 夫子의 六經을 불태우고 三代 이후의 諸侯들을 삶아 죽여 멸망시켰으며, 周公의 井田法을 파괴하였으니, 이는 반드시 믿는 바가 있어서였을 것이다.

저는 그 스승이 天下의 賢人들을 일일이 비방하여 그 어리석음을 옳다 하는 것을 보고는, 생각하기를 '옛 先聖王들이 모두 족히 법받을 것이 없다'고 여긴 것이니, 이는 荀卿이 다만 일시의 의론을 쾌하게 하여 그 화가 여기에 이를 줄을 스스로 알지 못한 것임을 모른 것이다. 그 아버지가 사람을 죽여 원수를 보복하면 그 자식이 반드시 장차 겁박함을 행하게 된다.

荀卿이 王道를 밝히고 禮樂을 말하였는데, 李斯가 그 학문으로 天下를 혼란시켰으니, 이는 그(荀卿)의 高談과 異論이 격동시킴이 있어서였던 것이다. 孔子와 孟子의 의론은 일찍이 특이하지 않았으나, 天下에 끝내 〈孔子와 孟子를〉 따라갈 만한 자가 없었으니, 진실로 天下에 따라갈 만한 자가 없다면 오히려 어찌 특이함을 구할 것이 있겠는가?

忌 : 꺼릴 기　殘 : 해칠 잔　暴 : 포악할 포　焚 : 불태울 분　燒 : 불사를 소　烹 : 삶을 팽
詆 : 비방할 저　劫 : 으를 겁　激 : 칠 격

文章軌範 卷之四(相字集)

小　心　文

此集文章은 占得道理強이라 以清明正大之心으로 發英華果鋭之氣하여 筆勢無敵하고 光燄燭天하니 學者熟之하고 作經義, 作策하면 必擅大名於天下리라

이 相字集의 문장은 도리를 占함이 많다. 清明正大한 마음으로 英華와 果鋭(용감함)의 기운을 發露하여 筆勢가 대적할 수 없고, 광채가 하늘을 찌르니, 배우는 자가 이숙히 읽고서 經意와 策文을 지으면 반드시 큰 文名을 천하에 떨칠 것이다.

上高宗封事　　胡澹庵(邦衡)

(高宗에게 올린 封事疏)

肝膽忠義하고 心術明白하며 思慮深長하니 讀其文하고 想見其人하면 眞三代以上人物이라 朱文公謂可與日月爭光이니 中興奏議에 此爲第一이라하시니라

肝膽이 忠義롭고 心術이 明白하며 思慮가 深長하니, 그 글을 읽고 그 인물을 상상해 보면 참으로 三代 이전의 인물이다. 朱文公은 "이 글은 日月과 더불어 빛남을 다툴 수 있으니, 中興의 奏議 중에 이 글이 제일이다."라고 평하였다.

謹按 王倫은 本一狎邪小人이요 市井無賴라 頃緣宰相無識하여 遂擧以使虜러니 惟務詐誕하여 欺罔天聽하고 驟得美官하니 天下之人이 切齒唾罵어늘 今者에 無故誘致虜使하여 以詔諭江南爲名하니 是欲臣妾我也요 [1]是欲劉豫我也라 劉豫臣事醜虜하고 南面稱王하여 自以爲子孫帝王萬世不拔之業이러니 一旦에 豺狼이 改慮하여 捽而縛之하여 父子爲虜하니 [2]商鑑不遠이어늘 而倫又欲陛下效之니이다

삼가 살펴 보옵건대, 王倫은 본래 한 방자하고 간사한 小人이요 시정의 무뢰배입니다. 지난번에 재상이 무식함으로 인하여 마침내 천거하여 오랑캐에게 사신으로 보냈었는데, 오직 속임수와 허탄함을 힘써 天聽(임금의 귀)을 속이고 갑자기 아름다운 관직을 얻으니, 天下의 사람들이 이를 갈고 침을 뱉으며 꾸짖고 있습니다. 그런데 이제 까닭없이 오랑캐 사신을 유치하여 江南지방을 曉諭한다는 것으로 명분을 삼으니, 이는

擅 : 독단할 천　虜 : 오랑캐 로　切 : 갈 절　唾 : 침뱉을 타　諭 : 깨우칠 유　豫 : 기쁠 예
豺 : 승냥이 시　捽 : 잡을 졸　縛 : 묶을 박　效 : 본받을 효

우리를 臣妾으로 삼고자 함이요, 이는 우리를 劉豫로 삼고자 함입니다. 劉豫는 추악한 오랑캐를 신하로 섬기고 南面하여 王을 칭하여, 스스로 생각하기를 '자손들이 帝王을 누려 만세토록 뽑히지 않을 基業'이라고 여겼었는데, 하루 아침에 豺狼(金나라를 가리킴) 들이 생각을 바꿔 치고 속박하여 父子가 포로가 되었으니, 商나라의 거울이 멀지 않거늘 王倫은 또 陛下로 하여금 이것을 본받게 하고자 하고 있습니다.

譯註 1. 劉豫 : 景州 출신으로 金나라에 붙어 皇帝에 책봉되고 國號를 大齊라 하였으며 大明府에 도읍하였는데, 8년만에 金나라에 의하여 폐위되고 말았다.
2. 商鑑不遠 : 거울로 삼아 경계하여야 할 것이 가까운 데 있다는 뜻으로 劉豫를 가리키는 바, 「詩經」 大雅 《蕩篇》의 '殷鑑不遠 在夏后之世'를 인용한 것이다.

夫天下者는 祖宗之天下也요 陛下所居之位는 祖宗之位也니 奈何以祖宗之天下로 爲犬戎之天下하고 以祖宗之位로 爲犬戎藩臣之位리잇고 陛下一屈膝이면 則祖宗廟社之靈이 盡汚夷狄이요 祖宗數百年之赤子 盡爲左衽이요 朝廷宰執이 盡爲陪臣이요 天下士大夫皆當裂冠毁冕하여 變爲胡服하리니 異時豺狼無厭之求가 安知不加我無禮를 如劉豫也哉잇고 夫三尺童子는 至無知也로되 指犬豕而使之拜하면 則怫然怒하나니 今醜虜는 則犬豕也어늘 堂堂天朝相率而拜犬豕하시니 曾童孺之所羞를 而陛下忍爲之耶잇가

天下는 祖宗의 天下요, 폐하께서 차지하시고 계신 지위는 祖宗의 지위이니, 어찌하여 祖宗의 天下를 犬戎의 天下로 삼으며, 祖宗의 지위를 犬戎의 藩臣의 지위로 삼을 수 있겠습니까. 폐하께서 한번 무릎을 굽히시면 祖宗과 宗廟·社稷의 영혼이 모두 오랑캐에게 더럽혀지고, 祖宗의 수백 년 동안 내려온 赤子들이 모두 左衽(오랑캐)이 될 것이요, 조정의 宰執(執政大臣) 들이 모두 陪臣(제후국의 신하)이 될 것이요, 天下의 士大夫가 모두 관을 찢고 면류관을 부수고·변장하여 胡服을 입을 것이니, 후일에 豺狼들의 끝없는 요구가 어찌 우리에게 無禮한 짓을 가하기를 劉豫와 같이 하지 않을 줄을 알겠습니까? 삼척동자는 지극히 無知하지만 개와 돼지를 가리키면서 절하라고 하면 怫然히 성냅니다. 지금 추악한 오랑캐는 개와 돼지인데, 당당한 天朝(天子)가 서로 이끌고서 개돼지같은 오랑캐에게 절하려 하시니, 이는 일찍이 어린아이도 부끄러워하는 바인데 폐하께서 차마 하신단 말입니까?

倫之議乃曰 我一屈膝이면 [1]則梓宮可還이요 太后可復이요 淵聖可歸요 中原可得이라하니 嗚呼라 自變故以來로 主和議者誰不以此啗陛下哉리오마는 而卒無一驗하니

藩 : 울타리 번 衽 : 옷깃 임 陪 : 모실 배 冕 : 면류관 면 厭 : 싫어할 염
怫 : 발끈할 불 率 : 거느릴 솔 梓 : 가래나무 재 啗 : 먹을 담

是虜之情僞를 已可知矣어늘 陛下尙不覺悟하사 竭民膏血而不恤하시며 忘國大讐而不報하시고 含垢忍恥하여 擧天下而臣之를 甘心焉하시니 就令虜決可和가 盡如倫議라도 天下後世에 謂陛下何如主리잇고 況醜虜變詐百出하고 而倫이 又以奸邪濟之하니 梓宮을 決不可還이요 太后를 決不可復이요 淵聖을 決不可歸요 中原을 決不可得이며 而此膝一屈이면 不可復伸하고 國勢陵夷하여 不可復振하리니 可爲痛哭流涕長太息也로소이다

王倫의 주장에 이르기를 "우리가 한번 무릎을 굽히면 徽宗의 梓宮이 돌아올 수 있고 韋太后가 돌아올 수 있고 淵聖(欽宗)이 돌아올 수 있고, 中原을 얻을 수 있다."고 하니, 아! 변고가 있은 이래로부터 和議를 주장하는 자들이 누구인들 이것을 가지고 폐하를 유인하지 않았습니까? 그러나 마침내 한 가지 효험도 없었으니, 이는 오랑캐의 실정과 거짓을 이미 알 수 있는 것입니다. 그런데도 폐하께서는 아직도 깨닫지 못하시어 백성들의 膏血을 다하면서도 걱정하지 않으시며 나라의 큰 원수를 잊어 보복하지 않으시고, 더러움을 머금고 치욕을 참아 天下를 들어 신하 노릇하는 것을 마음에 달게 여기시니, 가령 오랑캐와 절대로 화친해야 함이 모두 王倫의 주장과 같더라도 天下와 後世에서 폐하를 어떠한 임금이라고 말하겠습니까? 더구나 추악한 오랑캐들은 변괴와 속임수를 백 가지로 내며 王倫은 또 간사함으로써 이루려 하니, 徽宗의 梓宮이 결코 돌아오지 못할 것이요, 韋太后가 결코 돌아오지 못할 것이요, 淵聖이 결코 돌아오지 못할 것이요, 中原을 결코 얻지 못할 것이며, 이 무릎이 한번 굽혀지면 다시는 펼 수가 없고, 국세가 침체되어 다시는 떨칠 수 없을 것이니, 이는 모두 통곡할 만하고 눈물을 흘릴 만하고 長太息할 만한 것입니다.

譯註 1. 梓宮可還：梓宮은 帝王의 빈소나 棺을 이르는 바, 이때 徽宗이 金나라로 잡혀가 五國城에서 죽었는데 그 시신을 金나라에서 억류하고 돌려주지 않았으며, 徽宗의 后妃이고 高宗의 어머니인 韋皇后 및 徽宗의 뒤를 이어 즉위한 欽宗이 모두 金나라에 잡혀가 있었다.

向者에 陛下間關海道하사 危如累卵호되 當時에 尙不肯北面臣虜어든 況今國勢稍張하여 諸將盛銳하고 士卒思奮이리잇가 只如頃者에 醜虜陸梁하고 僞豫入寇에도 固嘗敗之於襄陽하고 敗之於淮上하고 敗之於渦口하고 敗之於淮陰하니 較之前日蹈海之危하면 已萬萬矣라 儻不得已而遂至於用兵인들 則我豈遽出虜人下哉리잇고 今無故而反臣之하여 欲屈萬乘之尊하여 [1]下穹廬之拜하시니 三軍之士不戰而氣亦索이라 此魯仲連所以義不帝秦이니 非惜夫帝秦之虛名이요 惜夫天下大勢有所不可也니이

膏：기름 고　垢：더러울 구　就：가령 취　夷：평할 이　向：지난번 향
渦：소용돌이 와　蹈：밟을 도　儻：혹시 당　穹：하늘 궁　廬：집 려

다 今內而百官과 外而軍民이 萬口一談하여 皆欲食倫之肉하여 謗議洶洶이어늘 陛下不聞하시니 正恐一旦變作이면 禍且不測이라 臣은 切謂不斬王倫이면 國之存亡을 未可知也라하노이다

지난번에 陛下께서는 바닷길을 어렵게 통과하시어 위태로움이 累卵과 같았으나 당시에도 오히려 北面하여 오랑캐에게 신하노릇을 하지 않으셨는데, 하물며 지금은 국세가 다소 신장되어 여러 장수들이 銳氣가 충만되고 사졸들이 분발할 것을 생각하고 있습니다. 다만 例를 들면 지난번에 오랑캐가 陸梁(날뜀)하고 僞朝(괴뢰정권)의 劉豫가 쳐들어와 侵寇하였을 때에도 진실로 일찍이 이들을 襄陽에서 패퇴시키고 淮上에서 패퇴시키고 渦口에서 패퇴시키고 淮陰에서 패퇴시켰으니, 지난날 바다로 뛰어들던 위태로움에 비교한다면 그때와는 이미 만만번 같지 않습니다. 만일 부득이하여 마침내 무력을 사용함에 이른들 우리가 어찌 단번에 오랑캐들보다 못하겠습니까?

이제 까닭없이 도리어 신하노릇을 하여 萬乘의 높음을 굽혀 穹廬(오랑캐)에게 낮춰 절하려 하시니, 三軍의 군사들이 싸우지 않고도 기운이 또한 꺾입니다. 이 때문에 魯仲連은 의리상 秦나라를 황제로 받들지 않은 것이니, 秦나라를 황제로 받든다는 虛名을 아까워한 것이 아니요, 天下의 대세가 不可함을 아까워한 것입니다. 이제 안으로 百官과 밖으로 軍民들이 萬口一聲으로 모두들 王倫의 살을 저며 먹고자 하여 비난하는 말이 흉흉하온데, 폐하께서는 이것을 듣지 못하시니, 하루 아침에 變亂이 일어나면 禍가 장차 헤아릴 수 없을까 두렵습니다. 臣은 간절히 생각하옵건대 王倫을 처형하지 않으면 國家의 存亡을 알 수 없을 것이라 여깁니다.

譯註 1. 穹廬 : 털방석으로 만든 장막으로, 모양이 높이 솟았기 때문에 이름하였으며 匈奴族들이 여기에 살았으므로 곧 오랑캐를 가리키게 되었다.

雖然이나 倫은 不足道也라 秦檜以腹心大臣而亦爲之하니 陛下有堯舜之資어시늘 檜不能致陛下如唐虞하고 [1]而欲導陛下如石晉하나니이다 近者에 禮部侍郎曾開等이 引古誼以折之한대 檜乃厲聲曰 侍郎은 知故事하고 我獨不知아하니 則檜之遂非狠愎을 已自可見이어늘 而乃建白하여 令臺諫從臣으로 僉議可否하니 是乃畏天下議己하여 而令臺諫從臣으로 共分謗耳니이다 有識之士 皆以爲朝廷無人이라하니 吁可惜哉니이다 孔子曰 微管仲이면 吾其被髮左衽矣라하시니 夫管仲은 霸者之佐耳로되 尙能變左衽之區하여 爲衣冠之會어늘 秦檜는 大國之相也로되 反驅衣冠之俗하여 歸左衽之鄕하니 則檜也는 不唯陛下之罪人이라 實管仲之罪人矣니이다

그러나 王倫은 족히 말할 것이 없습니다. 秦檜는 心腹의 大臣으로 또한 이러한 짓

洶 : 용솟음칠 흉 檜 : 노송나무 회 厲 : 사나울 려 遂 : 이룰 수 狠 : 사나울 한
愎 : 괴팍할 퍅 白 : 아뢸 백 僉 : 모두 첨 吁 : 탄식할 우 微 : 없을 미

을 하고 있습니다. 陛下께서 堯·舜의 자품이 계신데도 秦檜는 陛下를 唐·虞(堯·舜)처럼 만들지 못하고 陛下를 인도하여 石晉과 같이 만들고자 합니다. 근자에 禮部侍郎 曾開 등이 옛날 의리를 인용하여 꺾자, 秦檜는 마침내 큰소리로 말하기를 "侍郎은 故事를 알고 나만 홀로 모르는가?" 하였으니, 秦檜가 나쁜 짓을 이루어 사납고 괴팍함을 이미 스스로 볼 수가 있습니다. 그런데 마침내 建白(건의)하여 臺諫과 侍從臣들로 하여금 여럿이 모여 可否를 의론하게 하니, 이는 바로 天下에서 자기를 비난할까 두려워하여 臺諫과 侍從臣들로 하여금 함께 비방을 나누고자 한 것입니다. 유식한 인사들은 모두들 말하기를 "조정에 사람이 없다."고 하니, 아! 애석합니다.

孔子께서 말씀하시기를 "管仲이 없었다면 나는 머리를 풀어 헤치고 左衽을 하였을 것이다." 하셨으니, 管仲은 霸者의 보좌였을 뿐인데도 오히려 左衽의 구역을 변하여 衣冠의 사회를 만들었거늘 秦檜는 大國의 재상인데도 도리어 衣冠의 풍속을 몰아 左衽의 시골로 돌아가려 하니, 秦檜는 단지 陛下의 죄인일 뿐만 아니라 실로 管仲의 죄인인 것입니다.

譯註 1. 石晉 : 石敬瑭이 세운 後晉을 이른다. 後晉의 高祖인 石敬瑭은 契丹의 힘을 빌려 後唐을 멸망하고 後晉을 세웠으나 그후 契丹의 횡포로 온갖 수모를 겪어야 했다.

孫近은 附會檜議하여 遂得參知政事하니 天下望治를 有如飢渴이어늘 而近이 伴食中書하여 漫不可否事하고 檜曰虜可講和라하면 近亦曰可和라하며 檜曰天子當拜라하면 近亦曰當拜라하나니이다 臣嘗至政事堂하여 三發問호되 而近不答하고 但曰 已令臺諫侍從議矣라하나이다 嗚呼라 參贊大政이 徒取充位如此하니 有如虜騎長驅면 尚能折衝禦侮耶잇가 臣竊謂秦檜孫近을 亦可斬也라하노이다

孫近은 秦檜의 의견에 附會하여 마침내 參知政事를 얻으니, 天下에서는 나라가 다스려지기를 바라기를 飢渴에 밥과 물을 바라듯이 하는데, 孫近은 〈아무 하는 일 없이〉 中書省에서 모시고 밥만 먹을 뿐, 閑漫히 일을 가타부타 하지 않고, 秦檜가 '오랑캐와 강화하여야 한다'고 말하면 孫近 또한 '화친해야 한다'고 말하며, 秦檜가 '天子가 마땅히 절해야 한다'고 말하면 孫近 또한 '마땅히 절해야 한다'고 말하고 있습니다. 臣이 일찍이 政事堂에 이르러 세 번 질문을 꺼냈으나 孫近은 대답하지 않고 단지 말하기를 "이미 臺諫과 侍從臣들로 하여금 의론하게 했다." 할 뿐이었습니다. 아! 정사를 參贊하는 자가 한갓 자리만 채움을 취함이 이와 같으니, 만일 오랑캐의 騎兵이 승승장구해 온다면 오히려 적의 충돌을 막고 침략을 막을 수 있겠습니까? 臣은 엎드려 생각하옵건대, 秦檜와 孫近 또한 목베어야 한다고 여기옵니다.

伴 : 짝 반　漫 : 아득할 만　衝 : 부딪칠 충　侮 : 침략할 모

臣備員樞屬하니 義不與檜等共戴天이라 區區之心이 願斬三人頭하여 [1]竿之藁街然後에 覊留虜使하여 責以無禮하고 徐興問罪之師하시면 則三軍之士不戰而氣自倍하리이다 不然이면 臣有赴東海而死耳언정 寧能處小朝廷求活耶잇가

臣은 樞密院의 관속으로 충원되었으니, 의리상 秦檜 등과 함께 한 하늘을 이고 살 수가 없습니다. 구구한 마음에 세 사람의 머리를 베어 藁街에 게시한 뒤에 오랑캐 사신을 억류하여 무례함을 책하고 죄를 묻는 군대를 서서히 일으키신다면 三軍의 군사들은 싸우지 않고도 사기가 저절로 배가될 것입니다. 그렇지 않으면 臣은 東海에 뛰어들어 죽을지언정 어찌 작은 조정에 처하여 살기를 구하겠습니까?

譯註 1. 藁街 : 거리의 이름인데, 여기에 오랑캐들이 머무는 館舍가 있었으므로 말한 것이다.

文章軌範 卷之五(有字集)

小 心 文

此集은 皆謹嚴簡潔之文이라 場屋中日晷有限하니 巧遲者不如拙速이라 論策結尾에 略用此法度하면 主司亦必以異人待之리라

이 有字集은 모두 근엄하고 간결한 문장이다. 科場 안에서는 시간에 제한이 있으니, 공교롭게 지으면서 더딘 것이 졸렬하게 지으면서 빠른 것만 못하다. 論과 策文의 끝을 맺음에 대략 이러한 법도(文章法)를 쓴다면 主司(시험관)도 반드시 특이한 사람으로 대우할 것이다.

雜 說

韓文公

此篇主意는 聖君賢臣相逢이라야 可成大功이라

이 篇의 主意는 聖君과 賢臣이 서로 만나야 큰 功을 이룰 수 있다는 것이다.

戴 : 일 대 竿 : 장대 간 藁 : 짚 고 覊 : 굴레 기

龍이 噓氣成雲하니 雲固弗靈於龍也라 然이나 龍乘是氣하여 茫洋窮乎玄間하여 薄日月伏光景(影)하며 感震電神變化하며 水下土汩陵谷하나니 雲亦靈怪矣哉인저 雲은 龍之所能使爲靈也어니와 若龍之靈은 則非雲之所能使爲靈也라 然이나 龍不得雲이면 無以神其靈矣니 失其所憑依가 信不可歟인저 異哉라 其所憑依는 乃其所自爲也로다 易曰 雲從龍이라하니 旣曰龍이면 雲從之矣니라

龍이 氣를 불어 구름을 이루니, 구름은 진실로 龍보다 신령스럽지 못하다. 그러나 龍은 이 氣를 타고서 아득히 먼 하늘의 사이를 다하여 日月을 가까이하여 햇빛과 그림자를 숨게 하며, 震電을 감동하여 변화를 신묘하게 하며, 下土(땅)에 물을 내려 구릉과 산골짝을 어지럽게 하니, 구름 또한 신령스럽고 괴이하다. 구름은 용이 신령스럽게 만들 수 있거니와 용의 신령스러움으로 말하면 구름이 신령스럽게 만들 수 있는 바가 아니다. 그러나 용은 구름을 얻지 못하면 그 신령스러움을 신묘하게 할 수 없으니, 그 의지할 바를 잃는 것은 참으로 불가하다 하겠다. 괴이하다. 그 의지하는 바는 용이 스스로 만드는 것이다. 「周易」에 이르기를 "구름은 용을 따른다."고 하였으니, 이미 용이라고 말했으면 구름은 따르게 마련이다.

送董邵南序 韓文公

(董邵南을 전송하는 序)

燕趙에 古稱多感慨悲歌之士라 董生이 擧進士라가 連不得志於有司하여 懷抱利器하고 鬱鬱適玆土하니 吾知其必有合也로니 董生은 勉乎哉어다 夫以子之不遇時로 苟慕義彊仁者 皆愛惜焉하니 矧燕趙之士出乎其性者哉아 然이나 吾嘗聞風俗이 與化移易이라하니 吾惡知其今不異於古所云耶아 聊以吾子之行으로 卜之也호리니 董生은 勉乎哉어다 吾因子하여 有所感矣로니 [1]爲我弔望諸君之墓하고 而觀於其市하라 [2]復有昔時屠狗者乎아 爲我謝曰 明天子在上하시니 可以出而仕矣라하라

燕·趙 지방에는 옛부터 感慨하여 슬피 노래하는 선비가 많다고 칭해 온다. 董生이 進士試에 응시하였다가 연달아 有司(시험관)에게 뜻을 얻지 못하여, 利器(뛰어난 재주)를 안고 울울히 이 지방으로 감에 나는 반드시 그 의기가 투합할 자가 있을 줄을 아노니, 董生은 힘쓸지어다. 그대가 좋은 때를 만나지 못하였으므로, 진실로 義를 사모하고 仁을 힘쓰는 자들이 모두 애석히 여기고 있으니, 하물며 燕·趙 지방의 선비로서 義憤心이 그 본성에서 우러나오는 자들에 있어서랴! 그러나 내 일찍이 들으니, 풍

噓 : 내불 허　茫 : 아득할 망　汩 : 어지럽힐 골　憑 : 의지할 빙　邵 : 땅이름 소
鬱 : 막힐 울　適 : 갈 적　矧 : 하물며 신　屠 : 죽일 도　狗 : 개 구

속은 교화에 따라 옮겨지고 바꾸어진다 하니, 내 지금 옛날에 말해오던 바와 다르지 않음을 어찌 알겠는가? 애오라지 그대가 가는 것으로써 점치려 하노니, 董生은 힘쓸지어다.

내 그대로 인하여 느껴지는 바가 있으니, 나를 위하여 望諸君의 묘에 조문하고 그 시장에서 관찰해보라. 다시 옛날의 개를 잡던 자가 있는가? 있거든 나를 위해 "현명하신 天子께서 위에 계시니, 나와 벼슬하라."고 말하라.

譯註 1. 望諸君：戰國時代 忠義로운 名將으로 알려진 樂毅의 봉호이다. 燕나라 昭王을 섬겨 齊나라를 격파하고 昌國君에 봉해졌으나 새로 즉위한 惠王에게 軍權을 박탈당하고 趙나라로 망명하여 望諸君에 봉해졌다. 그러나 樂毅는 평생토록 燕나라를 잊지 않았다.

2. 昔時屠狗者：燕나라의 俠客인 高漸離는 시장에서 개를 잡아 팔고 밤낮으로 술을 마셨으며 刺客인 荊軻와 절친하였으므로, 곧 이들을 가리킨 것이다.

送王含秀才序 韓文公

(秀才 王含을 전송하는 序)

王含之祖王績은 字無功이니 嘗作醉鄕記라 此序는 以醉鄕記三字로 生一篇議論하니 下字影狀이 可見其巧라 此序는 只從醉鄕記三字하여 得意變化하여 成一篇議論하니 此文公最巧處라 凡作論에 可以爲法이니라

王含의 할아버지 王績은 자가 無功인데 일찍이 '醉鄕記(술에 취한 사람들의 기문)'를 지었다. 이 序는 '醉鄕記' 세 글자를 가지고 한 편의 의론을 내었으니, 글자를 놓아 형상을 묘사함이 공교로움을 볼 수 있다. 이 序는 다만 '醉鄕記' 세 글자로부터 뜻을 얻어 변화하여 한 편의 의론을 만들었으니, 이는 韓文公의 가장 공교로운 부분이다. 무릇 論을 지을 때에는 이것을 법으로 삼을 만하다.

吾少時에 讀醉鄕記하고 私怪隱居者無所累於世로되 而猶有是言하니 豈誠旨於味耶아하더니 及讀阮籍陶潛詩하여 乃知彼雖偃蹇하여 不欲與世接이나 然猶未能平其心하여 或爲事物是非相感發이라 於是에 有託而逃焉者也로라 若顔氏子는 操瓢與簞하고 曾參은 歌聲이 若出金石하니 彼得聖人而師之하여 汲汲每若不可及이라 其於外也에 固不暇하니 尙何麯蘖之託而昏冥之逃耶아 吾又以爲悲醉鄕之徒不遇也로라

阮：성 완(원) 偃：교만할 언 蹇：교만할 건 瓢：표주박 표 簞：소쿠리 단
麯：누룩 국 蘖：누룩 얼

내 젊었을 때에 '醉鄕記'를 읽고는, 사사로이 괴이하게 여기기를 '隱居하는 자들은 세상의 일에 얽매임이 없을 터인데도 오히려 세상을 걱정하는 말이 있으니, 어찌 진실로 술맛에 맛을 들인 자인가?' 하였는데, 阮籍과 陶潛의 詩를 읽고는 비로소 저들이 비록 偃蹇(오만)하여 세상과 접하고자 하지 않았으나 오히려 그 마음을 화평하게 하지 못하여 혹 사물의 옳고 그름에 서로 感發되어 이에 의탁하여 도피함이 있음을 알았노라.

顔氏의 아들(顔淵)은 표주박과 대그릇을 잡았으며, 曾參은 노랫소리가 金石에서 나오는 듯하였으니, 저들은 聖人을 만나 스승으로 삼아 급급히 매양 미치지 못할 듯이 여겼다. 그리하여 外物에 진실로 미칠 겨를이 없었으니, 오히려 어찌 麯蘖(술)에 가탁하여 昏冥(술취함)에 도피하였겠는가? 나는 또 醉鄕의 무리들이 불우함을 슬퍼하노라.

建中初에 天子嗣位하사 有意貞觀開元之丕績하시니 在廷之臣이 爭言事라 當此時하여 醉鄕之後世 又以直廢하니 吾旣悲醉鄕之文辭하고 而又嘉良臣之烈하여 思識其子孫이로라 今子之來見我也에 無所挾이라도 吾猶將張之어든 況文與行이 不失其世守하여 渾然端且厚아 惜乎라 吾力不能振之요 而其言이 不見信於世也일새 於其行에 姑與之飮酒하노라

建中(唐德宗의 年號) 초기에 天子께서 즉위하시고는 다음 貞觀·開元 연간의 훌륭한 치적에 뜻을 두시니, 조정에 있는 신하들이 다투어 일을 말하였는데, 이 때를 당하여 '醉鄕記' 作者의 후손(王含을 가리킴)이 또 直諫을 하다가 폐출을 당하니, 나는 이미 '醉鄕記'의 文章을 슬퍼하고 또 훌륭한 신하의 功烈을 가상히 여겨 그 자손들과 알고 지낼 것을 생각하였었다. 이제 그대가 찾아와서 나를 볼 때에 소유한 것이 없더라도 내 오히려 장차 과장해 줄 터인데 하물며 문장과 행실이 대대로 지킴을 잃지 않아 渾然히 단정하고 또 후덕함에 있어서랴! 애석하게도 나는 힘이 진작시켜 줄 수 없고 그 말이 세상에 신임을 받지 못한다. 그러므로 그가 떠나갈 때에 우선 그와 더불어 술을 마시는 것이다.

答李秀才書

韓文公

(李秀才(李師錫)에게 답한 편지)

愈는 白하노라 故友李觀元賓이 十年之前에 示愈別吳中故人詩六章하니 其首章은 則吾子也니 盛有所稱引이라 元賓이 行峻潔淸하고 其中狹隘하여 不能包容하여 於

丕 : 클 비 挾 : 낄 협 峻 : 높을 준 狹 : 좁을 협 隘 : 좁을 애

尋常人에 不肯苟有論說하고 因究其所以하니 於是에 知吾子非庸衆人이로라 時에 吾子在吳中하고 其後에 愈出在外하여 無因緣相見이러니 元賓旣歿하니 其文이 益可貴重이요 思元賓而不見일새 見元賓之所與者면 則如元賓焉이로라

韓愈는 아뢰노라. 옛 친구인 李觀 元賓이 10년 전에 吳中의 故人(친구)들과 작별한 詩 여섯 章을 나에게 보여주었는데, 그 첫째 章은 바로 吾子(그대)였는 바, 稱引(칭찬)한 바가 대단하였다. 元賓은 행실이 높고 깨끗하며, 그 마음이 좁아서 포용하지 못하여 보통 사람들과는 구차하게 논설하려 하지 않고 인하여 그 所以(원인)를 연구하였으니, 이에 〈나는〉 吾子가 용렬한 衆人이 아님을 알았노라. 이 때에 吾子는 吳中에 있었고 그후에 나는 나와서 밖에 있어 서로 만나볼 인연이 없었는데, 元賓이 이미 별세함에 그 문장이 더욱 귀중해졌으며, 元賓을 그리워하여도 만나볼 수 없으므로 元賓이 더불어 교유하던 자를 만나면 元賓을 만난 듯이 대하였다.

今者에 辱惠書及文章하여 觀其姓名하니 元賓之聲容을 怳若相接이요 讀其文辭하니 見元賓之知人과 交道之不汚호니 甚矣라 子之心이 有似於吾元賓也여 子之言에 以愈所爲不違孔子하고 不以雕琢爲工이라하여 將相從於此하니 愈敢自愛其道하여 而以辭讓爲事乎아 然이나 愈之所志於古者는 不惟其辭之好요 好其道焉爾라 讀吾子之辭而得其所用心하니 將復有深於是者라 與吾子樂之하리니 況其外之文乎아 愈는 頓首하노라

이제 그대가 욕되게 편지와 문장을 보내주어 그 姓名을 보니, 元賓의 목소리와 모습을 황홀하게 서로 접한 듯하며, 그 문장을 읽어보니, 元賓이 인물을 알아봄과 사귀는 道가 더럽지 않음을 볼 수 있으니, 심하다! 그대의 마음이 우리 元賓과 유사함이여. 그대의 말에 "나의 하는 바가 孔子에 違背되지 않고 문장을 다듬는 것을 공교롭게 여기지 않는다." 하여, 장차 서로 이 곳에서 從遊하려 하니, 내 감히 스스로 그 道를 아껴 사양함을 일삼겠는가. 그러나 내가 옛날에 뜻한 바는 다만 그 문장을 좋아할 뿐만 아니라, 그 道를 좋아하는 것이었다. 吾子의 문장을 읽고 그 用心을 알아보니, 장차 다시 이 道에 깊음이 있으려는 자였다. 내 吾子와 더불어 이것을 즐거워할 것이니, 하물며 그 밖의 문장에 있어서랴! 韓愈는 머리를 조아리고 올리노라.

送許郢州序

韓文公

(許郢州(許志雍)를 전송한 序)

于頔貪酷하여 賦斂苛急하니 此序는 諷諫于頔이니 文有權衡이라

尋 : 보통 심　怳 : 황홀할 황　彫 : 아로새길 조　琢 : 쪼을 탁　郢 : 초나라서울 영

〈山南東道 節度使인〉 于頔은 탐욕스럽고 혹독하여 세금을 거둠이 까다롭고 급하였으니, 이 序는 于頔을 諷諫한 것으로 글에 權衡(저울로 평가함)이 있다.

愈嘗以書로 自通於于公이 累數百言이니 其大要는 言先達之士得人而託之면 則道德彰而名聞流하고 後進之士得人而託之면 則事業顯而爵位通이어늘 下有矜乎能하고 上有矜乎位하여 雖恒相求而不相遇라하니 于公이 不以其言爲不可하고 復(복)書曰 足下之言이 是也라하니라 于公이 身居方伯之尊하고 蓄不世之材하여 而能與卑鄙庸陋相應答을 如影響하니 是非忠乎君而樂乎善하여 以國家之務爲己任者乎아 愈雖不敢私其大恩이나 抑不可不謂之知己라 恒矜而誦之하니 情已至而事不從은 小人之所不爲也라 故로 於使君之行에 道刺史之事하여 以爲于公贈하노라

내 일찍이 편지로 직접 于公과 통한 것이 수백 字에 이르렀는데, 그 大要는 '일찍 榮達한 선비가 훌륭한 사람을 만나 의탁하면 道德이 드러나고 명예가 후세에까지 흐르며, 後進의 선비가 훌륭한 사람을 만나 의탁하면 事業이 드러나고 爵位가 현달하는데, 아랫사람은 재능을 자랑하고 윗사람은 지위를 자랑하여, 비록 항상 서로 구하나 서로 만나지 못한다'는 것이었다. 于公은 나의 말을 不可하다고 여기지 않고 復書(답장)에 이르기를 "足下의 말이 옳다." 하였다.

于公은 자신이 方伯의 존귀한 자리에 처하고 불세출의 재주를 가지고 있으면서도 낮고 비루하며 용렬하고 누추한 자와 더불어 응답하기를 그림자와 메아리와 같이 하니, 이는 군주에게 충성하고 善을 좋아하여 국가의 임무를 자신의 임무로 삼는 자가 아니겠는가. 내 비록 감히 큰 은혜를 사사로이 하지 못하나 또한 知己라고 이르지 않을 수 없다. 그리하여 항상 자랑하고 외우니, 정이 이미 지극하면서 일이 따르지 않음은 小人(자신의 겸칭)이 하지 않는 바이다. 그러므로 使君이 길을 떠남에 刺史의 일을 말하여 于公에게 드리게 하노라

凡天下之事 成於自同而敗於自異하나니 爲刺史者는 常私於其民하여 不以實應乎府하고 爲觀察使者는 恒急於其賦하여 不以情信乎州라 由是로 刺史不安其官하고 觀察使不得其政하여 財已竭而斂不休하고 人已窮而賦愈急하니 其不去爲盜也亦幸矣라 誠使刺史不私於其民하고 觀察使不急於其賦하여 刺史曰 吾州之民은 天下之民也니 惠不可以獨厚라하고 觀察使亦曰 某州之民은 天下之民也니 斂不可以獨急이라하면 如是而政不均, 令不行者는 未之有也라 其前之言者를 于公이 既已信而行之矣니 今之言者를 其有不信乎아 縣之於州는 猶州之於府也니 有以事乎上하고 有以臨于下하여 同則成하고 異則敗者 皆然也라 非使君之賢이면 其誰能

頔 : 사람이름 적　矜 : 자랑할 긍　蓄 : 쌓을 축　鄙 : 더러울 비　響 : 메아리 향

信之리오 愈於使君에 非燕遊一朝之好也라 故로 其贈行에 不以頌而以規하노라

무릇 천하의 일은 스스로 함께 함에 이루어지고 스스로 달리함에 실패하는 것이니, 刺史가 된 자들은 항상 그 백성을 두둔하여 실제로써 府에 응하지 않고, 觀察使(節度使)가 된 자들은 항상 그 부세를 걷는 것을 급히 하여 情으로써 州에 믿게 하지 않는다. 이 때문에 刺史는 그 관직을 편안히 여기지 못하고, 觀察使는 그 정사를 제대로 하지 못하여, 재물이 이미 고갈되었는데도 거둠이 그치지 않고 백성들이 이미 곤궁한데도 부세를 거둠이 더욱 급하니, 백성들이 떠나가서 도둑질하지 않는 것만도 또한 다행이다. 진실로 刺史가 그 백성을 두둔하지 않고 觀察使가 부세를 거둠을 급히 하지 않아, 刺史가 말하기를 "우리 州의 백성은 천하의 백성이니, 은혜를 〈우리 州만〉 홀로 후하게 받을 수 없다." 하고, 觀察使 또한 말하기를 "아무 州의 백성은 천하의 백성이니, 거둠을 〈그 州만〉 홀로 급히 할 수 없다."고 한다면 이와 같이 하고서 정사가 균평하지 않고 명령이 행해지지 않는 경우는 있지 않다.

지난번에 한 말을 于公이 이미 믿고 행하였으니, 지금에 하는 말을 믿지 않겠는가? 縣이 州에 있어서는 州가 府(觀察使府)에 대해서와 마찬가지이니, 윗사람을 섬김이 있고 아랫사람을 임함이 있어, 서로 함께 하면 이루어지고 달리하면 실패함이 모두 그러하다. 使君의 어짐이 아니면 그 누가 능히 내 말을 믿겠는가? 나는 使君에게 있어 讌會席上에서 交遊한 하루 아침의 友好가 아니다. 그러므로 그가 떠나갈 때에 주기를 칭송으로써 하지 않고 타이름으로써 하는 것이다.

贈崔復州序 韓文公

(崔復州에게 준 序)

此亦諷于頔이니 與上篇同意라

이 또한 于頔을 諷諫한 것이니, 위 篇과 뜻이 같다.

有地數百里하고 趨走之吏 自長史司馬以下〈數十人〉이요 其祿이 足以仁其三族하고 及其朋友故舊하며 樂乎心이면 則一境之人喜하고 不樂乎心이면 則一境之人懼하나니 大丈夫官至刺史면 亦榮矣라 雖然이나 幽遠之小民은 其足跡이 未嘗至城邑하니 苟有不得其所라도 能自直於鄉里之吏者鮮矣니 況能自辨於縣吏乎아 能自辨於縣吏者鮮矣니 況能自辨於刺史之庭乎아 由是로 刺史有所不聞하고 小民有所不宣이라 賦有常而民產無常하고 水旱癘疫之不期하니 民之豐約이 懸於州어늘 縣令不

燕 : 잔치 연　癘 : 염병 려　疫 : 돌림병 역

以言하고 連帥不以信하여 民就窮而斂愈急하니 吾見刺史之難爲也로다 崔君이 爲復州하니 其連帥는 則于公이라 崔君之仁이 足以蘇復人이요 于公之賢이 足以庸崔君이니 有刺史之榮而無其難爲者將在於此乎인저 愈嘗辱于公之知而舊遊於崔君일새 慶復人之將蒙其休澤也하여 於是乎言하노라

수백 리의 땅을 소유하고 달려와 받드는 관리들이 長史와 司馬로부터 이하 수십 명이 있으며, 그 녹봉이 족히 三族을 따뜻하게 할 수 있고 朋友와 故舊에 미치며, 마음에 즐거우면 한 境内의 인민들이 기뻐하고 마음에 즐겁지 않으면 한 境内의 인민들이 두려워하니, 대장부의 벼슬이 刺史에 이르면 또한 영화로운 것이다.

그러나 아득히 멀리 있는 小民들은 그 발자취가 일찍이 城邑에 이른 적이 없으니, 만일 살 곳을 얻지 못함이 있더라도 능히 스스로 鄕里의 관리에게 제 뜻을 펴는 자가 적으니, 하물며 縣吏에게 따지겠는가? 縣吏에게 스스로 따지는 자도 적으니 하물며 刺史의 뜰에서 따지겠는가? 이 때문에 刺史가 듣지 못하는 바가 있고, 小民들이 뜻을 펴지 못하는 바가 있는 것이다. 부세는 일정한데 백성들의 재산은 일정함이 없으며, 水災와 旱災, 염병이 기약없이 이르니, 백성들이 잘살고 못사는 것이 州에 달려 있는데, 縣令은 이것을 말하지 않고 連帥(節度使)는 이것을 믿지 아니하여, 백성들이 곤궁하게 되어도 거두기를 더욱 급히 하니, 내 刺史 노릇하기 어려움을 보노라.

崔君이 復州를 다스리니, 그 連帥는 바로 于公이다. 崔君의 인자함은 능히 復州의 人民들을 소생시킬 수 있고, 于公의 어짐은 족히 崔君을 등용할 만하니, 刺史의 영화를 누리면서 刺吏 노릇하기 어려움이 없음은 장차 여기에 있을 것이다. 나는 일찍이 于公의 알아줌을 입었고 옛부터 崔君과 종유하였으므로, 復州의 人民들이 장차 아름다운 은택을 입을 것을 경하하여 이에 말하노라.

讀李翺文　　歐陽公(脩)

(李翺의 글을 읽고 씀)

予始讀復性書三篇하고 曰 此는 中庸之義疏爾라 智者는 識其性이니 當復中庸이요 愚者는 雖讀此라도 不曉也리니 不作이라도 可焉이라하고 又讀與韓侍郎薦賢書하여는 以謂翺特窮時에 憤世無薦己者라 故로 丁寧如此하니 使其得志면 亦未必然이라하여 以翺로 爲秦漢間好事行義之一豪雋(俊)이요 亦善論人者也라하더니 最後에 讀幽懷賦然後에 置書而嘆不已하고 復讀不自休하여 恨翺不生於今하여 不得與之交하고 又恨予不得生翺時하여 與翺上下其論也로라

翺 : 날 고　曉 : 깨달을 효　特 : 다만 특　憤 : 성낼 분

내 처음 〈李翺의〉 '復性書' 세 篇을 읽고 생각하기를 '이는 「中庸」의 義疏(주석)이니, 지혜로운 자는 그 性을 알고 있으니 마땅히 中庸을 회복할 것이요, 어리석은 자는 비록 이 글을 읽더라도 알지 못할 것이니, 이 글은 짓지 않더라도 可하다' 하였으며, 또 韓侍郞에게 준 '薦賢書(현자를 추천하는 글)'를 읽고는 생각하기를 '李翺가 다만 곤궁할 때에 세상에 자기를 천거해 주는 자가 없음을 분히 여겼으므로 정녕함이 이와 같았던 것이니, 가령 뜻을 얻었다면 반드시 그렇지 않았을 것이다' 라고 하여, 李翺를 秦·漢 시대에 일을 좋아하고 義를 행하는 한 豪傑이며 또한 인물을 잘 평론한 자라고 여겼었다. 나는 최근에 '幽懷賦'를 읽은 뒤에야 책을 덮고 감탄하기를 마지 않고 다시 읽기를 스스로 그치지 않고서 李翺가 지금 세상에 태어나지 않아 더불어 교유할 수 없음을 한하였고, 또 내가 李翺 때에 태어나지 못하여 李翺와 더불어 그 의론을 오르내리지 못함을 한하였다.

況迺翺一時에 有道而能文者莫若韓愈하니 [1]愈嘗有賦矣로되 不過羨二鳥之光榮하고 歎一飽之無時爾니 推是心인대 使光榮而飽면 則不復云矣리라 若翺는 獨不然하여 其賦曰 衆囂囂而雜處兮여 咸歎老而嗟卑로다 視予心之不然兮여 慮行道之猶非로라 怪神堯以一旅取天下어늘 後世子孫이 不能以天下取河北以爲憂로다하니 嗚呼라 使當時君子皆易(역)其歎老嗟卑之心하여 爲翺所憂之心이런들 則唐之天下豈有亂與亡哉아 然이나 翺幸不生今時하니 見今之事면 則憂又甚矣리니 奈何今之人은 不憂也오 余行天下하여 見人多矣로니 脫有一人能如翺憂者면 又皆疏遠하여 與翺無異하고 其餘光榮而飽者는 一聞憂世之言이면 不以爲狂人則以爲病子라하여 不怒則笑之矣라 嗚呼라 在位而不肯自憂하고 又禁他人하여 使皆不得憂하니 可歎也夫인저

하물며 李翺와 同時代의 인물로 道가 있으면서 문장을 잘한 자는 韓愈만한 이가 없었는데, 韓愈도 일찍이 지은 賦가 있었으나 두 새의 영광을 부러워하고 한번 배부를 때가 없음을 탄식함에 불과할 뿐이었으니, 이 마음을 미루어 본다면 韓愈가 가령 영광스럽고 배불렀다면 다시 말하지 않았을 것이다. 그런데 李翺로 말하면 홀로 그렇지 않아 그 賦에 이르기를 "여러 사람들이 囂囂히(시끄럽게) 뒤섞여 처함이여! 모두 늙음을 한탄하고 낮은 지위를 서글퍼 한다. 내 마음은 그렇지 않아 道를 행함이 오히려 잘못될까 염려한다. 神堯(唐高祖)는 한 부대로서 천하를 취하였는데, 후세의 자손들은 천하로써 河北 지방을 취하지 못하여 이것을 근심함을 괴이하게 여긴다." 하였으니, 아! 슬프다. 당시 君子들이 모두 늙음을 한탄하고 낮은 지위를 서글퍼하는 마음을 바꾸어 李翺가 걱정한 바의 마음으로 삼았더라면 唐나라의 천하에 어찌 혼란과 멸망이

迺 : 이에 내 羨 : 부러울 선 囂 : 시끄러울 효 脫 : 혹시 탈

있었겠는가.

그러나 李翺는 다행히 지금 세상에 태어나 지금의 일을 보지 않았으니, 지금의 일을 보았다면 근심이 더욱 심하였을 것인데, 어찌하여 지금 사람들은 근심하지 않는가? 내 천하를 돌아다녀 사람을 본 것이 많으니, 설령 한 사람이 李翺처럼 나라를 근심하는 자가 있으면 또 모두 疏遠을 당하여 李翺와 다름이 없고, 그 나머지 영광스럽고 배부른 자들은 한번 세상을 걱정하는 말을 들으면 "미친 사람이 아니면 어리석은 사람이다." 라고 말하여 욕하지 않으면 비웃는다. 아! 지위에 있으면서 스스로 근심하려 하지 않고, 또 타인들을 금하여 모두 근심하지 못하게 하니, 한탄스러운 일이다.

譯註 1. 愈嘗有賦 : 韓愈가 지은 '二鳥賦'를 이른다. 韓愈는 28세에 長安에서 뜻을 얻지 못하고 돌아오던 중 황제에게 진상하기 위해 白鳥와 흰 구욕새를 갖고 가는 것을 보았는데, 사람들이 모두 길을 피해 주고 감히 똑바로 보지도 못하였다. 이에 韓愈는 이 賦를 지어 두 새만도 못한 자신의 신세를 한탄하였다.

文章軌範 卷之六(種字集)

小 心 文

此集은 才學識三高하고 議論關世教하니 古之立言不朽者 如是夫인저 葉水心曰 文章이 不足關世教면 雖工無益也라하니 人能熟此集이면 學進識進而才亦進矣리라

이 種字集은 재주와 학문, 식견 세 가지가 모두 높고 議論이 世教에 관계되니, 옛날에 훌륭한 글을 지어 不朽한 자는 이와 같았다. 葉水心(葉適)은 "문장이 世教에 관계되지 못하면 비록 잘하더라도 유익함이 없다." 하였으니, 사람들이 이 種字集을 익숙히 읽으면 학문이 진전되고 식견이 진전되며 재주 또한 진전될 것이다.

*柳子厚墓誌　　韓文公

※ 원래의 臺本(古文眞寶 附錄)은 中間 一部만 수록하고 앞·뒤를 모두 삭제하였으므로 「文章軌範」 原本을 참고하여 全文을 실었음을 밝혀둔다. 다음의 '書箕子廟碑陰'도 그러하다.

葉 : 성 섭

〈子厚는 諱宗元이니 七世祖慶이 爲拓跋魏侍中하여 封濟陰公하고 曾伯祖奭이 爲唐宰相하여 與褚遂良, 韓瑗으로 俱得罪武后하여 死高宗朝하다 皇考는 諱鎭이니 以事母로 棄太常博士하고 求爲縣令江南이러니 其後에 不能媚權貴하여 失御史라가 權貴人死에 乃復拜侍御史하니 號爲剛直이요 所與遊皆當世名人이라

子厚는 휘가 宗元이다. 7世祖 慶이 拓跋魏(北魏)의 侍中이 되어 濟陰公에 봉해졌으며, 曾伯祖인 奭은 唐나라의 재상이 되어 褚遂良·韓瑗과 함께 武后에게 죄를 얻어 高宗 때에 죽었다. 皇考의 휘는 鎭인데 어머니를 섬기기 위하여 太常博士를 버리고 江南의 현령이 되기를 청하였으며, 그 후 權貴한 자에게 아첨하지 못하여 御史를 잃었다가 權貴한 사람이 죽자, 다시 侍御史에 제수되었는데, 강직하다고 이름났으며 더불어 교유한 자가 모두 당대의 名人들이었다.

子厚少精敏하여 無不通達이라 逮其父時에 雖少年이나 已自成人하여 能取進士第하여 嶄然見頭角하니 衆謂柳氏有子矣러니 其後에 以博學宏辭로 授集賢殿正字하다 儁傑廉悍하며 議論이 證據今古하고 出入經史百子하여 踔厲風發하여 常屈其座人하니 名聲大振이라 一時皆慕하여 與之交하여 諸公要人이 爭欲令出我門下하여 交口薦譽之하니라 貞元十九年에 由藍田尉하여 拜監察御史하고 順宗卽位에 拜禮部員外郎이러니 [1]遇用事者得罪하여 例出爲刺史하고 未至에 又例貶州司馬라 居閑에 益自刻苦하여 務記覽하며 爲詞章에 汎濫停蓄하여 爲深博하여 無涯涘하고 而自肆於山水間하니라

子厚는 어려서부터 精敏하여 통달하지 않음이 없었다. 아버지가 계실 때에 비록 소년이었으나 이미 스스로 成人이 되어서 進士에 급제하여 우뚝히 두각을 나타내니, 사람들은 柳氏 집안에 훌륭한 아들을 두었다고 말하였다. 그 후에 博學宏辭科로 集賢殿正字에 제수되었는데, 준걸스럽고 廉悍(용감)하였으며 의론이 古今을 증거하고 經史와 諸子百家에 출입하였다. 그리하여 드높은 풍도와 용맹한 기운이 바람처럼 발하여 항상 자리에 있는 사람들을 굴복시키니, 명성이 크게 떨쳤다. 이 때문에 당시 사람들이 모두 사모하여 그와 더불어 교유하려 하여, 여러 王公과 要人들이 다투어 자기의 문하에 나오게 하려고 하여, 서로 입을 열어 천거하고 칭찬하였다.

貞元 19년에 藍田尉로 있다가 監察御史에 제수되었다. 順宗이 즉위하자 禮部員外郎에 제수되었는데, 用事하던 자가 죄를 얻음을 만나 例에 따라 刺史로 나갔고 부임하기도 전에 또 例에 따라 永州司馬로 좌천되었다. 얼마 동안 더욱 스스로 刻苦하여

拓 : 넓힐 척　跋 : 밟을 발　奭 : 클 석　褚 : 솜옷 저　瑗 : 구슬 원　媚 : 잘보일 미
逮 : 미칠 체　嶄 : 높을 참　宏 : 클 굉　廉 : 청렴할 렴　悍 : 사나울 한　踔 : 뛰어날 탁
厲 : 굳셀 려　貶 : 깎을 폄　涯 : 물가 애　涘 : 물가 사

기억하고 책보는 것을 힘썼으며, 문장을 지음에 널리 범람하고 함축성이 있어 깊고 넓어 끝이 없었으며, 山水間에 스스로 노닐었다.

譯註 1. 遇用事者得罪 : 用事는 권력을 잡고 일하는 것으로, 順宗이 즉위한 다음 권력을 잡은 王叔文 · 王伾 · 韋執誼 등을 이른다. 이때 柳宗元 · 劉夢得 등의 文士들은 王叔文의 주선으로 크게 등용되었으나 順宗이 일찍 죽는 바람에 이들은 모두 죄를 받아 쫓겨나거나 賜死되었다. 이때 監察御史였던 柳宗元은 邵州刺史로 좌천되었다가 다시 永州의 司馬로 전락되었다.

元和中에 嘗例召至京師러니 又偕出爲刺史할새 而子厚得柳州라 既至에 歎曰 是豈不足爲政邪아하고 因其土俗하여 爲設教禁하니 州人順賴라 其俗이 以男女質錢하여 約不時贖하여 子本相侔면 則没爲奴婢라 子厚與設方計하여 悉令贖歸하되 其尤貧하여 力不能者는 令書其傭하여 足相當이면 則使歸其質하니 觀察使下其法於他州하여 比一歲에 免而歸者且千人이라 衡湘以南에 爲進士者皆以子厚爲師하니 其經承子厚口講指畫하여 爲文詞者悉有法度可觀이러라〉

元和 연간에 일찍이 例에 따라 京師에 불려 왔다가 또 함께 나가 刺史가 되었는데, 子厚는 柳州를 얻게 되었다. 子厚는 柳州에 부임한 다음 탄식하기를 "이 어찌 정사를 할 수 없겠는가?" 하고는 지방의 풍속을 따라 가르침과 금지함을 베푸니, 고을 사람들이 순종하여 의뢰하였다. 이 지방 풍속은 아들과 딸을 인질로 잡히고 돈을 빌렸는데, 제때에 빚을 갚지 못하여 이자와 본전이 서로 같아지면 몰수하여 奴婢를 삼기로 약속하였다. 子厚는 여러 사람들과 方策을 세워 모두 돈을 갚고 돌아오게 하였는데, 특히 가난하여 갚을 힘이 없는 자들은 그 품삯을 기록하게 하여 상당하는 값에 차면 그 인질을 돌려보내게 하였다. 觀察使가 그 법을 다른 州에 내려 시행하였는데, 1년이 되자 奴婢를 면하고 돌아온 자가 천 명에 이르렀다. 衡山과 湘水 이남 지방에 進士가 된 자들은 모두 子厚를 스승으로 삼으니, 子厚가 입으로 講하고 지휘함을 거쳐 문장을 짓는 자들이 모두 법도가 있어서 볼 만하였다.

其召至京師而復爲刺史也에 中山劉夢得禹錫이 亦在遣中하여 當詣播州라 子厚泣曰 播州는 非人所居요 而夢得이 親在堂하니 吾不忍夢得之窮하여 [1]無辭以白其大人이요 且萬無母子俱往理라 請於朝하여 將拜疏하여 願以柳易播하고 雖重得罪死라도 不恨이라하더니 [2]遇有以夢得事白上者하여 夢得이 於是에 改刺連州하니라

京師로 불려 왔다가 다시 刺史가 되었을 적에 中山 劉夢得 禹錫도 刺史로 파견되는 가운데에 들어 있었는데, 마땅히 播州로 나가게 되었다. 子厚는 울며 말하기를

贖 : 갚을 속 侔 : 같을 모 比 : 이를 비 湘 : 물이름 상 播 : 뿌릴 파 白 : 아뢸 백

"播州는 사람이 거처할 곳이 아닌데, 夢得은 모친이 堂上에 계시니, 나는 夢得이 궁하여 그 大人(어머니)에게 아뢸 말이 없음을 차마 볼 수가 없으며, 또 母子가 함께 갈리가 만무하다. 내 조정에 청하여 장차 상소를 올려 柳州와 播州를 서로 바꿀 것을 원하고, 비록 이 때문에 거듭 죄를 얻어 죽더라도 한하지 않겠다." 고 하였다. 그런데 마침 夢得의 일을 上(황제)에게 아뢴 자가 있어 夢得이 이에 連州의 刺史로 바뀌게 되었다.

譯註 1. 大人 : 일반적으로 남의 父親을 높여 존칭하는 것이나, 여기서는 그의 어머니를 칭한 것이다.
2. 有以夢得事白上者 : 당시 御史中丞으로 있던 裵度가 劉夢得의 딱한 사정을 아뢰어 連州刺史로 바꾸라는 명령이 내리게 되었다.

嗚呼라 士窮에 乃見節義하나니 今夫平居里巷相慕悅하고 酒食遊戲相徵逐하여 詡詡強笑語하여 以相取下하고 握手出肺肝相示하며 指天日涕泣하여 誓生死不相背負하여 眞若可信이라가 一旦에 臨小利害僅如毛髮比하여는 反眼若不相識하고 落陷穽호되 不一引手救하고 反擠之하며 又下石焉者 皆是也라 此宜禽獸夷狄所不忍爲어늘 而其人이 自視以爲得計하나니 聞子厚之風이면 亦可以少愧矣리라

아! 선비가 궁하여야 節義를 볼 수 있는 것이다. 이제 평소 마을에서 사모하고 좋아하며 술과 밥을 나눠 먹고 遊戲하여 서로 부르고 쫓아다녀 다정한 체 억지로 웃고 말하면서 서로 몸을 낮추며, 손을 잡고 肺와 肝을 서로 내어 보이며 태양을 가리키고 눈물을 흘려 '죽으나 사나 서로 저버리지 말자'고 맹세한다. 그리하여, 참으로 믿을 만한 것처럼 보이다가 하루 아침에 겨우 毛髮에 비할 만한 작은 利害가 닥쳐오면 反目하여 서로 모르는 척하고 함정에 빠져도 한 번도 손을 당겨 구원하지 않으며 도리어 떠밀고 또 돌을 떨어뜨리는 자들이 세상에 전부이다. 이는 禽獸와 夷狄들도 차마 못하는 짓인데, 사람들은 스스로 보기를 좋은 계책이라고 여기니, 子厚의 풍도를 듣는다면 또한 다소 부끄러워할 것이다.

子厚前時少年에 勇於爲人하여 不自貴重顧藉하고 謂功業可立就라 故로 坐廢退하고 旣退에 又無相知有氣力得位者推挽이라 故로 卒死於窮裔하여 材不爲世用하고 道不行於時也하니 使子厚在臺省時에 自持其身을 已能如司馬刺史時런들 亦自不斥이요 斥時에 有人力能擧之면 且必復用不窮이리라 然이나 子厚斥不久, 窮不極이면 雖有出於人이나 其文學辭章이 必不能自力以致必傳於後를 如今이 無疑也리니

詡 : 자랑할 후　握 : 쥘 악　肺 : 허파 폐　僅 : 겨우 근　穽 : 함정 정　擠 : 밀칠 제
藉 : 깔 자　立 : 곧 립　挽 : 당길 만　斥 : 배척할 척

雖使子厚得所願하여 爲將相於一時라도 以彼易此에 孰得孰失고 必有能辨之者리라

子厚는 예전 소년 시절에 남을 위하는 일에 용감하여 자신을 귀중히 여기거나 돌보지 않았으며, 功業을 단번에 성취할 수 있다고 생각하였다. 이 때문에 연좌되어 廢退된 것이다. 이미 물러남에 서로 아는 자 중에 힘이 있고 지위를 얻은 자가 밀어줌이 없었기 때문에 끝내 궁벽한 변방에서 죽어 재주가 세상에 쓰여지지 못하고 道가 당시에 행해지지 못하였다. 가령 子厚가 臺省에 있을 때에 스스로 자기 몸을 갖기를 이미 司馬와 刺史로 있을 때와 같이 하였더라면 스스로 배척 당하지 않았을 것이요, 배척 당하였을 때에 천거해 줄 만한 힘이 있는 자가 있었으면 또한 반드시 다시 등용되고 곤궁하지 않았을 것이다.

그러나 子厚가 배척당한 지가 오래지 않고 곤궁함이 지극하지 않았더라면 비록 남보다 출중함이 있으나 그 문학과 문장이 반드시 자력으로 후세에 전해짐을 이루기를 지금과 같게 하지는 못했을 것이 틀림없다. 그리고 비록 가령 子厚가 원하는 바를 얻어 한 때에 將相이 되었더라도 이것과 저것을 바꿀 경우 무엇이 得이며 무엇이 失이겠는가. 이것을 반드시 분별하는 자가 있을 것이다.

〈子厚以元和十四年十一月八日에 卒하니 年四十七이라 以十五年七月十日로 歸葬萬年先人墓側하다 子厚有子하니 男二人이니 長曰周六이니 始四歲요 季曰周七이니 子厚卒에 乃生하다 女子二人은 皆幼라 其得歸葬也에 費皆出觀察使河東裴君行立하니 行立은 有節槪하고 重然諾하며 與子厚結交하고 子厚亦爲之盡이러니 竟賴其力하다 葬子厚於萬年之墓者는 舅弟盧遵이니 遵은 涿人이라 性謹愼하고 學問不厭이러니 自子厚之斥으로 遵從而家焉하여 逮其死토록 不去하며 旣往葬子厚하고 [1]又將經紀其家하여 庶幾有終始者라

子厚가 元和 14년 11월 8일에 별세하니, 나이가 47세였다. 15년 7월 10일에 돌아와 萬年에 있는 先人의 묘 곁에 장례하였다. 子厚는 아들 두 명을 두었는데, 장남은 周六이니 이제 비로소 네 살이고, 막내는 周七인데 子厚가 죽은 뒤에야 태어났다. 딸아이는 두 명인데 모두 어리다.

돌아와 장례할 때에 비용은 모두 觀察使인 河東 裵君 行立에게서 나왔다. 裵行立은 절개가 있고 남에게 승낙하는 것을 신중히 하였으며 子厚와 더불어 교분을 맺고 子厚 또한 그를 극진히 위하였는데 끝내 그의 힘을 의뢰하였다. 子厚를 萬年의 묘소에 장례한 자는 舅弟(外從弟)인 盧遵이니, 盧遵은 涿郡 사람으로 성품이 謹愼하고 학문을 싫어하지 않았다. 子厚가 배척당한 뒤로부터 盧遵은 따라가 그의 집에서 머물어 子厚가 죽을 때까지 떠나가지 않았으며, 이미 子厚를 장례한 다음 또 장차 그 집안을 經

槪 : 절개 개　涿 : 칠 탁　逮 : 미칠 체　紀 : 실마리 기

紀하여 행여 始終이 있게 하였다.

譯註 1. 經紀其家：經紀는 經理와 같은 말로, 집안 살림을 잘하여 生業을 유지함을 이른다.

銘曰 是惟子厚之室이니 旣固旣安이라 以利其嗣人이로다〉

다음과 같이 銘한다.

이는 子厚의 집이니, 이미 견고하고 또 편안하여, 그 뒤를 잇는 후손들을 이롭게 하리로다

書箕子廟碑陰　柳柳州(宗元)

〈凡大人之道有三하니 一曰正蒙難이요 二曰法授聖이요 三曰化及民이라 殷有仁人하니 曰箕子니 實具玆道하여 以立於世라 故로 孔子述六經之旨에 尤殷勤焉하시니라 當紂之時하여 大道悖亂하니 天威之動이 不能戒요 聖人之言이 無所用이라 進死以併命이 誠仁矣나 無益吾祀라 故不爲하며 委身以存祀가 誠仁矣나 與亡吾國이라 故不忍하니 具是三道하여 有行之者矣라 是用保其明哲하여 與之俯仰하여 晦是謨範하고 辱於囚奴하여 昏而無邪하고 隤而不息이라 故로 在易曰 箕子之明夷라하니 正蒙難也라

무릇 大人의 道가 세 가지가 있으니, 첫째는 正道를 행하다가 난을 무릅쓰는 것이요, 둘째는 法을 聖人에게 전수해 주는 것이요, 셋째는 교화가 백성에게 미치는 것이다. 殷나라에 仁人이 있었으니, 箕子인데 실로 이 道를 구비하여 세상에 세웠다. 그러므로 孔子께서 六經의 뜻을 전술함에 더욱 殷勤(懇曲)히 하신 것이다.

紂王의 때를 당하여 大道가 어그러지고 혼란하니, 하늘의 위엄을 動하여도 능히 경계하지 못하고 聖人의 말씀이 쓸 데가 없었다. 〈比干처럼〉 죽음으로 諫言을 올려 목숨을 바치는 것이 진실로 仁이나 우리 宗廟의 제사에 유익함이 없음으로 하지 않았고, 〈微子처럼〉 몸을 남의 나라에 맡겨 제사를 보존하는 것이 참으로 仁이나 함께 내 나라를 멸망하기 때문에 차마 하지 못하였으니, 正蒙難, 法授聖, 化及民의 이 세 가지를 구비하여 행한 자가 있었다. 이 때문에 그 명철함을 보존하여 세상과 더불어 俯仰하여 계책과 법을 숨기고 간혀있는 노예로 욕을 당하여, 어둡되 사악함이 없고 폐하되 쉬지

箕：키 기　殷：은근할 은　勤：은근할 근　悖：어그러질 패　併：나란할 병
委：버릴 위　晦：어두울 회　隤：무너질 퇴　夷：상할 이

않았다. 그러므로 「周易」에 이르기를 "箕子의 밝음이 상했다." 하였으니, 이는 正道를 행하다가 難을 무릅쓴 것이다.

及天命旣改하고 生民以正에 乃出大法하여 用爲聖師하여 周人이 得以序彛倫而立大典이라 故在書曰 以箕子歸하여 作洪範이라하니 法授聖也라 及封朝鮮에 推道訓俗하여 惟德無陋하고 惟人無遠하여 用廣殷祀하고 俾夷爲華하니 化及民也라 率是大道하여 聚于厥躬하여 天地變化호되 我得其正하니 其大人歟인저〉

天命이 이미 바뀌고 生民들이 바루어지자, 마침내 큰 법을 내어 聖人의 스승이 되어 周나라 사람들이 彛倫을 펴고 큰 법을 세우게 하였다. 그러므로 「書經」에 이르기를 "箕子를 데리고 돌아와 《洪範》을 지었다." 하였으니, 이는 법을 聖人(武王)에게 전수해 준 것이다.

朝鮮에 봉해지자, 道를 미루어 세속을 가르쳐 德이 누추함이 없었으며, 백성들이 원근에 관계없이 모두 교화되었다. 그리하여 殷나라의 제사를 넓히고 오랑캐 지방을 中華로 만들었으니, 이는 교화가 백성에게 미친 것이다. 이 세 가지 大道를 따라 그 몸에 모아 天地가 변화하되 나는 그 올바름을 얻었으니, 이것이 大人인 것이다.

於(오)虖라 當其周時未至하고 殷祀未殄에 比干已死하고 微子已去하니 向使紂惡未稔而自斃하고 武庚念亂以圖存이런들 國無其人이면 誰與興理오 是固人事之或然者也라 然則先生隱忍而爲此는 其有志於斯乎인저 〈唐某年에 作廟汲郡하고 歲時致祀하니 嘉先生獨列於易象일새 作是頌云이라

아! 周나라의 때가 아직 이르지 않고 殷나라 제사가 아직 끊기지 않았을 때에 比干이 죽고 微子가 이미 떠나갔으니, 그때 만일 紂王의 악행이 가득하기 전에 스스로 죽고 武庚이 혼란함을 염려하여 나라를 보존할 것을 도모하였더라면 나라에 지도할 만한 사람이 없으면 누구와 더불어 다스림을 일으키겠는가? 이는 진실로 人事에 혹 있을 수 있는 일이다. 그렇다면 先生이 隱忍하고 이렇게 한 것은 여기에 뜻이 있어서였을 것이다.

唐나라 某年에 汲郡에 사당을 짓고 해마다 때에 따라 제사를 올리니, 나는 先生이 홀로 易象에 나열된 것을 가상히 여겨 이 頌을 짓는다.

蒙難以正하고 授聖以謨하여 宗祀用繁하고 夷民其蘇라 憲憲大人은 顯晦不渝요 聖人之仁은 道合隆汚라 明哲在躬하니 不陋爲奴요 行讓居禮하니 不盈稱孤로다 高而無危하고 卑不可踰하며 非死非去하여 有懷故都라 時詘而伸하여 卒爲世模하고 易象

彛 : 떳떳할 이　洪 : 클 홍　俾 : 하여금 비　於 : 탄식할 오　殄 : 끊을 진　向 : 지난번 향
稔 : 쌓일 임　斃 : 죽을 폐　渝 : 변할 투　汚 : 낮을 오　踰 : 넘을 유　詘 : 굽힐 굴

是列하여 文王爲徒로다 大明宣昭하여 崇祀式孚호되 古闕頌辭러니 繼在後儒로다〉

難을 무릅쓰고 正道를 지키며 聖人에게 법을 전수하여 宗祀가 번창해지고 오랑캐 백성들이 소생하였습니다.

훌륭한 大人은 현달하거나 숨음에 변치 않으며, 聖人의 仁은 道가 높거나 낮음에 모두 합합니다.

明哲이 몸에 있으니 노예가 되는 것도 누추하지 않고, 겸양을 행하고 禮에 처하니 孤(寡人)라고 칭해도 자만하지 않았습니다.

지위가 높아도 위태롭지 않고 몸을 낮춰도 넘을 수 없으며, 죽지도 않고 떠나가지도 아니하여 故都를 그리워하였습니다.

때로 굽히다가 펴 마침내 세상의 법이 되었으며, 易象에 나열되어 文王과 같은 무리가 되었습니다.

크게 밝히고 선양하여 높이는 제사 정성껏 올리오나 예전에는 칭송하는 글 없었는데, 後儒들이 뒤이어 하옵니다.

> 此等文章은 天地間有數니 不可多見이라 惟杜牧之絶句詩一首似之하니 題項羽烏江廟云 勝敗兵家不可期니 包羞忍恥是男兒라 江東子弟多豪俊하니 卷土重來未可知라
>
> 이러한 문장은 天地 사이에 제한된 숫자가 있으니, 많이 볼 수 없다. 오직 杜牧之의 絶句詩 한 首가 이와 유사하니, 그가 項羽의 烏江廟에 쓴 詩에 다음과 같이 말하였다. "成敗는 兵家의 常事라 기약할 수 없으니, 羞恥를 참는 것이 男兒라오. 江東의 子弟 중에 호걸이 많으니, 卷土重來함을 알 수 없어라."

*跋紹興辛巳親征詔草　辛稼軒(棄疾)

* 紹興은 南宋 高宗의 年號로, 이 글은 紹興 31年(辛巳)에 高宗이 金나라를 직접 정벌하기 위하여 내린 詔書의 草稿에 쓴 것이다. 그 후 高宗은 和議에 휘말려 親征을 포기하였으며 뒤에 孝宗의 隆興 연간에 다시 金나라를 정벌하려 하였으나 孝宗이 일찍 죽음으로써 이 또한 무산되고 말았다.

使此詔見於紹興之前이면 可以無事讐之大恥요 使此詔行於隆興之後면 可以卒不世之伐功이어늘 今此詔與此虜 猶俱存也하니 悲夫라

羞 : 부끄러울 수　跋 : 밟을 발　紹 : 이을 소　草 : 초할 초　讐 : 원수 수
虜 : 오랑캐 로

가령 이 詔書가 紹興 이전에 나왔더라면 원수를 섬기는 큰 치욕이 없었을 것이요, 이 조서가 隆興의 뒤에 행해졌더라면 불세출의 정벌하는 공을 마칠 수가 있었을 터인데, 이제 이 조서가 이 오랑캐(金나라)와 함께 남아 있으니, 아! 슬프다.

文章軌範 卷之七(乎字集)

小 心 文

韓文公, 蘇東坡二公之文이 皆自莊子覺悟하니 此集은 可與莊子並驅爭先이라

韓文公과 蘇東坡 두 분의 문장은 다 莊子에서 깨우친 것이니, 이 乎字集은 莊子와 함께 나란히 말을 몰며 선두를 다툴 만하다.

*祭田橫墓文 韓文公

* 田橫은 戰國時代 齊나라의 宗室로 楚·漢 당시 兄 田榮이 齊王으로 있다가 韓信의 토벌을 받고 죽자, 패잔병을 수습하여 스스로 王이 되고 漢나라에 대항하였다. 그후 項羽가 패망하자, 田橫은 漢高祖에게 죄를 받을 것을 우려한 나머지 5백 명의 부하를 데리고 海中으로 도피하였다. 高祖는 혹시 난을 일으킬까 염려하여 그의 죄를 사면하고 '만일 와서 항복하면 侯·王에 봉할 것이요, 그렇지 않으면 군대를 동원하여 토벌하겠다'고 위협하였다. 이에 田橫은 할 수 없이 門客 두 사람과 함께 역마를 타고 洛陽으로 가던 도중 칼로 목을 찔러 자결하였다. 高祖는 두 門客에게 都尉를 제수하고 王의 禮로 田橫을 장례하게 하였는데, 두 門客은 田橫을 장례한 다음 그를 사모하여 묘 옆을 뚫고 들어가 모두 따라 죽었으며, 海中에 있던 5백 명의 부하들도 이 소식을 듣고 모두 따라 죽어 節義를 지켰다. 이 글은 바로 田橫의 墓에 대한 祭文으로, 당시 韓愈는 선비를 좋아하는 高官을 만나지 못하여 不遇한 자신을 한탄하였다.

貞元十一年九月에 愈如東京할새 道出田橫墓下하니 感橫義高能得士하여 因取酒以祭하고 爲文而弔之하니 其辭曰 事有曠百世而相感者하니 余不自知其何心이라 非今世之所稀면 孰爲使余歔欷而不可禁고 余旣博觀乎天下하니 曷有庶幾乎夫子之所爲오 死者는 不復生이니 嗟余去此其從誰오 [1]當秦氏之失鹿하여 得一士而可

驅 : 몰 구 如 : 갈 여 稀 : 드물 희 歔 : 탄식할 허 欷 : 탄식할 희

王이어늘 何五百人之擾擾로 而不能脫夫子於劍鋩고 豈所寶之非賢가 抑天命之有常가 昔闕里之多士에도 孔聖亦云其遑遑하시니 苟余行之不迷면 雖顚沛其何傷가 自古死者非一이로되 夫子至今有耿光이라 跽陳辭而薦酒하니 魂髣髴而來享이어다

貞元 11년 9월에 韓愈가 東京(洛陽)에 갈 적에 길이 田橫의 묘 아래로 나오니, 나는 田橫이 義가 높아 선비를 얻음에 감동하였다. 인하여 술을 취하여 제사하고 祭文을 지어 조문하니, 그 내용은 다음과 같다.

일이 百世 멀리 떨어져 있어도 서로 감동됨이 있으니, 내 스스로 그 무슨 마음인지를 모르겠습니다. 지금 세상에 보기 드문 바가 아니라면 어찌 나로 하여금 탄식하여 금하지 못하게 하겠습니까? 내 이미 天下를 널리 살펴보니, 어찌 夫子의 하신 바와 비슷한 자가 있겠습니까. 죽은 자는 다시 살아날 수 없으니, 아! 나는 이를 버리고 그 누구를 따르겠습니까.

秦나라가 사슴을 잃었을 때를 당하여 한 선비만 얻었어도 王(天子) 노릇을 할 수 있었는데, 어찌하여 5백 명이나 있으면서 夫子를 칼날에서 벗어나지 못하게 했단 말입니까? 아마도 보배로 여긴 바가 어진 자가 아니어서입니까? 아니면 天命이 떳떳함이 있어서입니까? 옛날 闕里에 선비가 많을 때에도 聖人인 孔子께서 遑遑(경황이 없음)하다고 하였으니, 만일 나의 행함이 혼미하지 않다면 비록 顚沛한들 어찌 나쁘겠습니까? 예로부터 죽은 자가 한두 명이 아니나, 夫子는 지금까지 빛남이 있습니다. 꿇어앉아 말을 올리고 술을 올리오니, 영혼은 髣髴히 오셔서 흠향하소서.

譯註 1. 當秦氏之失鹿 : 秦氏는 秦나라를 가리키며 사슴은 帝位를 비유한 것으로, 「漢書」《蒯通傳》에 '秦失其鹿 天下共逐之'란 말에서 유래한 것이다.

上梅直講書 蘇東坡

(梅直講(梅堯臣)에게 올린 글)

某官執事아 每讀詩至鴟鴞하고 讀書至君奭하면 常竊悲周公之不遇러니 及觀史에 見孔子厄於陳蔡之間而絃歌之聲不絶하고 顏淵仲由之徒相與答問하니 夫子曰 匪兕匪虎어늘 率彼曠野라하니 吾道非邪아 又何爲至此오 顏淵曰 夫子之道至大라 故

擾 : 어지러울 요 鋩 : 칼날 망 遑 : 허둥지둥할 황 顚 : 넘어질 전 沛 : 넘어질 패
耿 : 밝을 경 跽 : 꿇어앉을 기 鴟 : 올빼미 치 鴞 : 올빼미 효 奭 : 클 석
匪 : 아닐 비 兕 : 외뿔소 시 率 : 따를 솔

로 天下莫能容이니이다 雖然이나 不容何病이릿가 不容然後에 見君子니이다 夫子油然而笑曰 回야 使爾多財인대 吾爲爾宰라하시니 夫天下雖不能容이나 而其徒自足以相樂이 如此하니 乃今에 知周公之富貴가 有不如夫子之貧賤이니이다 夫以召公之賢과 以管蔡之親으로도 而不知其心하니 則周公이 誰與樂其富貴시리오 而夫子所與共貧賤者는 皆天下之賢才니 則亦足以樂乎此矣시리이다

某官 執事야! 아무는 매양 「詩經」을 읽다가 《鴟鴞篇》에 이르고, 「書經」을 읽다가 《君奭篇》에 이르면 항상 周公의 불우함을 속으로 서글퍼하였습니다. 그리고 史册을 보다가 孔子께서 陳·蔡의 사이에서 곤액을 당하셨는데 絃歌의 소리가 끊기지 않고, 顔淵과 仲由의 무리가 서로 더불어 問答한 내용을 보니, 夫子께서 말씀하시기를 "〈詩에〉 외뿔소도 아니요 범도 아닌데 저 광야를 쫓는다 하더니, 내 道가 잘못되었는가? 또 어찌하여 이 지경에 이르렀는가?" 하시자, 顔淵이 말씀하기를 "夫子의 道가 지극히 크시기 때문에 天下가 용납하지 못하는 것입니다. 그러나 용납받지 못함이 어찌 나쁠 것이 있겠습니까? 용납받지 못한 뒤에야 君子를 볼 수 있습니다."라고 하니, 夫子는 油然(悠然)히 웃으면서 말씀하시기를 "顔回야! 만일 네가 재물이 많다면 나는 너의 宰(家臣)가 되겠다." 하셨습니다.

天下가 비록 용납하지 못하나 그 무리들이 스스로 서로 즐길 수 있음이 이와 같았으니, 저는 지금에야 周公의 富貴가 夫子의 貧賤만 못함을 알았습니다. 召公의 어짊과 管叔·蔡叔의 친함으로도 그 마음을 알아주지 못하였으니, 周公이 누구와 더불어 그 富貴를 즐거워하겠습니까? 그런데 夫子와 貧賤을 함께 한 분들은 모두 天下의 賢者였으니, 또한 더불어 이것을 즐거워하실 수 있었을 것입니다.

軾이 七八歲時에 始知讀書라 聞今天下에 有歐陽公者하니 其爲人이 如古孟軻韓愈之徒요 而又有梅公者從之游而與之上下其議論이러니 其後益壯에 始能讀其文辭하고 想見其爲人하니 意其飄然脫去世俗之樂하고 而自樂其樂也라 方學爲對偶聲律之文하여 求升斗之祿일새 自度(탁)無以進見於諸公之間이라 來京師逾年에 未嘗窺其門이러니 今年春에 天下之士群至於禮部어늘 執事與歐陽公이 實親試之하니 軾不自意獲在第二니이다

저(蘇軾)는 7~8세에 처음으로 독서할 줄 알았는데, 들으니 지금 천하에 歐陽公이라는 분이 계신데, 그 인품이 옛날 孟軻와 韓愈의 무리와 같다 하였고, 또 梅公이라는 분이 그와 從遊하여 더불어 의론을 오르내린다 하였습니다. 그후 더욱 장성하여 비로소 그 문장을 읽어보고 그 인품을 상상해 보면서 생각하기를 '飄然히 세속의 즐거움

飄 : 나부낄 표　偶 : 짝 우　度 : 헤아릴 탁　逾 : 넘을 유

을 떨쳐버리고 스스로 그 樂을 즐거워하는 분'이라고 여겼습니다. 그러나 이 때는 막 對偶와 聲律의 글을 배워 升斗의 녹을 구하였으므로 諸公의 사이에 나아가 뵐 수 없다고 스스로 생각되었습니다. 그리하여 京師에 온 지 1년이 넘도록 일찍이 그 문하를 엿보지 못하였습니다. 금년 봄에 天下의 선비가 떼지어 禮部에 이르렀었는데, 執事와 歐陽公이 실로 친히 시험을 보였습니다. 이때 저는 뜻밖에 第二人으로 급제하였습니다.

旣而聞之人호니 執事愛其文하여 以爲有孟軻之風이라하고 而歐陽公이 亦以其能不爲世俗之文也而取焉이라 是以在此라하니 非左右爲之先容이요 非親舊爲之請屬(囑)이로되 而向之十餘年間에 聞其名而不得見者一朝爲知己라 退而思之하니 人不可以苟富貴요 亦不可以徒貧賤이라 有大賢焉而爲其徒면 則亦足恃矣라호이다 苟其僥一時之幸하여 從車騎數十人하여 使閭巷小民으로 聚觀而贊歎之라도 亦何以易此樂也리잇가 傳曰 不怨天하며 不尤人이라하니 蓋優哉游哉하여 可以卒歲라 執事名滿天下而位不過五品호되 其容色이 溫然而不怒하고 其文章이 寬厚敦朴而無怨言하니 此必有所樂乎斯道也니 軾은 願與聞焉하노이다

이윽고 사람들에게 듣자오니, 執事께서는 저의 글을 사랑하여 孟軻의 기풍이 있다 하였고, 歐陽公 또한 세속의 문장을 짓지 않는다 하여 취하였다. 이 때문에 저가 여기에 있게 되었다 하였습니다. 좌우에서 저를 위하여 먼저 소개해 줌이 없었고, 친구들이 저를 위하여 청탁한 것도 아닌데, 지난 10여 년 동안 그 이름만 듣고 뵙지 못했던 분이 하루 아침에 知己가 되었습니다.

저는 물러나와 생각해보니, 사람은 구차히 富貴해서도 안되고, 또한 한갓 貧賤해서도 안된다. 大賢이 있어 그의 무리가 된다면 이 또한 충분히 믿을 만하다고 생각되었습니다. 만일 일시의 요행으로 車騎 수십 명을 따르게 하여 閭巷의 작은 백성들로 하여금 모여 구경하며 감탄하게 한들 또한 어찌 이 樂을 바꾸겠습니까? 傳에 이르기를 "하늘을 원망하지 않고 사람을 탓하지 않는다." 하였으니, 한가히 놀아 해를 마칠 수 있는 것입니다.

執事는 이름이 天下에 가득하면서도 지위가 5品에 지나지 않으나 그 모습과 얼굴빛이 온화하여 성내지 않으며, 문장이 寬厚하고 질박하면서도 원망하는 말이 없으니, 이는 반드시 이 道를 즐거워하는 바가 있어서일 것입니다. 저는 더불어 듣기를 원하옵니다.

屬 : 청탁할 촉　恃 : 믿을 시　僥 : 요행 요　尤 : 허물 우

東洋古典國譯叢書 23
懸吐完譯 古文眞寶 後集　　　　정가 32,000원

1994년 11월 05일 초판 발행
2024년 06월 30일 초판 26쇄

譯　註　成百曉
編　輯
發行人　金　炫

發行處　社團法人 傳統文化硏究會

서울 종로구 삼봉로 81 두산위브파빌리온 1332호
전화 : (02)762-8401　전송 : (02)747-0083
전자우편 : juntong@juntong.or.kr
홈페이지 : juntong.or.kr
사이버書堂 : cyberseodang.or.kr
온라인서점 : book.cyberseodang.or.kr
등록 : 1989. 7. 3.　제1-936호

인쇄처 : 한국법령정보주식회사(02-462-3860)
총　판 : 한국출판협동조합(070-7119-1750)

ISBN 978-89-91720-30-5 04140
　　　978-89-85395-48-9(세트)

전통문화연구회 도서목록

新編 基礎漢文教材·漢文讀解捷徑

新編 四字小學·推句	고전교육연구실 編譯	11,000원
新編 啓蒙篇·童蒙先習	고전교육연구실 編譯	11,000원
新編 明心寶鑑	李祉坤·元周用 譯註	15,000원
新編 擊蒙要訣	咸賢贊 譯註	12,000원
新編 註解千字文	李忠九 譯註	12,000원
新編 原文으로 읽는 故事成語	元周用 編譯	15,000원
新編 唐音註解選	權卿相 譯註	22,000원
(개정판) 漢文독해기본패턴	고전교육연구실 著	20,000원
논어독해 첫걸음	고전교육연구실 著	17,000원
맹자독해 첫걸음		근간
한문독해첩경 文學篇	朴相水·李和春 외 著	17,000원
한문독해첩경 史學篇	朴相水·李和春 외 著	17,000원
한문독해첩경 哲學篇	朴相水·李和春 외 著	17,000원

五書五經讀本

論語集註 上·下	鄭太鉉 譯註	合 49,000원
孟子集註 上·下	田炳秀 外 譯註	合 60,000원
大學·中庸集註	李光虎 外 譯註	15,000원
小學集註 上·下	李忠九 外 譯註	合 50,000원
詩經集傳 上·中·下	朴小東 譯註	合 90,000원
書經集傳 上·中·下	金東柱 譯註	合 90,000원
周易傳義 元·亨·利·貞	崔英辰 外 譯註	合 120,000원
詳說 古文眞寶大全後集 上·下	李相夏 外 譯註	合 64,000원
春秋左氏傳 上·中·下	許鎬九 外 譯註	合 109,000원
禮記 上·中·下	成百曉 外 譯註	合 90,000원

東洋古典國譯叢書

大學·中庸集註 -개정증보판	成百曉 譯註	12,000원
論語集註 -개정증보판	成百曉 譯註	30,000원
孟子集註 -개정증보판	成百曉 譯註	30,000원
詩經集傳 上·下	成百曉 譯註	合 70,000원
書經集傳 上·下	成百曉 譯註	合 66,000원
周易傳義 上·下	成百曉 譯註	合 80,000원
小學集註	成百曉 譯註	30,000원
古文眞寶 後集	成百曉 譯註	32,000원

東洋古典譯註叢書

〈經部〉

十三經注疏		
周易正義 1~4	成百曉 外 譯註	合 147,000원
尙書正義 1~7	金東柱 譯註	合 241,000원
毛詩正義 1~8〔全15〕	朴小東 外 譯註	合 288,000원
禮記正義 1~3, 中庸·大學	李光虎 外 譯註	合 117,000원
論語注疏 1~3	鄭太鉉 外 譯註	合 117,000원
孟子注疏 1~4〔全5〕	崔彩基 外 譯註	合 124,000원
孝經注疏	鄭太鉉 外 譯註	35,000원
周禮注疏 1~4〔全15〕	金容天 外 譯註	合 129,000원
春秋左傳正義 1~2〔全18〕	許鎬九 外 譯註	合 59,000원
春秋公羊傳注疏 1〔全7〕	宋基采 外 譯註	合 37,000원
春秋左氏傳 1~8	鄭太鉉 譯註	合 255,000원
禮記集說大全 1~6〔全10〕	辛承云 外 譯註	合 206,000원
東萊博議 1~5	鄭太鉉 外 譯註	合 172,000원
韓詩外傳 1~2	許敬震 外 譯註	合 65,000원
說文解字注 1~5〔全20〕	李忠九 外 譯註	合 172,000원

〈史部〉

思政殿訓義 資治通鑑綱目 1~23〔全39〕	辛承云 外 譯註	合 710,000원
通鑑節要 1~9	成百曉 譯註	合 316,000원
唐陸宣公奏議 1~2	沈慶昊 外 譯註	合 88,000원
貞觀政要集論 1~4	李忠九 外 譯註	合 109,000원
列女傳補注 1~2	崔秉準 外 譯註	合 68,000원
歷代君鑑 1~4	洪起殷 外 譯註	合 140,000원

〈子部〉

孔子家語 1~2	許敬震 外 譯註	合 79,000원
管子 1~4〔全5〕	李錫明 外 譯註	合 130,000원
近思錄集解 1~3	成百曉 譯註	合 106,000원
老子道德經注	金是天 譯註	30,000원
大學衍義 1~5〔全7〕	辛承云 外 譯註	合 148,000원
墨子閒詁 1~7	李相夏 外 譯註	合 267,000원
說苑 1~2	許鎬九 譯註	合 50,000원
世說新語補 1~5	金鎭玉 外 譯註	合 181,000원
荀子集解 1~7	宋基采 譯註	合 238,000원
心經附註	成百曉 譯註	38,000원
顔氏家訓 1~2	鄭在書 外 譯註	合 59,000원
揚子法言 1〔全2〕	朴勝珠 譯註	24,000원
列子鬳齋口義	崔秉準·孔勤植·權憲俊 共譯	40,000원
二程全書 1~7〔全8〕	崔錫起·外 譯註	合 251,000원
莊子 1~4	安炳周·田好根 共譯	合 143,000원
政經·牧民心鑑	洪起殷·全百燦 譯註	27,000원
韓非子集解 1~5	許鎬九 外 譯註	合 202,000원
武經七書直解		
孫武子直解·吳子直解	成百曉 外 譯註	45,000원
六韜直解·三略直解	成百曉 外 譯註	26,000원
尉繚子直解·李衛公問對直解	成百曉 外 譯註	26,000원
司馬法直解	成百曉 外 譯註	26,000원

〈集部〉

古文眞寶 前集	成百曉 譯註	30,000원
唐詩三百首 1~3	宋載卲 外 譯註	合 127,000원
唐宋八大家文抄 韓愈 1~3	鄭太鉉 譯註	合 78,000원
〃 柳宗元 1~2	宋基采 譯註	合 44,000원
〃 歐陽脩 1~7	李相夏 譯註	合 220,000원
〃 王安石 1~2	申用浩·許鎬九 共譯	合 45,000원
〃 曾鞏	宋基采 譯註	25,000원
〃 蘇洵	李章佑 外 譯註	25,000원
〃 蘇軾 1~5	成百曉 譯註	合 110,000원
〃 蘇轍 1~3	金東柱 譯註	合 64,000원
明清八大家文鈔 1 歸有光·方苞	李相夏 外 譯註	35,000원
〃 2 劉大櫆·姚鼐	李相夏 外 譯註	35,000원
〃 3 梅曾亮·曾國藩	李相夏 外 譯註	38,000원
〃 4 張裕釗·吳汝綸	李相夏 外 譯註	50,000원

東洋古典新譯

당시선	송재소·최경렬·김영죽 편역	24,000원
손자병법	성백효 역주	14,000원
장자	안병주·전호근·김형석 역주	13,000원
고문진보 후집	신용호 번역	28,000원
노자도덕경	김시천 역주	15,000원
고문진보 전집 上·下	신용호 번역	各 22,000원
신식 비문척독	박상수 번역	25,000원
쉽게 배우는 안씨가훈	김창진 편역	23,000원

동양문화총서

동양사상 해설과 원전	정규훈 外 저	22,000원
화합의 길 《중용》 읽기	금장태 저	20,000원
호설과 시장	신용호 저	20,000원
어느 노학자의 젊은 시절 -《고문진보》選譯	심재기 저	22,000원

문화문고

경전으로 본 세계종교 그리스도교	이정배 편저	10,000원
〃 도교	이강수 편역	13,000원
〃 천도교	윤석산 외 편저	10,000원
〃 힌두교	길희성 편역	10,000원
〃 유교	이기동 편저	10,000원
〃 불교	김용표 편저	22,000원
〃 이슬람	김영경 편역	13,000원
논어·대학·중용	조수익·박승주 공역	13,000원
맹자	조수익·박승주 공역	10,000원
소학	박승주·조수익 공역	10,000원
십구사략 1~2	정광호 저	合 24,000원
무경칠서 손자병법·오자병법	성백효 역	13,000원
〃 육도·삼략	성백효 역	10,000원
〃 사마법·울료자·이위공문대	성백효 역	10,000원
당시선	송재소·최경렬·김영죽 편역	10,000원
한문문법	이상진 저	20,000원
한자한문전통교재	조수익·이성민 공역	13,000원
士小節 선비 집안의 작은 예절	이동희 편역	13,000원
儒學이란 무엇인가	이동희 저	18,000원
동아시아의 유교와 전통문화	이동희 저	13,000원
현대인, 동양고전에서 길을 찾다	이동희 저	10,000원
100자에 담긴 한자문화 이야기	김경수 저	12,000원
우리 설화 1~2	김동주 편역	合 20,000원
대한민국 국무총리	이재원 저	10,000원
백운거사 이규보의 문학인생	신용호 저	14,000원